Handbuch für Pilzfreunde

Band III

Michael · Hennig · Kreisel

Handbuch für Pilzfreunde

in sechs Bänden
mit Abbildungen von etwa 1300 Pilzarten

Begründet von Edmund Michael,
neu bearbeitet von Bruno Hennig,
weitergeführt und herausgegeben von Hanns Kreisel

Band I: *Die wichtigsten und häufigsten Pilze*
Band II: *Nichtblätterpilze (Pilze ohne Blätter)*
Band III: *Blätterpilze – Hellblättler*
Band IV: *Blätterpilze – Dunkelblättler*
Band V: *Blätterpilze – Milchlinge und Täublinge*
Band VI: *Die Gattungen der Großpilze Europas,*
Bestimmungsschlüssel und Gesamtregister der Bände I bis V

SEMPER BONIS ARTIBUS
VEB Gustav Fischer Verlag Jena

Michael · Hennig · Kreisel

Handbuch für Pilzfreunde

Dritter Band

Blätterpilze – Hellblättler und Leistlinge

Vierte, erweiterte Auflage

Herausgegeben und bearbeitet von Hanns Kreisel
Mit Beiträgen von Peter Hübsch, Klaus Müller und Stephan Rauschert

Mit farbigen Abbildungen von rund 300 Pilzarten auf 147 Tafeln sowie mit 23 einfarbigen Abbildungen im Text

VEB Gustav Fischer Verlag Jena · 1987

1. Auflage 1964
2. Auflage 1977
3. Auflage 1979

Verfasserangaben
Prof. Dr. rer. nat. habil. Hanns Kreisel
Sektion Biologie der Ernst-Moritz-Arndt-Universität Greifswald

Dr. rer. nat. Peter Hübsch
Sektion Biologie der Friedrich-Schiller-Universität Jena,
Pilzkulturensammlung Weimar

Dr. phil. habil. Klaus Müller
Akademie der Wissenschaften der DDR,
Zentralinstitut für Sprachwissenschaft, Berlin

Dr. rer. nat. Stephan Rauschert †
Sektion Biowissenschaften der Martin-Luther-Universität
Halle-Wittenberg

Handbuch für Pilzfreunde: in 6 Bdn.; mit Abb. von
etwa 1300 Pilzarten/begr. von Edmund Michael, neu
bearb. von Bruno Hennig, weitergef. u. hrsg. von Hanns
Kreisel. – Jena: Gustav Fischer Verl. – Bd. 1–6
Bd. 3. Blätterpilze – Hellblättler und Leistlinge/
mit Beitr. von Peter Hübsch ... – 4. Aufl. –
1987. – 484 S. zahlr. Ill. (z. T. farb.)

ISBN 3-334-00027-3

4., erweiterte Auflage

Lizenznummer 261 700/141/86
LSV 1354
Lektorat Johanna Schlüter und Hilde Naundorf
Hersteller Erika Winkler
Printed in the German Democratic Republic
Bestellnummer 534 261 0

03810

Vorwort zur vierten Auflage

Günstige Umstände erlaubten es, seit 1983 innerhalb eines relativ kurzen Zeitraumes alle Bände des Handbuchs für Pilzfreunde neu und unter einheitlichen Gesichtspunkten herauszugeben. Gleichzeitig mit der drucktechnischen Umstellung auf Lichtsatz und Offset-Farbdruck wurde der Inhalt u.a. in taxonomischen, ökologischen und toxikologischen Fragen aktualisiert und die Nomenklatur nach den Regeln des Sydney-Code neu bearbeitet. Sämtliche Farbtafeln wurden neu reproduziert; in jedem Band sind etwa 15 bis 20% der Farbbilder durch neue ersetzt und weitere Farbtafeln hinzugekommen, die übrigen oft übersichtlicher gestaltet.

Manche Leser und Rezensenten und Korrespondenten haben dieses oder jenes von Bruno HENNIG in die 1. Auflage der Allgemeinen Teile aufgenommene Kapitel vermißt. Jedoch wurde bei der Neubearbeitung nichts Substantielles aufgegeben; vielmehr wurden die allgemeinen Kapitel und die ihnen beigefügten Literaturverzeichnisse wesentlich erweitert und um viele neue Fakten bereichert. Im Interesse einer leichteren Orientierung des Lesers war es aber nötig, den Stoff neu zu ordnen, und so ist der Inhalt manches kleineren Beitrages in einem größeren Kapitel aufgegangen und damit auch manchmal in einem anderen Band enthalten.

Die vom Herausgeber in der 2. und 3. Auflage des dritten Bandes (1977, 1979) vorgenommene Gliederung gilt auch für die 4. Auflage. Der **Allgemeine Teil** enthält die Kapitel „Die Namen der Pilze“ und „Pilzausstellungen und Pilzsammlungen“, die in allen Teilen gründlich durchgesehen wurden. Insbesondere die Abschnitte „Nomenklaturregeln“ und „Das Zitieren der Autornamen“ wurden vom Herausgeber wesentlich überarbeitet. Der Abschnitt „Die Betonung der wissenschaftlichen Pilznamen“ wurde von Herrn Dr. Stephan RAUSCHERT neu und in größerem Umfange geschrieben, und für eine gänzlich neue Fassung des Abschnittes „Herkunft und Ableitung der deutschen Pilznamen“ wurde der Berliner Philologe Dr. habil. Klaus MÜLLER gewonnen. Wesentlich erweitert wurde auch der Abschnitt „Bedeutende Pilzherbarien“.

Im **Systematischen Teil** waren neue taxonomische Erkenntnisse zu berücksichtigen, vor allem neue Bearbeitungen der Gattungen *Entoloma* (früher *Rhodophyllus*), *Clitocybe, Omphalina, Armillaria* (früher *Armillariella*), *Flammulina, Rhodocybe, Macrolepiota, Hygrocybe* u.a. durch die in den Literaturverzeichnissen ausgewiesenen Spezialisten. Die Übersicht der Gattung *Melanoleuca* (S. 96) wurde freundlicherweise von Herrn Frieder GRÖGER neu abgefaßt.

In der Zuordnung der Gattungen zu Familien wurden ungeachtet neuer Systemvorschläge von KÜHNER, JÜLICH und LOCQUIN, welche erheblich von dem bekannten, durch SINGER und MOSER vertretenen System abweichen, nur wenige Korrekturen vorgenommen: Die Zuordnung von *Clitopilus* und *Rhodocybe* zu den *Entolomataceae*, von *Omphalotus* zu den *Paxillaceae*, die Vereinigung der meisten *Lepiotaceae* mit den *Agaricaceae* entsprechen heute fast allgemein anerkannten Positionen. Lediglich die Ausgliederung einer Familie *Armillariaceae* für *Armillaria* und die Gattungen um *Cystoderma* ist eine Neuerung, ein namentlich von ROMAGNESI inspirierter Versuch, einer als homogen erkannten Gruppierung einen taxonomischen Status zu geben und damit auch die *Tricholomataceae* und *Agaricaceae* homogener zu umgrenzen.

Im **Speziellen Teil** fanden 45 neue Bilder von Professor Erich W. RICEK und 4 neue Bilder von Bruno DECKER Verwendung, wodurch auch einige zusätzliche Arten aufgenommen werden konnten, darunter die wichtige *Armillaria bulbosa.* Wo immer es der Druckraum erlaubte, wurden zusätzliche ökologische Angaben, Hinweise auf publizierte Verbreitungskarten und sonstige neue Spezialliteratur sowie eine ausführliche Synonymik aufgenommen.

Viele nützliche Hinweise verdanke ich den Herren Dr. sc. Heinrich DÖRFELT, Halle, Dipl.-Biol. Gerald HIRSCH, Jena, Dr. Stephan RAUSCHERT †, Halle, Gerhard ZSCHIESCHANG, Herrnhut, und dem Vorsitzenden des Arbeitskreises der Bezirks-Pilzsachverständigen beim Ministerium für Gesundheitswesen der DDR, Frieder GRÖGER, Warza bei Gotha, sowie zahlreichen Pilzfreunden, die durch kritische und ergänzende Bemerkungen ihr Interesse an der weiteren Vervollkommnung des traditionsreichen Werkes bezeugt haben.

Insbesondere sei wiederum allen Bild- und Textautoren für ihre bereitwillige Mitarbeit gedankt, ebenso Frau Johanna SCHLÜTER und Frau Hilde NAUNDORF, Lektorat Biologie des VEB Gustav Fischer Verlag in Jena, die sich stetig und verständnisvoll für eine hohen Ansprüchen genügende Weiterentwicklung dieses Handbuchs eingesetzt haben in einer Zeit, da der rasche Zuwachs mykologischer Erkenntnisse die Bearbeitung einer Neuauflage keinesfalls bequem werden läßt.

Herausgeber und Verlag hoffen, auch mit dieser Neubearbeitung Pilzfreunden und Mykologen wiederum eine zuverlässige, dem heutigen Stand unseres Wissens entsprechende Informationsquelle in die Hand zu geben.

Greifswald, im Juni 1986

Hanns Kreisel

Inhaltsübersicht

Spezieller Teil

Register

ALLGEMEINER TEIL

I. Die Namen der Pilze

A. Taxonomie und taxonomische Rangstufen

Die **Systematik** oder **Taxonomie** ist die Wissenschaft von der Unterscheidung und Klassifizierung der Organismen. Sie hat die Aufgabe, die ungeheure Mannigfaltigkeit der lebenden und ausgestorbenen Organismen zu erfassen, zu differenzieren und in ein System zu bringen. Die Tätigkeit des Systematikers bzw. Taxonomen hat grundsätzlich dialektischen Charakter, d. h., sie hat zwei Seiten, die einander wechselseitig bedingen: eine **analytische** und eine **synthetische**.

Zur **analytischen** Seite gehört das Auffinden von **Unterschieden**, von Unterscheidungsmerkmalen (Differenzierungsmerkmalen), die es gestatten, die taxonomischen Einheiten (also die Arten usw.) voneinander zu trennen, ferner die Festlegung der Unterscheidungsmerkmale in **Beschreibungen, Diagnosen** und **Bestimmungsschlüsseln** in einer Weise, daß beliebige Personen (sofern sie die erforderliche Sachkenntnis besitzen) unabhängig voneinander zu dem gleichen Bestimmungsergebnis kommen. Diesem Ziel dient nicht zuletzt auch das „Handbuch für Pilzfreunde".

Die **synthetische** Seite der Taxonomie besteht dagegen im Suchen nach **Gemeinsamkeiten**, nach gemeinsamen Merkmalen, mit deren Hilfe man ein **System** aufstellen kann. Je nach dem Grad der Übereinstimmung lassen sich somit höhere oder niedere Einheiten aufstellen, die taxonomischen Kategorien oder **Rangstufen** (Art, Gattung, Familie usw.), die sich nach dem Prinzip einer **Hierarchie** einander überordnen, also ein hierarchisch aufgebautes System bilden.

Eine taxonomische Einheit beliebiger Rangstufe heißt ein **Taxon** (Mehrzahl: **Taxa**), auch Sippe genannt. Der Begriff **Taxonomie** leitet sich von dem Wort Taxon ab. Also: Die Arten, Gattungen, Familien, Ordnungen usw. sind Taxa unterschiedlicher Rangstufe.

Die Aufstellung eines Systems kann nach durchaus unterschiedlichen Gesichtspunkten erfolgen. **Künstliche Systeme** sind praktisch und bequem zu handhaben, da sie sich nur auf wenige, schnell und eindeutig zu ermittelnde Merkmale stützen. Ihre Aussagekraft ist indessen gering, und man hat mit der Einordnung eines Taxons in ein künstliches System nicht viel gewonnen. **Natürliche Systeme** bemühen sich, die natürliche Verwandtschaft der Taxa zum Ausdruck zu bringen, so wie sie sich durch die Abstammung (Phylogenese) entwickelt hat; die Grundlage natürlicher Systeme ist also die Deszendenztheorie. Theoretisch dürfte es nur ein natürliches System geben, welches den wirklichen Stammbaum der Organismen widerspiegelt. Praktisch sind wir aber noch weit von einem solchen Ziel entfernt, da der Stammbaum ja nicht direkt beobachtet werden kann und noch längst nicht in allen seinen Einzelheiten bekannt ist, sondern nur indirekt erschlossen werden kann, was einen breiten Spielraum für Diskussionen, Meinungen und Hypothesen läßt. Dabei werden immer neue Gesichtspunkte und Merkmale in die Betrachtung einbezogen: neben morphologischen Merkmalen werden in zunehmendem Maße biochemische, physiologische, genetische, zytologische und ökologische Merkmale berücksichtigt, so daß man heute sagen kann: kein biologischer Befund ist für die Taxonomie gleichgültig, und die Taxonomie ist letzten Endes eine Zusammenfassung von Erkenntnissen aller biologischen Wissenschaften. Dadurch ist ein natürliches System selbstverständlich viel aussagekräftiger als ein künstliches.

Zweifellos ist also die Systematik in den letzten Jahren immer komplizierter und vielleicht auch unübersichtlicher geworden. Das gilt nicht zuletzt auch für die **Pilzsystematik** oder Taxonomie der Pilze, die zu den Zeiten von FRIES und RICKEN noch weitgehend künstlich war, sich aber heute mehr und mehr einem natürlichen System annähert. Auch die Schwierigkeiten der **Pilzbestimmung** haben merklich zugenommen, obwohl dies nicht primär durch den Wandel im System der Pilze bedingt ist. Vielmehr sind es einerseits die wachsende Zahl der bekannten Arten (in Europa zu RICKENS Zeiten etwa 2000, jetzt 5600 Großpilze), andererseits die Suche nach zuverlässigeren, wenn auch mitunter weniger bequem feststellbaren Merkmalen, die dem Pilzbestimmer von heute eine höhere Qualifikation, besonders im Umgang mit dem Mikroskop, abverlangen.

Dennoch braucht niemand zu befürchten, daß Pilze in Zukunft nur noch mit dem Computer oder mit Hilfe eines biochemischen Labors bestimmt werden können. Ein Pfifferling wird auch heute und in 1000 Jahren noch an den gleichen Merkmalen erkannt, die ihn zu Zeiten FRIES' charakterisierten. Zur Bestimmung ist es nämlich in der Regel gar nicht notwendig (und oft auch nicht möglich), das gesamte Arsenal der zur Systembildung wertvollen Merkmale heranzuziehen: Schlüsselmerkmale und Systemmerkmale sind durchaus zweierlei Dinge. Wer eine einkeimblättrige Pflanze bestimmt, beginnt ja auch nicht mit der Suche nach dem Keimblatt – er weiß nur, daß für diese Pflanzengruppe ein einziges Keimblatt charakteristisch ist, erkennt sie aber an anderen, eben den Schlüsselmerkmalen.

Die grundlegende taxonomische Rangstufe ist die **Art** (Spezies, spec., sp.). Sie ist eine naturgegebene Einheit, nach ROTHMALER (1950) *„die kleinste Abstammungsgemeinschaft, die durch mehrere konstante, erbliche Merkmale von allen anderen Abstammungsgemeinschaften deutlich geschieden ist. Sie weist ein durch die einmalige Geschichte ihrer Entstehung entstandenes, selbständiges und charakteristisches Areal auf. Von allen anderen, gleichwertigen Abstammungsgemeinschaften ist sie durch eine mehr oder weniger starke, oft genetische Isolierung getrennt."* Also: Konstanz der Merkmale, genetische oder anderweitige Isolierung und Selbständigkeit des Verbreitungsgebietes **(Areal)** werden als wesentliche Kriterien einer Art angesehen; man kann dem noch hinzufügen, daß einander nahestehende Arten sich meist durch ihre ökologischen Ansprüche (Substrat, Boden, Mykorrhizapartner oder dgl.) unterscheiden, also verschiedene „ökologische Nischen" einnehmen, im gleichen Gebiet daher nicht miteinander konkurrieren.

In der Praxis ist es nicht immer leicht zu entscheiden, ob ein bestimmtes Taxon den genannten Kriterien entspricht, also eine „gute Art" ist. Darin besteht das **Artproblem**, welches besonders dort auftritt, wo es sich um phylogenetisch junge, in Entfaltung begriffene Gruppen handelt. Beispiele hierfür sind „der Steinpilz", „die

Rotkappe“, „der Hallimasch“ oder „der Grünspan-Träuschling“. Fast alle Mykologen neigen heute dazu, einen **engen Artbegriff** anzuwenden und derartige „Sammelarten“ (Kollektivspezies, Aggregate, agg.) in eine Anzahl von Arten aufzulösen, deren Merkmale recht diffizil sein können (wie in den genannten Beispielen), während man früher stattdessen nur eine Art annahm, die in Unterarten, Varietäten oder Formen gegliedert wurde. Kreuzungsversuche haben den engen Artbegriff der heutigen Mykologen in fast allen Fällen bestätigt (s. Bd. II, Kapitel IV).

Dagegen sind die **kryptischen Arten** („sibling species“), welche sich morphologisch überhaupt nicht unterscheiden und nur im Kreuzungsexperiment durch ihre genetische Isolierung erkennen lassen (so bei *Heterobasidion annosum, Laccaria laccata*), keine Arten im Sinne der oben gegebenen Definition und werden daher auch nicht mit wissenschaftlichen Namen bezeichnet. Aus ihnen könnten sich jedoch Arten entwickeln.

In anderen Fällen ist es völlig eindeutig, daß bestimmte Taxa nicht den Wert einer Art haben und daher einer niederen, einer „infraspezifischen“ Rangstufe zuzuweisen sind.

Die Kategorie der **Unterart** (Subspezies, subsp.) ist anzuwenden, wo eine ökologische oder geographische Rassenbildung vorliegt. Die Taxa schließen einander in ihrem Vorkommen aus, doch kommt es dort zu einer Vermischung bzw. zu gleitenden Übergängen, wo die Verbreitungsgebiete aneinander grenzen. Derartige Fälle sind bei Großpilzen bisher nur selten glaubwürdig aufgezeigt worden, darum wird die Kategorie Unterart auch nur selten verwendet.

Die Kategorien **Varietät** (var.) und **Form** (f.) sind geringfügigen, aber doch erblichen Abweichungen vorbehalten, welche da und dort im Areal der Art auftreten, also kein selbständiges Verbreitungsgebiet haben. Handelt es sich um einen einzigen Mutationsschritt (z. B. Verlust eines Farbstoffes oder einer Geruchskomponente), so ist die Einstufung als Form angebracht, z. B. die als „f. *indora*“, „f. *alba*“ beschriebenen geruchlosen oder farblosen Abweichungen vieler Pilzarten.

Man muß sich darüber klar sein, daß viele, vielleicht die meisten der heute registrierten Varietäten und Formen nur die Verlegenheit der Mykologen ausdrücken, die den taxonomischen Wert vorgefundener Abweichungen noch nicht einschätzen können. Viele der beschriebenen „f.“ sind vielleicht gar nicht erblich, sondern umweltbedingt (z. B. ändert sich die Form der Porlinge sehr stark nach der Lage des Substrates, Luftfeuchtigkeit, Beleuchtung u. a.) und damit nicht Gegenstand der Taxonomie, während andererseits nicht wenige ursprünglich als „var.“ beschriebene Taxa später zur Art erhoben wurden, nachdem sich die Konstanz ihrer Merkmale und die Besonderheit ihrer Verbreitung und Ökologie wiederholt bestätigt hatten.

Demgegenüber sind die **Rangstufen oberhalb der Art** wenig problematisch. Sie sind weder definierbar noch in ihrer Anzahl eingeschränkt, sondern ihre Anwendung ergibt sich aus der Notwendigkeit, die vermuteten natürlichen Abstammungsgemeinschaften möglichst genau nachzuzeichnen. Die grundlegenden Rangstufen sind Gattung, Familie, Ordnung, Klasse, Abteilung und Naturreich, doch können bei Bedarf beliebig viele Zwischenstufen eingefügt werden. Alle Rangstufen oberhalb der Gattung sind schon an der Endung des Namens erkennbar; so ist sofort ersichtlich, daß die Basidio**mycetes** eine Klasse, die Agaric**ales** eine Ordnung, die Balet**aceae** eine Familie sind. Die Rangstufe eines Namens muß also immer eindeutig festliegen.

Nachstehend ist die Hierarchie der Rangstufen oberhalb der Art mit den für die Mykologie wichtigsten Zwischenstufen samt den vorgeschriebenen Endungen aufgeführt. Als Beispiel ist die Einordnung des Grünen Knollenblätterpilzes gegeben (Namen in Klammern werden nicht benötigt und sind hier nur der Vollständigkeit halber gebildet worden).

Reich (Naturreich)	-bionta	*Protobionta*
Abteilung (Stamm)	-mycota	*Eumycota*
Klasse	-mycetes	*Basidiomycetes*
Unterklasse	-mycetidae	*Hymenomycetidae*
Ordnung (Reihe)	-ales	*Agaricales*
Unterordnung	-ineae	*(Agaricineae)*
Familie	-aceae	*Amanitaceae*
Unterfamilie	-oideae	*(Amanitoideae)*
Tribus	-eae	*Amaniteae*
Untertribus (Subtribus)	-inae	*(Amanitinae)*
Gattung (Genus)		*Amanita*
Untergattung (Subgenus)		*Amanita* subg. *Lepidella*
Sektion		*Amanita* sect. *Phalloideae*
Untersektion (Subsection)		*(Amanita* subsect. *Phalloideae)*
Serie (Stirps)		*Amanita* ser. *Phalloides*
Art (Species)		*Amanita phalloides*

Es sei vermerkt, daß Fries in seinem Werk „Systema Mycologicum" die Bezeichnung **tribus** nicht im obigen Sinne, sondern für eine Rangstufe unterhalb der Gattung verwendet hat.

B. Nomenklaturregeln

Die wissenschaftliche Nomenklatur der Pilze ist für viele Pilzfreunde eine höchst unangenehme oder unverständliche Angelegenheit, ändern sich doch häufig längst eingebürgerte Namen aus Gründen, die nicht leicht ersichtlich sind. Manchmal scheint es, als herrsche reine Willkür. In Wahrheit richtet sich die **Nomenklatur** (Namengebung) nach international festgelegten Regeln, die von den Internationalen Botanischen Kongressen beschlossen und in gewissen Zeitabständen ergänzt werden. Dieses Regelwerk heißt **Internationaler Code der botanischen Nomenklatur** (ICBN) und ist ein kompliziertes Gebilde, das in seiner letzten Ausgabe (Utrecht 1983) aus 75 Artikeln sowie zahlreichen Anmerkungen, Empfehlungen und Anhängen besteht. Seine Anwendung setzt nicht nur genau Kenntnis der Regeln, sondern auch umfassende Kenntnis der botanischen bzw. mykologischen Literatur voraus.

In diesem Rahmen ist es nicht möglich, die gesamten Nomenklaturregeln anzuführen und zu kommentieren (der Interessent sei auf den Code selbst verwiesen). Doch sollen die wichtigsten Prinzipien der botanischen Nomenklatur an Hand von Beispielen aus der Mykologie erläutert werden.

Ziel der Nomenklaturregeln ist, daß jedes Taxon nur einen einzigen korrekten Namen trägt und daß die unnütze Aufstellung von Namen vermieden wird. Da der Code nicht zu Beginn der botanischen Nomenklatur (Linnaeus 1753) vorhanden war, sondern erst im 20. Jahrhundert schrittweise und als Kompromiß vieler widerstreitender Ansichten entwickelt wurde (einen Abriß der Entwicklung geben Mans-

FELD 1949 sowie DEMOULIN & al. 1981), müssen seine Bestimmungen auch rückwirkend angewandt werden. Angesichts der großen Anzahl von Arten konnte dies noch nicht generell durchgeführt werden, zumal manche Bestimmungen des ICBN mehrfach verändert wurden, woraus sich zum Teil die bedauerliche Unbeständigkeit der wissenschaftlichen Nomenklatur erklärt.

Eine absolute Beständigkeit der Namen ist aber auch deshalb unmöglich, weil die Nomenklatur nicht unabhängig von der Taxonomie ist. Jede taxonomische Umbewertung (Aufspaltung oder Vereinigung von Gattungen, Erhebung einer Varietät zur Art oder umgekehrt, Identifizierung zweier bis dahin für verschieden gehaltener Arten, usw.) zieht zwangsläufig Änderungen der Nomenklatur nach sich. Sowohl die analytische als auch die synthetische Seite der taxonomischen Arbeit (s. S. 9) finden ihre Widerspiegelung in der Nomenklatur. Und da die taxonomische Erforschung der Pilze noch lange nicht abgeschlossen sein wird, müssen wir Änderungen der Pilznamen immer wieder in Kauf nehmen.

Zu den wichtigsten Grundsätzen der botanischen Nomenklatur gehören die Typenmethode und das Prioritätsprinzip. Sie werden auf alle Kategorien von der Form bis zur Familie angewandt.

Typenmethode

Die **Typenmethode** besagt, daß jeder Name untrennbar mit einem **nomenklatorischen Typus** verbunden ist. Der Typus einer Familie ist eine bestimmte Gattung, der Typus einer Gattung ist eine bestimmte Art, der Typus einer Art jedoch ist ein bestimmtes Exsikkat bzw. ein Herbarbeleg. Wird ein Taxon aufgeteilt, so bleibt der Name immer für denjenigen Teil des Taxons erhalten, der den Typus beinhaltet. Zum Beispiel bleibt der Gattungsname *Boletus* mit der Typusart *Boletus edulis* verbunden, wie viel oder wie wenig man auch immer die Röhrlinge aufspalten mag.

Wie erfolgte die Auswahl der Typen? Der Typus muß logischerweise immer ein Element sein, welches bei der Erstveröffentlichung eines Namens mit inbegriffen war. Hat nur ein Element (eine Art, ein Exsikkat) dabei vorgelegen, oder hat der Autor eines Namens ein bestimmtes Element ausdrücklich als Typus angegeben, so ist dies ein **Holotypus**. Ist hingegen erst nachträglich eines der Elemente als Typus ausgewählt worden, so ist dies ein **Lectotypus**.

Das Typusexemplar (bzw. die Typuskollektion) einer Art oder infraspezifischen Einheit ist ein außerordentlich wertvoller Beleg; es muß mit größter Sorgfalt aufbewahrt und darf nicht beschädigt werden. Bei Zweifel an der Identität einer Art, an der Zugehörigkeit eines Namens, muß auf den Typus zurückgegriffen werden. Meist werden die Typen in den großen botanischen Museen aufbewahrt, doch befinden sich auch manche Typen in kleineren Instituten oder in persönlichen Sammlungen der Mykologen.

Allerdings kommt es oft vor, daß das der Erstbeschreibung (Originaldiagnose) zugrunde gelegte Exsikkat nicht mehr vorhanden ist. Es kann weggeworfen, verfault, durch Brand oder Insekten vernichtet oder sonstwie verlorengegangen sein. In diesem Falle kann auch eine (in der Erstbeschreibung zitierte) Abbildung, notfalls sogar eine Beschreibung als Typus dienen. Lebendes Material (Pilzkulturen) ist bisher nicht als Typus zugelassen: Nur die Nomenklatur der Bakterien (die von der botanischen abweicht) gestattet lebende Kulturen als Typen.

Die Gattungstypen der Pilze sind heute bereits weitgehend ausgewählt und festgelegt; die Gattungstypen der europäischen Großpilze sind aus dem Verzeichnis der Gattungsnamen in Bd. VI dieses Handbuches ersichtlich. Die Typen der Familien sind immer diejenigen Gattungen, deren Namen den Familiennamen entsprechen, also *Boletus* für *Boletaceae, Tricholoma* für *Tricholomataceae*, usw.

Prioritätsprinzip

Das Prinzip der **Priorität** besagt: Von mehreren Namen, die sich auf das gleiche Taxon beziehen (also von mehreren **Synonymen**), ist der **älteste legitim***) veröffentlichte Name der richtige (der **korrekte**) Name. Dieses durchaus klare und verständliche Prinzip erfährt eine Anzahl notwendiger Einschränkungen.

1. Ausgangspunkte der Nomenklatur. Für jede Gruppe ist ein bestimmtes bedeutendes taxonomisches Buch der Ausgangspunkt („starting point") der Nomenklatur; ältere Quellen bleiben zunächst außer Betracht. Für Pilze gelten folgende Ausgangspunkte:

1. V. 1753: LINNAEUS, Species plantarum (ed. 1) – für alle rezenten (d.h. nicht fossilen) Pilze einschl. der Schleimpilze *(Myxomycetes)* und lichenisierten Pilze = Flechten *(Lichenes)*. Dieses Werk ist das erste, in welchem die binäre Nomenklatur (s. S. §§) konsequent eingeführt wurde.

31.XII.1820: STERNBERG, Flora der Vorwelt – für fossile Pilze.

Wichtig ist folgende, seit 1981 geltende Regelung: Namen von Rost-, Brand- und Bauchpilzen, die von PERSOON in seinem Werk *Synopsis Methodica Fungorum* (31.XII.1801) angenommen wurden, sowie Namen aller übrigen Pilze (außer Schleimpilzen) und Flechten, die von FRIES in seinen Werken *Systema Mycologicum* (3 Bände, 1.I.1821 bis 1832) und *Elenchus Fungorum* (2 Bände, 1828) angenommen wurden, sind sanktioniert, d.h., sie sind gegenüber älteren Homonymen und konkurrierenden Synonymen geschützt (Artikel 13.1 (d)).

Durch diese Zusatzbestimmung kann also ein von PERSOON bzw. FRIES sanktionierter Name einen älteren, aber von diesen Autoren nicht angenommenen Namen verdrängen. So wurde der Perlpilz von SCOPOLI 1772 als *Agaricus rubens*, von SCHAEFFER 1774 als *Agaricus pustulatus* und von PERSOON 1801 als *Amanita rubescens* beschrieben. FRIES nannte 1821 den Perlpilz *Agaricus rubescens* und nahm damit den von PERSOON gegebenen Artnamen an, welcher dadurch sanktioniert ist.

Leider kommt es verschiedentlich vor, daß ein älterer Name von FRIES angenommen, aber falsch interpretiert wurde, die Beschreibung bei FRIES also nicht mit der ursprünglichen Bedeutung des Namens (z.B. bei SCOPOLI, SCHAEFFER, BATSCH, BULLIARD, PERSOON, ALBERTINI & SCHWEINIZ) übereinstimmt. Auch in diesem scheinbar verzwickten Falle ist der Typus entscheidend. Nach Artikel 7.17 beruht die Typisierung sanktionierter Namen „auf allem, was in diesem Werk mit dem Namen

*)Um **legitim** zu sein, muß ein Name den Regeln entsprechen, insbesondere muß er wirksam und gültig (s. 15f.) publiziert sein, er darf kein Homonym (S. 16) und nicht auf ein Homonym gegründet sein. Namen mit falschen, die Rangstufe anzeigenden Endungen (vgl. S. 12), mit orthographischen oder typographischen Fehlern (S. 18) sind hingegen legitim.

verknüpft ist"; wo immer möglich, wird man aber den Typus sanktionierter Namen (in der Regel eine Abbildung mit Beschreibung, denn Exsikkate wurden zu jener Zeit meist nicht hinterlegt) beim namengebenden, nicht beim sanktionierenden Autor suchen. Zitiert FRIES also eine Abbildung von BULLIARD, so ist der dort dargestellte Pilz für die Anwendung des Namens ausschlaggebend, auch wenn die Beschreibung bei FRIES eine andere Art meint oder mehrere Arten einschließt, z. B. durch Zitieren von Abbildungen weiterer Autoren.

2. Rangstufe. Das Prinzip der Priorität gilt nur auf gleicher Rangstufe (Artikel 60.1: „Niemals besitzt ein Name Priorität außerhalb seiner eigenen Rangstufe."). So kann der Name einer Art nicht durch ein älteres Synonym ersetzt werden, welches als Varietät publiziert wurde. Gleiches gilt z. B. für das Verhältnis von Sektion und Gattung: *Hydnum* sect. *Tremellodon* PERS. 1825 wurde von FRIES 1874 in den Rang einer Gattung erhoben, die Priorität vor *Tremellodon* (PERS.) FR. 1874 hat jedoch *Pseudohydnum* KARST. 1868.

Wird die Rangstufe geändert, z. B. eine Varietät zur Art erhoben, so k a n n ein ganz neuer Name gegeben werden, es kann aber auch der bisherige Name beibehalten und entsprechend kombiniert werden.

Auch die Sanktionierung ist eine Prioritätsfrage und kann daher nur auf gleicher Rangstufe wirksam werden.

3. Nomina conservanda. Gattungs- und Familiennamen, die in allgemeinem Gebrauch sind, können vor älteren, weniger gebräuchlichen Namen „geschützt" werden, indem sie – durch Beschluß internationaler Gremien – in die dem Nomenklaturcode beigefügte Liste der „Nomina conservanda" (beizubehaltende Namen) aufgenommen werden. Nomina conservanda sind z. B. *Conocybe, Daldinia, Gyromitra, Mutinus, Pholiota, Tricholoma* und *Xerocomus.*

Auf gleiche Weise können Namen auch vor älteren **Homonymen** (gleichlautender Name, der sich auf einen anderen Typus gründet) geschützt werden; zu dieser Art von Nomina conservanda gehören *Clavaria, Hymenochaete, Ramaria* und *Xylaria.*

Durch diese Maßnahme soll verhindert werden, daß sehr gebräuchliche Namen (und besonders Namen von artenreichen Gattungen) aus nomenklaturtechnischen Gründen verschwinden. Artnamen können nur in Ausnahmefällen (Arten mit größerer wirtschaftlicher Bedeutung) konserviert werden.

4. Tautonyme, d. h. übereinstimmende Gattungs- und Artnamen, sind in der Mykologie, im Gegensatz zur Zoologie, nicht zulässig, auch wenn sie sich durch Kombination des ältesten gültigen Gattungsnamens mit dem ältesten gültigen Artnamen ergeben würden (z. B. *Auriscalpium auriscalpium, Crucibulum crucibulum*). In diesem Falle ist der nächst jüngere Artname anzunehmen, z. B. *Auriscalpium vulgare, Crucibulum laeve.*

5. Gültigkeit der Namen. Damit ein wissenschaftlicher Name überhaupt **gültig** wird, sind eine Anzahl von Bedingungen zu erfüllen; fehlt eine dieser Bedingungen, so kommt der Name für Fragen der Priorität überhaupt nicht in Betracht. Darum sollte jeder, der eine neue Varietät, Art, Gattung oder Familie beschreiben will, folgende Bedingungen auf jeden Fall berücksichtigen:

a) **Wirksame Veröffentlichung** in einer allgemein zugänglichen Druckschrift (Buch, wissenschaftliche Zeitschrift). Veröffentlichung in Handschriften, auch wenn diese in öffentlichen Bibliotheken hinterlegt werden, ist ebensowenig wirksam wie die Bekanntgabe in maschinegeschriebenen Dissertationen und Forschungsberichten, die durch Lichtpausen, Hektographie, Ormig-Verfahren, Mikrofilm o. dgl. vervielfältigt wurden.

Die Veröffentlichung in nichtwissenschaftlichen Zeitschriften ist wirksam, wenn sie vor dem 1. I. 1953 erfolgte.

b) Eindeutige **Angabe der Rangstufe** und deutliche Erklärung als **neues** Taxon durch Hinzufügen von Hinweisen wie „spec. nov.", „gen. nov.", „sect. nov." u. dgl. Auch diese Bestimmung wird nicht auf Namen angewandt, die vor dem 1. I. 1953 publiziert wurden.

Die von FRIES im „Systema mycologicum" (1821–1832) mit der falschen Rangstufenbezeichnung „tribus" (vgl. S. 12) veröffentlichten Namen sind gültig.

c) **Lateinische Diagnose.** „Die Diagnose eines Taxons ist die Angabe dessen, wodurch sich das Taxon nach der Meinung seines Autors von anderen Taxa unterscheidet" (Artikel 32.3). Die scheinbare Unbequemlichkeit der lateinischen Diagnose bewahrt den Systematiker davor, Diagnosen aus allen beliebigen Sprachen lesen und berücksichtigen zu müssen, und verhütet – da ja Latein eine tote Sprache ist – die Bevorzugung oder Diskriminierung irgendeiner lebenden Nation oder Sprache.

Vor dem 1. I. 1935 veröffentlichte Namen sind jedoch auch gültig, wenn die Diagnose in einer anderen Sprache als Latein abgefaßt ist. Namen von fossilen Pilzen wie auch von Bakterien können auch heute noch ohne lateinische Diagnose gültig publiziert werden.

d) Der **zugehörige Gattungsname** oder (bei intraspezifischen Taxa) Artname muß gleichzeitig oder früher gültig veröffentlicht sein. Die Publikation einer neuen Art mit einem ungültigen Gattungsnamen ist also nicht gültig, wohl aber mit einem zwar gültigen, aber aus Prioritätsgründen nicht korrekten Gattungsnamen.

e) Der **nomenklatorische Typus** (S. 13) muß angegeben werden. Bei Arten und infraspezifischen Taxa ist dies ein bestimmtes Exemplar oder Exsikkat, das mit Fundort (Lokalität), Datum, Sammler und Sammelnummer angegeben wird, in Ausnahmefällen auch das Zitat einer Abbildung; es wird e m p f o h l e n , auch den Aufbewahrungsort des Exsikkats und bei parasitschen oder epiphyllen Pilzen die Wirtspflanze anzugeben. Bei Gattungen wird eine bestimmte Art, bei Familien die namengebende Gattung als Typus angegeben.

Vor dem 1. I. 1958 publizierte Namen sind auch ohne Angabe des Typus gültig.

f) **Neukombinationen** und **Änderungen der Rangstufe** sind als „comb. nov." oder „stat. nov." zu kennzeichnen. Für ihre gültige Veröffentlichung kommen die Bedingungen a, b und d in Frage. Die ursprüngliche Form des Namens (das **Basionym**) muß eindeutig mit bibliographischen Angaben zitiert werden, und man muß sorgfältig darauf achten, daß das Basionym nach den Bedingungen a bis e gültig veröffentlicht war. War das Basionym nicht gültig, ist auch die Neukombination nicht gültig.

Homonyme

Homonyme sind zwei gleichlautende Namen derselben Rangstufe, wenn sie sich auf verschiedene Typen gründen (z. B. *Volvaria* QUÉL. 1872 und *Volvaria* DC. 1805, eine Flechte). In derartigen Fällen ist das jüngere Homonym **illegitim** und muß aufgegeben werden. Selbst wenn ein älterer Name aus irgendwelchen Gründen illegitim ist, führt er zwangsläufig auch zur Verwerfung des jüngeren Homonyms.

Auch bei Unterschieden lediglich in der Schreibweise oder im Geschlecht gelten zwei Namen als Homonyme, wenn sie sich auf verschiedene Typen gründen: *Craterella* PERS. 1794 und *Craterellus* PERS. 1825. Sie würden sonst Anlaß zu ständigen Verwechslungen geben.

In seltenen Fällen wird ein Name durch Aufnahme in die Liste der Nomina conservanda (S. 15) gegenüber einem älteren Homonym geschützt. Dies ist z. B. der Fall bei *Hypoxylon* BULL. 1791 gegenüber *Hypoxylon* ADANSON 1763 (= *Xylaria* HILL ex SCHRANK!).

Ein homonymes Epitheton kann durch Kombination mit einem anderen Gattungsnamen legitim werden; diese Kombination wird aber als der Name eines neuen Taxons oder als Nomen novum betrachtet (Artikel 72.2, Anm. 1), was im Autorzitat zum Audruck kommt: Der Name *Agaricus fulvus* SCHAEFF. 1774 für den Fuchsigen Streifling ist ein Homonym zu dem sanktionierten Namen *Agaricus fulvus* DC. 1815 : FR. 1821 (= *Tricholoma fulvum*!) und somit illegitim. Die Kombination *Amanita fulva* durch FRIES 1815 ist legitim, muß aber als *A. fulva* FR. zitiert werden, nicht *A. fulva* (SCHAEFF.) FR. Ähnlich verhält es sich mit dem Namen des Möhrlings: *Agaricus imperialis* FRIES in N. LUND 1845 ist ein Homonym zu *A. imperialis* BATSCH 1783 (= *Amanita muscaria*!), die Kombination *Armillaria imperialis* durch QUÉLET 1872 ist jedoch legitim, und damit auch *Catathelasma imperiale* (QUÉL.) SING. 1941. Nicht korrekt wäre das Autorzitat *C. imperiale* (FR.) SING.

Pilze mit Haupt- und Nebenfruchtform

Obwohl die Nomenklaturregeln das Ziel verfolgen, daß jede Sippe nur einen korrekten Namen hat, lassen sie eine für die Mykologie bedeutungsvolle Ausnahme zu. Haupt- und Nebenfruchtform des gleichen Pilzes können verschiedene Gattungs- und Artnamen haben, z. B. *Ditangium insigne* heißt die Nebenfruchtform des Gallertpilzes *Craterocolla cerasi*, obwohl beide ja nur verschiedene Entwicklungsstadien des gleichen Organismus sind. Der Grund für diese bei Großpilzen seltene, bei Askomyzeten aber ungeheuer wichtige Komplikation liegt darin, daß die Zusammengehörigkeit beider Fruchtformen meist sehr spät entdeckt wurde und die Gattungen oft nicht kongruent sind.

Korrekt ist in jedem Falle der Name der Hauptfruchtform (Teleomorphe), also des Stadiums, welches Aszi oder Basidien hervorbringt. Jedoch kann der Name der Nebenfruchtform (Anamorphe: konidienbildende oder sterile Stadien) dann verwendet werden, wenn speziell auf diese Stadien Bezug genommen wird.

Meist wurde die Nebenfruchtform zuerst entdeckt, ihr Name ist dann älter als der der Hauptfruchtform, kommt aber für die Nomenklatur der Hauptfruchtform nicht als älteres Synonym in Betracht; das gilt für Gattungs- wie für Artnamen. Unter bestimmten Bedingungen konnte bis 1966 der Artname (Epitheton) einer Nebenfruchtform auf die Hauptfruchtform übertragen werden und galt dann als neu gegebener Name. Da dieser Fall bei Großpilzen kaum jemals vorkommt, sei wegen Einzelheiten und Beispielen auf Artikel 59 des Nomenklaturcode verwiesen.

Rechtschreibung der wissenschaftlichen Namen

Die wissenschaftlichen Namen der Pilze sind nicht immer dem klassischen Latein entnommen. Es kann sich auch um mittelalterliches Kirchenlatein, um latinisiertes Griechisch oder überhaupt um andere Sprachen handeln. Daher sind mancherlei orthographische Variationen möglich, wie z.B. der wechselnde Gebrauch von i und y in *silvestris/sylvestris, stipticus/stypticus, lacrimans/lacrymans* oder wechselndes Geschlecht in *Geaster/Geastrum, Lactaria/Lactarius.* Von solchen **orthographischen Varianten** ist jeweils die bei der gültigen Veröffentlichung des Namens verwendete Schreibweise beizubehalten. Um über die Schreibweise zu entscheiden, muß man also diese Quelle prüfen und gegebenenfalls eine abweichende Schreibweise beim sanktionierenden Autor verwerfen: z. B. muß der Dornige Stachelseitling (Bd. II/95) *Creolophus cirratus* heißen, denn der Artname wurde von PERSOON 1797 als *Hydnum cirratum* gültig publiziert, von FRIES 1821 als *Hydnum cirrhatum* lediglich sanktioniert.

Dagegen werden **orthographische Irrtümer** nachträglich berichtigt. Hierzu gehören falsche Bindevokale und falsche Genitivformen von Personennamen. So muß *cepistipes* statt *cepaestipes, mammiforme* statt *mammaeforme**) geschrieben werden, *queletii* statt *queleti.* Die Genitivendung für männliche Personennamen ist -i nach Vokalen und -er, dagegen -ii nach Konsonanten (außer -er). Es heißt also grundsätzlich *moseri, schaefferi, mairei, vittadinii, henningsii, heimii, haasii, rickenii; bresadolae, battarae, kotlabae; wakefieldiae.*

Diakritische Zeichen außer dem Trema (ë) sind in wissenschaftlichen Namen nicht zugelassen. Es wird also abgeleitet: von KÜHNER – *Kuehneromyces,* von v. HÖHNEL – *hoehnelii,* von PILÁT – *pilatii,* von SVRČEK – *svrcekii,* von ŠMARDA – *smardae,* von QUÉLET – *queletii.***)

Die von den Wirtspflanzen abgeleiteten Namen sind entsprechend der gültigen Schreibweise der Pflanzennamen zu berichtigen, also *Phylloporia ribis* f. *pyri* statt f. *piri.*

Typographische (drucktechnische) **Varianten** sind, im Gegensatz zu orthographischen Varianten, gegebenenfalls gegenüber der ersten gültigen Veröffentlichung richtigzustellen. Hierzu zählen folgende Fälle:

1. Kleinschreibung der Artnamen (der Epitheta), auch wenn sie ursprünglich mit großen Anfangsbuchstaben geschrieben wurden. Also *friesii* statt *Friesii, berkeleyanus* statt *Berkeleyanus, tridentinus* statt *Tridentinus, Scleroderma bovista* statt *Scleroderma Bovista.*
2. Statt vokalischem v ist u zu schreiben, also *Neurophyllum* statt *Nevrophyllum.*
3. Offensichtliche Druckfehler sind zu berichtigen.

Zusammengefaßt: Orthographische Varianten sind entsprechend der ursprünglichen Schreibweise beizubehalten, dagegen sind orthographische Irrtümer und typographische Varianten zu berichtigen. Es ist jedoch dringend geboten, die Berichtigung nur in völlig eindeutigen, jeden Zweifel ausschließenden Fällen vorzunehmen und nicht auf bloße Spekulationen hin die Schreibweise von Namen zu ändern, wie dies leider manchmal geschieht. Keinesfalls darf ein Name geändert werden, weil er sprachlich unschön, geschmacklos (man denke an so drastische Namen wie *Lycoperdon, Bovista, Phallus, Mutinus*) oder inhaltlich falsch ist. Namen wie *Gyromitra es-*

*) Man unterscheidet jedoch *tubaeformis* (trompetenförmig) und *tubiformis* (röhrenförmig).

**) Alle in den Systematischen und Speziellen Teilen des Handbuchs für Pilzfreunde auf wissenschaftlichen Namen stehenden Akzente sind Betonungszeichen und nicht Bestandteil des Namens!

culenta und *Lactarius necator* drücken geradezu das Gegenteil der Wahrheit aus, bleiben aber dennoch gültig!

Binäre Nomenklatur

Es erscheint uns heute selbstverständlich, daß die Namen der Pilze **binär** sind, d.h., jeder Name besteht aus zwei Wörtern, dem Gattungsnamen (z. B. *Amanita*) und dem Artnamen oder **Epitheton** (z. B. *pantherina*). Die binäre Nomenklatur wurde von LINNAEUS 1753 in die Botanik eingeführt. Vorher war es üblich, Pflanzen und natürlich auch Pilze mit sog. **Phrasen** zu benennen, die eine kurze lateinische Beschreibung darstellten. So hieß der Igel-Stäubling bei MICHELI (1729) *Lycoperdon esculentum, obscurum, echinis quadrangularibus et quadripartitis insignitum* (Eßbarer, dunkler Stäubling, durch vierkantige und vierteilige Stacheln ausgezeichnet). Nach 1753 setzte sich die binäre Nomenklatur sehr schnell durch, dennoch benannten einzelne Autoren auch später noch Arten mit Phrasen. In derartigen Werken veröffentlichte Artnamen sind, auch wenn sie zufällig nur aus einem Wort bestehen, nicht als Epitheta binärer Namen im Sinne der Nomenklaturregeln anzusehen und damit ungültig (Artikel 23.6 der Regeln), Gattungsnamen sind jedoch gültig.

Bekannte mykologische Werke, in denen die binäre Nomenklartur nicht durchgehend angwendet wurde, sind PAULET, Traité des champignons, Paris „1793" (erst ab 1808 verkauft und damit wirksam) bis 1835 und SECRETAN, Mycographie Suisse (Genève 1833). Vgl. hierzu DEMOULIN (1974) und DEMOULIN & al. (1981).

C. Das Zitieren der Autornamen

Zur vollständigen Nomenklatur eines Pilzes gehört auch das korrekte Zitieren der Autornamen. Das Autorzitat, eventuell durch Jahreszahl und Literaturzitat ergänzt, sagt Wesentliches über der Herkunft und nomenklatorische Geschichte eines Namens aus und macht eigentlich erst die Wahl des korrekten Namens verständlich. Um Druckraum zu sparen, werden häufig vorkommende Autornamen oft abgekürzt (s. Bd. VI).

Wird ein Artname in eine andere Gattung übertragen, dann wird der ursprüngliche Autorname in Klammern zitiert, und es folgt der Name des Autors, der die Neukombination vorgenommen hat.

Hygrophorus quietus KÜHNER 1947
Hygrocybe quieta (KÜHNER) SING. 1951

Gleiches geschieht bei Veränderung der Rangstufe:

Psalliota hortensis var. *bispora* LGE. 1926
Psalliota bispora (LGE.) MOELL. & J. SCHFF. 1938
Agaricus bisporus (LGE.) PIL. 1951

Wird ein ungültig publizierter Name nachträglich gültig gemacht, z. B. durch spätere Publikationen der lateinischen Diagnose, so werden die Namen des früheren und des späteren Autors durch „ex" verbunden:

Clitocybe langei SING. 1943 (Nomen nudum, d. h. ohne Diagnose)
Clitocybe langei SING. ex HORA 1960

Ebenso verfährt man, wenn ein Gattungsname, der vor dem Ausganspunkt der Nomenklatur veröffentlicht wurde, von einem späteren Autor übernommen und damit gültig gemacht (validiert) wurde:

Xylaria HILL 1751 ex SCHRANK 1789

Aus den Werken vor LINNAEUS 1753 kommen nur Gattungsnamen für eine Validierung in Betracht, da die Artnamen noch nicht oder nur zufällig dem binären Prinzip entsprachen (s. oben). So kann man zitieren *Clathrus* MICHELI 1729 ex L. 1753, aber nicht *Clathrus ruber* MICHELI ex PERS. oder *Geastrum asperum* MICHELI ex C. G. LLOYD. Jedoch sind einige der vorzüglichen Abbildungen bei MICHELI als Typen nach 1753 gegebener Namen anzusehen, z. B. ist der Name *Boletus arcularius* BATSCH 1783 = *Polyporus arcularius* (BATSCH) : FR. durch BATSCHS Hinweis auf die Tafel 70, fig. 5, bei MICHELI typisiert, ebenso *Lycoperdon pedicellatum* BATSCH 1783 = *Geastrum pedicellatum* (BATSCH) DÖRFELT & MÜLLER-URI durch BATSCHS Hinweis auf die Tafel 100, fig. 2, bei MICHELI.

Hat ein Name einen sanktionierten Status (S. 14), so wird der Name des sanktionierenden Autors (also PERSOON oder FRIES) nach einem Doppelpunkt hinzugefügt:

Cantharellus ADANS. 1763: FR. 1821
Polyporus MICHELI 1729 ex ADANS. 1763: FR. 1821
Lycoperdon TOURNEFORT 1700 ex PERS. 1795: PERS. 1801
Boletus edulis BULL. 1781: FR. 1821
Peziza saniosa SCHRAD. 1799: FR. 1822
Cordyceps ophioglossoides (EHRH. 1792: FR. 1823) LINK 1833
Pisolithus arhizos (SCOP. 1786: PERS. 1801) RAUSCHERT 1959

Wird gleichzeitig mit der Sanktionierung der Artname mit einem anderen Gattungsnamen kombiniert, steht der Doppelpunkt nach der Klammer:

Polyporus varius (PERS. 1796): FR. 1821

Von 1910 (de facto von 1950) bis 1981 waren nach den damals gültigen Regeln die vor dem 31. XII. 1801 publizierten Namen der Rost-, Brandpilze und Gasteromyzeten sowie die vor dem 1.I.1821 publizierten Namen der übrigen Pilze (außer Myxomyzeten und Flechten) als ungültig anzusehen („devalidiert") und konnten nur verwendet werden, wenn sie nach den genannten Daten von einem beliebigen Autor wieder verwendet und damit „revalidiert" wurden, d. h. die Nomenklatur der genannten Gruppen hatte spätere Ausgangspunkte als 1753. Erst das Datum der Revalidierung war also das in Prioritätsfragen entscheidende Datum der gültigen Publikation. Der revalidierende Autor wurde mit einem vorangestellten „ex" zitiert:

Agaricus campestris L. 1753 ex FR. 1821
Amanita muscaria (L. 1753 ex FR. 1821) HOOKER 1821
Sphaerobolus stellatus TODE 1790 ex PERS. 1801

Einige westeuropäische Autoren verwendeten jedoch im Falle der Revalidierung nicht „ex", sondern „per" (vgl. DONK 1961):

Agaricus campestris L. per FR. 1821

und im Falle gleichzeitiger Umkombination „trans" oder auch eckige Klammern:

Bovista pusilla BATSCH 1789 trans PERS. 1801 oder
Bovista pusilla [BATSCH 1789] PERS. 1801

und bei abermaliger Umkombination

Globaria pusilla (BATSCH trans PERS.) QUÉL. 1873.
Globaria pusilla ([BATSCH] PERS.) QUÉL 1873.

Der Gebrauch von „per", „trans" und eckigen Klammern war niemals im Nomenklaturcode vorgesehen; da er aber viel in den Niederlanden und Belgien, gelegentlich auch in Frankreich und Großbritannien praktiziert wurde und somit Eingang in viele taxonomisch-nomenklatorische Nachschlagewerke fand, sollte man seine Bedeutung kennen. Im Vergleich zur zoologischen Nomenklatur geben die Autorzitate der botanischen Nomenklatur in der früheren wie in der jetzigen Form oft erstaunlich viel Aufschluß über die taxonomische Geschichte eines Namens.

Abschließend seien noch einige Bindewörter und Abkürzungen erklärt, die sich mitunter in Autorzitaten finden und zusätzliche Information geben sollen:

agg. (Aggregat): Sammelart, gemeinsame Bezeichnung für mehrere schwer unterscheidbare oder nicht restlos geklärte Arten.

ap., apud (bei): so viel wie „in", entspricht jedoch nicht dem Code.

em., emend. (emendavit, „berichtigt von ..."): der hiernach zitierte Autor hat den Umfang des Taxons und damit den Gehalt des Namens wesentlich (!) verändert:

Lyophyllum Karst. emend. Kühner

excl. syn. („ohne die Synonyme"): die von dem zitierten Autor angeführten Synonyme beziehen sich nicht auf das in Rede stehende Taxon.

excl. typo („unter Ausschluß des Typus"): der Name ist falsch verwendet, da der Typus nicht inbegriffen ist.

in („in, bei") gibt an, daß ein Autor den Namen oder die Kombination in einem Werk eines anderen Verfassers oder Herausgebers publiziert hat: *Cortinarius multicolor* (Mos.) Mos. in Gams, Kleine Kryptogamenflora, 1967.

ined. („nicht herausgegeben") soll anzeigen, daß der Autor die gültige Publikation des Namens erst später an anderer Stelle beabsichtigt: *Cortinarius pachypus* Mos. (ined.)

nom. cons. (Nomen conservandum, „beizubehaltender Name") hinter Gattungsnamen zeigt an, daß der Name trotz älterer Homonyme oder Synonyme zu verwenden ist (s. S. 15).

nom. deval. (Nomen devalidatum, „nachträglich ungültig gemachter Name"): nach den bis 1981 gültigen Nomenklaturregeln ein ursprünglich gültiger, aber durch die nachträgliche Einführung der späteren Nomenklatur-Ausgangspunkte ungültig gewordener Name: *Boletus piperatu* Bull. 1784 (nom. deval.) = *Boletus piperatus* Bull. ex Fr. 1821. Nach den jetzt gültigen Regeln gibt es keine devalidierten Namen mehr.

nom. illeg. (Nomen illegitimum): der Name ist nicht legitim, d. h. nicht den Regeln entsprechend gebildet (vgl. Fußnote S. 14).

nom. inval. (Nomen invalidum, „ungültiger Name"): Der Name entspricht nicht den Bedingungen für gültige Veröffentlichung (s. S. 15f.).

nom. nov. (Nomen novum, „neuer Name") ist ein Name, der an Stelle eines Homonyms eingesetzt wird, welches sich durch eine Umkombination ergeben hätte: *Agaricus spissicaulis* Moell. 1952, nom. nov. für *Psalliota spissa* Moell. 1950 (wegen des potentiellen Homonyms *Agaricus spissus* Fr. 1838 = *Amanita excelsa* (Fr. 1821) Bertillon 1866.

nom. nud. (Nomen nudum, „nackter Name") zeigt einen ohne Diagnose oder Beschreibung (nach 1935 ohne lateinische Diagnose) publizierten Namen an.

non, nec („nicht im Sinne von ...") warnt vor einer Fehldeutung oder vor einem Homonym: *Hygrocybe obrussea* (FR.) WÜNSCHE, non RICKEN nec LGE. – *Acia* KARST. 1879, non SCHREBER 1791.

non al. („nicht im Sinne der anderen"), im Sinne eines einzigen Autors: *Hygrocybe obrussea* sensu RICKEN, non al.

p. p. (pro parte, „teilweise"): der zitierte Autor schließt auch fremde Elemente in die Beschreibung mit ein, seine Beschreibung bzw. Diagnose bezieht sich daher nur teilsweise auf das genannte Taxon.

quoad („hinsichtlich ...", „in bezug auf ...") bedeutet eine Einschränkung des Autorzitats auf einen Teil des **Protologs**, d. h. einen Teil dessen, was mit dem Namen bei seiner ersten Veröffentlichung verbunden ist (Diagnose, Beschreibung, Abbildungen, Belegzitate, Synonyme, Hinweise usw.).

s., ss., sensu („im Sinne von ...") verweist im allgemeinen auf eine Fehlbestimmung bzw. Fehlinterpretation (ein **Pseudonym**) und drückt damit gleichzeitig aus „nicht im Sinne des ursprünglichen Verfassers", z. B. *Hygrocybe obrussea* sensu RICKEN 1915 = *H. acutoconica* (CLEMENTS 1893) SING. 1951 ist nicht *H. obrussea* (FR. 1821) WÜNSCHE 1877. Es handelt sich um eine Fehldeutung, keineswegs um ein jüngeres Homonym.

s. orig. (sensu originali, „im ursprünglichen Sinne") verweist dagegen auf die ursprüngliche Bedeutung des Namens, im Gegensatz zu späteren Emendierungen oder Fehlinterpretationen.

vix („kaum") drückt ernsthaften Zweifel an der richtigen Interpretation eines Namens aus: *Hygrocybe turunda* (FR.: FR.) KARST., vix LGE.

D. Die Betonung der wissenschaftlichen Pilznamen

Stephan RAUSCHERT, Halle

Die wissenschaftlichen Namen der Pilze werden, wie die aller Pflanzen, ungeachtet ihrer sprachlichen Ableitung wie lateinische Namen behandelt. Dieser Bestimmung der internationalen Nomenklaturregeln (Grundsatz V des Sydney Code 1983) folgt auch die Betonung. Sie richtet sich stets – auch bei denjenigen Namen, die aus dem Griechischen oder einer anderen nichtlateinischen Sprache stammen – nach der lateinischen Betonungsregel: Bei drei- und mehrsilbigen Wörtern wird die vorletzte Silbe betont, wenn sie lang ist; ist sie kurz, so liegt die Betonung auf der drittletzten Silbe; zweisilbige Wörter tragen den Ton auf der ersten Silbe.

Für die Silbenlänge gilt im Lateinischen: Eine Silbe ist „naturlang", wenn ihr Vokal lang*) ist; sie ist „positionslang", wenn ihr Vokal kurz ist und ihm zwei oder mehr gleiche oder ungleiche Konsonanten unmittelbar folgen; alle anderen Silben sind kurz.

Die Länge oder Kürze der vorletzten Silbe, von der die richtige Betonung abhängt, ist im Lateinischen bei vielen Wörtern auch ohne altsprachliche Kenntnisse sowie ohne Benutzung lateinischer und griechischer Wörterbücher unschwer zu erkennen. Daher bietet auch die Betonung in diesen Fällen keine Probleme:

*) Lange Vokale werden mit –, kurze mit ˘ bezeichnet.

1. die vorletzte Silbe wirt betont, wenn sie positionslang ist (*Rhytísma, abúndans, incónstans, geophýllus*; dagegen *geóphĭlus*, mit nur 1 Konsonanten!). Auch *x* und *z* gelten als Doppelkonsonanten (Aussprache: ks, ts) und bewirken Positionslänge (*Podáxis, sinapízans*). Keine Positionslänge liegt dagegen bei *th, ph, ch* (*Cýăthus, Pisólĭthus, Creólŏphus, Pseudógrăphis, Endóptўchum*) sowie bei der sog. „Muta cum liquida", der Kombination einer Muta (*b, p, ph, f; c, k, g, ch; d, t, th*) mit einer darauffolgenden Liquida (*l, r*) vor (*Leúcŏphleps, gliócўclus, lúgŭbris, Hypócŏpra, leucótĕphrus, líthŏcras, íntĕgra, albónĭgra, fimípŭtris, Gyrómĭtra, hetérŏthrix* usw. – aber, wegen Naturlänge der vorletzten Silbe: *meleágris, subátra*).

2. Die vorletzte Silbe ist naturlang und wird betont, wenn sie einen Doppellaut (*au, ei, eu* usw.) oder Umlaut (*ae, oe, ue*) enthält (*améides, europáeus*).

3. Die drittletzte Silbe wird betont, wenn die vorletzte auf Grund der sog. Vokal-vor-Vokal-Regel kurz ist. Diese Regel besagt, daß ein Vokal, der unmittelbar vor einem anderen steht und mit diesem keinen Doppellaut bildet, stets kurz ist. Auf Grund dieser Regel ist die vorletzte Silbe kurz und unbetont z.B. bei *Apiócrĕa, Plútĕus, chrysórrhĕus, cónflŭens, purpúrĕus, sowérbўi*, bei den Namen auf *-flŭus* und *-chrŏus* (*sanguíflŭus, seríflŭus, díchrŏus*) sowie bei allen Namen von Familien (*Agaricácĕae*; eingedeutscht jedoch Agarikazéen), Unterfamilien (*Agaricoídĕae*) und Tribus (*Agarícĕae*). Bei *gigantéus* und den Namen auf *-angíum* Gefäß (z.B. *Hydnangíum*) ist ausnahmsweise ein Vokal vor einem anderen lang, weil er sich von einem Doppellaut ableitet (griech. *giganteios, angeion*).

Bei allen Namen, die keiner dieser 3 Gruppen angehören, ist der vorletzten Silbe nicht anzusehen, ob sie lang oder kurz ist. Hier muß man die sprachliche Herkunft des Namens ermitteln und dann mit lateinischen und griechischen Wörterbüchern die Länge des Vokals der vorletzten Silbe feststellen.

Da in vielen Pilznamen gewisse Wortteile (Endungen, Glieder von zusammengesetzten Namen usw.) wiederkehren, kennt man die richtige Betonung jeweils gleich für eine größere Zahl von Namen, wenn man die Vokallänge in diesen konstanten Wortteilen kennt. So liegt die Betonung auf der vorletzten Silbe bei allen Namen mit den Endungen *-alis, -aris, -atus, -ites, -ivus, -odes, -osus* und *-otus*, ferner bei den Zusammensetzungen mit *chlōrus, -fōmes, -īdes* (Aussehen), *-lōma, -nēma, -odōrus, -ōtis, -pīlus* (Hut; nicht aber mit *-pĭlus* – haarig und *spĭlus* -fleckig), *rūgis, -rūgus, -sōma, -strōma, -stīpes, -thēle, -ūrus*, bei den Artnamen im 2. Fall Mehrzahl auf *-ārum* und *-ōrum* und bei den Sektionsnamen auf *-colōrēs*. Beispiele: *brumális, filáris, striátus, azonítes, Ripartítes, festívus, elódes, formósus, lignyótus; xanthochlórus, Leucofómes, ionídes, phalloídes, Tricholóma, Pyronéma, (in)odórus, pyriodórus, Discióttis, Gymnopílus, Hapalopílus, Psathyrélla conopíla* (kegelhütig) (aber *Dasýscyphus brevípĭlus* kurzhaarig und *Rhodophýllus pyróspĭlus* feuerfleckig), *corrúgis, retirúgis, retirúgus, Sarcosóma, Podostróma, cepistípes, Dendrothéle, Epithéle, Anthúrus, macroúrus; herbárum, lucórum; Bicolóres* (Ausnahmen: *améides, cídăris, hílăris, pessúndătus; némŏrum*). – Dagegen liegt die Betonung auf der drittletzten Silbe bei allen Namen mit den Endungen *-icus, -idus, -ilis, -olus* und *-ulus*, ferner bei den Zusammensetzungen mit *bŏlus, -cálăthus, -călyx, -céphălus, -cĕps, -cŏla, -cŏlor, -cŏmus, -cŭtis, -cўbē, -cўclus, -fĭcus, -fĭdus, -fŭgus, -gălus, -gĕnus, -hémĕrus, -lĕpis, -lŏbus, -mĕlas, -mĭtra, mĭtus, -mўces, -ŏdōn, -ŏdor, -ŏlens, -ómphălē, -pétălum, -phănes, -phănus, -phŏlis, -phŏrus, -pŏdus, pŏrus, -scўphus, -sĕdus, -spŏrus, -stŏma, -thrix, -trĭchus, -văgus, -fĕr* (*-fĕra, -fĕrum*), *-gĕr* (*-gĕra, -gĕrum*), *-pēs* (lat.: Fuß), *-pūs* (griech.: Fuß) sowie bei den

Sektionsnamen auf *-pĕdēs* und *pŏdēs*. Beispiele: *mútĭcus, hýbrĭdus, válĭdus* und die Namen der Unterklassen auf *-mycétĭdae* (z. B. *Gastromycétĭdae*), *grácĭlis, párĭlis, séssĭlis, Phaēŏlus, Ditíŏla, helvéŏlus, helvŏlus, marzúŏlus, Mítrŭla, bíbŭlus, Sphaeróbŏlus, émbŏlus, Chaetocálăthus, Ascócălyx, encéphălus, Gloiocéphăla, melánŏceps, pinícŏla, unícŏlor, Xerócŏmus, aurícŏmus, Skeletócŭtis, Inócy̆be, melanócy̆clus, splendífĭcus, quadrífĭdus, centrífŭgus, lucífŭgus, pyrógălus, conígĕnus, Phleógĕna, ephémĕrus, calólĕpis, bílŏbus, leucómĕlas, Gyrómĭtra, Dichómĭtus, Kuehnerómy̆ces, Climácŏdōn, Radúlŏdōn, chrýsŏdōn, helvíŏdor, ínŏlens, mellíŏlens, Micrómphălē, Piceómphălē, Mniopétălum, leucóphănes, diáphănus, Ascóphănus, Leucogyróphăna, micróphŏlis, Hygróphŏrus, Dictyóphŏra, erythrópŏdus, Polýpŏrus, Geópŏra, Dasýscy̆phus, Sarcóscy̆pha, Discísĕda, byssísĕdus, bíspŏrus, Baeóspŏra, Tulóstŏma, xánthŏthrix, melanótrĭchus, multívăgus, globúlĭfer (globulífĕra, -fĕrum), búlbĭger (bulbígĕra, -gĕrum), rimósĭpēs, striípēs, haemátŏpūs, Hýdrŏpūs, Lactípĕdēs, Glaucópŏdēs.* Ausnahmen: *amīcus, (im)pudīcus, infīdus, ancīlis, aprīlis, exīlis, gentīlis, incīlis, senīlis, subtīlis, lagōpūs.*

Die Betonung der auf -inus endenden Wörter richtet sich danach, ob die Endung *-īnus* (lateinisch) oder *-ĭnus* (griechisch) vorliegt, d. h., ob die Endung *-inus* an einen nichtgriechischen (meist lateinischen) oder griechischen Wortstamm angehängt ist. – Im ersteren Falle wird die vorletzte Silbe betont; bei lateinischen Wortstämmen z. B. *abietīnus, acerīnus, adulterīnus, anatīnus, betulīnus, bovīnus, capucīnus, caricīnus, caudicīnus, cervīnus, citrīnus, clandestīnus, consobrīnus, corollīnus, corvīnus, crustulīnus, equīnus, felīnus, filicīnus, genuīnus, inquilīnus, jubarīnus, juncīnus, juniperīnus, laricīnus, leonīnus, limacīnus, luscīnus, muricīnus, myrtillīnus, naucīnus, nitellīnus, parietīnus, picīnus, populīnus, pudorīnus, pulvīnus, quercīnus, rubīnus, salicīnus, sambucīnus, seperīnus, sterquilīnus, sulphurīnus, tergīnus, tigrīnus, umbrīnus, vaccīnus, vespertīnus, vibecīnus, vittellīnus, vulpīnus; Boletīnus, Clavulīna, Lentīnus*; Bei Wortstämmen aus einer nichtklassischen Sprache z. B. *alcalīnus, benzoīnus, cacaīnus, cramesīnus, isabellīnus, lazulīnus, lilacīnus, tabacīnus.* Scheinbare Ausnahmen bilden hier die Wörter, bei denen die Buchstabenfolge *inus* nicht der lateinischen Endung *-īnus* entspricht: *annótĭnus, durácĭnus, gémĭnus, illúmĭnus, relícĭnus, grámĭnum, putámĭnum.* – Die drittletzte Silbe wird betont, wenn die Endung *-inus* an einen griechischen Wortstamm angehängt ist, weil es sich dann um die griechische Endung *-ĭnus* handelt. Beispiele: *agarícĭnus, amethýstĭnus, amiántĭnus, anthrácĭnus, astragálĭnus, balaústĭnus, bombýcĭnus, býssĭnus, cérĭnus, chamaeleóntĭnus, chlórĭnus, cinnabárĭnus, corácĭnus, corállĭnus, corydálĭnus, crystállĭnus, cytísĭnus, drýĭnus, erýthrĭnus, galáctĭnus, glaúcĭnus, gossýpĭnus, hyacínthĭnus, hyálĭnus, hýsgĭnus, iánthĭnus, ictérĭnus, írĭnus, melánthĭnus, mélĭnus, míltĭnus, molýbdĭnus, onýchĭnus, panthérĭnus, párdĭnus, peliánthĭnus, persícĭnus, polypórĭnus, prásĭnus, psittácĭnus, sacchárĭnus, sandrácĭnus, scolécĭnus, sphinctérĭnus, strobílĭnus, thalássĭnus, tithymálĭnus, xerampélĭnus* (Ausnahme: *oreīnus*); *Cóprĭnus, Díscĭna, Hebelómĭna, Omphálĭna, Ostéĭna, Phéllĭnus, Pholiótĭna, Physispórĭnus* und die Namen der Unterabteilungen auf *-mycótĭna* (z. B. *Ascomycótĭna*).

Pilznamen, die sich von Personennamen auf -er ableiten, haben kurzes *ĕ* und werden daher auf der drittletzten Silbe betont: *Bjerkándĕra, Boudíĕra, boudíĕri, kǘhnĕri, schumáchĕri.*

Bei zusammengesetzten Pilznamen geht die Betonung stets auf die drittletzte Silbe zurück, wenn die vorletzte kurz ist. Das wird oft übersehen, besonders bei den Zusammensetzungen, deren Endglied auch alleinstehend als Pilzname vorkommt, wie bei denen mit *-nĭtens, -rŭbens, -vĭrens, -nĭger (-nĭgra, -nĭgrum),*

-rŭber (-rŭbra, -rŭbrum), -scăber (-scăbra, -scăbrum) und *pseudo-*, sowie bei den Namen mit Vorsilben wie *eu-, per-, sub-* usw.: *albónītens, atrórŭbens, orírŭbens, olivaceóvīrens, albónīger, albónīgra, laetírŭbra, pseudóscăber, testaceóscăbrum, ēupŏrus, pérbrĕvis, pseudócŏlus* usw. Wenn jedoch die vorletzte Silbe lang ist, wird diese betont: *atrorūfus, claroflāvus, glaucocānus, Pseudohýdnum, perrārus, pseudonāpus, subātra* usw.

Bei Namen, die nicht Gruppen mit gleichen Wortteilen zugeordnet werden können, muß die Vokallänge der vorletzten Silbe in jedem Einzelfalle im Wörterbuch ermittelt und die richtige Betonung zugleich mit dem Namen erlernt werden. Beispiele für Betonung auf der drittletzten Silbe: *abíĕtis, análŏgus, anómălus, ápŏrus, autóchthŏnus, bárbărus, bótrўtis, các ăbus, cámŭrus, cárpīni, cérăsi, cómĕdens, cróbŏlus, crocólītus, cucúmĕris, cúcŭmis, culmífrăgus, díbăphus, dichótŏmus, dídўmus, dítŏpus, dýsthăles, éctўpus, ēuthăles, geótrŏpus, heteróclītus, hypópītys, ínfŭla, ínquīnans, junípĕri, kávīnae, kótlăbae, lácrўmans, legítĭmus, mycóphăgus, óbŏlus, ólĕrum, opípărus, oreădes, pércŏmis, pérfŏrans, pértīnax, philónŏtis, pínsītus, polýĕtes, pómphŏlyx, pórrīgens, récŭbans, rhodócўlix, sodágnītus, stylóbătes, trágănus, tríqĕter, tríscŏpus, vénĕtus, zéphīrus; Calócĕra, Cámărops, Céllўpha, Córўne, Cýăthus, Endógŏne, Ēutўpa, Hypsízўgus, Meláncŏnis, Pisólīthus, Psáthўra, Týmpănis.*

Beispiele für Betonung auf der vorletzten Silbe: *accēdens, aegerīta, affīnis, allūtus, argūtus, asēmus, bivēlus, catīnus, clidūchus, collābens, collinītus, connīvens, crinītus, decolōrans, deglūbens, echīnus, edōdes, edūlis, elōtus, emollītus, haematochēlis, hemichrўsis, illinītus, illōtus, illūdens, (im)polītus, (im)pudīcus, (in)decōrus, indūtus, infīdus, insignītus, invītus, melanoxēros, obdūcens, oblīquus, opācus, opīmus, pargamēnus, poliocnēmis, procērus, radīcans, recēdens, recondītus, recutītus, renīdens, resīmus, resūtus, sagīnus, semōtus, tamarīcus, turrītus, unītus, vestītus; Colpōma, Diatrўpe, Erysīphe, Galēra, Gyrocratēra, Hexagōna, Inonōtus, Mutīnus, Rhizīna, Rhizopōgŏn, Sistotrēma.*

E. Herkunft und Entstehung der deutschen Pilznamen

Klaus MÜLLER, Berlin

„*Boletus Satanas*, der Satanspilz. Mit diesem Namen bezeichne ich einen bisher unbekannten, äußerst giftigen Schwamm, vielleicht den allergiftigsten“, schreibt Harald Othmar LENZ in seinem 1831 in Gotha erschienenen Buche „Die nützlichen und schädlichen Schwämme ...“, seine auf den folgenden Seiten dargestellte „Leidensgeschichte, zu welcher dieser Schwamm Veranlassung gegeben“ resümierend. – Diese Namengebung ist wohl einzigartig. In den allermeisten Fällen ist nicht mitgeteilt, warum ein Pilz gerade diese oder jene Bezeichnung erhielt.

Die heutigen deutschen Pilzbezeichnungen sind – wie viele andere Wörter der deutschen Gegenwartssprache – von sehr unterschiedlicher Deutbarkeit. So stehen Namen wie Bärentatze, Birkenpilz, Bitterpilz, Graukappe, Grünling oder Brätling, die ohne weiteres verständlich und erklärbar sind, neben solchen wie Bofist, Hallimasch, Lorchel und Morchel, die ohne die Kenntnis vergangener Sprachzustände und ohne die der deutschen Mundarten nicht gedeutet werden können. Daneben finden sich Bezeichnungen, die sprachlich recht einleuchtend sind, bei denen indessen das Motiv für die Benennung dunkel bleibt, nicht mehr nachvollziehbar ist, wie beispielsweise bei Kuhpilz, Steinpilz, bei denen wohl der Bezug auf Kuh und Stein gegeben, doch dessen Begründung heute undurchsichtig ist (s.u.). So erscheinen viele Pilzbezeichnungen als merkwürdig und sogar rätselhaft, und sie sind – zu irgendeiner früheren Zeit entstanden oder ins Deutsche übernommen – nur unter Berücksichtigung ihrer Veränderungen durch Jahrhunderte und zudem oftmals nur mit der notwendigen Kenntnis mundartlicher Besonderheiten erklärbar.

Zu den ältesten Bezeichnungen für den Pilz in mitteleuropäischen Sprachen gehören lat. fungus sowie bōlētus. – Lat. fungus ‚Pilz, Morchel', auch ‚Meeres-, Baumschwamm, schwammartiges Geschwür (am menschlichen Körper)' (seit PLAUTUS bezeugt; hier schon als Schimpfwort!), kann aus griech. spóggos (= spongos) mit den Bedeutungen ‚Schwamm (zum Abwischen)', aber auch – literarisch nicht bezeugt – ‚Pilz' (?), stammen, in dem man ein altes Wanderwort (vgl. armen. sunkn ‚Pilz, Kork') unbekannten Ursprungs sieht, beide können aber auch eine gemeinsame unbekannte, noch nicht ermittelte Quelle haben. Mit Sicherheit indes kommt lat. spongia ‚Schwamm' aus gleichbedeutend griech. spoggiá (= spongiá). Aus dem Lateinischen stammt Spongia ‚Schwamm, einfachst gebautes, vielzelliges Tier'. – Lat. bōlētus ‚Pilz', insbesondere ‚die beste Art eßbarer Pilze, die als Leckerbissen galten, Kaiserling, Champignon (seit SENECA .c. J., dem Erzieher NEROS, belegt) ist unsicherer Herkunft; gewiß ist es identisch mit griech. bōlētēs, auch bōlítēs, ‚Pilz', speziell ‚Champignon', dennoch bleibt die Frage offen, ob das lateinische Wort aus dem Griechischen kommt oder umgekehrt. Im zweiten Falle wird lat. bōlētus, wenn auch ohne Begründung, mit Boletum, dem Namen einer ehemaligen Stadt bei Barbastro in Andalusien (Spanien) verbunden. Seit LINNAEUS, der in seinem Werk „Species plantarum" (1753) bzw. der 10. Ausgabe seines „Systema naturae" (1758) erstmals konsequent die binäre Nomenklatur anwendet und alle bis dahin gebräuchlichen Bionome selbst im Sinne der heutigen nomenklatorischen Verbindlichkeit außer Kraft setzt, wird lat. bōlētus zur Bezeichnung der Röhrenpilze (einschließlich Porlinge) verwendet; zuvor bereits hatte DILLENIUS die Röhrlinge in seinem „Catalogus plantarum ..." (1719) so genannt. Lat. bōlētus setzt sich nicht nur in italien., span., portugies. boleto ‚Röhrenpilz' fort, sondern das Wort gelangt auch sehr früh ins Deutsche und erscheint in heutiger Sprache als Pilz. Der Ausdruck ist bereits in althochdeutscher Zeit (seit 10. Jh.) als buliȝ bezeugt, er gelangt wohl über Gallien, etwa um die Mitte des 1. Jahrtausends u. Z., ins Althochdeutsche. Für das Mittelhochdeutsche läßt sich das Wort auf Grund der bisher erschlossenen Quellen nicht nachweisen. (Das allenthalben zitierte mittelhochdt. bülez, bülȝ heißt nicht Pilz, sondern Bolzen!). Selbst im „Buch der Natur" um 1350 des Oberdeutschen Konrad VON MEGENBERG, in dessen Heimat halt Schwamm gilt, ist das Wort nicht zu finden. In frühneuhochdeutscher Zeit heißt es neben Pilz u. a. danach noch Bölz, Bülz (um 1700), Bilz, Pültz (18. Jh.). Das schon sehr früh aus lat. bōlētus entlehnte Wort unterliegt im Laufe der Geschichte verschiedenen Veränderungen: lat. ō wird im Deutschen unter der Betonung – der Akzent wechselt auf die erste Silbe – zunächst als u wiedergegeben, dieses erscheint später umgelautet als ü und wird schließlich landschaftlich (thüringisch, obersächsisch) zu i entrundet; lat. ē wird unbetont über e zu i gekürzt, bis der Vokal endlich schwindet; das anlautende P- für ursprüngliches b- ist als überkorrekte, also irrtümlich für korrekt erachtete Lautung in Landschaften wie Thüringen und Sachsen entstanden, wo infolge der mitteldeutschen Konsonantenschwächung kein p vorkommt (noch bei LESSING und dem Sprachforscher ADELUNG, Ende 18. Jh., findet sich Bilz); das auslautende -z kann Ergebnis der hochdeutschen Lautverschiebung sein, aber auch aus Zusammenrückung von t und s nach Ausfall des Vokals (lat. u) entstehen. Die Westgermanen haben offensichtlich die Zubereitung von Pilzen von den Romanen kennengelernt, und deren Genuß in Klöstern, wo der Verzehr von Fleisch eingeschränkt war, sowie als Fastenspeise gewann in christlicher Zeit zunehmend an Bedeutung. – Neben heute allenthalben üblichem Pilz steht – vorzugsweise landschaftlich (süddeutsch, österreichisch) Schwamm, althochdt. swam (8. Jh.), swamb (12. Jh., in Handschriften), mittelhochdt. swam, swamp, swamme, mittelniederdt. swam, swamp, altengl. swamm, got. swamms (eigentl. etwa ,der Schwimmende') – ein altes germanisches Wort, das ursprünglich sowohl den Erd- als auch den Meeresschwamm meint und das durch das Lehnwort Pilz auf bestimmte Anwendungsbereiche wie ,weicher, elastischer, saugfähiger Gegenstand zum Waschen, Reinigen', ,Hausschwamm, Kellerschwamm' und nach wie vor ,besonders im Meer in zahlreichen Arten lebendes niedriges Tier, Spongia' eingeengt wurde.

Im Französischen gilt für Pilz allgemein champignon, eigentlich ,Pilz, der in Gefilden (nicht in Kulturen) wächst' (vgl. lat. campanea ,flaches Land', zu lat. campus ,offene Fläche, Feld', franz. champ ,Feld, Acker, Flur'), das dt. Champignon (neben Champion) (18. Jh.) (zuvor im Plural Campiniones, 16. Jh., Schampinionen, 17. Jh) zur Bezeichnung der *Agaricus*-Arten ergibt. Daneben findet sich im Französischen mousseron, heute in der Bedeutung ,Nelken-, Maisschwamm, Herbstmousseron' (woraus dt. Mousseron ,Küchenschwindling, Knoblauchpilz'), ein Ausdruck, der auf spätlat. mussirio/⁺mussario, wohl ,Blätterpilz', ein gallo-romanisches Wort, wahrscheinlich vorlateinischen Ursprungs, zurückgeht. Aus dem französischen Ausdruck stammt engl. mushroom ,Pilz', doch besonders ,Champignon'. Daneben wird auch fungus, meist in latinisierendem Plural fungi, aus lat. fungus, verwendet.

In den nordischen Sprachen gelten vor allem Schwamm-Bezeichnungen: schwed. svamp, norweg. sopp, dän. svamp (neben paddehat), und im Niederländischen ist zwam (neben paddestoel, s. u.) bezeugt.

Die slawischen Wörter für Pilz, russ. grib, ukrain. grib, beloruss. gryb, poln. grzyb, tschech. hřib ,Steinpilz', obersorb. hrib, niedersorb. grib(k), sind Wörter ungeklärter Herkunft; vielleicht läßt sich der Ausdruck als ,der aus der Erde Kriechende' erklären (vgl. Erdschieber!)? Daneben finden sich russ. guba ,Baumschwamm', ukrain. guba ,Pilz, Schwamm', serbokroat. guba ,Aussatz' u. a. auch für Spongia, *Polyporus*arten sowie ,Hasenbovist', poln. mundartlich gąbka ,Schwamm', tschech. houba ,Schwamm, Pilz', das sich als ,Erhöhung, Wölbung, Beule, Klumpen' deuten läßt. Aus dem slaw. *gąba, das den genannten Wörtern als Ausgangsform zugrunde liegt, ist in alter Zeit ungar. gomba ,Pilz' entlehnt.

Zu den bereits erwähnten Pilzbezeichnungen – zumeist eigentlich ungeklärter Herkunft – gesellt sich weiterhin eine westslawische: tschech. bedla, poln. bedła, bedłka ,Blätterpilz', obersorb. mundartlich bodla ,Schwämme', niedersorb. bedło ,Schwamm'. Für dieses Wort wird die Herkunft aus einer nicht bekannten „ureuropäischen" Sprache angenommen. – Man darf wohl aus der Tatsache, daß sich die ältesten Pilzbezeichnungen nicht überzeugend aus dem Indoeuropäischen herleiten lassen, den Schluß ziehen, daß sie möglicherweise aus einer sehr alten, jedenfalls vorindoeuropäischen Sprache Europas herrühren, und damit Pilze selbst sehr früh bekannt und bezeichnet worden sind.

Neben diese, zum Teil aus sehr alter Zeit überkommene emotional neutralen Bezeichnungen stellen sich solche, die ein gewisses Verhältnis ihrer Schöpfer, und zwar ein negatives, zu den Pilzen erkennen lassen. Es handelt sich vorzugsweise um Wörter aus dem Niederdeutschen bzw. dem Niederländischen und vereinzelt dem Friesischen wie Dänischen, also einem zusammenhängenden Gebiet im Nordwesten der deutschen bzw. germanischen Sprachraumes: Mittelniederdt. poggenstöl, paddenstöl, peddenstöl, peddestoel (Köln, um 1500) ,Pilz,

Schwamm', eigentlich ‚Frosch-, Krötenstuhl' (zu mittelniederdt. pogge ‚Frosch', padde, pedde ‚Kröte'), mecklenburg. Poggenstauhl ‚größerer, gestielter Pilz' (vgl. CHYTRAEUS 1585: fungi, ‚Poggenstœle' Schwemme, schleswig-holstein. Poggenstöhl ‚Pilz jeglicher Art', westfäl. Peddenstaul, rhein. Fröschenstuhl, Päddenstuhl, ostfries. Pogg(en)stōl, Padde(n)stōl, ‚Hutpilz, Erdschwamm', spätmittelniederländ. paddenstoel neben paddenhoet (eigentlich ‚Krötenhut'), niederländ. paddenstoel, dän. paddehat (zu dän. hat ‚Hut'). Im Englischen begegnet bereits seit dem Ende des 14. Jhs. für ‚Pilz, größter Blätterpilz, Giftschwamm' toadstool (zu engl. toad ‚Kröte'). Solche Bezeichnungen können als Ausdruck einer gewissen Mykophobie – wie sie WASSON (1957) beschrieben hat – gewertet werden (Die Verfasser dieses Buches zählen zu den mykophoben Völkern die Griechen, Kelten, die skandinavischen Völker und vor allem die Engländer).

Die ältesten deutschen Bezeichnungen für einzelne oder auch nur vermeintliche Arten stammen aus althochdeutscher Zeit. Zu erwähnen sind: althochdt. keiserlinc ‚Kaiserling' (11. Jh.), für mittellat. boletus (gemeint ist sowohl ein Speise- als auch Giftpilz); althochdt. habuhhessuuam (11. Jh.), habuhsuuamo (12. Jh.) ‚Habichtspilz' für mittellat. agaricum (lat. agaricum ‚Lärchenschwamm', seit PLINIUS belegt; später als agaricus bezeugt); althochdt. lorihboumesswam ‚Lärchenschwamm' (11. Jh.) für mittellat. boletus montanus; althochdt. phiferia ‚Pfifferling' oder eher ‚Pfeffermilchling' (11. Jh.) für mittellat. boletus, daraus entsteht mittelhochdt. phifferlinc (12. Jh) neben phefferlinc, ‚Pfefferschwamm- (vgl. auch gleichbed. mittelniederdt. peperlinc). Aus mittelhochdeutscher Zeit sind weiterhin u. a. bezeugt: mittelhochdt. buochswamme ‚Buchenschwamm' (14. Jh). für mittellat. agaricum; mittelhochdt. hirȝswam ‚Hirschtrüffel' (14. Jh.) für mittellat. boletus; mittelhochdt. hûsswam ‚Hausschwamm' (14. Jh.) für mittellat. boletus; mittelhochdt. tannenswam ‚Lärchen-, Tannenschwamm- (14. Jh.) für mittellat. agaricum.

Zu den Pilzbezeichnungen, die durch Jahrhunderte ihrer Existenz verändert worden sind und zudem vielleicht aus Mundarten stammen, die nicht die Grundlage unserer heutigen deutschen Sprache bilden und aus diesem Grunde der Deutung besondere Schwierigkeiten entgegensetzen, gehören u. a. folgende: Bofist/Bovist, Bezeichnung für verschiedene Gattungen der Bauchpilze, deren reife Sporen unter einem Fußtritt stäubend entweichen, erscheint erstmals als Pilzbezeichnung um die Mitte des 15. Jhs. als spätmittelhochdt. vohenvist, wo, wie es heißt, das Pulver dieses Pilzes, vermischt mit dem Mist von Schweinen, die Gras gefressen haben, als Pflaster von drei Tagen bei Pferden blutstillende Wirkung habe. Der Ausdruck ist eine durch Vergleich entstandene bildliche Übertragung, und heißt eigentlich: ‚Füchsinfurz', bestehend aus mittelhochdt. vohe ‚Füchsin', auch ‚Fuchs' (heute Fähe ‚weibliches Tier beim Raubwild der Niederjagd', ein Fachwort der Jägersprache) und mittelhochdt. vist, vīst ‚Bauchwind, Furz', das durch die sichtbare Staubwolke beim Aufplatzen des Pilzes motiviert scheint und vielleicht zudem dadurch begründet, daß manche Arten im Reifezustand widerlich riechen. Da vohe ‚Füchsin, Fuchs' unverständlich geworden war, entstand in Anlehnung an Bube (mittelhochdt. buobe ‚Bube', mittelniederdt. bôve ‚Bube' ‚gewalttätiger Bube, Frevler, Räuber') anlautendes B- (vgl. auch Bubenfist). Seit DILLENIUS (1719) gilt *Bovista* als Gattungsname; *Lycoperdon* (seit TOURNFORT, 1700) liegt der Vergleich mit einem Wolfsfurz zugrunde; vgl. außerdem niederländ. wolfsveest, franz. vesse-de-loup, span. pedo de lobo u. a.

Umstritten ist die Deutung der Bezeichnung für den als Marktpilz geschätzten sehr ergiebigen wie schmackhaften Speisepilz Hallimasch. Es findet sich folgende Erklärung: Da der reichlich genossene Pilz abführende Wirkung habe, komme eine ursprünglich mundartliche (oberdt.) Wendung hal im Arsch ‚schlüpfrig im Arsch' als Ausgangsform in Betracht, was, auch als ‚Heil (Glück, Wohlergehen) im Arsch' gedeutet, schließlich die heutige Pilzbezeichnung ergeben habe; bayerisch heißt der Pilz auch Halamarsch (Kluge 1975, Duden 7 1963). – Die Herleitung der Bezeichnung Lorchel führt ins niederdeutsche Sprachgebiet. Zuerst findet sich der Ausdruck im 18. Jh. als niederdt. „Lorken, Laureken, schwarze Bülze, Tauben-Ey-groß, wachsen um die Kiefer-Stöcke (= funigi nigri) (1741). In hochdeutscher Lautung erscheint das Wort Ende 18. Jh. als Lorche(n), und seit dem 19. Jh. als Lorch(e) sowie Lorchel, der heute üblichen Form, daneben finden sich mundartliche Bezeichnungen wie Lauerchen, Laurich, Laurichl u. a. Eine Erklärung bietet sich nur dann, wenn man an einen Bezug zu Kröte denkt, die im Niederdeutschen auch Lork(e) heißt (s. o. u. a. mittelniederdt. poggenstōl), und der wohl besonders für dieses Gebiet charakteristisch ist, und zugleich Auslautveränderung unter Einfluß von ähnlich klingendem Morchel für möglich hält. Zu denen, die als landschaftliche Bezeichnungen einer Erklärung bedürfen, gehören Egerling (oberdt. daneben Egertling), heute vorzugsweise als Gattungsname für Champignon verwendet, ein Wort, das zu oberdt. veraltet Egart ‚Brache, Grasland, das zu anderen Jahren als Acker genutzt wird', ein sehr altes deutsches Wort, gehört. Drieschling, ein landschaftliches Wort für ‚Champignon', besonders ‚Wiesenchampignon' enthält das mundartliche Driesch/Dreesch ‚Brache, unbebautes Land'. Varianten dieser Bezeichung sind Drüschling, Druschling, Dreuschling, Trüschling, Träuschling, Trauschling u. a. (vgl. auch mittelniederdt. drēschlinc, drīschlinc; altclevisch (niederrhein.) drieslinc, (1475), die dadurch möglich wurden, daß Driesch/ Dresch, als nur auf bestimmte Landschaften beschränkt, weiterhin unbekannt ist. Bock (1546) teilt mit: „Solche nennet man zu Teutsch Heiderling vnd Druschling, darumb das sie auff den heiden oder druschen gern wachsen. Die Wahlen nennen sie Campiniones".

Auch Raßling bedarf einer sprachlichen Erklärung – das Wort gehört sicherlich zu dem bereits in althochdeutscher Zeit bezeugten oberdt.-schweizerischen Adjektiv raß bzw. räß ‚durch kräftige Würzung scharf; schneidend, beißend', was auf den Küchenschwindling zutreffen mag.

Andere Bezeichnungen bleiben dadurch unverständlich, daß die ursprüngliche Motivation (s. u.) für die Benennung nicht mehr nachvollzogen werden kann.

Die Bezeichnung für die Blätterpilzgattung *Russula* Täubling wurde bisher vielfach zu betäuben gestellt, da es davon sehr scharf schmeckende Arten gibt; doch ist diese Erklärung wenig wahrscheinlich, da die meisten Täublinge nicht giftig sind, jedenfalls keine betäubende Wirkung haben. Überzeugender ist die Ableitung des Ausdrucks mit dem zur Bildung von Pilzbezeichnungen charakteristischen wie sehr alten Suffix -ling von Taube, und zwar motiviert durch den von Juli bis Oktober keineswegs selten vorkommenden, als vorzüglichen Speisepilz geschätzten Frauen-Täubling, für den ein violetter Hut kennzeichnend ist. In vielen europäischen Sprachen dienen zur Bezeichnung sowohl der Gattung als auch von Täublingsarten Ableitungen vom jeweiligen Wort für Taube: italien. (dial.) colombina, franz. (vulg.) palomet, rumän. hulubiţă, tschech. holubinka, poln. gołąbka, gołąbek, serbokroat. golubačka, golubica, golibica, bulgar. gălăbka, gălăbnica, u. a. auch russ. golubec. Falls diese Wörter keine Übersetzungen, sondern eigenständige

Bildungen sind, können sie diese Vermutung erhärten. Bereits um 1600 heißen bei dem Schlesier Kaspar SCHWENKFELD die Täublinge fungi columbini.

So klar die Bestandteile von Steinpilz auch zu beschreiben sind, so unklar bleibt, warum dieser Pilz diese Bezeichnung trägt. Ist es das feste, harte Fleisch sehr kleiner Exemplare, oder ist es das (steinähnliche) Aussehen junger Pilze, die die seit Beginn des 18. Jhs. bezeugte Benennung motivieren? Noch mehr Schwierigkeiten bieten die Beweggründe zur Bezeichnung des Kuhpilzes; es gibt viele Erklärungen für diesen eigentlich wenig schmackhaften, doch zur Bereitung von Extrakt und Mehl in getrocknetem Zustand durchaus brauchbaren Pilz: Wird er von Kühen gefressen und hat dadurch die Milch jener Kühe einen widrigen Geschmack, oder verdankt er seine Benennung seinem „kuhrötlichen" Hut, oder ist der Grund für die Bezeichnung seine Schmierigkeit bei feuchtem Wetter, die ihn mit einem Kuhmaul vergleichen läßt?

Neben den entweder echten deutschen Pilzbezeichnungen, also denen germanischer Herkunft, und den sehr frühen Entlehnungen ins Deutsche stehen spätere Übernahmen aus fremden Sprachen. Die bekannteste Bezeichnung ist Champignon, aus franz. champignon ‚Pilz' (s. o.), das seit dem 16. Jh. im Deutschen bezeugt ist; vgl. bei SCHELLHAMMER („Die Köchin", 1692): „die Garten-Schwämme oder Schampinionen, wie sie die Franzosen nennen". Später wurde der Ausdruck auf die *Agaricus*-Arten eingeengt.

Ebenfalls aus dem Französischen stammt Trüffel, das im 18. Jh. (AMARANTHES, Frauenzimmer-Lexicon, 1715) aus franz. trufle, einer Nebenform von truffe ‚Trüffel', stammt, dem seinerseits schließlich lat. tūber ‚Beule, Höcker, Geschwulst, Wurzelknolle, eine Art Erdschwamm' (woraus der Gattungsname *Tuber* kommt), zugrunde liegt.

Auch Morchel, bisher wegen der angeblichen, indes sehr wenig überzeugenden Ähnlichkeit mit einer Möhrenwurzel als ‚kleine Möhre' erklärt, ist ein Lehnwort aus dem Vulgärlatein ins Mittelhochdeutsche, z. B. bei MEGENBERG (1350): morhen, maurochen (= lat. morachi); vgl. auch bei BOCK (Ende 16. Jh.); „bei uns halt man sehr von Morcheln oder Maurachen, also das man sie dörret und aufhenket". Morchel bedeutet ursprünglich, wegen der braunen Farbe einiger Arten ‚kleine Mohrin', *maurīcula, eine vulgärlateinische Bildung zu lat. Maurus ‚Mohr; Maure, Mauretaner' (vgl. BENEDIX 1959).

Aus dem Italienischen stammt Kuckenmucke, Guckenmucke für Champignon-Arten, hauptsächlich im bayerisch-österreichischen Dialektgebiet, insbesondere in der Steiermark anzutreffen; der Ausdruck stellt sich als reduplizierende Form zu volkssprachlich italien. cuccumella, ein umgangssprachliches Wort für eine nicht näher bestimmbare Art. Varianten wie Guckelmagen, Gurgelmagen, Kugelmagen sind volksetymologische Versuche von Sinngebung für ein unverstandenes Wort. Das italienische Wort gelangte als kukmak, zumeist zur Benennung von *Agaricus*-Arten, auch ins Slowenische und begegnet uns als kukmák ‚Scheidling' im Tschechischen (MÜLLER 1974).

Aus dem Slawischen stammt Reizker *‚Lactarius deliciosus'*. Die Bezeichnung für diesen geschätzten Speisepilz, zuerst schlesisch als risig (15. Jh.) bezeugt, stammt aus westslawischen Sprachen und ist sowohl im Süden des westslawisch-deutschen Kontaktgebietes ziemlich früh – also wohl vor 1500, da der i-Laut der slawischen Form (vgl. obersorb. ryzyk, zu ryzy ‚fuchsrot') zu -ei- diphthongiert wurde – ins Deutsche übernommen worden. Heute dominiert das Wort als einziges aus slawischen Sprachen konkurrenzlos in der mykologischen Fachliteratur (MÜLLER 1969).

Eine weitere, indes nur mundartliche – nämlich in der Niederlausitz – bezeugte Bezeichnung ist Z a l l u n k e n ‚Grünling' oder ‚Echter Ritterling'. Dieses Wort ist aus dem Niedersorbischen herzuleiten, nämlich von einem Ausdruck für ‚Grünling', der vom Adjektiv zeleny ‚grün' abgeleitet ist und *zelonka (vgl. niedersorb. zeleńk ‚Grünling') heißen könnte, indes in dieser Form nicht nachzuweisen ist. Daneben steht Sellenke ‚Grünling', ebenfalls aus einer Ableitung zu niedersorb. zeleny ‚grün' (MÜLLER 1966). Weiterhin wäre zu nennen L i p p e r z c h e n ‚Pfifferling' aus Thüringen und Sachsen, wohl ein Reliktwort, ein Ausdruck, der beim Sprachwechsel vom Sorbischen zum Deutschen in vergangenen Jahrhunderten beibehalten und an die Deutschen weitervermittelt wurde. Das Wort stellt sich zu einem slawischen Ausdruck für ‚Lappen, flachen Fladen', motiviert durch den flattrigen Hut des Pfifferlings mit seinem gelappten und geschweiften Rand (MÜLLER 1970).

Zu den landschaftlichen Pilzbezeichnungen aus slawischen Sprachen gehören für den P f i f f e r l i n g , der wohl die meisten Übernahmen aus diesen Sprachen zeigt, Ausdrücke wie Kuhrätel, Kuretel (aus gleichbed. niedersorb. kurjetko, obersorb. kurjatko, eigentl. ‚Hühnchen, Küchlein'), Kuraschken (aus gleichbed. niedersorb. krujaško, eigentl. ‚Kücklein'), Kokoschke (aus gleichbed. niedersorb. kokoški, eigentl. ‚junge Hennen, Hühnchen, Kücken'), Lischka (aus gleichbed. poln. liszka, tschech. liška, eigentl. ‚Fuchs') u. a.

Auf slawische Vorlage gehen auch Bezeichnungen wie Füchslein und Hühnlein ‚Pfifferling' zurück; beide Ausdrücke sind – wie die erwähnten Entlehnungen für ‚Pfifferling' – auf deutsche, den slawischen benachbarte Mundarten beschränkt und müssen als Ü b e r s e t z u n g s l a w i s c h e r W ö r t e r angesehen werden: Füchslein steht gleichbed. für poln. lisica, lisiczka, eigentl. ‚Fuchs', und ‚Hühnlein' entspricht gleichbed. poln. kokoszka, kokotek, kura, kurka, kurek, karaszki, eigentl. ‚Huhn, Hühnchen', bzw. entsprechende sorbische Wörter (MÜLLER 1969).

Ebenfalls Übersetzungen slawischer Wörter sind die Bezeichnungen Michaelisschwamm ‚Hallimasch', gleichbed. slowak. michálka, michalica, so benannt, weil dieser Pilz auch zum Fest des Erzengels Michael (29. September) wächst. Wenzelspilz oder Wenzelsschwamm, ebenfals ‚Hallimasch', übersetzt das tschechische Wort václavka gleicher Bedeutung; das Fest des Heiligen Wenzel (Václav) ist am 28. September.

Zur E r k l ä r u n g der Pilzbezeichnungen als sprachliche Gebilde, wovon bisher im wesentlichen die Rede war, gesellt sich der Versuch einer Beschreibung der M o t i v a t i o n dieser Bezeichnungen, d. h. der Beweggründe für die Benennung, also der ursächlichen Bezüge zwischen Bezeichnung und Pilz. Mit anderen Worten: Welchen Anlaß gibt ein Pilz für seine Benennung? Welches Merkmal eines Pilzes dominiert für die Wahl seiner Bezeichnung?

Die F a r b e der Pilze ist ihr auffallendstes, indes zugleich auch veränderlichstes Merkmal. Bei Hutpilzen, bei denen der Hut einen wesentlichen Bestandteil des Fruchtkörpers bildet, spielt dessen Farbe eine auffallende Rolle, da sie ihn weithin sichtbar macht, und sie wird somit vielfach zum Motiv der Benennung, wie beispielsweise beim kastanienbraunen Maronen-Röhrling, bei der Rotkappe, der Graukappe, beim Schwefelkopf, Weiß-, Schwarztäubling, Mohrenkopf u. a. m.

Oft setzt sich bei einem Pilz die am Hut dominierende Farbe am Stiel fort, so wird die Farbe des gesamten Pilzes zum Grund seiner Bezeichnung: Eierschwämmchen, Gold-Röhrling, Grünling, Schwefel-Ritterling. Bei Milchlingen bestimmt gelegentlich die Farbe der Milch die Bezeichnung des Pilzes – so hat wohl einer der beliebtesten Speisepilze, der Reizker (s. o.) seinen Namen nach dem karottenfarbigen Milchsaft, der an Bruchstellen austritt. Gelegentlich erscheint die Farbe in Verbindung mit anderen Merkmalen als Grund der Benennung; so wohl beim Butterpilz und beim Schmerling.

Form und Wuchs (vor allem des Hutes, des wohl auffallendsten Teiles des Fruchtkörpers) sind vielfach Motiv der Bezeichnung. Die Gesamtform bestimmte Namen wie Hasen-, Esels-, Schweinsohr, Bärentatze, Ochsenzunge, Schafeuter, Ziegenbart, Hundsrute, Krause Glucke, Herkuleskeule, Schleierdame, Riesenschirmling/Parasol (= Sonnenschirm). Die Form des Hutes dient bei folgenden Pilzen als Benennungsgrund: Krempling, Trichterling, Dachpilz, Spitz-Morchel, Bischofsmütze, Mönchskopf, Kuhmaul, Trompeten-Pfifferling u. a. Auch der Stiel des Pilzes, insbesondere sein Fuß, sind Anlaß zu seiner Benennung – Samtfuß-Krempling, Samtfuß-Rübling, Rotfuß-, Schönfuß-, Dickfuß-Röhrling, Heide-Schleimfuß, Geschmückter Gürtelfuß.

Standort und Verbreitung motivieren desgleichen Pilzbezeichnungen. Diese Gruppe ist besonders durch die Mykorrhizapilze bestimmt, bei denen eine Symbiose zwischen Bäumen und Pilzen besteht. Baumzerstörende Pilze gehören ebenfalls hierher. Zu nennen sind Birkenpilz, Birken-Milchling, Birken-Porling, Grüner Birken-Täubling, Eichen-Milchling, Eichen-Wirrling, Goldgelber, Grauer Lärchen-Röhrling, Lärchen-Schneckling, Tannen-Reizker, Weiden-, Kiefern-Porling, Pappel-Schüppling, Holunderschwamm.

Geographische Angaben weisen meist auf die Gegend der Erstfunde oder der Hauptverbreitung hin: Deutsche Trüffel, Trienter Röhrling, Ungarischer Erdstern. Auch der Charakter des Standorts geht in die Bezeichnung ein: Hausschwamm, Moor-Röhrling, Bruch-Reizker, Wiesen-Champignon, Feld-Egerling, Wald-Champignon, Feld-Trichterling, Heide-Schleimfuß, Sand-Röhrling, Stockschwämmchen.

Wert und Verwendungsmöglichkeiten eines Pilzes erscheinen ebenfalls als Motivationsgrund, es sind wesentliche Gesichtspunkte für die praktische Pilzkunde, weshalb gerade diese Aspekte bei volkstümlichen Pilzbezeichnungen ihren Niederschlag finden wie beispielsweise bei Speise-Morchel, Speise-Täubling, Gift-Reizker, Gift-Egerling, Edel-Reizker, Kaiserpilz, Herrenpilz, Brätling, Zunderschwamm.

Hierher gehört auch der Fliegenpilz, dessen Bezeichnung auf den Brauch zurückgeht, daß gezuckerte Stücke dieses Pilzes, mit Milch übergossen, als Lockmittel für Fliegen verwendet wurden, die daran zugrunde gingen (Bd. I, S. 146); bei Megenberg (1350) heißt er mukkenswamm, eine Bildung zu mittelhochdt. mücke, mucke ‚Mücke, Fliege'.

Daneben stehen nach Geschmack und Geruch motivierte Benennungen wie Pfifferling, Pfeffer-Milchling, Anis-Egerling, Maggipilz, Kampfer-Milchling, Herings-Täubling, Knoblauchpilz, Mehlpilz, Gallen-Röhrling, Bitterpilz, Stinkmorchel.

Schließlich sei als Benennungsmotiv die Wachstumszeit erwähnt: Mai-Rißpilz, Maipilz, Mai-Ritterling, Frühjahrs-Lorchel, Herbst-Lorchel, Frost-Rasling.

Die auffallendsten Merkmale der pilzlichen Fruchtkörper reflektieren in erster Linie die volkstümlichen Pilzbezeichnungen. Das wird bei der Farbe der Hut- und Stieloberfläche besonders deutlich. Desgleichen sind Geruch und Geschmack sowie Wert und Verwendung kaum von taxonomischer Bedeutung – es gibt keine größere Pilzgattung, die einheitlich nur Speise- oder ausschließlich Giftpilze enthält – doch um so wesentlicher für die praktische Pilzkunde.

Der geringen vermeintlichen oder wirklichen Bedeutung eines Merkmals für die Einordnung eines Pilzes in das wissenschaftliche System entspricht die Motivation von insbesondere volkstümlichen Artbezeichnungen. Sie sind spontan, offensichtlich zur Differenzierung einzelner Arten, im Volksmunde entstanden.

Je höheren Rang Merkmale für die wissenschaftliche Gruppierung besitzen, desto gleichmäßiger verteilen sich die dadurch motivierten Bezeichnungen auf alle botanischen Rangstufen. An hervorragender Stelle ist in diesem Sinne der Gesamtcharakter des Pilzfruchtkörpers zu nennen. So motivierte Bezeichnungen sind vorrangig Buchnamen, die also nicht unmittelbar aus dem Erleben entstanden sind, sondern unter didaktischen Gesichtspunkten etwa seit dem Ende des 18. Jhs. geschaffen wurden, und zwar vornehmlich von Autoren volkstümlicher illustrierter Pilzbücher, zumeist Lehrern und Pfarrern. Solche Bildungen haben meistens den Rang von Gattungs- oder Gruppenbezeichnungen, denen dann zur Unterscheidung der Arten vielfach ein Adjektiv vorangestellt wird, vgl. u.a. (Grüner/Weißer/Gelber) Knollenblätterpilz.

Literatur

Benedix, Ch.: Was sagen uns die deutschen Pilznamen? – Z. Pilzk. **25** (1959): 14–20.

Bisby, G. R.: Introduction to the taxonomy and nomenclature of the fungi. 2nd ed. – Kew 1953.

Clémençon, H. (Hrsg.): The species concept in *Hymenomycetes.* Proceedings of a Herbette Symposium held at the University of Lausanne, Switzerland, August 16–20, 1976. – 449 S. Vaduz 1977.

Demoulin, V.: Invalidity of names published in Secretan's Mycographie Suisse and some remarks on the problem of publication by references. – Taxon **23** (1974): 836–843.

Demoulin, V., Hawksworth, D. L., Korf, R. P., & Pouzar, Z.: A solution of the starting point problem in the nomenclature of fungi. – Taxon **30** (1981): 52–63.

Donk, M. A.: The citation of authors of revalidated names. – Taxon **10** (1961): 66–69.

Hawksworth, D. L., Sutton, B. C., & Ainsworth, G. C.: Ainsworth & Bisby's Dictionary of the Fungi. 7th ed. – 445 S. Kew 1983.

Hennig, B.: Herkunft und Ableitung der deutschen Pilznamen. In: Michael, E., Hennig, B., & Kreisel, H.: Handbuch für Pilzfreunde, Bd. **3**, 2. Aufl., S. 28–38. – Jena 1977.

International Code of Botanical Nomenclature. Adopted by the Thirteenth International Botanical Congress, Sydney, August 1981. – 472 S. Utrecht, Antwerpen, The Hague, Boston 1983.

Kotlaba, F.: Bemerkungen zur Auffassung der Gattung bei den Makromyceten. – Preslia **36** (1964): 329–336.

Kreisel, H.: Die Art- und Gattungskonzeption bei Großpilzen. In: W. Vent (Hrsg.): Widerspiegelung der Binnenstruktur und Dynamik der Art in der Botanik, S. 117–127. – Berlin 1974.

Kühner, R.: La notion d'espèce chez les champignons supérieurs. – Bull. mens. Soc. Linnéenne Lyon, Suppl., **45**, no. 10 (1976): XVII–XLVIII.
Kupfer, K.: Die Pilze in der Geschichte, Dichtung und Sprache. – Z. Pilzk. **21**, no. 15 (1953): 17–23.
Müller, K.: Niederlaus. Zallunken ‚Grünling'. – Z. Slawistik **11** (1966): 379–380.
– Die deutschen Bezeichnungen slawischer Herkunft für den Echten Reizker (*Lactarius deliciosus* [L. ex. Fr.] S.F.Gray). – Z. Slawistik **14** (1969): 545–576.
– Ein slawisches Reliktwort für den Pfifferling in Thüringen. – Z. Slawistik **15** (1970): 32–34. Vgl. dazu F. Liewehr: Thüring. Lipperzchen ‚Pifferling'. – Z. Slawistik **16** (1971): 717–720.
– Slawische Pilznamen in den ehemaligen deutschen Mundarten Schlesiens. – Prace Filologiczne **23** (1972): 239–251.
– Eine slawisch-deutsche Entlehnungsparallele. – Z. Slawistik **19** (1974): 55–65.
– Versuch einer Deutung russischer Pilzbezeichnungen. – Z. Slawistik **29** (1984): 19–21.
Petersen, R.H.: Some perplexing problems associated with the use of Fries's Systema Mycologicum as a sanctioning book. – Crypt. Mycol. **4** (1983): 221–230.
Rauschert, S.: Die richtige Betonung der wissenschaftlichen Pilznamen. – Z. Pilzk. **43** (1977): 97–103.
– Über das Geschlecht der wissenschaftlichen Pilznamen. – Mykol. Mitt. **22** (1978): 23–34.
– Die neuen Nomenklaturregeln von Sydney 1981 und ihre Anwendung in der Mykologie. – Boletus **7** (1983): 21–38.
Rothmaler, W.: Allgemeine Taxonomie und Chorologie der Pflanzen. – 204 S. Jena 1950 2. Aufl. 1955.
Schreiber, H.: Die ältesten deutschen Pilznamen. – Pilz- u. Kräuterfreund **4** (1920): 70–71.
Spilger, L.: Deutsche Namen für den Champignon. – Pilz- u. Kräuterfreund **1** (1918): 26.
Vent, W.: Merkmalskomplex – Sippenstruktur – Natürliches Pflanzensystem. – Wiss. Z. Humboldt-Universität Berlin, Math.-nat. Reihe, **11** (1962): 401–405.
Wasson, V.P., & Wasson, R.G.: Mushrooms, Russia and History. 2 Bde. – New York 1957. Vgl. dazu V. Machek in Z. slav. Philologie **28** (1960): 213ff.
Wesemüller, A.: Unsere Pilznamen. – Schweiz. Z. Pilzk. **11** (1933): 160–161.

II. Pilzausstellungen und Pilzsammlungen

A. Die Organisation von Pilzausstellungen

Jeder Pilzfreund wünscht seine Artenkenntnis ständig zu erweitern, jeder Pilzfreund wird aber dabei auch auf ernsthafte Schwierigkeiten stoßen. Aus Büchern allein läßt sich nicht alles lernen, wichtig ist auch die Weitergabe persönlicher Erfahrungen. Dies kann durch gemeinsame Exkursionen von Pilzfreunden geschehen, durch Lehrwanderungen oder den Besuch von Tagungen. Ein besonders effektives Mittel zur Weitergabe von Pilzkenntnissen sind die Pilzausstellungen oder Lehrschauen.

Die spezifische Konsistenz einer Pilzart, bestimmte Merkmale der Oberflächenbeschaffenheit und des Glanzes, viele Gerüche lassen sich nicht exakt beschreiben oder abbilden, an frischem Material aber können sie demonstriert werden. Auch die Variationsbreite der Arten kommt an reichlich ausgestelltem Material besser zur Geltung als durch irgendeine Abbildung. Aus diesen Gründen können Pilzausstellungen sehr lehrreich sein.

Je nach den Absichten und Möglichkeiten des Veranstalters können Pilzausstellungen in sehr unterschiedlichem Rahmen konzipiert und durchgeführt werden. Es gibt drei Hauptformen: Schaukasten, vorübergehende Ausstellung und Dauerausstellung.

1. Schaukästen

Ein Schaukasten wird von einem Pilzsachverständigen bzw. Beauftragten für Pilzaufklärung oder von einer Arbeitsgemeinschaft unterhalten. Auf Grund des beschränkten Raumes können nur wenige Pilzarten gleichzeitig ausgestellt werden; es macht aber geringe Mühe, das Material während der gesamten Pilzsaison ein- bis zweimal wöchentlich auszuwechseln, so daß im Laufe der Saison doch viele Arten gezeigt werden können. Bevorzugt sollten natürlich wichtige Speisepilze und ihre giftigen oder ungenießbaren Doppelgänger ausgestellt werden, aber auch seltene und bemerkenswerte Funde wie Erdsterne, Pilzblumen, Porlinge u. a. werden das Interesse der Vorübergehenden wecken.

Ein Teil des Schaukastens kann genutzt werden, um auf bevorstehende Vorträge, Lehrwanderungen u. dgl. hinzuweisen sowie um Anschrift und Öffnungszeit der nächsten Pilzberatungsstelle bekanntzugeben.

Der technische Aufwand ist gering. Man muß nur darauf achten, daß der Schaukasten schattig hängt und genügend Luftlöcher hat, um eine gute Durchlüftung zu gewährleisten und damit das Faulen der Pilze zu verhindern.

2. Zeitweilige Ausstellungen

Die Durchführung einer Ausstellung von Frischpilzen setzt die Mitarbeit freiwilliger Helfer voraus, da innerhalb kurzer Zeit sehr viel Material herbeigeschafft, sortiert, gereinigt und aufgestellt werden muß. Je nach Größe des Einzugsgebietes und Anzahl der Helfer ist mit 100–300 Pilzarten zu rechnen, die sämtlich am Tage vor der Eröffnung gesammelt und verarbeitet werden müssen. Später müssen dann die Pilze in dem Maße, wie sie unansehnlich werden, durch frische Fruchtkörper (evtl. auch durch andere Arten) ersetzt werden. Die Dauer der Ausstellung kann von 3 Tagen bis 3 Wochen konzipiert werden, je nachdem, wie lange Räumlichkeit und Helfer zur Verfügung stehen.

Da die Hauptarbeit in einem kurzen Zeitraum unmittelbar vor der Eröffnung der Ausstellung bewältigt werden muß, ist eine gut durchdachte Vorbereitung und Organisation unabdingbar. Der Veranstalter hat folgende Fragen zu durchdenken:

Zeitpunkt. Er richtet sich nach den örtlichen Gegebenheiten (Klima, zu erwartendes Publikum). Meist kommt die Hauptpilzsaison (September bis Mitte Oktober) in Betracht, da dann das Pilzaufkommen am ehesten gesichert ist. Doch haben auch Pilzausstellungen in Ferienorten während der Urlaubszeit (Juli/August) ihre Berechtigung. In Gebieten mit reichlichem Aufkommen an Frühjahrspilzen (z. B. Thüringer Becken, Auenwaldgebiete) kann auch eine kleinere Ausstellung im Mai gewagt werden.

Räumlichkeit. Der Ausstellungsraum soll kühl, möglichst hell und auch genügend groß sein. Viele Pilzausstellungen kommen dadurch wenig zur Wirkung, daß die Pilze auf zu geringer Fläche zusammengedrängt sind. Geeignete Säle sind meist unschwer zu beschaffen, z.B. in Museen, Schulen, wissenschaftlichen Instituten, Klubhäusern, leerstehenden Gewächshäusern. Man achte darauf, daß die Zentralheizung abstellbar ist und auch in den späten Nachmittagsstunden für ausreichend helle Beleuchtung gesorgt ist.

Zeitpunkt und Ort der Pilzausstellung sind rechtzeitig durch Presse, Schaukästen, evtl. durch Plakate und Anschläge bekanntzugeben.

Konzeption der Ausstellung. Vor Beginn der Ausstellung muß man sich über ihre Konzeption klar sein, d. h., man muß sich entscheiden, wie die Pilze angeordnet werden sollen.

Bei **systematischer Anordnung** werden die Pilze nach Gattungen, Familien und Ordnungen zusammengelegt. Das hat den Vorteil, daß man größere Gruppen, die erfahrungsgemäß reich repräsentiert sind (wie Milchlinge, Täublinge, Ritterlinge, Röhrlinge, Porlinge), gut vergleichend überschauen kann. Zweckmäßigerweise werden die Pilze möglichst sachlich und ohne schmückendes Beiwerk angeordnet, z.B. auf weißen, rechteckigen Papptellern oder in hellen Plasteschalen (Abb. 1, 2). Letztere haben den Vorteil, daß sie leicht abgewaschen und wieder verwendet werden können. Viele der ausgestellten Pilze streuen ja ihr farbiges Sporenpulver aus und verschmutzen damit die Unterlage; andere verderben und faulen zusammen.

Eine elegante Methode fand 1960 auf einer großen Ausstellung von Frischpilzen in Brno Verwendung: Die Pilze wurden auf Glasplatten (etwa 30 × 20 cm) gelegt, die Namenschilder und zusätzliche Illustrationen (Fotos, Zeichnungen) lagen unter dem Glas und konnten so nicht beschmutzt werden (Bild in Česká Mykologie, Bd. **15**, Tafel VIII, 1961).

Bei **ökologischer Anordnung** werden die Pilze nach ihren natürlichen Standorten (z. B. Buchenwald, Eichenwald, Fichtenwald, Kiefernwald, Hochmoor, Weideland, Gärten) angeordnet. Dies lenkt den Blick des Besuchers auf die Bindung der Pilze an Begleitpflanzen und Vegetationstypen; so lernt der Besucher, an welchen

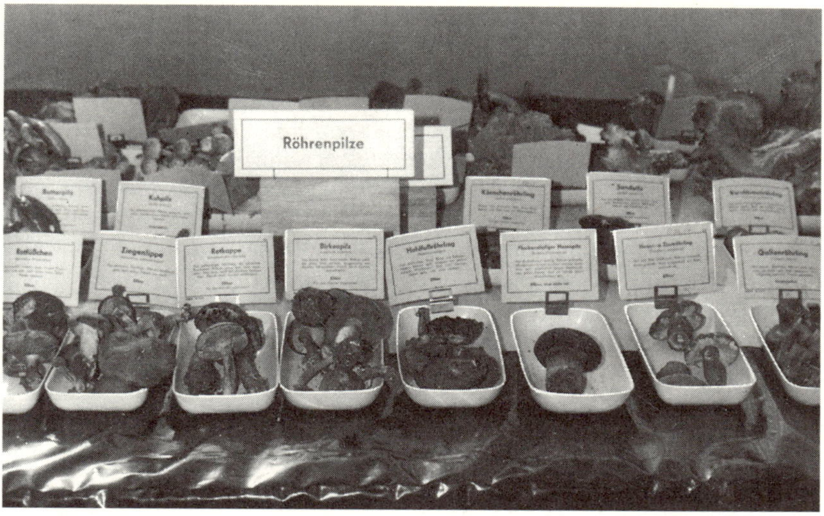

Abb. 1. Pilzausstellung in systematischer Anordnung, Halle 1974. Foto Hygiene-Institut Halle.

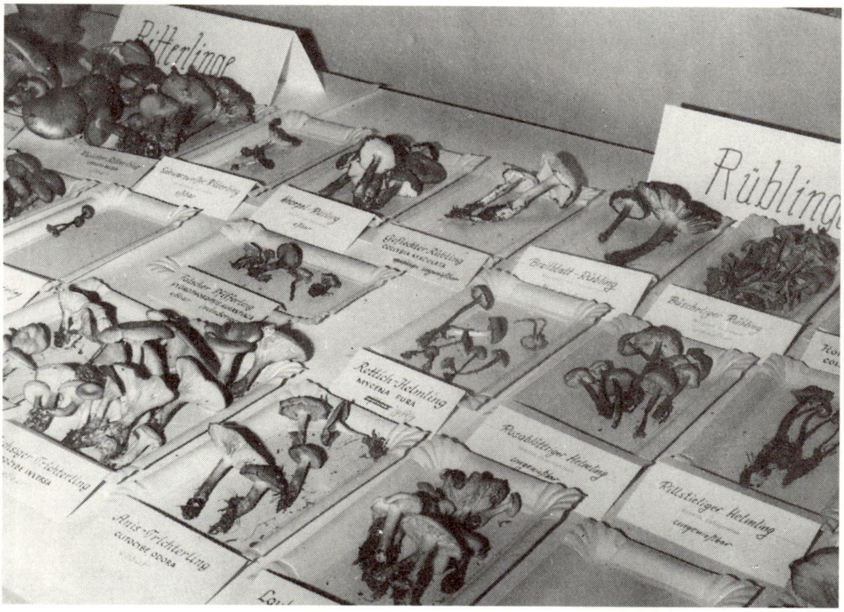

Abb. 2. Pilzausstellung in systematischer Anordnung, Greifswald 1976. Foto I. SCHARF.

Standorten er bestimmte Pilzarten erwarten kann. In diesem Falle ist es angebracht, die jeweiligen Standorte nicht nur durch Schilder, sondern durch entsprechendes Beiwerk anzudeuten. Man kann z. B. rechteckige, etwa 10 cm tiefe Behälter (Pikierkästen, Wannen aus Zinkblech oder Plaste) mit Sand oder Gartenerde füllen und darüber sparsam (!) Moos, Eichenblätter, Fichtennadeln usw. verteilen, entsprechend dem darzustellenden Standort. Holzbewohnende Pilze werden um faulende Hölzer gruppiert. In einer Wanne von der Größe eines Pikierkastens können durchschnittlich 3 Pilzarten gezeigt werden, d. h., bei einem zu erwartenden Aufkommen von etwa 150 Arten müßten 50 solcher Wannen bzw. Kästen bereitgestellt werden (Abb. 3).

Bei genügend Raum und Material werden oft noch Abteilungen gestaltet, in denen Pilzgruppen wie die folgenden besonders zusammengestellt werden:

Eßbare Pilze und ihre Doppelgänger
Marktpilze
Außergewöhnlich große Fruchtkörper
Pilzarten, die nicht frisch beschafft werden konnten, in Flüssigkeitspräparaten und Exsikkaten
Plakate und anderes Aufklärungsmaterial
Pilzliteratur (evtl. verbunden mit Buchverkauf).

In verschiedenen Fällen wurden Pilzausstellungen durch eine **Pilzküche** bereichert, durch welche Kostproben von weniger bekannten Speisepilzen oder von ungewöhnlichen Rezepturen verabfolgt wurden. Besonders einige mykologische Zirkel in der ČSSR haben in dieser Form erfolgreich für die Pilzverwertung geworben.

Abb. 3. Pilzausstellung in ökologischer Anordnung, Quedlinburg. Foto W. KASTEN.

Eine der bedeutendsten Pilzausstellungen der Welt ist der seit 1951 alljährlich im „Jardin des Plantes“ von Paris stattfindende „Salon du Champignon“, den die Kryptogamenabteilung des Naturhistorischen Museums (Leitung bis 1973: Prof. Dr. R. Heim) ausgestaltet. Er ist jeweils eine Woche geöffnet und wird in dieser Zeit von 20000 bis 40000 Personen besucht. Diese Ausstellung gliedert sich in folgende Teile:

Systematisch gegliederte Ausstellung von Großpilzen
Pilzliteratur
Sonderausstellung
Champignonkultur.

Die Sonderausstellung ist in jedem Jahr einem anderen Thema gewidmet, z. B. 1967 dem Motto „Die *Amanita*-Arten der Welt“. Nach der öffentlichen Woche bleibt die Ausstellung noch 3 Tage für den Besuch durch Schulen reserviert.

Eine bekannte ständige Einrichtung ist auch die „Schwarzwälder Pilzlehrschau“ in Hornberg (BRD), welche neben der jährlich von August bis Oktober geöffneten Ausstellung von Pilzen und Pilzliteratur über ein Mikroskopielabor, eine Versuchsküche und einen „Pilzgarten“ mit angebauten Speisepilzen (besonders holzbewohnenden Arten) verfügt. Sie wurde von Rektor Max Hetzel seit 1962 aufgebaut, 1972 bis 1979 von Frau Rose Marie Dähncke betreut und wird seit 1980 von Walter Pätzold geleitet. In den letzten Jahren wurde sie zu einer Aus- und Fortbildungsstätte für Pilzberater der Deutschen Gesellschaft für Mykologie entwickelt.

Gewinnung von Helfern. Als Helfer reichen die Mitarbeiter der Einrichtung (Museum, Institut usw.), welche die Ausstellung durchführt, häufig nicht aus. Oft werden ständige Besucher des Museums, der Pilzberatungsstelle usw., die als fleißige Pilzsammler bekannt sind, zur Mitarbeit bereit sein. Sehr vorteilhaft ist es, wenn ein schon bestehendes Kollektiv (Arbeitsgemeinschaft, Studentenzirkel) die Hauptarbeit trägt. So haben die von der Arbeitsgruppe Mykologie des Kulturbundes der DDR in Halle durchgeführten Pilzausstellungen eine langjährige Tradition. In der ČSSR gibt es zahlreiche mykologische Zirkel („houbařský kroužek“), die auch in kleineren Orten ansehnliche und geschmackvoll gestaltete Pilzausstellungen durchführen. In der Schweiz veranstalten die zahlreichen örtlichen Vereine für Pilzkunde regelmäßige Ausstellungen, und ähnliche Aktivitäten werden aus Polen, Ungarn, Frankreich, Belgien und anderen Ländern berichtet.

Einsatz der Helfer. Die wichtigste Aufgabe der Helfer ist das Einsammeln des Ausstellungsgutes, wozu neben Pilzen auch Dekorationsmaterial (Moos, Waldboden, Sträuße) gehört. Um möglichst viele verschiedene Pilze zu bekommen und Mißerfolge durch örtliche Bedingungen zu vermeiden, verteilen sich die Sammler auf Örtlichkeiten mit unterschiedlichen Standorten (Laub- und Nadelwald, Wiese und Weide, Moor und Trockenrasen, Kalk- und Silikatboden). Unverderbliche Pilze wie Porlinge können schon in der vorhergehenden Woche beschafft werden und brauchen die Sammler am Tage vor der Pilzausstellung nicht zu belasten.

Andere Helfer nehmen am Ausstellungsort das gesammelte Gut in Empfang, reinigen es, sortieren es nach Arten, legen die entsprechenden Namenschilder dazu und arrangieren das Material schließlich entsprechend der Konzeption der Ausstellung. Alle madigen, fauligen oder beschädigten Fruchtkörper werden sofort ausgeschieden, denn sie würden auch in einer kurzen Ausstellung sehr bald schlecht aussehen und durch ihren Geruch lästig werden.

Betreuung der Ausstellung. Es ist allgemein üblich, daß viele Besucher selbstgesammelte Pilze mitbringen und zur Bestimmung vorlegen. Deshalb muß während der Öffnungszeit ein Pilzsachverständiger anwesend sein, der den Besuchern für Bestimmungen zur Verfügung steht und auf ihre meist zahlreichen Fragen Auskunft gibt. Manche Besucher tragen auch durch mitgebrachte Pilze zur Erneuerung und Ergänzung des ausgestellten Materials bei.

Mindestens ein Helfer ist für die vielen kleinen technischen Belange erforderlich, z.B. für das Zählen der Besucher, die Regulierung der Heizung, Belüftung und Beleuchtung, die Entfernung verdorbener Pilze, das Schreiben zusätzlicher Schilder.

3. Dauerausstellungen

Ständige Pilzausstellungen können nur in einschlägigen Museen realisiert werden. Bis zum zweiten Weltkrieg gab es im Botanischen Museum in Berlin-Dahlem eine solche Ausstellung, in welcher einheimische und exotische Pilze in Form von Exsikkaten gezeigt wurden. Etwa in den Jahren 1948–1960 gab es im Naturkundlichen Heimatmuseum zu Leipzig eine kleine ständige Pilzausstellung, die neben Fruchtkörpern und Fotografien auch mykologisch-pharmazeutische Präparate (z.B. Antibiotika) zeigte und während der ganzen Saison reichlich durch Frischpilze ergänzt wurde. Sie wurde von dem Bezirks-Pilzsachverständigen Alfred Birkfeld (1900–1967) vorbildlich betreut. 1977 wurde im Greifensteinmuseum (Erzgebirge) ein mit 125 Gipsmodellen von Kurt Oestreich ausgestattetes „Pilzzimmer" eröffnet (Abb. 4, 5).

Wahrscheinlich die schönste und umfassendste Dauer-Pilzausstellung wurde 1965 im Mährischen Museum zu Brno (ČSSR) eröffnet. Sie blieb mit kurzer Unterbrechung bis 1973 zugänglich. Diese Ausstellung füllte mehrere Säle (insgesamt 500 m^2 Fläche) und hat mit ihrer geschmackvollen Aufmachung hohe Maßstäbe für die Gestaltung von Pilzausstellungen gesetzt (Abb. 6).

Naturgemäß kann eine Dauerausstellung nicht in erster Linie mit Frischpilzen bestritten werden, und auch eine Ausstellung vorwiegend von Exsikkaten würde heute nur wenige Spezialisten befriedigen. Die Mykologen in Brno (zu den Initiatoren der Ausstellung gehörten Dozent A. Černý, Ing. K. Kříž, Dr. F. Šmarda und Dr. J. Špaček) verwendeten neben frischen und getrockneten Fruchtkörpern vor allem Bilder, Graphiken, Modelle, Fotografien, Karten, Konserven, pharmazeutische Präparate und andere Industrieprodukte und schließlich, als gewichtigste Exponate, etwa 3 m lange, längs aufgeschnittene Teile von Baumstämmen mit den charakteristischen Symptomen des Befalls durch Porlinge und andere holzzerstörende Pilze.

Den schönsten Teil der Ausstellung bildeten sieben große Dioramen, welche die Beziehungen der Großpilze zu charakteristischen Vegetationstypen Mährens verdeutlichten. Den Hintergrund bildete jeweils ein riesiges durchleuchtetes Foto der betreffenden Pflanzengesellschaft; davor in einer Vitrine waren Belege der entsprechenden Pilze zu sehen; typische Bodenprofile und Verbreitungskarten der Charakterpilze ergänzten diese Gesamtschau (Abb. 7).

In ihrer ersten Phase war die Ausstellung folgendermaßen gegliedert:

Teil A: Die Welt der Pilze (Mannigfaltigkeit der Pilze und ihre Bedeutung für Mensch und Natur), der Begriff Pilze (Bau, Vermehrung und Lebensweise der Pilze); das System der Pilze; Genetik der Pilze.

Abb. 4. Pilzausstellung mit Gipsmodellen von K. OESTREICH im Greifensteinmuseum (Erzgebirge). Foto G. FRANZ.

Abb. 5. Pilzausstellung mit Gipsmodellen von K. OESTREICH im Greifensteinmuseum (Erzgebirge). Foto G. FRANZ.

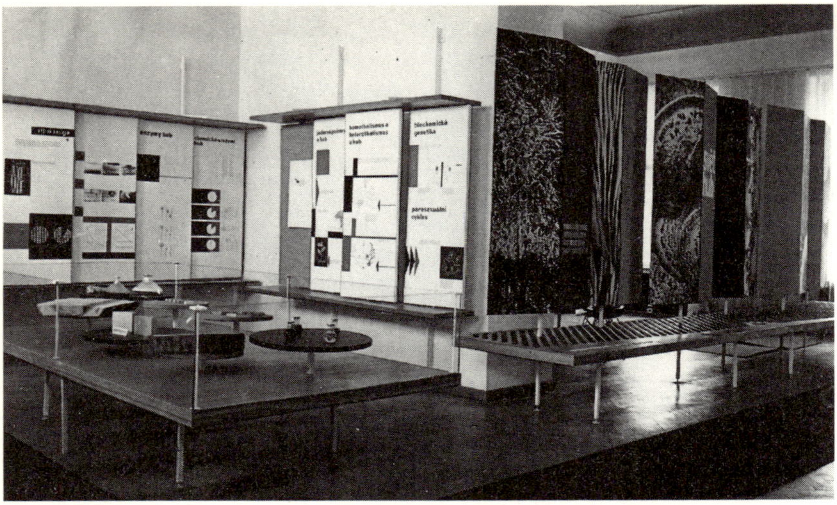

Abb. 6. Dauer-Pilzausstellung in Brno. Foto Moravské Muzeum.

Abb. 7. Dauer-Pilzausstellung in Brno. Foto Moravské Muzeum.

Teil B: Der Pilz und seine Umwelt (Vorkommen der Pilze im Wasser, im Boden, auf Pflanzen und Tieren, im menschlichen Körper, in der Wohnung und im Walde); Bindung des Pilzes an die Vegetation (die erwähnten Dioramen); Bedeutung des Pilzes für den Wald; die übrige Umwelt.

Teil C: Dem Menschen nützliche Pilze (Speisepilze, Marktpilze, Gärungs- und Nahrungsmittelindustrie, chemische und pharmazeutische Industrie, Abwasserreinigung); dem Menschen schädliche Pilze (Giftpilze, Mykosen bei Mensch und Tier, Pflanzenkrankheiten, Schimmelpilze); mykologische Dokumentation (Entwicklung der Mykologie, Ausbildung von Mykologen in der ČSSR, mykologische Organisation in der ČSSR).

Teil D: Pilzaufklärung und -beratung; Literatur und Informationsmaterial; Vortragssaal; Ausstellung von Frischpilzen.

Diese thematische Gliederung mag einen Eindruck von der Mannigfaltigkeit dieser Pilzausstellung vermitteln, zu welcher nicht weniger als 52 wissenschaftliche Institute und Industriebetriebe Ausstellungsmaterial beigesteuert hatten.

B. Präparation von Pilzen für Ausstellungszwecke

Ideal für eine Dauer-Pilzausstellung wäre zweifellos eine Methode, die es gestattet, die Pilze in ihren natürlichen Formen, Farben und Strukturen zu erhalten. Dem stehen der hohe Wassergehalt der Pilze, die meist sehr dünnen Zellwände und die leichte Verderblichkeit der Farbstoffe entgegen. Um diese Schwierigkeiten wenigstens teilweise zu umgehen, gibt es folgende Methoden: Modelle, Imprägnation, Flüssigkeitspräparate und Gefriertrocknung. Über die letztgenannte, besonders erfolgversprechende Methode berichtet Dr. P. Hübsch im folgenden Kapitel. Die übrigen Methoden sollen hier kurz besprochen werden.

1. Modelle

Pilzmodelle aus Gips, in mehr oder weniger natürlichen Farben bemalt, waren zeitweise als Lehrmittel im Handel und sind noch heute in manchen Schulen und Museen anzutreffen. Sie können den Mykologen meist wenig befriedigen, da die Darstellung der Merkmale zu grob ist. Eine wirklich naturgetreue Nachbildung der Pilze setzt viel Liebe und Geduld sowie künstlerische Fähigkeiten voraus. In jüngster Zeit hat Frau Katharina Bickerich, Potsdam, aus Paraffin, Salz und Vlieseline gefertigte und bemalte Pilzmodelle für Zwecke der Pilzaufklärung eingesetzt; erstaunliche Naturtreue erreichte Herr Dr. Hans-Martin Gandert, Halle (1890–1975), mit Modellen aus Plaste. Berühmt sind die 400 farbig bemalten Holzmodelle des mährischen Schnitzers Josef Rulíšek (1861–1944) (Abb. 8). Diese kleinen Kunstwerke sind im Mährischen Museum zu Brno ausgestellt; einige von ihnen haben sogar – abfotografiert – als Illustration für ein kleines Pilzbuch gedient (Kříž, K.: Rádce houbařů. 132 S. Brno 1972).

2. Imprägnation

Bei diesen Verfahren dienen die Pilzfruchtkörper selbst als Grundlage des Modells.

Vor mehreren Jahrzehnten wurden Pilzmodelle nach dem **Aeternitas-Verfahren** hergestellt: Man entzog den Pilzen das Wasser stufenweise durch Alkohol und anschließend durch Xylen (Xylol); danach wurden sie mit Paraffin getränkt. Dabei wurden die natürlichen Farben oft verändert.

Abb. 8. Sparriger Schüppling, *Pholiota squarrosa.* Modell des Holzschnitzers Rulíšek. Foto Moravské Muzeum.

Eine selten angewandte Methode zur Erhaltung der Pilze war ihre **galvanische Verkupferung**. Die Pilze wurden mit feinstem Graphitstaub überpudert und anschließend in ein elektrolytisches Bad mit Kupferanode gelegt. Leitete man nun den elektrischen Strom durch das Bad, so setzte sich ein dünner Kupferüberzug auf den Pilzen ab, der die Form des Pilzes genau wiedergab. Natürlich mußten in diesem Falle die metallenen Modelle angemalt werden.

Eine moderne, aber in der Mykologie noch wenig praktizierte Methode ist die **Einbettung in Kunstharz**, die z. B. bei Insekten und Blütenpflanzen mit großem Erfolg angewandt wurde (vgl. Natho & Natho 1964). Die Pilze werden in ein quaderförmiges Glaskästchen entsprechender Größe gelegt, und dann das Kunstharz im Verlaufe mehrerer Tage Schicht für Schicht bis zur Ausfüllung des Kästchens zugefügt. Nach Erstarren des Harzes wird das Glas entfernt.

Mit relativ kleinen und wasserarmen Pilzen wurden bereits günstige Erfahrungen gesammelt: die natürlichen Formen und Farben blieben erhalten. Dagegen dürften große und fleischige Fruchtkörper erhebliche Schwierigkeiten bereiten, einmal wegen des hohen Wassergehaltes und zum anderen wegen des großen Aufwandes an Material und Zeit.

3. Flüssigkeitspräparate

Als Behälter dienen Standzylinder oder Küvetten aus Glas. Der obere Rand muß geschliffen und durch eine Glasplatte fest verschließbar sein, da die Flüssigkeit sonst bald verdunsten würde. Wenn die Pilze den Behälter nicht ganz ausfüllen, werden sie auf eine Glasplatte montiert (z.B. festgebunden), die dann in den Behälter gestellt wird.

Folgende Konservierungsflüssigkeiten werden empfohlen:

Verdünnter Alkohol: Ethanol 70% oder auch das sehr giftige Methanol (Vorsicht!). Alkohol entzieht den Fruchtkörpern Wasser und läßt daher die Form schrumpfen.

Formalinlösung (4%) wirkt hingegen quellend und läßt die Fruchtkörper aufgedunsen erscheinen. Um die Nachteile beider Flüssigkeiten auszugleichen, verwendet man besser ein **Gemisch** von Ethanol (70%) und Formalinlösung (4%) zu gleichen Teilen, oder ein Gemisch von ⅓ Ethanol, ⅓ Formalinlösung und ⅓ Glycerol (Glyzerin). In jedem Falle werden aber die Farbstoffe der meisten Pilze vollständig herausgelöst. Diese billigen Verfahren eignen sich daher am besten zur Aufbewahrung solcher Pilze, bei denen es weniger auf die Erhaltung der Farben als auf die interessante Form ankommt (z. B. Morcheln, Lorcheln, Pilzblumen, Korallenpilze).

Konservierungsflüssigkeiten nach Lutz. Die natürlichen Farben vieler Pilze sollen sich in folgenden Flüssigkeiten erhalten, deren Rezepte Hennig (in Bd.I, 1958) zitiert:

a) 25 g Zinksulfat (-vitrol) und 10 g Formalin (= 40%ige Formaldehydlösung) auf 1 l destilliertes Wasser.

b) Lösung I: Man zerreibt in der Reibschale 1 g reines Quecksilberacetat (Vorsicht, stark giftig!), fügt sofort 5 ml Eisessig und 1 l destilliertes Wasser hinzu. – Lösung II: Man zerreibt 1 g reines Quecksilberacetat, 10 g reines neutrales Bleiacetat („Bleizucker“), fügt 10 ml Eisessig und 1 l Ethanol (90%) hinzu. – Lösung I und II zu gleichen Teilen gemischt ergibt die eigentliche Konservierungsflüssigkeit. Der Zusatz von Eisessig hat den Zweck, die sonst leicht mögliche Zersetzung der essigsauren Salze zu verhindern.

Oft kann man feststellen, daß nach dem Einlegen der Pilze in die Konservierungsflüssigkeit ein Niederschlag entsteht. Nach längstens 24 Stunden aber wird dieser Vorgang aufhören, und es genügt dann, die Flüssigkeit abzugießen und zu filtrieren. Durch das Herauslösen der Farbstoffe wird die Flüssigkeit oft nach einiger Zeit bräunlich und das Präparat damit unansehnlich. Dann ist die Flüssigkeit wegzugießen und zu erneuern.

C. Gefriertrocknung von Pflanzen

Peter Hübsch, Weimar

Die Fruchtkörper der Pilze sind in den meisten Fällen sehr schnell vergänglich. Der Systematiker, der mit Pilzen arbeitet, ist gegenüber dem Kollegen, der sich mit höheren Pflanzen beschäftigt, benachteiligt. Seine Untersuchungsobjekte lassen sich nicht in Botanischen Gärten kultivieren. Deshalb ist er auf das oft sehr sporadische Auftreten der Fruchtkörper in der Natur angewiesen. Auch sind diese in den meisten Fällen der einzige Teil des Pilzes, der sich für die Bestimmung verwenden läßt. Das Myzel lebt im Boden, in Holz oder anderen Substraten verborgen und bietet selten für die Unterscheidung und Charakterisierung wesentliche Merkmale. Die höheren Pflanzen kann man meist über Monate oder sogar das ganze Jahr beobachten, während die Lebensdauer der Pilzfruchtkörper oft nur auf Tage beschränkt ist. Es ist deshalb nicht verwunderlich, daß man schon lange nach Methoden suchte, um die Pilze in ihrer Form und Farbe so natürlich wie möglich für längere Zeiten erhalten zu können.

Eine sehr brauchbare und einfache Methode, um Pilze für Herbarzwecke zu trocknen, beschreibt Hoseney (1963). Als Trockenmittel verwendet er Silicagel, wie es in Exsikkatoren benutzt wird. Silicagel ist eine chemisch inaktive, kristalline Verbindung, die Wasser stark absorbiert. Die zu trocknenden Pilze werden in gut schließende Behälter gelegt und völlig mit Silicagel bedeckt. Dabei wird die Feuchtigkeit aus den Pilzen vom Trockenmittel absorbiert. Die Zeit, die zum Trocknen benötigt wird, richtet sich nach der Größe und dem Wassergehalt der Objekte. Die Körnung des Trockenmittels soll weder zu grob noch zu fein sein, da es sonst schwierig ist, die Chemikalie wieder vom Pilz zu entfernen. Zu kleine Partikel bekommt man schwer aus den Röhren der Röhrlinge heraus, und zu große Körner verklemmen sich leicht zwischen den Lamellen der Blätterpilze. Es ist empfehlenswert, Trockenmittel mit Feuchtigkeitsanzeiger (s. genanntes Blaugel) zu verwenden oder doch etwas Blaugel unterzumischen, um erkennen zu können, ob das Gel bereits Feuchtigkeit aufgenommen hat. Das mit Wasser gesättigte Silicagel kann im Trockenschrank wieder regeneriert werden. Dabei darf eine Temperatur von 150 °C nicht überschritten werden. Das getrocknete Gel ist bis zur Verwendung in luftdicht verschlossenen Gefäßen aufzubewahren. Die Methode der Trocknung von Pilzen unter Verwendung von Silicagel soll sich gut für Arten von *Coprinus, Conocybe, Psathyrella, Mycena, Marasmius,* kleine *Tricholoma, Morchella* und *Peziza* eignen. Sie läßt sich auch auf Exkursionen anwenden, wenn man das Silicagel in luftdichter Verpackung mit sich führt.

Gegenwärtig wird in immer stärkerem Maße die Gefriergetrocknung (Lyophilisierung) von Pilzen zur Haltbarmachung angewendet. Sie ist sicher die schonendste Methode für das zu trocknende Material. Die Gefriertrocknung beruht auf der Fähigkeit des Wassers, unter bestimmten Bedingungen aus dem gefrorenen Zustand sofort in den dampfförmigen übergehen zu können. Bei richtiger Handhabung dieses Verfahrens bleiben Form und Farbe nahezu unverändert. Es können natürlich nicht solche Farbunterschiede erhalten bleiben, die durch den unterschiedlichen Wassergehalt hervorgerufen werden, wie z. B. hygrophane Zonierungen des Pilzhutes. Auch bei gallertigen Substanzen (z. B. bei *Tremellales*) tritt aufgrund der starken Verdünnung, in der der Farbstoff im Plasma vorliegt, eine Entfärbung oder doch zumindest starke Aufhellung ein.

Die Lyophilisierung von Pilzen würde sich sicher in viel stärkerem Maße durchsetzen, wenn nicht die handelsüblichen Anlagen dafür so teuer wären. Diese Apparate haben meist noch einen zweiten Nachteil, sie sind nur für kleinere Proben konstruiert und können größere Pilze oder gar Kollektionen nicht aufnehmen. Die Anwendung der Gefriertrocknung für Pilze wurde von dem Franzosen Mercie (1948) eingeführt. Er stellte 1954 beim VIII. Internationalen Botanikerkongreß in Paris ausgezeichnet erhaltene, mit dieser Methode präparierte Pilze aus. Inzwischen sind von Hallermeier (1960), Haskins (1960), Stadelmann (1962), Bohus (1963), Taylor (1968), Clémençon (1968) u.a. Methoden und Hinweise für die Gefriertrocknung höherer Pilze veröffentlicht worden.

Eine Gefriertrocknungsanlage setzt sich im Prinzip aus folgenden wesentlichen Bestandteilen zusammen:

1. einer Kältemaschine, die das Kühlgut auf − 20 bis − 40 °C abkühlt,
2. einem Rezipienten, der das Gefriergut aufnimmt,
3. einer Vakuumpumpe mit hoher Leistung, die ein Feinstvakuum von etwa 10^{-4} bis 10^{-6} Torr erreicht.

Für die Herstellung des Vakuums werden meist 2stufige Öldiffusionspumpen verwendet. Vom VEB Jenaer Glaswerke wurde eine für unsere Zwecke sehr gut geeignete Labor-Gefriertrocknungsanlage produziert. Diese enthält folgende wesentliche Teile:

1. Eine Trockenkammer in Form einer Glasglocke von etwa 23 l Inhalt. Dieser Rezipient kann auch sehr große Fruchtkörper oder Kollektionen aufnehmen.
2. Zwei Kodensatoren für das Eis, welches beim Trocknen aus den Fruchtkörpern sublimiert. Diese Eiskondensatoren werden im Wechsel betrieben, wodurch ein kontinuierlicher Betrieb möglich ist.
3. Eine Diffusionspumpe mit Vorpumpe.
4. Eine regelbare Heizvorrichtig zur Gegenheizung. Das Einfrieren wird getrennt von der Gefriertrocknungsanlage durchgeführt und das gefrostete Material unter die Glasglocke des Rezipienten gebracht. Leider wird diese Anlage nicht mehr hergestellt. Eine von der Firma Deutsche Vakuumapparate in Sangerhausen gefertigte Vakuum-Gefriertrocknungsanlage hat eine Beschickungsfläche von 0,2 m^2 bei einer Höhe von 110 mm, was für ganze Fruchtkörper oft schon zu niedrig ist. Als weiterer Betrieb stellt der VEB Hochvakuum in Dresden Labor-Gefriertrocknungsanlagen her. Diese sind aber vor allem für die Lyophilisierung von Seren, Blutkonserven und Substanzen in Ampullen gedacht.

Eine der wichtigsten Voraussetzungen für eine erfolgreiche Gefriertrocknung ist das schnelle Erreichen der notwendigen Kältegrade im Gefriergut. Beim langsamen Einfrieren entstehen relativ wenige Eiskristalle, die allmählich beim Erreichen tieferer Temperaturen anwachsen. Diese wachsenden Kristalle zerstören die Zellstrukturen der Pilzgewebe. Dadurch kann das gefriergetrocknete Material später nicht mehr in vollem Umfang für mikroskopische Untersuchungen verwendet werden. Soweit es uns nur auf die Erhaltung der morphologischen Merkmale ankommt, hat dieser Fakt für uns keine Bedeutung. Sollen die Pilze aber auch für spätere anatomische Untersuchungen erhalten bleiben, muß die Anwendung der sogenannten Schockfrostung empfohlen werden. Bei dieser Methode geht es darum, in kürzester Frist die benötigte Minustemperatur im Gefriergut zu erreichen. Dabei bilden sich sehr viele sehr kleine Eiskristalle, die die Mikrostrukturen weitgehend unzerstört lassen. Für den Erfolg der späteren Lyophilisierung ist deshalb die Methode des Einfrierens von wesentlicher Bedeutung. Allerdings hat sich gezeigt, daß zu plötzlicher Kälteschock, wie er z. B. beim Eintauchen von Fruchtkörpern in flüssigen Stickstoff (− 195 °C) erfolgt, zum Bersten der Pilze führen kann. Davies (1962) versuchte, das Einfrieren durch Eintauchen in eine Chloroform-Trockeneismischung zu erzielen. Kendrick (1969) erreichte beste Ergebnisse mit einem 5-PS-Gefriertrockner, bei dem das Gefrieren unter vermindertem Druck durchgeführt wird. Eine Druckverminderung bewirkt eine Temperatursenkung, wodurch es möglich ist, die Pilze innerhalb von 2–3 min auf die entsprechende Temperatur zu bringen.

Die Arbeitsweise bei der Gefriertrocknung ist im Prinzip folgende: Das zu trocknende Material wird eingefroren. Dies geschieht meist in getrennten Aggregaten. Dann folgt die Haupttrocknung und schließlich die Nachtrocknung. Es muß dafür gesorgt werden, daß die Feuchtigkeit aus dem Gefriergut beim Absaugen nicht in die Vakuumpumpe gelangt. Das kann auf verschiedene Weise erreicht werden. Eine Möglichkeit besteht darin, das Wasser an Trockenmittel zu binden. Hierzu eignen sich besonders solche Mittel, die nicht nur einen maximalen Trocknungseffekt erzielen, sondern auch in der Lage sind, das Wasser sehr schnell aufzunehmen. Dabei gilt es, den Weg, den die Wassermoleküle vom Pilz zum Absorbens zurückzulegen haben, möglichst kurz zu halten, damit eine effektive Trocknung der abgesaugten Luft erfolgt. Als geeignete Absorbenten haben sich konzentrierte Schwefelsäure und Silicagel erwiesen. Phosphorpentoxid verursacht zwar eine sehr starke Trocknung, aber es nimmt das Wasser zu langsam auf. Es ist deshalb für unsere Zwecke nicht geeignet. Calciumchlorid ist dagegen zu wenig wirksam. Konzentrierte Schwefelsäure hat recht günstige Eigenschaften bezüglich der Absorption von Wasser. Jedoch ist bei ihrer Verwendung über dem Säurespiegel ein Gefäß mit Calciumhydroxid anzubringen, um auftretende Schwefeldioxide unschädlich zu machen, die sonst dem Gefriergut schaden können. Besonders die Farben der Pilze könnten hierunter leiden. Vor allem zu Beginn des Trocknungsprozesses ist es empfehlenswert, die Schwefelsäure mit einem Magnetrührer zu rühren, da sich sonst eine wassergesättigte Schicht an der Oberfläche bilden kann, die die weitere Wasseraufnahme verhindert oder doch verzögert. Silicagel hat gegenüber der Schwefelsäure den Vorteil, chemisch inaktiv zu sein. Es liegt aber wegen seiner etwas langsameren Absorptionsgeschwindigkeit gerade an der Grenze der Brauchbarkeit. Am elegantesten ist es, die Feuchtigkeit, die beim Absaugen aus dem Gefriergut entweicht, durch Ausfrieren zu entfernen. Dazu muß der Exsikkator mit einem sogenannten Kältefinger ausgerüstet sein. Das ist eine Einstülpung, die in den Exsikkator hineinragt. Dieser Kältefinger soll eine möglichst große Oberfläche haben. Sein Inneres wird entweder mit Trockeneis gefüllt, oder es wird die Kühlschlange einer Kältemaschine hineingeführt. Das Wasser kondensiert sich an dieser Kältefalle als Reif und muß von Zeit zu Zeit entfernt werden.

Eigene Versuche haben gezeigt, daß man auch mit einfacheren Mitteln, wie sie in Instituten meist vorhanden sind, zu recht brauchbaren Ergebnissen kommen kann (Abb. 9–11). Als wichtigste Voraussetzungen sind hierzu notwendig: 1. Eine Kühltruhe, die Temperaturen von wenigstens − 20 °C erreicht, 2. eine kräftige Vakuumpumpe, mit der man ein Höchstvakuum herstellen kann, und 3. ein Vakuumexsikkator entsprechender Größe. Dieser Exsikkator muß groß genug sein, um die zu trocknenden Pilze aufnehmen zu können, aber in seinen Ausmaßen auch so beschaffen sein, daß er in die Tiefkühltruhe paßt.

Die Pilze sollen vor dem Trocknen genügend frisch sein. Angwelkte Exemplare werden vorher eventuell etwas angefeuchtet. Dies gilt besonders für die kleinen, zarten Fruchtkörper von *Mycena, Marasmius, Collybia, Psathyrella* und ähnliche. Oft wird empfohlen, die Pilze vor dem Einfrieren in Wasser zu tauchen. So behandelt, behalten sie ihre Form in der Tat besser, aber das Trocknen dauert dann auch entsprechend länger.

Wenn man über eine genügend große Kühltruhe verfügt, kann man zunächst das gesamte gesammelte Material, das getrocknet werden soll, in das Kältefach bringen.

Abb. 9. Durch Gefriertrocknung präparierte Spitz-Morcheln, *Morchella elata.* Foto P. Hübsch.

Will man aber mit dem Trocknen erst nach längerer Frist beginnen, ist es ratsam, die Pilze in Plastebeuteln oder dicht schließenden Behältern in der Kühltruhe zu deponieren. Denn beim Aufbewahren im Kältefach ohne besonderen Verdunstungsschutz beginnen sie bereits zu trocknen, wobei sich das Wasser als Reifbelag an den Kühlrippen der Kühlanlage niederschlägt. Dieser Reif bewirkt eine Temperaturisolierung, was ein Ansteigen der Temperatur in der Kühltruhe zur Folge hat. Auf diese Weise kommt es zu Schrumpfungen des zu trocknenden Materials. Will man gleich mit der Trocknung beginnen, kann man die Fruchtkörper sofort mit dem Exsikkator in die Kühltruhe tun. Dabei soll der Exsikkator zuvor auf Minus-

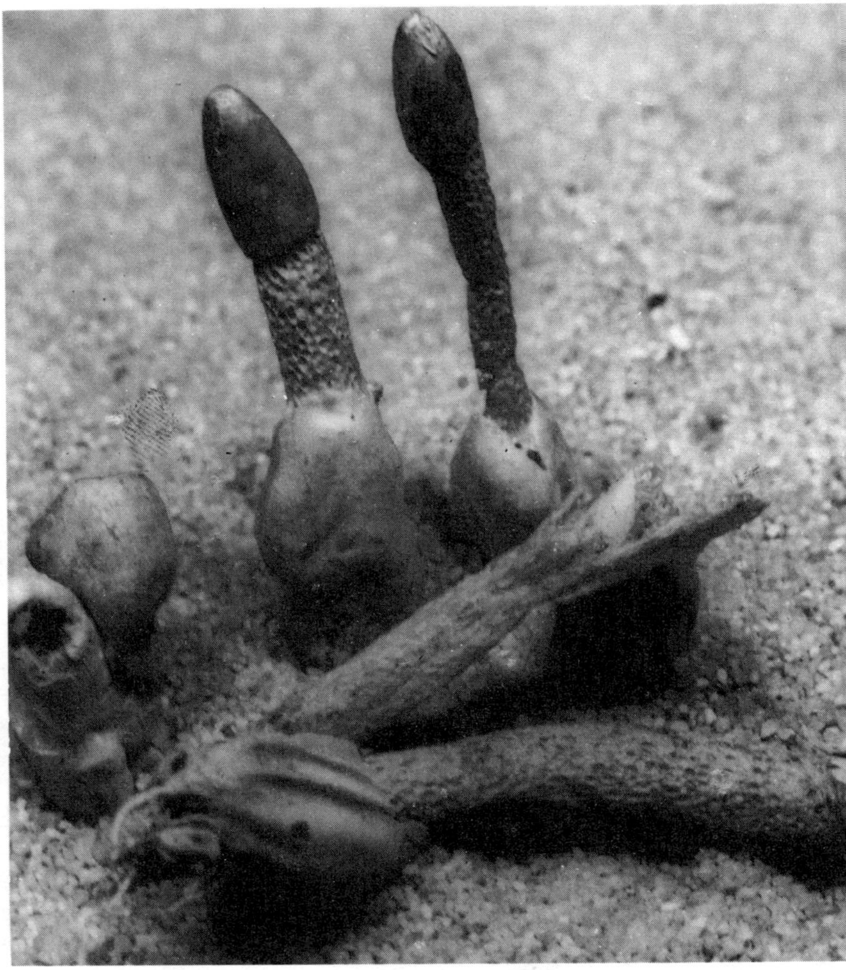

Abb. 10. Durch Gefriertrocknung präparierte Hundsruten, *Mutinus caninus.* Foto P. Hübsch.

temperatur gebracht werden. Als vorteilhaft hat es sich erwiesen, ihn mit Silicagel zu beschicken, da hierdurch der Trocknungsprozeß beschleunigt wird. Am günstigsten ist auch hier sogenanntes Blaugel. Will man gleichzeitig mehrere Pilzarten oder Pilze verschiedener Kollektionen trocknen, so ist es ratsam, diese in kleinen offenen Behältern, am besten solchen aus Drahtgeflecht oder Kunststoffgaze, in den Exsikkator zu stellen. Sonst kann es beim Belüften des Exsikkators passieren, daß die trockenen und dadurch sehr leicht gewordenen Fruchtkörper durch den Luftzug durcheinander gewirbelt werden.

Ist das zu trocknende Material im Exsikkator genügend durchgefroren, was, je nach Größe der Objekte, meist nach 2–8 Stunden der Fall ist, kann man den Exsik-

Abb. 11. Durch Gefriertrocknung präparierte Graue Tintlinge, *Coprinus atramentarius.* Foto P. Hübsch.

kator aus der Kühltruhe entnehmen und an die Vakuumpumpe anschließen. Außerhalb der Kühleinrichtung dürfen die Pilze im Exsikkator nur so lange bleiben, wie sie gefroren sind. Sowie sie nämlich auftauen, würden sie schrumpfen. Deshalb ist es gut, die Vakuumapparatur in einem kühlen Raum aufzustellen. Um zu prüfen, ob die Fruchtkörper trocken sind, kann man sie jedesmal nach dem Evakuieren an der Vakuumpumpe wiegen. Ist das Gewicht zwischen zwei Wägungen konstant, dann sind die Pilze trocken, natürlich vorausgesetzt, die Vakuumpumpe arbeitet gut. Es gibt aber auch eine andere Möglichkeit, um recht einfach festzustellen, ob die Trocknung beendet ist. Trockene Pilze sind sehr schlechte Wärmeleiter. Deshalb fühlen sie sich, auch wenn sie noch Minustemperatur aufweisen, warm an. Hierbei ist es wichtig, besonders solche gefährdeten Stellen wie den Übergang vom Hut in den Stiel zu kontrollieren.

Das gefrorene Wasser geht unter den Bedingungen des hohen Vakuums aus dem festen sofort in den gasförmigen Zustand über, es sublimiert. Durch dieses Verdunsten entsteht Verdunstungskälte, die den Auftauprozeß verzögert. Auf diese Weise kann man den Exsikkator unter günstigen Bedingungen mehrere Stunden an der Vakuumpumpe angeschlossen lassen. Steigt die Temperatur aber so weit an, daß man befürchten muß, das Gefriergut fängt an zu tauen, ist der Exsikkator zunächst wieder zur Abkühlung in die Kühltruhe zu bringen. Je nach Größe der Pilze dauert der Trocknungsvorgang von mehreren Stunden bis zu mehreren Tagen. Man hüte sich davor, die Pilze zu früh aus dem Exsikkator zu nehmen, da sonst leicht die ganze Arbeit umsonst war. Besonders bei größeren Fruchtkörpern trocknet die Stelle, an der der Hut in den Stiel übergeht, am schlechtesten. Die Pilze sehen zunächst aus, als wären sie trocken, oft sieht man erst nach mehreren Stunden, daß diese Stelle zunächst feucht und schließlich weich wird und zusammenfällt. Braucht man die Pilze nicht für Ausstellungszwecke, sondern als Herbarbelege, ist es besser, sie in dickere Scheiben zu zerschneiden. Dabei sind die Schnitte so zu führen, daß alle wichtigen Merkmale erhalten bleiben. Häufig genügt es schon die Fruchtkörper zu halbieren. Der erste Schnitt sollte in jedem Falle ein Medianschnitt sein. Bei Röhrlingen kann man z.B. etwas Hymenophor ablösen. Das Zerschneiden ist nicht nur vorteilhaft für den Trocknungsprozeß, es erleichtert auch später die Aufbewahrung der Exsikkate. Eine Sammlung aus ganzen Fruchtkörpern benötigt viel Platz, denn man muß diese dann in entsprechend großen Schachteln aufbewahren, um ein Zerbröckeln des Materials zu verhindern. Dagegen lassen sich entsprechend zerteilte Exemplare recht gut auf die übliche Weise in Konvoluten aufbewahren, die wesentlich weniger Platz beanspruchen.

Neben einer sachgemäßen Trocknung ist eine sorgfältige Aufbewahrung von größter Wichtigkeit. Nur so kann man die Pilze über längere Zeit sicher erhalten. Eine der wichtigsten Forderungen ist es dabei, den Zutritt von Feuchtigkeit zu verhindern. In völlig trockenem Zustand sind die Pilze praktisch unbegrenzt haltbar. Es wurden schon verschiedene Methoden vorgeschlagen, um zu verhindern, daß die getrockneten Fruchtkörper wieder Feuchtigkeit aufnehmen. Eine dieser Methoden besteht darin, sie mit farblosen Lacken zu überziehen. Sehr geeignet sind hierfür Kunststoffharze aus Spraydosen. Die zu behandelnden Exemplare sollen mehrere Male sorgfältig übersprüht werden, so daß sich ein lückenloser Film bildet. Von Haskins (1960) wurde Acryl-Plastic-Spray empfohlen. Durch die Behandlung mit diesem Kunstharz sollen die Exsikkate eine ihrer unangenehmsten Eigenschaften verlieren, die Brüchigkeit. Es sind aber auch andere schnelltrocknende farblose Lacke (z.B. Japanlack) verwendbar. Für Herbarzwecke möchte ich das Lacken oder Tränken mit Kunstharz nicht empfehlen. Für diese Zwecke ist es besser, die Proben in durchsichtige Pastefoliebeutel einzuschweißen. Man kann auch einige größere Kristalle Blaugel mit in die Beutel geben. Durch die Rotfärbung wird man dann darauf aufmerksam, daß Feuchtigkeit eingedrungen ist. Die Pilze müssen dann noch einmal nachgetrocknet werden. In den meisten Fällen wird es genügen, wenn man die Pilze für Vergleichszwecke durch die Folie betrachtet. Für mikroskopische Untersuchungen müssen die Beutel geöffnet werden. Sie lassen sich aber leicht wieder zuschweißen. Es hat sich in der Praxis gezeigt, daß die Aufnahme von Feuchtigkeit aus der Luft durch die getrockneten Pilze nicht so groß ist, wie man vielleicht erwarten würde. In Räumen mit normaler Luftfeuchtigkeit konnten Exsikkate, die durch Gefriertrocknung hergestellt waren, zehn Jahre in Konvoluten oder Schachteln aufbewahrt werden, ohne daß sie sich veränderten. Die getrockneten Pilze sind sehr brüchig. Vor allem kleine, zarte Arten sind deshalb besser in kleinen Schachteln aufzubewahren. Bei Exsikkaten von robusteren Arten kann man mehrere Beutel in einem stabilen Karton unterbringen.

Will man an lyophilisiertem Material von Pilzen chemische Reaktionen, die für die Bestimmung wichtig sind, nachprüfen, so fallen die Reaktionen meist negativ aus. Die Pilze reagieren erst, wenn man sie vor dem Test anfeuchtet.

Außer der Trocknung von Großpilzen für Herbarzwecke besteht auch Interesse an typischem Vergleichsmaterial von mikroskopischen Pilzen. Vor allem möchte man typische Wachstumsbilder vom Stammkulturen konservieren; denn das Wachstumsbild eines frisch isolierten Stammes ist oft ganz anders als das Wuchsbild nach vielen Passagen über künstliche Nährböden. Mit sorgfältig getrockneten Referenzkulturen lassen sich nach Jahren die Veränderungen eines Stammes, die im Laufe der Zeit eingetreten sind, sicher nachweisen. Eine andere Möglichkeit besteht darin, Sporen der neuisolierten Kultur lyophilisiert aufzubewahren, und zu gegebener Zeit aus ihnen wieder eine Kultur heranzuziehen. Das benötigt aber oft geraume Zeit, bis die Kultur das gewünschte Stadium erreicht hat. Außerdem behalten die Sporen auch nicht unbegrenzt ihre Keimfähigkeit. Man sollte deshalb von einem neu in Kultur genommenen Pilz stets ein Wuchsbild konservieren. Dabei kann man nach ähnlichen Methoden, wie sie für die Lyophilisierung der Großpilze beschrieben wurden, eine ganze Kolonie auf Agarnährboden als Referenzkultur trocknen.

Von POLLACK (1967) wurde eine einfache Methode der Präparation und Trocknung von Referenzkulturen beschrieben, die in ähnlicher Weise auch im Commonwealth Mycological Institute in Kew (England) angewendet wird. Die zu trocknenden Kulturen werden mit Formalindämpfen abgetötet, um ein Verstreuen lebender Sporen zu verhindern. Nach dem Abtöten werden die Petrischalen mit den Kulturen unbedeckt stehengelassen, damit der Trocknungsprozeß beginnen kann. Man trocknet zunächst so weit vor, bis der Agar genügend Wasser verloren hat. Durch diese Vortrocknung läßt er sich besser handhaben. Nun entnimmt man den Pilz mit dem Agarnährboden vorsichtig aus dem Kulturgefäß. Dabei haben sich Petrischalen aus Plaste als vorteilhaft erwiesen, da sie flexibel sind, wodurch man die Kultur besser vom Boden der Schale abheben kann. Diese wird dann sofort auf heißen Wasseragar gebracht, der 2,5% Glycerol (Glyzerin) enthält. Der Deckel der Schale kann dabei als Gefäß verwendet werden. In ihm wird die Kultur fertig getrocknet. Sie läßt sich dann gut aus dem Deckel herauslösen und kann in entsprechenden Papprähmchen aufbewahrt werden. Der Vorteil derartiger Referenzkulturen liegt darin, daß sie für Vergleichszwecke sofort zur Verfügung stehen

Die Methode des Gefriertrocknens wird sicher in näherer Zukunft für die Haltbarmachung von Pilzen oder Pilzgerichten für Speisezwecke an Bedeutung gewinnen. Allerdings sind die Kosten derzeit für die Herstellung von Pilzkonserven auf diesem Wege noch zu hoch. SZÁNTÓ (1967) berichtet über Versuche, Pfifferlinge *(Cantharellus cibarius)* und Kulturchampignons *(Agaricus bisporus)* durch Gefriertrocknung für Speisen haltbar zu machen. Auch tischfertige Gerichte wurden auf diese Weise konserviert. Die Pilze haben nach der Gefriertrocknung nur noch einen Feuchtigkeitsgehalt von 1–3%. Die Lagerfähigkeit hängt weitgehend von der Verpackung ab. Gefriergetrocknete Pilze nehmen das Wasser viel schneller auf als luftgetrocknete. Deshalb ist luftdichte Verpackung notwendig. Für die spätere Verwendung ist aber die schnelle Wasseraufnahme sehr von Vorteil. In 1–2 min können die Pilze vollkommen rehydriert werden, wenn man sie in Wasser bringt. Dagegen nehmen luftgetrocknete Pilze selbst nach 12stündigem Einweichen die ursprünglich in ihnen enthaltene Wassermenge nicht wieder auf. Außerdem treten bei der Lufttrocknung starke Farb- und Geschmacksveränderungen ein. In den gefriergetrockneten Proben bleiben Aromastoffe und Vitamine fast vollkommen erhalten.

D. Präparation von Pilzen für wissenschaftliche Sammlungen

Für eine umfangreiche wissenschaftliche Sammlung von Pilzen, d. h. eine Belegsammlung für taxonomische und floristische Zwecke, kommen die vordem erwähnten Flüssigkeits- und Kunstharzpräparate nicht in Frage, da sie zu viel Aufwand an Raum, Material und Arbeitskraft erfordern würden; nur einzelne besonders wichtige Belege können auf diese Weise erhalten werden. Im allgemeinen muß sich der Mykologe damit begnügen, trockenes Material **(Exsikkate)** aufzubewahren.

Herstellung von Exsikkaten. Bei der Trocknung von Pilzen kommt es nicht nur darauf an, ihnen das Wasser zu entziehen. Es müssen auch eventuell in ihnen befindliche Insekten (Maden, Larven) abgetötet werden, und es müssen Autolyseprozesse verhindert werden, denen feinere Strukturen wie Basidien, dünnwandige Zystiden u. dgl. zum Opfer fallen. Daher ist fast in jedem Falle (auch wenn es sich um scheinbar unveränderliche Pilze wie Porlinge und Gasteromyzeten handelt) die **Trocknung im warmen Luftstrom** notwendig. Für fleischige und wachsartige Fruchtkörper (Blätterpilze, Röhrlinge, corticoide Pilze) ist die Anwendung zusätzlicher Wärme unerläßlich.

Am einfachsten geschieht dies, indem man die Pilze in Körbchen aus Drahtgeflecht auf die Zentralheizung oder eine andere Wärmequelle stellt. Sehr gut hat sich die Trocknung über einer schwachen (!) elektrischen Heizplatte bewährt, über welcher ein Gestell mit mehreren Böden aus Drahtgeflecht angebracht wird. Um die Wirkung des von diesem Apparat aufsteigenden Luftstromes zu verstärken, kann das Ganze mit einem Zylinder aus Plastefolie umhüllt werden. Derartige Apparate, zerlegbar und genügend leicht gebaut, werden von Mykologen auf Reisen und mehrtätigen Exkursionen mitgeführt und im Nachtquartier betrieben.

Starke Wärmequellen sind in feuchtwarmen tropischen Klimaten erforderlich. Effektiv sind hier elektrische Trockenschränke (für deren Durchlüftung gesorgt sein muß), aber auch Trockengestelle über Kerosinbrennern, deren Flammen man durch eine Blechplatte von den Exsikkaten fernhält. Bei Expeditionen in regenreichen Hochgebirgen hat sich die Trocknung von Pilzen über dem Lagerfeuer bewährt (Prof. Dr. Poelt mündlich). Bei zu großer Hitzeanwendung und mangelnder Durchlüftung werden die Pilze jedoch im eigenen Saft geschmort und als Exsikkat völlig unbrauchbar.

Kleinere Pilze werden im ganzen getrocknet; größere fleischige Fruchtkörper werden vor dem Trocknen längs aufgeschnitten, große Porlinge hingegen werden besser nach dem Trocknen in Scheiben zerschnitten oder zersägt.

Präparation nach Herpell. Mit der beschriebenen Herstellung von Exsikkaten nimmt der Mykologe oft den Verlust der ursprünglichen Farbe, Form und Größe der Fruchtkörper in Kauf, während die mikroskopischen Merkmale gut erhalten bleiben. Diesen besonders bei Blätterpilzen und Röhrlingen störenden Nachteil verringert folgende Methode, die von dem rheinischen Mykologen Herpell (1880) beschrieben und von G. Bohus (1963) am Naturhistorischen Museum in Budapest weiterentwickelt wurde:

1. Einige Fruchtkörper werden mit einer scharfen Klinge in 1,5–2 mm dicke Längsschnitte zerlegt. Andere Fruchtkörper werden längs aufgeschnitten, und das Fleisch (die Trama) sowie das Hymenophor (Röhren, Blätter) bis auf eine ca. 2 mm dicke Schicht aus Hut und Stiel entfernt.

2. Die so erhaltenen Schnitte und ausgehöhlten Hälften werden auf ein Blatt Cellophan gelegt und dann zwischen Lagen von Zeitungspapier bei leichtem Druck – die Anwendung einer Pflanzenpresse ist nicht erforderlich, es genügt das Eigengewicht eines 5–20 cm dicken Papierstapels – ohne Wärmeanwendung ge-

preßt. Täglich werden die Papierlagen gewechselt und dabei der Druck durch Erhöhung des Papierstapels (zuletzt 30–50 cm) allmählich erhöht. Größere und dickere Fruchtkörper werden anfangs geringerem Druck ausgesetzt als kleinere! Schleimige und klebrige Fruchtkörper werden mit einem feinen Tuch (Chiffon, Popeline, Batist) bedeckt, um Ankleben am Papier zu vermeiden.

3. Nach 2–4maligem Wechsel des Papiers sind die Schnitte trocken. Sie werden von der Cellophanfolie abgelöst und können nun sogleich auf Bögen aus Zeichenkarton aufgeklebt werden. Als Kleber empfiehlt Bohus eine Lösung von Zelluloid in Aceton.

Bis 1943 gab es im Botanischen Museum zu Berlin-Dahlem eine prachtvolle Sammlung derartig von Herpell präparierter Pilze. Seit 1958 haben G. Bohus und M. Babos Tausende von Präparaten dieser Art im Naturhistorischen Museum zu Budapest hinterlegt und auch an Tauschpartner in vielen Ländern versandt.

Mit dieser Methode lassen sich die natürliche Farbe, Größe und Form der Fruchtkörper weitgehend erhalten, jedoch kann diesen Präparaten kaum Substanz für mikroskopische Untersuchungen entnommen werden. Daher empfiehlt sich, die Präparate von ausgehöhlten und gepreßten Pilzen durch herkömmliche Exsikkate zu ergänzen.

Eine ganz ähnliche Methode unter Verwendung von Zellglasfolie und Zellstoff beschreibt Eckel (1984). Am Ende dieser Prozedur haften die gepreßten Pilze fest an der Zellglasfolie.

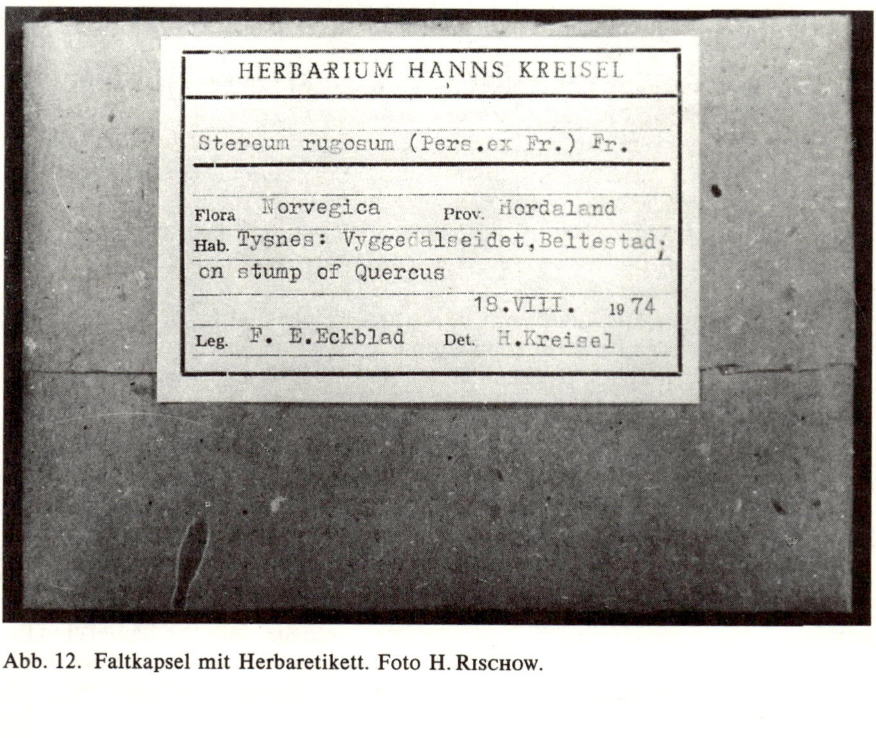

Abb. 12. Faltkapsel mit Herbaretikett. Foto H. Rischow.

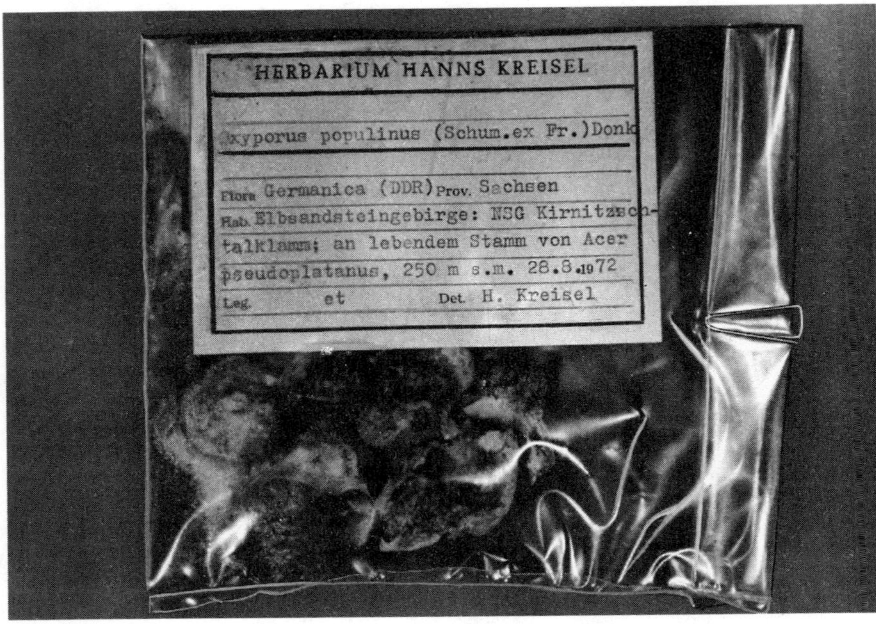

Abb. 13. Plastebeutel mit Herbaretikett. Foto H. Rischow.

Umfang der Exsikkate. Ein Exsikkat sollte nie zu knapp bemessen werden. Es muß genügend Material enthalten, um zahlreiche mikroskopische Untersuchungen und Nachbestimmungen zu ermöglichen. „Schnipselherbarien" erfüllen diesen Zweck nicht. Die Norm sind gut gefüllte Faltkapseln von einfacher oder doppelter Postkartengröße (bei anderer Aufbewahrung eine analoge Menge Material). Ein Mehr kann nicht schaden. Natürlich kommt es oft vor, daß man nur ganz wenig Material einer Pilzart findet. Aber nur bei seltenen Arten lohnt sich dann die Anfertigung eines Exsikkats.

Aufbewahrung der Exsikkate. Am häufigsten werden **Faltkapseln** aus steifem Papier, Packpapier oder Zeichenkarton verwendet, die man in verschiedenen erforderlichen Größen bereithält. Sie können auf Herbarbögen aufgeklebt, leicht geöffnet oder geschlossen werden, sind überall schnell und billig herzustellen. Das Etikett wird außen aufgeklebt und ist damit vor Beschmutzung sicher (Abb. 12). Das Pilzmaterial kann zusätzlich in Zellstoff gehüllt und damit vor Beschädigung geschützt werden. Auch flache Pappschachteln (Pillenschachteln, sehr geeignet für Schleimpilze = Myxomyzeten), evtl. auf rechteckige Kartonstücke geklebt, lassen sich in den Faltkapseln unterbringen, ebenso Objektträger mit mikroskopischen Präparaten, die von dem Exsikkat gewonnen wurden.

Eine andere Möglichkeit ist die Aufbewahrung der Exsikkate in **Beuteln aus Polyethylen** (Plastebeutel) (Abb. 13). Vorteile dieser Methode sind: Die Beutel sind insektensicher, wenn sie an der offenen Seite einmal geknickt und mit einer Büroklammer verschlossen werden; die Beutel sind durchsichtig, so daß sich in vielen

Fällen ihre Öffnung und die Berührung der Exsikkate erübrigt; Naphthalin verdunstet nur sehr langsam aus den Beuteln und tötet daher zuverlässig in den Pilzen lebende Insekten ab. Nachteile: Die Beutel können nicht auf Herbarbögen geklebt werden; die Etiketten müssen in die Beutel hineingegeben werden, wodurch sie oft verdrückt und (z. B. bei Gasteromyzeten) leicht verschmutzt werden.

Das Zuschweißen der Plastebeutel empfiehlt sich weniger, da die Beutel dann bei jeder Untersuchung des Belegs aufgeschnitten und erneut zugeschweißt werden müßten.

Beutel aus Cellophan sind wenig geeignet, da sie bald zerreißen.

Wenn sehr viel Raum zur Verfügung steht, oder wo nur eine begrenzte Spezialsammlung (z. B. von Erdsternen, Pilzblumen, Morcheln) angelegt werden soll, können Exsikkate auch in **Schachteln aus Karton** entsprechender Größer aufbewahrt werden. Die Pilze können so in ihrer natürlichen Form erhalten werden, sind aber auch stärker der Gefahr des Zerbrechens ausgesetzt als mehr oder weniger gepreßte Exemplare in Faltkapseln.

Etiketten. Zu jedem Pilzexsikkat gehört ein sorgfältig ausgeschriebenes Herbaretikett, gewissermaßen sein Personalausweis. Folgende Angaben sind unbedingt erfoderlich:

Name des Pilzes
Herbar- oder Sammelnummer (s. nächstes Kapitel)
Land Provinz, Fundort (Lokalität), Höhenlage ü. M.
Angaben über den Standort: Vegetationstyp, Substrat oder Wirtspflanze, Boden
Funddatum
Name des Sammlers
Name des Bestimmers

Auf Herbaretiketten sind folgende Abkürzungen lateinischer Worte gebräuchlich:

hab.	= habitatus	= Standort (Habitat)
matr.	= matrix	= Wirtspflanze, Substrat
leg.	= legit	= gesammelt (von ...)
det.	= determinavit	= bestimmt (von ...)
rev.	= revidit	= nachgeprüft, nachbestimmt (von ...)

Für die Größe der Etiketten empfiehlt sich halbes (fast immer ausreichend!) oder ganzes Postkartenformat.

E. Die Einrichtung einer mykologischen Sammlung

Wer eine Sammlung von Pilzexsikkaten (ein Pilzherbarium) anlegen will, muß dessen Unterbringung und Anordnung überlegen. Diese richtet sich nach dem verfügbaren Raum und dem voraussichtlichen Umfang der Sammlung. In jedem Falle soll aber von Anfang an auf die nötige **Ordnung und Sauberkeit** geachtet werden. Andernfalls werden die Exsikkate bald ein Raub der Insekten, oder sie zerkrümeln. Völlig wertlos ist eine schlecht etikettierte Sammlung. Sind die Angaben nur mit Bleistift auf winzige Zettel oder auf den Rand des Einwickelpapiers geschrieben, werden sie bald unleserlich oder unauffindbar.

Unterbringung. Am rationellsten ist die platzsparende Aufbewahrung in **Faszikeln**. Hierfür eignen sich nur Faltkapseln, die auf Herbarbögen geklebt oder lose in doppelte Herbarbögen eingelegt werden. Je fester die Faszikel geschnürt werden, desto sicherer sind die Exsikkate festgelegt und damit der Gefahr des Zerbröckelns entzogen.

Kästen aus starkem Karton oder Metall eignen sich sowohl zur Aufnahme von Faltkapseln als auch von Plastebeuteln und Schachteln. Die Unterbringung in Kästen hat den Vorteil bequemer Zugänglichkeit, erfordert aber mehr Raum, und die Gefahr mechanischer Beschädigung ist größer.

Sowohl Faszikel als auch Kästen werden in offene Regale oder in Herbarschränke eingestellt. Fast alle Herbarien von internationalem Rang benutzen heute Metallschränke, da sie größtmögliche Sicherheit bieten. In tropischen und subtropischen Klimaten sind Metallschränke unerläßlich.

Anordnung. Für die Anordnung innerhalb eines Herbars gibt es mehrere Prinzipien, die gleichermaßen vorteilhaft sind. Bei systematischer Anordnung werden die Exsikkate nach Klassen, Ordnungen, Familien und Gattungen geordnet. Man folgt dabei einem bekannten Lehr- oder Bestimmungsbuch. Bei alphabetischer Anordnung folgen den Gattungen, ungeachtet ihrer systematischen Stellung, in alphabetischer Reihe – die Anordnung wird damit unabhängig von den häufig wechselnden Systemdarstellungen, jede Gattung ist jederzeit leicht aufzufinden. Ein gemischtes Prinzip teilt das Material zunächst nach Klassen, Unterklassen oder evtl. auch Ordnungen, aber innerhalb dieser werden die Gattungen alphabetisch sortiert.

Manche große Herbarien (z. B. Nationalmuseum Prag, Reichsmuseum Leiden) numerieren ihre Exsikkate laufend (chronologisch). Diese **Herbarnummern** werden in einem Eingangsbuch fortlaufend notiert und dazu die wichtigsten Angaben des Herbaretiketts wiederholt. In anderen Fällen sind es die einzelnen Sammler, welche ihre Kollektionen fortlaufend mit **Sammelnummern** versehen, die auf dem Herbaretikett erscheinen und im Tagebuch des Sammlers wiederholt werden.

Schutz gegen Ungeziefer. Pilzexsikkate wie auch Etiketten sind durch Tiere vielerlei Art gefährdet. Zu unterscheiden ist zwischen Tieren, die bereits im Sammelgut existieren und unter Umständen noch jahrelang in den Exsikkaten weiterleben und diese zerschroten (besonders gefährdet sind wasserarme Pilze wie Gasteromyzeten und Porlinge), und Tieren, die erst nachträglich in die Sammlung gelangen.

Die erste Gruppe, zumeist Käferlarven, ist mit *Naphthalin* oder *Paradichlorbenzen (Paradichlorbenzol)* zu bekämpfen. Man gibt in jede Kapsel bzw. in jeden Plastebeutel eine Messerspitze von Kristallen, die darin allmählich verdampfen. Besonders in Plastebeuteln hält sich die Naphthalinatmosphäre lange, während sie aus Papierkapseln nach außen dringt und durch ihren Geruch lästig wird. Große Porlinge u. dgl. werden mehrere Tage unter eine Glasglocke auf eine fingerdicke Schicht von Naphthalin gelegt und sind dann frei von Insekten.

Die zweite Gruppe umfaßt vor allem Motten, Käfer und Milben, aber auch Ratten und Mäuse, in tropischen Ländern ferner Termiten, Wanderameisen, Schaben und sogar Eidechsen (letztere fressen zwar keine Pilze, suchen aber gern in den Faszikeln Unterschlupf und beschmutzen diese). Das wichtigste Mittel gegen alle diese Plagen sind Ordnung und Sauberkeit. Sicheren Schutz bietet aber nur eine Vergiftung des Herbars in regelmäßigen (jährlichen) Abständen. Folgende Mittel werden häufig verwendet:

Naphthalin und *Paradichlorbenzen* können in kleinen Säckchen in die Herbarschränke oder -kästen gegeben werden. Bei Aufbewahrung der Exsikkate in Plastebeuteln ist dieser Schutz bereits ausreichend.

Schwefelkohlenstoff (CS_2), *Tetrachlorkohlenstoff* (CCl_4), *Methylbromid* (CH_3Br) und *Pyridin* (C_5H_5N): Geeignet zur periodischen Vergiftung ganzer Faszikel. Die Vergiftung muß in einer **Giftkiste** erfolgen, da die Giftgase für den Menschen gefährlich sind. Eine Giftkiste muß gasdicht sein; zu diesem Zwecke ist sie innen mit Zinkblech ausgeschlagen, und der Deckel ruht in einer wassergefüllten Blechrinne. Die Größe der Giftkiste wird so bemessen, daß sie mehrere Faszikel aufnimmt. Auf den Boden der Kiste kommt eine Schale mit der Flüssigkeit, die rasch verdampft. Die Faszikel bleiben 24–48 Stunden in der geschlossenen Kiste.

Effektiver als eine Giftkiste ist ein hermetisch verschließbarer, metallener Vergasungsschrank, der etwa 2 m hoch ist und einen Wagen mit zahlreichen Faszikeln aufnehmen kann.

Stärkere Giftgase (z. B. *Blausäure*, HCN, *Lindan* = *Hexachlorcyclohexan* $C_6H_6Cl_6$ = Präparat 666, *Phosphin* = *Phosphorwasserstoff* PH_3 und Gemische von *Lindan* mit anderen Insektiziden) kommen zum Einsatz, wenn das gesamte Herbar gleichzeitig vergiftet werden soll. Ihre Anwendung kann nur durch einen geprüften Schädlingsbekämpfer vorgenommen werden und setzt einen gasdicht verschließbaren Herbarraum (Gasschleuse!) voraus. Während der mehrtätigen Vergiftungsaktion darf kein Mensch den Herbarraum betreten.

Sublimat ($HgCl_2$) bietet als einziges Mittel nach einmaliger Anwendung einen ständigen Schutz. Man taucht die Exsikkate in eine Lösung von 14 g Sublimat in 1 L Ethanol (60%) und 50 ml Glycerol (Glyzerin) und legt sie nach Verdunstung des Alkohols in die Kapseln. Fleischige Pilze werden durch diese Behandlung ungünstig verändert, korkig-holzige Pilze und Kleinpilze, die auf ihren gepreßten Wirtspflanzen herbarisiert werden, vertragen diese Art von Vergiftung ohne weiteres. Sublimat ist, wie fast alle Quecksilberverbindungen, für den Menschen stark giftig, daher ist größte Vorsicht beim Arbeiten mit Sublimat geboten. Mit Sublimat behandelte Exsikkate sind als solche dauerhaft zu kennzeichnen, um spätere Bearbeiter vor Schaden zu bewahren.

F. Bedeutende Pilzherbarien

Für den Pilzsammler ist es wichtig zu wissen, wo die Pilzsammlungen (Typen und andere authenthische Exemplare) bedeutender Mykologen aufbewahrt werden. Hier können nur die wichtigsten derartigen Herbarien genannt werden, in denen zahlreiche Typen europäischer Großpilze hinterlegt sind. Weitere Informationen wie die Postanschrift der genannten Institute, Umfang des Materials, Ausleihbedingungen usw. sind dem „Index Herbariorum" (part I) zu entnehmen.

Einige bedeutende Pilzsystematiker wie Britzelmayr, Hollós, Krombholz, J. Lange, Ricken, Rostkovius und die meisten vorfriesischen Autoren haben keine Exsikkate hinterlassen; von E. M. Fries existieren solche nur aus der früheren Schaffensperiode. Die Sammlungen vieler lebender Mykologen befinden sich in deren persönlichem Besitz als Arbeitssammlung, doch besteht die Tendenz, bearbeitetes Material nach und nach an Institutionen abzugeben. Die Aquarallesammlungen von W. Neuhoff † und J. Schäffer † sind in persönlichem Besitz der Erben.

Die in nachstehendem Verzeichnis halbfett gedruckten Abkürzungen der Herbarien werden in der internationalen Literatur allgemein verwendet.

Albany, N. Y., USA **(NYS)**: New York State Museum. – Peck.

Ann Arbor, Mich., USA **(MICH)**: University Herbarium, University of Michigan. – Kanouse, Kauffman, A. H. Smith, Singer (z. T.). Duplikate von Josserand, Harmaja, H. Lohwag u. a.

Auckland, Neuseeland **(PDD)**: Herbarium of Plant Diseases. – Horak (neuseeländisches Material), Cunningham.

Beltsville, Maryland, USA **(BPI)**: National Fungus Collections, Crops Research Division, Plant Industry Station. – Burt, Lentz, Lloyd, Long, McKnight, Shear; Duplikate von Bubák, Galzin, Léveillé.

Berlin, DDR **(BHU)**: Bereich Botanik und Arboretum des Naturkundemuseums der Humboldt-Universität. – Benkert, W. Fischer, Krumbholz, Paechnatz (z. T.).

Berlin-Dahlem, Westberlin **(B)**: Botanisches Museum. – Gerhardt, Hennings, E. H. L. Krause, E. Jahn (Myxomyzeten), Ulbrich (z. T. 1943 vernichtet).

Bern, Schweiz **(BERN)**,: Botanisches Institut der Universität. – E. Fischer, Trog.

Blacksburg, Virginia, USA **(VPI)**: Virginia Polytechnic Institute and State University. – O. K. Miller.

Bratislava, ČSSR **(BRA)**, Slowakisches Nationalmuseum: Dermek.

Brno, ČSSR **(BRNM)**: Moravské Muzeum (Mährisches Museum, Botanische Abteilung) – Antonín, Kříž, F. Šmarda.

Bruxelles, Belgien **(BR)**: Jardin Botanique National de Belgique. – Beeli, Goossens, Heinemann, Steyaert, Thoen, Zollinger.

Budapest, Ungarn **(BP)**: Természettudományi Múzeum (Naturhistorisches Museum). – Babos, Bohus, Hazslinszky.

Cambridge, Mass., USA **(FH)**: Farlow Library and Herbarium of Cryptogamic Botany, Harvard University. – Curtis, Düss, Farlow, v. Höhnel, Patouillard, Romell, Thaxter.

Chapel Hill, N. C., USA **(NCU)**: Herbarium of the University of North Carolina. – Coker, Couch; Duplikate von Schweinitz.

Edinburgh, Großbritannien **(E)**: Herbarium Cryptogamicum, Royal Botanic Garden. – Watling.

Gainesville, Fla., USA **(FLAS)**: Herbarium, Agricultural Experimental Station. – Murrill.

Genève, Schweiz **(G)**: Conservatoire Botanique. – Bonorden, Favre, Fayod, Fuckel, Maire (z. T.).

Görlitz, DDR **(GLM)**: Herbarium des Staatlichen Museums für Naturkunde. – Dunger, Frömelt, Pieschel, Zschieschang.

Göteborg, Schweden **(GB)**: Institut für Systematische Botanik der Universität. – John Eriksson, Hjortstam, Sunhede.

Graz, Österreich **(GZU)**: Botanisches Institut der Universität. – Döbbeler, Poelt, Widder.

Groningen, Niederlande **(GRO)**: Botanisches Laboratorium. – Oudemans.

Halle, DDR **(HAL)**: Sektion Biowissenschaften der Martin-Luther-Universität. – Braun, Dörfelt, Junghuhn (z. T.), Oertel, Duplikate von Schlechtendal.

Hamburg, BRD **(HBG)**: Staatsinstitut für allgemeine Botanik. – Brinkmann, Horst Engel, Jaap, Magnus.

Helsinki, Finnland **(H)**: Botanisches Museum der Universität. – Harmaja, Karsten, Niemelä, Tuomikoski; Duplikate von Laurila.

Helsinki, Finnland **(HPP)**: Department of Plant Pathology. – Laurila.

Innsbruck, Österreich **(IB)**: Institut für Mikrobiologie der Universität. – Moser.

Ithaca, N. Y., USA **(CUP)**: Department of Plant Pathology, Cornell University. – Atkinson, Korf.

Jena, DDR **(JE)**: Herbarium Haussknecht der Universität. – G. Arnold, Bornmüller, Die-

DICKE, DOLL, EBERT, GRÖGER, HENKEL, HIRSCH, LEMKE, POEVERLEIN, SCHMIEDEKNECHT; Aquarelle von SAALMANN, SCHULTZE-WEGE.

Kew, Surrey, Großbritannien **(K)**: Herbarium. Royal Botanic Gardens. – BERKELEY, M. C. COOKE, CORNER, CROSSLAND, CURREY, DENNIS, DRING, MASSEE, ORTON, PEARSON, PEGLER, PHILLIPS, REID, WAKEFIELD; Duplikate von CESATI, KLOTZSCH, LÉVEILLÉ, MONTAGNE, VITTADINI u. a.; Zeichnungen von LINDGREN.

Kew, Surrey, Großbritannien **(IMI)**: Commonwealth Mycological Institute. – Vorwiegend phytopathogene Kleinpilze.

Kiew, UdSSR **(KW)**: Botanisches Institut der Akademie der Wissenschaften der Ukrainischen SSR. – CZERNIAIEV, VASSER, ZEROVA.

Knoxville, Tenn., USA **(TENN)**: Herbarium, University of Tennessee. – HESLER.

Kopenhagen, Dänemark **(C)**: Botanisches Museum der Universität. – CHRISTIANSEN, DISSING, KNUDSEN, M. LANGE, ROSTRUP, J. SCHÄFFER, SCHUMACHER; Aquarelle von MØLLER.

Lafayette, Ind., USA **(PUR)**: Purdue University. – ARTHUR, CUMMINS.

La Plata, Argentinien **(LPS)**: Instituto de Botánica „C. Spegazzini". – GAMUNDÍ, LINDQUIST, SPEGAZZINI.

Leiden, Niederlande **(L)**: Rijksherbarium. – BAS, DONK, HUIJSMAN, H. JAHN, JUNGHUHN, LÉVEILLÉ (z. T.), MAAS GEESTERANUS, NOORDELOOS, OUDEMANS (z. T.), VAN OVEREEM (z. T.), PERSOON, ZOLLINGER; Aquarelle von CLUSIUS; Duplikate von DEMOULIN, DENNIS, LIBERTA u. a.

Leningrad, UdSSR **(LE)**: Botanisches Institut „V. L. Komarov" der Akademie der Wissenschaften der UdSSR. – BONDARCEV, BONDARCEVA, NIKOLAEVA, VASIL'KOV.

Liège, Belgien **(LG)**: Départment de Botanique, Université de Liège. – DARIMONT, DEMOULIN.

London, Großbritannien **(BM)**: British Museum. – AUERSWALD, PETCH.

Lyon, Frankreich **(LY)**: Université Claude-Bernard. – BOIDIN, DAVID, LAMOURE.

Madrid, Spanien **(MA)**: Real Jardín Botánico. – CALONGE, LÁZARO E IBIZA (z. T.).

Montpellier, Frankreich **(MPU)**: Institut de Botanique, Université de Montpellier. – MAIRE, MALENÇON.

München, BRD **(M)**: Botanische Staatsammlung. – ALLESCHER, BRESINSKY, H. JAHN (z. T.), KILLERMANN, F. KUMMER, MOSER (z. T.), OBERWINKLER (z. T.), POELT (z. T.), SOEHNER; Typen von BENEDIX; Duplikate von BRESADOLA.

New York, N. Y., USA **(NY)**: Herbarium of the New York Botanical Garden. – DODGE, J. B. ELLIS, D. P. ROGERS, SEAVER, UNDERWOOD, ZELLER; Duplikate von MURRILL.

Oslo, Norwegen **(O)**: Botanical Museum, University of Oslo. – BLYTT, ECKBLAD (z. T.), GULDEN, HØILAND, RYVARDEN, SOMMERFELT.

Ottawa, Kanada **(DAOM)**: National Mycological Herbarium, Biosystematics Research Institute. – DEARNESS, GINNS, GROVES, PARMELEE, REDHEAD, WERESUB.

Padova (Padua), Italien **(PAD)**: Istituto Botanico. – RICK, SACCARDO; Duplikate von BRESADOLA, KMET', LLOYD, VITTADINI u. a.

Paris, Frankreich **(PC)**: Laboratoire de Cryptogamie, Muséum National d'Histoire Naturelle. – BARLA, BOUDIER, BOURDOT, GALZIN, HEIM, LE GAL, LÉVEILLÉ, MÉTROD, MONTAGNE, ROMAGNESI.

Philadelphia, Penn., USA **(PH)**: Academy of Natural Sciences. – SCHWEINITZ.

Praha (Prag), ČSSR **(PRM)**: Národní Muzeum, Mykologické oddělení (Nationalmuseum, Mykologische Abteilung): ČERNÝ, CORDA, HERINK, KOTLABA, KUBIČKA, PILÁT, POUZAR, SVRČEK, VELENOVSKÝ, VESELSKÝ, WALLROTH.

Roma, Italien **(RO)**: Orto Botanico. – BECCARI, CESATI, DE NOTARIS.

Stockholm, Schweden **(S)**: Naturhistoriska Riksmuseum. – ARWIDSSON, BRESADOLA, KERS, LUNDELL, ROMELL, SWARTZ; Duplikate von BARLA, GALZIN, HENNINGS, LÉVEILLÉ, MONTAGNE.

Strasbourg, Frankreich **(STR)**: Universität, Institut de Botanique de la Faculté des Sciences. – DUBY, WALLROTH.

Tartu, UdSSR (**TAA**): Botanisches und Zoologisches Institut, Akademie der Wissenschaften der Estnischen SSR. – KALAMEES, PARMASTO, RAITVIIR.

Torino (Turin), Italien (**TO**): Istituto ed Orto Botanico dell' Università. – MATTIROLO, VITTADINI.

Turku, Finnland (**TUR**): Botanical Institute, University of Turku. – KALLIO, KANKAINEN, MÄKINEN; Duplikate von LAURILA.

Uppsala, Schweden (**UPS**): Institut für systematische Botanik, Universität Uppsala. – John EERIKSSON (z. T.), E. M. FRIES, C. JOHANSON, KALCHBRENNER, LUNDELL, NANNFELDT, QUÉLET; Duplikate von BERKELEY, BLYTT, KARSTEN, LÉVEILLÉ, MONTAGNE, DE NOTARIS, ROMELL, SCHWEINITZ, VITTADINI u. a.

Vancouver, B. C., Kanada (**UBC**): Department of Botany, University of British Columbia. – BANDONI.

Warszawa (Warschau), Polen (**WA**): Institut für Systematik und Geographie der Pflanzen, Universität Warschau. – BATKO, RUDNICKA-JEZIERSKA, SKIRGIEŁŁO.

Wien, Österreich (**W**): Naturhistorisches Museum. – LITSCHAUER, PETRAK, RIEDL, SCHULZER; Duplikate von GALZIN, LUNDELL, NANNFELDT, ROMELL.

Wien, Österreich (**WU**): Botanisches Institut der Universität. – HANDEL-MAZZETTI, H. LOHWAG.

Wrocław (Breslau), Polen (**WRSL**): Botanisches Institut der Universität. – SCHROETER.

Zürich, Schweiz (**ZT**): Institut für Spezielle Botanik der Eidgenössischen Technischen Hochschule. – HORAK, KNAPP, NÜESCH, SCHWÄRZEL (z. T.).

Literatur

BOHUS, G.: New suggestions for preparing fleshy fungi for the herbarium. – Mycologia **55** (1963): 128–130.

DÄHNKE, R. M.: Schwarzwälder Pilzlehrschau. – Südw. Pilzrdsch. **10**, no. 1 (1974): 17 und **15**, no. 2 (1975): 23.

DECKER, B.: Pilzmodellschau im Bergbau- und Greifenstein-Museum bei Ehrenfriedersdorf im Erzgebirge. – Mykol. Mitt. **21** (1977): 110–111.

ECKEL, M.: Zur Herbarisierung der Pilze. – Boletus **8** (1984): 57–58.

Herbarium I. M. L. Handbook. Methods in use at the Commonwealth Mycological Institute. – 103 S. Kew 1960.

HERPELL, G.: Das Präparieren und Einlegen der Hutpilze für das Herbarium. – Verhandlungen des naturforschenden Vereins der Rheinlande und Westfalens **37** (1880).

Index Herbariorum, part I. The herbaria of the world. Ed. 5. (Hrsg. J. LANJOUW & F. A. STAFLEU). – Utrecht 1964.

KREISEL, H.: Über das Versenden von Pilzen an Spezialisten. – Mykol. Mitt. **6** (1962): 25–28.

– Pilzausstellung in Brno (ČSSR). – Biol. Rdsch. **4** (1966): 166–167.

– Die Pilzherbarien in der DDR. – Boletus **7** (1983): 41–48 und **9** (1985): 9–12.

KŘÍŽ, K.: Erneuerung der Dauer-Pilzausstellung Houby/Fungi in Brno. – Česká Mykol. **23** (1969): 68–72.

ŠMARDA, F.: Stálá Výstava hub v Brně (Dauer-Pilzausstellung in Brno). – Česká Mykol. **20** (1966): 120–124.

SVRČEK, M., & ŠMARDA, F.: Fýstava hub v Brně 2. – 18. IX. 1960 (Pilzausstellung in Brno). Česká Mykol. **15** (1961): 13–26.

Leitfaden für die bei den Hygieneinspektionen ehrenamtlich tätigen Kreis- und Ortsbeauftragten für Pilzaufklärung. – 30 S. Halle 1972.

LUNDELL, C. L., & KIRKHAM, R.: A method for applying Mystox (lauryl pentachlorphenate) to protect mounted herbarium specimens. – Wrightia **3** (1966): 177–180.

NATHO, G., & NATHO, I.: Herbartechnik. 3. Aufl. – Wittenberg Lutherstadt 1964.

SAALMANN, K.-H.: Fortbildung an frischem Pilzmaterial. (Enthält eine Anleitung zur Herstellung von Exsikkaten.) – Mykol. Mitt. **1** Heft 2 (1957): 10–16.

STAFLEU, F. A., & COWAN, R. S.: Taxonomic literature. A selective guide to botanical publications with dates, commentaries an types. 2nd ed. Bisher 3 Bände. – Utrecht 1976, 1979, 1981.

STERN, W. L., & al.: Lindane and dichloroos for protection of herbarium specimens. – Taxon **17** (1968): 629–632.

Literatur über Gefriertrocknung von Pilzen

Zusammengestellt von P. HÜBSCH, Weimar

BAZZIGHER, G.: Ein vereinfachtes Gefriertrocknungsverfahren von Pilzkulturen. – Phytopath. Z. **45** (1962): 53–56.

CLÉMENÇON, H.: Über das Gefriertrocknen von Pilzen. – Schweiz. Z. Pilzk. **46** (1968): 33–40.

DAVIES, D. A. L.: The preservation of larger fungi by freeze-drying. – Trans. Brit. Myc. Soc. **45** (1962): 424–428.

HALLERMEIER, M.: Pilzherbar nach dem Vakuum-Gefriertrocknungsverfahren. – Z. Pilzk. **26** (1960): 115–120.

HASKINS, R. H.: Freeze-drying of macrofungi for display. – Mycologia **52** (1960): 161–164.

HOSENEY, F. V.: The silica gel method for drying mushrooms. – The Michigan Botan. **2** (1963): 125–126.

KENDRICK, W. B.: Preservation of fleshy fungi for taxonomy. – Mycologia **61** (1969): 392–395.

KRAMER, K.: Zur Konservierung von Sproß- und Sporenpilzen durch Lyophilisieren. – Zbl. Bakteriol., Abt. 2, **127** (1972): 1–12.

MERCIE, C.: Preparation des collections végétales par desiccation sous vide. – Bull. Soc. Bot. France **95** (1948): 33–43.

MERYMANN, H. T.: The preparation of biological museum specimens by freeze-drying. – Curator **3** (1960): 5–19.

NEUMANN, K.: Grundriß der Gefriertrocknung. – 256 S. Göttingen, Frankfurt, Berlin 1955.

POLLACK, G. F.: A simple method for preparing dried reference cultures. – Mycologia **59** (1967): 541–544.

STADELMANN, E.: The use of MERCIE's method of freeze-drying for preparation of fungi for demonstration. – Proceedings IX. Internat. Bot. Congress, Montreal, **2** (1959): 375–376.

– Zur Vakuumtrocknung höherer Pilze. – Z. Pilzk. **28** (1962): 21.

SZÁNTÓ, É.: Die Gefriertrocknung von Pilzen. – Mikol. Közlem. **1967**: 22–24.

TAYLOR, L. D.: A freeze-dryer for fleshy funig. – Trans. Brit. Myc. Soc. **51** (1968): 600–603.

SYSTEMATISCHER TEIL

1. Familie: Stoppelpilzartige – Hydnáceae (= Cantharelláceae)

Fruchtkörper fleischig, trichter- bis hutförmig, mit mehr oder weniger gerolltem Rand, ungezont. Hymenophor fehlend, oder Falten, gegabelte (mehr oder weniger lamellenartige) Leisten oder Stacheln; oft lebhaft gelb, orange oder rot gefärbt durch Carotinoide. Sporenstaub weiß bis gelblich oder lachsfarben.

Hyphensystem monomitisch. Hyphen dünnwandig, farblos, anschwellend, mit oder ohne Schnallen. Basidien schlank keulenförmig (Stichobasidien), 2–8sporig. Sporen farblos, subglobos, eiförmig oder ellipsoid, glatt, weder amyloid, noch dextrinoid noch zyanophil. Zystiden fehlen.

In dieser Familie sind Pilze vereinigt, die auf den ersten Blick ganz unterschiedlich erscheinen, insbesondere was die Ausbildung des Hymenophors betrifft. Tatsächlich wurden die hierher gehörigen Pilze früher zu verschiedenen Familien gestellt, während andererseits die Familie *Hydnáceae* und die jetzt mit ihr vereinigte Familie *Cantharelláceae* einen ganz anderen Inhalt hatten. Der Name der Familie kann ja, da er immer mit der Typusgattung verbunden bleibt, bei weitgehender Umgruppierung der Gattungen einen völlig neuen Gehalt bekommen. Dieser Prozeß hat viele altbekannte, „klassische" Familiennamen von Pilzen betroffen.

Alle Arten sind waldbewohnend und durch Mykorrhiza an Bäume gebunden, jedoch nicht (oder vielleicht nur lokal) auf bestimmte Baumgattungen spezialisiert. Alle einheimischen Arten sind eßbar und wohlschmeckend.

Gattung Cantharéllus Adans. 1763: Fr. 1821, Pfifferling, Gelbling

Fruchtkörper fleischig bis dünnfleischig und dann etwas zäh, mehr oder weniger deutlich in Hut und Stiel gegliedert. Hymenophor fehlend oder Falten oder Leisten (dickliche Lamellen). Hyphen mit Schnallen.

Diese Gattung umfaßt etwa 65 zumeist außereuropäische Arten. In Europa werden gegenwärtig 8 Arten anerkannt, die z. T. sehr variabel sind, besonders hinsichtlich ihrer Färbung. Donk (1969) gibt eine Übersicht der verworrenen Nomenklatur der Sektion *Leptocantharéllus*, jedoch keinen Bestimmungsschlüssel. Der Schlüssel von Corner (1966) weicht nomenklatorisch davon ab und enthält auch zahlreiche zweifelhafte Arten.

1. Sektion *Cantharéllus*: Hut gelb bis orange. Stiel voll. Fruchtkörper mit angenehmem, obstartigem Geruch

C. cibárius Fr., Echter Pfifferling

Hut hell bis dottergelb, seltener (var. *amethýsteus* Quél.) violett überlaufen, fast kahl. Leisten hell- bis dottergelb. Geschmack scharf. Laub- und Nadelwald. Bd. I/138.

C. fríesii Quél., Samtiger Pfifferling

Hut orange oder rosa-orange, samtig-filzig, nur bis 5 cm breit. Leisten lachsrosa. Geschmack säuerlich. Laubwald. Bd. III/292.

2. Sektion *Leptocantharéllus* PECK [= Untergattung *Phaeocantharéllus* CORNER]: Hut meist braun, graubraun, rußfarben, am Rande fein schuppig. Stiel mehr oder weniger hohl

C. melanoxéros DESM. [*C. ianthinoxánthus* (MRE.) KÜHNER], Schwärzender Pfifferling
Hut ockergelb bis braun. Hymenium runzelig-aderig, oft gegabelt, nicht lamellenartig, graulila oder lilarosa. Stiel voll oder hohl. Alte Fruchtkörper schwärzend. Geschmack mild. Geruchlos. Laubwald, besonders unter *Fágus*; Südwesteuropa bis Alpen, Württemberg, Belgien, isoliert in Uppland.

C. tubaefórmis FR., Trompeten-Pfifferling
Hut graubraun, seltener gelblich. Hymenophor sind stark gegabelte und queraderige Leisten, gelblich oder (an älteren Exemplaren) grau. Stiel hohl. Geruchlos. Laubwald. Bd. III/291.

C. xánthopus (PERS.) DUBY, Starkriechender Pfifferling.
Hut rußbraun. Hymenophor glatt oder runzaig bis schwach faltig, nicht lamellenartig, rosa, lachsfarben. Starker, etwas unangenehmer mirabellenartiger Geruch. Nadelwald. Diese Art wurde bisher meist *C. lutéscens* genannt, aber der Name ist vieldeutig.

Gattung **Pseudocrateréllus** CORNER 1958, **Leistling**

Fruchtkörper zähfleischig, mehr oder weniger deutlich in Hut und Stiel gegliedert. Hymenophor leisten- oder faltenförmig. Hyphen ohne Schnallen.

Diese Gattung unterscheidet sich von *Cantharéllus* nur durch das Fehlen der Schnallen, von *Crateréllus* durch den deutlicher abgesetzten Hut. Sie umfaßt 10 Arten, davon kommen 2 in Europa vor.

Ps. cinéreus (PERS.: FR.) KALAMEES, Grauer Leistling
Hut aschgrau bis schwarzbraun, trichterförmig, tief genabelt. Hymenophor leistenförmig, oft gegabelt und queraderig, grau. Stiehl hohl. Geruch mirabellenartig. Laubwald. Bd. III/293.

Ps. sinuósus (FR.) CORNER, Vollstieliger Leistling
Hut graubraun bis schwärzlich. Hymenophor fehlend oder radialrunzelig, nicht leistenartig, grau, graugelblich, ocker. Stiel meist voll. Geruch unauffällig. Laubwald.

Gattung **Crateréllus** PERS. 1825, **Trompete**

Fruchtkörper zähfleischig, trichterförmig, nicht in Hut und Stiel gegliedert. Hymenophor fehlend. Hyphen ohne Schnallen. 3 Arten, davon 1 in Europa.

C. cornucopioídes (L.: FR.) PERS., Herbst-Trompete
Hut rußbraun, trocken braungrau, flockig-schuppig, bis auf den Grund durchbohrt, Stielteil also hohl. Hymenium glatt, im Alter etwas gerunzelt, aschgrau. Geruch angenehm aromatisch. Basidien 2sporig. Buchenwald, in dichten Büscheln. Bd. I/181.

Gattung **Hýdnum** L. 1753: FR. 1821 [= *Dentínum* S. F. GRAY 1821], **Stoppelpilz**

Fruchtkörper fleischig. Hut weißlich, gelb oder rost- bis ziegelrot, kahl, bisweilen flockig bereift, von unregelmäßiger Form, nicht trichterförmig. Hymenophor stachelförmig. Stiel voll. Hyphen mit Schnallen.

In Europa etwa 4 Taxa, die von manchen Autoren als Arten, von anderen als Varietäten bewertet werden (vgl. MAAS GEESTERANUS 1959, 1975). Davon sind nur 2 häufig:

H. repándum: L.: FR., Semmel-Stoppelpilz

Hut blaßgelb, semmelgelb, lachsfarben. Stiel dick, oft seitlich. Laub- und Nadelwald. Bd. I/175.

H. ruféscens FR. [*H. repándum* var. *ruféscens* (FR.) BARLA], Rotgelber Stoppelpilz

Hut orange, rostbraun, ziegelrot. Stiel schlank, meist zentral. Laub- und Nadelwald. Bd. II/77.

Literatur

CORNER, E. H. J.: A monograph of the cantharelloid fungi. – 255 S. Oxford University Press London 1966.

DAMBLON, J., DEMOULIN, V., & SCHUMACKER, R.: *Cantharellus melanoxeros* DESM. – Bull. Soc Myc. France **90** (1974): 5–8.

DONK, M. A.: Notes on *Cantharellus* sect. *Leptocantharellus.* – Persoonia **5** (1969): 265–284.

JANSEN, E., & DE WIT, T.: Veränderingen in de verspreiding van de Cantharel in Nederland. - Coolia **21** (1978): 117–123.

KALAMEES, K.: Über die Systematik und Verbreitung der Familie *Cantharellaceae* in Estland. - Učenye Zapiski Tartuskogo Gosudarstvennogo Universiteta **136** (1963): 71–102.

MAAS GEESTERANUS, R. A.: The stipitate hydnums of the Netherlands. IV. – Persoonia **1** (1959): 115–147.

– Die terrestrischen Stachelpilze Europas. – 127 S., 40 Farbtaf. Amsterdam, London 1975.

PETERSEN, R. H., & RYVARDEN, L.: Notes on cantharelloid fungi. IV. Two new species of *Can tharellus.* – Svensk. Bot. Tidskr. **65** (1971): 399–405.

RICEK, E. W.: *Cantharellus ianthinoxanthus* R. MAIRE, *Cantharellus cibarius* var. *amethysteus* QUÉL. – Schweiz. Z. Pilzk. **49** (1871): 69–71. (Mit Farbtafel.)

SMITH, A. H.: The *Cantharellaceae* of Michigan. – The Michigan Botan. **7** (1968): 143–183

2. Familie: Zählingsartige – Auriscalpiáceae

Fruchtkörper zähfleischig, ein- oder vielhütig, seitlich (löffelartig), zentral oder von oben (am Scheitel) gestielt, ungezont, mit geradem oder eingebogenem, scharfem Rand. Hymenophor stachelförmig oder lamellenförmig mit gesägter Schneide. Hutfarbe braun (leder-, fleischrötlich-, rot-, purpurbraun). Sporenstaub weiß.

Hyphensystem dimitisch. Generative Hyphen septiert mit Schnallen; Skeletthyphen dickwandig, unseptiert; außerdem sind gloeozystidiale Hyphen vorhanden. Basidien keulenförmig, 4sporig. Sporen farblos, kugelig bis ellipsoid, rauh, amyloid und azyanophil. Gloeozystiden immer vorhanden.

Diese Familie wurde 1963 von MAAS GEESTERANUS aufgestellt und umfaßt neben den hier genannten Gattungen noch die seltene, in Mitteleuropa auf die Alpen beschränkte Gattung *Gloiodon*. Sie steht der Familie *Hericiáceae* (s. Bd. II) sehr nahe, von der sie sich nur durch das Vorhandensein von Skeletthyphen in der Trama und die dunkleren Farbstoffe unterscheidet. Beide Familien gehören in einen Verwandtschaftskreis, der hauptsächlich Stachel- und Korallenpilze umfaßt. Auch an den Fruchtkörperbüscheln von *Lentinéllus cochleátus* kann man mitunter Mißbildungen beobachten, welche ganz deutlich an einen Korallenpilz (z. B. *Ramária*) erinnern: ein Teil der Stiele verzweigt sich, bleibt aber ohne Hüte. Beziehungen zu den *Auriscalpiáceae* und *Hericiáceae* zeigen auch einige Gattungen mit krustenförmigen Fruchtkörpern, Gloeozystiden und amyloiden Sporen: *Gloeocystidiéllum* DONK, *Laxitéxtum* LENTZ (s. Bd. VI).

Die meisten Arten wachsen einzeln oder büschelig an Holz, ihre Bedeutung als Holzzerstörer ist aber gering. Wegen der zähen Fruchtkörper haben sie auch als Speisepilze keine Bedeutung

Gattung Lentinéllus KARST. 1879, Zähling

Fruchtkörper hutförmig, zentral, exzentrisch oder seitlich gestielt, zähfleischig. Hut kahl oder behaart. Lamellen weißlich, creme oder fleischfarben, mit gesägter Schneide. Stiel dem Hut gleichfarben, einfach oder büschelig verzweigt. In Europa 8–10 Arten, die meisten ziemlich selten.

L. omphalódes (FR.) KARST., Genabelter Zähling
Hut zentral gestielt, lederbräunlich mit fleischfarbenem Ton, kahl, Fruchtkörper einzeln wachsend. Geruch mehlartig. Sporen 6,5–8,5 µm lang. Auf Waldboden (vergrabenen Holz). Bd. III/101.

L. cochleátus (PERS.: FR.) KARST., Anis-Zähling
Hut exzentrisch bis seitlich gestielt, fleischrötlichbraun bis rotbraun, kahl. In dichten Büscheln wachsend. Geruch stark anisartig. Sporen 4–5 µm lang. An Stümpfen von Laub-, seltener Nadelholz. Bd. III/102.

L. vulpínus (SOW.: FR.) KÜHNER & MRE., Merismatischer Zähling
Hut ungestielt oder mit kurzen, seitlichem Stiel, rostbraun, radial gerunzelt bis gefurcht

Fruchtkörper einzeln wachsend. Geruch unauffällig. Sporen 3–6 µm lang. An Laub- und Nadelholz.

L. castóreus (FR.) KONR. & MAUBL., Filziger Zähling
Hut ungestielt, seitlich ansitzend, fleischrötlichbraun, dicht filzig. Fruchtkörper einzeln oder in kleinen Büscheln wachsend. Geruch unauffällig. Sporen 3–6 µm lang. An Laub- und Nadelholz.

Gattung Auriscálpium S. F. GRAY 1821, Ohrlöffel

Fruchtkörper hutförmig (nieren-, spatel-, trichter- oder schirmförmig), zentral, seitlich oder von oben gestielt. Hut filzig oder kahl. Stacheln pfriemenförmig, fleischrötlich-braun bis aschgrau. Stiel dem Hut gleichfarben, einfach oder verzweigt.

Die Gattung *Auriscálpium* unterscheidet sich von *Lentinéllus* zwar sehr augenfällig durch das Hymenophor (pfriemliche Stacheln statt gesägte Lamellen) und durch kleinere Fruchtkörper, sonst aber ist die Variationsbreite die gleiche, und die mikroskopischen Merkmale stimmen völlig überein. Neben dem eurasiatisch-nordamerikanischen *Au. vulgáre* gehören hierher noch *Au. fimbriáto-incísum* (TENG) MAAS G. in China, *Au. umbélla* MAAS G. in Neuseeland und *Au. víllipes* (LLOYD) SNELL & DICK im tropischen Amerika. *Au. víllipes* und vermutlich auch die zwei anderen exotischen Arten sind holzbewohnende Saprophyten, während *Au. vulgáre* ausschließlich auf abgefallenen Koniferenzapfen wächst.

Au. vulgáre S. F. GRAY, Gemeiner Ohrlöffel
Hut nierenförmig, seitlich gestielt, filzig, gelbbraun, rotbraun oder schwärzlich. Stieloberfläche wie die des Hutes beschaffen; Stiel meist einfach, selten verzweigt und 2 bis mehrere Hüte tragend. An Zapfen von Kiefer *(Pínus)*, selten Fichte *(Pícea)* und Lärche *(Lárix)*. Bd. II/94.

Literatur

JAHN, H., & STURM, Ch.: Der seltene Stachelpilz *Gloiodon strigosus* (SW. ex FR.) P. KARST. in den Alpen gefunden. – Westfäl. Pilzbr. **10/11** (1983): 209–220.

KOTLABA, F., & POUZAR, Z.: *Lentinellus ursinus* (FR.) KÜHN. in Czechoslovakia. – Česká Mykologie **19** (1965): 182–186.

MAAS GEESTERANUS, R. A.: The stipitate hydnums of the Netherlands – IV. – Persoonia **1** (1959): 115–147.

– Hyphal structures in hydnums. II. – Proceedings Koninkl. Nederl. Akademie van Wetenschapen Amsterdam, ser. C, **66** (1963): 426–436.

MILLER, O. K. jr., & STEWART, L.: The genus *Lentinellus*. – Mycologia **63** (1971): 333–369.

3. Familie: Seitlingsartige – Polyporáceae (= Pleurotáceae)

Fruchtkörper fleischig, lederig oder korkig, hutförmig; Hut ungezont, kahl, behaart oder schuppig, mit geradem oder eingerolltem Rand; zentral; exzentrisch, seitlich oder am Hutscheitel gestielt; auch ungestielt. Hymenophor lamellen- oder röhrenartig (bei der tropischen Gattung *Mycobónia* PAT. fehlend). Sporenstaub weiß, cremefarben oder blaß violett.

Hyphensystem monomitisch, dimitisch oder – in den meisten Fällen – amphimitisch. Generative Hyphen dünnwandig, mit zahlreichen Septen und Schnallen, oder mehr oder weniger dickwandig mit wenigen, rudimentären Schnallen. Skelett- und Bindehyphen dickwandig, ohne Septen und Schnallen. Lamellen bzw. Röhrentrama irregulär bis subregulär. Basidien keulenförmig, 4sporig. Sporen farblos, länglich-ellipsoid, zylindrisch, allantoid oder spindelförmig (mitunter sehr groß und dann in der Form an gewisse Arten der Algengattung *Eugléna* erinnernd), glatt, weder amyloid noch dextrinoid noch zyanophil. Zystiden bei einigen Arten (besonders der Gattung *Pánus*) vorhanden.

Auch hinter dem Namen dieser Familie verbirgt sich ein völlig neuer Inhalt. Im alten, künstlichen System wurden als *„Polyporáceae"* alle Röhrenpilze außer den *Boletáceae* zusammengefaßt, also die Porlinge im weitesten Sinne, die heute auf viele Familien aufgeteilt sind (s. Bd. II). Die Familie *Polyporáceae* im modernen Sinn, wie sie z. B. von SINGER (1962) konzipiert wurde, umfaßt sowohl Blätterpilze als auch Porlinge, von letzteren u. a. die Gattungen *Polýporus* (i. e. S.) und *Piptóporus*. Die enge Verwandtschaft der Gattungen *Polýporus* und *Lentínus* ist trotz des unterschiedlichen Hymenophors nicht zu übersehen. Gemeinsame Merkmale sind das Hyphensystem, die Sporenform, Parallelen in der Hut- und Stielbekleidung einzelner Arten, z. B. steht *Polýporus várius Lentínus suavíssimus* sehr nahe, und *P. brumális* hat in mancher Hinsicht sein Gegenstück in *L. tigrínus*. Überdies gibt es Zwischenformen mit wabenartigen, radial orientierten Poren (*Polýporus arculárius, P. móri* und exotische Arten) oder mit anastomosierenden, am Stiel wabenartig verbundenen Lamellen (*Pleurótus cornucópiae*, der tropisch-amerikanische *Lentínus bertíeri*).

Die Abtrennung der Arten mit fleischiger, monomitischer Trama (z. B. *Pleurótus ostreátus, Phyllotópsis nídulans, Polýporus umbellátus, Lentínus tigrínus*) als besondere Familie *„Pleurotáceae"* ist ebenfalls nicht möglich, da man dann recht natürlich erscheinende Gattungen auseinanderreißen müßte. Es gibt auch Arten, die nur in manchen Fruchtkörperteilen *(Polýporus umbellátus, Pleurótus pulmonárius)* oder nur in älteren Entwicklungsstadien *(Lentínus lepídeus, Pleurótus drýinus, Polýporus squamósus, P. tuberáster)* Bindehyphen führen.

Die *Polyporáceae* mit Röhrenhymenophor – *Polýporus, Piptóporus, Buglossóporus, Ostéïna*, sowie die exotischen Gattungen *Cryptóporus* und *Echinocháete* – unterscheiden sich von der Hauptmasse der Porlinge u. a. durch den ungezonten Hut und das Unvermögen, Fremdkörper wie Äste, Grashalme, Steine u. dgl. zu umwallen und in den wachsenden Fruchtkörper einzuschließen. Die einheimischen Vertreter dieser Gattungen werden in Bd. II bzw. Bd. VI dieses Handbuches beschrieben.

Form und Größe der *Polyporáceae*-Fruchtkörper sind in starkem Maße abhängig von der Lage und der Masse des Substrates. Die gleiche Art (z. B. *Polýporus várius*) bildet an Stümpfen große, exzentrisch oder seitlich gestielte Fruchtkörper, auf Ästchen hingegen viel kleinere, zentral gestielte Fruchtkörper. Solche „Hungerformen" wurden früher als besondere Arten beschrieben.

Fast alle *Polyporáceae* sind holzbewohnende Saprophyten, die vorwiegend an totem Holz, teils aber auch an lebenden Bäumen auftreten und oft große Zerstörungen in Form einer Weißfäule anrichten. Nur *Lentínus lepídeus*, der oft an Grubenhölzern und Eisenbahnschwellen aus Koniferenholz auftritt, und *Piptóporus betulínus*, der lebende und absterbende Birken befällt, bewirken Braunfäule. *Pleurótus erýngii* und *Polýporus rhizóphilus* finden sich als Wurzelparasiten in baumloser Steppenvegetation.

Alle Arten sind leicht kultivierbar. Die größeren, fleischigen Arten *Pleurótus ostreátus, P. erýngii* und andere werden in einigen Ländern (z. B. Ungarn, USA, Japan) in wachsendem Umfange für Speisezwecke angebaut: der Austern-Seitling auf Hölzern und Sägespänen, der Kräuter-Seitling auf Maiskolben; sie sind Speisepilze von ausgezeichnetem Geschmack. Neuerdings werden in der BRD, der DDR und der ČSSR Anbauversuche mit einer wärmeliebenden, aus den USA eingeführten Art gemacht: dem Florida-Seitling, *Pleurótus* „Florida". Unter diesem von Eger (1965) eingeführten Namen sind unterschiedliche Stämme im Handel, die sich im Kreuzungsversuch (Hilber 1982) als teils zu *P. pulmonárius*, teils zu *P. ostreátus* gehörig erwiesen haben. Im tropischen Asien wurde *Pleurótus cystidiósus* O. K. Miller neuerdings in Kultur genommen. Somit hat die Kultur der *Pleurótus*-Arten enorm an Bedeutung gewonnen und könnte sich zu einer Konkurrenz für die Champignonkultur entwickeln (vgl. Bd. I).

Die kleineren Arten wie *Lentínus tigrínus* und *Polýporus „brumális" (ciliátus?)* bilden sogar auf Agarnährböden leidlich normale Fruchtkörper und wurden daher vielfach zur Untersuchung der die Fruchtkörperbildung auslösenden Faktoren herangezogen (Publikationen von Handke, Plunkett, Rypáček & Sladký u. a.). Es wurden auch Kreuzungsversuche angestellt mit dem Ergebnis, daß auch nahe verwandte Arten nicht miteinander kreuzbar sind (David & Romagnesi 1972 an *Polýporus*, Anderson, Wang & Schwandt 1973 und Hilber 1982 an *Pleurótus*).

Gattung Phyllotópsis (Gilbert & Donk) ex Sing. 1936, Orangeseitling

Fruchtkörper ungestielt, seitlich oder mit dem Hutscheitel ansitzend. Hut filzig, jung mit eingerolltem Rand. Lamellen ganzrandig. Trama dreischichtig: obere Schicht locker, schwammig; mittlere Schicht dicht und gleichmäßig (Hyphen unregelmäßig verlaufend), untere Schicht (über den Lamellen) sehr dicht, aus parallelen Hyphen. Hyphensystem skleromonomitisch (generative Hyphen mehr oder weniger sklerifiziert). Lamellentrama subregulär, ohne Subhymenium. Sporen allantoid. Die Gattung umfaßt nur 1 oder 2 Arten; in Europa nur:

Ph. nídulans (Pers.: Fr.) Sing., Orangeseitling

Hut ocker bis orangebraun. Lamellen goldgelb bis ocker. Sporenstaub rosa. An Holz, besonders von Koniferen, Frühjahr. Bd. III/79.

Gattung Pleurótus (FR. 1821) KUMM. 1871 [*Lentodiópsis* BUBÁK 1904, *Nothopánus* SING. 1944], **Seitling**

Fruchtkörper exzentrisch bis seitlich gestielt (Stiel mitunter sehr kurz) oder ungestielt. Hut kahl, angedrückt schuppig oder mit lockerem, weißem Filz überzogen. Lamellen ganzrandig. Huttrama einheitlich oder mit einer dichteren Schicht über den Lamellen. Hyphensystem monomitisch oder dimitisch mit einfachen oder wenig verzweigten Skeletthyphen. Lamellentrama irregulär. Sporenstaub weiß, blaß rosa, blaß lila oder creme. Sporen zylindrisch mit schiefer Basis oder leicht gekrümmt, farblos, über 7,5 µm lang. In Europa 7 Arten, darunter einige wertvolle Speisepilze.

P. drýinus bildet an der Stielbasis und am Myzel braune Arthrokonidien („Oidien"). Es gibt tropische Arten mit zentral gestielten Fruchtkörpern, auch einige mit Pleuro- und Cheilozystiden.

1. Fruchtkörper mit Marginalvelum (Hutrand behangen). Trama zäh, mit Skeletthyphen. Untergattung **Lentodiopsis** (BUBÁK 1904) O. HILBER 1982

P. drýinus (PERS.: FR.) KUMM., Rinden-Seitling
Hut exzentrisch gestielt, glatt oder schuppig. Stiel beringt. An Laub- und Nadelholz. Bd. III/91.

P. calyptrátus (LINDBLAD in FR.) SACC.
Hut ungestielt, glatt und kahl. Nur an Pappelholz *(Pópulus álba, P. trémula)*, selten.

2. Fruchtkörper ohne Velum. Trama weichfleischig, monomitisch oder *(P. cornucópiae)* in älteren Fruchtkörpern dimitisch. Untergattung **Pleurotus**

P. ostreátus (JACQ.: FR.) KUMM., Austern-Seitling, Austernpilz
Hut schwarzgrau, schiefergrau, taubenblau, fleischig. Stiel meist exzentrisch, oft am Grunde filzig. Tramahyphen dünnwandig, Lamellentrama ohne Bindehyphen. Sporenstaub hellviolettgrau, blaß lila. In vielhütigen Büscheln an Laub- und Nadelholz. Bd. I/110.

P. ostreátus im Sinne einiger nordamerikanischer Autoren (z. B. ANDERSON & al. 1973) ist eine andere Art mit cremeweißem Sporenstaub und ausschließlichem Vorkommen an Espen *(Pópulus tremuloídes)*. Diese Autoren bezeichnen *P. ostreátus* im Sinne der europäischen Autoren als *P. sápidus* KALCHBR.

P. pulmonárius (FR.) QUÉL., Löffelförmiger Seitling
Hut hell graubraun, fleischig. Stiel seitlich, sehr kurz, kahl, Tramahyphen mehr oder weniger dickwandig, Lamellentrama mit Bindehyphen (Skeletthyphen?). Sporenstaub blaß rosa. In kleinen Büscheln an Laub- und Nadelholz. Vgl. S. 71.

P. cornucópiae (PAULET ex PERS.) ROLLAND, Rillstieliger Seitling
Hut cremeweiß, ockergelblich, bräunlich, dünnfleischig. Stiel zentral bis exzentrisch kahl, durch die bis zur Basis herablaufenden und dort netzartig verbundenen Lamellen gerippt. Tramahyphen dünn- bis dickwandig; Lamellentrama ohne Bindehyphen. Sporenstaub blaß graulila. In vielhütigen Büscheln an Laubholz (besonders *Úlmus*), in Auenwäldern. Bd. III/92.

P. erýngii (DC.: FR.) QUÉL., Kräuter-Seitling
Hut graubraun, rotbraun, zentral gestielt. Sporenstaub weiß. Auf Wurzeln von Doldengewächsen (Umbelliferen) in Steppenvegetation.

Gattung **Pánus** FR. 1838 [*Lentinopánus* PIL. 1941], **Knäuling**

Fruchtkörper exzentrisch bis seitlich gestielt, jung mit eingerolltem Rand. Lamellen ganzrandig. Huttrama einheitlich; Hyphensystem dimitisch mit „interkalaren Skelettzellen". Lamellentrama irregulär ohne Subhymenium. Stumpfe, etwas dickwandige Zystiden (Metuloide) auf den Lamellenflächen vorhanden. Sporen ellipsoid bis zylindrisch, mittelgroß (4–7,5 µm lang).

Die Gattung umfaßt etwa 4 Arten, davon 2 in Europa. Sie sind Saprophyten an Laubholzstümpfen, ungenießbar wegen ihrer Zähigkeit. Typisch sind vergängliche, lila oder fleischrötliche Farbtöne der jungen Fruchtkörpe.

P. conchátus (BULL.: FR.) FR., Birken-Knäuling

Hut kahl oder schwach flaumig, mitunter feinschuppig, anfangs lila, dann fleischrötlich bis ockergelb. Lamellen ebenso gefärbt. Stiel filzig. Bd. III/93.

P. lecómtei (FR.) CORNER [*P. rúdis* FR.], Borstiger Knäuling

Hut rauhhaarig-zottig (Zotten aus gebündelten Hyphen), fleischrötlich, ockergelb, schließlich grau. Lamellen blaß ocker. Stiel rauhaarig. Bd. III/94.

Gattung **Lentínus** FR. 1825 [*Lentódium* MORGAN 1985], **Sägeblättling**

Fruchtkörper zentral oder exzentrisch gestielt, jung mit eingerolltem Rand. Lamellen mit sägeblattartig gezähnter Schneide. Huttrama einheitlich; Hyphensystem dimitisch oder amphimitisch mit skeleto-ligativen Hyphen. Lamellentrama irregulär bis subregulär, ohne Subhymenium. Zystiden fehlen, doch können bei tropischen Arten Hyphenwarzen („hyphal pegs") das Hymenium durchragen. Sporen zylindrisch, spindel- oder tropfenförmig, mittelgroß bis groß (5–13 µm lang). Sporenstaub weiß.

Die Gattung umfaßt nach PEGLER (1983) 63 Arten (einschl. *Pánus*, davon 8 in Europa), ist jedoch noch heterogen. Untypisch sind Arten mit cortinaartigem Velum *(L. tigrínus, L. lepídeus)*. Alle Arten sind holzbewohnende Saprophyten und rufen Weißfäule (*L. lepídeus* Bräunfäule) hervor. Wegen ihres zähen Fleisches werden sie nicht gegessen.

Die nahe verwandte Gattung *Pánus* unterscheidet sich nur durch ganzrandige Lamellen mit Zystiden. Bemerkenswert ist die nordamerikanische „Gattung" *Lentódium* mit der einzigen Art *L. squamulósum* MORGAN, die *L. tigrínus* äußerlich sehr ähnlich, aber „secotioid" ist, d. h. einen Übergang zu Gasteromyzeten darstellt. Nach Untersuchungen von ROSINSKI & ROBINSON (1968) sind beide „Arten" miteinander kreuzbar, wobei der gasteroide Habitus mit schwammig anastomosierenden, nicht senkrechten Lamellen sich als rezessives Merkmal erweist. Daher ist *Lentódium* als Synonym von *Lentínus* und die gasteroide Sippe *squamulósum* als Varietät von *L. tigrínus* aufzufassen. Mit anderen Worten: Durch Mutation ist aus einem Blätterpilz eine Übergangsform zu Gasteromyzeten entstanden!

Die Gattung *Lentinéllus* (S. 68) hat ebenfalls gesägte Lamellenschneiden, hat jedoch Gloeozystiden und warzige, amyloide Sporen. *Lentínus edódes*, Shiitakepilz, siehe unter *Lentínula (Tricholomatáceae)*.

1. Hut nicht schuppig. Kein Velum

L. suavíssimus (FR.) SING., Anis-Sägeblättling

Hut bis 5 cm breit, gelb oder braun, kahl. Starker Geruch nach Anis. An Stümpfen und toten Ästen von Weide *(Sálix)* in Mooren, selten.

L. dégener KALCHBR., Becherförmiger Sägeblättling

Hut bis 20 cm breit, ziegelrötlich bis ocker, fein flaumig behaart oder feinst schuppig. Lamellen anfangs aderförmig, später breit werdend. An Stümpfen von Pappel (besonders *Pópulus álba*), vorzugsweise in Auenwäldern, selten.

L. adhǽrens (ALB. & SCHW.: FR.) FR., Harziger Sägeblättling

Hut bis 6 cm breit, braun, filzig, wie die Lamellenschneide mit bernsteingelbem Harz überzogen. Geruch balsamartig. An Stümpfen von Koniferen (besonders Tanne, *Ábies*) im Gebirge. Bd. III/100.

2. Hut auffallend schuppig. Velum vorhanden.

L. tigrínus (BULL.: FR.) FR., Getigerter Sägeblättling

Hut bis 8 cm breit, weißlich mit schwarzbraunen, spitzen, haarigen Schuppen, dünnfleischig. Stiel mit flüchtiger Cortina. Lamellen weit herablaufend. Geruch unauffällig. An Laubholz. Bd. III/95.

L. lepídeus (FR.: FR.) FR., Schuppiger Sägeblättling

Hut bis 15 cm breit, gelblichweiß bis hellocker, mit breiten Schuppen, dickfleischig. Stiel mit zurückgekrümmten Schuppen, mehr oder weniger beringt. Starker Geruch nach Kanadabalsam an der Stielbasis. An Nadelholz (besonders Kiefer, *Pínus*, und Lärche, *Lárix*). Bd. III/99.

Literatur

ANDERSON, N. A., WANG, S. S., & SCHWANDT, J. W.: The *Pleurotus ostreatus-sapidus* complex. – Mycologia **65** (1973): 28–35.

CORNER, E. H. J.: The agaric genera *Lentinus, Panus,* and *Pleurotus* with particular reference to Malaysian species. (Beih. Nova Hedwigia, **69**.) – 169 S. Vaduz 1981.

DAVID, A., & ROMAGNESI, H.: Contribution à l'étude de Leucopores Français et description d'une espèce nouvelle: *Leucoporus meridionalis* nov. sp. – Bull. Soc. Myc. France **88** (1972): 293–303.

EGER, G.: Untersuchungen über die Bildung und Regeneration von Fruchtkörpern bei Hutpilzen. I. *Pleurotus Florida.* – Arch. Mikrobiol. **50** (1965): 343–365.

EUGENIO, C. P., & ANDERSON, N. A.: The genetics and cultivation of *Pleurotus ostreatus.* – Mycologia **60** (1968): 627–634.

HILBER, O.: Die Gattung *Pleurotus* (FR.) KUMMER unter besonderer Berücksichtigung der *Pleurotus eryngii*-Formenkomplexe. (Bibliotheca Mycologica, **87**.) – 448 S., 15 Taf. Vaduz 1982.

JONG, S. C., & PENG, J. T.: Identity and cultivation of a new commercial mushroom in Taiwan. – Mycologia **67** (1975): 1235–1238. (betr. *Pleurotus cystidiosus*).

KÜHNER, R., & LAMOURE, D.: *Agaricales* de la zone alpine – Pleurotacées. – Le Botan. 55 (1972): 7–37.

KÜHNER, R., LAMOURE, D., & FICHET, M.-L.: *Lentinus adhaerens* A. et S. ex FR. Morphologie, caryologie, sexualité. – Bull. Soc. Myc. France **78** (1962): 254–277.

MARTIN, G. W.: On *Lentodium squamulosum.* – Proceedings Iowa Acad. Sci. **63** (1956): 280–286.

PEGLER, D. N.: The genus *Lentinus.* A world monograph. (Kew Bull. Addit. Ser., **10**.) – 281 S. London 1983.

PILÁT, A.: *Pleurotus* FRIES. (Atlas des champignons de l'Europe, **II**.) – 193 S., 80 Taf. Praha 1935.

– Monographie des espèces européennes du genre *Lentinus* FR. (Atlas des champignons de l'Europe, V.) – 46 S., 31 Taf. Praha 1946.

ROMAGNESI, H.: Sur les *Pleurotus* de groupe *ostreatus* (*Ostreomyces* PILÁT). – Bull. Soc. Myc. France **85** (1969): 305–314.

ROSINSKI, M. A., & ROBINSON, A. D.: Hybridization of *Panus tigrinus* and *Lentodium squamulosum.* – Amer. J. Bot. 55 (1968): 242–246.

SEMERDŽIEVA, M.: Morphologische Beobachtungen an einigen *Pleurotus* Myzelien. – Sydowia **19** (1965): 250–258.

4. Familie: Spaltblättlingsartige – Schizophylláceae

Fruchtkörper lederig, ungestielt, anfangs becher- bis röhrenförmig („cyphelloid“), so bleibend oder später einseitig verlängert und am Rande proliferierend; im Ergebnis entsteht ein halbkreis- oder fächerförmiger, *Pleurótus*-artiger Fruchtkörper mit „gespaltenen Lamellen“, deren Hälften sich bei Trockenheit einrollen, in feuchter Luft aber gerade vorstrecken. Sporenstaub weiß, rosa oder hell ocker.

Hyphensystem monomitisch mit stark sklerifizierten generativen Hyphen (= skleromonomitisch); Schnallen vorhanden. Basidien keulenförmig, 2- oder 4sporig. Sporen zylindrisch bis schwach allantoid, farblos, glatt, weder amyloid noch dextrinoid noch zyanophil. Zystiden meist fehlend (vorhanden bei dem tropischen *Schizophýllum fasciátum* PAT.). Gloeozystiden fehlen.

Die von DONK (1964) in dieser Familie vereinigten Gattungen sind äußerlich sehr unähnlich. Die Typusgattung *Schizophýllum* scheint ein Blätterpilz mit längsgespaltenen Lamellen zu sein, doch ist die Ontogenie dieser „Lamellen“ von der der Blätterpilze ganz verschieden; die einrollbaren „Lamellen“ können eher als Bündel längsgespaltener Röhren verstanden werden. Tropische Arten wie *Sch. umbrínum* BERK. lassen die Röhrenstruktur der Fruchtkörper deutlicher erkennen und leiten über zur Gattung *Henningsómyces* O. K. mit Fruchtkörpern in Form von getrennten, nicht aufgeschlitzten Röhren (vgl. Bd. VI).

Die *Schizophylláceae* sind in erster Linie holzbewohnende Saprophyten. *Schizophýllum commúne* kommt aber auch an anderen Substraten wie krautigen Pflanzen, Knochen, ja selbst als Krankheitserreger bei Tier und Mensch vor – die Art wurde z. B. aus erkrankten Zehennägeln und aus einem Mundgeschwür isoliert. *Schizophýllum* läßt sich leicht auf künstlichen Nährböden kultivieren und bildet in Reinkultur auch Fruchtkörper, so daß der Pilz sich gut für genetische und morphogenetische Untersuchungen eignet (Publikationen von RAPER und Mitarb., LEONHARD & DICK, NIEDERPRUEM, WATLING & SWEENEY, WESSELS u. a.).

Alle *Schizophylláceae* sind wegen ihrer zähen Konsistenz ungenießbar.

Gattung Schizophýllum FR. 1815: FR. 1821, Spaltblättling

Fruchtkörper einseitig entwickelt, unterseits „gespaltene Lamellen“ tragend. Etwa 6 Arten, davon eine in Europa.

Sch. commúne FR., Gemeiner Spaltblättling

Hut muschel- oder fächerförmig, bis 5 cm breit, oberseits hellgrau, filzig. Hymenium graurötlich. Sporen länglich-ellipsoid bis schwach allantoid, mit hyaliner, gelatinöser Hülle. Vorwiegend an Holz außerhalb geschlossener Wälder. Bd. III/96.

Literatur

COOKE, W. B.: The genus *Schizophyllum*. – Mycologia **53** (1961): 575–599.

KNUDSEN, H., & PEDERSEN, A.: Kløvblads udbredelse i Danmark. – Svampe **8** (1983): 66–72.

LINDER, D. H.: The genus *Schizophyllum*. I. Species of the western hemisphere. – Amer. J. Bot. **20** (1933): 552–564.
NIEDERPRUEM, D. J., & WESSELS, J. G. H.: Cytodifferentiation and morphogenesis in *Schizophyllum commune*. – Bacteriol. Rev. **33** (1969): 505–535.
RAPER, J. R.: *Schizophyllum umbrinum* BERKELEY in culture. – Mycologia **51** (1959): 474–476.
WATLING, R., & SWEENEY, J.: Observations on *Schizophyllum commune* FRIES. – Sabouraudia **12** (1971): 214–226.
WELLS, K.: Ultra-structural features of developing and mature basidia and basidiospores of *Schizophyllum commune*. – Mycologia **52** (1960): 707–740.
WESSELS, J. G. H.: Morphogenesis and biochemical process in *Schizophyllum commune* FR. – Wentia **13** (1965): 1–113.

5. Familie: Dickblättler oder Wachsblättler – Hygrophoráceae

Fruchtkörper weichfleischig, hutförmig, zentral gestielt, oft mit lebhaften, bunten Farben. Das Hymenophor wird von etwas dicklichen, wachsartig-weichen, ganzrandigen und nicht gegabelten Lamellen gebildet; diese sind herablaufend, angewachsen, ausgebuchtet oder angeheftet. Sporenstaub rein weiß.

Hyphensystem monomitisch; Hyphen fast immer mit Schnallen. Lamellentrama irregulär, regulär oder pseudobilateral. Basidien keulenförmig, ungewöhnlich lang (s. u.), 2- oder 4sporig. Sporen farblos, kugelig, ellipsoid oder zylindrisch, glatt, ohne Keimporus, nicht amyloid oder dextrinoid; als Ausnahme kommen amyloide Sporen vor bei *Hygrócybe metapódia* (Fr.) Mos. und einer nordamerikanischen Art. Zystiden selten vorhanden, dünnwandig und fadenförmig.

Die *Hygrophoráceae* sind eine „klassische" Familie, die im wesentlichen durch das makroskopische Merkmal der dicklichen Lamellen bestimmt ist. Weitere Gattungen mit dicken Lamellen, die jedoch nicht hierher gehören, sind *Nyctális, Laccária* und *Dermolóma (Tricholomatáceae)* sowie *Gomphídius* und *Leucogomphídius (Gomphidiáceae)*, die ebenfalls in diesem Band behandelt werden.

Ein weiteres Merkmal der *Hygrophoráceae* sind die langen Basidien (35 – 65 µm, d.h. 5,5–7× Sporenlänge), während bei den übrigen Blätterpilzen nur selten 35 µm überschritten werden. Gleichfalls sehr lange und z.T. noch längere Basidien finden sich bei den Gattungen *Amaníta* (30–80 µm), *Oudemansiélla* (50–80 µm), *Xérula* (30–60 µm), *Laccária* (30–50 µm) und *Macrolepióta* (35–45 µm) sowie bei den dunkelsporigen *Gomphidiáceae* (50–70 µm). Manche *Hygrophoráceae* bilden Rassen mit 2- und 4sporigen Basidien, deren Fruchtkörper äußerlich nicht unterscheidbar sind (s. bei *Camarophýllus*). Zystiden finden sich nur an den Lamellenschneiden einiger *Hygrócybe*-Arten.

Neben den leuchtenden und mannigfaltigen Farben sind besonders einige Gerüche für die Bestimmung der Dickblättler wichtig. Wir finden z. B.:

Geruch säuerlich, nach der Raupe des Weidenbohrers *(Cóssus): Hygróphorus ebúrneus* Bd. III/243, *H. cóssus* Bd. III/245, *H. melízeus.*

Geruch süßlich oder nach Perubalsam: *Hygróphorus poëtárum* Bd. III/248 (Anm.), *H. pudorínus* Bd. III/249, *H. hyacínthinus.*

Geruch nach Bittermandeln, marzipanartig: *Hygróphorus agathósmus* Bd. III/242.

Geruch nach Zedernholz *(Cédrela): Camarophýllus russocoriáceus* Bd. III/253.

Geruch „nitrös", d. h. stechend, nach Stickoxiden: *Hygrócybe nitiósa* Bd. III/284), *H. nitráta* Bd. III/285, manchmal *H. ovína* Bd. III/286.

Geruch nach Blattwanzen (wie der Eichenreizker, *Lactárius quiétus*): *Hygrócybe quiéta* Bd. III/274.

Geruch leuchtgasartig stinkend (wie der Schwefelritterling, *Tricholóma sulphúreum*): *Hygrotráma foétens* Bd. III/261.

Geruch mehlartig: *Hygrócybe metapódia.*

Geschmack terpentinartig: *Hygróphorus pudorínus* Bd. III/249, *H. camarophýllus* Bd. III/254.

Geschmack bitter: *Hygróphorus erubéscens* Bd. III/251, *Hygrócybe réai* Bd. III/275.

Die Abgrenzung der Gattungen wird hier nach SINGER (1975) vorgenommen. Abweichende Auffassungen finden sich bei KÜHNER & ROMAGNESI (1953) sowie HESLER & SMITH (1963), die nur eine Gattung *Hygróphorus* anerkennen, bei ORTON & WATLING (1969) mit nur 2 Gattungen, andererseits bei HERINK (1959), welcher 7 Gattungen unterscheidet.

Alle *Hygrophoráceae* sind bodenbewohnende Pilze. Während jedoch die Schnecklinge (*Hygróphorus*-Arten) durch Ektomykorrhiza baumgebunden und oft als Begleiter bestimmter Baumgattungen spezialisiert sind, kommen die übrigen *Hygrophoráceae* vorwiegend außerhalb des Waldes auf Wiesen und Weiden, in Flach- und Zwischenmooren vor. Einige Saftlinge (*Hygrócybe*-Arten) wachsen ausschließlich an Torfmoos *(Sphágnum)*.

Als Speisepilze sind die meisten größeren Arten dieser Familie geeignet, soweit sie nicht bitter schmecken oder stinken. Viele Schnecklinge haben sogar ganz hervorragende Geschmacksqualitäten und treten an ihren Standorten in Massen auf. Ähnliches gilt für den Wiesen-Ellerling. Die Saftlinge haben wasserreiches und zerbrechliches Fleisch, sind daher wenig haltbar und wenig ergiebig. Der Zitronengelbe Saftling *(H. acutocónica)* und vielleicht noch weitere Arten sind schwach giftig.

Gattung Hygróphorus FR. 1835 [*Limácium* (FR.) KUMM. 1871], Schneckling

Fruchtkörper dünn- bis dickfleischig, meist mit herablaufenden und mehr oder weniger entfernten Lamellen (Ausnahmen: *H. rússula, H. marzúolus, H. cóssus*). Ein flüchtiges Velum ist bei manchen Arten vorhanden und hinterläßt an der Stielspitze eine schleimige oder flockige Ringzone (keinen häutigen Ring). Lamellentrama pseudobilateral.

Die umfangreiche Gattung ist in Europa mit etwa 40 Arten vertreten. Alle sind baumgebunden und kommen daher nur in Wäldern und Gehölzen vor. Da die Standortverhältnisse oft sehr speziell sind, erleichtert es die Bestimmung, wenn beim Sammeln auf Begleitbäume und geologische Unterlage geachtet wird. Der größte Artenreichtum findet sich über Kalkgestein und im Gebirge. Fast alle Arten sind eßbar; einige sind aus geschmacklichen Gründen ungenießbar *(H. erubéscens, H. pudorínus)*. Arten wie *H. marzúolus* und *H. hypothéjus* sind lokal sehr ergiebig und wegen ihrer ungewöhnlichen Wachstumszeit als Speisepilze besonders geschätzt.

1. Hut weiß, gelblich, ockerlich

1.1. Stiel trocken

H. penárius (FR.) FR., Trockener Schneckling
: Hut kahl, weiß bis ockergelblich. Kompakter Pilz mit dickem, spindelig wurzelndem, bis zur Spitze kleiigem Stiel. Buchen- und Eichenwald *(Fágus, Quércus)* auf Lehm- und Kalkboden. Bd. III/250.

H. barbátulus BECKER, Feinschuppiger Schneckling
: Hut feinschuppig, weiß bis creme; sonst ähnlich vorigem. Laubwald auf Silikatboden.

H. hyacínthinus QUÉL., Hyazinthen-Schneckling
: Hut kahl, grauweißlich. Stiel schlank, längsfaserig. Geruch auffallend nach Hyazinthenblüten oder Bonbons. Unter Fichte *(Pícea)* auf Silikatboden, Gebirge.

1.2. Stiel klebrig bis schleimig

1.2.1. Lamellen rein weiß

H. chrýsodon (Batsch: Fr.) Fr., Gelbflockiger Schneckling
Hut (besonders Hutrand), Stiel und Lamellenschneide mit gelben Flocken. Stielspitze mit ringförmiger, trockener Zone. Laub- und Nadelwald, auf Kalk- und neutralem Boden. Bd. III/246.

H. píceae Kühner, Fichten-Schneckling
Hut weiß, nicht gilbend. Hut und Stiel nur schwach klebrig. Geruchlos. Unter Fichte *(Pícea)*, Gebirge Mitteleuropas und Skandinavien.

H. ebúrneus (Bull.: Fr.) Fr., Elfenbein-Schneckling
Hut weiß, schwach gilbend. Hut und Stiel schleimig. Geruch säuerlich-aromatisch. Exsikkat hell ocker. Unter Buche *(Fágus)*, Kalk- und neutraler Boden. Bd. III/243.

1.2.2. Lamellen nicht rein weiß

H. cóssus (Sow.) Fr., Verfärbender Schneckling
Hut und Stiel weiß, nach rostgelb-orange verfärbend. Stiel schwach schleimig. Geruch säuerlich-aromatisch. Exsikkat braun. Unter Buche *(Fágus)*, Kalkboden. Bd. III/245.

H. melízeus (Fr.: Fr.) Fr., Birken-Schneckling
Hut und Stiel weiß, nicht gilbend, stark schleimig. Hutmitte, Lamellen und Stielbasis rosa-ockerlich. Geruch säuerlich-aromatisch. Unter Birke *(Bétula)* und Eiche *(Quércus)*, Kalkboden, büschelig wachsend.

H. gliócyclus Fr., Schleimigberingter Schneckling
Hut weiß, creme, ockergelblich. Stiel stark schleimig, mit schleimigem Ring. Unter Kiefer *(Pínus)*, Kalkboden.

2. Hut gelb, orange, falb

H. lucórum Kalchbr., Lärchen-Schneckling
Hut zitronengelb, klebrig-schleimig. Stiel gelblichweiß, schlank, schleimig. Lamellen blaß gelblich. Unter Lärche *(Lárix)*, Kalk- und Lehmboden. Bd. III/239.

H. speciósus Peck, Orangegelber Schneckling
Hut orange, schleimig. Stiel orangegelb gebändert, schlank, schleimig. Lamellen blaß orangegelb mit weißer Schneide. Unter Lärche *Lárix)*, Alpen. Bd. III/240.

H. pudorínus (Fr.) Fr., Orange-Schneckling
Hut orangerosa bis orangefuchsig, schleimig. Lamellen weiß, am Hutrand orangerosa. Stiel trocken, dicklich, nach unten verjüngt. Geruch süßlich. Geschmack terpentinartig. Unter Tanne *(Ábies)*, Kalkboden. Ungenießbar. Bd. III/249.

H. unícolor Gröger, Seidiggerandeter Schneckling
Hut orangegelb bis fuchsig, einfarbig, schleimig. Stiel trocken, blaß, nicht beringt, Spitze weißflockig. Geruchlos. Unter Buche *(Fágus)*, auf Kalk-, Gips- und Lehmboden.

H. líndtneri Mos. [*H. cárpini* Gröger], Hainbuchen-Schneckling
Hut orange- bis falbbraun mit weißlichem Rand, schleimig. Stiel schwach schleimig, sonst wie vorige Art. Unter Hainbuche *(Cárpinus)*, auf Kalk- und Lehmboden.

3. Hut fuchsig, rostbraun

H. discoídeus (Pers.: Fr.) Fr., Braunscheibiger Schneckling
Hut schleimig, fuchsig mit kastanienbrauner Mitte. Stiel schleimig, mehr oder weniger beringt, bräunlich. Nadelwald *(Pínus, Pícea)*, Lehm- und Kalkboden. Bd. III/247.

H. nemóreus (Pers.: Fr.) Fr., Wald-Schneckling
Hut fast trocken, einheitlich orangefuchsig, angedrückt behaart. Stiel trocken, nicht beringt, weißlich, blaß rötlich. Laubwald, Kalk- und Lehmboden. Bd. III/256.

4. Hut purpurn, rosa, fleischfarben

4.1. Lamellen weiß

H. fági BECKER & M. BON, Rosa Schneckling
Hut fein rosa, flach kegelig bis abgeflacht. Lamellen weiß. Stielbasis verjüngt; Stiel nicht beringt. Unter Buche *(Fágus)*, Kalkboden. Bd. III/248.

H. purpuráscens (ALB. & SCHW.: FR.) FR., Beschleierter Schneckling
Hut weiß mit feinen rötlichen Schüppchen. Lamellen weiß mit roter Schneide. Stiel cortinaartig beringt. Nadelwald.

4.2. Lamellen rosa bis purpurn gefleckt

H. erubéscens (FR.) FR., Rasiger Schneckling
Hut weiß mit purpurrosa Schüppchen, gelbfleckig werdend. Stiel nicht beringt, purpurn faserig und schuppig. Bitter. Nadelwald, Kalkboden; büschelig. Ungenießbar. Bd. III/251.

H. rússula (SCHAEFF.: FR.) QUÉL., Purpur-Schneckling
Hut und Stiel dunkelrosa bis purpurn, dunkler geschuppt. Hutrand kremplingsartig eingerollt. Lamellen ausgebuchtet. Manchmal bitter. Laubwald. Bd. I/134.

H. capreolárius KALCHBR., Weinroter Schneckling
Hut und Stiel weinrot, durch eingewachsene Fasern gestreift; Hut außerdem schuppig aufbrechend. Lamellen herablaufend. Laub- und Nadelwald. Bd. III/252.

5. Hut olivbraun, rußbraun, graubraun oder grau

5.1. Stiel schleimig

H. hypothéjus (FR.: FR.) FR., Frost-Schneckling
Hut olivbraun auf gelbem oder fuchsigem Grund. Lamellen hellgelb, orange oder lachsrot. Stiel schlank, mit cortinaartigem Ring, nicht gegürtelt. Unter Kiefer *(Pínus)*, Silikatboden. Bd. I/135.

H. olivaceoálbus (FR.: FR.) FR., Olivbrauner Schneckling
Hut rußbraun. Lamellen weiß. Stiel schlank, graubraun gebändert. Unter Fichte *(Pícea)* auf Silikatboden. Bd. III/238.

H. pearsónii ARNOLDS [*H. díchrous* KÜHNER & ROMAGN., *H. olivaceoálbus* sensu RICKEN, J. LANGE], Zweifarbiger Schneckling
Hut olivbraun. Lamellen weiß. Stiel fingerdick, olivbraun gebändert. Laubwald, neutraler Boden.

H. fuscoálbus (LASCH) FR., Olivgrauer Schneckling
Hut olivgrau bis schwärzlich, dickfleischig; Rand weißflockig. Stiel bauchig, weißflockig-schuppig. Lamellen weiß. Unter Kiefer *(Pínus)*, Kalkboden.

5.2. Stiel trocken, fein schuppig oder punktiert

H. agathósus (FR.) FR., Wohlriechender Schneckling
Hut grau, olivgrau. Stiel mit weiß- oder gelbkörnig punktierter Spitze, weißlich. Geruch bittermandel-, marzipanartig. Unter Fichte *(Pícea)*, Kalk- und neutraler Boden. Bd. III/242.

H. pustulátus (PERS.: FR.) FR., Schwarzpunktierter Schneckling
Hut grau, graubraun, dünnfleischig. Stiel in ganzer Länge grau punktiert. Geruchlos. Unter Fichte *(Pícea)*, Silikatboden. Bd. III/241.

H. tephroleúcus (PERS.: FR.) FR., Gefurchter Schneckling
Hut grau, rußbraun, faserschuppig. Hutrand kurz gerieft. Stiel mit schwärzlichen Schüppchen. Geruchlos. Nadelwald, besonders Fichte *(Pícea)*.

5.3. Stiel trocken, faserig oder glatt

H. marzúolus (FR.) BRES., März-Schneckling
Hut weiß, dann grau, graubraun, glatt. Lamellen und Stiel weiß bis graulich. Kompakter

Pilz, fruktifiziert Februar bis Mai. Unter Tanne *(Ábies)*, Fichte *(Pícea)*, bes. auf neutralen Böden. Bd. III/255.

H. camarophýllus (ALB. & SCHW.: FR.) DUMÉE & al., Graubrauner Schneckling
Hut rußbraun, graubraun, dunkel olivbraun, faserig gestreift. Lamellen weiß. Stiel rußbraun, längsfaserig. Unter Kiefer *(Pínus)*, Silikatboden, Moore. Bd. III/254.

H. atramentósus (ALB. & SCHW.) HAAS & HALLER, Schwarzfaseriger Schneckling
Hut schwarzgrau, bläulichgrau, faserig gestreift. Lamellen weiß, dann grau, graubläulich. Stiel grau, längsfaserig. Unter Fichte *(Pícea)*, Hochgebirge. [= *H. caprínus* (SCOP.) FR. sensu BRES.].

H. calophýllus KARST., Schönblättriger Schneckling
Hut rußbraun, faserig, Lamellen rosa. Stiel rußbraun, längsfaserig. Unter Kiefer *(Pínus)*, Lärche *(Lárix)*, Hochgebirge und Skandinavien. Bd. III/269.

Gattung Camarophýllus (FR.) KUMM. 1871, [*Cuphophýllus* (DONK) M. BON 1984]
Ellerling

Fruchtkörper häutig bis fleischig, fast immer von glasiger Konsistenz und mit durchscheinend gestreiftem Hut (Ausnahme: *C. praténsis*). Lamellen weit herablaufend, entfernt, oft queraderig verbunden. Kein Velum. Lamellentrama irregulär. Meist außerhalb des Waldes auf Wiesen, Weiden, Triften, sehr empfindlich gegen Düngung.

Diese kleine Gattung (in Europa etwa 18 Arten) wird nicht allgemein anerkannt, sondern z. B. von ORTON & WATLING (1969) mit *Hygrócybe* vereinigt. In der von SINGER und MOSER vorgenommenen Abgrenzung unterscheidet sich *Hygrócybe* durch reguläre Lamellentrama und meist buntfarbigen Hut; die trübfarbigen Hygrocyben (Bd. III/282–286) haben nicht herablaufende Lamellen und nicht durchscheinenden Hut. Vgl. auch *Hygrotráma*.

Bei mehreren Arten finden sich Fruchtkörper mit 2- und andere mit 4sporigen Basidien. Nach BAUCH (1925) ist die Zweisporigkeit darauf zurückzuführen, daß die betreffenden Fruchtkörper von haploiden Myzelien gebildet wurden (Parthenogenesis).

Alle Arten sind eßbar.

1. Hut weiß, elfenbeinfarben

C. virgíneus (WULFEN: FR.) KUMM., Jungfern-Ellerling
Hut ziemlich dickfleischig, mitunter würfelig-rissig. Wiesen, Weiden, Trockenrasen. Bd. III/263.

C. níveus (SCOP.) WÜNSCHE, Schnee-Ellerling
Hut häutig, sehr dünnfleischig, zäh. Geruchlos. Wiesen, Weiden, Gebüsche. Bd. III/258.

C. russocoriáceus (BERK. & MILLER) LGE., Juchten-Ellerling
Hut dünnfleischig. Geruch, besonders beim Trocknen, nach Zedernholz. Wiesen, Weiden, besonders auf Torfboden. Bd. III/253.

2. Hut orange, fuchsig

C. praténsis (PERS.: FR.) KUMM., Wiesen-Ellerling
Hut fleischig mit derbem Buckel, glatt. Stiel blaß fuchsig. Geruchlos. Wiesen, Weiden. Bd. III/257.
(Ähnlich ist *Hygróphorus nemóreus* Bd. III/266 mit faseriger- Hut- und Stieloberfläche, im Walde.)

3. Hut braun, lilabraun, violettgrau

C. fuscéscens (BRES.) MOS., Bräunlicher Ellerling
Stiel weiß. Lamellen weiß bis graulich. Hut blaß bräunlich mit dunklerem Scheitel, fast häutig. Bergwiesen. Bd. III/262.

C. subradiátus (SCHUM.) WÜNSCHE, Dattelbrauner Ellerling
Stiel weiß. Lamellen weiß bis bräunlich. Hut umberbraun, ziemlich fleischig. Wiesen, Weiden. Bd. III/260.

C. lácmus (SCHUM.) LGE., Violettgrauer Ellerling
Stiel grauweißlich mit satt gelber Basis. Lamellen grau. Hut braun, grau, violettgrau, lila. Wiesen, Weiden, Heiden. Bd. III/259.

Gattung Hygrotráma SING. 1959 [*Camarophyllópsis* HERINK 1959, *Hodóphilus* HEIM 1966], **Saftling**

Die Gattung gleicht *Camarophýllus*, doch hat die Huthaut zellig-blasige, nicht hyphige Struktur. Lamellentrama irregulär. In- und außerhalb des Waldes vorkommende, nicht baumgebundene Pilze; in Europa 7 Arten.

Die Gattung wird von ORTON & WATLING (1969) in *Hygrócybe* einbezogen. *Dermolóma (Tricholomatáceae)* mit gleichfalls zelliger Huthaut und dicklichen Lamellen unterscheidet sich durch die kürzeren und relativ breiten Basidien.

H. foétens (PHILL. in BERK. & BR.) SING., Stinkender Saftling
Hut und Stiel dunkelbraun, Lamellen wenig heller. Starker, leuchtgasartiger Geruch. Auf Wiesen. Ungenießbar. Bd. III/261.

Gattung Hygrócybe (FR.) KUMM. 1871 [*Hydrócybe* sensu KARSTEN 1879 und MURRILL 1911ff., *Godfrínia* MRE. 1902, *Glióphorus* HERINK 1959, *Neohygrócybe* HERINK 1959], **Saftling**

Fruchtkörper meist dünnfleischig, von glasig-wäßriger Konsistenz. Lamellen angeheftet bis herablaufend, oft queraderig. Kein Velum. Lamellentrama regulär. Unscheinbare Zystiden und Safthyphen bei einigen Arten vorhanden. Saprophyten(?) vorwiegend auf Wiesen, Weiden, Trockenrasen, jedoch wie *Camarophýllus* nur an regelmäßig gemähten oder beweideten Standorten; nach mineralischer Düngung verschwindend (ARNOLDS 1980); daher von hohem ökologischem Zeigerwert. Ferner in Torfmooren und *Sphágnum*-Schwingrasen; einzelne Arten wachsen auch in lichten Wäldern. Fast alle Arten gelten als eßbar, doch sind sie ungenügend erprobt. Nach MOSER (1968) kann *H. acutocónica* schwache Vergiftungen (Unwohlsein, Brechreiz) hervorrufen; auch die schwärzenden Arten *H. cónica, H. nigréscens* etc. sind giftverdächtig.

Die gelben bis roten Hutfarben sind durch Betalaine bedingt.

Die Arten dieser Gattung sind schwierig zu bestimmen; ihre Zahl wurde früher stark unterschätzt. Während RICKEN 1918 nur 21 Arten anerkannte, sind bei MOSER 1983 bereits 58 Arten aufgeschlüsselt. Namentlich HALLER in der Schweiz, ORTON in Großbritannien und ARNOLDS in den Niederlanden haben sich in neuerer Zeit um die Klärung der durch Fehlinterpretationen verworrenen Systematik und Nomenklatur der Gattung verdient gemacht. Die Farbenpracht der Saftlinge darf also nicht dazu verführen, die Schwierigkeiten der Bestimmung zu unterschätzen. Die Gliederung der Gattung in Sektionen und Serien wird recht unterschiedlich vorgenommen. Die nachstehende Übersicht folgt keinem natürlichen System, sondern dient allein der Bestimmung.

Die äußerlich oft ähnliche Gattung *Porpolóma* SING. 1952, Wiesenritterling *(Tricholomatáceae)* ist hier mit aufgeschlüsselt. Sie unterscheidet sich von *Hygrócybe* durch amyloide Sporen und kürzere Basidien.

1. Hut grau, braun, schwarz. Lamellen angewachsen oder ausgebuchtet

1.1. Lamellen und Trama verletzt rötend

Porpolóma metapódium (FR.: FR.) SING., Schwärzender Wiesenritterling
Hut braun, fleischig, gewölbt, schuppig zerklüftet. Stiel voll. Trama zuletzt schwärzend. Geruch mehlartig. Sporen amyloid. (Aussehen ähnlich einem Ritterling, *Tricholóma*.) Wiesen.

H. ovína (BULL.: FR.) KÜHNER, Rötender Saftling
Hut schwarzbraun, dunkel olivbraun, nicht schuppig. Stiel hohl. Geruchlos, oder Geruch mehr oder weniger nitrös. Wiesen, Weiden. Bd. III/286.

H. ingráta JENSEN & MOELL., Nitrat-Saftling
Hut grau- bis rotbraun, faserig-schuppig. Stiehl hohl. Geruch stechend, nitrös. Feuchte Wiesen. Bd. III/284.

1.2. Lamellen und Trama nicht rötend

H. nitráta (PERS.) WÜNSCHE, Alkalischer Saftling
Hut braun, braungrau, trocken. Lamellen blaß graulich. Geruch stechend, nitrös. Weiden, Wald. Bd. III/285.

H. spadícea (SCOP.: FR.) KARST., Schwarzbrauner Saftling
Hut braun bis schwarz, schleimig. Lamellen gelb. Geruchlos. Wiesen im Gebirge. Bd. III/280.

H. unguinósa (FR.) KARST., Grauer Saftling
Hut grau, schleimig, durchscheinend gerieft. Lamellen rein weiß. Stiel schleimig, oft zusammengedrückt. Geruchlos. Wälder. Bd. III/282.

Porpolóma pés-cáprae (FR.) SING., der Spitzhütige Wiesenritterling, ist habituell einem spitzhütigen Saftling sehr ähnlich. Hut rötlichbraun, Lamellen weiß. Geruch mehlartig. Sporen amyloid. Ein flüchtiges Velum ist vorhanden. Auf Bergwiesen und Weiden, mit *Hygrócybe*-Arten vergesellschaftet. Wert unbekannt.

2. Hut lebhaft gefärbt, Lamellen breit angewachsen bis herablaufend

2.1. Stiel schleimig, ebenso der Hut

H. láeta (PERS.: FR.) KUMM., Zäher Saftling
Hut fleischrosa mit grauem Schleim. Lamellen grau oder blaß orange, weit herablaufend. Stiel zäh. Geschmack mild. Wiesen, Weiden, Moore. Bd. III/283.

H. réai (MRE.) RICKEN, Bitterer Saftling
Hut orange bis rot, klebrig. Lamellen orangegelb bis rot, breit angewachsen. Stark bitter. Wiesen, Weiden. Bd. III/275.

H. insípida (LGE. ex LUNDELL) MOS. [*H. cerácea* sensu RICKEN], Ausblassender Saftling
Hut orange, ausblassend gelb. Stiel schwach klebrig. Fleisch mild, sehr zerbrechlich. Wiesen.

H. vitellína (FR.) KARST., Faltiggeriefter Saftling
Hut, Stiel und Lamellen gelb, trocken weißlich. Wiesen, Weiden.

2.2. Stiel trocken, Hut klebrig

H. coccínea (SCHAEFF.: FR.) KUMM., Kirschroter Saftling
Hut blutrot. Lamellen orange bis rot, breit angewachsen. Geruchlos. Wiesen, Weiden. Bd. III/278

2.3. Stiel trocken, Hut trocken und fein filzig-schuppig

H. miniáta (FR.) KUMM., Mennigroter Saftling
Hut orange-, mennigrot, mit feinsten gleichfarbenen Schüppchen. Lamellen orangerot mit gelber Schneide, breit angewachsen. Flachmoore, Weiden, Trockenrasen. Bd. III/276.

H. stranguláta (ORTON) SVR.
Hut scharlachrot, orange, gelb werdend, fein seidig behaart. Sporen deutlich eingeschnürt. Moosiges Grasland, Waldwege, verbreitet auf sauren Böden.

H. móllis (BERK. & BR.) MOS., Weicher Saftling
Hut orange, erst glatt, dann kleiig-schuppig. Lamellen gelb, kurz herablaufend. Zwischenmoore, feuchte Wälder.

H. cantharéllus (SCHW.) MURR., Trichterförmiger Saftling
Hut und Stiel orangerot. Lamellen gelb, weit herablaufend. Wälder, Moore. Bd. III/273.

H. coccíneocrenáta (ORTON) MOS., Rußigflockiger Saftling
Hut rot mit braunen Schüppchen und gekerbtem Rand. Lamellen weißlich bis gelb, kurz herablaufend. Flach- und Zwischenmoore, Torfstiche. Bd. III/277.

3. Hut lebhaft gefärbt, Lamellen angeheftet oder tief ausgebuchtet

3.1. Fruchtkörper schwärzend. Hut kegelförmig oder stumpf, klebrig

H. cónica (SCOP.: FR.) KUMM., Kegeliger Saftling
Hut spitz, kegelförmig, dünnfleischig, orange. Stiel bleistiftdick, zylindrisch. Lamellen zitronengelb. Wiesen, Flachmoore. Bd. I/133 (Bild untypisch).

H. conicoídes (ORTON) ORTON & WATLING, Dünen-Saftling
Hut spitz kegelförmig, dünnfleischig, erst zitronengelb, dann orange- bis blutrot. Stiel bleistiftdick, zylindrisch. Lamellen orangerot. Weißdünen der Küsten.

H. nigréscens (QUÉL.) KÜHNER, Schwärzender Saftling
Hut stumpf, mit fleischigem Buckel, nicht kegelförmig, orangerot. Stiel bis fingerdick. Wälder, Straßenränder. Bd. III/281.

3.2. Fruchtkörper nicht schwärzend. Hut kegelförmig bis spitz gebuckelt, klebrig

H. acutocónica (CLEMENTS) SING. [*H. lángei* KÜHNER], Zitronengelber Saftling
Hut gelb, orange, durchscheinend gestreift, spitz gebuckelt. Stiel seidig glänzend. Lamellen hellgelb. Basidien oft 2sporig. Sporen ellipsoid-zylindrisch. Dürre Kiefernwälder, Trockenrasen, Böschungen. **Giftig!** Bd. III/267.

H. subglobíspora (ORTON) MOS., Schöner Saftling
Hut orange bis rot (Spitze meist rot). Lamellen weißlich bis blaß gelblich. Sporen fast kugelig. Laubwald, Bergwiesen. Bd. III/265.

H. calyptrifórmis (BERK. & BR.) FAYOD, Rosenroter Saftling
Hut rosenrot oder lila. Lamellen blaß rosa. Sporen ellipsoid. Wiesen, Weiden im Gebirge. Bd. III/264.

3.3. Fruchtkörper nicht schwärzend. Hut stumpf.

3.3.1. Hut und Stiel schleimig

H. psittácina (SCHAEFF.: FR.) WÜNSCHE, Papageigrüner Saftling
Hut, Lamellen und Stiel wechselfarbig, grün und orange-fleischfarben. Wiesen, Weiden. Bd. III/279.

H. chloróphana (FR.) WÜNSCHE, Stumpfer Saftling
Hut, Stiel und Lamellen zitronen-, schwefelgelb. Hut oft durchscheinend gestreift. Wiesen, Weiden, lichte Wälder. Bd. III/272.

H. konrádii HALLER, Konrads Saftling
Hut dottergelb bis orange, am Rande oft rot, seidig glänzend, bis 7 cm breit. Stiel gelb bis orange. Hut und Stiel neigen zu bräunlicher Verfärbung. Wiesen, Weiden. Bd. III/270.

3.3.2. Hut trocken, Stiel klebrig

H.punícea (FR.) KUMM., Granatroter Saftling

Hut kirsch- bis blutrot, fleischig, 5–12 cm breit. Lamellen gelb bis rot. Trama im Innern weiß, sonst gelb. Stielbasis weiß. Wiesen, Weiden. Bd. I/132.

H. aurantiospléndens HALLER, Glänzender Saftling

Hut rot, ausblassend dottergelb, glänzend, bis 8 cm breit. Stiel gelb mit orange Fasern, Basis meist nicht weiß. Wiesen, Weiden im Gebirge. Bd. III/266.

3.3.3. Hut und Stiel trocken

H. obrússea (FR.) WÜNSCHE, Gebuckelter Saftling

Hut zitronen- bis goldgelb, radialfaserig-rissig (ähnlich Rißpilzen, *Inócybe*), mit kleinem, stumpfem Buckel. Lamellen schwefel- bis grünlichgelb mit weißer Schneide. Stiel gelb mit weißer Basis. Wiesen, Weiden im Gebirge. Bd. III/271.

H. intermédia (PASS.) FAYOD, Trockener Saftling

Hut leuchtend orange, stark faserschuppig. Lamellen gelblich. Stiel orange, längsfaserig. Wiesen.

H. quiéta (KÜHNER) SING., Schnürsporiger Saftling

Hut intensiv orangerot, trocken orangegelb, glatt und kahl. Lamellen orange, lachsfarben mit gelber Schneide. Stiel gold- bis orangegelb, seidig glänzend. Geruch würzig, beim Zerdrücken blattwanzenartig (ähnlich *Lactárius quiétus*). Sporen eingeschnürt. Bd. III/274.

Literatur

ARNOLDS, E.: Notes on *Hygrophorus* I–III. – Persoonia **8** (1974): 99–104; **9** (1977): 239–256; **10** (1979): 357–382.

– De oecologie en sociologie van Wasplaten (*Hygrophorus* subgenus *Hygrocybe* sensu lato). – Natura **77** (1980): 17–44.

BAUCH, R.: Untersuchungen über zweisporige Hymenomyceten. I. Haploide Parthenogenesis bei *Camarophyllus virgineus*. – Z. Bot. **18** (1925): 337–387.

BON, M.: Clé monographique des *Hygrophoraceae* ROZE. – Doc. Mycol. **7** (1976): 1–24.

BRESINSKY, A.: Zur Kenntnis der weißen Schnecklinge. Ein Revisionsschlüssel für die Sektion *Hygrophorus* (Gattung *Hygrophorus*). – Z. Pilzk. **29** (1963): 4–13.

BRESINSKY, A., & HUBER, J.: Schlüssel für die Gattung *Hygrophorus* nach Exsikkatenmerkmalen. – Nova Hedwigia **14** (1967): 143–185.

CLÉMENÇON, H.: Kompendium der Blätterpilze. *Camarophyllus*. – Beih. Z. Mykol. **4** (1982): 39–65.

GERHOLD, N.: Der Märzschneckling, *Hygrophorus marzuolus* (FR.) BRES. – ein Herbst- und Frühjahrspilz. – Ber. nat.-med. Ver. Innsbruck **71** (1984): 7–17.

GRÖGER, F.: Was ist *Hygrophorus leucophaeus* SCOP. ex FR.? – Z. Mykol. **46** (1980): 167–174.

HERINK, J.: Species familiae Hygrophoracearum, collem „Velká Horka" dictum prope Mnichovo Hradiště inhabitantes. – Acta Mus. Bohem. septentr. (Liberecensis), Hist. Nat., **1** (1959): 53–86.

JAHN, H.: Verbreitung und Standorte der Schnecklinge, *Hygrophorus*, in Westfalen. – Westfäl. Pilzbr. **5** (1964): 57–67.

MOSER, M.: Beitrag zur Kenntnis verschiedener Hygrophoreen. – Z. Pilzk. **33** (1967): 1–21.

– Gibt es giftige Saftlinge? – Z. Pilzk. **34** (1968): 183–184.

ORTON, P.D., & WATLING, R.: A reconsideration of the classification of *Hygrophoraceae*. – Notes Roy. Bot. Garden Edinburgh **29** (1969): 129–138.

RICEK, E.W.: *Hygrophorus persicolor* sp. nov., der Flamingo-Schneckling. – Z. Pilzk. **40** (1974): 5–8.

SINGER, R., & KUTHAN, J.: Einige interessante europäische *Hygrophoraceae*. – Z. Pilzk. **42** (1976): 5–14.

6. Familie: Ritterlingsartige – Tricholomatáceae

Fruchtkörper häutig bis fleischig, hutförmig, meist zentral gestielt, seltener seitlich gestielt oder resupinat (mit dem Hutscheitel aufgewachsen). Hutrand gerade oder, wenigstens anfangs, eingerollt. Das Hymenophor wird von ganzrandigen Lamellen gebildet (bei *Collýbia* z. T. von gesägten Lamellen, bei der tropischen Gattung *Filobolétus* von Röhren). Die Fruchtkörper einiger „cyphelloider" Formen sind becherförmig ohne Hymenophor (z. B. Bd. II/108). Sporenstaub weiß, creme, ockergelb oder rosa.

Hyphensystem monomitisch. Hyphen dünnwandig, mit oder ohne Schnallen. Lamellentrama regulär, seltener irregulär. Basidien normal, keulenförmig, meist kürzer als 35 µm (Ausnahmen: *Laccária, Megacollýbia, Oudemansiélla, Xérula*, vgl. S. 78), 2- oder 4sporig. Sporen farblos, kugelig, oval, tränen- oder apfelkernförmig, glatt oder warzig, ohne Keimporus, amyloid oder (meist) nicht amyloid, zyanophil oder (meist) azyanophil. Zystiden in einigen Gattungen vorkommend, dünn- und dickwandig.

Die *Tricholomatáceae* sind eine vielgestaltige und umfangreiche, in viele größere und kleinere Gattungen gegliederte Familie. Ihre Systematik ist kompliziert und richtet sich hauptsächlich nach anatomischen und zytologischen Merkmalen. Für eine rasche Bestimmung ist es besser, die Gattungen nach einem einfachen, künstlichen System anzuordnen, wie es schon von Fries und Ricken benutzt wurde. Was damals Gattungen waren, sind heute äußerlich-morphologische Gruppen, die sich wie folgt charakterisieren:

a) **Ritterlinge:** Hut mehr oder weniger fleischig. Stiel fleischig, zentral. Lamellen ausgebuchtet.

b) **Trichterlinge:** Hut mehr oder weniger fleischig. Stiel fleischig oder ausgestopft, zentral. Lamellen herablaufend.

c) **Nabelinge:** Hut dünnfleischig bis häutig. Stiel knorpelig, röhrig, zentral. Lamellen herablaufend.

d) **Helmlinge:** Hut häutig, typisch kegelig oder glockig mit geradem Rand. Stiel röhrig, zentral. Lamellen ausgebuchtet oder breit angewachsen.

e) **Rüblinge:** Hut dünnfleischig bis häutig, gewölbt mit eingerolltem Rand. Stiel ausgestopft oder röhrig, zentral, oft spindelförmig wurzelnd. Lamellen abgerundet-angewachsen.

f) **Zapfenrüblinge:** Hut häutig, flachgewölbt mit eingerolltem Rand. Stiel sehr lang und dünn, röhrig, zentral, wurzelartig aus vergrabenen Koniferenzapfen hervorwachsend. Lamellen angeheftet bis abgerundet-angewachsen.

g) **Schwindlinge:** Hut häutig, zähfleischig. Stiel knorpelig oder roßhaarartig, meist hohl. Lamellen angeheftet bis angewachsen oder an einem Collar angewachsen. Die Pilze können vertrocknen und nach Befeuchtung wieder aufleben (turgeszent werden).

h) **Muschelinge:** Hut fleischig, knorpelig oder mit Gallertschicht. Stiel stark exzentrisch, seitlich oder fehlend. Vgl. auch die 3. Familie *Polyporáceae*, die sich durch andere Sporenform und z. T. durch di- oder amphimitisches Hyphensystem unterscheidet.

i) **isolierte Gattungen**, die sich in keine der Gruppen a–h einordnen lassen.

Sehr wahrscheinlich sind die *Tricholomatáceae* eine heterogene Gruppierung, deren Abgrenzung gegenüber den *Polyporáceae, Agaricáceae* und *Cortinariáceae* noch recht unklar ist. So sieht CORNER enge Beziehungen zwischen *Clitócybe* und *Pleurótus*, ROMAGNESI solche zwischen *Armillária* und Gattungen wie *Cystodérma, Squamanita* und *Phaeolepióta*, HØILAND solche zwischen *Tricholóma* und *Cortinárius* incl. *Dermócybe* (beide Gattungen bilden Ektomykorrhiza und haben Anthrachinon-Farbstoffe). Die Entwicklung der farblosen, glatten, einkernigen Basidiosporen der *Tricholomatáceae* aus den braunen, ornamentierten, zweikernigen der *Cortinariáceae* erklärt HØILAND durch Neotenie: Die Sporogenese bleibt auf einem sehr frühen Stadium stehen. Auch *Laccária* nimmt eine isolierte Stellung ein; die gasterale Gattung *Hydnangíum* WALLR. (Bd. II/184) wird von ihr abgeleitet.

Die *Tricholomatáceae* sind bodenbewohnende, seltener holz-, holzkohle- oder zapfenbewohnende Pilze. Vorwiegend handelt es sich um Saprophyten. Nur die Ritterlinge: (*Tricholóma*-Arten), die Bläulinge (*Laccária*) und vielleicht die Möhrlinge *(Catathelásma)* bilden Ektomykorrhiza mit Bäumen. Die Hallimasch-Arten *(Armillária)* sind sowohl Baumparasiten als auch Saprophyten an totem Holz und in Torfmoosrasen, sie können aber auch Endomykorrhiza mit chlorophyllfreien Orchideen bilden; letztere Erscheinung wurde aber nur in Japan nachgewiesen.

Viele größere Arten dieser Familie, besonders aus der Gruppe der Ritterlinge sind gute Speisepilze, und einige Schwindlinge (*Marásmius*-Arten) sind wertvolle Würzpilze. Es gibt aber in dieser Familie auch nicht wenige Giftpilze (in den Gattungen *Tricholóma, Clitócybe, Mycéna*), deren giftige Inhaltsstoffe (z. T. Muskarin) meist noch nicht näher analysiert sind. Die kleineren Arten mit weniger als 3 cm Hutbreite sind größtenteils überhaupt noch nicht auf ihre Eßbarkeit bzw. Giftigkeit geprüft; vor ihrem Genuß ist dringend zu warnen, sofern sie nicht ausdrücklich als eßbar bezeichnet sind.

a) Ritterlinge

Gattung Tricholóma (FR.) STAUDE 1857 [*Cortinéllus* ROZE 1876, *Gyróphila* QUÉL. 1886, *Tricholósporum* GUZMÁN 1975], **Ritterling**

Hut nicht hygrophan, fleischig, jung mit mehr oder weniger eingerolltem Rand, Hutoberfläche schleimig oder trocken. Stiel beringt oder nicht. Sporenstaub weiß. Sporen glatt, nicht amyloid, nicht zyanophil. Zystiden fehlen. Hyphen mit oder (häufiger) ohne Schnallen. Bodenbewohnende Pilze, fast sämtlich (vielleicht mit Ausnahme von *T. saponáceum*) durch Ektomykorrhiza baumgebunden, daher nur im Walde oder bei Zwergsträuchern vorkommend. Beobachtung der Begleitbäume erleichtert die Bestimmung. Unter den ca. 60 europäischen Arten sind viele hervorragende und massenhaft auftretende Speisepilze, aber auch einige giftige Arten (*T. focále* Bd. III/205, *pardolátum* Bd. I/74, *sejúnctum* Bd. I/68, *pessúndatum* u. a.); mehrere sind wegen ihres widerlichen Geruchs oder Geschmacks ungenießbar.

In zahlreichen Arten wurden Anthrachinon-Pigmente festgestellt (GLUCHOFF-FIASSON 1979).

1. Hut gelbgrün, olivgrün, olivbraun

1.1. Lamellen gelb

T. sulphúreum (BULL.: FR.) KUMM., Schwefel-Ritterling
Hut trocken, kahl oder feinschuppig. Lamellen entfernt. Trama gelb. Geruch widerlich leuchtgasartig. Laubwald *(Fágus, Quércus).* Ungenießbar. Bd. I/67.

T. equéstre (L.: FR.) KUMM. [*T. flavóvirens* sensu LUNDELL, SINGER u. a.], Grünling
Hut klebrig, kahl. Lamellen gedrängt. Trama weißlich mit gelblicher Rinde. Geruch mehlartig. Nadelwald *(Pínus).* Eßbar. Bd. I/66.

T. aéstuans FR., Galliger Ritterling
Hut kaum klebrig, radialfaserig-schuppig. Lamellen gedrängt. Trama weiß. Geruchlos. Geschmack bitter und brennend. Nadelwald *(Pícea, Pínus).* Ungenießbar.

1.2. Lamellen weißlich. Trama weiß

T. luteóvirens (ALB. & SCHW.: FR.) RICKEN [*T. ápium* J. SCHFF.], Sellerie-Ritterling
Hut trocken, filzig-schuppig, grüngelb bis bräunlich. Stiel flockig-schuppig, nicht rotfleckig. Geruch nach Sellerie oder Liebstöckel (ähnlich *Lactárius hélvus*). Nadelwald *(Pínus),* Sandboden. Eßbar. Bd. III/218.

T. saponáceum (FR.) KUMM., Seifen-Ritterling
Hut trocken, kahl oder faserschuppig, graugrün, olivgrün, grau oder weißlich. Stielbasis spindelig verjüngt, oft kupferrot gefleckt. Geruch nach Seifenlauge. Laubwald. **Schwach giftig.** Bd. I/80.

T. sejúnctum (SOW.: FR.) QUÉL., Grüngelber Ritterling
Hut schwach klebrig, gelbgrün oder braun, radialfaserig. Stiel glatt, nicht rotfleckig. Geruch mehlartig. Unter Kiefer *(Pínus).* **Eßbar.** Bd. I/68.

T. zvárae VEL., Bitterer Ritterling
Ähnlich vorigem; Hut kleiner, stumpf gebuckelt. Fleisch erst mild, dann bitter. Laub- und Fichtenwald auf Kalk. **Giftig.**

T. flavóvirens (PERS.: FR.) LUNDELL [*T. síngeri* KUTHAN, *T. malúvium* (BATT.) SACC. sensu BRES.], Olivgrüner Ritterling
Hut schwach klebrig, satt olivgrün, Mitte schuppig. Stiel bis zur meist verdickten Basis mit dunkelbraunen Schuppen. Unter Kiefer *(Pínus),* Sandboden, Südeuropa bis Pfalz und Brandenburg. Eßbar.

2. Hut orange, rotbraun, dunkelbraun

2.1. Stiel deutlich häutig beringt

T. caligátum (VIV.) RICKEN, Braungefleckter Ritterling
Hut auf weißlichem Grund braunschuppig, trocken. Stiel ebenso, zylindrisch. Geruch nach Birnenblüten. Unter Kiefer *(Pínus).* Eßbar. Bd. III/204.

T. focále (FR.) RICKEN, Halsband-Ritterling
Hut kupferbraun, orangebraun, jung klebrig. Stielbasis verjüngt. Geruch mehlartig. Unter Kiefer *(Pínus),* Sandboden. **Giftig!** Bd. III/205.

2.2. Stielspitze scharf abgegrenzt, Ring nur angedeutet

T. frácticum (BRITZ.) KREISEL, Fastberingter Ritterling
Hut rotbraun, schmierig. Stiel zylindrisch oder bauchig. Geschmack bitterlich. Geruch mehlartig. Unter Nadelbäumen *(Pínus, Pícea),* Kalkboden. Ungenießbar. Bd. I/70, Bd. III/211.

T. colóssus (Fr.) Quél., Riesen-Ritterling
Hut fleischrötlichbraun, fuchsig, schwach klebrig. Stiel bauchig. Sehr kompakter Pilz mit rötender Trama. Geschmack mild. Geruchlos. Nadelwald *(Pínus)*. Eßbar. Bd. I/72.

T. psámmopun (Kalchbr.) Quél., Lärchen-Ritterling
Hut gelbbraun, trocken, faserschuppig. Lamellen rotbraun fleckend. Stiel gelbbraun, körnig-schuppig. Geschmack bitterlich. Geruchlos. Unter Lärche *(Lárix)*. Ungenießbar. Bd. III/206.

T. aurántium (Schaeff.: Fr.) Ricken, Orangeroter Ritterling
Hut orange, schmierig, glatt oder feinschuppig. Lamellen rotbraun fleckend. Stiel orangerot, körnig-schuppig. Geschmack bitterlich. Geruch mehlartig. Nadelwald *(Pícea)*, Kalkboden. Ungenießbar. Bd. III/208.

2.3. Stiel nicht beringt, Stielspitze nicht abgegrenzt

2.3.1. Hut trocken

T. imbricátum (Fr.: Fr.) Kumm., Schuppiger Ritterling
Hut rotbraun, mit glattem Scheitel, sonst feinschuppig aufbrechend, Rand glatt. Stiel voll, ohne Cortina. Geruchlos. Nadelwald *(Pínus)*. Eßbar. Bd. I/73.

T. vaccíneum (Schaeff.: Fr.) Kumm., Zottiger Ritterling
Hut kupferbraun, sparrig-schuppig, Rand zottig behaart. Stiel hohl, mit Cortina. Geruch erdartig. Nadelwald *(Pícea)*. Ungenießbar. Bd. III/207.

T. helvíodor Pil. & Svr., Liebstöckel-Ritterling
Hut schmutzig-rotbraun, glatt, dann felderig-schuppig aufbrechend. Stiel voll, ohne Cortina, schuppig. Geruch wie *Lactárius hélvus*. Nadelwald *(Pícea, Pínus)*. Vgl. Bd. III/218.

T. goniospérmum Bres. [*Tricholósporum goniospérmum* (Bres.) Guzmán], Kreuzsporiger Ritterling
Hut gelbbraun, schmutzig gelb, nicht schuppig. Lamellen graubraun, lilarosa überhaucht. Stiel voll, ohne Cortina, glatt. Geruch mehlartig. Sporen eckig bis kreuzförmig. Laubwald. Eßbar.

2.3.2. Hut klebrig oder schmierig. Lamellen rostrot bis braun gefleckt

T. fúlvum (DC.: Fr.) Sacc. [*T. flavobrúnneum* (Fr.) Kumm.], Gelbblättriger Ritterling
Lamellen und Stieltrama hellgelb. Hut rotbraun, faserig-schuppig. Geruch mehlartig. Unter Birke *(Bétula)*. Eßbar. Bd. I/69.

T. pessúndatum (Fr.) Quél., Getropfter Ritterling
Lamellen weiß. Hut rotbraun, durch dunklere, tropfenartige Flecken gezont (ähnlich wie *Lactárius chrysórrheus*). Geruch mehlartig. Nadelwald *(Pínus)*, Sandboden. **Giftig!**

T. ustále (Fr.: Fr.) Kumm., Brandiger Ritterling
Lamellen weiß. Hut rotbraun, alt wie die Lamellen schwärzend. Geruchlos. Unter Buche *(Fágus)*. Ungenießbar. Bd. I/71, Bd. III/209.

T. albobrúnneum (Pers.: Fr.) Kumm., Weißbrauner Ritterling
Lamellen weiß. Hut kastanienbraun, radialfaserig gestreift. Geruch mehr oder weniger mehlartig. Unter Kiefer *(Pínus)*. **Giftig!** Bd. III/210.

T. populínum Lge., Pappel-Ritterling
Lamellen weiß. Hut fleischrötlichbraun, glatt, weder getropft noch schwärzend. Geruch mehlartig. Unter Pappel *(Pópulus)*. Eßbar. Bd. III/212.

3. Hut grau, graubraun, schwärzlich

3.1. Hut schleimig, radialfaserig gestreift

T. portentósum (Fr.) Quél., Schwarzfaseriger Ritterling
Hut schwarzbraun, violettgrau. Stiel und Lamellen weißlich, gilbend. Geruch mehlartig. Unter Kiefer *(Pínus)*, Sandboden. Eßbar. Bd. I/75.

3.2. Hut trocken, glatt

T. súdum (FR.) QUÉL., Falbgrauer Ritterling
Hut bräunlichgrau. Lamellen grau. Ganzer Pilz wird rosafleckig. Geruch mehlartig. Unter Nadelbäumen *(Pínus, Pícea).*

3.3. Hut trocken, faserig-schuppig

3.3.1. Stiel wie der Hut mit dunklen Schüppchen besetzt. Geruchlos

T. atrosquamósum (CHEVALLIER) SACC., Schwarzschuppiger Ritterling
Schüppchen und Lamellenschneide schwärzlich. Geschmack mild. Nadelwald. Eßbar. Bd. III/220.

T. sciódes (PERS.) MARTIN, Schärflicher Ritterling
Schüppchen grau- bis violettschwarz. Lamellenschneide schwärzlich. Geschmack bitter, dann scharf. Laubwald. Ungenießbar.

T. squarrulósum BRES., Feinschuppiger Ritterling
Schüppchen dunkelgrau. Lamellenschneide weiß. Geschmack mild. Unter Kiefer *(Pínus).* Eßbar. Bd. III/221.

3.3.2. Stiel weiß, kahl oder hell flockig-schuppig

3.3.2.1. Geruch und Geschmack mehlartig

T. pardalótum HERINK & KOTL., Tiger-Ritterling
Hut bis 15 cm breit, silbergrau mit schwärzlichen Schuppen. Stiel flockig, Spitze tränend. Lamellen gelblich. Geruch mit meerrettichartiger Komponente. Laub- und Nadelwald, Kalkboden. **Giftig!** Bd. I/74.

T. argyráceum (BULL.) GILL., Silber-Ritterling, Gilbender Ritterling
Hut bis 8 cm breit, silbergrau oder graubräunlich. Stiel kahl. Lamellen gelb oder grünlich fleckend. Mit Cortina! Laub- und Nadelwald. Eßbar. Bd. I/78.

T. orírubens QUÉL., Rotblättriger Ritterling
Hut schwarzgrau, filzig-schuppig. Lamellen rosa. Stiel rötend. Laubwald *(Fágus).* Eßbar. Bd. III/222.

3.3.2.2. Geruch und Geschmack nicht mehlartig

T. cingulátum (AHNFELT) JACOBASCH, Beringter Ritterling
Hut grau, graubraun, faserschuppig. Stiel beringt. Unter Weiden (auch bei *Sálix répens* auf Dünen).

T. hórdum (FR.) QUÉL., Schwarzschneidiger Ritterling
Hut violettgrau, faserschuppig, deutlich gebuckelt. Lamellenschneide schwärzlich. Geschmack mild. Laubwald.

T. inocyboídes PEARSON, Spitzgebuckelter Ritterling
Hut grauweißlich, kegelförmig, spitz gebuckelt. Geschmack mild. Laubwald *(Bétula, Tília).*

T. térreum (SCHAEFF.: FR.) KUMM., Erd-Ritterling
Hut grau, schuppig zerlumpt. Lamellen grau, Schneide gekerbt. Unter Kiefer *(Pínus),* Kalk-, Lehm- und Sandboden. Eßbar. Bd. I/76.

T. virgátum (FR.: FR.) KUMM., Brennender Ritterling
Hut dunkelgrau, radialfaserig, spitz gebuckelt. Geschmack brennend scharf. Unter Kiefer *(Pínus).* Ungenießbar. Bd. I/77.

4. Hut weiß bis lederfarben

4.1. Geruch stark, unangenehm. Hut trocken

T. inamoénum (FR.: FR.) GILL., Lästiger Ritterling
Habitus wie *T. sulphúreum.* Lamellen entfernt. Geruch leuchtgasartig. Sporen 8,5–9,5 µm lang. Unter Koniferen. Ungenießbar. Bd. III/216.

T. lascivum (FR.) GILL., Strohblasser Ritterling, Widerlicher R.
Lamellen gedrängt. Geruch wechselnd, oft unerträglich süßlich stinkend, aber auch als sauerkraut-, fliederartig oder ranzig beschrieben. Geschmack herb und brennend. Sporen 5,5–7 µm lang. Laubwald *(Bétula, Quércus, Fágus)*. Ungenießbar. Bd. III/215.

4.2. Geruch mehlartig. Hut trocken

T. cnísta (FR.) QUÉL.
Hut weißlich bis ledergelb, orangegelb, matt. Stiel kurz. Lamellen weiß, rötend, queraderig. Geschmack mild. Unter Buche *(Fágus)*.

4.3. Geruch angenehm oder fehlend. Hut etwas klebrig oder *(T. acérbum)* trocken

T. columbétta (FR.) KUMM., Seidiger Ritterling
Hut rein weiß, manchmal rosa, violett oder grün gefleckt. Fleisch sehr fest, geruchlos. Unter Buche *(Fágus)*. Eßbar. Bd. III/214.

T. respléndens (FR.) KARST., Gelbweißer Ritterling
Hut weiß mit ockergelbem Scheitel. Geruch aromatisch, nach Aprikosen. Unter Fichte *(Pícea)*.

T. acérbum (BULL.: FR.) QUÉL., Gerippter Ritterling
Hut robust, leder- bis blaß zimtfarben, Rand gerippt. Fleisch mit bitterem Nachgeschmack. Laubwald *(Quércus, Fágus)*. Ungenießbar. Bd. III/213.

Gattung Calócybe KÜHNER ex DONK 1962, Schönkopf

Hut nicht hygrophan, dünnfleischig bis fleischig, meist seidig glänzend. Sporen glatt oder warzig, nicht amyloid. Zystiden fehlend. Hyphen mit Schnallen. Basidien karminophil, d. h. nach Färbung in Karminessigsäure + Eisen (Präpariernadel genügt!) und Auswaschen mit 70%igem Ethanol zeigen sie eine purpurschwarze Körnung (Eisenspeicherung). Bodenbewohnende Saprophyten in Wäldern und auf Wiesen. Eine kleine, unproblematische Gattung. Einige Arten sind wegen des leicht bitteren Geschmacks ungenießbar.

Die gelben Farben einiger Arten beruhen auf hohem Gehalt an Riboflavin = Vitamin B_2 (GLUCHOFF 1974).

1. Lamellen gelb. Geschmack mehr oder weniger bitter. Geruch mehlartig. Ungenießbar

C. chryséntera (BULL.: FR.) SING., Dottergelber Schönkopf
Hut und Stiel dotter- bis orangegelb, seidig. Stiel schlank. Laub- und Nadelwald. Bd. III/224.

C. cérina (PERS.: FR.) DONK, Wachsgelber Schönkopf
Hut wachsgelb bis fuchsig, seidig. Stiel kurz. Nadelwald. Bd. III/225. (*C. cérina* sensu SINGER ist eine Art mit zelliger Huthaut.)

2. Lamellen weißlich. Geschmack mild. Eßbare Arten

2.1. Hut cremeweiß bis ocker. Geruch mehlartig

C. gambósa (FR.) SING., Maipilz, Mai-Schönkopf
Hut fleischig, elfenbeinweiß bis hellocker, nicht seidig. Stiel unberingt, keulenförmig, nicht wurzelnd. Laubwald, Waldwiesen, oft in Hexenringen; April/Juni. Bd. I/79.

C. constrícta (FR.) KÜHNER, Gegürtelter Schönkopf
Hut dünnfleischig, weiß, seidig. Stiel mit hinfälligem Ring, wurzelnd. Sporen warzig. Weideland.

2.2. Hut rosa, fleischfarben, violett, seidig, dünnfleischig

C. persícolor (FR.) SING., Rosenroter Schönkopf
Hut schmutzig rosa. Stielbasis striegelig. Büschelig wachsend. Geruch obstartig. Wälder. Bd. III/226.

C. cárnea (BULL.: FR.) DONK, Fleischrötlicher Schönkopf
Hut rein rosa. Stielbasis kahl. Einzeln wachsend. Geruchlos. Weideland. Bd. III/227.

C. ionídes (BULL.: FR.) DONK, Veilchenblauer Schönkopf
Hut lila bis violett (auch rosa, violettbraun, violettgrau). Stiel ebenso, mit watteartig filziger Basis. Geruch stark mehlartig. Wälder. Bd. III/228.

Gattung Lyophýllum KARST. 1881 [*Hypsízygus* SING. 1947], Rasling, Simmerling

Hut meist nicht hygrophan, nicht seidig glänzend, fleischig, zentral bis exzentrisch gestielt. Sporen glatt, nicht amyloid. Zystiden fehlend. Hyphen mit Schnallen. Basidien karminophil (s. *Calócybe*). Lamellen abgerundet bis breit angewachsen oder kurz herablaufend. Bodenbewohnende Saprophyten in Wäldern, Gärten, auf Wiesen und Schuttplätzen; eine Art als Schwächeparasit und Saprophyt an Laubholz. In Europa ca. 20 Arten.

Die Gattung unterscheidet sich von *Calócybe* durch die graubraunen Pigmente. Zweifelhaft ist die Stellung des weißhütigen *L. connátum*, dessen Basidien nicht deutlich karminophil sind. Die meisten Arten (außer *L. gangraenósum*) sind eßbar.

1. Fruchtkörper schwärzend oder blauend, einzeln wachsend

1.1. Druckstellen an Lamellen und Stiel erst blauend, dann schwärzend. Geruch nicht mehlartig

L. gangraenósum (FR.), Gerberei-Rasling
Hut grauocker, lederfarben. Geschmack bitterlich. Sporen länglich-ellipsoid bis spindelförmig, feinwarzig. Bd. III/229.

L. deliberátum (BRITZ.) KREISEL, Rautensporiger Rasling
Hut erst weißlich, dann grau- bis dunkelbraun. Sporen rhombenförmig, glatt. Bd. III/231.

1.2. Druckstellen sofort schwärzend. Geruch mehlartig-ranzig

L. immúndum (BERK.) KÜHNER, Rauchgrauer Rasling
Hut graubraun, nicht durchscheinend. Stiel voll, weiß. Sporen kurz ellipsoid. Bd. III/232.

L. semitále (FR.) KÜHNER, Hygrophaner Rasling
Hut braun- oder grauschwärzlich, hygrophan, feucht mit durchscheinenden Lamellen. Stiel bräunlich, ausgestopft bis hohl. Sporen länglich-ellipsoid bis spindelförmig. Bd. III/233.

2. Fruchtkörper nicht schwärzend oder blauend, büschelig wachsend

2.1. Auf nährstoffreichen Böden wachsend

L. connátum (SCHUM.: FR.) SING., Weißer Rasling
Fruchtkörper ganz weiß, mit $FeSO_4$-Lösung violett anlaufend. Geruch süßlich. Feuchte Laubwälder. Bd. III/235.

L. loricátum (FR.) KÜHNER, Knorpeliger Rasling
Hut dunkelbraun, olivbraun, mit dicker, knorpeliger Haut, runzelig. Gärten, Straßenränder.

L. decástes (FR.: FR.) SING. [*L. aggregátum* (SCHAEFF.) KÜHNER], Büschel-Rasling
Hut tonbraun, ockerbraun, rötlichbraun. Meist geruchlos. Stielspitze kleiig, Stielbasen büschelig. Sporen kugelig bis ellipsoid. Bd. I/65.

L. fumósum (PERS.: FR.) ORTON [*L. conglobátum* (VITT.) RICKEN], Frost-Rasling
Hut dunkel graubraun, schwarzbraun. Geruch deutlich mehlartig. Stielbasen knollenartig verwachsen. Sporen kugelig. Bd. I/64.

2.2. An Holz wachsend. Geruch mehlartig.

L. ulmárium (BULL.: FR.) KÜHNER, Ulmen-Rasling
Hut hellocker, olivgrau, kahl, bis 25 cm breit. Stiel gleichfarben, zylindrisch. Lamellen ganzrandig oder etwas gesägt. An Laubholz, einzeln oder büschelig. Eßbar. Bd. III/234.

Gattung Tricholomópsis SING. 1939, Holzritterling

Hut nicht hygrophan, mehr oder weniger fleischig, auf gelbem Grund filzig-schuppig. Lamellen gelb mit haariger Schneide. Sporen ellipsoid, nicht amyloid. Sporenstaub weiß. Dünnwandige, spindel- und keulenförmige Zystiden an Lamellenschneide. Hyphen mit Schnallen. Holzbewohnende Saprophyten, fast nur an Koniferenholz. Eßbar, jedoch oft wenig schmackhaft.

T. rútilans (SCHAEFF.: FR.) SING., Rötlicher Holzritterling
Hut fleischig, mit purpur- bis weinroten Schüppchen, dann nach gelbbraun entfärbend. Stiel über 10 mm dick. Meist einzeln wachsend, vorwiegend an Kiefer *(Pínus)*. Bd. I/81.

T. decóra (FR.) SING., Olivgelber Holzritterling
Hut dünnfleischig, mit olivbraunen bis schwärzlichen Schüppchen. Stiel bis 7 mm dick. Büschelig, vorwiegend an Fichte *(Pícea)*, Gebirge und Nordeuropa.

Gattung Megacollýbia KOTL. & POUZ. 1972, Breitblatt

Hut nicht hygrophan, dünnfleischig, radialfaserig-rissig, kahl, Lamellen weiß, auffallend breit. Sporen breit ellipsoid, nicht amyloid. Sporenstaub weiß. Dünnwandige, blasen- oder flaschenförmige Zystiden an Lamellenschneide. Hyphen mit Schnallen. Basidien relativ groß (35–40 µm lang). Saprophyten an Laubholz, das mit etwa 2 mm dicken, schneeweißen, zähen Rhizomorphen durchzogen wird, die mit der Stielbasis verbunden sind. Nur 1 Art.

M. platyphýlla (PERS.: FR.) KOTL. & POUZ., Breitblatt
Hut bräunlichgrau bis graubraun. Lamellen weiß, manchmal mit dunkler Schneide. Stiel faserig, zäh. An und neben Stümpfen. Eßbar. Bd. I/105.

Gattung Lentínula EARLE 1909, Shiitakepilz

Hut zentral bis etwas exzentrisch gestielt, fleischig, mit eingerolltem Rand und spinnwebiger bis derb-faseriger Cortina. Hutrand mit aufklebenden Velumflocken. Lamellen weißlich bis bräunlich, ganzrandig bis fein gesägt, schmal, gedrängt. Stiel voll. Hyphensystem skleromonomitisch, Hyphen mit Schnallen. Lamellentrama regulär. Zystiden fehlen. Sporenstaub weiß. Sporen länglich ellipsoid, glatt, farblos, inamyloid. Saprophyten an Laubholz, Weißfäule erregend. Die Gattung umfaßt 2 Arten: *L. boryána* (BERK. & MONT.) PEGLER im tropischen Amerika und *L. edódes* (BERK.) PEGLER im subtropischen Ostasien. *L. edódes* wird in Ostasien, Europa und den USA für Speisezwecke kultiviert.

L. edódes (BERK.) PEGLER [*Lentínus edódes* (BERK.) SING.], Shiitakepilz, Pasaniapilz
Hut bis 20 cm breit, braungrau bis braun, mit angedrückten, dreieckigen, haarigen Schuppen, festfleischig. Stiel mit mehr oder weniger ringförmigen Cortinaresten. An Laubholz, in Europa nur kultiviert. Bd. IV/199.

Gattung Lepísta (FR.) W.G.SMITH 1870 [*Rhodopaxíllus* MRE. 1913], Rötelritterling

Hut nicht hygrophan (Ausnahme: *L. sórdida*), fleischig, jung mit eingerolltem Rand. Stiel faserig berindet. Lamellen ausgebuchtet bis weit herablaufend. Sporenstaub rosa, rötlichocker oder gelblich. Sporen dickwandig, punktiert bis feinwarzig (glatt bei *L. nebuláris, L. síngeri*), zyanophil, nicht amyloid. Zystiden fehlen. Hyphen mit Schnallen.

Bodenbewohnende Saprophyten inner- und außerhalb des Waldes, oft in Hexenringen wachsend. In Europa etwa 17 Arten. Die Stielbasis ist stark mit Substrat verfilzt, ähnlich wie bei den Trichterlingen *(Clitócybe)*, mit denen die Gattung *Lepísta* von BIGELOW & SMITH (1969) vereinigt wurde. Die *Lepísta*-Arten ähneln habituell teils den Ritterlingen, teils den Trichterlingen, unterscheiden sich jedoch von *Tricholóma* und *Clitócybe* durch die zyanophilen und meist warzigen Sporen. Alle Arten sind eßbar.

1. Lamellen weißlich, graubräunlich, ocker. Trama weißlich

1.1. Lamellen ausgebuchtet

L. írina (FR.) BIGELOW, Veilchen-Rötelritterling
Hut schmutzig weiß bis graubraun, nicht getropft. Stiel auffallend netzfaserig. Geruch aromatisch, nach Veilchenwurzel. Sporenstaub rötlich. Sporen feinwarzig. Wälder, Gebüsche. Bd. III/219.

L. síngeri HARMAJA, Blasser Rötelritterling
Hut blaß cremeweiß, nicht getropft. Geruch süßlich (ähnlich *L. nebuláris*). Sporenstaub gelblich. Sporen glatt. Laub- und Nadelwald.

L. luscína (FR.: FR.) SING., Graubrauner Rötelritterling
Hut horngrau, hornbraun, dunkel getropft („wasserfleckig"). Stiel längsfaserig. Geruch stark, würzig. Sporen warzig. Weideland. Bd. III/74.

L. personáta (FR.: FR.) CKE. [*L. sǣva* (FR.) ORTON], Lilastieliger Rötelritterling, Maskierter Rötelritterling
Hut weißlich, nicht getropft. Stiel lebhaft blauviolett, längsfaserig. Geruch angenehm. Sporen warzig. Weideland. Bd. I/63.

1.2. Lamellen herablaufend

L. gílva (PERS.: FR.) PAT., Fahlgelber Rötelritterling
Hut ockergelb, isabellfarben, fleischig (Habitus von *Paxíllus involútus*), getropft („wasserfleckig"). Lamellen weiß bis gelblich. Sporen warzig. Nadelwald. Bd. III/170.

L. fláccida (SOW.: FR.) PAT., Fuchsiger Rötelritterling
Hut fuchsig, hell rotbraun, dünnfleischig, ohne Flecken. Lamellen rötlichocker. Sporen warzig. Laub- und Nadelwald. Bd. I/88.

L. densifólia (FAVRE) SING. [*Paxíllus lepísta* FR., *Rhodopaxíllus densifólius* FAVRE, *Lepista subaequális* (BRITZ.) SING. sensu HORAK], Dichtblättriger Rötelritterling
Hut weißlich, Mitte gelblich bis bräunlich, ohne Flecken, dünnfleischig. Lamellen blaß ockerlich. Sporen sehr fein warzig. Geruchlos. Nadel- und Mischwald auf saurem Boden, Alpen und Skandinavien, selten und einzeln.
Paxíllus lepísta sensu RICKEN u. a., mit bitterem Fleisch und in allen Teilen schwärzend, ist *Rhodócybe popinális*; s. Bd. III/72.

L. nebuláris (BATSCH : FR.) HARMAJA, Graukappe, Nebelgrauer Rötelritterling
Hut grau, graubraun, weißlich bereift, fleischig, ohne Flecken. Lamellen gelblich. Geruch süßlich. Sporen glatt. Laub- und Nadelwald. Bd. I/94.

2. Lamellen violett oder lila. Trama violett(lich)

L. núda (BULL.: FR.) CKE., Violetter Rötelritterling
Hut satt violett, oft am Scheitel braun, selten ganz braun. Lamellen und Stiel blauviolett. Stielbasis zwiebelartig knollig. Geruch süßlich, etwas rettichartig. Sporen warzig. Wälder. Bd. I/62.

L. glaucocána (BRES.) SING., Blaßblauer Rötelritterling
Hut blaß bläulich bis lilagrau, ebenso Stiel und Lamellen. Stielbasis abgeknickt. Geruch mehlartig. Sporen warzig. Wälder. Bd. III/75.

L. sórdida (SCHUM.: FR.) SING., Fleischbrauner Rötelritterling
Hut und Stiel satt braunlila, Hut hygrophan. Lamellen blaß lila. Stiel schlank. Kleine, büschelig wachsende Art. Gärten, Schuttplätze. Bd. III/76.

Gattung Melanoléuca PAT. 1897, Weichritterling

Hut schwach hygrophan, dünnfleischig bis fleischig. Stiel faserig berindet, oben kahl oder mit keulig-fädigen Elementen, Brennhaarzystiden oder Spindelzystiden. Lamellen weiß, alt creme werdend, oder grau bis bräunlich, alt heller werdend. Fleisch weiß oder von der Stielbasis her bräunend. Sporenstaub creme (auch weiß?). Zystiden an den Lamellen selten fehlend, an den Schneiden spindelförmig (Bd. I/82) oder brennhaarförmig (Bd. I/83), an den Flächen nur spindelförmig. Hyphen ohne Schnallen. Bodenbewohnende Saprophyten in Wäldern, an Wegrändern, auf Wiesen und Schuttplätzen. In Europa über 30 Arten, deren Bestimmung oft nur mikroskopisch möglich und durch nomenklatorische Verwirrung erschwert ist. Alle Arten sind eßbar.

1. Lamellen creme, bald ocker bis braungelb (orangegelb)

M. cognáta (FR.) KONR. & MAUBL., Falber Weichritterling
Hut gelbbraun, ocker, falb. Stiel mindestens so lang wie der Hutdurchmesser, blasser als der Hut. Cheilozystiden spindelförmig. Waldwegränder, Holzplätze, ab Mai. Bd. III/201.

M. luteolospérma (BRITZ.) SING.
Hut dunkelbraun, braunoliv. Stiel hellbräunlich, etwas kürzer als der Hutdurchmesser. Cheilozystiden brennhaarförmig. Auenwälder, Parks, selten.

2. Lamellen anfangs weiß, grau oder braun (höchstens alt creme werdend)

2.1. Fleisch hell, auch in der Stielbasis

2.1.1. Stiel mit dunklen Flocken besetzt

M. verrúcipes (FR. in QUÉL.) SING., Dunkelflockiger Weichritterling
Hut blaß bräunlich, matt. Stiel keulenförmig, kräftig. Cheilozystiden brennhaarförmig. Wegränder, selten.

2.1.2. Stiel auffallend längsgestreift, nie bereift, ohne Zystiden

M. grammopódia (BULL.: FR.) PAT., Rillstieliger Weichritterling
Hut bis 20 cm breit, stumpf gebuckelt, graubraun, stark ausblassend. Lamellen sehr gedrängt, nie weiß. Cheilozystiden brennhaarförmig, sehr klein. Triften, lichte Wälder. Bd. III/202.

2.1.3. Stiel mindestens oben fein bemehlt oder bereift (Lupe!)

M. melaléuca (PERS.: FR.) MURRILL sensu KÜHNER

Hut bis 8 cm breit, graubraun, wenig ausblassend. Stiel blaß, mit haarig-keuligen Elementen. Ohne Cheilozystiden. Sporen auffallend kurzellipsoid. Wälder, selten.

M. exscíssa (FR.) SING. sensu KÜHNER 1956, Blaßgrauer Weichritterling
Hut bis 8 cm breit, graubraun, stark ausblassend, Mitte dunkler bleibend, Stiel weiß, mit haarförmigen Elementen. Lamellen und Stielbasis überaltert leicht rotbräunlich flekkend. Cheilozystiden brennhaarförmig, groß. Weiden, häufig.

M. stríctipes (KARST.) J. SCHFF. [*M. evenósa* (SACC.) KONR. & MAUBL.], Almen-Weichritterling
Hut bis 10 cm breit, weißlich, Mitte oft bräunlich, oft felderig-rissig. Stiel weißlich, schlank. Cheilozystiden spindelförmig. Wiesen, im Bergland häufig. Bd. III/203.

M. vulgáris (PAT.) PAT., Gemeiner Weichritterling
Hut bis 8 cm breit, braun. Stiel schlank, blaß. Stielelemente und Cheilozystiden spindelförmig. Wälder, Schläge, zerstreut.

2.2. Fleisch von der Stielbasis her bräunend

2.2.1. Stiel immer kürzer als der Hutdurchmesser

M. brévipes (BULL.: FR.) PAT., Kurzstieliger Weichritterling
Hut graubraun. Stiel nur ganz oben bereift. Stielelemente und Cheilozystiden brennhaarförmig. Wegränder, Schuttplätze, häufig. Bd. I/83.

M. húmilis (PERS.: FR.) PAT., Niedriger Weichritterling
Hut eher grau als braun, matt. Stiel deutlich bereift. Stielelemente und Cheilozystiden spindelförmig. Gedüngte Böden, selten.

2.2.2. Stiel mindestens so lang wie der Hutdurchmesser

M. polioléuca (FR.) KÜHNER & MRE., Dunkelfleischiger Weichritterling
Hut bis 7 cm breit, graubraun. Stiel blaß bräunlich, deutlich bereift (Elemente spindelförmig). Cheilozystiden spindelförmig. Triften, Wegränder, Wälder, oft in Hexenringen, häufig. Bd. I/82 z. T.

M. strídula (FR.) SING. sensu MÉTROD, KÜHNER
Hut braun. Stiel fast glatt (nur haarförmige Elemente). Cheilozystiden brennhaarförmig, sehr spärlich. Nadelwald, Holzplätze, zerstreut.

Gattung Leucopaxíllus BOURSIER 1925, Krempenritterling

Hut nicht hygrophan, fleischig, mit eingerolltem und oft gekerbtem Rand. Stiel glatt. Sporenstaub weiß, Sporen warzig, amyloid. Zystiden fehlen. Hyphen mit Schnallen. Bodenbewohnende Saprophyten in Wäldern, z. T. ungenießbar.

1. Hut dunkel rotbraun bis schwarzbraun

L. gentiáneus (QUÉL.) KOTL., Bitterer Krempenritterling
Hut kastanienbraun. Stiel weißlich. Stark bitter, Mehlgeruch. Laub- und Nadelwald. Bd. III/198.

L. mirábilis (BRES.) MOS., Dunkler Krempenritterling
Hut rot- bis schwarzbraun. Stiel braun. Schwach bitter. Geruch nicht mehlartig. Unter Kiefer *(Pínus)* auf Kalk, Alpen und Vorland.

2. Hut hell gefärbt

L. compáctus (FR.) NEUHOFF, Dreifarbiger Krempenritterling
Lamellen schwefelgelb. Hut lederfarben, falb, auch grünlich getönt. Geschmack mild. Geruch nicht mehlartig. Laubwald *(Quércus, Fágus)*. Wert unbekannt. Bd. III/199.

L. cereális (LASCH) SING., Cremeweißer Krempenritterling
Hut, Stiel und Lamellen cremeweiß bis hell ocker. Lamellen kurz herablaufend. Geschmack mild. Geruch nicht mehlartig. Eßbar. Bd. III/217.

Tricholóma acérbum (BULL.: FR.) QUÉL. Gerippter Ritterling
Ähnlich *L. compáctus*, hat aber weißliche Lamellen, gelbflockigen Stiel und bitterherben Geschmack. S. Bd. III/213.

b) Trichterlinge

Gattung Aspropaxíllus KÜHNER & MRE. 1934, Krempentrichterling

Sehr große Pilze von regelmäßiger Form. Hut bis 35 cm breit, fleischig, nicht hygrophan, mit eingerolltem Rand. Stiel glatt. Sporenstaub weiß bis creme. Sporen glatt, schwach amyloid. Zystiden fehlen. Hyphen mit Schnallen. Bodenbewohnende Pilze in Wiesen und Steppenrasen, oft große Hexenringe bildend. Alle europäischen Arten sind eßbar.

A. gigantéus (SOW.: FR.) KÜHNER & MRE., Riesen-Krempentrichterling
Hut anfangs weiß, dann lederfarben. Lamellen cremeweiß, deutlich herablaufend. Geruch mehlartig. Wiesen, besonders im Gebirge. Bd. I/84, Bd. III/197.

A. gigantéus subsp. *bukkénsis* BOHUS, Rosablättriger Krempentrichterling
Ähnlich vorigem, jedoch Lamellen gelblich-rosa bis rosa. Ungarn.

A. lepistoídes (MRE.) KÜHNER & MRE. [*Tricholóma pannónicum* BOHUS], Graugrüner Krempentrichterling
Hut, Stiel und Trama weiß bis bräunlich, graugrün verfärbend. Lamellen cremeweiß. Steppenrasen, Mittelmeergebiet bis Nordböhmen.

Clitócybe alexándri (GILL.) KONR., der Buchsblättrige Trichterling, und *C. geótropa* (BULL.) QUÉL., der Falbe Riesentrichterling oder Mönchskopf, sind Pilze von ähnlicher Form und Größe, die jedoch im Walde wachsen, weniger dichtstehende Lamellen und inamyloide Sporen haben (s. Bd. I/85 und Bd. III/169).

Gattung Catathelásma LOVEJOY 1910 [*Biannulária* BECK 1922], Möhrling, Hartpilz

Fruchtkörper sehr fleischig. Hut nicht hygrophan, mit dauernd eingerolltem Rand. Stiel mit doppeltem häutigem Ring. Sporenstaub weiß. Sporen amyloid, spindelförmig, glatt. Keine Zystiden. Hyphen mit Schnallen. In Europa nur 1 Art, bodenbewohnend in Nadelwäldern der Gebirge und Skandinaviens.

C. imperiále (QUÉL.) SING., Wurzel-Möhrling, Hartpilz
Hut nußbraun. Lamellen gegabelt. Mehlgeruch. Eßbar. Bd. I/96.

Gattung Pseudoclitócybe (SING.) SING. 1956, Scheintrichterling

Hut hygrophan, dünnfleischig, mit eingerolltem Rand. Lamellen blaß, grau oder braun, nicht vom Hutfleisch ablösbar, manchmal gegabelt, entfernt. Sporenstaub weiß. Sporen amyloid, pflaumenförmig, groß (7–11 µm lang). Keine Zystiden. Hyphen ohne Schnallen. Bodenbewohnende Saprophyten auf Wiesen, im Wald, auch auf morschem Holz. Eine kleine Gattung (in Europa 4 Arten), die leicht mit den hygrophanen Trichterlingen *(Clitócybe)* verwechselt werden kann, sich aber durch amyloide Sporen und schnallenlose Hyphen unterscheidet.

Ps. obbáta (FR.) SING., Blaugrauer Scheintrichterling
Hut sehr dunkel, rußbraun oder olivschwärzlich, trocken blaugrau, 1–4 cm breit. Stiel heller als der Hut, glatt. Lamellen blaugrau, aschgrau, olivgrau. Geruchlos. Bd. III/196.

Ps. cyathifórmis (BULL.: FR.) SING., Kaffeebrauner Scheintrichterling

Hut dunkelbraun, schwarzbraun, 3–8 cm breit. Stiel dunkelbraun mit netzfaseriger Oberfläche, Spitze weißschülferig. Lamellen graubraun. Geruch würzig (wie *Marásmius oréades*). Eßbar. Bd. III/195.

Ps. expállens (PERS.: FR.) MOS., Ausblassender Scheintrichterling

Hut graubraun, 2–6 cm breit. Stiel blaßgrau, mit netzfaseriger Oberfläche. Lamellen blaßgrau, rosagrau. Geruchlos. Bd. III/186.

Gattung Cantharéllula SING. 1936, Gabeling, Wachstrichterling

Hut nicht hygrophan, dünnfleischig. Lamellen weißlich, dicklich herablaufend, oft gegabelt. Sporenstaub weiß. Sporen spindelförmig, groß (8 bis 12 µm lang), amyloid. Keine Zystiden. Hyphen mit Schnallen. Nur 1 Art.

C. umbonáta (J. F. GMEL.: FR.) SING., Rötender Gabeling

Hut grauschwarz, violettschwarz. Lamellen und Trama bei Verletzung rötend. In Moospolstern in Nadelwäldern und sumpfigen Wiesen. Eßbar. Bd. III/194.

Gattung Clitócybe (FR.) STAUDE 1857, Trichterling

Hut hygrophan oder nicht, dünnfleischig bis fleischig, anfangs mit eingerolltem Rand. Lamellen weiß bis graubraun, nicht vom Hutfleisch ablösbar, meist nicht gegabelt, mehr oder weniger herablaufend. Sporenstaub weiß, creme oder rosa (bei exotischen Arten auch grünlich). Sporen ellipsoid, ei-, tränenförmig oder rundlich, glatt, dünnwandig, weder amyloid noch zyanophil. Keine Zystiden. Hyphen mit Schnallen.

Bodenbewohnende Saprophyten, vorwiegend in Wäldern, doch einige Arten auf Wiesen, in Heiden, Trockenrasen, selbst in Champignonkulturen. Nur wenige Arten sind an bestimmte Bäume gebunden. Eine schwierige und umfangreiche Gattung mit etwa 300 Arten, von denen etwa 100 in Europa vorkommen. Einige Arten sind eßbar, aber viele *(C. dealbáta, C. diatréta, C. agréstis, C. phaeophthálma, C. phyllóphila* u. a.) durch Muskaringehalt giftig. Von den meisten kleinen Arten weiß man nicht sicher, ob sie eßbar sind, vor ihrem Genuß ist jedenfalls zu warnen.

Die meisten Arten sind wenig farbenprächtig (weiß, braun, grau, fleischrötlich). Von einigen farbigen Arten *(C. gíbba, C. odóra)* treten gelegentlich weiße Formen auf. Die hygrophanen Arten können leicht mit *Pseudoclitócybe* (S. 98) verwechselt werden; nicht hygrophane Arten mit zyanophilen Sporen suche man unter *Lepísta* (S. 95).

1. Hut weiß bis elfenbein oder durch starke Bereifung weißlich wirkend

1.1. Hut nicht hygrophan, kaum bereift

C. geótropa (BULL.) QUÉL., Mönchskopf-Trichterling

Hut jung lederfarben, später weißlich, niedergedrückt mit Buckel, 10–30 cm breit. Geruch ähnlich *Marásmius oréades.* Laubwald auf neutralem oder Kalkboden. Jung eßbar. Bd. I/85.

C. catínus (FR.) QUÉL., Schüsselförmiger Trichterling

Hut weißlich, gewölbt, später niedergedrückt ohne Buckel, 4–10 cm breit. Geruch schwach kampferartig. Laub- und Nadelwald. Eßbar. Bd. III/171.

1.2. Hut schwach hygrophan, nicht bereift

C. gallinácea (SCOP.: FR.) LGE., Scharfer Trichterling

Hut weiß, Scheitel manchmal gelblich, gewölbt, bald flach, 1,5–2 cm breit. Geruch unangenehm. Geschmack bitterlich (größeres Stück schlucken!). Wiesen, Triften.

1.3. Hut deutlich bereift (Reif abwischbar)

1.3.1. In Wäldern (s. auch *Clitopílus prúnulus*, S. 130, Bd. I/59).

C. phyllóphila (FR.) KUMM. [*C. cerussáta* auct.], Bleiweißer Trichterling
Hut blaß bräunlich, weiß bereift, ziemlich fleischig, 4–10 cm breit. Geruch stark, süßlich oder erdartig. Sporenstaub creme bis rosa. Laub- und Nadelwald. **Giftig!** Bd. I/90.

C. radicelláta GILL., Bereifter Trichterling
Hut rötlichbraun, grauweiß bereift, dünnfleischig, 2–5 cm breit. Stielbasis filzig und mit weißen Rhizoiden. Sporenstaub weiß. Nadelwald, fast ganzjährig. Bd. III/176.

C. cándicans (PERS.: FR.) KUMM., Wachsstieliger Trichterling
Hut blaß bräunlich oder lilagrau, weiß bereift, dünnfleischig, 1,5–5 cm breit. Stiel trokken glänzend. Stielbasis filzig ohne Rhizoide. Sporenstaub weiß. Geruch säuerlich. Laub- und Nadelwald. **Giftig!** Bd. III/183.

C. tenuíssima ROMAGN. [*C. cándicans* sensu LGE.], Dünner Trichterling
Hut lederfarben, weiß bereift, sehr dünn, 1–3,3 cm breit, sonst wie *C. cándicans*. Auf Nadelstreu *(Pícea, Pínus)*.

C. tornáta (FR.) KUMM., Gedrechselter Trichterling
Hut bräunlich, weiß bereift, stumpf gebuckelt, sonst ähnlich *C. phyllóphila*. Sporenstaubfarbe unbekannt. Nadelwald. **Giftverdächtig!** Bd. III/189.

C. lignátilis (PERS.: FR.) KARST., Holz-Trichterling
Hut blaß bräunlich, weiß bereift, etwas radial gemasert, 1–8 cm breit. Lamellen sehr gedrängt, kaum herablaufend. Stiel bereift. Geruch und Geschmack mehlartig. Büschelig an Laubholz, sehr zerstreut.

1.3.2. Außerhalb des Waldes

C. dealbáta (SOW.: FR.) KUMM. [*C. rivulósa* auct. plur.], Feld-Trichterling, Rinnigbereifter T.
Hut lederfarben, fleischfarben, bräunlich, weiß bereift. Rand eingerollt. Geruch mehlartig. Exsikkate (nach HARMAJA 1969) mit lila getöntem Hut und Stiel und rosa Lamellen. Stoppelfelder, Wiesen, Gärten, Trockenrasen. **Giftig!** Bd. I/89 und 92.

C. augeána (MONT.) SACC., Treibhaus-Trichterling
Hut weiß bis lederfarben, seidig, 2–7 cm breit. Geruch mehlartig. Büschelig wachsend. In Gewächshäusern und Champignonkulturen. **Vielleicht giftig.** Bd. I/93.

2. Hut ledergelb, gelbbraun, fuchsig oder rotbraun, nicht bereift

2.1. Hut nicht hygrophan

2.1.1. Stielbasis ohne Rhizoide. Sporen glatt, dünnwandig, tränenförmig (wenn Sporen feinwarzig, s. *Lepísta*, S. 95)

C. gíbba (PERS.: FR.) KUMM., Gelbbrauner Trichterling
Hut hellbraun, gelbbraun, kahl, nicht schuppig, oft gebuckelt. Stiel blasser als Hut. Geruch wie *Marásmius oréades*. Sporenstaub gelblichweiß. Laub- und Nadelwald. Eßbar. Bd. I/86.

C. incílis (FR.) GILL., Kerbrandiger Trichterling
Hut rötlichocker, lederfarben, filzig, nicht gebuckelt, Rand gerippt und gekerbt. Stiel blasser als Hut. Nadelwald. Eßbar, Bd. III/172.

C. squamulósa (PERS.: FR.) KUMM., Feinschuppiger Trichterling
Hut braun, fein schuppig, nicht gebuckelt. Stiel dem Hut gleichfarben, mit den weißen Lamellen kontrastierend. Sporenstaub gelblichweiß. Laub- und Nadelwald, Weiden, Wegränder. Eßbar. Bd. III/173.

C. martiórum FAVRE

Hut rötlichocker, lederfarben, blaß fleischrosa, kahl, schwach bereift. Lamellen und Stiel gleichfarben. Sporenstaub blaß rosa. Geruch mehlartig. Wälder *(Pícea, Fágus)*, Gebirge.

2.1.2. Stielbasis mit feinen Myzelsträngen (Rhizoiden). Sporen glatt, dünnwandig, mit stumpfer Basis

C. sinópica (FR.: FR.) KUMM., Kohlen-Trichterling

Hut fuchsig, rotbraun, ziegelrot, niedergedrückt, oft verbogen, kahl. Stiel dem Hut gleichfarben. Sporenstaub weiß. Geruch stark mehlartig. Nadelwald, Wiesen, Trockenrasen, Brandstellen. Eßbar. Bd. III/177.

C. parópsis (FR.) QUÉL., Kleinschüsseliger Trichterling

Hut fleischrötlichbraun, flach, kahl. Stiel weißlich. Geruchlos. Wälder, April/Juli. Bd. III/175.

Wenn Stielbasis mit Rhizoiden und Hut hygrophan, s. *C. pruinósa*, Bd. III/176 mit bereiftem, und *C. vermicularis*, Bd. III/174, mit nicht bereiftem Hut.

2.2. Hut hygrophan

2.2.1. Geruch süßlich. Lamellen blaß fleischfarben

C. diatréta (FR.: FR.) KUMM., Fleischfalber Trichterling

Hut fleischfarben oder rötlichbraun, Rand nur schwach durchscheinend gestreift. Lamellen nicht gegabelt, wenig herablaufend. Sporenstaub creme bis rosa. Geruch wie *Lepísta írina.* Sporen ellipsoid, 4,5–5,7 µm lang. Nadelwald. **Giftig!** Bd. III/188.

2.2.2. Fast geruchlos. Lamellen weißlich bis gelblich

C. pinetórum VEL. [*C. diatréta* sensu LGE.], Nadelwald-Trichterling

Hut leder-, fleischfarben. Stielbasis ohne Rhizoide. Sporen 3,5–4,5 µm lang, subglobos. Nadelwald.

C. brumális (FR.: FR.) QUÉL., Winter-Trichterling

Hut lederfarben, strohgelb, goldocker, nur schwach durchscheinend gestreift. Stielbasis ohne Rhizoide. Geschmack deutlich mehlartig. Sporen 4–6 µm lang, kurz ellipsoid. Nadelwald. Bd. III/184.

C. agréstis HARMAJA [*C. angustíssima* sensu LGE.], Wiesen-Trichterling

Hut ledergelb, trocken elfenbeinweiß, Rand durchscheinend gestreift. Stielbasis ohne Rhizoide. Geschmack nicht mehlartig. Sporen 4,5–5,8 µm lang, kurz ellipsoid. Wiesen, Weiden, Trockenrasen; gesellig bis büschelig; häufig. **Giftig!**

C. vermiculáris (FR.) QUÉL., Lärchen-Trichterling

Hut ocker, fleischfarben, rötlichbraun, nicht durchscheinend gestreift. Stielbasis mit weißen Rhizoiden. Sporen 3,8–7 µm lang, länglich-ellipsoid mit stumpfer Basis. Nadelwald. Eßbar. Bd. III/174.

3. Hut grau, graubraun, umber

3.1. Hut nicht hygrophan

3.1.1. Stiel robust, 12–50 mm dick

C. alexándri (GILL.) KONR., Buchsblättriger Trichterling

Hut graubraun, leicht bereift. Lamellen bräunlich. Stielbasis knollig. Geruch nach Kümmel. Sporenstaub weiß. Besonders Nadelwald. Eßbar. Bd. III/169.

Lepísta nebuláris (BATSCH: FR.) HARMAJA, Graukappe, Nebelgrauer Trichterling

Hut grau, graubraun, leicht bereift. Lamellen gelblich. Stielbasis keulenförmig. Geruch süßlich. Sporenstaub gelb. Laub- und Nadelwald. Eßbar. Bd. I/94.

3.1.2. Stiel schlanker, 5–15 mm dick

C. clávipes (PERS.: FR.) KUMM., Keulenfuß-Trichterling

Hut braun, graubraun, nicht bereift. Lamellen weißlich, entfernt. Stiel keulenförmig. Trama zum Ausdrücken wäßrig. Geruch süßlich. Sporenstaub weiß. Laub- und Nadelwald. Eßbar, mit Alkohol giftig. Bd. I/87.

C. inornáta (Sow.: Fr.) Gill., Graublättriger Trichterling
Hut graubräunlich, leicht bereift, fein filzig. Lamellen bräunlich, kaum herablaufend. Stiel zylindrisch, kurz. Geruch rettichartig. Sporenstaub weiß. Vorwiegend Nadelwald auf Kalk. Wenig schmackhaft. Bd. III/168.

3.2. Hut hygrophan, nicht bereift

3.2.1. Geruch anis- oder kumarinartig (s. auch *C. odóra*, Bd. I/95)

C. frágrans (With: Fr.) Kumm. [incl. *C. suavéolens* auct.], Duft-Trichterling
Hut graubraun, durchscheinend gestreift, trocken weißlich. Lamellen weißlich, schmal. Sporenstaub creme bis rosa. Anisgeruch stark. Laub- und Nadelwald, einzeln wachsend. **Giftig!** Bd. III/178.

C. obsoléta (Batsch) Quél., Verblichener Trichterling
Hut wie bei vorigem, aber fleischiger. Lamellen grauweißlich, breit. Anisgeruch schwach. Sporenstaub weiß? Nadelwald, büschelig wachsend. Bd. III/190, Abb. 14.

3.2.2. Geruch mehlartig oder ranzig

C. vibecína (Fr.) Quél., Weicher Trichterling
Hut braungrau, Rand durchscheinend gestreift. Lamellen bräunlich, nicht gegabelt, Sporenstaub weiß. Sporen 5–7,5 µm lang, ellipsoid mit stumpfer Basis. Nadelwald. Bd. III/181.

C. dítopus (Fr.: Fr.) Gill., Mehl-Trichterling
Hut aschgrau, Rand jung eingerollt und bereift. Lamellen bräunlich, selten gegabelt. Sporenstaub weiß. Sporen 3–5 µm lang, subglobos. Nadel- und Laubwald. Bd. III/187.

Abb. 14. Verblichener Trichterling, *Clitocybe obsoleta.* Vockerode, Bez. Halle, DDR. Foto K. Herschel 1974.

3.2.3. Geruch unangenehm, leuchtgas- oder rettichartig

C. phaeophthálma (PERS.) KUYPER, Ranziger Trichterling
Hut graubraun bis rötlich ocker, Rand durchscheinend gerieft. Huthaut mit blasenförmig erweiterten Hyphen (interkalare Chrysozystiden). Lamellen graubräunlich, z. T. gegabelt. Sporenstaub weiß. Sporen 5–8 µm lang, tränenförmig. Geruch erst mehl-, dann unangenehm leuchtgasartig, stark. Laub- und Nadelwald. Bd. III/185. **Giftig!**

C. quercina PEARSON in HORA [*C. fritilliformis* sensu RICKEN], Starrer Trichterling
Hut olivbraun, Rand durchscheinend gestreift. Stiel olivschwarz. Trama zähfleischig. Geruch rettichartig. Geschmack unangenehm. Sporen 7–8 µm lang, ellipsoid bis zylindrisch. Laub- und Nadelwald.

C. metáchroa (FR.) KUMM., Staubfüßiger Trichterling
Hut hell graubraun, 3–7 cm breit, durchscheinend gestreift. Stiel schlank, oben weißlich, unten bräunlich. Sporen ellipsoid, 6,5–9,5 µm lang. Geruch erd- bis stark leuchtgasartig, ähnlich *Cystodérma carchárias.* Laub- und Nadelwald, Massenpilz im Spätherbst. Bd. III/180.

C. metachroídes HARMAJA [*C. metáchroa* sensu LGE.]
Hut dunkelbraun, 1,5–4,5 cm breit, Rand durchscheinend gestreift. Stiel in ganzer Länge braun. Sporen 5,5–7,5 µm lang. Geruch wie *C. metáchroa.* Nadelwald.

3.2.4. Geruchlos. Lamellen graubraun, weit herablaufend

C. lítuus (FR.) MÉTROD, Faserstieliger Trichterling
Hut graubraun, Rand nicht oder wenig gestreift. Basidien 2sporig. Sporen 6,5–8,5 µm lang. Nadelwald. Bd. III/191.

C. subspadícea (LGE.) M. BON & CHEVASSUT, Nabel-Trichterling
Hut olivgrau, dunkelgrau, 3–8 cm breit, Rand nicht gestreift. Stielspitze weißfaserig. Sporen 6–7 µm lang. Laubwald. Bd. III/182.

C. concáva (SCOP.) GILL., Tiefgenabelter Trichterling
Hut hell umberbraun, gewölbt und genabelt, 3–4 cm breit, Rand durchscheinend gestreift. Stielspitze weißfaserig. Sporen 6–8 µm lang. Nadelwald.

4. Hut graugrün, blaugrün (selten elfenbeinweiß)

C. odóra (BULL.: FR.) KUMM., Grüner Anis-Trichterling
Lamellen und Stiel dem Hut gleichfarben. Sporenstaub rosa. Starker Anisgeruch. Laub- und Nadelwald. Eßbar. Bd. I/95.

Gattung Ripartítes KARST. 1879, Filzkrempling

Hut nicht hygrophan, behaart, mit eingerolltem Rand. Lamellen lederfarben bis bräunlich, vom Hutfleisch ablösbar. Sporenstaub graubraun. Sporen rundlich, warzig oder stachelig, zyanophil, nicht amyloid. Keine Zystiden, Hyphen mit Schnallen. Saprophyten, vorwiegend auf Laub- und Nadelstreu in Wäldern. Die in Europa durch 6 Arten vertretene Gattung ist vor anderen Trichterlingen durch die bräunlichen, warzigen Sporen gekennzeichnet. Nach SINGER (1975) ist sie zu den *Paxillá-ceae* (s. S. 158) zu stellen. Als Speisepilze ohne Bedeutung.

R. tricholóma (ALB. & SCHW.: FR.) KARST., Bewimperter Filzkrempling
Hut angedrückt zottig behaart, Rand abstehend behaart und gerippt, trocken, dünnfleischig, niedergedrückt. Geruchlos. Bd. IV/20.

R. helomórphus (FR.) KARST., Gebuckelter Filzkrempling
Ähnlich vorigem, aber mit kahlem Hutrand. Diese wenig bekannte Art ist nach einigen Autoren auch durch schmierigen Hut und Mehlgeruch ausgezeichnet. Bd. IV/21.

c) Nabelinge

Gattung Haasiélla KOTL. & POUZ. 1966, **Goldnabeling**

Fruchtkörper dünnfleischig. Hut schwach hygrophan, satt orange, nicht durchscheinend gestreift. Sporenstaub lachsrosa oder hellocker. Sporen weder amyloid noch dextrinoid, in Kresylblau metachromatisch (d.h. rot werdend), mäßig dickwandig, glatt, breit ellipsoid. Keine Zystiden. Hyphen mit oder ohne Schnallen. Saprophyten auf Erde, an Blättern und Holzresten. Die Gattung umfaßt nur 2 Arten, die durch ihr Wachstum bis in den Winter hinein auffallen. Der Falsche Pfifferling, *Hygrophorópsis aurantíaca* (Bd. I/139) unterscheidet sich durch eingerollten Hutrand und dextrinoide, mehr oder weniger zyanophile Sporen.

H. venustíssima (FR.) KOTL. & POUZ., Orangeroter Goldnabeling
Basidien 2sporig. Hyphen ohne Schnallen. Lamellen zuweilen gegabelt oder queraderig. Bd. III/193.

H. splendidíssima KOTL. & POUZ., Viersporiger Goldnabeling
Basidien 4sporig. Hyphen mit Schnallen. Lamellen nicht gegabelt. Selten (ČSSR).

Gattung Rickenélla RAITH. 1973, **Nabeling**

Fruchtkörper häutig. Hut bis 15 mm breit, Hutrand gerade. Lamellen weit herablaufend. Sporenstaub weiß. Sporen dünnwandig, nicht amyloid, nicht metachromatisch. Lamellentrama regulär-subregulär. Hut, Stiel und Lamellen durch Zystiden behaart. Hyphen mit Schnallen. An Laubmoosen wachsend, nicht lichenisiert. In Europa 4 Arten.

R. fíbula (BULL.: FR.) RAITH., Heftel-Nabeling
Hut und Stiel orange. Bd. III/123.

R. sétipes (FR.: FR.) RAITH., Blaustieliger Nabeling
Hut weißlich, Mitte graubraun. Stiel fuchsig, Spitze violett, stahlblau oder schwarzbraun. Bd. III//124.

Gattung Omphálina QUÉL. 1886 [*Omphália* (FR. 1821) STAUDE 1857, non (PERS. 1796) S. F. GRAY 1821], **Nabeling**

Fruchtkörper häutig bis dünnfleischig. Hutrand gerade. Lamellen weit herablaufend. Sporenstaub weiß oder rosa. Sporen dünnwandig, nicht amyloid, nicht metachromatisch. Lamellentrama irregulär. Keine Zystiden. Hyphen meist mit Schnallen. Saprophyten auf Erde, Holz oder an Moosen (mehrere Arten an *Sphágnum*), im Gegensatz zu hygrophanen *Clitócybe*-Arten nicht auf Laub- und Nadelstreu. In Europa 32 Arten.

1. Hut aschgrau, rußbraun. An Koniferenholz

O. epichýsium (PERS.: FR.) QUÉL., Holz-Nabeling
Hut düster gefärbt, Mitte flockig-schuppig, 1,5–3 cm breit. Bd. III/129.

2. Hut blau, blaugrün

O. smarágdina (BERK.) MALENÇON & BERTAULT, Blaugrüner Nabeling
Hut grün, blaugrün, schwarzgrün. Lamellen blaß grünlich. Nadelwald. Bd. III/132.

O. cyanophýlla (FR.) QUÉL., Blaublättriger Nabeling
Hut blaugrau, aschgrau. Lamellen blauviolett, lila. Stiel klebrig. An Holz; Gebirge und Skandinavien, sonst selten (DDR bei Jena).

3. Hut rosa

O. rosélla (LGE.) MOS., Rosa Nabeling
Hut und Stiel fleischrosa, kahl. Lamellen blaß rosa, dicklich. Sporenstaub weiß. Wiesen.

O. discorósea (PIL.) HERINK & KOTL. [*O. lilaceorósea* SVR. & KUBIČKA], Rosasporiger Nabeling
Hut bräunlich fleischfarben, filzig-flockig, nicht hygrophan. Lamellen rosa bis violett. Sporenstaub rosa. An Laubholz, ČSSR.

Gattung Fayódia KÜHNER 1930, Rußnabeling

Fruchtkörper häutig, braun oder grau. Hut hygrophan. Lamellen breit angewachsen. Sporen kugelig, feinwarzig, amyloid (Warzen aber inamyloid), Sporenstaub weiß. Dünnwandige Zystiden an Lamellenschneide. Hyphen mit Schnallen. Lamellentrama regulär. Saprophyten, in Europa 6 Arten.

F. gracílipes (BRITZ.) BRESINSKY & STANGL, Ranziger Rußnabeling
Hut graubraun, rußbraun, durchscheinend gestreift. Lamellen breit. Basidien 2sporig. Nadelwald. Bd. III/125 (zu blaß).

Gattung Gerronéma SING. 1951 [*Chrysomphálina* CLÉM. 1982, non HAAS 1962], Nabeling

Fruchtkörper häutig bis dünnfleischig. Hut weißlich, gelb, orange, braun; Hutrand eingerollt oder gerade. Lamellen weißlich bis gelb. Sporenstaub weiß, gelblich oder ocker. Sporen nicht amyloid, nicht metachromatisch. Lamellentrama regulär-bidirektionell (d. h., die Hyphen kreuzen sich rechtwinklig). Keine Zystiden. Hyphen mit oder (meist) ohne Schnallen. Boden- und holzbewohnende Saprophyten, z. T. mit Moosen oder Grünalgen assoziiert, im letzten Fall unscheinbare Flechten bildend (lichenisiert). In Europa 18 Arten.

1. Hut bräunlichgelb, Lamellen goldgelb, entfernt. Sporenstaub ockerlich

G. chrysophýllum (FR.) SING., Goldblättriger Nabeling
Hut 3–6 cm breit, runzlig flockig. Sporen 10–12 µm lang. Lamellentrama mit auffallend dickem Subhymenium. An morschem Holz. Bd. III/130.

2. Hut satt orange. Lamellen gedrängt bis mäßig entfernt. Sporenstaub weiß

G. póstii (FR.) SING., Orangegelber Nabeling
Hut 2–5 cm breit. Pigment in den Vakuolen. Zwischen Moosen in Hochmooren, Wäldern, auf Brandstellen.

G. marchántiae SING. & CLÉM., Lebermoos-Nabeling
Hut 0,5–1,2 cm breit. Pigment in den Zellwänden oder diesen aufgelagert. Auf und bei Lebermoos *(Marchántia)*.

3. Hut weißlich, bräunlich oder gelb, mit gekerbtem Rand, Lamellen entfernt. Sporenstaub weiß. Lichenisierte Arten

G. ericetórum (PERS.: FR.) SING., Gefalteter Nabeling
Hut bräunlich, strohgelb, weißlich (in Lappland auch lila Formen). Sporen 8–10 × 6–7 µm. Auf Torf, saurem Boden, Holz; Flechte *(Botrýdina vulgáris)* = Kolonien 0,1 mm großer grüner Kügelchen. Bd. III/131.

G. alpínum (BRITZ.) BRESINSKY & STANGL [*G. luteovitellínum* (PIL. & NANNF.) SING.]
Hut goldgelb, Stiel und Lamellen blasser gelb; Lamellen weit herablaufend. Sporen 6,5–9,6 × 3,5–4,3 µm. Auf Erde; Alpen und Nordeuropa.

G. luteolilacinum (FAVRE) SING.

Hut und Lamellen aprikosenfarben, Stiel blaß lila. Lamellen wenig herablaufend. Sporen 8,5–10 × 4,5–5,2 µm. Auf Erde; Alpen.

Gattung Myxomphália HORA 1960, Kohlennabeling

Fruchtkörper häutig, dunkelbraun. Hut hygrophan, mit abziehbarer, dehnbarer Haut. Lamellen kaum herablaufend. Sporenstaub weiß. Sporen ellipsoid, glatt, amyloid. Dünnwandige Zystiden an Lamellenschneide. Hyphen mit Schnallen. 3 Arten, bedeutungslos.

M. máura (FR.) HORA, Kohlennabeling

Hut schwarzbraun, kahl, glänzend. Lamellen weiß, sehr gedrängt. Mehlgeruch. Auf Brandstellen, Waldboden. Bd. III/128.

Gattung Hýdropus KÜHNER ex SING. 1946, Wasserfuß

Fruchtkörper von Nabelings- oder Rüblingshabitus, meist dunkel gefärbt. Huthaut aus blasigen Zellen. Sporenstaub weiß. Sporen ellipsoid bis kugelig, amyloid oder nicht, glatt. Hyphen meist ohne Schnallen. Große, dünnwandige Zystiden an Lamellenschneide und -fläche. In Europa etwa 6 Arten, Saprophyten, als Speisepilze bedeutungslos.

Abb. 15. Buchenwald-Wasserfuß, *Hydropus subalpinus.* Kalk-Buchenwald bei Detmold, Nordrhein-Westfalen, BRD. Foto H. JAHN 1960.

1. Lamellen herablaufend

H. marginéllus (PERS.: FR.) SING., Braunschneidiger Wasserfuß
Hut rußbraun, graubraun, samtig, bereift. Lamellen weißlich mit brauner Schneide. In dichten Rasen an Koniferenstümpfen. Bd. III/179.

2. Lamellen ausgebuchtet bis fast frei

H. atramentósus (KALCHBR.) KOTL. & POUZ.
Hut rußbraun, graubraun, fein behaart. Lamellen weißlich, bei Verletzung schwarzpurpurn werdend. Stiel knorpelig. An Koniferenholz.

H. subalpínus (HÖHN.) SING., Buchenwald-Wasserfuß
Hut gelbbraun (wie kleine *Xérula radicáta*, aber trocken). Lamellen weiß, mit schartig-flockiger Schneide. An abgefallenen Ästchen im Buchenwald *(Fágus)*. Abb. 15.

Gattung Delicátula FAYOD 1889, Adernabeling

Hut häutig, weiß. Lamellen aderförmig. Sporenstaub weiß. Sporen mandelförmig, glatt, amyloid. Keine Zystiden. Hyphen teilweise mit Schnallen. 2 Arten, Saprophyten. Die ähnliche Gattung *Hemimycéna* (SING.) SING. hat nicht amyloide Sporen und Hyphen regelmäßig mit Schnallen.

D. integrélla (PERS.: FR.) FAYOD, Weißer Adernabeling
Hut flach gewölbt, dann niedergedrückt, kahl. An Holz, Humuserde, Pflanzenresten. Bd. III/126.

Gattung Xeromphália KÜHNER & MRE. 1934, Glöckchennabeling

Fruchtkörper zäh. Hut häutig, rostgelb, rostbraun, fuchsig. Sporenstaub weiß. Sporen länglich-ellipsoid, glatt, amyloid. Dünnwandige, große Zystiden an Lamellenschneide und Stieloberfläche. Hyphen mit Schnallen. Saprophyten, als Speisepilze ohne Bedeutung. Trotz abweichender Form verwandt mit dem Winterrübling (*Flammulína*, S. 115). In Europa 4 Arten.

X. campanélla (BATSCH: FR.) KÜHNER & MRE., Geselliger Glöckchennabeling
An Koniferenstümpfen in großen Scharen. Stiel krumm, mit dunkelbrauner Basis. Lamellen mit Cheilozystiden. Bd. I/109.

X. cauticinális (FR.) KÜHNER & MRE., Gelber Glöckchennabeling
In sandigen Kiefernwäldern. Stiel gerade, Basis mit rostgelbem Filz. Cheilozystiden fehlen. Bd. III/127.

X. amára HORAK & PETER, Bitterer Glöckchennabeling
Ähnlich voriger Art, aber mit bitterem Geschmack.

d) Helmlinge

Gattung Mycéna (PERS. 1801) ROUSSEL 1806 [*Insitícia* EARLE 1909], Helmling

Kleine Pilze mit glocken- oder kegelförmigem, geraderandigem Hut und langem, dünnem Stiel, ohne Velum. Lamellen ausgebuchtet oder breit angewachsen bis kurz herablaufend, weiß oder farbig, nicht gegabelt. Sporenstaub weiß. Sporen ellipsoid bis rundlich, glatt, amyloid oder nicht. Zystiden an Lamellenschneide vorhanden, entweder spindelförmig oder keulenförmig mit vielen kurzen Stacheln. Hyphen mit Schnallen.

Saprophyten im Boden oder an Holz, inner- und außerhalb des Waldes. Im Spätherbst beobachtet man oft ein Massenauftreten zahlreicher Arten. Von der umfangreichen Gattung (in Europa etwa 120 Arten) kann hier nur eine Auswahl von Arten vorgestellt werden. Der Speisewert dieser kleinen Pilze ist meist nicht untersucht; vor Genuß ist zu warnen (*M. púra* und *M. rósea* sind giftig!).

1. Fruchtkörper mit Milchsaft (Latex)

M. gálopus (Pers.: Fr.) Kumm., Weißmilchender Helmling
Hut und Stiel grau bis schwärzlich, selten weißlich. Lamellen weißlich. Milchsaft weiß. Zystiden glatt. Laub- und Nadelwaldboden. Bd. III/118.

M. crocáta (Schrad.: Fr.) Kumm., Gelbmilchender Helmling
Hut grau- bis rotbraun. Stiel ocker bis orange. Lamellen weißlich. Milchsaft orange. Zystiden stachelig. Waldboden unter Buche *(Fágus)*. Bd. III/112.

M. sanguinolénta (Alb. & Schw.: Fr.) Kumm., Purpurschneidiger Helmling
Hut ockerbraun. Stiel purpurbräunlich. Lamellen weißlich mit rotbrauner Schneide. Milchsaft wäßrig purpurrot. Zystiden glatt. Laub- und Nadelwaldboden, Stümpfe. Bd. III/116b.

M. haemátopus (Pers.: Fr.) Kumm., Blut-Helmling
Hut und Stiel purpurbraun. Lamellen weißlich. Milchsaft dunkel blutrot. Zystiden glatt. An Holz, besonders von Buche *(Fágus)*.

2. Hut und Stiel mit schleimiger, abziehbarer Haut (vgl. auch *Omphálina cyanophýlla*, S. 104)

M. viscósa („Secr.") Mre., Schleimiger Helmling
Hut graubraun, gelbbraun. Lamellen (oft auch Hut) rotbraun gefleckt. Stiel satt zitronengelb. Geruch stark ranzig. Zystiden stachelig. Nadelwaldboden, auch an Stümpfen. Bd. III/120.

M. epipterýgia (Scop.: Fr.) S. F. Gray, Überhäuteter Helmling
Hut und Lamellen gelblichweiß, nicht fleckig werdend. Stiel hell gelblich. Zystiden stachelig. Massenpilz auf Nadelwaldboden. Bd. III/115.

M. vulgáris (Pers.: Fr.) Kumm., Klebriger Helmling
Hut und Stiel grau, graubraun. Lamellen nicht braunfleckig. Zystiden stachelig. Nadelwaldboden. Bd. III/114.

3. Hut klebrig, Stiel trocken

M. cinerélla Karst., Aschgrauer Helmling
Hut und Stiel graubraun. Lamellen kurz herablaufend. Geschmack mehlartig. Nadelwaldboden. Abb. 16.

M. leptocéphala (Fr.) Gill. [*M. chlorinélla* (Lge.) Sing.], Stechender Helmling
Hut fleischrötlichbraun, gerieft, bereift. Lamellen ausgebuchtet. Stiel fadenartig dünn. Zystiden glatt. Geruch stechend (Stickoxide). Wald-, Wiesen-, Gartenboden, Stümpfe.

M. amícta (Fr.) Quél., Geschmückter Helmling
Hut graubraun, blaugrün überlaufen. Stiel weißlich, in ganzer Länge kurzhaarig, Basis oft grünblau. Zystiden glatt. Nadelwald, auch an Holz.

M. adónis (Bull.: Fr.) S. F. Gray, Adonis-Helmling
Hut rosa, zinnober, nur schwach klebrig. Lamellen rosa mit weißer Schneide. Stiel weiß. Zystiden glatt. Nadelwald, Heiden.

M. tintinábulum Quél., Winter-Helmling
Hut dunkelbraun, schwarzbraun. Lamellen blaßgrau oder rosa. Stiel weißlich. Zystiden stachelig. Büschelig, oft in dichten Rasen an Laubholzstümpfen, Spätherbst und Winter. Bd. III/105, Abb. 17.

Abb. 16. Aschgrauer Helmling, *Mycena cinerella.* Kiefernforst bei Hövelhof, Nordrhein-Westfalen, BRD. Foto H. Jahn 1960.

Abb. 17. Winter-Helmling, *Mycena tintinabulum.* An Eichenstumpf bei Zwenkau, Bez. Leipzig, DDR. Foto K. Herschel 1964.

4. Hut nicht klebrig. Kein Milchsaft

4.1. Lamellenschneide farbig oder schwarz (s. auch *M. viridimargináta*, S. 111)

M. citrinomargináta GILL., Gelbschneidiger Helmling
Hut und Stiel gelb bis bräunlich. Lamellen weiß mit gelber Schneide. Zystiden glatt. Laub- und Nadelwald, Gebüsche.

M. aurantiomargináta (FR.) QUÉL., Orangeschneidiger Helmling
Hut und Stiel olivbraun, Hutrand und Stielbasis orange. Lamellen grau mit orangefarbener, flockiger Schneide. Zystiden stachelig. Nadelwald. Bd. III/119.

M. rosélla (FR.) KUMM., Rosaschneidiger Helmling
Hut und Stiel hellrosa. Lamellen rosa mit roter Schneide. Zystiden stachelig an Schneide, spindelförmig an Fläche der Lamellen. Massenpilz im Fichtenwald *(Pícea)*. Bd. III/113.

M. avenácea (FR.) QUÉL., Braunschneidiger Helmling
Hut grau, graubraun, olivgelb. Stiel gelblich. Lamellen grau mit rotbrauner Schneide. Zystiden glatt. Wiesen, Weiden.

M. purpureofúsca PECK, Lilaschneidiger Helmling
Hut und Stiel lila, braunviolett. Lamellen grau oder grauoliv mit violetter bis violettschwarzer Schneide. Zystiden glatt. Nadelwald. Bd. III/110.

M. peliánthina (FR.) QUÉL., Schwarzgezähnelter Helmling
Hut graubraun, lilagrau, stark hygrophan. Lamellen grauviolett mit schwarzer, gekerbter Schneide. Zystiden glatt. Eine größere Art mit Rettichgeruch, einer *Psathyrélla* (Bd. IV) ähnlich wirkend. Laub-, besonders Buchenwald *(Fágus)*. Bd. III/107.

4.2. Lamellenschneide gleichfarben oder hell

4.2.1. Bodenbewohnende Pilze, nicht büschelig

4.2.1.1. Geruch auffallend rettichartig. Hut rosa bis lila

M. rósea (BULL.) GRAMBERG [*M. púra* var. *rósea* (SCHUM.) KÜHNER], Rosa Helmling Hut und Lamellen rosa. Stiel weiß bis blaß rosa, bis 11,5 cm lang und bis 1 cm dick. Buchenwald, verbreitet. **Giftig!**

M. púra (PERS.: FR.) KUMM., Rettich-Helmling
Hut lila, lilabraun, bläulich. Lamellen rosa bis lila. Stiel lila, bis 7 cm lang und bis 4 mm dick. Laub- und Nadelwald. **Giftig!** Bd. III/122.

4.2.1.2. Geruch nicht rettichartig

M. zéphirus (FR.: FR.) KUMM., Rostfleckiger Helmling
Hut, Stiel und Lamellen weißlich-graubräunlich mit rostbraunen Flecken. Hut radial gefurcht, bis 4,5 cm breit. Geruchlos. Zystiden glatt. Massenpilz im Kiefernwald *(Pínus)*. Bd. III/116.

M. vítilis (FR.) QUÉL., Zäher Faden-Helmling
Hut graubraun, stumpf kegelig. Stiel grau, glänzend, zäh, fadenartig lang. Lamellen blaßgrau. Zystiden glatt. Auf vergrabenen Ästchen. Bd. III/108.

M. filopes (BULL.: FR.) KUMM., Zerbrechlicher Faden-Helmling
Hut weißlich bis grau, sehr ähnlich *M. vítilis*, aber Stiel zerbrechlich, Zystiden stachelig. Laubwald.

M. lineáta (BULL.: FR.) KUMM., Jodoform-Helmling
Hut und Stiel olivgrau, graugrünlich. Lamellen grünlichgrau. Stiel zerbrechlich. Zystiden stachelig. Geruch jodoformartig. An Pflanzenresten auf Dünen.

M. metáta (FR.: FR.) KUMM. sensu RICKEN, LGE., Kegeliger Helmling
Hut lilabräunlich, kegelförmig bleibend; Scheitel fleischrötlichbraun. Lamellen blaß rö-

lich. Stiel graubräunlich. Zystiden stachelig. Geruch schwach ranzig. Massenpilz auf Fichtennadelstreu *(Pícea).*

M. flavoálba (FR.) QUÉL., Zitronengelber Helmling
Hut hellgelb, 10–20 mm breit. Lamellen weißlich. Stiel glasig weiß, trocken. Zystiden glatt. Laubwald. Bd. III/111.

M. rórida (SCOP.: FR.) QUÉL., Schleimfuß-Helmling
Hut gelblich, gelbbraun, 2–10 mm breit, trocken. Lamellen weiß, herablaufend. Stiel mit dicker Schleimhülle. Zystiden glatt. Geruchlos. An Zweigen, Stengeln, Laub- und Nadelstreu, Torfmoos. Bd. III/116a.

M. stylóbates (PERS.: FR.) KUMM., Postament-Helmling
Hut weißlich, körnig rauh, bis 15 mm breit. Stiel farblos, mit basalem Scheibchen, das von einem Haarkranz umgeben ist. Zystiden glatt. Auf Holz und Waldboden. Bd. III/106.

4.2.2. Holzbewohnende Pilze, oft büschelig wachsend

4.2.2.1. Geruch stechend, nach Stickoxiden. Zystiden glatt

M. alcalína (FR.: FR.) KUMM., Salpeter-Helmling
Hut grau, graubraun, honigoliv. Stiel graubraun, gelbbraun. Lamellen grau mit weißer Schneide. An Nadelholz. Bd. III/117.

M. viridimarginàta KARST., Olivbrauner Helmling
Hut braun oder olivgrünlich, Rand gelbbraun bis gelb. Stiel honigbraun. Lamellen hellgrau, Schneide oft grün bis braun. An Nadelholz. Bd. III/116d.

M. renáti QUÉL. [*M. luteoalcalína* SING.], Gelbstieliger Helmling
Hut rosa bis rotbraun, Rand in gelb übergehend. Stiel zitronen- bis bernsteingelb. Lamellen rosaweißlich, Schneide gleichfarben oder rot bis braun. An Laubholz, zerstreut.

4.2.2.2. Geruch unauffällig. Zystiden glatt oder stachelig

M. polygrámma (BULL.: FR.) S. F. GRAY, Rillstieliger Helmling
Hut grau, graubraun, bis 6 cm breit, radial gefurcht. Stiel silbergrau, längsgerieft, steif und zäh. Lamellen graubräunlich. Zystiden glatt. An Laubholz. Bd. III/103.

M. galericuláta (SCOP.: FR.) S. F. GRAY, Rosablättriger Helmling
Hut grau, graubraun, bis 6 cm breit, oft radial gefurcht. Stiel blaßgrau, glatt, glänzend, zäh. Lamellen cremeweiß, später oft hellrosa. Zystiden stachelig. An Laubholz. Bd. I/108.

M. nivéipes MURR., Frühlings-Helmling
Hut cremeweiß, rostbraun gefleckt, radial gerunzelt, bis 6 cm breit. Stiel weißlich, seidig glänzend, zerbrechlich. Lamellen cremeweiß, rostgelb fleckend. Zystiden glatt. An Laubholz, Mai/Juni.

M. inclináta (FR.) QUÉL., Buntstieliger Helmling
Hut grau- bis schwarzbraun, bis 4 cm breit. Stiel oben weiß. Mitte gelb, Basis fuchsig bis rotbraun, zäh, oft gerieft. Lamellen weiß, hellgrau, blaß rosa. Zystiden stachelig. An Eiche *(Quércus).* Bd. III/104.

M. maculáta KARST. [*M. alcalína* sensu RICKEN], Gefleckter Helmling
Hut ocker, graubraun, rotbraun, bis 5 cm breit. Stiel hellgrau, Basis rotbraun bis weinrot, mäßig zäh. Lamellen grau mit weißer Schneide, rotbraun fleckend. Zystiden stachelig. An Laubholz. Bd. III/116c.

M. corticola (PERS.: FR.) S. F. GRAY, Rinden-Helmling
Hut rosa, bräunlich fleischfarben, bis 1 cm breit. Stiel und Lamellen weiß bis rosa. Zystiden warzig. An Baumrinde. Bd. III/109.

M. acícula (SCHAEFF.) KUMM., Orangeroter Helmling
Hut orangerot, bis 1 cm breit. Lamellen gelblichweiß. Stiel satt gelb. Zystiden glatt. An moosbedecktem Holz, an Graswurzeln, auf humusreicher Erde, zerstreut.

Gattung Hemimycéna SING. 1938, **Scheinhelmling**

Kleine, zarte Pilze ähnlich *Mycéna*; Hut weiß, kahl oder behaart, höchstens 3 cm breit. Zystiden an Lamellenschneiden und z. T. -flächen vorhanden, glatt. Sporen nicht amyloid. Hyphen mit Schnallen. Saprophyten auf Streu, an Holz und Pflanzenresten. In Europa 18 Arten.

H. láctea (PERS.: FR.) SING., Milchweißer Scheinhelmling
Hut bis 12 mm breit, weiß, etwas gerieft. Lamellen und Stiel weiß. Von vielen ähnlichen Arten durch das Fehlen von Pleurozystiden und den Standort auf Nadelwaldboden unterschieden. Bd. III/121.

e) Rüblinge

Gattung Collýbia (FR.) STAUDE 1857 [*Rhodocollýbia* SING. 1939], **Rübling**

Hut häutig bis dünnfleischig, gewölbt-verflacht, hygrophan oder nicht. Lamellen abgerundet angewachsen oder ausgebuchtet. Stiel zäh, faserig, bei vielen Arten wurzelartig verlängert. Sporenstaub weiß bis rötlich ocker. Basidien normal. Zystiden bei einigen Arten vorhanden. Hyphen mit Schnallen. Saprophyten, die meist auf der Laub- und Nadelstreu der Waldböden wachsen; in Europa etwa 33 Arten. Die unter 1.2. und 2. aufgeführten Arten wurden früher zu den Schwindlingen *(Marásmius)* gestellt.

Wegen ihrer Zähigkeit und des z. T. unangenehmen Geschmacks sind die meisten Arten ungenießbar, besonders ist vor dem Verzehr der zähen Stiele zu warnen. *C. fúsipes* (Bd. III/159) und *C. hariolórum* (Bd. III/157) gelten als giftig.

1. Stiel in ganzer Länge behaart oder kleiig-flockig

1.1. Hut 5–15 mm breit, weißlich. Oft auf faulenden Pilzhüten

C. amanítae (BATSCH) KREISEL [*C. cirráta* (PERS.) KUMM.], Seidiger Rübling
Stiel unverzweigt, ohne Sklerotien. Bd. III/152.

C. cóokei (BRES.) J. D. ARNOLD, Gelbknolliger Rübling
Stiel unverzweigt, einem ockergelben oder fuchsigen Sklerotium entspringend.

C. tuberósa (BULL.: FR.) KUMM., Braunknolliger Rübling
Stiel unverzweigt, einem dunkelbraunen Sklerotium entspringend. Bd. III/151.

C. racemósa (PERS.: FR.) QUÉL., Traubenstieliger Rübling
Stiel mit kurzen, abstehenden Seitenzweigen, einem dunkelbraunen Sklerotium entspringend. Bd. III/153.

1.2. Hut 20–50 mm breit

C. peronáta (BOLT.: FR.) KUMM., Brennender Rübling, Filzstieliger Rübling
Lamellen entfernt. Hut, Stiel und Lamellen rötlichbraun. Stielbasis gelblich bis olivgelb zottig-filzig. Geschmack scharf. Massenpilz in Laub- und Nadelwald. Bd. III/155.

C. hariolórum (BULL.: FR.) QUÉL., Striegeliger Rübling
Lamellen gedrängt. Hut, Stiel und Lamellen blaß bräunlich oder fleischrötlich. Geschmack mild. An Buchenholz und -laub *(Fágus)*, einzeln wachsend. **Giftig!** Bd. III/157.

C. cónfluens (PERS.: FR.) KUMM., Knopfstieliger Rübling
Lamellen gedrängt, weißlich. Hut ledergelb, fleischfarben. Stiel graubräunlich. Geschmack mild. Waldboden, besonders unter Buche *(Fágus)*, in dichten Büscheln wachsend. Bd. III/154.

2. Stiel nur unterhalb der Mitte behaart

C. putílla (Fr.: Fr.) Sing.; Zimtrötlicher Rübling
Hut zimt- bis purpurbraun, fein gerieft. Stiel oben bereift, unten weißfilzig. Auf Nadelstreu *(Pínus)*. Bd. III/145.

C. fuscopurpúrea (Pers.: Fr.) Kumm., Purpurbrauner Rübling
Hut ledergelb, fuchsig, runzelig gerieft. Stiel kahl, Basis rostbraun filzig. Auf Buchenlaub *(Fágus)*. Bd. III/156.

C. alkalívirens Sing., Dunkler Rübling
Hut schwarzbraun, purpurbraun, ausblassend. Stiel schwärzlich, oben bereift, unten purpurfilzig, Laubwald. Bd. III/156a.

3. Stiel kahl und glatt, höchstens die Basis filzig

C. dryóphila (Bull.: Fr.) Kumm., Waldfreund-Rübling
Hut gelbbraun, fuchsig, fleischrötlich, lederfarben. Stiel ebenso gefärbt, Basis manchmal verdickt. Lamellen weiß. Einzeln wachsend. Wälder aller Art. Bd. I/102, Bd. III/161.

C. acerváta (Fr.) Kumm., Büschel-Rübling
Hut rötlichbraun, ausblassend. Stiel rotbraun, Basis dunkler, mit rötlichen Haaren. Lamellen gedrängt, rötlich. In großen Büscheln an Koniferenholz, Nordeuropa und Hochgebirge.

C. marasmioídes (Britz.) Bresinsky & Stangl, Rotstieliger Rübling
Hut blaß fleischrötlich bis fuchsig. Stiel lebhaft gelb, orange oder purpurbraun, Basis mit rötlichen Haaren. Lamellen etwas entfernt, weiß oder hellgelb. Büschelig an Laubholz. Bd. III/158.

C. luteifólia Gill. [*C. exscúlpta* s. auct. plur.], Gelbblättriger Rübling
Hut ledergelb, Mitte fuchsig. Stiel fuchsig, tief im Boden steckend. Lamellen lebhaft zitronengelb. Laubwald und Fichtenforst auf stickstoffreichem Boden, ab Juni.

4. Stiel kahl, längsgefurcht. Größere Arten (Hut 3–12 cm)

4.1. Stiel mehr oder weniger wurzelnd. Lamellen rötlich bis rostbraun fleckend

C. maculáta (Alb. & Schw.: Fr.) Kumm., Gefleckter Rübling
Hut elfenbeinweiß mit fleischroten oder rostbraunen Flecken, alt ganz rostocker. Stiel cremeweiß, kurz wurzelnd (Basis oft S-förmig) und wie abgerissen. Lamellen dünn, sehr gedrängt, creme bis hell ocker, sehr gedrängt, Schneide gesägt. Sporenstaub rötlich ocker. Geschmack bitter. Nadelwald, oft truppweise bei Stümpfen. Bd. I/104.

C. distórta (Fr.) Quél., Verdrehter Rübling
Hut kastanienbraun. Stiel gelblich, oft verdreht, kurz wurzelnd. Lamellen weiß, ganzrandig. Einzeln im Laubwald. Bd. III/162.

C. fúsipes (Bull.: Fr.) Quél., Spindeliger Rübling
Hut rotbraun, fleischfarben; purpurn gefleckt. Stiel ebenso gefärbt, lang wurzelnd, spindelförmig. Lamellen entfernt, dicklich Sporenstaub weiß. Büschelig an Eichenstümpfen und -stämmen *(Quércus)*. **Giftverdächtig!** Bd. III/159.

4.2. Stiel nicht wurzelnd. Lamellen ungefleckt

C. butyrácea (Bull.: Fr.) Kumm., Butter-Rübling, Kastanienroter Rübling
Hut fuchsig, rotbraun, fettig glänzend. Stiel keulenförmig, Basis hohl. Waldböden, besonders Nadelwald. Eßbar. Bd. I/103.

C. aséma (Fr.: Fr.) Kumm., Horngrauer Rübling
Hut horngrau, stark hygrophan, sonst wie vorige Art. Laub- und Nadelwald. Eßbar. Bd. III/160.

Gattung **Macrocystídia** Joss. 1933, **Gurkenschnitzling**

Hut sehr dünnfleischig, samtig (Dermatozystiden!), hygrophan. Lamellen angeheftet. Stiel zäh, samtig, Basis verjüngt. Sporenstaub rötlich, selten weiß. Basidien normal. Sporen spindelförmig, nicht amyloid. Zystiden groß, lanzettlich, spindelförmig. Hyphen mit Schnallen. Saprophyten. Nur 1 Art mit mehreren Varietäten, ungenießbar.

M. cúcumis (Pers.: Fr.) Joss., Gurkenschnitzling
Hut und Stiel dunkelbraun, samtig. Geruch erst gurkenartig, dann nach Trimethylamin (Heringslake, Samen von *Impátiens parviflóra*). Waldboden, Wegränder. Bd. III/150.

Gattung **Tephrócybe** Donk 1962, **Graublatt**

Kleinere Rüblinge mit grauen Lamellen, karminophilen Basidien (s. *Calócybe*, S. 92) und meist starkem Mehlgeruch. Sporenstaub weiß. Sporen nicht amyloid. Keine Zystiden. Hyphen mit Schnallen. Saprophyten in Waldböden, in Mooren oder an Holzkohle auf Brandstellen. In Europa etwa 20 Arten, bedeutungslos.

1. Auf Brandstellen. Mit Mehlgeruch

T. atráta (Fr.: Fr.) Donk, Traniges Graublatt
Sporen ellipsoid, glatt. Hut schwarzbraun, oft genabelt. Stiel knorpelig, kahl, mit zottiger Basis. Bd. III/164.

T. carbonária (Vel.) Donk
Sporen subglobos, glatt bis feinwarzig. Hut umberbraun, halbkugelig oder schwach gebuckelt, Rand gezähnelt. Stiel kahl, zerbrechlich.

T. ambústa (Fr.: Fr.) Donk, Kohlen-Graublatt
Sporen kugelig, grobwarzig bis höckerig. Hut dunkelbraun, oft mit kleinem Buckel. Stiel weißflockig.

2. An Torfmoos *(Sphágnum)*. Mit Mehlgeruch

T. palústris (Peck) Donk, Sumpf-Graublatt
Hut graubraun, gelblichgrau, flach gewölbt bis niedergedrückt. Stiel weichfleischig, kahl, Spitze bereift.

3. Auf Waldboden

T. ráncida (Fr.) Donk, Wurzel-Graublatt
Hut und Stiel grau, grauschwarz. Stiel lang wurzelnd. Mehlgeruch. Laub- und Nadelwald. Bd. III/163.

T. corácina (Fr.) Mos., Flachstieliges Graublatt
Hut dunkelbraun, flach. Stiel haselnußbraun, nicht wurzelnd, Spitze weißflockig. Mehlgeruch. Nadelwald, selten.

T. ínolens (Fr.) Mos., Geruchloses Graublatt
Hut olivgrau, graubraun. Stiel grauweißlich, nicht wurzelnd, Spitze weißschuppig. Geruchlos. Nadelwald. Bd. III/165.

Gattung **Clitocýbula** (Sing. 1943) Métrod 1952, **Holzrübling**

Mittelgroße, einzeln oder büschelig wachsende Rüblinge mit faserig gestreiftem Hut, breit angewachsenen Lamellen und rundlichen bis kurz ellipsoiden, glatten, amyloiden Sporen. Sporenstaub weiß. Mit oder ohne Cheilozystiden. Hyphen mit vereinzelten Schnallen. In Europa 3 Arten, Saprophyten an Holz.

C. laceráta (SCOP.) MÉTROD, Gestreifter Holzrübling
Hut graubraun, 2–5 cm breit, faserig gestreift bis radial rissig. Lamellen weiß, nicht ausgebuchtet (Gegensatz zum Breitblatt, *Megacollýbia platyphýlla*, Bd. I/105). Zystiden fehlen. Baumstümpfe in Bergwäldern. Bd. III/179 a.

Gattung Flammulína KARST. 1891, Winterpilz

Büschelig wachsende Rüblinge mit schleimigem Hut und samtig behaartem Stiel. Sporenstaub weiß. Sporen länglich ellipsoid bis zylindrisch, glatt, nicht amyloid. Zystiden an Lamellenschneide und auf dem Stiel vorhanden. Hyphen mit Schnallen. 3 Arten, Saprophyten an Laubholz, hervorragende Speisepilze.

F. velútipes (CURT.: FR.) SING., Winterpilz, Samtfuß-Rübling
Hut gelb bis fuchsig. Stiel fuchsig bis schwarzbraun, Spitze anfangs hellgelb, Basis kurz wurzelnd. Lamellen hellgelb. An Stümpfen im Spätherbst und Winter. Bd. I/107.

F. fénnae BAS
Hut weiß bis blaßgelb, Scheitel ocker. Sporen 6–8 × 4–5 µm. Auf vergrabenem Holz im Spätfrühling und Herbst, seltener.

Gattung Oudemansiélla SPEG. 1881 [*Mucídula* PAT. 1887], Schleimrübling

Büschelig wachsende Rüblinge mit Velum. Hut von Anfang an schleimig. Lamellen breit, entfernt. Sporen groß (über 14 µm), subglobos, glatt, nicht amyloid. Basidien riesig (40–80 µm lang). Dünnwandige Zystiden an Lamellenflächen und -schneiden vorhanden. Huthaut hyphig. Hyphen mit Schnallen. Saprophyten und Altersparasiten an Laubholz. 2 Arten, davon 1 in Europa, eßbar.

Ou. múcida (SCHRAD.: FR.) HÖHN., Buchen-Schleimrübling
Hut anfangs grau, bald cremeweiß. Stiel mit häutigem, abstehendem Ring, nicht wurzelnd. Büschelig an Ästen, sowohl am Boden als auch in Baumkronen, auch an alten Stämmen. Bd. III/167.

Gattung Xérula MRE. 1933, Wurzelrübling

Einzeln wachsende Rüblinge mit trockenem oder bald schleimigem Hut, ohne Velum. Lamellen breit, entfernt. Basidien groß (30–60 µm lang). Sporen subglobos bis kurz ellipsoid, 8–15 µm lang, glatt, nicht amyloid. Zystiden an Lamellenflächen und -schneiden vorhanden, z. T. dickwandig. Huthaut hymeniform. Hyphen mit unregelmäßig auftretenden Schnallen.

Saprophyten auf faulen Baumwurzeln, typisch aus einer wurzelartigen Verlängerung des Stieles (Pseudorhiza, Appendix rhizomorpha) hervorwachsend. In Europa 5 Arten.

1. Hut kahl, Huthaut bald verschleimend, zuletzt trocken. Stiel kahl

X. radicáta (RELHAN: FR.) SING., Schleimiger Wurzelrübling
Hut braun, seltener weißlich, radial gerunzelt und grubig. Unter Laubbäumen, besonders Buche. Bd. I/106.

2. Hut und Stiel samtig bis borstig, trocken

X. púdens (PERS.) SING., Braunhaariger Wurzelrübling
Hut grau, graubraun, zimtbraun; Härchen gelb bis braun, kürzer als 1 mm. Unter Laubbäumen, besonders Eichen an trockenwarmen Standorten.

X. melanótricha DÖRFELT, Schwarzhaariger Wurzelrübling
Hut dunkelbraun; Härchen rot- bis schwarzbraun, oft zu Zotten verklebt, bis 3 mm lang. Unter Tannen *(Abies)* auf Kalk und Flysch; Südeuropa bis ČSSR, Thüringen, südliche BRD.

X. nígra (DÖRFELT) DÖRFELT, Schwarzbrauner Wurzelrübling
Hut grau bis schwärzlich; Härchen farblos, kraus. Unter Buchen *(Fágus)* auf Kalk, selten von Norditalien bis Rügen und Dänemark.

f) Zapfenrüblinge

Gattung Strobilúrus SING. 1962, Nagelschwamm, Zapfenrübling

Kleine Rüblinge mit dünnem, knorpelig-zähem Stiel, der sich in eine behaarte, schnurartige Pseudorhiza fortsetzt, die aus einem vergrabenen Koniferenzapfen hervorgeht. Huthaut zellig. Sporenstaub weiß. Sporen nicht amyloid. Basidien normal. An Lamellenschneide und -fläche auffällige, etwas dickwandige Zystiden, die oft eine Schleimkappe tragen. Hyphen ohne Schnallen. In Europa 3 Arten, eßbar, aber unbedeutend.

S. esculéntus (WULFEN: FR.) SING., Fichten-Nagelschwamm
Hut graubraun, rußbraun, selten hellgrau. Geschmack mild. Zystiden stumpf, ziemlich zahlreich. Sporen ellipsoid. An Fichtenzapfen *(Pícea)*, Januar/Mai und Oktober/November. Bd. III/146.

S. stephanocýstis (HORA) SING., Milder Nagelschwamm
Hut hell-, rot-, rußbraun. Geschmack mild oder bitterlich. Zystiden stumpf, wenig zahlreich. Sporen apfelkernförmig. An Kiefernzapfen *(Pínus)*, März/Anfang Juni. Bd. III/147.

S. tenacéllus (PERS.: FR.) SING., Bitterer Nagelschwamm
Hut ockergelb, rötlichbraun. Geschmack mild oder bitterlich. Zystiden überwiegend spitz, sehr zahlreich. Sporen allantoid. An Kiefernzapfen *(Pínus)*, Mai/Juni. Bd. III/148.

Gattung Baeóspora SING. 1938, Mäuseschwanz

Ähnlich *Strobilúrus* oder *Mycéna*, jedoch mit mehlig bestäubtem Stiel, dünnwandigen Zystiden und amyloiden Sporen. Hyphen mit Schnallen. An Holz und (vergrabenen oder oberflächlich liegenden) Zapfen. 2 Arten, als Speisepilze bedeutungslos.

B. myosúra (FR.: FR.) SING., Mäuseschwanz
Hut honigbraun, fleischfarben, anfangs weiß bestäubt. Stiel kleiig bis kurzhaarig, Basis mit langen Zotten, mit oder ohne Pseudorhiza. Zystiden stumpf. An Koniferenzapfen, September/Oktober. Bd. III/149.

g) Schwindlinge

Gattung Crinipéllis PAT. 1889, Haarschwindling, Fasermützchen

Schwindlinge mit behaartem Hut und Stiel; die Haare (Dermato- und Kaulozystiden) sind dextrinoid. Sporenstaub weiß. Sporen zyanophil, nicht amyloid. Lamellen mit dünnwandigen, nicht dextrinoiden Pleuro- und Cheilozystiden. Hyphen mit Schnallen. Saprophyten und Pflanzenparasiten. Die vorwiegend tropische Gattung ist in Europa nur mit 1 Art vertreten; als Speisepilze bedeutungslos.

C. stipitária (Fr.) Pat., Brauner Haarschwindling

Hut weißlich mit braunen Faserschüppchen, schirmförmig. Stiel dunkelbraun, filzig. Vorwiegend an Grasresten und -wurzeln in Trockenrasen, an Böschungen und Wegrändern, an Hölzchen in Gebüschen, oft massenhaft. Bd. III/133.

Gattung Marásmius Fr. 1835 [*Androsáceus* (Pers.) Pat. 1900, *Scórteus* Earle 1909], Schwindling

Hut häutig bis dünnfleischig, saftarm, meist zäh; bei Trockenheit einschrumpfend, bei Feuchtigkeit wieder aufquellend und weiter Sporen bildend; meist nicht hygrophan. Lamellen abgerundet-angewachsen oder mit Collar verbunden, oft nur wenige Lamellen. Stiel zäh, knorpelig, saiten- oder roßhaarartig. Sporenstaub weiß. Sporen tropfenförmig, nicht amyloid. Zystiden an Lamellenschneide und -fläche meist vorhanden. Hyphen mit Schnallen. Saprophyten an Holz, Pflanzenresten, Laub- und Nadelstreu. In Europa etwa 32 Arten, von denen nur wenige als Speisepilze Bedeutung haben

1. Stiel borstenartig (roßhaarartig) dünn. Lamellen entfernt

1.1. Lamellen an einem Collar angewachsen

M. rótula (Scop.: Fr.) Fr., Halsband-Schwindling

Hut weiß, faltig gefurcht, 5–15 mm breit. Stiel schwarzbraun, glänzend. Büschelig an Holz. Bd. III/143.

M. gráminum (Lib.) Berk., Orangerötlicher Schwindling

Hut ziegelrot, orangerot, 2–10 mm breit. Stiel dunkelbraun, glänzend. Einzeln an toten Gräsern. Bd. III/136.

1.2. Lamellen breit am Stiel angewachsen

M. androsáceus (L.: Fr.) Fr., Fr., Roßhaar-Schwindling

Hut fleischfarben, rötlichbraun, 3–10 mm breit. Lamellen rötlich. Stiel schwarz, glänzend. Scharenweise an Koniferennadeln, Gras- und Cyperaceenresten u. a. Blättern. Bd. III/134.

M. quercóphilus Pouz., Eichenlaub-Schwindling

Hut rötlichbraun, rosa, mit weißem Rand, 3–8 mm breit. Lamellen weiß. Stiel dunkel rotbraun mit heller Spitze, fettig glänzend. Auf Fallaub von *Quércus.*

M. epiphýllus (Pers.: Fr.) Fr., Aderblättriger Schwindling

Hut weißlich, 5–10 mm breit. Stiel braun, kleiig. Lamellen aderig verbunden und z. T. gegabelt. An Blättern, Stengeln, Hölzchen. Bd. III/138.

2. Stiel hornartig, saitenartig oder knorpelig

2.1. Geruch knoblauchartig stinkend (s. auch *Micrómphale foétidum*)

M. scorodónius (Fr.) Fr., Küchen-Schwindling, Mousseron

Hut lederfarben, bräunlich, 1–3 cm breit. Stiel rotbraun mit weißlicher Spitze, kahl, glänzend. Lichte Nadelwälder, Wegränder, Trockenrasen. Eßbar (Würzpilz). Bd. I/100.

M. alliáceus (Jacq.: Fr.) Fr., Langstieliger Knoblauch-Schwindling

Hut weißlich, hellgrau, bräunlich, 2–4 cm breit. Stiel schwarz, bereift oder samtig behaart, sehr lang und steif. An Hölzern, besonders am Boden der Buchenwälder *(Fágus).* Bd. III/141.

M. prasiósmus (Fr.: Fr.) Fr., Großer Knoblauch-Schwindling

Hut bräunlich, 2–3 cm breit. Stiel purpurbraun, schwach filzig, kurz wechselnd. Auf der Streu von Laubwäldern. Bd. III/142.

2.2. Geruch nicht knoblauchartig

2.2.1. Stiel blaß, 2–6 mm dick

M. oréades (BOLT.: FR.) FR., Nelken-Schwindling
Hut ledergelb, rötlich ocker, hygrophan, fettig glänzend, nicht klebrig. Stiel sehr fein filzig, voll. Starker, würziger Geruch. Wiesen, Weiden, grasige Wegränder. Eßbar. Bd. I/101.

M. collínus (SCOP.: FR.) SING., Hügel-Schwindling
Hut ledergelb, klebrig. Stiel kahl (nur Basis flockig), hohl. Geruch weniger stark. Wiesen, Weiden. Eßbar.

2.2.2. Stiel im unteren Drittel rotbraun bis schwarz

M. cohaérens (ALB. & SCHW.: FR.) CKE. & QUÉL., Hornstiel-Schwindling
Hut gelbbraun, honigbraun, samtig aussehend. Stiel kahl, glänzend, nur Basis filzig. Lamellen queraderig, Laubwald. Bd. III/140.

M. lupuletórum (WEINM.) BRES., Ledergelber Schwindling
Hut creme, ledergelb, bräunlichgrau, radial runzelig, kahl. Stiel kleiig-flockig. Basis mit ockergelbem Filz. In dichten Büscheln auf der Streu von Laubwäldern, Bd. III/137.

M. chordális FR., Rotfleckiger Schwindling
Hut bräunlichgrau, oft mit rotbraunen Flecken, häutig, kahl. Stiel samtig, bis 15 cm lang, zerbrechlich, die zähe Rinde löst sich leicht vom Mark. Basis kahl. An toten Wedeln von Adlerfarn *(Pterídium aquilínum)*, selten (Schweden, Rügen u. a.).

M. wýnnei BERK. & BR., Violettlicher Schwindling
Hut weißlich, rosa oder violettgrau. Stiel relativ kurz, nach unten verjüngt, kahl. Lamellen weiß oder lilabräunlich. Laubwald. Bd. III/144.

Gattung Micrómphale S. F. GRAY 1821, Schwindling

Die Gattung steht *Marásmius* und *Collýbia* nahe, unterscheidet sich aber von beiden durch die kahle, nicht wurzelnde und nicht mit Filz oder Rhizoiden versehene Stielbasis. Bei mehreren (nicht allen) Arten ist die Huttrama knorpelig-gallertartig und die Hutmitte niedergedrückt. Zystiden an Lamellenschneide unscheinbar, dünnwandig, auf der Stieloberfläche haarförmig. Hyphen mit Schnallen. In Europa 7 Arten, Saprophyten an Holz, auf Waldboden und in Trockenrasen. Als Speisepilze bedeutungslos.

M. pérforans (HOFFM.: FR.) S. F. GRAY, Nadel-Schwindling
Hut bräunlich fleischfarben, lederfarben, 5–10 mm breit. Stiel braunschwarz, samtig behaart, borstendünn. Geruch unangenehm, besonders nach Zerreiben. Auf Nadelstreu von Fichte *(Pícea)*. Bd. III/135.

M. foétidum (SOW.: FR.) SING., Stink-Schwindling
Hut fuchsigbraun, 10–20 mm breit. Stiel kastanienbraun, bereift, unten verjüngt mit schwärzlicher Basis. Geruch stinkend, mit knoblauchartiger Komponente. An Hölzern im Buchenwald *(Fágus)*.

Gattung Marasmiéllus MURR. 1915 [*Collybiópsis* (SCHROET. 1889) EARLE 1909 sensu HORAK], Astschwindling

Schwindlinge mit kahlem, weißem oder weißlichem Hut und oft seitlichem oder exzentrischem Stiel. Huthaut mit korallenartig verzweigten („divertikulierenden") Hyphen. Zystiden fehlen. Hyphen mit Schnallen. Saprophyten an Pflanzenresten.

In Europa ca. 7 Arten, bedeutungslos, doch sind mehrere tropische und subtropische Arten Erreger von Pflanzenkrankheiten.

Marasmiéllus unterscheidet sich von *Marásmius* durch das Nichtwiederaufleben der trockenen Fruchtkörper, von *Crinipéllis* durch die nicht zyanophilen Sporen.

M. rameális (BULL.: FR.) SING., Astschwindling
Hut 3–10 mm breit, weißlich bis rötlichbraun. Stiel blaß bräunlich, krumm, kleiig-flokkig. An Ästchen. Bd. III/139.

h) Muschelinge

Gattung Phyllótus KARST. 1879 [*Pleurocybélla* SING. 1947, *Cheimonophýllum* SING. 1955], **Seitling**

Hut ungestielt, seitlich ansitzend. Fruchtkörper in allen Teilen cremeweiß. Sporenstaub weiß. Sporen subglobos, glatt, weder amyloid noch dextrinoid. Lamellentrama irregulär. Zystiden fehlen. Hyphen mit Schnallen. 2 Arten, Saprophyten an Holz, bedeutungslos.

Ph. pórrigens (PERS.: FR.) SING., Ohrförmiger Seitling
Hut 3–8 cm breit, spatel-, ohrförmig. Geruchlos. An Koniferenstümpfen *(Pícea, Ábies)*. Bd. III/80.

Gattung Arrhénia FR. 1849 [*Leptoglóssum* KARST. 1879, *Leptótus* KARST. 1879], **Adermoosling**

Hut exzentrisch bis seitlich gestielt, spatel- oder nierenförmig. Hymenophor aderförmig. Sporenstaub weiß. Sporen nicht amyloid. Hyphen ohne oder mit Schnallen. In Europa 5 Arten, einige bodenbewohnend, andere an Moosen.

A. lobáta (PERS.: FR.) REDHEAD, Stielloser Adermoosling
Hut 1–6 cm breit, stiellos angeheftet. An Sumpfmoosen in Flachmooren.

A. spathuláta (FR.) REDHEAD [*Leptoglóssum muscígenum* (BULL.: FR.) KARST.], Gezonter Adermoosling
Hut 1–2 cm breit, nierenförmig, exzentrisch gestielt, grau gezont. An Moosen (besonders *Syntríchia rurális*) in Trockenrasen, auf Dünen. Abb. 18, 19.

Gattung Phaeotéllus KÜHNER & LAMOURE 1972, **Zwergmuscheling**

Ähnlich *Arrhénia*, jedoch mit echten, schmalen Lamellen. Hut in jüngsten Stadien zentral, bald exzentrisch bis seitlich gestielt. In Europa 2 Arten. Die Gattung wird von M. LANGE (1981) mit *Omphálina*, von MOSER (1983) mit *Leptoglóssum* und von REDHEAD (1984) mit *Arrhénia* vereinigt.

Ph. acerósus (FR.) KÜHNER & LAMOURE, Nadeln-Zwergmuscheling
Hut 8–18 mm breit, grau, mit sehr kurzem Stiel. Lamellen grau. Auf Erde, Holz, Pflanzenresten. Bd. III/81.

Gattung Sarcomýxa KARST. 1891, **Muschelseitling**

Hut seitlich gestielt, filzig und schmierig. Trama 3schichtig: unter Huthaut gallertartig, darunter schwammig, darunter dicht fleischig. Sporenstaub weiß. Sporen al-

Abb. 18. Gezonter Adermoosling, *Arrhenia spathulata*, Entwicklung des Fruchtkörpers. An *Syntrichia ruralis* bei Norra Warleda, Uppsala, Schweden. Foto H. Jahn 1960. Aus Westfälische Pilzbriefe, Bd. 7, 1960.

lantoid, glatt, nicht amyloid. Lamellentrama subregulär. Dünnwandige Zystiden auf Lamellenfläche und -schneide sowie auf der Stieloberfläche vorhanden. Hyphen

Abb. 19. Gezonter Adermoosling, *Arrhenia spathulata.* An *Syntrichia ruralis* auf bemoosten Felsen. Norra Warleda bei Uppsala, Schweden. Foto H. JAHN 1960. Aus Westfälische Pilzbriefe, Bd. 7, 1960.

mit Schnallen, z. T. sklerifiziert. Saprophyten und Schwächeparasiten an Laubholz. Nur 1 Art, wegen ihres manchmal bitteren Geschmacks nur bedingt eßbar.

S. serótina (SCHRAD.: FR.) KARST., Gelbstieliger Muschelseitling
Hut olivgrün, olivbraun, blaugrau, fleischig. Stiel kurz und dick, durch ockergelbe oder olivbraune Schüppchen punktiert. Lamellen gelb. Zystiden stumpf, oft mit gelbem Inhalt. Bd. III/87.
Der gelbe Farbstoff ist Riboflavin (vgl. *Calócybe*).

Gattung Hohenbuehélia SCHULZER 1866 [*Acanthocýstis* (FAYOD) KÜHNER 1926], Muscheling

Hut gestielt oder ungestielt, kahl oder filzig, Trama 3schichtig: unter Huthaut gallertartig, darunter fleischig, darunter eine dünne, dichte Schicht. Sporenstaub weiß. Sporen ellipsoid oder bohnenförmig, nicht amyloid. Lamellentrama subregulär. Dickwandige, spitze, kristalltragende Zystiden (Metuloide) auf der Lamellenfläche und z. T. in der Huthaut vorhanden. Hyphen mit Schnallen. Saprophyten an Laub- und Nadelholz. In Europa 9 Arten; die größeren Arten sind jung eßbar.

1. Hut klebrig, kahl, kleiig oder fein samtig

H. geogénia (DC.) SING., Erd-Muscheling
Hut seitlich oder exzentrisch gestielt, graubraun, rotbraun oder dunkelbraun, Rand eingerollt. Huthaut mit vereinzelten Metuloiden. Sporen oval, 6–7 µm lang. Auf Erde. Bd. III/89.

H. petaloídes (BULL.: FR.) SCHULZER, Spatelförmiger Muscheling
Hut seitlich gestielt, spatelförmig, lederfarben. Rand nicht eingerollt. Huthaut ohne Metuloide. Sporen ellipsoid, 5–6,5 µm lang. Laubholzstümpfe.

H. rickénii (KÜHNER) ORTON, Trompetenförmiger Muscheling
Hut seitlich gestielt, trompetenartig, lederfarben. Rand eingerollt. Huthaut ohne Metuloide. Sporen 8–9 µm lang. An Holz, Wurzeln und Nadelstreu von Koniferen, auf Sägespänen. Bd. III/90.

2. Hut nicht klebrig, von weißem Filz überzogen

H. atrocoerúlea (FR.: FR.) SING., Blauschwarzer Muscheling
Hut ungestielt, blaugrau, graubraun oder rotbraun, durchscheinend. Sporen ellipsoid, 5–7,2 µm lang. An Laubholz. Bd. III/88.

Gattung Panéllus KARST. 1879 [*Urosporellína* HORAK 1968], Zwergknäuling

Hut seitlich gestielt, dünnfleischig. Trama 3schichtig, ähnlich *Hohenbuehélia*. Sporenstaub weiß. Sporen länglich eiförmig bis allantoid, amyloid. Lamellentrama irregulär bis subregulär. Zystiden dünnwandig. Saprophyten an Laub- und Nadelholz. In Europa 3 Arten, ungenießbar.

P. stýpticus (BULL.: FR.) KARST., Herber Zwergknäuling
Hut 1–3 cm breit, nierenförmig, ockergelb bis lederfarben, kleiig-schuppig, klebrig. Geschmack herb, bitterlich. Keulenförmige Zystiden auf Huthaut und Lamellenschneiden. Hyphen mit Schnallen. An Laubholz. Bd. III/97.

P. mítis (PERS.: FR.) SING., Milder Zwergknäuling
Hut 1–2 cm breit, nierenförmig, weißlich, kahl; Subcutis (Schicht unter Huthaut) gallertartig, gummiartig dehnbar. Geschmack mild. Zystiden nur auf dem Stiel, Hyphen ohne Schnallen. An Nadelholz. Bd. III/98.

i) Isolierte Gattungen

Gattung Laccária BERK. & BR. 1883, Bläuling, Lacktrichterling

Fruchtkörper klein bis mittelgroß. Hut dünnfleischig, flach gewölbt, Mitte niedergedrückt oder kleingebuckelt, hygrophan. Lamellen dicklich, rosa, lila oder violett, breit angewachsen oder ausgebuchtet. Sporenstaub weiß bis sehr blaß lila. Sporen kugelig bis ellipsoid, punktiert, spitzwarzig oder stachelig, nicht amyloid, nicht dextrinoid, 2- bis 4kernig. Zystiden fehlen. Hyphen mit Schnallen. Mykorrhizapilze. In Europa 14 Arten (CLÉMENÇON 1984), die größeren eßbar.

PEGLER & YOUNG (1979) haben *Laccária* wegen des übereinstimmenden sehr regelmäßigen Sporenornaments und anderer Merkmale in Verbindung mit den *Hydnangiáceae* (s. Bd. II) gebracht; JÜLICH (1981) stellt *Laccária* in eine eigene Familie.

1. Mindestens Stielbasis und Myzel blauviolett

L. amethýstina (HUDS.) CKE., Violetter Bläuling
Hut, Lamellen und Stiel tief blauviolett, ausgeblaßt grau. Sporen kugelig. Besonders im Laubwald. Bd. I/99.

L. bícolor (MRE.) ORTON, Zweifarbiger Bläuling
Hut rötlichbraun. Lamellen lilarosa, violettlich. Stielbasis violett filzig. Sporen kurz ellipsoid. Wälder, besonders Kiefernforste.

2. Fruchtkörper ohne violette Farben. Lamellen rosa

2.1. Hut (1–) 3–7 cm breit. Basidien 4sporig

L. próxima (Boud.) Pat., Braunroter Bläuling
Hut orangebraun, trocken orangefalb, kleiig-schuppig. Stiel stark faserig gestreift. Sporen ellipsoid, Stacheln meist höher als 1,2 µm. Nadelwald, häufig.

L. laccáta (Scop.: Fr.) Cke., Fleischroter Bläuling
Hut rosa, fleischfarben-bräunlich, kahl oder kleiig-schuppig. Stiel fast glatt. Sporen kurz ellipsoid bis kugelig, Stacheln 0,3–1,2 µm hoch. Laub- und Nadelwald, Moore. Viele Varietäten. Bd.I/98.

2.2. Hut weniger als 2,5 cm breit

L. tetráspora Sing.
Hut fleischrosa mit durchscheinend gestreiftem Rand, kahl. Sporen kugelig, Stacheln 1,3–2,6 µm hoch. Basidien 4sporig. Wegränder in Wäldern und Mooren.

L. tórtilis (Bolt.) Cke., Zwerg-Bläuling
Hut rosafalb, fleischrötlich, kahl. Sporen kugelig, Stacheln 1–1,5 µm hoch. Basidien 2sporig. An Waldwegen, auf nacktem Lehmboden.

Gattung Nyctális Fr. 1825 [Konidienstadium (Anamorphe): *Asterόphora* Ditmar in Link 1809: Fr. 1829], Zwitterling

Fruchtkörper klein, Lamellen dick oder reduziert, kurz herablaufend. Bildung von Chlamydosporen auf Hut- oder Lamellenoberfläche. Basidiosporen ellipsoid, glatt, Staubfarbe unbekannt. Basidien karminophil (s. *Calócybe*, S. 92). Zystiden fehlen. Hyphen mit Schnallen. Auf faulen Fruchtkörpern von Milchlingen *(Lactárius)* und Täublingen *(Rússula)* in Büscheln. Nicht eßbar.

N. asterόphora Fr., Stäubender Zwitterling
Hut fleischig, weißlich bis bräunlich. Lamellen aderförmig bis fehlend. Chlamydosporen auf dem Hut gebildet, kugelig, grobwarzig. Bd. III/236.

N. parasítica (Bull.: Fr.) Fr., Beschleierter Zwitterling
Hut dünnfleischig, weiß bis lilagrau. Lamellen dick, aber nicht reduziert. Chlamydosporen an den Lamellen gebildet, spindelförmig, glatt. Bd. III/237.

Gattung Calyptélla Quél. 1886, Zwergbecher

Fruchtkörper kelch- oder glockenförmig, nach unten hängend, ohne Lamellen. Hutoberfläche von korallenartig verzweigten (divertikulierenden) Hyphen gebildet, ähnlich *Marasmiéllus* (S. 118). Sporen farblos, glatt. Zystiden fehlen. Hyphen ohne Schnallen, nicht dextrinoid. An Stengeln krautiger Pflanzen. Bedeutungslos.

Der hier abgebildete Pilz ist nur ein Beispiel für zahlreiche ähnliche Gattungen. Zur Unterscheidung s. Bd. VI, Schlüssel 8.

C. cápula (Holmsk.: Fr.) Quél., Schalenförmiger Zwergbecher
Becher 2–3 mm lang, gelblich bis hellbraun, kurz gestielt. Bd. II/108.

Literatur

Bas, C.: *Flammulina* in western Europe. – Persoonia **12** (1983): 51–66.
Bigelow, H. E.: The genus *Clitocybula*. – Mycologia **68** (1973): 1101–1118.
Bigelow, H. E., & Smith, A. H.: The status of *Lepista* – a new section of *Clitocybe*. – Brittonia **21** (1969): 144–177.

Bohus, G.: *Leucopaxillus*-Arten in Ungarn. – Fragm. Bot. Musei Histor.-Natural. Hungarici **4** (1967): 33–42.

Bon, M.: Tricholomes de France et de l'Europe occidentale. 2.éd. – Paris 1984.

Clémençon, H.: Kompendium der Blätterpilze. – Z. Mykol. **47** (1981): 5–25 *(Collybia)*, **48** (1982): 3–16 *(Marasmius)*, 195–237 (*Omphalina* etc.), **50** (1984): 3–12 *(Laccaria)*, Beih. Z. Mykol. 5 (1984): 1–68 *(Clitocybe)*.

Dörfelt, H.: Taxonomische Studien in der Gattung *Xerula* R. Mre. I–X. – Feddes Repert. **90** (1979): 363–388, **91** (1980): 209–223, 425–438, **92** (1981): 255–291, 631–674, **94** (1983): 43–85, 251–262, 549–561, **95** (1984): 189–200. **96** (1985): 235–240.

Favre. J.: Les champignons collybioides des cônes des essences résineuses. – Schweiz. Z. Pilzk. **17** (1939): 162–168 und 178–182.

Fries, N., & Mueller, G. M.: Incompatibility systems, cultural features and species circumscriptions in the ectomycorrhizal genus *Laccaria (Agaricales)*. – Mycologia 76 (1984): 633–642.

Gluchoff-Fiasson, K.: Contribution à la chimiotaxinomie des hyménomycètes: Pigments des *Tricholomataceae* Roze et des *Strophariaceae* Sing. & Smith. – 216 S. Diss. Univ. Lyon.

Harmaja, H.: The genus *Clitocybe (Agaricales)* in Fennoscandia. – Karstenia **10** (1969): 5–168.

– A revision of the generic limit between *Clitocybe* and *Lepista*. – Karstenia **14** (1974): 82–92.

Halling, R.: The genus *Collybia (Agaricales)* in the Northwestern United States and Canada (Mycologia Memoirs, **8**). – 148 S. Lehre und Monticello, N.Y., 1983.

Ingold, C. T.: *Flammulina velutipes*. – Bull. Brit. Myc. Soc. **14** (1980): 112–118.

Kalamees, K. A.: K sistematike i rasprostraneniju vidov *Strobilurus* i *Baeospora* v Estonii. – Učenye Zapiski Tartuskogo Gosudarstvennogo Universiteta **268** (1970): 374–404.

Kühner, R.: Le genre *Mycena*. (Encyclopédie Mycologique, vol. **X**.) – 710 S. Paris 1938.

Kuyper, Th.: *Clitocybe* subgenus *Pseudolyophyllum* Sing. in Nederland. –135 S. Wijster 1982.

Lamoure, D.: *Agaricales* de la zone alpine. Genre *Omphalina*. – Travaux Sci. Parc Nation. Vanoise **5** (1974): 149–164, **6** (1975): 153–166.

Lange, M.: Typification and delimitation of *Omphalina* Quél. – Nord. J. Bot. **1** (1981): 691–696.

Miller, O. K. jr.: A revision of the genus *Xeromphalina*. – Mycologia **60** (1968): 156–188.

– The genus *Panellus* in North America. – The Michigan Botanist **9** (1970): 17–30.

Møller, F. H.: The genus *Leucopaxillus* in Denmark. – Bot. Tidsskr. **51** (1954): 233–241.

Neuhoff, W.: Die Ringritterlinge *Tricholoma robustum* (Alb. & Schw. ex Fr.) und *T. focale* (Fr.). – Westfäl. Pilzbr. **2** (1960): 73–78.

– Der Gelbgrüne Ritterling, *Tricholoma luteovirens* (Alb. & Schw. ex Fr.) im Sinne von Rikken. – Westfäl. Pilzbr. **2** (1960): 97–100.

– Probleme um *Tricholoma equestre* (L. ex Fr.) und seine nächsten Verwandten. – Z. Pilzk. **28** (1962): 53–57.

Paechnatz, E.: Beobachtungen an *Crinipellis corticalis* (Desm.) Sing. & Clém. und *Crinipellis stipitaria* (Fr.) Pat. – Feddes Repert. **95** (1984): 67–88.

Pearson, A. A.: *Mycena*. – The Naturalist (Leeds) **1955**: 41–63.

Pegler, D. N., & Young, T. W. K.: Basidiospore form in the British *Leucopaxilleae*. – Kew Bull. **28** (1973): 365–379.

Pilát, A.: *Pleuroti serotini* (Pers. in Hofmann ex Fr.) Kummer distributio geographica in Cechoslovakia. – Česká Mykol. **19** (1965): 1–8 (betrifft *Sarcomyxa*).

Poelt, J., & Oberwinkler, F.: Zur Kenntnis der flechtenbildenden Blätterpilze der Gattung *Omphalina*. – Österr. Bot. Z. **111** (1964): 393–401.

Redhead, A. S.: *Arrhenia* and *Rimbachia*, expanded generic concepts, and a reevaluation of *Leptoglossum* with emphasis on muscicolous North American taxa. – Canad. J. Bot. **62** (1984): 865–872.

Reid, D. A.: The *Marasmius „conigenus"* complex in Britain. – Kew Bull. **9** (1954): 279–288.

SINGER, R.: Die Gattung *Gerronema*. – Nova Hedwigia 7 (1964): 53–92.
– Notes sur le genre *Laccaria*. – Bull. Soc. Myc. France **83** (1967): 104–123.
SINGER, R., & CLÉMENÇON, H.: Notes on some leucosporous and rhodosporous European agarics. – Nova Hedwigia **23** (1972): 305–344.
SMITH, A.H.: North American species of *Mycena*. – 521 S. Ann Arbor 1947 (Nachdruck 1970).
WELLS, V.L., & KEMPTON, PH.E.: Studies on the fleshy fungi of Alaska. V. The genus *Strobilurus* with notes on extralimital species. – Mycologia **63** (1971): 370–379.

7. Familie: Rötlingsartige – Entolomatáceae (= Rhodophylláceae)

Fruchtkörper häutig bis fleischig, hutförmig (meist zentral, selten exzentrisch oder seitlich gestielt), hygrophan oder nicht. Hutrand gerade. Das Hymenophor wird von Lamellen gebildet, deren Schneide oft wellig-gekerbt ist. Sporenstaub rosa, hell fleischfarben oder *(Rhodócybe)* graubräunlich.

Hyphensystem monomitisch. Hyphen mit oder ohne Schnallen. Lamellentrama regulär. Basidien normal, keulenförmig, 2- oder 4sporig. Sporen eckig (polyedrisch, im optischen Schnitt polygonal), rundlich, eiförmig, ellipsoid oder spindelförmig mit Längsrippen oder rundlichen Warzen, ohne Keimporus, nicht amyloid, zyanophil (Epispor), in Kresylblau metachromatisch (Endospor). Zystiden nur bei einigen Arten vorhanden.

Die *Entolomatáceae* umfassen in der Emendation von Singer (1962, 1975), Clémençon (1974) und Noordeloos (1981) 3 Gattungen von Blätterpilzen sowie die gasterale, hypogäische Gattung *Richoniélla* Cost. & Dufour (s. Bd. VI), welche in der Sporenform mit *Entolóma* übereinstimmt. Wichtigste gemeinsame Merkmale sind Chemismus und Bau der Sporenwand. Vorwiegend bodenbewohnende Saprophyten, in- und außerhalb des Waldes.

Gattung Entolóma (Fr. 1838) Kumm. 1871 [*Eccília* (Fr. 1821) Kumm. 1871, *Leptónia* (Fr. 1821) Kumm. 1871, *Nolánea* (Fr. 1821) Kumm. 1871, *Claúdopus* (W. G. Smith 1870) Gill. 1874, *Rhodophýllus* Quél. 1886, *Hyporrhódius* Schroet. 1889, *Alboleptónia* Largent & Benedict 1970, *Pouzarélla* Mazzer 1976], **Rötling**

Sporenstaub rosa, hell fleischfarben. Sporen polyedrisch. Übrige Merkmale die der Familie. Eine umfangreiche Gattung von meist sehr unscheinbaren Arten (in Europa über 150). Während Ricken (1915) und andere die Einteilung noch vorwiegend auf makroskopische Merkmale stützten, benutzen Kühner & Romagnesi (1953, vgl. auch Einhellinger 1966) und Noordeloos (1981 ff.) die Sporenform, die Lokalisierung der Pigmente und die Huthautstruktur zur Klassifizierung, also Merkmale, deren einwandfreie Feststellung viel Übung und Erfahrung voraussetzt. Die nachstehend genannten Untergattungen wurden früher (Kummer 1871, Ricken 1915) sowie gegenwärtig noch von britischen und nordamerikanischen Autoren überwiegend als Gattungen bewertet.

Boden- und holzbewohnende Saprophyten. Wenige Arten sind baumgebunden, und zwar an *Rosáceae* (durch Mykorrhiza?); einige sind mit Sicherheit eßbar, einige giftig, aber die meisten, vor allem die kleineren Arten sind in dieser Hinsicht unerforscht und müssen daher gemieden werden. Bei der Bestimmung ist auf die Farbe der Lamellen in unreifem Zustand zu achten, die später durch den rötlichen Sporenstaub verdeckt wird.

Untergattungen Entolóma [= *Romagnésia* SING. 1943] und **Trichopílus** (ROMAGN. 1978) NOORD. 1980, **Rötling**

Hut dünnfleischig bis fast fleischig. Lamellen ausgebuchtet. Stiel faserfleischig, voll, ausgestopft oder (bei den meisten hygrophanen Arten) hohl.

1. Hut blau bis violett; glatt und kahl, nicht hygrophan

E. nitidum QUÉL., Stahlblauer Rötling
Hut und Stiel stahlblau, später bräunend. Stiel 3–6 mm dick. Geruch schwach rettichartig. Nadelwald. Bd. III/59.

E. mádidum (FR.) GILL., Blauer Rötling
Hut und Stiel blau bis violett, später ocker gefleckt. Stiel 5–12 mm dick. Geruch mehl- oder spermaartig. Weiden, Heiden. Bd. III/60.

2. Hut lederfarben, braun, purpurbraun, nicht hygrophan

E. porphyrophaéum (FR.) KARST., Porphyrbrauner Rötling
Hut und Stiel purpurbraun, lilabraun, faserschuppig. Lamellen weißlich. Weiden, Heiden. Bd. III/58.

E. jubátum (FR.) KARST., Rußblättriger Rötling
Hut und Stiel braun, faserschuppig. Lamellen graubraun, rußbraun, bauchig. Moore, moorige Wiesen. Bd. III/57.

E. sinuátum (BULL.: FR.) KUMM., Riesen-Rötling
Hut hell graubräunlich, lederfarben, netzfaserig. Lamellen hellgelb. Laubwald, kalkliebend. **Giftig!** Bd. I/60.

3. Hut hellbraun, graubraun, rußbraun, mehr oder weniger hygrophan

3.1. Im Frühling (März–Juni) wachsende Arten

3.1.1. Geruch und Geschmack mehlartig. Sporen fast isodiametrisch

E. clypeátum (L.) KUMM., Schild-Rötling
Hut hornbraun, rußbraun, deutlich hygrophan, streifig ausblassend. Stiel 6–22 mm dick, weiß. Unter Rosengewächsen (*Prúnus, Málus, Crataégus* u. a.). Eßbar. Bd. I/61.

E. aprile (BRITZ.) SACC., April-Rötling
Hut horn-, ruß-, gelbbraun, stark hygrophan, streifig ausblassend, Rand durchscheinend gestreift. Stiel 4–13 mm dick, graubraun, bald hohl. Unter Ulme *(Úlmus)*, Hainbuche *(Cárpinus)* u. a. Eßbar. Bd. III/53.

E. saundérsii (FR.) SACC., Silbergrauer Rötling
Hut bräunlichgrau, silbergrau, seidig glänzend, wenig hygrophan. Stiel 5–22 mm dick. Unter Rosengewächsen, ab März. Eßbar. Bd. III/50.

E. sépium (NOULLET & DASSIER) RICHON & ROZE, Blaßbrauner Rötling
Hut blaßbraun, mitunter weißlich, wenig hygrophan. Stiel 5–15 mm dick. Fleisch bisweilen rötend. Unter Rosengewächsen. Eßbar. Bd. III/49.

3.1.2. Geruch und Geschmack nicht mehlartig. Sporen etwas länglich

E. vérnum LUNDELL, Frühlings-Rötling
Hut dunkelbraun, stark hygrophan, seidig glänzend, kegelförmig. Stiel 2–7 mm dick, graubraun. Laub- und Nadelwald, Triften, Magerrasen. **Giftig!** Bd. III/51.

3.2. Im Sommer und Herbst wachsend

3.2.1. Stiel weiß. Hut hell. Lamellen weißlich

E. rhodopólium (FR.: FR.) KUMM., Niedergedrückter Rötling
Hut 4–10 cm breit, hell graubraun, niedergedrückt bis trichterförmig, fast fleischig. Stielbasis abgeknickt und zugespitzt. Sporen etwas länglich, eckig. Geruchlos. Laubwald. **Giftig!** Bd. III/55.

E. nidorósum (FR.) QUÉL., Alkalischer Rötling
Hut 2–6 cm breit, blaßbraun, ockergrau, leicht genabelt, dünnfleischig. Stielbasis stumpf. Sporen etwas länglich, eckig. Geruch stechend, nach Stickoxiden. Laubwald. **Giftig?** Bd. III/56.

3.2.2. Stiel graubraun, silbergrau. Hut dunkel. Lamellen bräunlich

E. seríceum (BULL.) QUÉL, Seidiger Rötling
Hut dunkelbraun, stark seidig glänzend, Rand etwas überstehend und eingebogen. Geruch mehlartig. Sporen etwas länglich, eckig. Wiesen, Weiden. **Giftig?** Bd. III/52.

E. túrbidum (FR.) QUÉL. [*Rhodophýllus córdae* (KARST.) LGE.], Geraderandiger Rötling
Hut dunkelbraun, mattglänzend, Rand nicht überstehend. Geruchlos. Sporen rundlich, kaum eckig. Nadelwald *(Pínus, Pícea).*

4. Hut weißlich (s. auch *E. sépium*). Geruch mehlartig

E. niphoídes (ROMAGN.) ORTON, Elfenbeinweißer Rötling
Hut cremeweiß, klebrig, glänzend, 2–5 cm breit, hygrophan. Fruchtkörper mitunter gelbfleckig. Unter Rosengewächsen in Auenwäldern, Juni/Juli.

E. prunuloídes (FR.) QUÉL., Mehl-Rötling
Hut cremeweiß bis blaß lederfarben, 3–8 cm breit, nicht hygrophan. Wiesen, Juli/Oktober. Eßbar. Bd. III/48.

Untergattung Nolánea (FR. 1821) NOORD. 1979, Glöckling

Hut häutig bis dünnfleischig, meist durchscheinend gestreift, kegelig-glockig (ähnlich *Mycéna*), Hutrand gerade. Stiel dünn, hohl, knorpelig. Man vergleiche auch die hygrophanen Arten der Untergattung *Entolóma*, die fleischiger sind, dickere Stiele und ausgebuchtete Lamellen haben.

1. Hut gelb

E. ictérinum (FR.) MOS., Zitronengelber Glöckling
Hut zitronengelb, glockig. Stiel bräunlich, mehlig-flockig. Lamellen gelblich, Geruch bonbonartig. Laub- und Nadelwald. Bd. III/66.

2. Hut braun, gelbbraun

2.1. Sporen länglich. Lamellen bräunlich, ocker

E. cetrátum (FR.: FR.) MOS., Scherbengelber Glöckling
Hut ocker, gelbbraun, glockig bis flach gewölbt. Geruchlos. Basidien 2sporig. Kiefernwald *(Pínus).*

E. mammósum (L.) HESLER sensu MOSER, Zitzen-Glöckling
Hut dunkelbraun, gebuckelt. Geruch tranig. Basidien 4sporig. Sporen 9–12 µm lang. Wiesen.

E. hírtipes (SCHUM.: FR.) MOS. [*E. mammósum* sensu RICKEN, LGE., KÜHNER & ROMAGN.], Traniger Glöckling
Hut olivbraun, spitz gebuckelt. Geruch tranig. Basidien 4sporig. Sporen 11–17 µm lang. Nadelwald.

E. papillátum (BRES.) DENNIS, Warzen-Glöckling
Hut braun, spitz gebuckelt. Geruchlos. Basidien 4sporig. Sporen 9,5–12,5 µm lang. Wiesen, Wegränder.

2.2. Sporen isodiametrisch, kreuzförmig. Lamellen weißlich

E. conferéndum (BRITZ.) NOORD., Kreuzsporiger Glöckling
Hut gelbbraun, graubraun, stumpf kegelig, nicht gebuckelt. Nadelwald, Hochmoore, auch an Stümpfen. Bd. III/65.

Untergattung **Leptónia** (FR. 1821) NOORD. 1981, **Zärtling**

Hut häutig bis dünnfleischig, mehr oder weniger schuppig, niedergedrückt bis genabelt. Hutrand anfangs eingerollt, später gerade. Lamellen abgerundet bis breit angewachsen oder ausgebuchtet. Fruchtkörper lebhaft gefärbt, nicht hygrophan. Stiel dünn, knorpelig, röhrig.

1. Stiel blau oder violett

1.1. Hut grau, graubraun

E. lámpropun (FR.: FR.) HESLER, Stahlfüßiger Zärtling
Hut faserschuppig mit gerieftem Rand. Stiel blaß violett. Lamellen weiß, mit großen, keulenförmigen Cheilozystiden. Kiefern- und Fichtenforste, Magerrasen, Wiesen, Flachmoore.

1.2. Hut violett oder blau

E. chalybéum (PERS.: FR.) NOORD., Schwarzblauer Zärtling
Hut violettschwarz, später braunschwarz, sparrig-schuppig. Stiel dunkelviolett. Lamellen bläulich, Schneide blaß. Bd. III/63.

E. lazulínum (FR.) NOORD., Blaublättriger Zärtling
Hut schwarzviolett, dann umberbraun. Stiel dunkelviolett, dann violettbraun. Lamellen violett, Schneide gleichfarben oder bräunlich bis schwärzlich. Wiesen, Trockenrasen.

E. serrulátum (PERS.: FR.) HESLER, Gesägtblättriger Zärtling
Hut schwarzblau, fast schwarz, etwas schuppig. Stiel blau bis schwarz, Spitze meist schwarz punktiert. Lamellen bläulich, Schneide schwarz und gesägt. Wiesen, Weiden.

E. éuchroum (PERS.: FR.) DONK, Violetter Zärtling
Hut violett, braun werdend, faserschuppig. Stiel tief violett. Lamellen violett, Schneide blau. Laubholzstümpfe in feuchten Wäldern.

2. Stiel gelb oder grün

E. incánum (FR.) HESLER, Braungrüner Zärtling
Hut olivgrün, braungrün, gelbgrün. Lamellen grünlich. Stiel gelb mit grüner Basis. Geruch unangenehm, nach verbranntem Horn. Wiesen, Weiden. Bd. III/62.

Untergattung **Alboleptónia** (LARGENT & BENEDICT 1970) NOORD. 1979

Wie *Leptónia*, aber Hut und Stiel weiß oder sehr blaß gefärbt. Lamellen breit angewachsen bis kurz herablaufend.

E. sericéllum (FR.: FR.) KUMM., Weißer Zärtling
Hut cremeweiß, fein filzig-flockig. Lamellen weiß, mit großen, spindelförmigen Zystiden. Stiel weiß. Wälder, Wiesen, Moore. Bd. III/61.

Untergattungen **Cláudopus** (GILL. 1876) NOORD. 1981 und **Omphaliópsis** NOORD. 1981 [*Eccília* auct., non (FR.) QUÉL.], **Nabelrötling, Stummelfuß**

Fruchtkörper häutig bis dünnfleischig, schwach hygrophan. Lamellen herablaufend. Stiel knorpelig, hohl oder verkümmert bis fehlend. Pigment inkrustierend *(Cláudopus)* oder intrazellulär *(Omphaliópsis)*.

1. Hut zentral gestielt, genabelt

E. parkénse (FR.) NOORD., Schwärzender Nabelrötling
Hut braun, trocken schwärzlich, bis zur Mitte gestreift. Lamellen grau. Stiel braun. Wiesen, Wegränder.

E. undátum (GILL.) MOS., Dunkelblättriger Nabelrötling
Hut dunkelbraun, nicht durchscheinend gestreift, oft konzentrisch gefurcht. Lamellen und Stiel braun. Wälder, Wiesen, Wegränder. Bd. III/64. Mehrere ähnliche Arten!

2. Hut exzentrisch bis seitlich gestielt (pleurotoid)

E. byssísedum (PERS.: FR.) DONK, Stummelfuß-Rötling
Hut grau, seidig überfasert, nierenförmig, Stielbasis von weißen Fasern umgeben. Geruch mehlartig. An Holz, auf Waldboden. Bd. III/67.

E. parasíticum (QUÉL.) KREISEL, Parasitischer Stummelfuß
Hut weiß, nur 3–7 mm breit, filzig, kreisrund. Stielbasis kahl. Lamellen dicklich. An Fruchtkörpern vom Pfifferling *(Cantharéllus cibárius)*. Bd. III/68.

Gattung Clitopílus (FR. ex RABH.) KUMM. 1871 [*Paxillópsis* LGE. 1940], **Räsling**

Hut nicht hygrophan, kahl, mit eingerolltem Rand, meist weiß. Lamellen rötlich. Sporenstaub rosa. Sporen ellipsoid bis spindelförmig, mit 6 oder 8 Längsrippen; Endospor dextrinoid und in Kresylblau metachromatisch, Epispor zyanophil. Keine Zystiden. Hyphen ohne Schnallen. Saprophyten im Boden, an Holz und an Mist. In Europa etwa 9 Arten. Von Trichterlingen durch Form und Farbreaktion der Sporen verschieden.

C. prúnulus (SCOP.: FR.) KUMM., Mehl-Räsling
Hut fleischig, bis 12 cm breit, zentral gestielt, fein filzig. Starker Mehlgeruch. Waldboden. Eßbar. Bd. I/59.

C. scyphoídes (FR.) SING., Kreidiger Räsling
Hut dünnfleischig, bis 2,5 cm breit, exzentrisch gestielt, seidig. Geruch schwach mehlartig? In Rasen. Bd. III/69.

C. passeckeriánus (PIL.) SING., Katzenohr
Hut dünnfleischig, bis 4 cm breit, exzentrisch bis seitlich gestielt. Stiel oft verkümmert. Geruch mehlartig. Auf Pferdemist in Champignonkulturen. Bd. III/70.

Gattung Rhodócybe MRE. 1924 [*Clitopilopsis* MRE. 1936], **Tellerling, Bitterling**

Pilze vom Habitus der Ritterlinge oder Trichterlinge. Hut nicht hygrophan, schwach behaart, graubraun oder fleischrot. Lamellen und Sporenstaub graubräunlich. Sporen eiförmig bis rundlich, runzelig-warzig, nicht amyloid, zyanophil. Zystiden bei einigen Arten vorhanden, dünnwandig. Hyphen ohne Schnallen. Saprophyten, in Europa etwa 11 Arten. Sie ähneln z. T. der Gattung *Lepísta*, z. T. *Ripartítes*, unterscheiden sich aber von beiden durch das Fehlen der Schnallen. *Clitopílus* unterscheidet sich durch gerippte Sporen und weißen Hut.

1. Geschmack bitter. Ohne Zystiden

Rh. popinális (FR.) SING., Schwarzfleckender Tellerling
Hut grau bis rauchbraun, alt oder bei Berührung schwärzlich gefleckt. Lamellen blaß bis schmutzig braun. Laub- und Nadelwald, Grünland, Trockenrasen, Dünen. Ungenießbar. Bd. III/72.

2. Geschmack mild

Rh. caeláta (Fr.) Mre., Genabelter Tellerling

Hut graubraun, konzentrisch rinnig. Lamellen breit angewachsen oder ausgebuchtet. Zystiden an Lamellenschneide und -fläche mit körnigem Inhalt. Brandstellen, Wälder. Bd. III/71.

Rh. hirnéola (Fr.: Fr.) Orton, Glänzender Tellerling

Hut grau, bereift, filzig. Lamellen kurz herablaufend. Stiel und Lamellenschneide mit haarförmigen, septierten Zystiden. Laubwald. Bd. III/73.

Rh. truncáta (Quél.) M. Bon, Würziger Tellerling

Großer, fleischiger Pilz mit Mehlgeruch. Hut, Stiel und Lamellen fleischfarben. Lamellen ausgebuchtet bis herablaufend. Wälder. Eßbar. Bd. III/77.

Literatur

Baroni, T. J.: A revision of the genus *Rhodocybe* Maire *(Agaricales).* (Beih. Nova Hedwigia, **67**.) – Vaduz 1981.

Clémençon, H.: Die Wandstrukturen der Basidiosporen. IV. *Clitopilus prunulus.* – Z. Pilzk. **39** (1974): 245–256.

Einhellinger, A.: Die neun Haupttypen der Rhodophyllusspore nach Romagnesi. – Z. Pilzk. **32** (1966): 46–54.

Hesler, L. R.: *Entoloma* in southeastern North America. (Beih. Nova Hedw., **23**.) – Lehre 1967.

Horak, E.: On cuboid-spored species of *Entoloma (Agaricales).* – Sydowia **28** (1975): 171–238.

Kerstan, J.: Zur Taxonomie von *Rhodophyllus sepium* Noullet & Dassier. – Abh. Ber. Naturkundemus. Görlitz **48**, no. 14 (1973): 1–7.

Largent, D. L.: The genus *Leptonia* on the pacific coast of the United States. (Bibliotheca Mycologica, **55**.) – 286 S. Vaduz 1977.

Largent, D. L., & Benedict, R. G.: Studies in the rhodophylloid fungi II: *Alboleptonia*, a new genus. – Mycologia **62** (1970): 437–452.

Mazzer, S. J.: A monographic study of the genus *Pouzarella*, a new genus in the *Rhodophyllaceae.* (Bibliotheca Mycologica, **46**.)– 191 S. Vaduz 1976.

Moser, M.: Die Arten um *Rhodophyllus dysthales* (Peck) Romagn. – Persoonia **7** (1973): 281–288.

Noordeloos, M. E.: *Entoloma* subgenus *Pouzaromyces* emend. in Europe. – Persoonia **10** (1979): 207–243.

– *Entoloma* subgenus *Nolanea* in the Netherlands and adjacent regions ... Persoonia **10** (1980): 427–534.

– Introduction to the taxonomy of the genus *Entoloma* sensu lato *(Agaricales).* – Persoonia **11** (1981): 121–151.

– *Entoloma* subgenera *Entoloma* and *Allocybe* in the Netherlands and adjacent regions ... – Persoonia **11** (1981): 153–256.

– *Entoloma* subgenus *Leptonia* in northwestern Europe – 1. Introduction and a revision of its section *Leptonia.* – Persoonia **11** (1982): 451–471.

– Studies in *Entoloma.* 6. On pinkish species in subgenus *Leptonia.* – Crypt. Mycol. **4** (1983): 31–39.

– Notulae ad floram agaricinam Neerlandicam – IV, V. *Clitopilus* and *Leucopaxillus.* – Persoonia **12** (1984): 155–167.

– *Entolomataceae (Agaricales, Basidiomycetes)* in Greenland – I. The genus *Entoloma.* – Persoonia **12** (1984): 263–305.

Pegler, D. N., & Young, T. W. K.: Basidiospore form in the British species of *Clitopilus, Rhodocybe* and *Rhodotus.* – Kew Bull. **30** (1975): 19–32.

ROMAGNESI, H.: Essai d'un sectionnement du genre *Rhodophyllus.* – Bull. Soc. Myc. France **53** (1938): 319–338.
– Étude de quelques Rhodophylles. – Travaux mycologiques dédiés à R. KÜHNER. Num. spécial du Bull. Soc. Linn. Lyon **8** (1974): 385–387.
RUNGE, A.: Zum Vorkommen des Katzenohrs, *Clitopilus passeckerianus* in der Bundesrepublik Deutschland. – Z. Mykol. **50** (1984):13–16.
SCHWÖBEL, H.: Ein Beitrag zur Kenntnis der Frühlingsrötlinge (Gruppe *Apriles* ROMAGNESI). – Westfäl. Pilzbr. **2** (1960): 65–73.

8. Familie: Krüppelfußartige – Crepidotáceae

Fruchtkörper häutig bis dünnfleischig, ungestielt oder sehr kurz gestielt, mit breit angewachsenen bis herablaufenden Lamellen. Sporenstaub graubräunlich, rosabräunlich, ocker oder rostbraun. Velum bei manchen Arten vorhanden, cortinaartig.

Hyphensystem monomitisch. Hyphen dünnwandig, mit oder ohne Schnallen. Lamellentrama regulär. Basidien normal, keulenförmig, 2- oder 4sporig. Sporen kugelig, ellipsoid oder mandelförmig, gelblich, warzig oder glatt, ohne Keimporus, nicht amyloid. Zystiden an Lamellenschneide meist vorhanden, dünnwandig.

Eine kleine Familie von saprophytischen, an Holz oder Grasresten lebenden Pilzen. Hier werden nur die Gattungen *Pleurotéllus* und *Crepidótus* mit ungestielten oder rudimentär gestielten Hüten behandelt. Man vergleiche auch *Entolóma* subg. *Cláudopus* (S. 129), *Clitopílus* (S. 130) und *Arrhénia* (S. 119) sowie *Pleuroflámmula* (s. Bd. VI).

Gattung Pleurotéllus Fayod 1889, Zwergseitling

Kleine, ungestielte, weißliche Fruchtkörper mit sehr blassem Sporenstaub (cremefarben, bräunlichgelb, hellrosa). Sporen glatt. Zystiden fehlen. Saprophyten an Moosen, Holz und Pflanzenresten, bedeutungslos.

P. chióneus (Pers.) Konr. & Mubl., Schneeweißer Zwergseitling

Hut 5–10 mm breit, weiß, häutig. Bisweilen mit rudimentärem Stiel. Sporen eiförmig, glatt. Bd. III/82.

Gattung Crepidótus (Fr.) Staude 1857 [*Dochmíopus* Pat. 1887], Krüppelfuß, Stummelfüßchen

Kleine bis mittelgroße, ungestielte oder in jungen Stadien rudimentär gestielte Fruchtkörper mit braunem Sporenstaub (ton-, zimt-, rosabraun). Sporen warzig oder glatt. Cheilozystiden vorhanden, dünnwandig, haar- oder keulenförmig. Saprophyten an Holz, Pflanzenresten, in Borkenrissen lebender Bäume. In Europa etwa 25 Arten, bedeutungslos.

1. Hut weißlich, mehr oder weniger filzig, 4–30 mm breit

1.1. Sporen glatt

C. herbárum (Peck) Sacc., Muschelförmiger Krüppelfuß

Sporen fast spindelförmig, mit spitzer Basis, bis 3,5 µm breit. Hut 4–10 mm breit. Huthaut ohne Schnallen. Sporenstaub blaß bräunlichgelb. An toten Gräsern, Pflanzenresten, Zweigen. Bd. III/83 a.

C. pubéscens Bres., Weichhaariger Krüpelfuß

Sporen länglich-ellipsoid bis spindelförmig, bis 5,7 µm breit. Hut 10–25 mm breit. Huthaut ohne Schnallen. Sporenstaub zimtbraun. An Zweigen und auf Erde. Bd. III/83 b.

C. lundéllii PIL.

Sporen breit ellipsoid, bis 6,2 µm breit. Hut 10–20 mm breit. Huthaut ohne Schnallen. Sporenstaub braun, nicht rötlich getönt. Eine relativ fleischige und feste Art. An Holz und Rinde.

1.2 Sporen warzig (mit Ölimmersions-Objektiv prüfen!). Hyphen der Huthaut mit Schnallen

C. variábilis (PERS.: FR.) KUMM., Gemeiner Krüppelfuß

Sporen 5,5–7 µm lang, ellipsoid. Lamellen rosa getönt. Sporenstaub rötlich zimtbraun. An Ästen von Laub- und Nadelholz. Bd. III/84.

C. cesátii (RABH.) SACC., Kugelsporiger Krüppelfuß

Sporen 7–10 µm lang, breit ellipsoid bis subglobos. Sporenstaub rötlich zimtbraun. An Holz, Borke. Bd. III/85.

C. lutéolus (LABMOTTE) SACC., Flaumiger Krüppelfuß

Sporen 6,5–10,5 µm lang, länglich ellipsoid bis fast mandelförmig. Sporenstaub ockerbraun. Hut ockergelblich. Bd. III/86.

2. Hut ocker bis braun, kahl, 20–60 mm breit

2.1. Hut mit gallertartiger, abziehbarer Haut. Hyphen der Huthaut ohne Schnallen

Abb. 20. Schuppiger Krüppelfuß, *Crepidotus mollis* var. *calolepis*. An totem Stamm von *Populus tremula* bei Uppsala, Schweden. Foto H. JAHN 1962.

C. móllis (SAEFF.: FR.) KUMM., Gallertfleischiger Krüppelfuß

Hut kahl und glatt, Sporen glatt, eiförmig-ellipsoid, 8–11,2 µm lang. Laubholzstümpfe. Bd. IV/22.

C. móllis var. *calólepis* FR. sensu PIL., Schuppiger Krüppelfuß

Hut angedrückt schuppig, sonst wie oben. An Espenholz *(Pópulus trémula)*. Abb. 20.

2.2. Hut ohne Gallerthaut

C. móllis var. *pseudoapplanátus* PIL., Kahler Krüppelfuß

Wie *C. móllis*, aber ohne Gallerthaut. An Besenginster *(Sarothámnus scopárius)*.

C. applanátus (PERS.) KUMM., Geriefter Krüppelfuß

Hyphen der Huthaut mit Schnallen. Hut hygrophna, mit gestreiftem Rand. Sporen kugelig, feinwarzig, bis 6 µm Durchmesser. An Laub- und Nadelholz, besonders Kiefer *(Pinus)*.

Literatur

HESLER, L. R., & SMITH, A. H.: North American species of *Crepidotus*. New York 1965.

PEGLER, D. N., & YOUNG, T. W. K.: Basidiospore form in the British species of *Crepidotus*. – Kew Bull. **27** (1972): 311–323.

PILÁT, A.: Monographie des espèces européennes du genre *Crepidotus* FR. – (Atlas des champignons de l'Europe, **VI**.) 84 S. Prague 1948.

– Revision of the types of some extra-european species of the genus *Crepidotus* FR. – Trans. Brit. Myc. Soc. **33** (1950): 215–249.

9. Familie: Wulstlingsartige – Amanitáceae

Fruchtkörper dünnfleischig bis fleischig, hutförmig, zentral oder exzentrisch gestielt, gewölbt mit oder ohne Buckel. Hutrand nicht eingerollt. Das Hymenophor wird von ganzrandigen Lamellen gebildet; Lamellenansatz angeheftet bis ausgebuchtet. Hüllbildungen: Ein Velum universale kommt bei *Amaníta*, ein Velum partiale (Manschette) bei *Amaníta* z. T. und bei *Limacélla* vor, während *Rhodótus* kein Velum hat. Sporenstaub weiß, grünlich oder gelblichrosa.

Hyphensystem monomitisch. Hyphen dünnwandig, mit oder ohne Schnallen. Lamellentrama pseudobilateral. Basidien normal, keulenförmig, 2- oder 4sporig, z. T. ungewöhnlich groß (bis 80 µm lang). Sporen farblos, kugelig oder ellipsoid, glatt oder warzig, ohne Keimporus, amyloid oder nicht amyloid, azyanophil. Zystiden z. T. an Lamellenschneiden vorkommend *(Rhodótus)*, dünnwandig.

Die *Amanitáceae* sind eine relativ kleine und einheitliche, klar umgrenzte Familie; nur die Zugehörigkeit der Gattung *Rhodótus* wird noch diskutiert. Die 3 hier behandelten Gattungen unterscheiden sich morphologisch und ökologisch klar voneinander.

Gattung Amaníta PERS. 1797 [*Amanitópsis* ROZE 1876, *Lepidélla* GILB. 1925, *Aspidélla* GILB. 1940, *Amidélla* GILB. 1941, *Amplariélla* GILB. 1941], **Wulstling, Knollenblätterpilz, Streifling**

Fruchtkörper mit Velum universale und oft auch V. partiale (Apikalvelum, Manschette). Lamellen angeheftet. Sporenstaub weiß oder grünlich. Sporen glatt. Zystiden fehlen. Basidien groß (30–80 µm lang). Hyphen mit oder ohne Schnallen.

Bodenbewohnende Pilze, die durch Ektomykorrhiza baumgebunden sind und daher nur in Wäldern und Parkanlagen, eventuell in Gärten, vorkommen. In Europa gibt es über 30, in Nordamerika und dem tropisch-subtropischen Asien wesentlich mehr Arten. Neben einigen eßbaren enthält die Gattung mehrere lebensgefährlich giftige und auch einige vermutlich halluzinogene (Bufotenin, z. T. auch Ibotensäure und Muscimol enthaltende) Arten. Da die eßbaren und giftigen *Amaníta*-Arten oft einander sehr ähnlich sind und manche eßbare Arten (z. B. der Perlpilz) leicht verderben und dann ebenfalls Vergiftungen hervorrufen, sei der Anfänger dringend vor dem Genuß von *Amaníta*-Arten gewarnt.

Die Champignons (*Agáricus*-Arten) unterscheiden sich von *Amaníta* grundsätzlich durch dunkelbraunen Sporenstaub und freie Lamellen. Der Pilzfreund muß auch lernen, zwischen den Hutschuppen mancher *Agáricus*-Arten (die durch Aufbrechen der Huthaut entstehen und zum Rande zeigen) und den Hüllresten oder -flocken von *Amaníta* (die aus dem Velum universale entstehen und nicht radial orientiert sind) zu unterscheiden.

Die Gattung *Amaníta* gliedert sich in die Untergattungen *Amaníta* (Hutrand gerieft, Sporen nicht amyloid, s. 1. und 2. 1.) und *Lepidélla* (GILB.) VESELÝ (Hutrand ungerieft, Sporen amyloid, s. 2.2.).

Abb. 21. Verfärbender Streifling, *Amanita battarae.* Ennstal, Steiermark, Österreich. Foto H. Jahn 1975.

1. Stiel unberingt. Sporen nicht amyloid

1.1. Stielbasis mit häutiger, sackartiger Volva

1.1.1. Hut grau

A. vagináta (Bull. : Fr.) Vitt., Grauer Streifling
Hut grau oder weißlich, schwach gebuckelt, Stiel hohl. Sporen kugelig. Wälder (besonders *Fágus*). Eßbar. B. I/13.

A. mairei H. Foley [*A. argéntea* Huijsman], Silberner Streifling
Hut silbergrau, nicht gebuckelt. Stiel ausgestopft. Sporen breit ellipsoid. Laubwald, Westeuropa. Wert unbekannt.

1.1.2. Hut orange bis braun

A. crócea (Quél.) Kühner & Romagn., Orangegelber Streifling
Hut orange. Stiel und Volva blaß orange. Laubwald *(Fágus, Quércus, Castánea)*, Nadelwald *(Pícea)*. Eßbar.

A. fúlva Fr., Fuchsiger Streifling
Hut fuchsig bis hell rotbraun. Stiel bräunlich, hell fuchsig. Volva weiß mit fuchsigen oder weinrötlichen Flecken. Laubwald (besonders *Bétula*). Eßbar. Bd. I/12.

A. battárae BOUD. [*A. umbrinolútea* „SECR.“], Verfärbender Streifling

Hut gelbbraun, dann umber- oder graubraun, oft mit dunkler Ringzone und hellem Rand. Stiel bräunlich, Volva weiß. Unter Fichte *(Pícea)*, Mittel- und Hochgebirge. Eßbar. Abb. 21.

1.2. Stielbasis nur mit brüchigen Volvaresten

A. cecíliae (BERK. & BR.) SACC., Riesen-Streifling

Hut ocker bis umberbraun, mit vielen grauen Hüllresten. Stiel durch Velumreste grau gebändert. Laub- und Nadelwald. Eßbar. Bd. I/14.

A. friábilis (KARST.) BAS, Erlen-Streifling

Hut grau, graubraun, mit graulichen Hüllresten. Stiel mit knolliger Basis ohne Velumreste. Kleine, zierliche Art unter Erle *(Álnus)*. Wert unbekannt.

2. Stiel mit häutigem Ring (Manschette)

2.1. Hutrand gerieft. Ring nicht gerieft. Sporen nicht amyloid

2.1.1. Stielbasis mit kurzer, gestutzer Volva, wenig knollig

A. panthérina (DC. : FR.) KRBH., Pantherpilz

Hut braun, mit vielen weißen Velumflocken. Trama unter der Huthaut weiß (vgl. *A. regális*!). Laub- und Nadelwald. **Giftig!** Bd. I/5, Bd. III/7.

A. gemmáta (FR.) BERTILLON, Narzissengelber Wulstling

Hut ocker-, wachsgelb, mit wenigen weißen Velumresten. Laub- und Nadelwald. **Giftig?** Bd. I/10.

A. elíae QUÉL., Kammrandiger Wulstling

Hut ockerweißlich, lederfarben, rosa- bis pupurbräunlich. Unter Buche *(Fágus)*, saurer Boden. **Giftig?** Bd. III/5.

2.1.2. Stielbasis zwiebelförmig, mit Schuppengürteln

A. muscária (L.) PERS., Roter Fliegenpilz

Hut rot, orange, mit vielen weißen Velumflocken (die durch Regen bald abgewaschen werden). Trama unter Huthaut orange. Stielbasis mit 2–3 Gürteln von Velumflocken. Laubwald (besonders unter *Bétula*). **Giftig!** Bd. I/8.

A. regális (FR.) MICHAEL, Königs-Fliegenpilz

Hut braun,mit vielen weißen Velumflocken. Trama unter Huthaut gelb bis orange. Stilbasis mit 3–5 Gürteln von Velumflocken. Unter Fichte *(Pícea)*. Gebirge. **Giftig!** Bd. I/9.

2.1.3. Stielbasis mit weit abstehender Volva

A. caesárea (SCOP.: FR.) PERS., Kaiserling

Hut orangerot. Stiel, Ring und Lamellen goldgelb. Volva weiß. Unter Eiche *(Quércus)* und Edelkastanie *(Castánea)*; Südeuropa bis Frankreich, Böhmen, Slowakei. Eßbar. Bd. III/1.

2.2. Hutrand ungerieft. Sporen amyloid: Untergattung **Lepidélla** (GILB.) VESELÝ

2.2.1. Stielbasis mit häutiger, sackartiger Volva. Ring häutig und fein gestreift oder *(A. ovoídea)* mehlig-pastös

A. phalloídes (FR.) LINK, Grüner Knollenblätterpilz

Hut olivgrün, braungrün, radial geflammt. Stiel weiß mit olivgrüner Zickzackbänderung. Volva und Lamellen weiß. Geruch süßlich, honigartig. Unter Laubbäumen *(Quércus, Fágus, Castánea, Tília)*, in höheren Gebirgen auch im Nadelwald *(Pícea)*, auf Kalk- und Silikatboden. **Giftig!** Bd. I/1.

A. vérna (BULL.: FR.) LAMARCK, Weißer Knollenblätterpilz

Hut weiß, meist ohne Velumreste, nicht gebuckelt. Volva weit abstehend (Pilz ähnlich *A. phalloídes*, aber kleiner; vielleicht nur Albinoform?). Laubwald. **Giftig!** Bd. I/2.

A. virósa (FR.) BERTILLON [*A. vérna* s. FRIES, SINGER 1962, MOSER 1967], Spitzhütiger Knollenblätterpilz

Hut weiß, stumpf kegelförmig, dann gebuckelt, ohne Velumreste. Stiel angedrückt, schuppig, mit eng anliegender Volva. Geruch rettichartig. Laub- und Nadelwald. **Giftig!** Bd. I/3.

A. ovoídea (BULL.: FR.) LINK, Eier-Wulstling
Hut weiß, bräunlich fleckend. Hutrand und Ring flockig. Stiel abstehend schuppig, mit weit abstehender Volva. Laub- und Nadelwald, Südeuropa. Eßbar. Bd. III/2.

2.2.2. Stielbasis mit gerandeter, fast kugelförmiger Knolle. Ring glatt.

A. citrína (SCHAEFF.) PERS. Gelber Knollenblätterpilz
Hut hellgelb oder weiß, meist mit vielen weißen bis bräunlichen Velumresten. Geruch nach faulen Kartoffeln (*Phytóphthora*-Krankheit). Laub- und Nadelwald. **Giftig!** Bd. I/4.

A. porphýria ALB. & SCHW.: FR., Porphyrbrauner Wulstling
Hut braun, mit wenigen grauen Velumresten. Geruch ähnlich *A. citrína.* Nadelwald. **Giftig!** Bd. I/11.

2.2.3. Stielbasis mit zwiebelförmiger Knolle oder ohne Knolle, ohne Velumreste. Ring gerieft oder fein gestreift

A. rubéscens PERS.: FR., Perlpilz
Hut gelbbraun, lilabraun, selten weißlich, mit vielen kleinen, flachen, gleichfarbenen Velumresten. Stiel gleichfarben. Ring rosa oder gelb, gerieft. Fleisch rötend. Laub- und Nadelwald. Eßbar. Bd. I/7.

A. excélsa (FR.) BERTILLON, Grauer Wulstling
Hut grau, gelblichgrau, graubraun, selten weißlich, mit vielen kleinen, flachen, hell- bis dunkelgrauen Velumresten. Stiel grau gebändert. Fleisch unveränderlich weiß. Laub- und Nadelwald. Eßbar. Bd. I/6, Bd. III/4.

A. franchétii (BOUD.) FAYOD, Rauher Wulstling
Hut und Stiel graugelblich mit vielen kleinen, warzigen, gelben Hüllresten. Ring gelb gerandet. Fleisch unveränderlich weiß. Laubwald. **Giftig?** Bd. III/6.

A. solitária (BULL.: FR.) MÉRAT, Stachelschuppiger Wulstling
Hut grauweißlich, silber-, grünlichgrau, mit aufrechten, pyramidenförmigen, spitzigen Schuppen. Sporenstaub, meist auch Lamellen und Fleisch grünlich. Geruch unangenehm, stechend. Laubwald, Südeuopa bis England, Niederlande, Thüringen. Giftig? Bd. III/8.

A. vittadínii (MORETTI) VITT., Breitschuppiger Wulstling
Hut weißlich, mit breiten, angedrückten Schuppen. Stiel sparrig-schuppig. Lamellen meist grünlich. Sporenstaub weißlich. Geruch süßlich. Eine stattliche Art mit zylindrischen, nicht knolligem Stiel. Lichte Wälder. Südeuropa bis Niederlande, Böhmen, Südslowakei. Eßbar.

A. strobilifórmis (PAULET ex VITT.) BERTILLON, Fransiger Wulstling
Hut weiß bis bräunlichgrau, mit dicken, felderigen oder grob pyramidenförmigen Schuppen. Hutrand fransig behangen. Lamellen weiß bis creme. Stiel flockigschuppig, mehr oder weniger knollig. Geruch unauffällig. Laubwald, Süd- und Mitteleuropa. Giftig? Bd. III/3.

Gattung Limacélla EARLE 1909, Schleimschirmling

Fruchtkörper mit schleimigen Hut und beringtem Stiel, ohne Velum universale. Lamellen angeheftet oder tief ausgebuchtet, selten frei. Sporenstaub weiß bis hell ocker. Sporen kugelig, glatt oder feinwarzig. Zystiden fehlen. Hyphen mit Schnallen. Basidien normal, bis 40 µm lang. Bodenbewohnende Pilze, vermutlich Saprophyten. In Europa 6–7 Arten. Alle häufigen Arten sind eßbar.

L. guttáta (PERS.: FR.) KONR. & MAUBL., Großer Schleimschirmling
Hut falb, rötlichocker, 5–12 cm breit. Ring häutig, mit gelblichen Tröpfchen besetzt wie auch die Stielspitze, Stiel sonst trocken. Mehlgeruch. Nadelwald. Bd. III/9.

L. gliodérma (FR.) MRE., Rotbrauner Schleimschirmling
Hut fuchsig- bis kastanienbraun, ausblassend fleischfarben, 3–6 cm breit. Ring und Stielbekleidung wollig-flockig, nicht tränend. Stiel trocken. Mehlgeruch. Laub- und Nadelwald, Gewächshäuser. Bd. III/10.

L. illiníta (FR.: FR.) MRE., Glänzender Schleimschirmling
Hut weiß oder grau, 3–7 cm breit. Ring und Stielbekleidung schleimig. Geruch schwach mehlartig. Nadelwald, Kalkboden. Bd. III/11.

Gattung Rhodótus MRE. 1924, Adernseitling

Fruchtkörper exzentrisch gestielt, ohne Velum. Lamellen ausgebuchtet. Sporenstaub gelblichrosa. Sporen kugelig, warzig-stachelig, zyanophil. Lamellenschneide mit dünnwandigen Zystiden. Basidien normal, bis 38 µm lang. Hyphen mit Schnallen. Holzbewohnende Saprophyten. Nur 1 Art, bedeutungslos. SINGER (1975) stellt *Rhodótus* zu den *Tricholomatáceae.*

Rh. palmátus (BULL.: FR.) MRE., Adernseitling
Hut orangerosa, gelbbraun, netzartig geadert. Rand gerippt. Lamellen rosa. Stiel weißlich, silberig. An Laubholz, büschelig. Bd. III/78.

Literatur

BAS, C.: Morphology and subdivision of *Amanita* an a monograph on its section *Lepidella.* – Persoonia 5 (1969): 285–579.
– Species concept in *Amanita* sect. *Vaginatae.* In: Herbette symposium on species concept in *Hymenomycetes* (Bibliotheca Mycologica, **61**), S. 79–103. – Vaduz 1977.
BOEDIJN, K. B.: Notes on Indonesian fungi. The genus *Amanita.* – Sydowia **5** (1951): 317–327
COKER, W. C.: The Amanitas of the Eastern United States. – J. Elisha Mitchell Sci. Soc. **33** (1917): 1–88.
CORNER, E. H. J., & BAS, C.: The genus *Amanita* in Singapore and Malaya. – Persoonia **2** (1962): 241–304.
DÖRFELT, H.: Die Arten der Gattung *Amanita* PERS. ex HOOKER im Vogtland. – Mykol. Mitt. **12** (1968): 9–22.
GILBERT, E. J.: *Amanitaceae.* In: BRESADOLA, J.: Iconographia Mycologica, vol. **27**. – 427 S. Mediolani 1940–1941.
HEINEMANN, P.: Les Amanitées. 3e édition. – Les Naturalistes Belges. 22 S. Bruxelles 1964.
HERRMANN, W.: Die Gifte des Fliegenpilzes und anderer Amanitaarten. – Mykol. Mitt. **11** (1967): 41–44.
KRAFT, M.-M.: Sur la répartition d'*Amanita caesarea* (FR. ex SCOP.) QUÉL. – Bull. Soc. Bot. Suisse **66** (1956): 39–91.
– Sur la répartition des trois amanites mortelles en Suisse romande. – Schweiz. Z. Pilzk. **44** (1966): 49–62.
KREISEL, H.: 30 Jahre „Falscher Perlpilz". – Mykol. Mitt. **9** (1965): 33–41.
PARROT, A. G.: Amanites du sud-ouest de la France. – 173 S. Biarritz 1960.
POUCHET, A.: Considérations sur *Rhodotus palmatus* (BULL.) MAIRE et sus variations. – Bull Soc. Myc. France **48** (1932): 76–83.

ŠMARDA, F.: Zur Ökologie der *Amanita phalloides* (VAILL. ex FR.) SECR. – Česká Mykol. **16** (1962): 71–82.
SMITH, V. H.: The genus *Limacella* in North America. – Papers Michigan Acad. Sci., Arts and Letters **30** (1944): 125–147.
TYLER, V. E. jr.: Indole derivates in certain North American mushrooms. – Lloydia **24** (1961): 71–74.
– Chemotaxonomy in the *Basidiomycetes.* In: Evolution in the higher *Basidiomycetes.* An international symposium (Hrsg. R. H. PETERSEN), S. 29–62. – Knoxville, Tennessee 1971.
TYLER, V. E. jr., & GRÖGER, D.: Investigation of the alkaloids of *Amanita* species. II. *Amanita citrina* and *Amanita porphyria.* – Planta Medica **12** (1964): 397–402.
VESELÝ, R.: *Amanita.* (Atlas des champignons de l'Europe, **I**). – 80 S. Prague 1934.
WIELAND, T.: Poisonous principles of mushrooms in the genus *Amanita.* – Science **159** (1968): 946–952.

10. Familie: Dachpilzartige – Pluteáceae (Volvariáceae)

Fruchtkörper dünnfleischig bis fleischig, hutförmig, zentral gestielt, gewölbt mit oder ohne Buckel. Hutrand nicht eingerollt. Das Hymenophor wird von ganzrandigen Lamellen gebildet; Lamellenansatz frei. Velum universale (Volva) bei *Volvariélla*, Velum partiale (Ring) bei der nur in Südeuropa vorkommenden Gattung *Chamaeóta* (W. G. Smith) Earle vorhanden. Sporenstaub fleischrosa.

Hyphensystem monomititsch. Hyphen dünnwandig, mit oder ohne Schnallen. Lamellentrama invers. Basidien normal, bis 35 µm lang, keulenförmig, 4sporig. Sporen rötlich, ellipsoid, glatt, ohne Keimporus, nicht amyloid, bei *Plúteus* (auch sonst?) zyanophil. Dünnwandige Zystiden an Lamellenschneide, dickwandige Zystiden (Metuloide) nur bei *Plúteus* auf der Lamellenfläche vorkommend.

Die *Pluteáceae* sind eine kleine, einheitliche und gut abgegrenzte Familie. Sie werden oft mit den *Amanitáceae* vereinigt, von denen sie sich aber durch die einzigartig gebaute Lamellentrama, die freien Lamellen und den fleischroten Sporenstaub unterscheiden. Beiden Familien ist gemeinsam, daß die Stiele der gesammelten Fruchtkörper Krümmungen ausführen, wodurch die Hüte hingelegter Pilze wieder in horizontale Lage gebracht werden. Alle Arten sind Saprophyten und ungiftig.

Gattung Volvariélla Speg. 1899 [*Volvária* (Fr.) Kumm. 1871, non DC. 1805], Scheidling

Stielbasis mit häutiger, abstehender Volva. Hut weiß, gelblich oder graubraun, schleimig oder trocken. Zystiden dünnwandig. Hyphen ohne Schnallen. Meist bodenbewohnende Saprophyten; einige Arten an Holz oder an Pilzhüten vorkommend. In Europa etwa 13 Arten. Alle größeren Arten sind eßbar.

Eine von *V. volvácea* wenig verschiedene tropische Sippe, *V. esculénta* (Massee) Sing. [*V. volvácea* var. *héimii* Sing.] wird in Südostasien, z. B. in Vietnam und Indonesien, sowie auf Madagaskar, häufig auf Reisstroh kultiviert.

1. Hut klebrig, schmierig

V. speciósa (Fr. : Fr.) Sing., Großer Scheidling
Hut cremeweiß bis graubraun, 5–12 cm breit. Stiel und Volva weiß bis graulich. Sporen 1–18 µm lang. Äcker, Gärten. Eßbar. Bd. I/15.

V. média (Schum. : Fr.) Sing., Mittelgroßer Scheidling
Hut weiß, 3–5 cm breit. Stiel und Volva weiß. Sporen 11–16 µm lang. Laub- und Nadelwald. Eßbar. Bd. III/32.

2. Hut trocken, seidig oder haarig-schuppig

2.1. Volva außen braun oder grau

V. bombýcina (Schaeff.: Fr.) Sing., Wolliger Scheidling
Hut weiß oder hellgelb, haarig-schuppig, 8–20 cm breit. Volva ocker bis braun, außen felderig-schuppig oder glatt. Stiel kahl. An Laubbaumstämmen. Eßbar. Bd. II/31.

Abb. 22. Asche-Scheidling, *Volvariella taylori*, an Mauerwerk. Foto B. HENNIG.

V. caesiotíncta ORTON, Blaugrauer Scheidling
Hut braun, blaugrau oder bleigrau, faserig gestreift, 3–10 cm breit. Volva olivgrau. Stiel flaumig oder bereift. An Laubholzstümpfen, Westeuropa bis DDR.

V. volvácea (BULL.: FR.) SING., Schwarzstreifiger Scheidling
Hut silbergrau, grauschwärzlich, faserig gestreift, 4–10 cm breit. Sporen 7–9 × 5–6 μm. Auf Kompost, in Champignonkulturen und Gewächshäusern. Eßbar. Bd. III/37.

V. táylori (BERK. & BR.) SING., Asche-Scheidling
Hut weißlich, Scheitel graubräunlich, 3–6 cm breit, seidig. Sporen 5,5–7,7 × 4–5 μm. Schuttplätze, Wegränder. Bd. III/34. Abb. 22.

2.2. Volva außen und innen weiß

2.2.1. Stiel flaumig behaart

V. surrécta (KNAPP) SING., Parasitischer Scheidling
Hut weiß bis bräunlich, 4–8 cm breit. Sporen 5–6,6 μm lang. Auf faulenden Pilzhüten *(Clitócybe, Lepísta, Tricholóma)*. Bd. III/36.

V. hypópithys (FR.) MOS., Nadeln-Scheidling
Hut weiß, 1,5–5 cm breit. Sporen 6–7,5 µm lang. Auf Nadelwaldstreu. Bd. III/38.

2.2.2. Stiel kahl

V. murinélla (QUÉL.) MOS., Mausgrauer Scheidling
Hut hellgrau, 2–4 cm breit. Sporen 6–8 × 3,5–4 µm. Auf Gartenerde. Bd. III/33.

V. pusílla (PERS.: FR.) SING., Kleinster Scheidling
Hut weißlich, 0,5–3,3 cm breit. Sporen 5,5–6,5 × 4–5 µm. Auf Wegen, Rasenplätzen. Bd. III/35.

Gattung Plúteus FR. 1835 [*Hyporrhódius* (FR.) STAUDE 1857], Dachpilz

Stielbasis ohne Volva. Hut verschieden gefärbt, trocken, kahl oder fein schuppig. Zystiden meist vorhanden, an Schneide dünnwandig und bei manchen Arten auf Lamellenfläche dickwandig. Hyphen mit oder ohne Schnallen. Holz-, seltener bodenbewohnende Saprophyten. In Europa etwa 45 Arten. Alle größeren Arten sind eßbar und wohlschmeckend, allerdings leicht verderblich.

1. Hut weiß. Lamellenfläche mit hakigen Zystiden

P. pellítus (PERS.: FR.) KUMM., Weißer Dachpilz
Hut 5–7 cm breit, cremeweiß, nur Scheitel bräunlich, seidig, ohne Schuppen. Stiel weiß, glatt. Hyphen der Huthaut mit Schnallen. An Buche *(Fágus).*

P. patrícius (SCHULZER) MASSEE, Seidiger Dachpilz
Hut 5–15 cm breit, cremeweiß, Scheitel braunschuppig. Stiel längsfaserig. Hyphen der Huthaut ohne Schnallen. An Laubholzstümpfen (*Áesculus, Tília* u. a.), auf Sägespänen. Bd. III/39.

P. petasátus (FR.) GILL. sensu MOSER
Wie *P. patrícius*, aber Sporen größer (*patrícius* bis 6,6 µm, *petasátus* bis 10 µm).

2. Hut gelb. Zystiden ohne Haken

P. leonínus (SCHAEFF.: FR.) KUMM., Löwengelber Dachpilz
Hut goldgelb, bräunlichgelb, kahl, Rand gerieft. Stiel weißlich, gelbbräunlich. Huthaut aus Hyphen gebildet. An Laubholz. Bd. III/40.

P. luteomarginátus ROLLAND, Gelbrandiger Dachpilz
Hut mit braunem bis schwärzlichem Filz überzogen, darunter und am Rand gelb, 6–11 cm breit, Rand gerieft. Stiel blaß rosa. Lamellen mit senfgelber Schneide. Huthaut aus Hyphen gebildet. An Koniferenholz, boreal-montan.

P. luteóvirens REA, Gelbgrüner Dachpilz
Hut grünlichgelb, alt bräunend. Stiel weiß, glänzend. Huthaut aus rundlichen Zellen gebildet. An Buche *(Fágus).*

3. Hut orangerot. Zystiden ohne Haken

P. aurantiorugósus (TROG) SACC. [*P. coccíneus* (MASS.) LGE.], Orangeroter Dachpilz
Hut kahl, 2–6 cm breit. Stiel gelblich. Huthaut aus rundlichen Zellen gebildet. An Laubholzstümpfen.

4. Hut grau, blaugrau. Pleurozystiden mit Haken

P. salicínus (PERS.: FR.) KUMM., Grauer Dachpilz
Hut grau, Scheitel mit blaugrünen Schüppchen, 3–7 cm breit. Stiel weißlich, Basis oft blaugrün. An Laubholz (*Álnus, Sálix* u. a.) in feuchten Wäldern.

P. pseudorobértii MOS. & STANGL, Grauschuppiger Dachpilz

Hut weiß mit oliv- oder aschgrauen Faserschuppen, 3–5 cm breit. Stiel weiß, Basis grauolivlich verfärbend. An Laubholz.

5. Hut braun

5.1. Lamellenschneide schwarzbraun

P. tricuspidátus VEL., Schwarzschneidiger Dachpilz

Hut 5–15 cm breit, umberbraun. Hyphen der Huthaut mit Schnallen. Pleurozystiden mit Haken. An Koniferenholz. Bd. III/46.

P. umbrósus (PERS.: FR.) KUMM., Schwarzflockiger Dachpilz

Hut 3–9 cm breit, umberbraun, schwarzgrau, netzartig gerunzelt. Stiel braun behaart. Geruch ähnlich *Lepióta cristáta*. Pleurozystiden ohne Haken. An Laubholz. Bd. III/47.

5.2. Lamellenschneide gleichfarben (rosa)

5.2.1 Huthaut aus Hyphen bestehend, faserschuppig oder seidig glänzend

P. atricapíllus (BATSCH) FAYOD, Rehbrauner Dachpilz

Hut graubraun bis sepia, Scheitel etwas faserschuppig, sonst glatt und kahl, 4–12 cm breit. Hyphen der Huthaut ohne Schnallen. Pleurozystiden mit Haken. An Laub-, selten Koniferenholz. Bd. I/16.

P. pláutus (WEINM.) GILL., Samtfüßiger Dachpilz

Hut sepia, manchmal olivlich, körnig-schuppig, 2–6 cm breit. Stiel bräunlich, körnig-schuppig. Zystiden ohne Haken. An Koniferenholz. Bd. III/45.

P. hispídulus (FR.: FR.) GILL., Haariger Dachpilz

Hut graubraun, dicht haarig-schuppig, 1–2 cm breit. Stiel weiß, kahl. Zystiden ohne Haken. An Laubholz, auf Waldboden. Bd. III/44.

5.2.2. Huthaut aus rundlichen Zellen bestehend, samtig, matt. Zystiden ohne Haken

P. phlebóphorus (DITMAR: FR.) KUMM., Netzaderiger Dachpilz

Hut dunkelbraun, bis zum Rande netzaderig, 2,5–6 cm breit. Stiel weiß. An Laubholz, auf Waldboden. Bd. III/41.

P. nánus (PERS.: FR.) KUMM., Flockigbereifter Dachpilz

Hut dunkelbraun, grauflockig bereift, nur am Scheitel runzelig, 2–5 cm breit. Stiel weiß. Pleurozystiden spindelig, flaschenförmig. An Laubholz. Bd. III/42.

P. romélii (BRITZ.) SACC. [*P. lutéscens* auct.], Gelbstieliger Dachpilz

Hut dunkelbraun, aderig oder runzelig, 1–5 cm breit. Stiel zitronen- bis orangegelb. Pleurozystiden bauchig, stumpf. An Laubholz. Bd. III/43.

Literatur

BABOS, M.: *Pluteus* studies, I. *(Basidiomycetes, Pluteaceae).* – Ann. Histor.-Naturales Mus. Nation. Hungarici **70** (1978): 93–97.

CHANG, SHU-TING: The Chinese Mushroom *(Volvariella volvacea).* Morphology, cytology, genetics, nutrition and cultivation. – 99 S. Hongkong 1972.

GRÖGER, F.: Die Dachpilze (Gattung *Pluteus*). – Mykol. Mitt. **5** (1961): 49–71.

HEIM, R.: *Volvaria esculenta* MASSEE. – Bull. Soc. Myc. France **63** (1947): 121–126.

HEINEMANN, P.: Observations sur le genre *Volvariella* SPEG. – Bull. Jard. Bot. Nat. Belg. **45** (1975): 185–193.

HOMOLA, R. L.: Section *Celluloderma* of the genus *Pluteus* in North America. – Mycologia **64** (1972): 1211–1247.

ORTON, P. D.: The European species of *Volvariella* SPEGAZZINI. In: Travaux mycologiques dédiés à R. KÜHNER. Num. spécial du Bull. Soc. Linnéenne Lyon **5** (1974): 313–326.

Romagnesi, H.: Quelques espéces rares ou nouvelles de Macromycétes. VII. Agarics rhodosporés (Volvariacées). – Bull. Soc. Myc. France **94** (1978): 371–377.
Shaffer, R. L.: *Volvariella* in North America. – Mycologia **49** (1957): 545–579.
Singer, R.: Contributions toward a monograph of the genus *Pluteus.* – Trans. Brit. Myc. Soc. **39** (1956): 145–232.
Vellinga, E. C., & Schreurs, J.: Notulae ad floram agaricinam Neerlandicam – VIII. *Pluteus* Fr. in West-Europe. – Persoonia **12** (1985): 337–373.
Villinger, W.: Allerlei Neues von den Scheidlingen. – Z. Pilzk. **21**, no. 17 (1954): 20–22.
Zschieschang, G. (1976): Dachpilze aus der Umgebung von Herrnhut (Oberlausitz). – Abh. Ber. Naturkundemus. Görlitz **50**, no. 13 (1976): 1–10.

11. Familie: Hallimaschartige – Armillariáceae

Fruchtkörper dünnfleischig bis fleischig, hutförmig, zentral gestielt, gewölbt mit oder ohne Buckel. Hutrand eingebogen bis gerade. Das Hymenophor wird von ganzrandigen, angehefteten bis kurz herablaufenden Lamellen gebildet. Stiel fast immer durch ein Marginalvelum beringt; außerdem ist ein Velum universale vorhanden, welches Hutoberfläche, Ringunterseite und den Stiel unterhalb des Ringes mit Schuppen oder Schuppenhaaren aus kurzgliederigen Zellketten oder mit körnig-mehligen Partikeln aus Sphärozyten überzieht. Sporenstaub weiß, creme, satt ocker oder olivgrau.

Hyphensystem monomitisch. Hyphen mit oder ohne Schnallen. Lamellentrama regulär. Basidien normal, keulenförmig. Sporen ellipsoid, länglich oder spindelförmig, glatt oder feinwarzig, ohne Keimporus, meist weder amyloid noch dextrinoid (Ausnahmen bei *Cystodérma* und *Squamaníta*). Zystiden meist fehlend. Sporen zweikernig oder *(Armillária)* einkernig.

Boden- und holzbewohnende Saprophyten. Die Hallimasch-Arten *(Armillária)* sind sowohl Baumparasiten als auch Saprophyten an totem Holz und in Torfmoosrasen; sie können auch Endomykorrhiza mit chlorophyllfreien Orchideen bilden (bisher nur in Japan nachgewiesen). Die Verwandtschaftsbeziehungen zwischen *Armillária* und den Gattungen um *Cystodérma* wurden von ROMAGNESI (1980) diskutiert. Die *Agaricáceae* unterscheiden sich durch freie Lamellen und in der Regel dextrinoide und zyanophile Sporen, z. T. mit Keimporus.

Gattung Armillária (FR. 1819: FR. 1821) STAUDE 1857 [*Armillariélla* (KARST. 1879) KARST. 1881], Hallimasch

Meist große Fruchtkörper mit fleischigem, oft hygrophanem, feinschuppigem Hut und cremeweißen, rötlichen oder gelblichen, kurz herablaufenden oder schwach ausgebuchteten und strichförmig herablaufenden Lamellen. Stiel meist beringt; oft ist auch ein Velum universale (haarige Schüppchen auf dem Hut, flockige Schuppen und Gürtel auf Ringunterseite und Stiel) vorhanden. In Büscheln wachsend, seltener einzeln. Sporenstaub weiß bis creme. Sporen ellipsoid, glatt, nicht amyloid, schwach zyanophil, einkernig. Zystiden unscheinbar, haarartig. Hyphen ohne (Subhymenium und Basidien z. T. mit) Schnallen.

Saprophyten an Baumstümpfen, auch Schwächeparasiten an lebenden Bäumen und Sträuchern. Wertvolle Speisepilze, aber **roh giftig!** In Europa mindestens 7 Arten, die dank den Arbeiten von KORHONEN, MARXMÜLLER und ROMAGNESI jetzt gut abgegrenzt und durch Kreuzungsexperimente bestätigt sind; die Bestimmungsmerkmale sind aber nur an jungen Fruchtkörpern deutlich. Die Gattung ist unter den Basidiomyzeten einzigartig durch das Vorkommen einer ausgedehnten diploiden Kernphase (schnallenlose Hyphen mit einkernigen Zellen) in Myzel und Fruchtkörpern (KORHONEN 1980).

1. Stiel beringt, voll, später ausgestopft

1.1. Hut gummiartig elastisch, klebrig, mit sehr unscheinbaren Haarschuppen, kaum hygrophan. Basidien ohne Schnallen

A. méllea (VAHL: FR) KUMM., Honiggelber Hallimasch
Hut honiggelb, olivbraun, auch bleigrau. Stiele meist auffallend lang, mit zugespitzter Basis, mit häutigem Ring, nur dicht unter dem Ring schuppig. Dichte Büschel, vorwiegend in Laubwäldern in wärmeren Lagen. Bd. I/97 a.

1.2. Hut starr-zerbrechlich, nicht klebrig, hygrophan, mit deutlichen Haarschuppen. Basidien (und Subhymenium) mit Schnallen

1.2.1. Ring dickhäutig, oft doppelrandig. Stielbasis spindel- bis schwach keulenförmig

A. obscúra (SCHAEFF.) HERINK, Dunkler Hallimasch
Hut fleischrötlich, zimtfarben bis kastanienbraun, oft mit dunklerem Scheitel; Haarschuppen dunkelbraun bis schwärzlich, 1–2 mm lang. Ringunterseite und Stiel mit groben braunen Schuppen. Dichte Büschel an Nadel-, seltener Laubholz. Bd. I/97 b.

A. boreális MARXMÜLLER & KORHONEN, Nördlicher Hallimasch
Hut hell rosabräunlich, rötlichbraun, mit oliv- bis ockergelben Haarschuppen. Stiel ohne (oder mit wenigen weißen) Schuppen. Lockere Büschel an Laub- und Nadelholz; seltener (boreal-montan).

1.2.2. Ring watteartig-pastos, flüchtig. Stielbasis deutlich keulen- bis zwiebelförmig verdickt

A. bulbósa (BARLA) KILE & WATLING, Gelbschuppiger Hallimasch
Hut rosa- bis rotbraun, trocken ocker, mit 1–2 mm langen olivbraunen bis schwärzlichen Haarschuppen. Ringunterseite und Stiel mit chrom- bis olivgelben Velumschuppen gegürtelt. Lockere Büschel an Laubholz in Wäldern und Gärten. Bd. III/192.

A. cepistípes VEL.
Ähnlich *A. bulbósa.* Hut mit kleineren Haarschuppen, mehr kegelförmig; Stiel mit weißen Velumflocken. Laubwald, selten.

2. Stiel unberingt, ausgestopft bis hohl

A. tabéscens (SCOP.: FR.) EMEL, Ringloser Hallimasch
Hut honigbraun, mit braunen Schüppchen. Stiel ausgestopft, später hohl. Geruchlos. An Laubholzstämmen und -wurzeln, oft schädlich an Obstbäumen, in Büscheln.

A. éctypa (FR.) SING., Moor-Hallimasch
Hut blaß honiggelb, Scheitel mit schwarzbraunen Äderchen. Stiel hohl. Geruch wie Nelkenschwindling *(Marásmius oréades).* Einzeln in *Sphágnum*-Schwingrasen in Zwischenmooren, selten.

Gattung Melanophýllum VEL. 1921, Zwergschirmling

Hut und Stiel kleiig-körnig, trocken. Hut dünnfleischig, Rand vom Velum behangen. Lamellen angeheftet, rot oder grün. Stiel mit häutigem Ring. Sporenstaub frisch olivgrau oder grünlich, trocken graubraun. Sporen länglich-ellipsoid, warzig, fast farblos, weder dextrinoid noch amyloid, ohne Keimporus. Huthaut mit Sphärozyten. Zystiden fehlen. Bodenbewohnende Saprophyten in Laubwäldern, Hochstaudenfluren und auf Gartenbeeten. Bedeutungslos.

M. haematospérmum (BULL.: FR.) KREISEL, Blutblättriger Zwergschirmling
Lamellen karmin- bis weinrot. Stiel rosa mit grauen, körnigen Schuppen. Bd. III/25.

M. ḗyrei (MASSEE.) SING., Grünblättriger Zwergschirmling
Lamellen blaugrün. Hut und Stiel olivbraun.

Gattung Cystodérma FAYOD 1889, **Körnchenschirmling**

Hut und Stiel körnig-warzig, trocken. Hut dünnfleischig bis fleischig. Lamellen angeheftet bis breit angewachsen oder herablaufend. Stiel mit häutigem oder undeutlichem Ring. Sporenstaub weiß bis blaß ocker. Sporen eiförmig bis länglich-ellipsoid, glatt, amyloid oder nicht, ohne Keimporus. Huthaut mit Sphärozyten. Zystiden meist fehlend, doch sind bei *C. térreii* kristalltragende Zystiden von ähnlicher Form wie bei *Melanoléuca* (S. 96f.) vorhanden.

Bemerkenswert ist die Bildung von Konidien (Arthrosporen) unter den Sphärozyten der Hutbedeckung von *C. longísporum* (nur in manchen Kollektionen nachweisbar) und im Myzelfilz der Stielbasis von *C. tricholomoídes.*

Bodenbewohnende Saprophyten in Wäldern. In Europa mindestens 13 Arten, von denen mehrere erst seit jüngster Zeit unterschieden werden. Die systematische Stellung dieser Gattung wie der nächsten Verwandten *(Squamaníta, Melanophýllum, Phaeolepióta)* ist unsicher: SINGER stellt diese Gruppe zu den *Agaricáceae*, HEINEMANN & THOEN zu den *Tricholomatáceae.*

Alle größeren Arten sind eßbar, doch wenig schmackhaft und als Speisepilze wenig ergiebig.

1. Hut ockergelb, rostbraun, rostrot. Ohne Zystiden

1.1. Hut fleischig. Lamellen mehr oder weniger herablaufend

C. tricholomoídes HEINEMANN & THOEN, Fleischiger Körnchenschirmling
Hut 6–20 cm breit, ockerbraun, Stiel bauchig, mit volvaartigem Ring an der Basis. Sporen nicht amyloid. Hyphen ohne Schnallen. Auf Leinstroh in Thüringen.

1.2. Hut dünnfleischig. Lamellen breit angewachsen, ausgebuchtet oder angeheftet. Stiel schlank, mit flockigem Ring

C. amiánthinum (SCOP.) FAYOD, Amiant-Körnchenschirmling
Hut ockergelb, selten weißlich oder olivlich. Geruch unangenehm. Sporen 5,3–6,3 µm lang, amyloid. Bd. I/35.

C. jasónis (CKE. & MASSEE) HARMAJA [*C. longísporum* (KÜHNER) HEINEMANN & THOEN], Rostgelber Körnchenschirmling
Hut leuchtend rostgelb, selten weißlich. Geruchlos. Sporen 5,6–7,1 (– 9) µm lang, amyloid. Stielspitze manchmal violett. Nadelwald, häufig.

C. granulósum (BATSCH: FR.) FAYOD, Rostroter Körnchenschirmling
Hut rostrot, rostocker, orangeocker, zimtbraun, selten weiß. Geruchlos, Sporen 3,5–5 µm lang, nicht amyloid. Bd. III/29.

2. Hut zinnoberrot, orange. Lamellenschneide mit brennhaarförmigen, kristalltragenden Zystiden, ebenso Lamellenflächen und Stieloberfläche.

C. térreii (BERK. & BR.) HARMAJA [*C. cinnabárinum* (ALB. & SCHW.) FAYOD], Zinnoberroter Körnchenschirmling
Hut 3–8 cm breit, mehr oder weniger fleischig. Sporen 3,6–4,9 µm lang, nicht amyloid. Nadelwald, zerstreut.

3. Hut weinrot, purpurn. Ohne Zystiden

C. supérbum HUIJSMAN, Weinroter Körnchenschirmling
Hut 2–5,5 cm breit. Sporen 3,8–4,6 µm lang, nur an ihrer Basis amyloid. Buchen- und Fichtenwald, selten.

4. Hut rosa-creme, blaß lila. Ohne Zystiden

C. carchárias (Pers.) Fayod, Rauher Körnchenschirmling
Hut 3–6 cm breit. Stiel mit gut entwickelten, häutigem Ring. Geruch leuchtgasartig. Sporen 4–5,5 µm lang, amyloid. Bd. III/30. – Vgl. auch *Squamaníta paradóxa*, S. 150.

Gattung Phaeolepióta Mre. ex Konr. & Maubl. 1928, Glimmerschüppling

Hut fleischig, glimmerig-kleiig. Lamallen frei bis angeheftet. Stiel mit häutigem, aufsteigendem Ring (Velum universale!). Sporenstaub ocker. Sporen spindelförmig, feinwarzig, ohne Keimporus, weder amyloid noch dextrinoid. Hut- und Stieloberfläche sowie Unterseite des Ringes mit mehr oder weniger kugelförmigen, warzigen Sphärozyten. 1 Art, nitrophiler Saprophyt. Eßbar.

Ph. áurea (Mattuschka: Fr.) Mre., Goldfarbener Glimmerschüppling
Hut 6–25 cm breit, satt gelbbraun. Geruch säuerlich. Wald- und Wegränder, Friedhöfe, auf stickstoffreichen Böden. Bd. IV/19.

Gattung Squamaníta Imbach 1946, Schuppenwulstling

Fruchtkörper fleischig, mit rübenartig verdickter und verlängerter Stielbasis, einzeln oder büschelig wachsend; mit deutlichem Universalvelum, das sich schuppenförmig auf der Hutoberfläche und am Rande der Stielknolle markiert. Lamellen angeheftet bis angewachsen. Stiel undeutlich beringt. Sporenstaub weiß. Sporen ellipsoid bis kugelig, glatt, z. T. amyloid oder dextrinoid oder (in Kresylblau) metachromatisch. Basidien karminophil (s. *Calócybe*, S. 92). Zystiden nur bei einer nordamerikanischen Art vorhanden. Bei mehreren Arten ist die Bildung von dickwandigen, kugeligen Chlamydosporen auf der Stielknolle bekannt.

Bodenbewohnende Pilze in Wäldern. In Europa 5 Arten, alle sehr selten; ihr Speisewert ist unbekannt.

1. Hut gelb

S. schréieri Imbach, Gelber Schuppenwulstling
Hut kegelförmig, erst weiß, dann goldgelb bis ocker, angedrückt-schuppig. Geruchslos. Sporen breit ellipsoid, nicht amyloid, zyanophil. Auenwälder. Bd. III/223.

2. Hut grauviolett

S. odoráta (Cool) Bas, Duftender Schuppenwulstling
Hut gewölbt, grauviolett oder graubraun, mit dunkleren Schuppen. Starker, süßlicher Geruch. Sporen ellipsoid, nicht amyloid. Wälder, Gärten; nur Niederlande und Dänemark.

S. paradóxa (A. H. Smith & Sing.) Bas
Hut gewölbt, undeutlich gebuckelt, faserig bis feinschuppig, mit bräunlichen, aus Sphärozyten bestehenden Velumresten. Starker, unangenehmer Geruch. Sporen ellipsoid, schwach dextrinoid. Wälder, Mitteleuropa.

3. Hut fleischrötlich

S. stanglíana Bresinsky & Pfaff
Hut stumpf gebuckelt, hell fleischrosa bis ockerlich, radialfaserig. Stielbasis mit breiter, volvaartig gerandeter Knolle. Geruch mehlartig. Sporen eiförmig, schwach 6kantig (ähnlich *Clitopílus*), feinwarzig, nicht amyloid. Sporenstaub schmutzig rosa. Bayern.

Literatur

BACH, E.: The agaric *Pholiota aurea.* Physiology and ecology. – Dansk Bot. Ark. **16**, no. 2 (1957): 1–220

BAS, C.: The genus *Squamanita.* – Persoonia **3** (1965): 331–359.

BRESINSKY, A., & PFAFF, K.: Über eine bislang nicht bekannte Art der Gattung *Squamanita (Agaricales).* – Z. Pilzk. **34** (1969): 169–174.

HARMAJA, H.: Studies in the genus *Cystoderma.* – Karstenia **19** (1979): 25–29.

JAHN, H.: Der Weinrote Körnchenschirmling, *Cystoderma superbum* HUIJSM. ... in Westfalen gefunden. – Westfäl. Pilzbr. **3** (1962): 89–94.

KORHONEN, K.: Interfertility and clonal size in the *Armillariella mellea* complex. – Karstenia **18** (1978): 31–42.

– The origin of clamps and clampless basidia in *Armillariella ostoyae.* – Karstenia **20** (1982): 23–27.

MARXMÜLLER, H., & PRINTZ, P.: Honnigsvampe. – Svampe **5** (1982): 1–10 und 59–60. (betr. *Armillaria*).

ROMAGNESI, H.: Observations sur les *Armillariella* (I, II). – Bull. Soc. Myc. France **86** (1970): 257–265 und **89** (1973): 195–206.

– *Armillaria decorosa* (PECK) SMITH-WALTERS, espèce américaine nouvelle pour l'Europe et la tribu des *Cystodermateae* SINGER emend. – Bull. Soc. Myc. France **96** (1980): 145–154.

ROMAGNESI, H., & MARXMÜLLER, H.: Étude complémentaire sur les armillaires annelées. – Bull. Soc. Myc. France **99** (1983): 301–324.

SMITH, A. H., & SINGER, R.: A monograph of the genus *Cystoderma.* – Papers Michigan Acad. Science, Arts and Letters **30** (1945): 71–124.

Symposium o václavce obecné, *Armillaria mellea* (VAHL ex FR.) KUMM. Sborník referatů. – 173 S. Brno 1973. (U. a. mit Beiträgen von J. HERINK zur Nomenklatur und von B. HLŮZA zur Ökologie und Phänologie des Hallimasch.)

THOEN, D.: Les Cystodermes *(Tricholomataceae).* – Les Naturalistes Belges **48** (1967): 285–297.

12. Familie: Champignonartige – Agaricáceae

Fruchkörper dünnfleischig bis fleischig, hutförmig, zentral gestielt, gewölbt mit oder ohne Buckel. Hutrand gerade oder anfangs eingerollt. Das Hymenophor wird von ganzrandigen Lamellen gebildet; Lamellenansatz frei, selten mit Collar. Stiel immer durch ein Marginalvelum beringt; bei eingen *Agáricus*-Arten ist auch ein Velum universale vorhanden. Sporenstaub weiß, grünlich, rosa oder schokoladebraun.

Hyphensystem monomitisch. Hyphen dünnwandig, meist ohne Schnallen (Ausnahmen: *Lepióta, Macrolepióta* z. T.). Lamellentrama regulär oder irregulär. Basidien normal, keulenförmig. Sporen ellipsoid oder eiförmig, farblos, rötlich oder braun, glatt, mit oder ohne Keimporus, meist dextrinoid, zyanophil und z. T. Endospor in Kresylblau metachromatisch; reife *Agáricus*-Sporen geben jedoch keine dieser Reaktionen. Dünnwandige Zystiden sind an der Lamellenschneide einiger Arten vorhanden.

Alle *Agaricáceae* sind bodenbewohnende Saprophyten; sie kommen sowohl in Wäldern als auch auf Wiesen und Weiden, auf Schuttabladeplätzen, an Wegrändern, in Gärten und Gewächshäusern vor. Neben zahlreichen wertvollen Speisepilzen gehören hierher auch einige schwach giftige Arten. Die wichtigste Gattung, *Agáricus* L. ex L.: Fr. (Champignon), wird in Band IV behandelt. Nachstehend werden nur die weiß- und rosaporigen Gattungen dargestellt.

Gattung Macrolepióta Sing. 1946, Schirmpilz

Hut dünnfleischig bis fleischig, schuppig. Lamellen frei. Stiel mit verschiebbarem Ring und knolliger Basis. Sporen mit Keimporus, groß (über 9 µm lang), glatt, dextrinoid, zyanophil und in Kresylblau metachromatisch. Hyphen meist mit Schnallen (Ausnahmen: *M. excoriáta, M. venenáta.*) Basidien groß (35–45 µm lang). Dünnwandige Zystiden an Lamellenschneide vorhanden.

Bodenbewohnende Saprophyten in Wäldern, auf Trockenrasen und beweideten Standorten. In Europa etwa 11 Arten, nicht alle eßbar (s. Bd. III/16). In wärmeren außereuropäischen Ländern (vielleicht auch am Mittelmeergebiet?) gibt es eine sehr ähnliche, aber giftige Art mit grünen Lamellen und blaugrünen, nicht metachromatischen Sporen: *Chlorophýllum molybdítes* (G. F. W. Meyer) Massee.

1. Stiel glatt und kahl, weiß, mehr oder weniger bräunend (vgl. auch die rötenden Arten der Gattung *Leucocóprinus*)

M. rachódes (Vitt.) Sing., Safran-Schirmpilz

Hut 10–20 cm breit, braun, grob abstehend-breitschuppig. Trama orangerot anlaufend. Hyphen mit (schwer sichtbaren) Schnallen. Nadel- und Laubwald; die sehr große, aufgeschirmt weißhütig wirkende var. *horténsis* Pil. auf Wiesen, in Gärten. Eßbar. Bd. I/30.

M. venenáta M. Bon, Gift-Schirmpilz

Ähnlich *M. rachódes*, Trama ebenfalls rötend, jedoch Hyphen ohne Schnallen. Hut radialfaserig-grobschuppig, auch zwischen den Schuppen bräunlich. Gärten, Gewächshäuser; nitrophile Art. **Giftig!** Bd. III/16.

M. puelláris (FR.) MOS., Jungfern-Schirmpilz

Hut 4–7 cm breit, weißlich, sparrig-schuppig. Trama meist nicht rötend. Hyphen mit Schnallen. Unter Fichte *(Pícea)*. Bd. III/15.

M. excoriáta (SCHAEFF.: FR.) MOS., Acker-Schirmpilz

Hut 5–10 cm breit, cremeweiß bis hell ocker; Huthaut am Rande kleiig-schuppig bis sternförmig auflösend, Scheitel glatt. Trama nicht rötend. Hyphen ohne Schnallen. Äkker, Weideland. Bd. III/13.

2. Stiel bräunlich genattert

2.1. Hut grob schuppig, Scheitel dunkelbraun, mit kleinem Buckel

M. procéra (SCOP.: FR.) SING., Riesen-Schirmpilz, Parasolpilz

Hut 10–25 cm breit. Lamellen weiß. Stiel mit doppeltem Ring. Druckstellen nicht verfärbend. Lichte Wälder. Bd. I/29.

M. oliváscens MOS., Grünfleckender Schirmpilz

Wie *M. procéra*, jedoch Lamellen rosa, Druckstellen an Hut, Stiel und Lamellen grünlich bis olivgrau. Nadelwald, Alpen.

M. konrádii (HUIJSMAN ex OROTON) MOS., Grobscholliger Schirmpilz

Hut 8–11 cm breit, Scheitel feinschuppig, Rand sternförmig-grobschuppig. Lamellen weiß. Stiel mit einfachem, braun gerandetem Ring. Laubwald.

2.2. Hut feinschuppig, kleiig; Scheitel creme bis hellbraun, mit sehr auffallendem, zitzenartigem Buckel

M. mastoídea (FR.) SING., Warzen-Schirmpilz

Hut weiß bis hell ocker. Ring waagerecht abstehend oder trichterförmig aufsteigend, einfach. Laubwald, kalkliebend. Bd. III/14.

Gattung Leucoagáricus (LOCQ.) ex SING. 1948, Schirmpilz

Hut fleischig, weiß bis bräunlich. Lamellen frei, weiß bis rosa. Stiel beringt; Ring manchmal verschiebbar. Sporenstaub weiß bis hell rosa. Sporen mit Keimporus, glatt, dextrinoid, zyanophil und in Kresylblau metachromatisch. Basidien kürzer als 35 µm. Dünnwandige Zystiden an Lamellenschneide vorhanden. Hyphen ohne Schnallen. Bodenbewohnende Saprophyten in Gärten, Parks, Wäldern. In Europa 5–6 Arten, sämtlich eßbar.

Die noch ungenügend studierte Gattung unterscheidet sich von *Macrolepióta* durch schnallenlose Hyphen, kleinere Basidien und kleinere, nicht über 10 µm lange Sporen, von *Leucocóprinus* durch den fleischigen, nicht faltig-gerieften Hut.

1. Hut und Stiel an Druckstellen gilbend

L. carneifólius (GILL.) S. WASSER, Körniger Schirmpilz

Hut bräunlich bis braun, Oberfläche glatt, später körnig. Lamellen rosa werdend. Stielbasis schwach knollig.

L. holoseríceus (FR.) MOS., Ganzseidiger Schirmpilz

Hut weiß, seidig oder samtig. Lamellen rosa werdend. Stielbasis knollig.

2. Hut und Stiel nicht gilbend

L. leucothítes (VITT.) S. WASSER, Rosablättriger Schirmpilz

Hut weiß, seidig. Lamellen rosa werdend. Stielbasis nicht knollig. Bd. III/18.

L. macrorhízus (LOCQ.) SING.

Hut creme bis bräunlich, Scheitel feinschuppig. Lamellen weiß bleibend, Schneide manchmal bräunend. Stielbasis verjüngt, oft tief im Boden.

L. wichánskyi (PIL.) SING. [*Lepióta sublittorális* KÜHNER ex HORA], Rissiger Schirmpilz
Hut fleischrötlich ocker bis haselnußbraun, kleinfelderig bis *Inocybe*-artig rissig aufbrechend, Scheitel mit weißem Velumrest. Lamellen weiß bleibend. Stielbasis oft auffallend knollig. Parkanlagen, Gehölze *(Pópulus, Robínia)*; Westeuropa, Böhmen, Ungarn.

Gattung Leucocóprinus PAT. 1880, Faltenschirmling

Hut meist dünnfleischig, kleiig-schuppig, mit gerieft-gefaltetem Rand. Lamellen frei, weiß oder gelb. Sporenstaub weiß. Sporen mit Keimporus, glatt, schwach, dextrinoid, Endospor in Kresylblau metachromatisch. Dünnwandige Zystiden an Lamellenschneide vorhanden. Basidien kürzer als 35 µm. Hyphen ohne Schnallen. Boden und morsches Holz bewohnende Saprophyten, vorwiegend in Gewächshäusern, Terrarien und auf Sägemehl auftretend; nur selten wird diese vorwiegend tropische Gattung bei uns in freier Natur gefunden. In Europa etwa 12 Arten, von denen keine als eßbar bekannt ist.

Die Zugehörigkeit der fleischigeren Arten mit rötender Trama zu dieser Gattung ist nicht sicher.

1. Hut häutig bis dünnfleischig, Trama nicht rötend

L. birnbaumii (CDA.) SING. [*L. lúteus* (SECR.) LOCQ.], Gelber Faltenschirmling
Hut und Stiel zitronengelb. Hut bis 10 cm breit, kleiig-schuppig. Lamellen hellgelb. Häufig in Gewächshäusern. Bd. VI, Bild 28, Bd. III/28 a.

L. cepistípes (SOW.: FR.) PAT., Zwiebelstieliger Faltenschirmling
Hut weiß mit fuchsigbraunen Schüppchen. Gewächshäuser.

L. brebissónii (GODEY) LOCQ., Schwarzschuppiger Faltenschirmling
Hut weiß mit schwarzbraunen Schüppchen. Laubwald.

2. Hut mehr oder weniger fleischig. Trama im Schnitt rötend

L. badhámii (BERK. & BR.) LOCQ., Rotschneidiger Faltenschirmling
Hut hellbraun, samtig-schuppig, dünnfleischig, 2–5 cm breit, bei Berührung rot und dann schwarzbraun werdend. Hut, Stiel und Lamellenschneide mit roten, dünnwandigen Zystiden besetzt. Sporen 6–7,5 µm lang, ohne Keimporus. Laub- und Nadelwald, kalkliebend.

L. bresádolae (SCHULZER) MOS.
Hut weiß, 5–10 cm breit, fleischig, bei Berührung orange, rot und rotbraun anlaufend. Sporen 8–12 µm lang, mit Keimporus. Auf verrottenden Sägespänen, in Ausbreitung begriffen.

Gattung Lepióta (PERS. 1801) S. F. GRAY 1821 [*Lepiótula* (MRE.) LOCQ. ex HORAK 1968], Schirmling

Hut glatt oder schuppig, dünnfleischig, trocken. Lamellen frei. Stiel mit häutigem oder flockigem, oft rasch vergänglichem, einfachem, nicht verschiebbarem Ring. Sporenstaub weiß. Sporen dünnwandig, glatt, dextrinoid und zyanophil, ohne Keimporus. Hyphen fast aller Arten mit Schnallen.

Bodenbewohnende Saprophyten. Eine artenreiche und schwierige, besonders in den Tropen reich vertretene Gattung, die in Europa über 60 Arten zählt. Meist ungenießbar. Besonders sei vor den (in Mitteleuropa seltenen) lila- und fleischrötlichen Arten gewarnt, von denen eine 1930 in Lyon schwere, z. T. tödliche Vergiftungen hervorgerufen hat. Da die Identität dieses Pilzes nicht restlos geklärt wurde und die Taxonomie der rötlichen *Lepióta*-Arten auch heute noch strittig ist, müssen alle rötlichen *Lepióta*-Arten als giftig gelten.

1. Stiel und meist auch Hut fleischfarben, lila, violett

1.1. Hutoberfläche mehlig-körnig durch Sphärozyten. Stiel unberingt. Vielleicht zu *Cystolepióta* SING. 1952 (s. Bd. VI) zu stellende Arten

L. seminúda (LASCH) KUMM., Mehliger Schirmling
Hut 5–25 mm breit, weiß bis rosa. Stiel rosa bis purpurbräunlich. Geruchlos. Sporen eiförmig, nur 3–4 µm lang. Bd. III/27.

Cystolepióta bucknállii (BERK. & BR.) SING.
Hut 15–40 mm breit, weißlich bis violett. Stiel violett. Geruch leuchtgasartig, ähnlich *Tricholóma sulphúreum*. Sporen keilförmig.

1.2. Hutoberfläche schuppig. Stiel undeutlich beringt. Sporen eiförmig.

L. brúnneoincarnáta CHODAT & MARTIN, Fleischbräunlicher Schirmling
Hut 30–70 mm breit, rosa mit rotbraunen, breiten Schuppen. Stiel rosa bis weinrot mit mehreren Schuppengürteln. Geruch obstartig. **Giftig?** Bd. I/33.

L. subincarnáta LGE.
Hut 15–25 mm breit, schmutzig fleischfarben bis ocker, haarig-spitzschuppig. Stiel weißlich mit weißen, flockigen Schuppen, später rötend, zuletzt bräunend. Geruch süßlich. **Giftig?**

1. 3. Hutoberfläche schuppig. Stiel deutlich beringt. Sporen eiförmig

L. helvéola BRES., Fleischrötlicher Schirmling
Hut 15–40 mm breit, bräunlichrosa, fleischfarben, ziegelrot. Stiel ebenso gefärbt, mit fleischrötlichen Schuppen und weißem Ring. Geruchlos. **Giftig!** Bd. I/34.

L. lilácea BRES., Lila Schirmling
Hut 20–35 mm breit, mit ruß- oder purpurbraunen Schüppchen auf weißlichem Grund. Stiel lila, mit häutigem, unterseits dunkel violettem Ring, sonst kahl, Huthaut aus aufrechten, keulenförmigen Zellen (hymeniform). **Giftig!** Bd. III/26.

L. pseudolilácea HUIJSMAN
Hut mit konzentrisch angeordneten, dunkel violettbraunen Schuppen auf blaß lila Grund. Stiel bis 2 mm dick, bei Berührung lila, mit lilabraunem Ring und 1–2 Schuppengürteln. Huthaut hymeniform mit herausragenden, 6–15 µm dicken Haaren.

2. Hut ocker, braun, schwärzlich

2.1. Hutoberfläche angedrückt schuppig

2.1.1. Sporen patronenförmig, keilförmig, mit seitlichem Sporn

L. cristáta (BOLT.: FR.) KUMM., Kamm-Schirmling, Stink-Schirmling
Hut weiß mit rotbraunen Schuppen, Scheitel glatt. Stiel weiß bis rosabräunlich, kahl, mit weißem, vergänglichem Ring. Geruch leuchtgasartig, ähnlich *Lycopérdon pyrifórme*. Bd. I/32.

L. castánea QUÉL., Rotbrauner Schirmling
Hut und Stiel fuchsig, dicht körnig-schuppig. Stiel kaum beringt. Geruchlos. Bd. III/22.

2.1.2. Sporen spindelförmig, 10–18 µm lang

L. ignivolváta BOUSSET & JOSS., Rotknolliger Schirmling
Hut ocker, fein faserschuppig, Scheitel glatt. Stielbasis knollig mit orangeroter Ringzone. Buchen- und Tannenwald; Frankreich, Schweiz, südliche BRD, Thüringer Becken, Ungarn.

L. clypeolária (BULL.: FR.) KUMM., Wollstiel-Schirmling
Hut ocker bis braun, schuppig, Scheitel glatt. Stiel weißlich bis ocker, weißlich wollig überkleidet. Velum weißlich. Wälder. Bd. III/19.

L. ventriosóspora REID, Gelbwolliger Schirmling
Ähnlich *L. clypeolária*, aber Velum gelblich, Stiel gelblich überkleidet. Laub- und Nadelwald auf Kalk. Bd. III/21b.

L. oreadifórmis VEL., Glatter Schirmling
Hut falb bis satt ocker, glatt. Stiel weißlich, mit mehreren Schuppengürteln. Wiesen. Bd. III/21a.

2.1.3. Sporen eiförmig

L. felína (PERS.) KARST., Schwarzschuppiger Schirmling
Hut und Stielbasis mit schwarzbraunen Schüppchen. Stiel bräunlich, mit häutigem Ring. Nadelwald. Bd. III/23.

L. setulósa LGE., Borsten-Schirmling
Hut und Stiel mit dunkel rotbraunen Schüppchen. Stiel blaß, undeutlich beringt. Bd. III/24.

L. forquignónii QUÉL., Olivgrauer Schirmling
Hut blaß grau, Scheitel olivgrau. Lamellen rosa. Stiel weiß, spinnwebig überkleidet, mit häutigem Ring. Bd. III/28.

2.2. Hutoberfläche spitzschuppig, kegelwarzig. Mit Cheilozystiden

L. áspera (PERS.: FR.) QUÉL., Kegelschuppiger Schirmling
Hut 5–15 cm breit, zimtbraun. Lamellen weiß, gegabelt. Stiel wenig schuppig. Geruch leuchtgasartig. wie *L. cristáta.* Zystiden stumpf. gestielt-kopfig. Bd. I/31.

L. perpléxa KNUDSEN [*L. acutesquamósa* auct.], Fahlbrauner Schirmling
Ähnlich *L. áspera*, aber Lamellen selten gegabelt, viele Zwischenlamellen. Hut 1,5–4,5 (–7) cm breit, fahl rötlichbraun. Geruch leuchtgasartig. Laub- und Nadelwald, zerstreut.

L. hýstrix MOELL. & LGE., Stachelschuppiger Schirmling
Hut 4–6 cm breit, schwarzbraun. Lamellen schwarz gerandet, nicht gegabelt. Stiel stark schuppig. Stielspitze mit dunklen Tropfen. Geruchlos? Zystiden stumpf.

3. Hut weiß bis gelblich. Sporen spindelförmig (wenn Sporen eiförmig bis ellipsoid, vgl. *Leucoagáricus,* S. 153)

L. ermínea (FR.) GILL., Rettich-Schirmling
Hut glatt und kahl, nur Scheitel fein körnig-schuppig. Stiel kahl, Ring vergänglich. Geruch stark rettichartig. Bd. III/17.

L. álba (BRES.) SACC., Weißer Schirmling
Hut fein flockig, dann radialfaserig. Stiel anfangs wollig überkleidet, Ring undeutlich. Geruchlos. Eßbar. Bd. III/20,

Gattung Chamaemyces BATT. ex EARLE 1909 [*Lepiotélla* (GILB.) KONR. 1934, *Drosélla* MRE. 1934], **Schmierschirmling**

Hut glatt, fleischig, schmierig oder trocken. Lamellen frei. Stiel mit häutigem Ring. Sporenstaub creme bis blaß ocker. Sporen eiförmig, glatt, ohne Keimporus, farblos, weder dextrinoid noch amyloid. Große, dünnwandige Zystiden an Lamellenschneide und -fläche. Bodenbewohnende Saprophyten; in Europa 2 Arten. Eßbar.

Ch. frácidus (FR.) DONK, Fleckiger Schmierschirmling
Hut gelblichweiß, ocker gefleckt, klebrig, 2–8 cm breit. Stiel unter dem Ring mit bräunlichen, körnigen Schüppchen. Laubwald, kalkliebend. Bd. III/12.

Literatur (betr. *Agaricus* siehe Band IV)

BABOS, M.: Studies on Hungarian *Lepiota* species I. – V. – Ann. Histor.-Natural. Mus. Nation. Hungarici **9** (1958): 87–92; **53** (1961): 195–199; **61** (1969): 157–164; **66** (1974): 65–75; **72** (1980): 83–90.

– Zajímavá a vzácná bedla *Lepiota wichanskyi* PILÁT v Mad'arsko. – Česká Mykol. **24** (1970: 217–219.

BELLÙ, F.: Contributo al genero *Macrolepiota* SINGER. – Boll. Gruppo micologico Bresadola Trento **25** (1982): 100–121.

HEINEMANN, P.: Études sur le genre *Agaricus* FR. s. stricto. – Bull. Soc. Myc. France **68** (1952): 382–385.

– Le genre *Macrolepiota* SING. *(Leucocoprineae)* au Congo-Kinshasa. – Bull. Jard. Bot. Nation. Belgique **39**(1969): 201–226.

JOSSERAND, M.: Note sur un empoissement grave causé par une Lépiote du groupe *helveola*. – Bull. Soc. Myc. France **47** (1931): 52–71.

KNUDSEN, H.: Notes on *Cystolepiota* SING. and *Lepiota* S. F. GRAY. – Bot. Tidsskr. **73** (1978): 124–136.

– A revision of *Lepiota* sect. *Echinatae* and *Amyloideae (Agaricaceae)* in Europe. – Bot Tidsskr. **75** (1980): 121–155.

KÜHNER, R.: Recherches sur le genre *Lepiota*. – Bull. Soc. Myc. France **52** (1936): 177–238.

MØLLER, F. H.: Einige *Lepiota*-Arten, die meisten aus Warmhäusern. – Schweiz. Z. Pilzk. **31** (1953): 159–164

LOCQUIN, M.: Les espéces françaises du genre *Leucocoprinus*. Première partie: Section *Procerae*. – Rev. Mycol. **17** (1952): 46–54.

NEUHOFF, W.: Bestimmungstabelle für die Schirmpilze (*Lepiota*-Arten). – Z. Pilzk. **21**, no. 7 (1950): 17–28.

PEGLER, D. N.: A species of *Lepiota* new to Britain. – Kew Bull. **16** (1963): 477–479. (Betrifft *Leucoagaricus*)

VASSER, S. P.: Flora gribov Ukrainy. Agarikovye griby. (Flora Fungorum RSS Ucrainicae, *Basidiomycetes, Agaricaceae* COHN.) – 328 S., 29 Farbtaf. Kiev 1980.

13. Familie: Kremplingsartige – Paxilláceae

Fruchtkörper dünnfleischig bis fleischig, hutförmig mit eingerolltem Rand, zentral oder exzentrisch gestielt oder ohne Stiel seitlich ansitzend. Das Hymenophor wird von ganzrandigen, gegabelten Lamellen gebildet, die sich leicht vom Hutfleisch abtrennen lassen; Lamellenansatz weit herablaufend. Stiel nicht beringt. Sporenstaub weiß oder graubraun.

Hyphensystem monomitisch. Hyphen dünnwandig, mit Schnallen. Lamellentrama subregulär bis bilateral. Basidien normal, keulenförmig. Sporen eiförmig bis länglich-ellipsoid, selten subglobos, farblos bis bräunlich, glatt, ohne Keimporus, zyanophil, z. T. dextrinoid. Dünnwandige Zystiden können an der Lamellenschneide und -fläche vorkommen.

Die *Paxilláceae* bilden eine kleine, gut abgegrenzte Familie, die mehr mit den Röhrlingen *(Boletáceae)* und Gelbfußartigen *(Gomphidiáceae)* als mit den übrigen Blätterpilzen verwandt ist. Hierfür sprechen die leichte Trennbarkeit des Hymenophors vom Hut, die bilaterale Lamellentrama und einige chemische Merkmale (zyanophile Sporen, Vorkommen von Pulvinsäuren als Farbstoffe). Man vergleiche auch die Gattung Filzkrempling. *Ripartítes* KARST. (*Tricholomatáceae*, S. 103, die viel Ähnlichkeit mit den Kremplingen hat, sowie *Lepísta gilva* (S. 95).

Die *Paxilláceae* sind vorwiegend holz- und bodenbewohnende Saprophyten, vereinzelt aber auch baumgebunden und Mykorrhizabildner. Die holzbewohnenden Arten bewirken Braunfäule, wobei *Paxíllus atrotomentósus* nur in Holz assoziierte Cellulose, *Hygrophorópsis aurantíaca* und *Tapinélla panuoídes* auch reine Cellulose abbauen (NILSSON & GINNS 1979). Die Familie enthält keine wertvollen Speisepilze. *Paxíllus involútus* ist roh gefährlich giftig und kann auch in gekochtem Zustand – infolge Unverträglichkeit – lebensgefährliche Erkrankungen hervorrufen; andererseits wird *P. involútus* in manchen Gebieten (z. B. im europäischen Teil der Sowjetunion) in großen Mengen gesammelt und gegessen.

Gattung Paxíllus FR. 1835, Krempling

Hut fleischig, braun, gewölbt bis flach, zentral oder seitlich gestielt. Lamellen oft gegabelt und anastomosierend. Sporenstaub braun. Sporen zyanophil, nicht dextrinoid. Saprophyten an Holz und Ektomykorrhizabildner auf Waldboden. In Europa 3 Arten, keine Speisepilze

1. Stiel kahl, nur Basis filzig. Mit Pleuro- und Cheilozystiden. Mykorrhizapilze

P. involútus (BATSCH: FR.) FR., Kahler Krempling
Hut 3–22 cm breit, angedrückt filzig. Hutrand stark eingerollt, mehr oder weniger gerippt. Lamellen gelbbraun, Druckstellen tief rotbraun. Stielbasis ohne Myzelstränge. Unter Laub- und Nadelbäumen (besonders *Quércus, Bétula*). **Unverträglich, roh giftig!** Bd. I/140.

Abb. 23. Erlen-Krempling, *Paxillus filamentosus.* Unter *Alnus glutinosa*, Norra Warleda bei Uppsala, Schweden. Foto H. JAHN 1962.

Die zahlreichen pfriemenförmigen Pleurozystiden mit braunem, plasmatischen Pigment können bei der Identifizierung von Pilzfragmenten bei Vergiftungen mit *P. involútus* nützlich sein.

P. filamentósus FR. sensu KOTL. & POUZ. [*P. rubicúndulus* ORTON], Erlen-Krempling
Hut 2–7 cm breit, spinnwebig-filzig und angedrückt schuppig. Hutrand schwach eingebogen, nicht gerippt. Lamellen goldgelb bis goldbraun, Druckstellen langsam bräunend. Stielbasis mit Myzelsträngen. Nur unter Erle *(Álnus).* Wert unbekannt. Abb. 23

2. Stiel schwarzbraun filzig. Ohne Zystiden. Holzbewohner

P. atrotomentósus (BATSCH: FR.) FR., Samtfuß-Krempling
Hut 5–25 cm breit, samtig-filzig. Hutrand etwas eingerollt. Lamellen ockergelb, Druckstellen nicht bräunend. An Koniferenholz. Ungenießbar. Bd. I/141.

Gattung Tapinélla GILB. 1931 [*Tapínia* (FR.) KARST. 1879, non STEUDEL 1841], Muschelkrempling

Hut dünnfleischig bis fleischig, braun, ungestielt oder mit rudimentärem Stiel. Lamellen herablaufend, oft gegabelt und anastomosierend. Sporenstaub braun. Zystiden fehlen. Saprophyten an Holz, sowohl an Strümpfen als auch an verbautem Holz in Bergwerken, Gewächshäusern u. a. In Europa 1 Art mit mehreren Varietäten, ungenießbar.

T. panuoídes (FR.: FR.) GILB., Muschelkrempling

Hut braun, filzig, bis filzig-schuppig. Ansatzstelle oft lilafilzig. Lamellen gelbbraun, Druckstellen wenig bräunend. An Koniferenholz, Braunfäule. Bd. III/290.

Gattung Hygrophorópsis (SCHROET.) MRE. 1929, Afterleistling

Hut dünnfleischig, lebhaft gefärbt, mehr oder weniger niedergedrückt, zentral gestielt. Lamellen häufig gegabelt. Sporenstaub weiß. Sporen dextrinoid und zyanophil. Saprophyten auf Wald- und Wiesenböden. In Europa 3–4 Arten; eßbar, aber minderwertig.

Die Gattung hat Ähnlichkeit einerseits mit *Paxíllus*, andererseits aber auch mit *Lepísta* und *Rhodócybe*, und wird daher von einigen Autoren aus den *Paxilláceae* ausgeschlossen (SKIRGIEŁŁO 1960; HEINEMANN 1961; WATLING 1970 u. a.).

H. aurantíaca (WULFEN: FR.) MRE., Falscher Pfifferling

Hut orangegelb, seltener purpurot. Lamellen organgegelb bis orangerot. Sporen ellipsoid, bis 7,5 µm lang. Laub- und Nadelwald. Bd. I/139.

H. pállida (CKE.) KREISEL, Gelbweißer Aferleistling

Hut hellgelb mit fuchsigen Flecken. Lamellen cremeweiß. Sporen zylindrisch, bis 9 µm lang. Weideland, Küstengebiete, sonst selten.

H. ólida (QUÉL.) MÉTROD, Duftender Aferleistling

Hut, Lamellen und Stiel rosa. Geruch süßlich, nach englischen Bonbons. Sporen subglobos, bis 5,5 µm lang. Tannenwald *(Ábies)*, Kalkboden. Bd. III/294.

Gattung Omphalótus FAYOD 1889, Ölbaumpilz

Fruchtkörper nicht hygrophan, zähfleischig, in allen Teilen orange bis braun. Lamellen weit herablaufend, nicht gegabelt, ihre Schneiden leuchten im Dunkeln. Sporenstaub weiß. Sporen subglobos, glatt, nicht amyloid. Keine Zystiden. Hyphen mit Schnallen. Holzbewohnende Saprophyten in warmen Klimaten (Süd- und Westeuropa), 1 oder 2 Arten, eine weitere in Kalifornien: *O. oliváscens* BIGELOW, O. K. MILLER & THIERS. **Giftig!**

O. oleárius (DC.: FR.) SING., Leuchtender Ölbaumpilz

Hut orange, fuchsig bis satt kastanienbraun, radialfaserig gestreift. Lamellen goldgelb bis orange, schmal. Büschelig an Eiche *(Quércus)*, Ölbaum *(Ólea)* u. a. Laubbäumen. Bd. III/200. Einige Autoren trennen die orangefarbenen, mehr nördlich vorkommenden Formen als *O. illúdens* (SCHW.) BRESINSKY & STANGL ab; nach R. H. PETERSEN sind die beiden Taxa jedoch völlig interfertil.

Literatur

BRESINSKY, A., & BESL, H.: Zum verwandtschaftlichen Anschluß von *Omphalotus*. – Sydowia, Beiheft **8** (1979): 98–109.

CAREY, S. T.: *Clitocybe illudens*: its cultivation, chemistry, and classification. – Mycologia **66** (1974): 951–968.

GRZYMAŁA, S.: Vergiftungen durch *Paxillus involutus*. – Z. Pilzk. **24** (1958): 19–21.

KOTLABA, F., & POUZAR, Z.: On the interesting fungus *Paxillus filamentosus* FR. – Česká Mykol. **14** (1960): 176–184.

KUBIČKA, J., & VESELSKÝ, J.: Die Schädlichkeit des Kahlen Kremplings – *Paxillus involutus* (BATSCH ex FR.) FR. – historisch betrachtet. – Mykol. Mitt. **19** (1975): 1–5.

LAGRANGE, M.: *Paxillus involutus.* Ist der Kahle Krempling wirklich giftig? – Südwestd. Pilzrdsch. **16**, no. 1 (1980): 1–6.

LAIHO, O.: *Paxillus involutus* as a mycorrhizal symbiont of forest trees. – Acta Forest. Fenn. **106** (1970): 1–72.

NILSSON, TH., & GINNS, J.: Cellulolytic activity and the taxonomic position of selected brown-rot fungi. – Mycologia **71** (1979): 170–177.

SCHMIDT, J., HARTMANN, W., WÜRSTLIN, A., & DEICHER, H.: Akutes Nierenversagen durch immunhämolytische Anämie nach Genuß des Kahlen Kremplings *(Paxillus involutus).* – Dtsch. Med. Wochenschr. **96** (1971): 1188–1191.

SINGER, R.: The *Boletineae* of Florida with notes on extralimital species. IV. The lamellate families. – Farlowia **2** (1946): 527–567.

– Boletes and related groups in South America. – Nova Hedwigia **7** (1964): 93–132.

SPOONER, B. M.: *Omphalotus olearius (Agaricales)* in Britain. – Kew Bull. **32** (1977): 5–7.

WATLING, R.: Notes on British Boleti VI. – Trans. Bot. Soc. Edinburgh **40** (1967): 300–307.

14. Familie: Gelbfußartige – Gomphidiáceae

Fruchtkörper fleischig, hutförmig, zentral gestielt. Das Hymenophor wird von ganzrandigen, dicklichen, weit herablaufenden, leicht vom Hutfleisch abtrennbaren Lamellen gebildet. Stiel mit faserigen oder schleimigen Cortinaresten, meist nicht beringt. Trama in der Stielbasis mehr oder weniger gelb. Sporenstaub schwarzbraun.

Hyphensystem monomitisch. Hyphen dünnwandig, mit oder ohne Schnallen. Lamellentrama subregulär. Basidien keulenförmig, sehr groß (50–70 µm lang). Sporen spindelförmig, glatt, ohne Keimporus, zyanophil, nicht amyloid. Große, dick- oder dünnwandige Zystiden an Lamellenschneide und -fläche vorhanden.

Die *Gomphidiáceae* bilden eine kleine Familie (in Europa 7 Arten), deren sämtliche Vertreter (einschließlich der außereuropäischen, secotioiden Gattung *Brauniéllula* SMITH & SING.) durch Ektomykorrhiza an Koniferen *(Pináceae)* gebunden sind; sie treten also ausschließlich im Nadelwald auf, z. T. mit hoher Wirtsspezifität. Bemerkenswert ist das gewöhnlich gemeinsame Vorkommen von *Gomphídius róseus* mit *Suíllus bovínus*, d. h., man findet *G. róseus* niemals allein, sondern immer mit der Stielbasis eines Kuhpilzes verwachsen. Die Ursache dieser Erscheinung ist nicht bekannt. Alle *Gomphidiáceae* sind eßbar und gehören zu den vorzüglichsten Speisepilzen.

Gattung Gomphídius FR. 1835 [*Leucogomphídius* KOTL. & POUZ. 1972], Schmierling

Trama weiß, in der Stielbasis gelb. Lamellen grau. Hut klebrig bis schmierig, gewölbt bis niedergedrückt. Velum schleimig; Stiel manchmal beringt. Myzelhyphen an der Stielbasis nicht amyloid. In Europa 4 Arten, gute Speisepilze.

G. glutinósus (SCHAEFF. : FR.) FR., Großer Schmierling, Kuhmaul
Hut 5–12 cm breit, weinrot, braun, schwarzbraun. Stielbasis gelb. Lamellen nicht flekkend. Unter Fichte *(Pícea)*. Bd. I/136.

G. maculátus FR., Fleckender Schmierling
Hut 3–6 cm breit, graubraun, kastanienbraun, sepia. Stielbasis gelb. Lamellen und Stiel weinrot bis schwärzlich fleckend. Unter Lärche *(Lárix)*. Bd. III/287.

G. grácilis BERK. & BR., Zierlicher Schmierling
Hut bis 5 cm breit. Wie *G. maculátus*, jedoch nicht rötend oder schwärzend. Unter Lärche *(Lárix)*. Bd. III/288.

G. róseus (FR.) KARST., Rosenroter Schmierling
Hut 2–6 cm breit, rosa. Stielbasis weiß bis rötlich. Lamellen nicht fleckend. Unter Kiefer *(Pínus)*, gewöhnlich mit Fruchtkörpern von *Suíllus bovínus* (Bd. I/148) verwachsen. Bd. III/289.

Gattung Chroogómphus (SING.) O. K. MILLER 1964 [*Gomphídius* FR. sensu KOTL. & POUZ. 1972], **Gelbfuß**

Trama orange, fleischrötlich, bei Verletzung rot anlaufend. Lamellen ocker, orange, weinrot, später olivbraun bis schwärzlich. Hut gebuckelt oder gewölbt, trocken oder klebrig. Velum faserig, trocken. Myzelhyphen an der Stielbasis amyloid. In Europa 3 Arte, Speisepilze von hervorragendem Geschmack.

Ch. helvéticus (SING.) MOS., Filziger Gelbfuß
Hut filzig-faserschuppig, trocken, 2–6 cm breit, Stielbasis mit orangegelbem bis karminrosa Filz. Zystiden dünnwandig. Unter 5nadligen Kiefern *(Pínus cémbra, P. stróbus, P. peúce)* und Fichte *(Pícea)*, Mittel- und Hochgebirge.

Die subsp. *tatrénsis* (PIL.) KUTHAN & SING., angeblich an Fichte gebunden, ist nach DÖRFELT ohne taxonomischen Wert,

Ch. corállinus O. K. MILLER & WATL., Korallenroter Gelbfuß
Hut filzig-wollig. orange-, ziegel-. rostrot, trocken, 2–7 cm breit. Stielbasis rostbraun. Zystiden teils dünn-, teils dickwandig. Unter Kiefer *(Pínus sylvéstris, P. nígra)*, Schottland.

Ch. rútilus (SCHAEFF. : FR.) O. K. MILLER, Kupferroter Gelbfuß
Hut kahl, klebrig-glänzend, ziegel-, kupfer-, weinrot, 3–15 cm breit. Stielbasis chromgelb. Zystiden dickwandig. Unter Kiefer *(Pínus sylvéstris, P. múgo)*, verbreitet. Bd. I/137.

Literatur

DÖRFELT, H.: Die Arten der Familie *Gomphidiaceae* R. MRE. im Vogtland. – Ber. Arbeitsgemeinsch. sächs. Botaniker, N. F., **10** (1972): 55–68.

– Zur Taxonomie, Verbreitung und Ökologie des Filzigen Schmierlings *Chroogomphus helveticus* (SING.) MOSER. – Feddes Repert. **88** (1977): 273–285.

MILLER, O. K.: Monograph of *Chroogomphus (Gomphidiaceae).* – Mycologia **56** (1964): 526–549.

MILLER, O. K., & WATLING, R.: A new *Chroogomphus* from Great Britain. – Not. Roy. Bot. Garden Edinburgh **30** (1970): 391–394.

PILÁT, A., & DERMEK, A.: Hríbovité huby – 206 S., 103 Farbtaf. Bratislava 1974.

SINGER, R., & KUTHAN, J.: Notes on *Chroogomphus (Gomphidiaceae).* – Česká Mykol. **30** (1976): 81–89.

WATLING, R.: *Boletaceae, Gomphidiaceae, Paxillaceae.* – British Fungus Flora, Agarics and Boleti, no. **1**. – 125 S. Edinburgh 1970.

Literatur zu Blätterpilzen im allgemeinen

BRESADOLA, J.: Iconographia Mycologica, Vol. **1–26.** – Mediolani 1927-1933.

BUCH, R.: Die Blätterpilze des nordwestlichen Sachsens. – 346 S. Leipzig 1951.

DENNIS, R. W. G., ORTON, P. D., & HORA, F. B.: New check list of British Agarics and Boleti. – Trans. Brit. Myc. Soc., Suppl., 225 S., Cambridge 1960.

DOUWES, G. A. C., & VON ARX, J. A.: Das hymenophorale Trama bei den *Agaricales.* – Acta. Bot. Neerlandica **14**: 197–217, 1965.

HORAK, E.: Synopsis generum Agaricalium (Die Gattungstypen der *Agaricales*). – Beitr. Kryptogamenflora der Schweiz, Band **XIII**. 741 S. Wabern-Bern 1968.

KÜHNER, R.: Les Hyménomycètes agaricoides *(Agaricales, Tricholomatales, Pluteales, Russulales).* Étude générale et classification. – Num. spécial du Bull. Soc. Linnéenne Lyon **49** (1980). 1025 S.

KÜHNER, R., & ROMAGNESI, H.: Flore analytique des champignons supérieurs (agarics, bolets, chanterelles). – 557 S. Paris 1953.

LANGE, J. E.: Flora Agaricina Danica. Vol. I – V. – Copenhagen 1935–1940.
MOSER, M.: Begriffe moderner Blätterpilzsystematik. – Z. Pilzk. **21** no. 9 (1951): 7–9, no 14 (1953): 1–4.
– Die Röhrlinge und Blätterpilze *(Agaricales)*. 5. Aufl. In: H. GAMS, Kleine Kryptogamenflora, Band **IIb/2**. – 533 S. Stuttgart 1983 und Jena 1983.
NEUHOFF, W.: Das System der Blätterpilze. – Z. Pilzk. **21**, no. 10 (1951): 1–21.
PEGLER, D. N., & YOUNG, T. W. K.: Basidiospore morphology in the *Agaricales*. – Nova Hedwigia, Beiheft **35**. 210 S. Lehre 1971.
PILÁT, A.: Klíč k určování našich hub hřibovitých a bedlovitých (Agaricalium Europaeorum clavis dichotomica). – 723 S. Praha 1951.
RICKEN, A.: Die Blätterpilze *(Agaricaceae)* Deutschlands und der angrenzenden Länder. 2 Bände. – Leipzig 1915.
SINGER, R.: The *Agaricales* in modern taxonomy. 3rd ed. – 912 S. Vaduz 1975.
– Cyanophilous spore walls in the *Agaricales* and agaricoid Basidiomycetes. – Mycologia **64**: 822–829, 1972.
URBONAS, V., KALAMEES, K., & LUKIN, V.: Konspekt izučenija agarikovych gribov Litovskoj SSR, Latvijskoj SSR, Estonskoj SSR. – 131 S. Vilnius 1974
VASILÉVA, L. N.: Agarikovye šljapočnye griby (por. *Agaricales)* Primorskogo Kraja. – 330 S. Leningrad 1973.
ZEROVA, M. Ja., SOSIN, P. E., & ROŽENKO, G. L.: Viznačnik gribov Ukraini. Tom 5 Bazidiomiceti, kniga 2: Boletal'ni, Strobilomicetal'ni, Tricholomatal'ni, Entolomatal'ni, Rusulal'ni, Agarical'ni, Gasteromiceti. – 565 S. Kiev 1979.

Literatur zu Blätterpilzen der arktisch-subarktischen und alpin-subalpinen Gebiete

EISFELDER, I.: Höhere Pilze aus dem Pitztal (Tirol). – Ber. Bayer. Bot. Ges. **35** (1962): 28–38.
FAVRE, J.: Les associations fongiques des hauts-marais jurassiens – Mater. Flore Cryptog. Suisse, vol. **X**, fasc. 3. Bern 1948.
– Les champignons supérieurs de la zone alpine du parc national Suisse. – Liestal 1955.
– Catalogue descriptif des champignons supérieurs de la zone subalpine du parc national Suisse. – Liestal 1960.
HORAK, E.: Die Pilzvegetation im Gletschervorfeld (2290–2350 m) des Rotmoosferners in den Ötztaler Alpen. – Nova Hedwig. **2** (1960): 487–507.
– Pilzökologische Untersuchungen in der subalpinen Stufe (Piceetum subalpinum und Rhodoreto-Vaccinietum) der Rätischen Alpen. – Mitt. Schweiz. Anstalt für das forstliche Versuchswesen **39 (1)** (1963): 1–112.
LANGE, M.: Macromyctes. Part II, III. Greenland Agaricales. –Meddelelser om Grønland **147 (no. 11)** (1955): 1–69 und **148 (no. 2)** (1957): 1–125.
LAURSEN, G. A., & AMMIRATI, J. F. (Hrsg.): Arctic and alpine mycology. The First International Symposium on Arctic-alpine Mycology. – Seattle and London 1982.
MÖLLER, F. H.: Fungi of the Faeröes. Part **1–2**. – Copenhagen 1945, 1958.
PILÁT, A., & NANNFELDT J. A.: Notulae ad cognitionem Hymenomycetum Lapponiae Tornensis. – Friesia **5**: 6–38, (1954).

Literatur zu Blätterpilzen des Mittelmeergebietes

HEIM, R.: Fungi Iberici. Observations sur la Flore Mycologique Catalane. – Treballs del Museu de Ciències Naturals de Barcelona **15 (no. 3)** ((1934): 1–146.

MAIRE, R.: Fungi Catalaunici. Contributions à l'étude de la Flore Mycologique de la Catalogne. – Treballs del Museu de Ciències Naturals de Barcelona **15 (no. 2)** (1933): 1–120.
– Fungi Catalaunici Series altera. – Publicacions de l'Institut Botànic de Barcelona **3 (no. 4)** (1937): 1–128.
MALENÇON, G., & BERTAULT, R.: Flore des champignons supérieurs du Maroc. Tome **I.** – 599. S. Rabat 1970. – Tome II. – 540 S. Rabat 1975.
– Champignons de la Péninsule Ibérique. I.–III. – Acta Phytotaxon. Barcinon. **8** (1971): 1–97.
– – Champignons de la Péninsule Ibérique. IV. Les Iles Baléares. – Acta Phytotaxonom. Barcinon. **11** (1972): 1–64.
SOUSA DA CAMARA, E.: Catalogus systematicus fungorum omnium Lusitaniae. I *Basidiomyctes.* Pars I *Hymeniales.* – 347 S. Lisboa 1956.

SPEZIELLER TEIL

1. Kaiserling, Orangegelber Wulstling

Eßbar

Amanita caesárea (SCOP. 1772: FR. 1821) PERS. 1801

Kennzeichen: Einer unserer schönsten, farbenfreudigsten Pilze. Orangerote bis goldgelbe Hutfarbe, gelbe Blätter, gelber Stiel, gelbes Fleisch.
Hut: Leuchtend rot, blutrot, blaßrot, orangerot bis goldgelb, glänzend, glatt, meist nackt, am Rande deutlich gerieft, in seltenen Fällen einige Hüllreste auf dem Hut in Form von weißen, breiten eckigen Schollen (so bei KROMBHOLZ, T. 8, dasselbe bei TRATTINICK 1809). Erst halbkugelig, dann flach ausgebreitet, 8–15 (–20) cm breit, fleischig, Oberhaut leicht abziehbar. Der rote Farbstoff der Hutfarbe färbt Einwickelpapier beim Zusammenpressen stark rot.
Blätter: Erst blaßgelb, dann leuchtend goldgelb, frei, nicht bis an den Stiel reichend, dick, gedrängt, sehr breit, von verschiedener Länge, an der Schneide feinflockig gezähnelt.
Stiel: Zitronengelb bis gelblichweiß, zuerst schwach bauchig, dann schlank, nach oben verjüngt, am Grunde etwas verdickt, 8–16 × 2–3 cm, feinflockig, im Inneren markig ausgefüllt, im Alter auch hohl, mit gelblicher Manschette in Gestalt eines weiten, hängenden, schlaffen, oben feingestreiften gelben, unterseits blaßgelben Ringes. Im unteren Teil ist der Stiel von einer großen, weißen, derben, dickhäutigen, lappenartig zerspaltenen Scheide umgeben. Die Scheide ist der Rest einer Hülle, die den jungen Hut umgibt und von ihm beim Wachsen gesprengt wird. Der junge Pilz erscheint zuerst in der Gestalt eines Eies. Wenn er die Eihülle sprengt, leuchtet er wie ein roter Apfel in einer Porzellanschale.
Fleisch: Weißgelblich, im Stielmark weißlich, im Stielgrunde rein weiß, unter der Oberhaut gelblich, ziemlich fest. Wenn man das Ei zerschneidet, sind breite, gelbe Fleischzonen im Hut und Stiel zu sehen, während bei einem Fliegenpilz-Ei nur eine schmale gelbrötliche oder orangegelb abgetönte Linie unter der Huthaut sichtbar ist. – Beim Kochen wird das Kochwasser gelb und hat einen angenehmen Geruch. Geschmack des rohen Pilzes angenehm.
Sporen: Farblos, ellipsoid-eiförmig, 9–12 × 6–7µm. Staub weiß.
Vorkommen: Juli bis November in lichten Wäldern und Gebüschen, an Waldrändern und unter einzelnen Bäumen, auf sauren und neutralen Böden. Nach M. KRAFT ist er immer mit Eiche *(Quércus)* oder Edelkastanie *(Castánea)* vergesellschaftet; Angaben über das Vorkommen unter Rotbuchen und Koniferen bedürfen der Nachprüfung. Im Hochgebirge (Schweiz) bis ca. 1500 m ansteigend. Submediterrane Art, deren Vorkommen in Europa vom Mittelmeergebiet bis Nordfrankreich, Belgien, Pfalz, Nordbayern, Böhmen, Mähren, Slowakei und zum Kaukasus reicht. Vereinzelt ist der Kaiserling auch nördlich dieses Areals aufgetreten, so 1925 und 1941 bei Jena, vor 1945 bei Bielinek a. Oder (Polen). Außerhalb Europas in Nordafrika, Ostasien, Japan und im südlichen Nordamerika verbreitet.
Wert: Einer der köstlichsten Speisepilze *(„fungorum princeps“)*, schon von den Römern wegen seines Wohlgeschmacks hochgeschätzt. Die Huthaut kann man wie Safran verwenden, z. B. zum Färben von Suppen.

Verwechslungen: Der giftige **Fliegenpilz** (*A. muscária*, Bd. I/8) unterscheidet sich durch weiße Blätter, Stiel und Ring, und durch das Fehlen einer Scheide am Stielgrund; stattdessen hat die Fliegenpilzknolle lockere, warzige Gürtel. Die Hutoberseite des Fliegenpilzes ist mit vielen kleinen Flocken bedeckt, die allerdings vom Regen abgewaschen werden können. – Der Eizustand des **Grünen Knollenblätterpilzes** (*A. phalloides*, Bd. I/1) zeigt im Längsschnitt einen grünlichen Streifen unter dem Scheitel, der des Kaiserlings hingegen eine gelbe Zone.

1. Kaiserling, *Amaníta caesárea.* 2/3 nat. Gr.

2. Eier-Wulstling

Eßbar

Amanita ovoidea (BULL. 1788: FR. 1821) LINK 1833

Kennzeichen: Ein schöner, recht stattlicher, weißer Pilz, in der Jugend am Hutrand mit flokkigen Fransen behangen, mit breiter, bald zerfallender Manschette am Stiel und weiter, eiförmiger Scheide am Grund.
Hut: Weiß, im Alter leicht strohgelb, erst schwach mehlig, dann glatt (ohne Hüllreste) schwach seidig, mit ungerieftem, anfangs mit Flocken behangenem Rande, eiförmig, dann halbkugelig, zuletzt flach ausgebreitet, 10–20 (–30) cm breit, derb, in der Mitte fleischig, am Rande dünn.
Blätter: Weiß bis schwach grauweiß, schließlich leicht creme, gedrängt, breitbauchig, frei, nach dem Rande zu feinfransig.
Stiel: Weiß, walzenförmig, vollfleischig, 10–15 × 3–5 cm, besetzt mit zahlreichen körnigen, leicht abwischbaren Flocken und im oberen Teil mit einer weißen, breiten, oberseits kahlen, unterseits sich flockig auflösenden, oft früh in Brocken zerfallenden Manschette (ähnlich wie bei *A. strobilifórmis).* An dem knollig angeschwollenen Stielgrund befindet sich eine weißliche bis blaßockerfarbige, zähe, zuerst eiförmige, auffallend weite Scheide.
Fleisch: Weiß, schmeckt angenehm und riecht zuletzt fäulnisartig, da sich das Fleisch schnell zersetzt.
Sporen: Farblos, ellipsoid, 10–12 × 6–7 µm. Staub weiß.
Vorkommen: Juli bis September in Eichen- und Kastanienwäldern, aber auch unter Weißtannen, besonders auf Kalkboden, hauptsächlich in südlichen europäischen Gegenden, um das Mittelmeergebiet herum. Er wurde aber auch im ehemaligen Schlesien bei Wrocław von DIETRICH, in Niederösterreich (Burgenland) und bei Wiener Neustadt gefunden. In Süd- und Mittelfrankreich überall, vereinzelt bei Paris und in der Normandie. Der Pilz liebt warme, klimatisch begünstigte Stellen. Auch auf dem nassen Nilschlamm bei Luxor von EICHHORN festgestellt. Er identifizierte auch den Eier-Wulstling als Glückssymbol aus der Zeit der Pharaonen, aus Alabaster hergestellt (Sydowia XV, 1961).
Wert: Eßbar, wohlschmeckend, erreicht jedoch nicht den Wohlgeschmack des Kaiserlings.

Verwechslungen: Könnte bei oberflächlicher Betrachtung mit weißen Formen des **Grünen Knollenbätterpilzes** (*A. phalloides*, Bd. I/1) oder mit dem **Weißen Knollenblätterpilz** (*A. vérna*, Bd. I/2) verwechselt werden. Diese unterscheiden sich aber durch das Fehlen der Fransen am jungen Hut, die zarte, häutige Manschette, den süßlichen Geruch und durchschnittlich kleinere Fruchtkörper.
Synonym: *Amanita coccóla* (SCOP. 1772) BERTILLON 1866.

2. Eier-Wulstling, *Amaníta ovoídea.* 2/3 nat. Gr.

3. Fransiger Wulstling, Einsiedler-Wulstling

Giftverdächtig, roh giftig!

Amanita strobilifórmis (PAULET 1812/13 ex VITT. 1832) BERTILLON 1866

Kennzeichen: Ein weißlicher, großer, kräftiger, sehr ansehnlicher Pilz mit Hautfetzen auf dem Hut, fransig behangenem Hutrand und verlängerter, eingesenkter Knolle. Neben *A. ovoidea* wohl die größte mitteleuropäische *Amanita*-Art.
Hut: Weißlich, bald mit grauem oder graugelblichem Schein und zart hellgrauer Mitte, alt schmutzig blaßockergelblich; jung fast kugelig, dann gewölbt, ausgebreitet bis verflacht, mitunter in der Mitte eingesenkt, (7–) 10–18 (–26) cm breit, klebrig, wenig fleischig. Anfänglich von der graulichen, dickeren oder dünneren, mehlig-wattigen bis wattig-filzigen Hülle bedeckt, die beim Aufschirmen des Hutes in meist größere, unregelmäßige, schollige Hüllfetzen, z. T. sogar in mehr oder weniger gekantete Warzen zerbricht. Diese Hüllreste können je nach Alter und Standort in Farbe und Form recht verschieden sein, weißgelblich, ockerfarben, umberbräunlich oder auch aschgrau, mehr oder weniger zahlreich; nach dem Regen fehlen sie sogar oft ganz, dünn oder dick, weich oder fest, abgestumpft oder flach vieleckig (Jugendstadium mit dickerem Velum und dementsprechend dicken, eckigen Hüllfetzen, älteres Stadium mit dünnen Hüllresten, so auch bei Trockenheit). Nach dem Hutrande zu sind die Hüllreste fast flockig aufgelöst. Der Hutrand bleibt meist weiß, ist im Alter bisweilen gerieft und mit klebrigen, recht vergänglichen Fransen oder Fetzen behangen, die bei Berührung leicht haften bleiben und eine schaumig-quarkartige Beschaffenheit haben, aber auch dickfilzig sein können.
Blätter: Anfangs weiß, dann blaßgelb, untermischt (ungleich), fast engstehend, bauchig, erst angeheftet, dann abgerundet-frei; nach dem Hutrande stumpf-abgerundet, an der Scheide anfangs feinflockig.
Stiel: Weiß, an der Basis manchmal leicht grau, im Alter und bei Druck etwas bräunend, mit weißlichen, vergänglichen Flocken, die beim Berührungen an den Fingern kleben bleiben, doch auch mitunter kahl: in der Jugend mehlig-feinschuppig, später oft schuppig aufgerissen, etwa 14–20 × 2–3 (–4) cm, nach oben verjüngt, gerade oder gebogen, fest- oder vollfleischig, mit einer rübenartigen oder umgekehrt zwiebelförmigen Knolle, die entweder glatt ist, d. h. ohne Anzeichen einer Volva in den Stiel übergeht, oder die Stielhaut zerreißt an Übergang der Knolle so, daß sich ein kreisförmiger Riß bildet, der das Stielende in die Knolle eingepropft erscheinen läßt. Andererseits kann auch die Haut der Knolle nach oben zu in Schuppen aufreißen, so daß sie gezackt gerundet aussieht und schuppige Kränze bildet.
Am oberen Stielteil befindet sich die dicke, weiße, oberseits etwas geriefte Manschette, die ziemlich vergänglich ist und sich zwischen den Fingern schaumig-käsig verreiben läßt. Sie bleibt z. T. am Hutrand hängen, so daß dieser wenigstens eine Zeitlang fetzig behangen ist.
Fleisch: Weiß, zart, wenig haltbar, schnell vergänglich und faulend. Geschmack angenehm, mild, wenn nicht zu alt. Jung geruchlos, im Alter etwas unangenehm fischartig riechend.
Sporen: Farblos, ellipsoid, glatt, 10–13 × 7–8,5 µm; amyloid. Staub weißlich.
Wert: Roh giftig, gilt sonst als eßbar; der aus Japan berichtete Gehalt an Ibotensäure ist fraglich (BRESINSKY & BESL 1985).
Vorkommen: Juli bis September in Laub- und Nadelwäldern (besonders unter Rot- und Weißbuche, Linde, Eiche, Fichte oder Kiefer), vorzugsweise auf Kalk- und Lößboden, im nördlichen Arealteil an trockenwarmen Standorten. Süd- und Mitteleuropa, nördlich bis Schottland, Dänemark, Rügen; sehr vereinzelt in Südskandinavien. Häufig im Thüringer Bekken, in Südbayern, in den wärmeren Teilen von Böhmen und Mähren.
Synonym: *Amanita pellíta* PAULET ex BERTILLON 1866.
Pseudonym: *Amnanita solitária* der meisten europäischen Autoren, S. aber Nr. 8!

Anmerkung: Verbreitungskarten publizierten für die BRD KRIEGLSTEINER in Z. Mykol. **44** (1978), S. 200, für die DDR KREISEL & al. in Hercynia, N. F., 17 (1980), S. 264.

3. **Fransiger Wulstling,** *Amaníta strobilifórmis.* 2/3 nat. Gr.

4. Grauer Wulstling, Hoher Wulstling, Eingesenkter Wulstling

Eßbar

Amanita excélsa (FR. 1821) BERTILLON 1866

Kennzeichen: Großer, üppiger, blaßgraubräunlicher Pilz, mit sehr vergänglichen Hüllwarzen, langem, tief in die Erde eingesenktem, fast knollenlosem Stiel.
Hut: Blaß graubräunlich, bleigrau, doch auch ausgeblaßt, sogar weißlich, besonders am Rande, mit schmutzig weißlichen oder graubräunlichen, sehr kleinen, mehlig-körnigen, schnell vergänglichen und leicht abwischbaren Hüllresten bedeckt; eingewachsen-faserig, schwach grubig-runzelig-uneben, zuerst glockig oder halbkugelig-gewölbt, dann fast flach und schließlich etwas vertieft; 10–15 (–30) cm breit, am Rande glatt oder nur andeutungsweise gerieft, feucht, weich, zerbrechlich.

Blätter: Weiß, ganzrandig, bauchig, gedrängt, angeheftet.
Stiel: Weiß, oft schwach graubräunlich-fleckig gegürtelt, meist auffallend groß, 15–20 (–30) × 2–3 cm, nach oben stark verjüngt, nach unten oft gekrümmt, meist tief in die Erde eingesenkt, manchmal bis zur Hälfte. Er ist markig, später flockig-voll und trägt einen manschettenartigen, schlaffen, hängenden, meist anklebenden, oberseits, gestreiften, vergänglichen, oft nur stückweise vorhandenen Ring (Manschette). Bisweilen ist der Stiel bis zum Ring gürtelig-schuppig, aber sonst faserschuppig. Anfangs ist er unten schwachknollig, bald aber fast knollenlos. Die Scheide ist dünnwandig und nach oben oft gürtelig-schuppig zerklüftet. Ihre Reste bleiben leicht im Boden zurück.
Fleisch: Weiß, weich, gebrechlich, mit schwachem, nicht unangenehmem, an Biskuit anklingendem Geruch und milden, wäßrigem Geschmack.
Sporen: Farblos, ellpsoid, 8–10 × 5–7,5 µm, amyloid.
Wert: Der Pilz galt früher als giftverdächtig, ist jedoch jetzt allgemein als eßbar anerkannt.
Vorkommen: Juli bis Oktober in Laub- und Nadelwäldern, stellenweise häufig, z. B. in Sachsen und Thüringen.

Anmerkung: Der Graue Wulstling ist sehr formenreich. Die hier abgebildete, schlankstielige und blaß gefärbte Form wurde lange Zeit für eine andere Art als die in Band I, Nr. 6, dargestellte gedrungene, mehr graue Form gehalten. Die blasse Form wurde als *A. excélsa* oder *A. ámpla*, die graue Form als *A. spíssa* bezeichnet.

Verwechslungen: Der **Pantherpilz**, *A. panthérina* (Bd. I/5, Bd. III/7) unterscheidet sich durch gerandete Scheide, ungeriefte Manschette, gerieften Hutrand und reinweiße Verlumflocken auf dem Hut; giftig!

Synonyme: *Amanita spíssa* (FR. 1838) KUMM. 1871, *A. ámpla* PERS. 1801.

4. Grauer Wulstling, *Amaníta excélsa.* 2/3 nat. Gr.

5. Kammrandiger Wulstling

Giftverdächtig!

Amanita eliae QUÉL. 1872

Kennzeichen: Ein meist isabellfarben-rötlicher Wulstling mit stark gefurchtem Rande und kugeliger, berandeter Knolle.
Hut: Weißgelb, bis isabellfarbig, rötlich-ledergelb oder ockerfarben bis rußig, mit blassem Rande, der stets strahlig gestreift ist, meist mit weißlichen Hüllresten, selten kahl, anfangs glockig, später aber flach, mitunter vertieft, mittelgroß, trocken, 7–9 cm breit, schwachfleischig.
Blätter: Weiß, gewimpert, fast gedrängt, dick, frei.
Stiel: Weiß bis bräunlich, zartflockig-faserig, hohl, ziemlich lang, schlank, mit kugeliger saumloser, berandeter Knolle, die tief in die Erde eingesenkt ist (bis 6 cm), 10–12 × 1–2 cm.
Fleisch: Weißlich, unter der Huthaut ledergelb, mit mildem Geschmack, doch ohne bedeutenden Geruch.
Sporen: Farblos; ellipsoid, 11–14 × 7–8 µm.
Vorkommen: Juli bis September in sonnigen, lichten Laubgehölzen und Parkanlagen, auf saurem Boden, besonders unter Rotbuche und Eiche. Sehr selten.
Wert: An und für sich wohlschmeckend, doch ebenso wie *A. gemmáta* mit Vorsicht zu genießen. Größere Mengen müssen abgekocht werden, doch wird man kaum zu solchen Maßnahmen greifen müssen, da der Pilz selten ist.

Verwechslung: Narzissengelber Wulstling, *A. gemmáta* (Bd. I/10) mit wachsgelbem Hut, gleichfalls giftverdächtig, s. S.138.

6. Rauher Wulstling

Giftverdächtig!

Amanita franchétii (BOUD. 1881) FAYOD 1889

Kennzeichen: Hellgelb-bräunlicher Hut, mit kleinen, strohgelben Schüppchen besetzt, weinrote Farbe auf jeden Fall fehlend.
Hut: Zitronengelb bis hellgelb-bräunlich, bei feuchtem Wetter etwas schmierig, mit glattem Rande, erst gewölbt, dann ausgebreitet, 4–8 cm breit, mit kleinen, strohgelben, angewachsenen Schüppchen besetzt.
Blätter: Weiß, engstehend, Schneiden zart gezähnelt.
Stiel: Weißlich, später gelb werdend, mit zitronengelben, flockigen Schuppen, gleichmäßig dick, Stielende ohne abgesetzte Knolle, mit weißer, gelblich gerandeter Manschette, mit zitronengelben Schüppchen oder Warzen, Oberseite gerieft, 4–8 × 1–2 cm.
Fleisch: Weiß, unter der Huthaut gelblich, dünn, doch ziemlich fest, mit unangenehmem Geschmack und im Alter mit widerlichem Geruch.
Sporen: Farblos, fast ellipsoid, 8–12 × 6–7 µm.
Vorkommen: August bis Oktober im Laub- und Nadelwald. Selten; Europa, Nordamerika.
Wert: Unbekannt; BRESADOLA bezeichnet ihn als giftig.
Verwechslung: Der Gelbberingte Perlpilz, *A. rubéscens* var. *ánnulo sulphúrea* GILL., hat eine gänzlich zitronengelbe Manschette und zeigt weinrötliche Fleischverfärbung.

Pseudonym: *Amanita áspera* (PERS. 1798: FR. 1821) QUÉL. 1885 sensu BRESADOLA 1927, J. LANGE 1938, non PERSOON.

5. Kammrandiger Wulstling, *Amaníta elíae.* 3/4 nat. Gr.

6. Rauher Wulstling, *Amaníta franchétii.* 3/4 nat. Gr.

7. Tannen-Pantherpilz

Giftig!

Amaníta panthérina (DC. 1815: Fr. 1821) Krbh. 1836 var. *abíetum* (Gilbert 1926) Veselý 1934

Kennzeichen: Kräftiger als der Pantherpilz, mit meist dickem, unten blaßgrauem Stiel; Hutrand ungestreift, erst im Alter etwas gefurcht.
Hut: Grauschwärzlich, im Alter nach dem Scheitel zu braunrötlich, mit kleinen oder breiteren, schließlich verschwindenden, weißlichen oder graulichen Warzen bedeckt (ähnlich *A. excélsa*); etwas klebrig, matt glänzend, zuerst halbkugelig, dann gewölbt, schließlich ausgebreitet, 5 – 15 cm, fleischig, Rand lange glatt, erst ganz zum Schluß gestreift.
Blätter: Weiß, an der Schneide flockig, dünn, gedrängt, bauchig, ziemlich breit, frei.
Stiel: Weiß, fest, hart, über der Manschette feinflockig, nach unten fein samtig-wollig, blaßgrau, am Grunde noch dunkler, 6–12 × 1–2,5 cm. Manschette weiß, schließlich blaßgrau, häutig, unregelmäßig, breit, lange ausdauernd, nicht gestreift; Stielgrund mit großer, derber, eiförmiger, scharf gerandeter, unten oft zugespitzter Knolle.
Fleisch: Weiß, ziemlich weich, mild, Geruch mehr oder weniger rettichartig. Mit Eisensulfat graugrün, dann rosa, schließlich rotbraun (nach Moser).
Sporen: Farblos, ellipsoid-eiförmig, glatt, 9–13 × 3–9 µm, nicht amyloid, Staub weißlich.
Vorkommen: Ende Juni bis September unter Tannen und Fichten, besonders im Berglande, in kleinen Trupps.
Wert: Ebenso giftig wie der typische Pantherpilz, kann tödliche Vergiftungen hervorrufen.

Synonym: *Amaníta abíetum* Gilbert in Konr. & Maubl. 1926.
Pseudonym: *Amaníta panthérina* var. *cariósa* (Fr.) sensu Quél. 1888, non Fr. 1836.

7. Tannen-Pantherpilz, *Amaníta panthérina* var. *abíetum.* 3/4 nat. Gr.

8. Stachelschuppiger Wulstling

Giftverdächtig!

Amaníta solitária (BULL. 1780: FR. 1821) MÉRAT 1836

Kennzeichen: Schöne, stattliche Art, deren Hut meist durch pyramidenförmige Stachelschüppchen verziert ist, deren Blätter wäßrig-grünlich bis olivgrün (meergrün) gefärbt sind und deren Knolle rübenförmig verlängert und wie der Hut durch Stachelschüppchen geschmückt ist; Geruch eigenartig, wenig angenehm.

Hut: In der Farbe von fast rein weiß bis hell mausgrau variierend, meist mit mehr oder weniger silbergrau gefärbter Mitte und blassem Rande, mit vielen, nur 1–2,5 mm breiten, dem Hut gleichfarbigen Hüllresten besetzt, die bei günstiger Entwicklung pyramidenförmig zugespitzt und gekantet sind und sich bei trockener Witterung nur schwer abwischen lassen, bei anhaltendem Regen jedoch häufig mehlig zerfallen oder zerbröckeln; erst halbkugelig, schließlich ausgebreitet, 5–15 cm breit, mäßig fleischig.

Blätter: Wäßrig-grünlich (bei ganz jungen Fruchtkörpern schon so gefärbt), bald blaß und schmutzig olivgrün bis graugrünlich (mitunter jedoch nur blaßcremefarben) zuletzt von der Schneide her bräunend und verfeuchtend, engstehend, frei, weich, mit bewimperter Schneide.

Stiel: Weißlich-blaß, mit schwach gelbgrünlicher bis olivgrünlicher Tönung, auf Druck etwas bräunend, erst gedrungen, dann gestreckt, 6–10 cm und mehr lang, je nach Größe des Pilzes 1–2,5 (–3) cm dick, voll, allmählich in die rübenförmig zugespitzte und wurzelnde Stielknolle verbreitert, die in ihrem oberen Teil durch 1–3 konzentrisch angeordnete Warzengürtel (wie beim Fliegenpilz) schön verziert ist; Manschette fast dick, stets gut ausgebildet auf ihrer Oberseite zart gerieft (wie beim Perlpilz), auf ihrer Unterseite weißlich-filzig und am Rand oft mit Warzen besetzt.

Fleisch: Weißlich, mit mehr oder weniger grünlichem Schimmer, besonders im Stiel; mit an Krankenhaus oder Apotheke erinnerndem Geruch, beim jungen Pilz nicht gerade unangenehm, beim älteren dagegen fast widerlich.

Wert: Noch nicht sicher festgestellt; nach KONRAD & MAUBLANC 1948 giftverdächtig.

Vorkommen: Juli bis Anfang Oktober in Laubwäldern (z. B. Auenwälder, Buchenwälder auf Muschelkalk). Südeuropa und wärmste Teile Mitteleuropas, nördlich bis England, Niederlande, BRD (Oberrhein- und Maingebiet), DDR (nur im Thüringer Becken), Böhmen und Südslowakei.

Verwechslungen: In Südeuropa gibt es 5 nahe verwandte Arten, von den *A. strobilifórmis* (Bd. III/3) und *A. vittadinii* (S. 139) bis nach Mitteleuropa ausstrahlen. Diese 2 Arten sind eßbar; sie unterscheiden sich vom Stachelschuppigen Wulstling durch schuppigen Stiel und behangenen Hutrand.

Synonym: *Amaníta echinocéphala* (VITT. 1835) QUÉL. 1872. – *A. solitária* vieler europäischer Autoren ist *A. strobilifórmis* (Bd. III/3)!

Anmerkung: Verbreitungskarte für die BRD bei KRIEGLSTEINER, Z. Mykol. **44** (1978), S. 198 (Als *A. echinocéphala*).

8. Stachelschuppiger Wulstling, *Amaníta solitária.* 2/3 nat. Gr.

9. Großer Schleimschirmling, Getropfter Schleimschirmling

Eßbar

Limácella guttáta (PERS. 1801: FR. 1821) KONR. & MAUBL. 1928

Hut: Isabell-fleischfarben, rotbräunlich-blaßocker, besonders am Scheitel, schleimig, kahl, oft in der Mitte mit länglichen Grübchen, 6–10 (–12) cm breit.
Blätter: Blaß, bauchig, beiderseits abgerundet, engstehend, dünn, weich, am Stil frei.
Stiel: Weiß, mit weitem, häutigem, hängendem Ring, der auf Unter- und Oberseite oft mit gelblichen Tröpfchen besetzt ist, die sich auch an der Stielspitze befinden und später graubraune Flecken hinterlassen; kräftig, 7–12 × 1–2,5 cm. Unter dem Ring schuppig-flockig, oder schwach faserig, am Grunde keulig verdickt.
Sporen: Farblos, rundlich, 5–6 × 5 µm.
Vorkommen: August bis Oktober im Nadelwald, aber auch in feuchtem Laubwald, oft truppweise. Nicht häufig.

Synonym: *Limacélla lenticuláris* (LASCH 1828: FR. 1832) MRE. 1914.

10. Rotbrauner Schleimschirmling, Schmieriger Schleimschirmling

Eßbar

Limacélla gliodérma (FR. 1857) MRE. 1937

Hut: Rotbräunlich, fuchsig-orangefalb, ausblassend, 2–5 cm breit, glanzlos, weniger schleimig, Rand etwas gestreift.
Stiel: Weißlich bis fleischrosa getönt, mit aufsteigendem, vergänglichem, wolligem Ring, oben oft mit rötlichen Fasergürteln.
Blätter: Blaß bis gelb, breit, am Stiel abgerundet, nicht ganz frei.
Fleisch: Blaß, weich, mild, mit starkem Mehlgeruch.
Sporen: Farblos, rund, 4–5 µm.
Vorkommen: Juli bis Oktober im Laubwald, seltener im Nadelwald, in Gärten, auf Rasenplätzen; in Gewächshäusern. Ziemlichen selten.

11. Glänzender Schleimschirmling, Schleimstiel-Schirmling

Eßbar

Limacélla illiníta (FR. 1818: FR. 1821) MRE. 1914

Hut: Zuerst weiß, dann cremegelb-falb, am Scheitel hellbräunlich, auch graubraun, glänzend, gebuckelt, 4–8 cm breit.
Blätter: Rein weiß, breit, frei.
Stiel: Weiß, mitunter graubraun (durch den Schleim), schlank, 4–10 × 0,5–0,7 cm, zerbrechlich, ohne Flocken, ohne Ring oder dieser nur durch eine schleimige Kante angedeutet, ganz von Schleim überzogen.
Fleisch: Blaß, glasig, leicht mehlartig oder parfümiert riechend.
Sporen: Farblos, rundlich, leicht rauh, 4,2–6 × 3,8–4,5 µm.
Vorkommen: Juli bis Oktober auf humusreichem Nadelwaldboden, auf Kalkboden. Ziemlich selten.

Verwechslung: Weiße **Schnecklinge** (Bd. III/243,245) haben mehr oder weniger herablaufende, nicht freie Blätter. Eine rötliche Form, *L. illiníta* var. *rubéscens* V. H. SMITH, könnte mit dem **Rasigen Schneckling** (Bd. III/251) verwechselt werden.

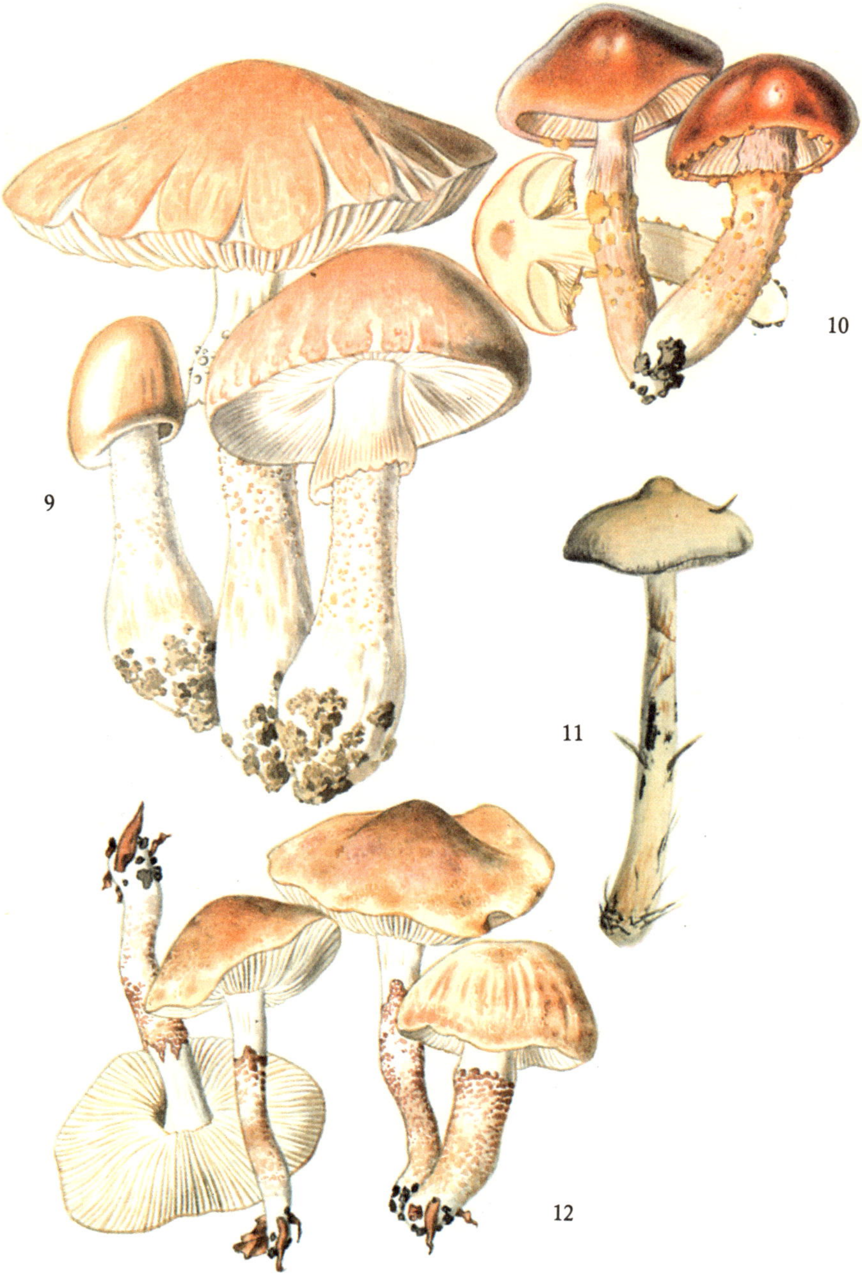

9. **Großer Schleimschirmling,** *Limacélla guttáta.* 2/3 nat. Gr.

10. **Rotbrauner Schleimschirmling,** *Limacélla gliodérma.* 2/3 nat. Gr.

11. **Glänzender Schleimschirmling,** *Limacélla illiníta.* 2/3 nat. Gr.

12. **Fleckiger Schmierschirmling,** *Chamǣmyces frácidus.* 2/3 nat. Gr.

12. Fleckiger Schmierschirmling

Eßbar

Chamaemyces frácidus (FR. 1838) DONK 1962

Kennzeichen: Nicht schleimig, nur schmierig, Geruch nach *Lepióta cristáta.*
Hut: Elfenbeinweiß bis hellocker, jung oft mit bernsteingelben Tröpfchen, die beim Trocknen schwarze Flecken hinterlassen, halbkugelig, mit eingebogenem Rand, später gewölbt, 3–5 (–8) cm breit.
Blätter: Weiß, gedrängt, frei oder tief gebuchtet angeheftet.
Stiel: An Spitze seidig weiß, von unten aufsteigend bräunlich flockig, gesprenkelt oder eng punktiert bis zu einer anliegenden, schmalen, häutigen, faserschuppigen, manchmal schwarzschuppigen, mehr oder weniger entwickelten, sehr vergänglichen Ringzone. Stielhaut oft mit bernsteingelben Tröpfchen besetzt, die braune oder schwarze Flecken hinterlassen, besonders beim Trocknen.
Fleisch: Weißlich, in der Stielbasis schwärzend.
Sporen: Farblos, ellipsoid, 4–5 × 2,5–3 µm. Nicht amyloid, ohne Keimporus. Staub blaßokkerfarben. Zystiden an Blattfläche und Blattschneide keulig oder flaschenförmig, hervorragend, reichlich. Hyphen mit Schnallen.
Vorkommen: Juli bis Oktober im Laubwald, nach HENNIG im Fichtenwald; kalkliebend.

Synonyme: *Drosélla frácida* (FR. 1838) SING. 1951, *Lepióta irroráta* QUÉL. 1882, *Lepiotélla irroráta* (QUÉL.) SING. 1936.
Pseudonym: *Lepióta demisánnula* sensu RICKEN 1915, non SECR. 1833.

13. Acker-Schirmpilz, Geschundener Schirmpilz

Eßbar

Macrolepióta excoriáta (SCHAEFF. 1774: FR. 1821) MOS. 1955

Kennzeichen: Ein mittelgroßer Schirmpilz mit zerrissenem Hutrand, ohne auffallenden Buckel; außerhalb des Waldes.
Hut: Oberhaut anfangs feinfilzig, bald flockig-körnig, dann besonders gegen den Rand hin in kleinere oder größere, blaßbräunliche oder graubräunliche, angedrückte Schuppen zerreißend, zwischen denen der blaßweiße Untergrund durchschimmert; am Rand besonders bei trockenem Wetter häufig zerrissen oder gespalten, an der Kante wenig glatt, durch überhängende Schüppchen zackig; kugelig oder eiförmig, dann kegelig-glockig mit schwachem, glattem, bräunlichem, flachem Buckel (doch auch ohne); später ausgebreitet, oft wellig verbogen, 5–10 (–12) cm breit, trocken, dünn- und weichfleischig.
Blätter: Weißlich, ziemlich dichgestellt, bauchig, dünn, weich, frei; vom Stiel durch einen ringartigen Wulst, der das obere Stielende umrandet, getrennt.
Stiel: Weißlich, bei Druck mitunter bräunend (ohne braune Gürtelung im Gegensatz zum Riesen-Schirmpilz), über dem Ring feinmehlig-flockig, zuerst fast kahl, glatt, 8–10 × 0,6–1,2 cm, mitunter verbogen, nach oben verjüngt, am Grunde schwach knollig, markig-hohl; mit einem beweglichen, verschiebbaren, abstehenden, häutigflockigen, am Rande gezackten Ring, der nicht doppelt gerandet und ziemlich vergänglich ist.
Fleisch: Weiß, später leicht grauend, im Hut zart, im Stiel (vom Ring ab) zäh; Geschmack mild, schwach süßlich; Geruch geringfügig, aber angenehm.
Sporen: Farblos, ellipsoid-eiförmig, 12–17,5 × 8–9 µm, dextrinoid, mit Keimporus. Staub weiß mit gelbrötlichem Schein.
Vorkommen: August bis Oktober auf sandigen Äckern, trockenen Wiesen, Triften und Grasplätzen, auch unter Gebüsch, einzeln oder gesellig.
Wert: Eßbar mit Ausnahme des Stieles, der besonders im unteren Teil sehr zäh ist.

Verwechslungen: Warzen-Schirmpilz, *M. mastoídea* (Bd. III/14). – **Champignons** (*Agáricus*-Arten, Bd. I und IV) haben niemals weiße, sondern rötliche bis schokoladebraune Blätter.
Synonyme: *Lepióta excoriáta* (SCHAEFF.: FR.) KUMM. 1871, *Leucoagáricus exoriátus* (SCHAEFF.: FR.) SING. 1948.

13. Acker-Schirmpilz, *Macrolepióta excoriáta.* Nat. Gr.

14. Warzen-Schirmpilz

Eßbar

Macrolepióta mastoídea (Fr. 1821) Sing. 1946

Kennzeichen: Ein feinschuppiger Hut mit brustwarzenförmigem, rotbräunlichem Buckel.
Hut: Erst blaß nußbräunlich, dann mit zerrissener, feinschuppig bis körnig aufgelöster, auf weißem Grunde dichtgesprenkelter Oberhaut (ohne große Schuppen), mit vorstehendem, brustwarzenförmigem, glattem, rotbräunlichem Buckel; zuerst eiförmig bis glockig, schließlich ausgebreitet-schirmförmig, 8–15 cm breit.
Blätter: Weißlich, eng, abgerundet bis frei.
Stiel: Weißlich, mit feinen, zarten, ockerbräunlichen bis nußbräunlichen Schüppchen besetzt und undeutlich, quergebändert aussehend, 7–15 × 0,7–1 cm, am Grunde schwach verdickt, röhrig, im oberen Teil mit einem einfach gerandeten, häutigen Ring, der zuerst am Rand schräg, dann fast aufgerichtet, später zurückgeschlagen und zuletzt vom Stiel gelöst und verschiebbar ist. Auf der Oberseite ist der Ring durch Körnchen schwach bräunlich, unten ist er weißlich. Der Stiel erscheint durch das Hutfleisch in den Buckel eingebohrt.
Fleisch: Weiß, unveränderlich, Geschmack leicht nußartig, ohne besonderen Geruch.
Sporen: Farblos, ellipsoid, 12–15 × 8–9,5 µm, mit dicker Wand und deutlichem Keimporus. Staub weiß. Keulige Zystiden und Hyphen mit Schnallen.
Vorkommen: September bis Oktober in lichten Gehölzen, zwischen abgefallenem Laub besonders unter Buchen, seltener im Nadelwald, an Waldrändern und auf trockenen Wiesen, öfter truppweise. Stellenweise häufiger.

Synonyme: *Lepióta mastoídea* (Fr.) Kumm. 1871, *L. umbonáta* (Schum. 1803) Schroet. 1889.
Pseudonym: *Lepióta graciléntа* (Krbh. 1836) Quél. sensu Ricken 1915, non Krombholz.

14. Warzen-Schirmpilz, *Macrolepióta mastoídea.* 2/3 nat. Gr.

15. Jungfern-Schirmpilz

Eßbar

Macrolepióta puelláris (Fr. 1863) Mos. 1967

Kennzeichen: Ein weißer Schirmpilz, dessen Blätter im Alter häufig blaßrosa werden.
Hut: Weiß, im Alter in der Mitte ledergelblich, mit weißen, flockigen Schüppchen besetzt, in der Mitte glatt; anfangs eiförmig, später kegelig-glockig bis schirmförmig, 4–7 (–12) cm breit, dünnfleischig.
Blätter: Zuerst weiß, später sich blaßrosa färbend, an Druckstellen schmutzig bräunlich, bauchig, frei, 6–10 mm breit.
Stiel: Weißlich, im Alter schmutzig bräunlich, glatt, hohl, dünnwandig, am Grunde knollig verdickt, 7–16 cm lang, oben 0,6–1 cm, unten 1,2–2,2 cm dick, mit einem verschiebbaren, fleischig-schwammigen, gerandeten Ring.
Fleisch: Weiß, nur am Stiel schwach rötlich anlaufend. Geruch schwach rettichartig, Geschmack angenehm.
Sporen: Farblos, ellipsoid, 9–12 × 6–7 µm. Sporenstaub mit rötlichem Anflug.
Vorkommen: August bis September im Nadelwald, oft in Mengen auf Nadelhumus. Nicht selten.

Der Jungfern-Schirmpilz wurde früher für eine Unterart vom **Safran-Schirmpilz,** *M. rachódes* (Bd. I/30) gehalten, unterscheidet sich von diesem durch geringere Größe, weiße Hutfarbe und das nicht anlaufende Fleisch. Fries vergleicht diesen Pilz wegen seines zierlichen Aussehens mit einem Sonnenschirm junger Mädchen.
Synonym: *Lepióta puelláris* (Fr.) Rea 1922.

15. **Jungfern-Schirmpilz,** *Macrolepióta puelláris.* Nat. Gr.

16. Gift-Schirmpilz

Giftig!

Macrolepióta venenáta M. Bon 1979

Kennzeichen: Üppig wachsender Schirmpilz mit braun wirkendem, grob schuppigem Hut und kugeliger Knolle an der Stielbasis. Unterscheidet sich von allen Varietäten des Safran-Schirmpilzes (Bd. I/30) durch das Fehlen der Schnallen an den Hyphen der Fruchtkörper.
Hut: Graubraun bis haselnußbraun, später mit glattem braunem Scheitel, sonst in grobe, unregelmäßige geformte und angeordnete, oft dachziegelige braune Schuppen auf weißlichem bis braunem Untergrund zerklüftet; Schuppen zum Hutrand hin radialfaserig zerschlissen. Hut erst kugelig, dann halbkugelig bis gewölbt, fleischig, 15–30 cm breit. Hutrand gewimpert, zerschlitzt bis zerlumpt.
Blätter: Weißlich, später rosabräunlich, breit, gedrängt, frei.
Stiel: Weiß, später an Druckstellen rotbräunlich, glatt und kahl, zylindrisch, 10–15 cm lang, 1–2 cm dick; Basis zu einer fast gerandeten, rundlichen Knolle verdickt, die durch anhaftende Bodenteilchen dunkel aussieht. Ring einfach, am Stiel verschiebbar, unterseits mit okkerfarbenen Schüppchen, mit breitem braunem Rand, dickhäutig.
Fleisch: Dick, zäh- elastisch, weiß, beim Anschneiden flüchtig rosa bis weinrot, orange oder auch nur bräunlich anlaufend.
Sporen: Farblos, einförmig-abgestutzt mit deutlichem Keimporus, 9,5–12 × 5–8 µm, glatt. Lamellenschneide mit keulenförmigen bis kopfigen, 30–60 µm langen Cheilozystiden. Sämtliche Hyphen ohne Schnallen.
Vorkommen: In Gärten, um Siloanlagen und Ställe, auf Ruderalplätzen, oft zwischen nitrophilen Pflanzen wie *Urtíca* und *Chenopódium*; mitunter in großer Anzahl in dicht gedrängten Rasen. Ist in der DDR sowohl im Freiland als auch in Gewächshäusern aufgetreten. Sehr zerstreut im West- und Mitteleuropa.
Wert: Giftig. Hat in Frankreich und in der DDR wiederholt mehr oder weniger heftige, jedoch nicht tödliche Vergiftungen des Magen-Darmtraktes (mit Erbrechen, Koliken u. a.) hervorgerufen: vgl. M. Herrmann in Mykol. Mitt. **20** (1976): 16–17.

Pseudonym: *Lepióta badhámii* (Berk. & Br.1854) Quél. 1872 sensu Ricken 1918, Michael & Schulz 1927 (Bd. II/120), Michael & Hennig 1964 (Bd. III/16); vgl. aber S. 154

Anmerkung: Der erst 1979 als eigene Art erkannte Gift-Schirmpilz wurde zunächst mit dem **Garten-Schirmpilz**, *Macrolepióta rachódes* (Vitt. 1835) Sing. 1948 var. *horténsis* Pil. 1951 (nomen nudum ?) = *M. bohémica* Wichanský 1961, verwechselt. Der Garten-Schirmpilz hat auf dem Hut breite, regelmäßig konzentrisch angeordnete, ganzrandige, abstehende Schuppen auf rein weißem Untergrund (voll aufgeschirmte Hüte wirken fast weiß und werden ebenfalls sehr groß); die Stielbasis hat eine sehr dicke, zwiebelförmige bis breit gerandete Knolle; die Hyphen haben kleine, schwer sichtbare Schnallen. Er kommt gleichfalls auf nährstoffreichen Böden in Gärten und Parkanlagen vor, häufiger jedoch auf Wiesen. Der Garten-Schirmpilz hat sich, wie schon von Pilát angegeben, als guter, ungefährlicher Speisepilz erwiesen.
Der **Riesen-Schirmpilz,** *M. procéra* (Bd. I/29), ebenfalls von oft enormer Größe, hat einen schuppig gebänderten Stiel und unveränderlich weißes Fleisch; uneingeschränkt eßbar.

16 Gift-Schirmpilz, *Macrolepióta venenáta.* 2/3 nat. Gr.

17. Rettich-Schirmling

Ungenießbar

Lepióta ermínea (FR. 1821) GILL. 1874

Kennzeichen: Weiße Farbe, schuppig-faseriger Hutrand und starker Rettichgeruch.
Hut: Milchweiß, um den Rand mit kaum sichtbaren Flöckchen oder faserig aufgelöst, Rand öfter häutig behangen; erst glockig, dann flach, 5–6 cm breit, dünnfleischig.
Blätter: Weiß, später gilbend oder fleckig werdend, dicklich, bauchig, frei.
Stiel: Weißlich, angedrückt fädig-faserig, mit sehr vergänglichem, häutig-flockigem Ring, schlank, nach oben verjüngt, öfter verdreht, röhrig, gebrechlich, 6–8 × 0,5 cm, unten mit schwachem, zwiebelförmigem Knöllchen und weißem Myzel.
Fleisch: Weiß, schmeckt stark rettichartig.
Sporen: Sehr groß, farblos, spindelig, 14–19 (–21) × 5–7 µm.
Vorkommen: Oktober bis November auf grasigen, feuchten Feldern, auch im Laub- und Nadelwald. Nicht häufig.

18. Rosablättriger Schirmpilz

Eßbar

Leucoagáricus leucothítes (VITT. 1835) S. WASSER 1977

Kennzeichen: Ähnlich einem weißen Champignon, mit rosa Blättern.
Hut: Weißlich, Mitte später oft schwach bräunlich, schwach filzig-körnig, später glatt, am Rand etwas schuppig, glanzlos, erst glockig, dann gewölbt, schließlich ausgebreitet, 5–10 cm breit, fleischig.
Blätter: Erst weißlich, später durch die Sporen rosarötlich, dünn, eng, bauchig, frei.
Stiel: Weiß, faserig, zylindrisch, 7–10 × 0,7–1,5 cm, hohl, seidenflockig, ausgekleidet, öfter am Grunde knollig verdickt, mit weißem, häutigem, dünnem, schmalem, abstehendem, fast beweglichem Ring.
Fleisch: Weiß, später schwammig-weich, zerbrechlich; mit angenehmen Geruch und Geschmack.
Sporen: Farblos, eiförmig, glatt, 8–9 × 5–6 µm, mit kaum sichtbarem Keimporus. Staub weiß, später rosa.
Vorkommen: September bis November in Gärten, Parkanlagen, auf Wiesen, Dämmen, in Auenwäldern und sogar in Gewächshausanlagen, stellenweise häufig.

Synonyme: *Lepióta leucothítes* (VITT.) ORTON 1960, *Agáricus láevis* KRBH. 1836, *Lepióta naucína* (FR. 1836) KUMM. 1871 *Leucoagáricus naucínus* (FR.) SING. 1951.

Pseudonym: *Lepióta pudíca* (BULL. 1792) QUÉL. 1872 sensu MOSER 1983.

Verwechslung: Der Pilz ist einigen **Champignon**-Arten überaus ähnlich, unterscheidet sich aber durch rosa Sporenstaub. Es gibt einige ähnliche, noch unzureichend abgegrenzte *Leucoagáricus*-Arten, s. S. 153.

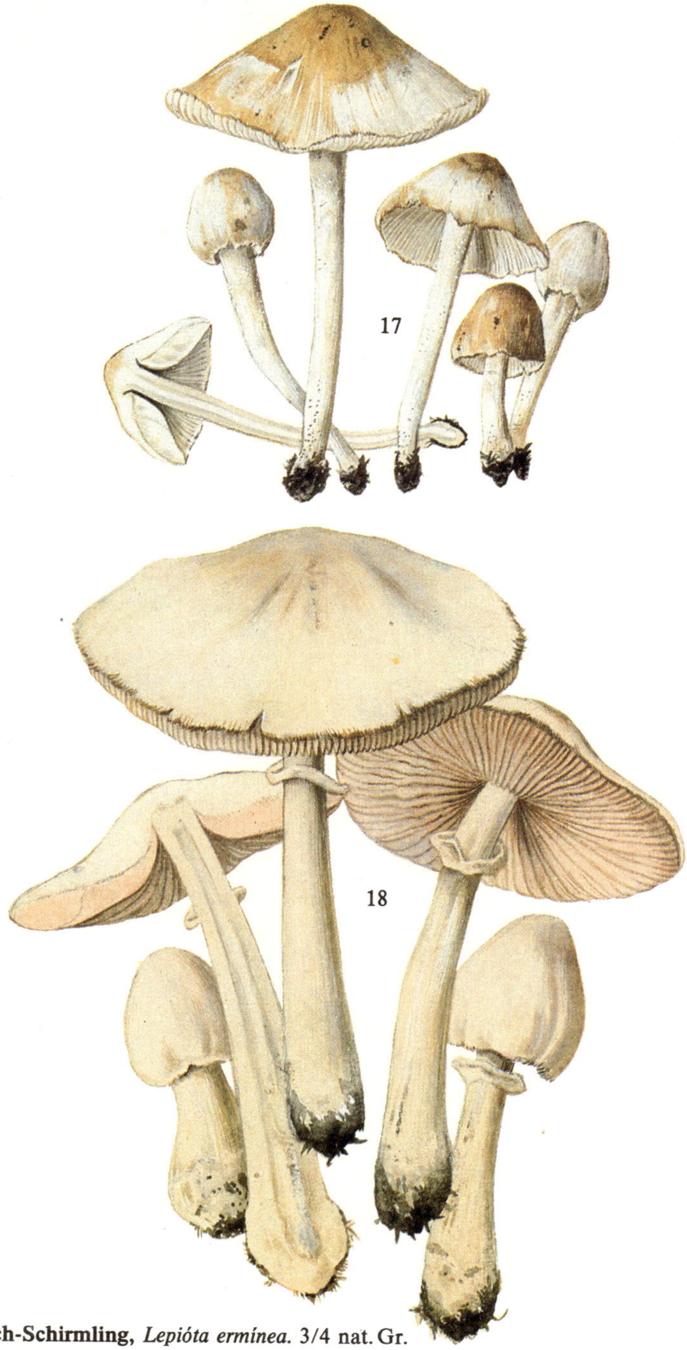

17. Rettich-Schirmling, *Lepióta ermínea.* 3/4 nat. Gr.

18. Rosablättriger Schirmpilz, *Leucoagáricus leucothítes.* 2/3 nat. Gr.

19. Wollstiel-Schirmling

Eßbar

Lepiota clypeolária (BULL. 1789: FR. 1821) KUMM. 1871

Hut: Auf weißlichem oder gelblichem Grunde mit ockergelblichen bis bräunlichen, konzentrischen, flockig-warzigen oder wolligen Schüppchen. Scheitel dunkler, glatt, 4–8 cm breit; eiförmig, dann glockig, schließlich flach. Rand flockig beschleiert.
Blätter: Weißlich bis blaßgelblich, gedrängt, frei
Stiel: Weiß bis blaßbräunlich, wollig-gestiefelt, mit flüchtigem, spinnwebigem, zartfaserigen, blassem, anliegendem Ring, schlank, 4–10 × 0,4–1 cm hohl, flockig-ausgekleidet.
Fleisch: Weiß bis blaßocker, weich, dünn, süßlich schmeckend, schwach holz- oder bovistartig riechend.
Sporen: Farblos, groß, spindelig, 12–18 × 4–6 µm.
Vorkommen: August bis Oktober im Walde. Nicht selten. – Eine sehr veränderliche Art, in vielen Formen auftretend.

Synonym: *Lepióta colubrína* (PERS. 1801) S. F. GRAY 1821.

20. Weißer Schirmling

Eßbar

Lepióta álba (BRES. 1882) SACC. 1887

Hut: Weißlich, in der Mitte schwach gelblich, jung mit vielen langen Härchen bedeckt, gegen den Rand feinschuppig-faserig – wollig; stumpfglockig, schließlich flach, oft mit stumpfem Buckel, 3–6 (–8) cm breit.
Stiel: Weißlich, seidig, kahl, 4–6 × 0,3–0,5 cm, mit vergänglicher, wollig-flockiger Bestiefelung. Ring ziemlich beständig, am Rande dicker und gelblich, unterseits wollig.
Sporen: Farblos, 12–14 × 5,6–6,5 µm, ellipsoid.
Vorkommen: August bis September im Grase, auf Wiesen. Seltener.

21 a. Glatter Schirmling

Eßbar

Lepióta oreadifórmis VEL. 1920

Hut: Semmelgelb bis fahl, jung etwas filzig, am Scheitel mit aufgerichteten Härchen, bald glatt und kahl, glanzlos, als zerrissen, am Rand blasser, spärlich weißflockig behangen.
Stiel: Weißlich, unten gelblich, mit vergänglicher, spärlicher, wolliger Bekleidung, ohne Ring, 2–6 cm lang.
Sporen: Farblos, spindelig, 10–14 × 4,5–5,5 µm.
Vorkommen: August bis September auf Wiesen und im Gebüsch. Selten.

Synonym: *Lepióta laevigáta* (LGE. 1915) LGE. 1923.

21 b. Gelbwolliger Schirmling (Beschreibung s. S. 460)

23. Schwarzschuppiger Schirmling (Beschreibung s. S. 461)

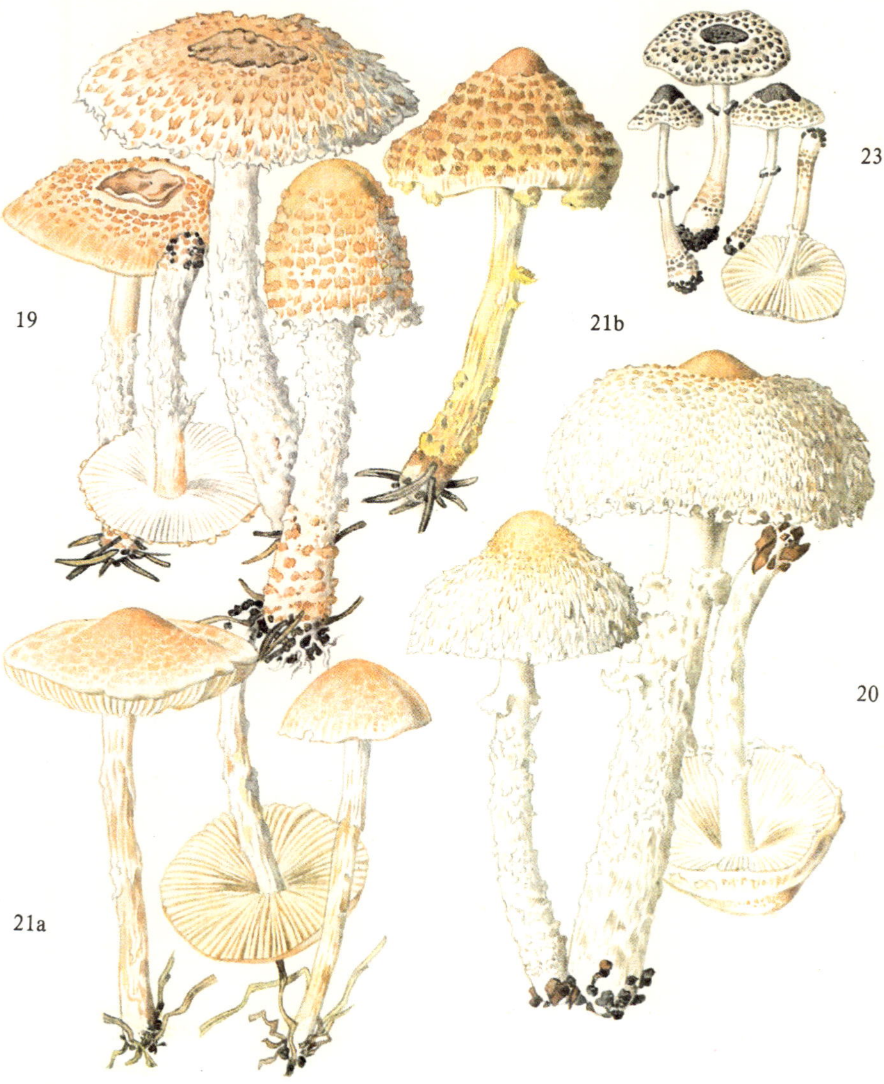

19. Wollstiel-Schirmling, *Lepióta clypeolária,* 3/4 nat. Gr.

20. Weißer Schirmling, *Lepióta álba,* 3/4 nat. Gr.

21 a. Glatter Schirmling, *Lepióta oreadifórmis,* 3/4 nat. Gr.

21 b. Gelbwolliger Schirmling, *Lepióta ventriosóspora.* 3/4 nat. Gr.

23. Schwarzschuppiger Schirmling, *Lepióta felína.* 3/4 nat. Gr.

22. Rotbrauner Schirmling

Bedeutungslos

Lepióta castánea QUÉL. 1880

Hut: Haselnuß-, fuchsig-, kastanienbraun, bald kleinschuppig, 2–4 cm breit.
Blätter: weißlich, mitunter bräunend, bei Berührung auch fuchsig-rötend.
Stiel: Wie der Hut gefärbt, kleinschuppig, nach unten heller, ringlos.
Sporen: Mit Sporn (mitunter nur undeutlich), 3–13 × 3,5–5 µm.
Vorkommen: Juli bis September im Nadel- und Laubwald. Selten.

24. Borsten-Schirmling

Bedeutungslos

Lepióta setulósa LGE. 1940

Hut: Braun, Scheitel dunkler, 0,8–2,4 cm breit, mit braunen oder rotbraunen Schuppen, auch am **Stiel**, der schlank, dünn, ringlos und am Grunde mit schnell vergänglichen, flockigen Gürteln versehen ist. Stielbasis ohne rötliche Wurzelfasern.
Sporen: Eiförmig, 6–6,5 × 3,5–4 µm.
Vorkommen: August bis Oktober im Laubwald, unter Gebüsch. Nicht selten.

25. Blutblättriger Zwergschirmling

Bedeutungslos

Melanophýllum haematospérmum (BULL. 1793: FR. 1821) KREISEL 1984

Hut: Hell- bis dunkelgrau, am Rande mit Velumresten, 1–4 cm breit, kegelig-glockig, schließlich flach.
Blätter: Karmin-weinrot, weinbraun.
Stiel: Karminrosa, körnig-mehlig, grau, mit einem mehlig-bestäubten, rötlichen Ring.
Sporen: Fast nierenförmig, 5–6 × 2,5–3,5 µm. Staub grünlichgrau, später bräunend, dann rötend.
Vorkommen: Mai bis Oktober in feuchten Laub- und Nadelwäldern, Hochstaudenfluren, auf Gartenbeeten und in Gewächshäusern, auf reichen, stickstoffhaltigen Böden. Zerstreut.

Synonyme: *Lepióta haematospérma* (BULL.: FR.) QUÉL. 1876, *L. echináta* (ROTH 1800: FR. 1821) QUÉL. 1876, *Melanophýllum echinátum* (ROTH: FR.) SING. 1951, *M. canáli* VEL. 1921, *Psallióta echináta* (ROTH: FR.) KUMM. 1871.

26. Lila Schirmling

Giftig!

Lepióta lilácea BRES. 1892

Hut: Purpurlila, weinrosa-lila, mit lila-graubraunen, bald bis rußig-schwarzen Schüppchen, 2–3,5 cm breit.
Stiel: Lila-weinrosa mit stehkragenförmigen aufgerichtetem, häutigem, weißem, unterseits violett-rußigem Ring, Stielende violettlich-lila. 2–4 × 0,2–0,3 cm.
Blätter: Weiß, mit flockiger Schneide.
Sporen: Eiförmig, 4–5 × 2–3 µm.
Vorkommen: An grasigen Stellen.

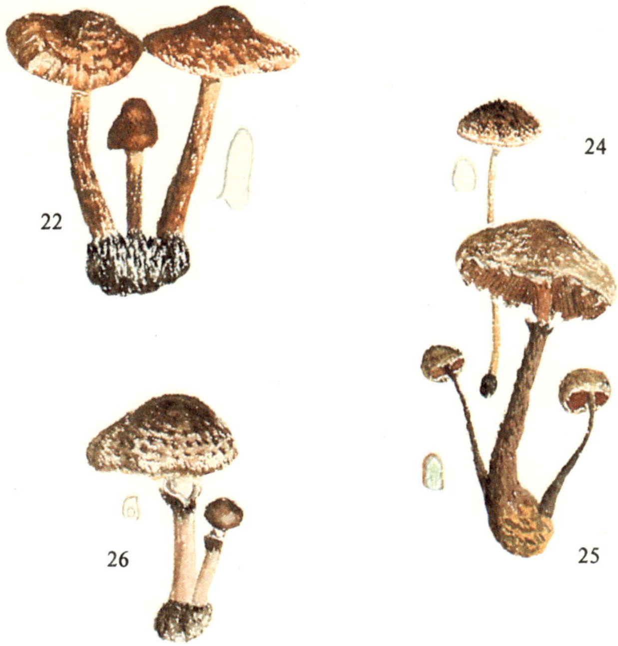

22. **Rotbrauner Schirmling,** *Lepióta castánea.* Nat. Gr.

24. **Borsten-Schirmling,** *Lepióta setulósa.* Nat. Gr.

25. **Blutblättriger Zwergschirmling,** *Melanophýllum haematospérmum.* Nat. Gr.

26. **Lila Schirmling,** *Lepióta lilácea.* Nat. Gr.

27. Mehliger Schirmling

Bedeutungslos

Lepióta seminúda (LASCH 1828) KUMM. 1871

Hut: Zuerst rein weiß, weißmehlig-bepudert, dann fleischrosa überhaucht, schließlich in allen Teilen fleischrötlich bis fuchsig, auch violettlich werdend, am Hutrand oft Teile des zerrissenen Schleiers; 0,5–1,5 cm breit, sehr bröckelig.
Blätter: frei.
Stiel: Fleischbräunlich oder purpurn, vor allem unten, 1–2 × 0,1–0,2 cm.
Sporen: Eiförmig, 3–5 × 2–3 µm.
Vorkommen: Unter dichtem Gebüsch im Laub- und Nadelwald, an Waldrändern und moosigen Wegen, truppweise. Nicht selten.

Pseudonym: *Lepióta sistráta* (FR. 1821) QUÉL. 1872 sensu REA, PEARSON & DENNIS, HUIJSMAN, non FR.; vgl. HERINK in Česká Mykol. 15 (1961): 217.

28. Olivgrauer Schirmling

Verdächtig!

Lepióta forquignónii QUÉL. 1884

Hut: Von der graugrünen oder schwarzbraunen gebuckelten Mitte strahlen auf bräunlich-olivblassem, gegen den Rand silbergrauem Untergrund dunkelbraune Fasern aus, zwischen denen sich viele olivfarbene spitze Schüppchen befinden. Der Rand zerreißt querflockig, so daß das weiße Fleisch zum Vorschein kommt, 2–3 cm breit.
Blätter: Erst weiß, dann creme, gedrängt, bauchig.
Stiel: Weiß, abwärts olivlich, später leicht rosa getönt, mit vergänglichem, spinnwebartigem Schleier.
Von ihm bleiben am Hutrand sowie am Stiel spärliche Flöckchen, am Stielgrund bräunliche Querflocken zurück, dünn, 2–3 × 0,3–0,4 cm.
Sporen: Elipsoid, 6–8 × 3,5–4 µm.
Vorkommen: Mai bis August im Fichtenwald. Selten.

28a. Gelber Faltenschirmling

Bedeutungslos

Leucocóprinus birnbáumii (CDA. 1830) SING. 1962

Hut: Zitronen bis goldgelb, mit chromgelben bis bräunlichen, körnig-flockigen, abwischbaren Schuppen bedeckt, anfangs eiförmig, dann kegelig-glockig, schließlich mit abgestutztem Scheitel, 1–5 cm breit, häutig. Hutrand bis zur Hälfte des Radius faltig gerieft. Alte Fruchtkörper werden grau.
Blätter: Schwefelgelb, breit, frei, mäßig gedrängt. Schneide gleichfarben, seltener (wie CETTO beschreibt) braun punktiert.
Stiel: Lebhaft gelb, kahl, zur Basis hin flockig, zylindrisch mit mehr oder weniger auffällig keulenförmig verdickter Basis, 4–8 cm lang, 2–4 mm dick, hohl, mit häutigem, gelbem Ring.
Fleisch: Hellgelb, weich, saftig, geruchlos. Geschmack bitterlich.
Sporen: Farblos, eiförmig-ellipsoid, 7–10 × 5–6,5 µm, oben abgestutzt mit Keimporus, dextrinoid, Endospor mit Kresylblau metachromatisch. Zystiden an der Lamellenschneide keu-

Fortsetzung Seite 200

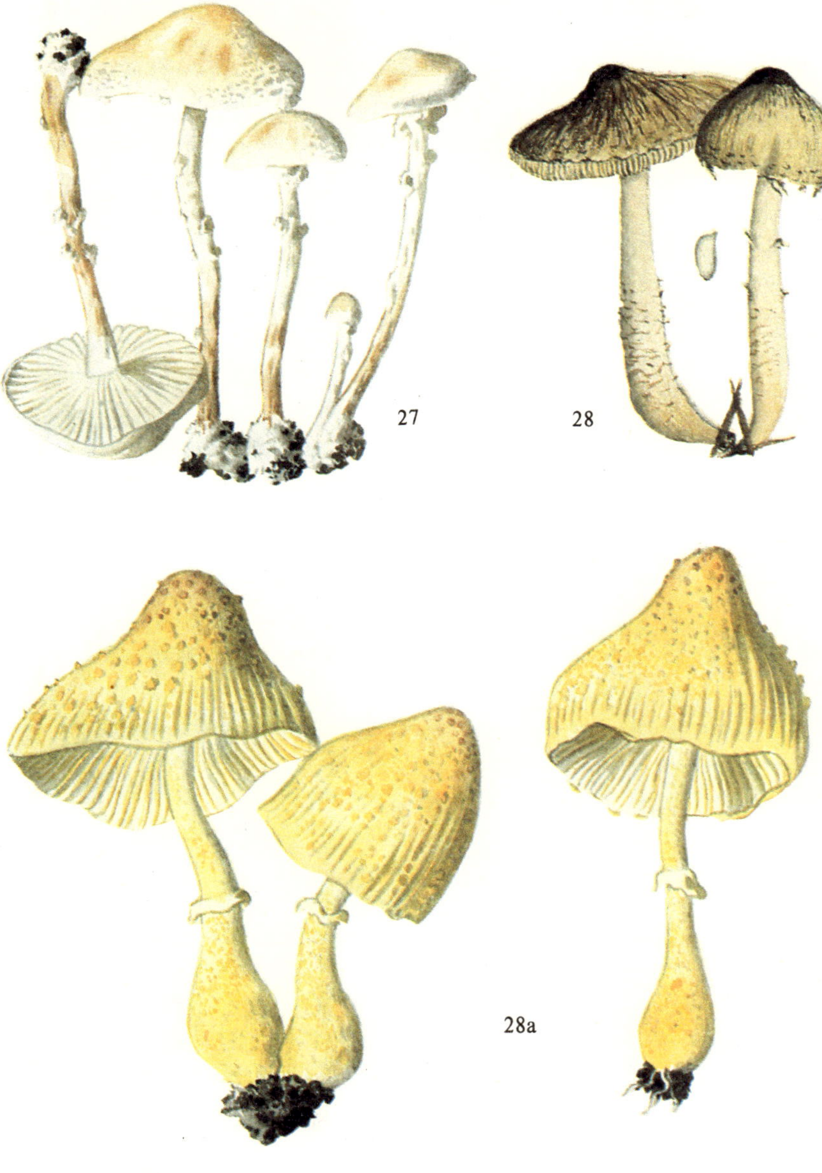

27. **Mehliger Schirmling,** *Lepióta seminúda.* Nat. Gr.

28. **Olivgrauer Schirmling,** *Lepióta forquignónii.* Nat. Gr.

28 a. **Gelber Faltenschirmling,** *Leucocóprinus birnbáumii.* Nat. Gr.

lenförmig und flaschenförmig, bis 70 µm lang, dünnwandig, mit gelbem, körnigem Saft erfüllt. Pleurozystiden fehlen.
Vorkommen: Zu jeder Jahreszeit in Gewächshäusern und Wintergärten auf humusreicher Erde, besonders auf Orchideensubstrat, eingeschleppt aus tropisch-subtropischen Laubwäldern, wo der Pilz auf humusreichen Waldböden und abgefallenen Ästchen häufig ist. In Europa zuerst im 18. Jh. in England beobachtet, vor 1830 in Mitteleuropa und 1888 in Schweden (Göteborg); jetzt vollkommen eingebürgert und allgemein häufig.

Synonyme: *Agáricus lúteus* Bolt. 1788, non Huds. 1778 (s. Bd. V/121b), *Lepióta lútea* (Godfrin 1874), *Leucocóprinus lúteus* (Godfrin) Locquin 1945, *L. flós-súlphuris* (Schnizlein in Sturm 1851) Cejp 1948.

29. Rostroter Körnchenschirmling

Eßbar, jedoch minderwertig

Cystodérma granulósum (Batsch 1783: Fr. 1821) Fayod 1889

Hut: Zimtrot bis rostrot, ausblassend, kleiig-körnig, trocken, mitunter faltig-runzelig; gewölbt, dann verflacht, stumpf gebuckelt, 4–5 cm breit, fleischig. Rand weißlich gesäumt oder mit weißen Schleierfetzen besetzt.
Blätter: Blaßgelblichweiß, mit zerissener Schneide; gedrängt, abgerundet-angeheftet.
Stiel: Blaßrotbräunlich, über dem Ring oft heller, am Grunde weißlich, faserschuppig, mit aufsteigendem, weißschuppigen, bald zerreißendem Ring, schlank, 3–8 × 0,3–0,6 mm.
Fleisch: Weißgelblich, mild, geruchlos.
Sporen: Farblos, fast rundlich, 3,5–5 × 3 µm, nicht amyloid. Staub weiß, ohne Zystiden.
Vorkommen: September bis Oktober an sonnigen Stellen im Nadel- und Laubwald, auf Triften, gesellig. Nicht selten.

Synonym: *Lepióta granulósa* (Batsch: Fr.) S. F. Gray 1821.
Pseudonym: *Cystodérma cinnabárinum* (Alb. & Schw. 1805) Fayod 1889 sensu J. Lange 1935, non al.

30. Rauher oder Starkriechender Körnchenschirmling

Eßbar, jedoch minderwertig

Cystodérma carchárias (Pers. 1801) Fayod 1889

Kennzeichen: Blaß fleischrosa, Körnchen auf der Oberhaut und recht starker Geruch.
Hut: Blaß fleischrosa, später blaßrötlichgrau bis graubräunlich, manchmal weißlich, mit dunkleren, körnigen Schüppchen ganz besetzt; zuerst glockig-gewölbt, schließlich flach, in der Mitte etwas gebuckelt, 3–6 cm breit.
Blätter: Weiß, später gilbend, fast gedrängt, dünn, am Stiel buchtig angeheftet.
Stiel: Blaß fleischrosa, körnig-schuppig, am Grunde fast knollig; zuletzt hohl, mit häutigem, trichterförmig abstehendem Ring, 4–7 × 0,4–0,6 cm.
Fleisch: Blaß, schmeckt widerlich und riecht stark nach Scheunenstaub.
Sporen: Farblos, rundlich, klein, 4 × 3µm, amyloid.
Vorkommen: September bis November in Wäldern, vor allem in Nadelwäldern, gesellig. Ziemlich häufig.

Synonym: *Lepióta carchárias* (Pers.) Karst. 1879

29

30

29. Rostroter Körnchenschirmling, *Cystodérma granulósum.* Nat. Gr.

30. Rauher Körnchenschirmling, *Cystodérma carchárias.* Nat. Gr.

31. Wolliger Scheidling

Eßbar

Volvariélla bombýcina (SCHAEFF. 1774: FR. 1821) SING. 1951

Kennzeichen: Weißer, seidig-wolliger, trockener, glockiger Hut. Große, kräftige Art, mit weiter Scheide am Stielgrunde, an lebenden und gefällten Laubbäumen und Stümpfen.
Hut: Weiß, seltener blaßgelblich, zuerst eiförmig-glockig, im Alter gebuckelt, ausgebreitet, in der Mitte oft mit flachem Höcker, 8–15 (–20) cm breit, dickfleischig; Oberhaut seidenfaserig-wollig-schuppig, beim Berühren sich seidig glatt anfühlend, trocken.
Blätter: Weiß, später fleischrot, dichtstehend, etwa 1 cm breit, bauchig, frei.
Stiel: Weiß, glatt, kahl, voll, nach oben verjüngt, kräftig, 8–15 × 1–1,5 cm, am Grunde in einer weißen oder weißgelblichen bis ockerlichen, oft bis nußbraunen eingerissenen, wollighäutigen Volva (Scheide) sitzend.
Fleisch: Weiß, weich, zart, schmackhaft, rettichartig riechend.
Sporen: Rosa, unter den Mikroskop hell rosagelblich, kurzellipsoid, 8–10 × 5–6 µm. Staub rostrot.
Zystiden: Sehr groß, 40–70 × 14–25 µm.
Vorkommen: Juni bis Oktober an lebenden und gefällten Laubbäumen, auch auf Wurzeln und Stümpfen, besonders an Weichhölzern (Pappeln, Ahorn, Linde, Roßkastanie, Weide), ferner an Nußbaum, Rotbuche, Ulme u. a., auch auf Sägemehl. Zerstreut in Süd- und Mitteleuropa; nördlich bis England, Dänemark, Stockholm, Estnische SSR.

Die Formen mit mehr oder weniger gelbem Hut sind als *V. bombýcina* var. *fláviceps* (MURR.) SHAFFER 1957 zu bezeichnen.
Synonym: *Volvária bombýcina* (SCHAEFF.: FR.) KUMM. 1871.

32. Mittelgroßer Scheidling

Eßbar

Volvariélla média (SCHUM. 1803: FR. 1821) SING. 1951

Hut: Elfenbeinweißlich, häufig mit dunklerem Scheitel, kahl, deutlich schmierig, wenn trokken seidig-glänzend; zuerst gewölbt, dann flach, 3–5 cm, dünnfleischig, Rand glatt.
Blätter: Erst weiß, dann schmutzigrosa, bauchig, frei.
Stiel: Weiß, kahl, 4–5 × 0,3–0,5 cm, mit weißer, 4–5lappiger, anliegender Volva.
Fleisch: Weiß, zart.
Sporen: Rosa, dann schmutzigrosa, ellipsoid, 11–16 × 7–8 µm.
Zystiden: Sehr groß, 70–90 × 24–30 µm.
Vorkommen: Mai bis Juli in schattigen Laub- und Nadelwäldern. Selten.

Synonym: *Volvária média* (SCHUM.: FR.) GILL. 1874.

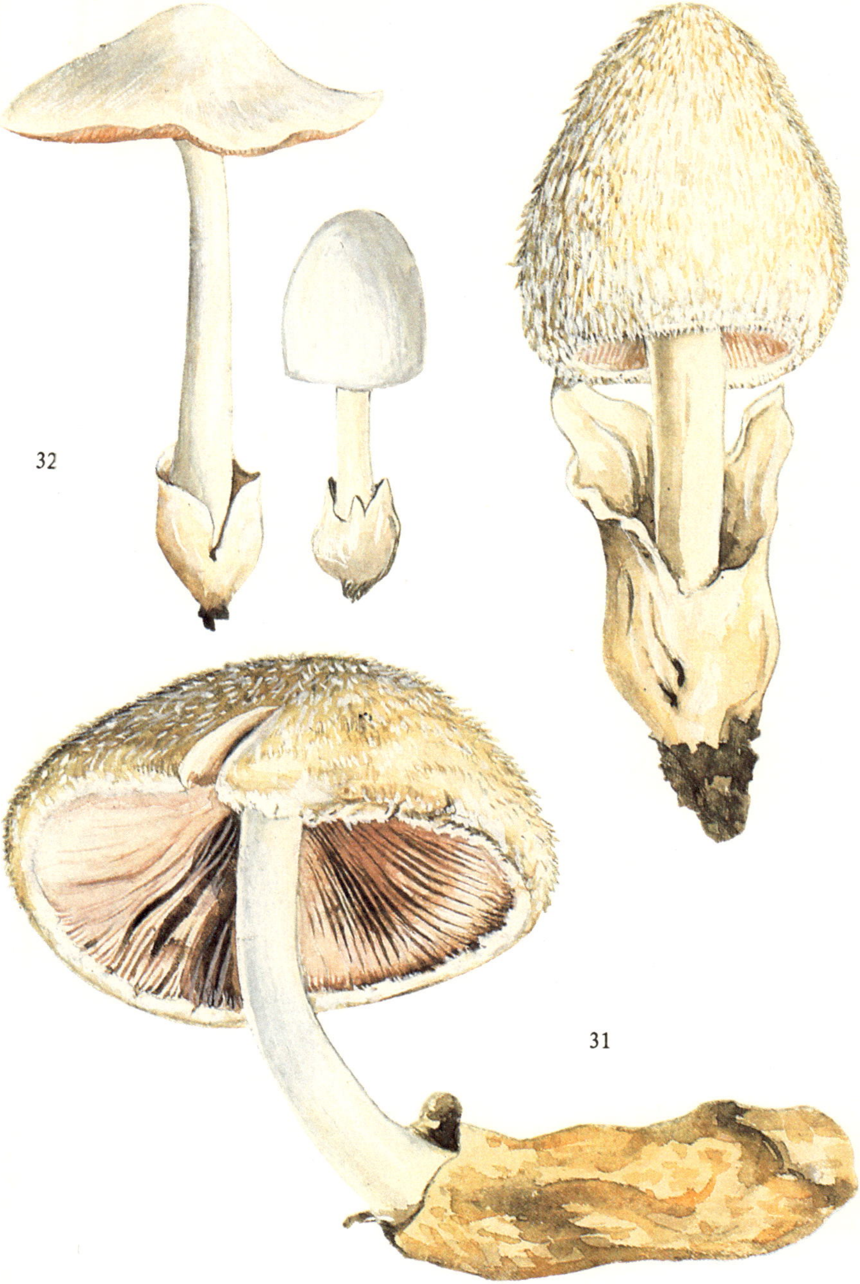

Wolliger Scheidling, *Volvariélla bombýcina.* 2/3 nat. Gr.

Mittelgroßer Scheidling, *Volvariélla média.* Nat. Gr.

33. Mausgrauer Scheidling

Bedeutungslos

Volvariélla murinélla (QUÉL. 1882) MOS. 1953

Hut: Hellgrau, mäusegrau, mit fast schwarzem Scheitel, zartfilzig, trocken, erst glockig, dann gewölbt, 2–4 cm breit, dünnfleischig.
Blätter: Erst weiß, dann rosa, abgerundet-bauchig.
Stiel: Weiß, zartgerieft, kahl, schlank, mit kleiner, zarter, weißer, 3–4lappiger Volva.
Fleisch: Weiß, zart, weich, mit leichtem Pelargoniumgeruch.
Sporen: Rötlich, ellipsoid, 6–8 x 3,5–4 µm.
Vorkommen: August bis Oktober auf Wiesen, Weiden, an Wegrändern, Waldrändern, in Trockenwäldern. Sehr zerstreut.

34. Asche-Scheidling, Braunscheidiger Scheidling

Bedeutungslos

Volvariélla táylori (BERK. & BR. 1854) SING. 1951

Hut: Zuerst bleigrau, dann blaß schmutziggrau, vom Scheitel an rissig; erst glockig, dann flach; seidenfaserig; trocken, 3–5 cm breit, dünnfleischig.
Blätter: Erst weiß, dann fleischrot, frei.
Stiel: Weiß, glatt, kahl, mit 3–5klappiger, graubräunlicher Volva.
Fleisch: Weiß, brüchig.
Sporen: Rosa, breit-ellipsoid, 6,5–7,5 µm.
Vorkommen: Juni bis September auf der Erde, besonders auf Asche- und Müllhalden, auch auf Trümmern und zwischen altem Gemäuer. Stellenweise sehr häufig.

Synonym: *Volvária táylori* (BERK. & BR.) GILL. 1874.
Pseudonyme: *Volvária plumulósa* (LASCH) QUÉL. 1877 sensu LGE., non QUÉL. *V. párvula* (WEINM. 1836) KUMM. 1871 sensu KÜHNER & ROMAGN. 1953.

35. Kleinster Scheidling

Bedeutungslos

Volvariélla pusílla (PERS. 1799: FR. 1821) SING. 1951

Hut: Weiß bis schwach gelblich, besonders am Scheitel, jung etwas klebrig, später seidigfaserig, 2–3 cm breit, dünnfleischig.
Blätter: Zuerst weiß, später rosa, ziemlich breit, frei.
Stiel: Weiß, schlank, 1,5–2 × 0,1–0,2 cm, kahl, nur am Grunde samtig-zottig, mit weißer bis weißgraulicher, kleiner, kugeliger, 3–5lappiger Volva.
Fleisch: Weiß, zart, weich, dünn; ohne besonderen Geruch und Geschmack.
Sporen: Rosa, ellipsoid, glatt, 5,5–6,5 × 3,5–5 µm.
Vorkommen: Juni bis September an Wegrändern, Hohlwegen, in Gärten, auf Rasenplätzen.

Synonyme: *Volvária párvula* (WEINM. 1836) KUMM. 1871, *Volvariélla párvula* (WEINM.) SPEG. 1926. – Non *Agáricus (Naucória) pusillus* FR. 1821.

33. Mausgrauer Scheidling, *Volvariélla murinélla.* Nat. Gr.
34. Asche-Scheidling, *Volvariélla tā́ylori.* Nat. Gr.
35. Kleinster Scheidling, *Volvariélla pusílla.* Nat. Gr.

36. Parasitischer Scheidling

Bedeutungslos

Volvariélla surrécta (KNAPP 1829) SING. 1951

Kennzeichen: Weißer Scheidling auf faulenden Pilzhüten.
Hut: Reinweiß, alt etwas bräunend, feinfilzig-wollig-seidig, trocken; mit zottigem Rande; zuerst kugelig bis eiförmig, später mehr oder weniger flach, 3–5 (–8) cm breit; dünnfleischig.
Blätter: Erst weiß, dann rosa, schließlich rot, gedrängt, dünn, ziemlich breit, frei, mit weißer, flockiger Schneide.
Stiel: Weiß, flaumig-filzig, trocken, Volva weiß, häutig, 2–3lappig, außen flaumig, innen seidig.
Fleisch: Weiß, zart, mit schwachem Geruch und mildem Geschmack.
Sporen: Rötlichblaß, länglich ellipsoid, glatt 5–7 × 3–5 µm.
Vorkommen: August bis November auf vermodernden Blätterpilzen, besonders auf dem Nebelgrauen Rötelritterling *(Lepísta nebuláris)*, dem Keulenfuß-Trichterling *(Clitócybe clávipes)* und Ritterlingen (*Tricholóma*-Arten). Nicht häufig.

Synonym: *Volvária loveána* (BERK. 1836) GILL. 1874.

37. Schwarzstreifiger Scheidling

Eßbar

Volvariélla volvácea (BULL. 1786: FR. 1821) SING. 1951

Kennzeichen: Schwarzgefaserter, trockener, verhältnismäßig großer Hut. Länglicher weißer Stiel mit grauschwarzer Volva.
Hut: Grauschwärzlich bis silbergrau, im Alter oft ausgeblaßt, durch angedrückte grau- oder rußbraune Fasern dunkelstreifig, nach dem Rande weißlich, später rötlich durch die durchscheinenden Blätter; 5–7 cm breit, anfangs stumpfglockig, später ausgebreitet, trocken seidig schimmernd, dünnfleischig.
Blätter: Zuerst weißgelblich, später fleischrot, bauchig, hinten abgerundet, frei.
Stiel: Weißlich, 4–6 (–8) × 1–1,5 cm, dick, voll, besitzt am Grunde eine weißliche bis erdgraue oder grauschwarze, oben rußige, 3–4lappige, schlaffe, zerrissene, zarte, häutige, etwa 1 cm hohe Volva.
Fleisch: Weiß, seidig, weich, geruch- und geschmacklos.
Sporen: Schmutzig rosa, kurzellipsoid, 6–9 × 4–5 µm.
Zystiden: Sehr groß, 70–90 × 24–30 µm, fast blasig-zylindrisch.
Vorkommen: Juni bis September einzeln oder in Massen, auch büschlig, auf Gartenerde, Komposthaufen, in Mistbeeten und in Treibhäusern.

Synonym: *Volvária volvácea* (BULL.: FR.) KUMM. 1871.

38. Nadeln-Scheidling

Bedeutungslos

Volvariélla hypópithys (FR. 1874) MOS. 1953

Kennzeichen: Ein kleiner, weißer Scheidling auf gehäuften Nadeln.
Hut: Rein weiß, faserig-filzig, seidig, trocken, zuerst keglig, schließlich glockig, 1,5–3 (–5) cm breit, dünnfleischig.
Blätter: Erst weiß, dann fleischrot, dünn frei.
Stiel: Weiß, seidig, flaumig behaart, voll, am Grunde mit weißer, 2–4lappiger Volva.
Fleisch: Weiß, weich, zart; Geschmack mild, Geruch unbedeutend.

Fortsetzung Seite 208

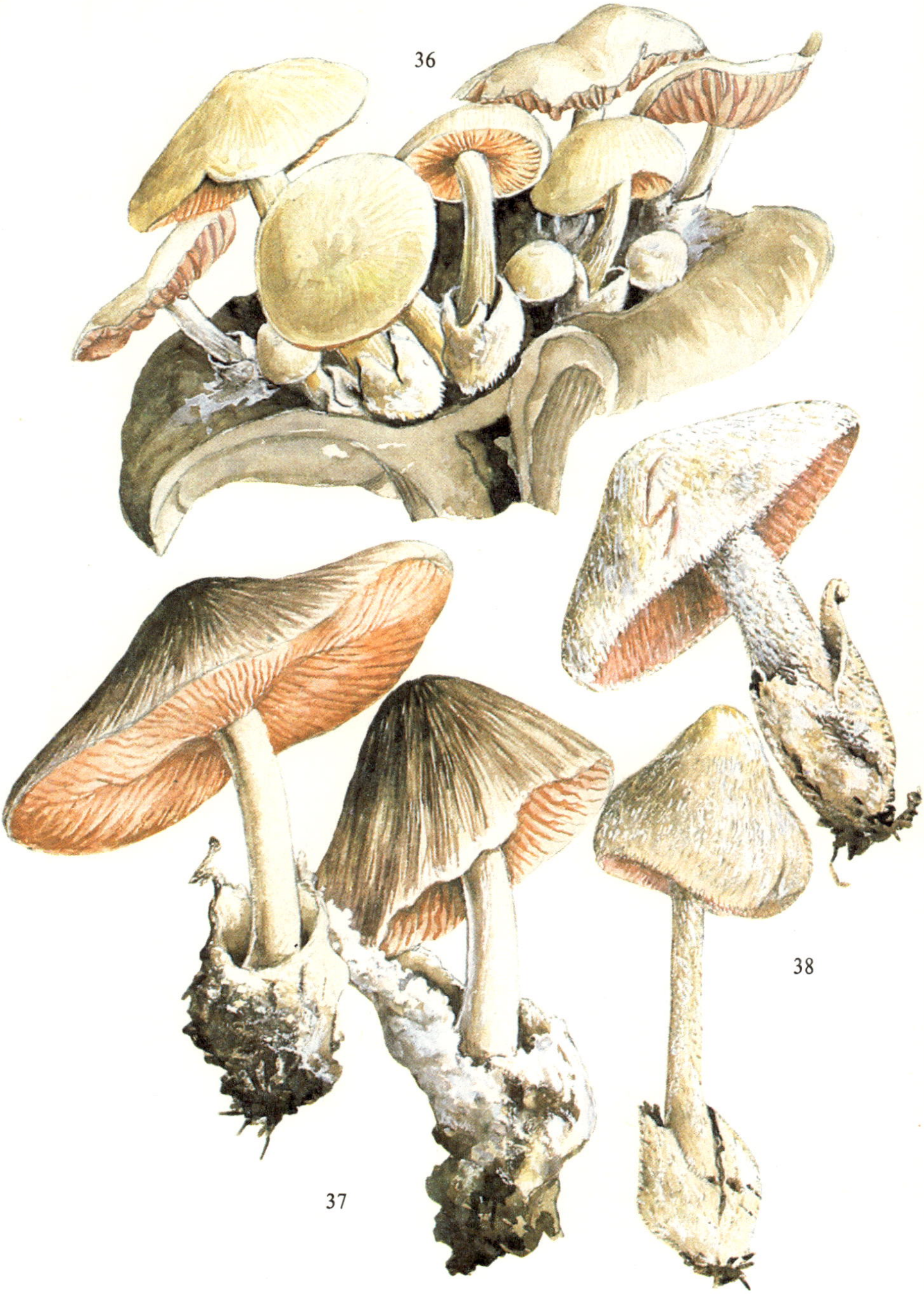

36. Parasitischer Scheidling, *Volvariélla surrécta.* Nat. Gr.
37. Schwarzgestreifter Scheidling, *Volvariélla volvácea.* Nat. Gr.
38. Nadeln-Scheidling, *Volvariélla hypópithys.* Nat. Gr.

Sporen: Blaßrötlich, ellipsoid, 6,5–7 × 3,5–4,5 µm.
Vorkommen: Juli bis September auf gehäuften Nadeln in dichten Nadelwäldern, einzeln oder in Gruppen.

Synonyme: *Volvária hypópithys* (FR.) KARST. 1879, *V. pubescéntipes* (PECK 1876) SACC. 1887, *V. párvula* var. *bíloba* MASSEE 1893, *V. pusílla* var. *bíloba* (MASSEE) LGE. 1928.
Pseudonym: *Volvária pusílla* sensu KÜHNER & ROMAGN. 1953.

39. Seidiger Dachpilz

Eßbar

Plúteus partícius (SCHULZER 1873) MASSEE 1893

Kennzeichen: Weißer Pilz von der Gestalt eines Rehbraunen Dachpilzes, an Laubholzstümpfen.
Hut: Weiß bis cremefarben, am Scheitel mit braunen Schüppchen, sonst glatt, seidig, trocken, gewölbt, 4–15 cm breit, wenig fleischig.
Blätter: Zuerst weiß, dann hellrosa, frei, bauchig, sehr gedrängt.
Stiel: Weiß, kahl, fein längsgefurcht, 6–14 × 1–2 cm.
Fleisch: Weiß, im Hut schwammig-elastisch, im Stiel zäh, faserig; schwacher, angenehmer Geruch.
Sporen: Unter dem Mikroskop blaß gelbrötlich, kurzellipsoid, glatt, 5–6,6 × 4–5 µm.
Zystiden: Auf der Lamellenfläche massenhaft, mit 2–3 Haken, 50–80 µm lang. Hyphen der Huthaut ohne Schnallen.
Vorkommen: Mai bis August einzeln oder in kleinen Gruppen an Baumstümpfen, besonders an Weicholz (Roßkastanie, Linde u. a.), nicht selten.

Pseudonyme: *Plúteus curtísii* (BERK. & BR.) SACC. sensu SINGER, MOSER; *P. pellítus* (PERS.: FR.) KUMM. sensu RICKEN 1915. Vgl. S. 144

Anmerkung: Nach VELLINGA & SCHREURS (1985) ist der korrekte Name *Plúteus petasátus* (FR. 1838) GILL. 1876

40. Löwengelber Dachpilz

Eßbar

Plúteus leonínus (SCHAEFF. 1774: FR. 1821) KUMM. 1871

Kennzeichen: Ein eleganter, goldgelber Pilz, alt mit rötlichen Blättern. Zystiden ungezähnelt (ohne Haken).
Hut: Löwengelb, lebhaft zitronengelb bis olivgelb, am Scheitel und am gerieften Rand oft braun; kahl, etwas samtig, erst glockig, später flach, 3–6 cm breit, dünnfleischig.
Blätter: Erst weiß, manchmal mit gelblicher Schneide, später blaßrot, gedrängt, weich, bauchig, ziemlich breit, frei.
Stiel: Blaß, bisweilen nach unten etwas gelblich oder bräunlich, faserig-gestreift, beinahe glasig, voll, zerbrechlich, 5–6 × 0,3–0,7 cm.
Fleisch: Weiß, weich, sehr zerbrechlich, mild, geruchlos.
Sporen: Wie bei Nr. 39 gefärbt, rundlich, glatt, 6–7 × 5–6 µm. Staub rosa.
Zystiden: An der Blattfläche flaschenförmig-spindelig, 60–110 × 24–33 µm, mit abgerundeter, ungezähnelter Spitze; an der Schneide keulig-schlauchförmig 60–75 × 15–27 µm. Huthaut aus Hyphen gebildet.
Vorkommen: Juni bis September an vermodernden Laubholzstümpfen. Nicht selten. Wegen seiner Schönheit zu schonen!

39. Seidiger Dachpilz, ***Plúteus patrícius.*** 2/3 nat. Gr.

40. Löwengelber Dachpilz, ***Plúteus leonínus.*** Nat. Gr.

14 Handb. f. Pilzfr., Bd. III, 4. Aufl.

41. Netzadriger Dachpilz

Bedeutungslos

Plúteus phlebóphorus (Ditmar 1817: Fr. 1821) Kumm. 1871

Hut: Dunkel rußigbraun, mit zahlreichen, netzig verbundenen, erhabenen Adern, nackt, nicht flockig bereift (wie bei *P. nánus*); ungerieft, gewölbt-flach, 2–4 cm breit, dünnfleischig.
Blätter: Erst blaß, später fleischrot, fast gedrängt, bauchig, frei.
Stiel: Weiß, seidig-glänzend, kahl, schlank, oft gekrümmt, 3–6 × 0,3–0,5 cm.
Fleisch: Weiß, weich, mild, geruchlos.
Sporen: Rundlich, 5–7 × 4–6 µm. Staub rosa.
Vorkommen: Juli bis Oktober an morschen Laubholzstümpfen, besonders von Buchen und Birken, auch auf dem Boden. Selten.

Pseudonym: *Plúteus chrysophǣus* (Schaeff. 1774) Quél. 1872 sensu Fries 1838, Kühner & Romagnesi, non Schaeffer (nach Moser 1983 eigene Art).

42. Flockigbereifter Dachpilz

Bedeutungslos

Plúteus nánus (Pers. 1801: Fr. 1821) Kumm. 1871

Hut: Rußbraun, grau oder bräunlich, grauflockig bereift, gewölbt bis verflacht, 2–5 cm breit, dünnfleischig.
Blätter: Blaß bis blaßgelb, später fleischrot, bauchig, frei.
Stiel: Weiß bis gelblich, nackt, gerieft, voll, zerbrechlich, 3–6 × 0,3–0,4 cm.
Fleisch: Blaß, dann fleischrosa, weich.
Sporen: Rundlich bis eiförmig, glatt, 6–7 × 5–6 µm. Staub fleischrötlich.
Vorkommen: Juli bis September an Laubholzstümpfen, besonders an Buchen und Birken, auch auf dem Boden an Holzstückchen. Häufig.

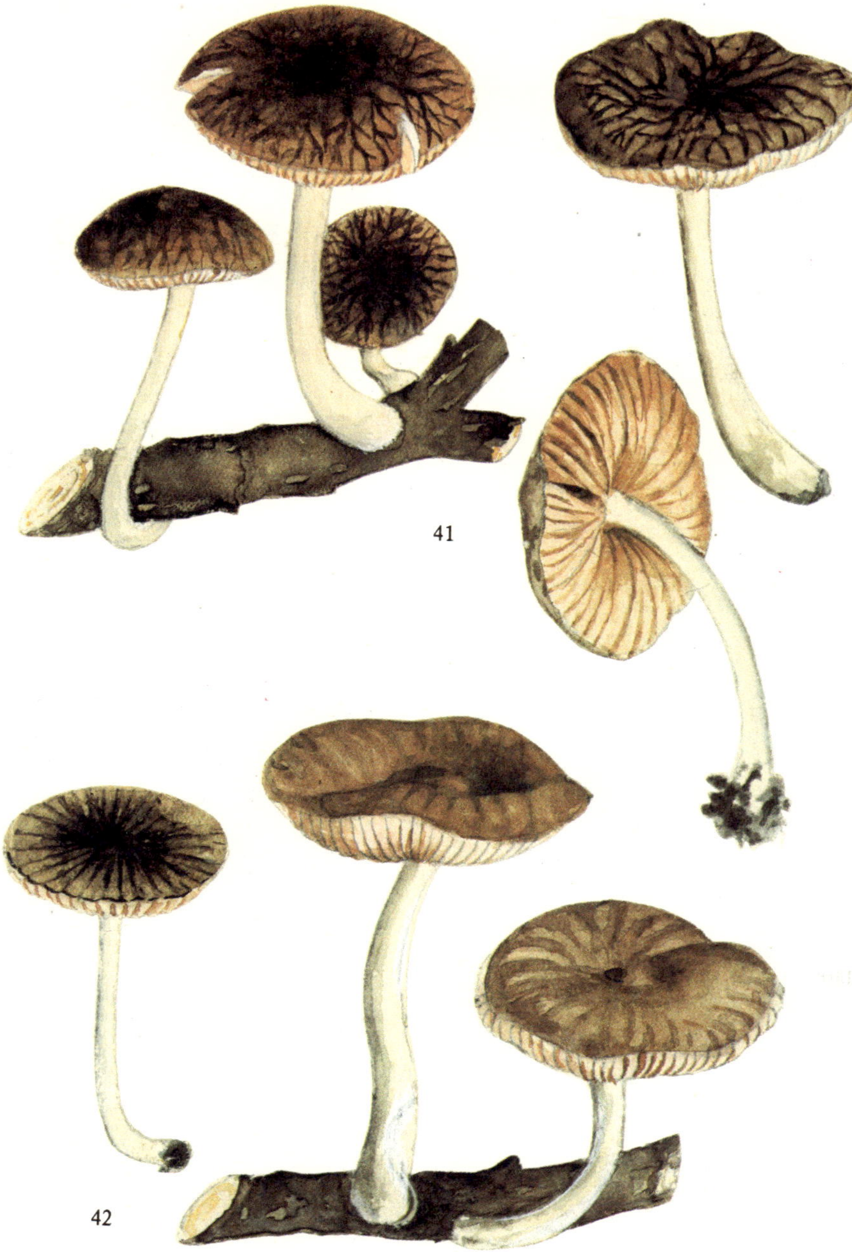

41. Netzaderiger Dachpilz, *Plúteus phlebóphorus.* Nat. Gr.

42. Flockigbereifter Dachpilz, *Plúteus nánus.* Nat. Gr.

43. Gelbstieliger Dachpilz

Eßbar

Plúteus romellii (BRITZ. 1891) SACC. 1895

Hut: Gelbbräunlich bis bräunlich, glatt, matt, 2–5 (–6) cm breit.
Blätter: Gelblich.
Stiel: Zitronen- oder goldgelb, schwach gerieft, 2–3 × 0,3 cm.
Fleisch: Im Hut blaß bernsteinfarben, im Stiel hellgelb bis goldgelb, besonders im Stielgrunde.
Sporen: Hell gelbrötlich, fast rundlich, glatt, 5,5–7,5 × 4,5–7 µm. Staub fleischrötlich
Zystiden: Breit spindelig-bauchig, gestielt.
Vorkommen: August bis Oktober an Laubholzästen. Ziemlich häufig.

Synonyme: *Plúteus nánus* var. *lutéscens* (FR. 1838) KARST. 1879, *P. lutéscens* (FR.) BRES. 1929; *Agáricus pyrrhospérmus* BULL. 1792 (teste FRIES 1874; korrektes Epitheton ?). Vgl. hierzu A. BRESINSKY & J. STANGL in Z. Pilzk. **34** (1968): S. 95

44. Haariger Dachpilz

Bedeutungslos

Plúteus hispídulus (FR. 1818; FR. 1821) GILL. 1876

Hut: Zuerst weißlich, später graulich, mit schwarzgrauen Faserschuppen, Rand haarigseidig, gerieft, fast glatt, zuerst gewölbt, dann flach, 1,5–2 cm breit, dünn-fleischig.
Blätter: Blaß, später fleischrosa, frei.
Stiel: Weiß, silbrig, schlank, kahl, glatt, 2–3 × 0,1–0,2 cm.
Sporen: Rundlich, 5–7 × 6–8 µm. Staub fleischrosa.
Vorkommen: Juli bis September auf modrigem Laub, auch an Buchenstümpfen. Selten.

45. Samtfüßiger Dachpilz

Bedeutungslos

Plúteus pláutus (WEINM. 1836) GILL. 1876

Hut: Ledergelb bis dunkelbraun, rußig bereift, samtig; glockig bis ausgebreitet, 2–4 cm breit, dünnfleischig.
Blätter: Blaß, später fleischrötlich, frei.
Stiel: Bräunlich, am Grunde schwarzbräunlich schuppig, gerieft, samtig, röhrig, 3–4 × 0,2–0,3 cm.
Fleisch: Weiß, später rosa, mild.
Sporen: Rundlich, 7,5–8 × 6–7 µm. Staub fleischrötlich.
Vorkommen: Juli bis September besonders an Nadelholzstümpfen, auch an Holzstückchen. Selten.

43. Gelbstieliger Dachpilz, *Plúteus roméllii.* Nat. Gr.

44. Haariger Dachpilz, *Plúteus hispídulus.* Nat. Gr.

45. Samtfüßiger Dachpilz, *Plúteus pla͡utus.* Nat. Gr.

46. Schwarzschneidiger Dachpilz

Eßbar

Plúteus tricuspidátus Vel. 1938

Kennzeichen: Ist dem Braunen Dachpilz, *P. atricapíllus* (Bd. I/16), sehr ähnlich, unterscheidet sich aber durch die schwarzschneidigen Blätter und durch die Schnallen an den Hyphen, die *P. atricapíllus* nicht besitzt.
Hut: Braun bis braunviolett bis rauchschwarz, erst gewölbt, dann flach, 5–10 cm breit, Mitte meist schwarzflockig-schuppig oder filzig-zottig, dünnfleischig.
Blätter: Erst weiß, später rosa, an den Schneiden schwarzflockig, rauchschwarz oder rauchgrau, manchmal auch nur dunkel gesprenkelt frei, bauchig.
Stiel: Graubraun oder grauviolett, selten weißlich, dicht oder locker rauchschwarz, rauchgrau oder rauchbraun gefasert oder gestreift oder faserig-schuppig wie der Hut, 6–8 × 0,5–1 cm.
Fleisch: Weiß, weich, mild.
Sporen: Rosa, länglich-ellipsoid, glatt, 6–7 × 4–5 µm. Staub fleischrötlich.
Zystiden: An der Lamellenfläche mit Haken. An der Schneide blasig-schlauchförmig mit schwarzem Inhalt. Hyphen der Huthaut mit Schnallen.
Vorkommen: Mai bis Oktober einzeln oder in Büscheln an Nadelholzstümpfen, nicht selten.

Synonyme: *P. cervínus* var. *nigrofloccósus* R. Schulz 1913, *P. nigrofloccósus* (R. Schulz) Favre 1948, *P. cervínus* var. *atromarginátus* Sing. 1925, *P. atromarginátus* (Sing.) Kühner & Romagn. 1953 (comb. nuda).

47. Schwarzflockiger Dachpilz

Eßbar

Plúteus umbrósus (Pers. 1798: Fr. 1821) Kumm. 1871

Kennzeichen: Hut und Stiel durch Haarbüschel schwarzflockig.
Hut: Blaßbräunlich, radial-runzelig, flockig-samtig durch schwarzbraune Haarbüschel, Scheitel schwarz, dicht striegelig, erst glockig, dann gewölbt, trocken, Rand dünn, nicht gerieft, 4–7 cm breit, dünnfleischig.
Blätter: Zuerst schmutzig weiß, später blaßrosa, Schneiden schwarzflockig, gedrängt, bauchig, dünn, zuerst angewachsen, im Alter frei.
Stiel: Weiß mit braunschwärzlichen Haarbüscheln besetzt, trocken, Basis braunstriegelig, verdickt; fast gleichmäßig dick, 3–6 × 0,5–1 cm; voll, zerbrechlich.
Fleisch: Weiß, weich, dünn, mild, ohne Geruch.
Sporen: Rosa, ellipsoid-oval, glatt, 6–7 × 4–5 µm, Staub fleischrötlich.
Zystiden: Braun, bis ockerbraun, keulenförmig bis spindelförmig, ohne Haken.
Vorkommen: August bis Oktober einzeln oder in Gruppen auf alten Laubholzstümpfen, besonders an Eiche und Buche; nie auf Nadelholz. Selten.

Pseudonym: *Plúteus robértii* (Fr. 1867) Karst. 1879 sensu Boudier 1904, non Fr.

46. Schwarzschneidiger Dachpilz, *Plúteus tricuspidátees.* Nat. Gr.

47. Schwarzflockiger Dachpilz, *Plúteus umbrósus.* Nat. Gr.

48. Mehl-Rötling

Eßbar

Entolóma prunuloídes (Fr. 1821) Quél. 1872

Kennzeichen: Mittelgroßer, weißlicher, elfenbeinfarbiger oder blaßgrauer Hut, mit zuerst weißen, dann fleischrötlichen Blättern und starkem Mehlgeruch. Im Sommer und Herbst meistens außerhalb des Waldes auf Wiesen und Weiden, selten auf grasigen Stellen im Walde.
Hut: Weißlich, elfenbeinweißlich, blaßgrau, Scheitel ein wenig satter gefärbt, kaum hygrophan, kahl und matt, bei feuchtem Wetter deutlich schmierig, kegelig-glockig, dann flach gewölbt, häufig mit rundlichem Buckel; 3–6 (–8) cm breit; mit dünnem, anfänglich eingerolltem, zuletzt schwach längsrissig werdendem, manchmal radialrunzeligem Rand; ziemlich fleischig, aber weniger kräftig entwickelt als der nahe verwandte Riesenrötling, *Entolóma sinuátum* (Bd. I/60).
Blätter: Jung weiß, dann fleischrosa (nicht buchsbaumholzfarbig wie bei *Entolóma sinuátum*; gedrängt, breit, bauchig, buchtig angeheftet, zuletzt tief ausgebuchtet, fast frei, mit schartiger Schneide.
Stiel: Weißlich, faserig, kahl werdend, fast gerieft, mitunter in der Mitte ungleich dick, am Grund niemals angeschwollen, sondern zugespitzt, 3–6 (–8) × 0,7–1,5 cm, voll.
Fleisch: Weißlich, im Stiel flockig-wergig, riecht und schmeckt stark gurken-mehlartig.
Sporen: Fleischrötlich, im Umriß rundlich, bemerkenswert klein, 6,5–8 µm mit 5–6 wenig ausgeprägten Ecken.
Vorkommen: August bis Oktober an grasigen Stellen, am häufigsten auf Bergwiesen meistens einzeln oder wenige beeinander. Nicht häufig.

Synonym: *Rhodophýllus prunuloídes* (Fr.) Quél. 1886.

49. Blaßbrauner Rötling, Schlehen-Rötling

Eßbar

Entolóma sépium (Noullet & Dassier 1838) Richon & Roze 1888

Hut: Weißlich, strohgelblich bis graubräunlich, trocken heller, jung schwach schmierig, unter der Lupe fein eingewachsen-haarig, fleckig; kegelig-gewölbt-gebuckelt, 3–10 cm breit, nicht so hygrophan wie *E. clypeátum*, fleischig; Rand lange eingerollt, ziemlich dünn.
Blätter: Anfangs weiß, später rosa, zuletzt braunrötlich; ausgerandet, herablaufend.
Stiel: Weiß, etwas glänzend, mitunter mehr oder weniger mit feinen rötlichen Fasern oder Flecken, 4–10 × 0,5–1,8 cm; meist tief im Boden eingesenkt.
Fleisch: Weiß, in der Hutmitte dick, knorpelig; an den Larven-Fraßstellen rötend, ein Merkmal, das anderen Rötlingen, besonders *E. sinuátum*, dem der Pilz sonst sehr ähnlich ist, fehlt. Mit Guajactinktur langsam blauend. Geruch und Geschmack mehlartig.
Sporen: Rötlich; rundlich-eckig; 8,5–10 × 7,5–9 µm. Staub braunrötlich.
Vorkommen: Mai bis Juni außerhalb des Waldes, unter Schlehengebüsch, auch in Gärten unter Pflaumenbäumen und anderen Rosengewächsen; stellenweise häufig, z. B. in Sachsen und Thüringen.

Synonym: *Rhodophýllus sépium* (Noullet & Dassier) Romagn. 1947.

50. Silbergrauer Rötling (Beschreibung S. 461)

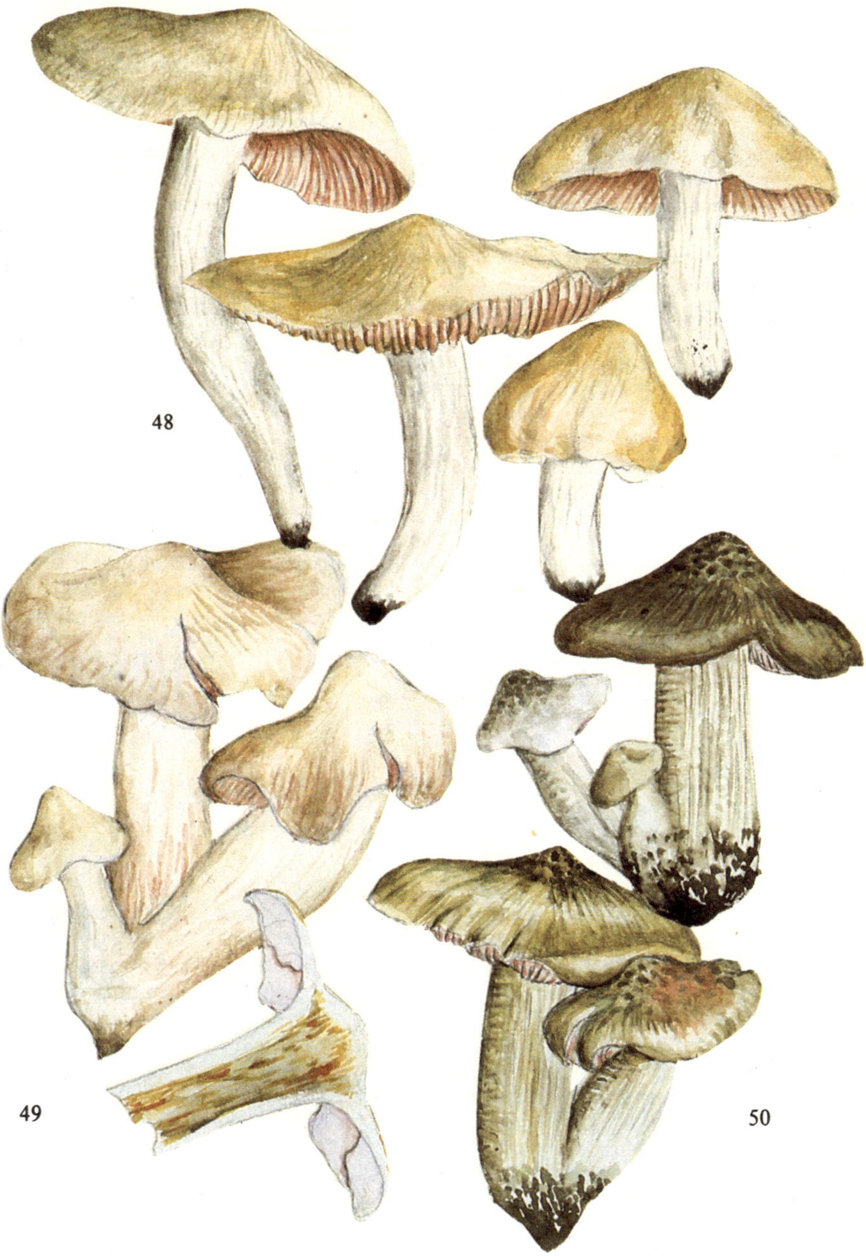

48. Mehl-Rötling, *Entolóma prunuloídes.* Nat. Gr.

49. Blaßbrauner Rötling, *Entolóma sépium.* 3/5 nat. Gr.

50. Silbergrauer Rötling, *Entolóma saundérsii.* 3/5 nat. Gr.

51. Frühlings-Rötling

Giftig!

Entolóma vérnum LUNDELL 1937

Kennzeichen: Ein kleiner bis mittelgroßer Rötling; feucht rußbraun bis kastanienbraun, trokken graugelblich. Im zeitigen Frühjahr an trockenen, grasigen Stellen. Ohne Mehlgeruch.
Hut: Feucht rußbraun bis kastanienbraun, oliv-grauschwärzlich und wenig seidig glänzend, trocken graugelblich ausblassend und stark seidig glänzend; glatt, kahl (unter der Lupe von feinen eingewachsenen Fasern gestreift); anfangs stumpf kegelförmig bis glockig, zuletzt ausgebreitet, aber immer mehr oder weniger gebuckelt; 2,5–6 cm breit, dünn. Rand zuerst eingebogen, später ausgebreitet und wellenförmig, durch die durchscheinenden Blätter geringfügig gestreift.
Blätter: Blaßgrau bis schmutzig bräunlich, zuletzt schmutzig grau mit rötlicher Beimischung; im Alter an der Schneide blasser und zackig zerrissen.
Stiel: Meist etwas blasser als der Hut (hell graubraun); länglich-gestreift bis seidenfaserig: 3–7 × 0,3–0,5 cm, oft verbogen und zusammengedrückt; am Grunde mit weißem Filz, der sich fast bis zur Hälfte des Stieles hochzieht, hohl, brüchig.
Fleisch: Weißlich, dünn, brüchig, schmeckt mild, riecht schwach, doch nicht nach Mehl.
Sporen: Farblos, eckig-ellipsoid, 8–10 (–12) × 6,5–7 (–9) µm. Staub rosa.
Vorkommen: Zeitig im Frühjahr (Ende März und im April), bei kühlem Wetter auch noch im Mai und Juni, auf trockenen grasigen Hügeln, auf Heideflächen, am Waldrand, aber auch in sonnigen Nadelwäldern, in Kreisen oder gesellig in Gruppen. Sehr verbreitet.

Synonyme: *Rhodophýllus vérnus* (LUNDELL) ROMAGN. 1947, *Rh. cucullátus* FAVRE 1955, *Nolánea vérna* (LUNDELL) MAZZER 1977, *N. cuculláta* (FAVRE) ORTON 1960. – Nach ORTON 1960 und SCHWÖBEL (in Südwestd. Pilzrdsch. 17 (1981): 3–7) ist *Rh. cucullátus* FAVRE eine eigene Art; nach KOTALABA & POUZAR 1972 und NOORDELOOS 1982 jedoch völlig mit *E. vérnum* identisch.
Pseudonyme: *Nolánea páscua* sensu BRESADOLA, *N. placénta* sensu NEUHOFF.

52. Seidiger Rötling

Giftverdächtig!

Entolóma seríceum (BULL. 1788) QUÉL. 1872

Kennzeichen: Eine kleine, dunkelbraune, zerbrechliche, hygrophane Art, mit eingerolltem Rand, mitunter auch spitzbucklig, immer stark nach Mehl riechend.
Hut: Dunkelbraungrau, ausblassend, hygrophan, trocken auffallend seidig-glänzend, nicht gerieft, glatt, kahl, erst flach-glockig, dann gewölbt, fast gebuckelt, schließlich niedergedrückt, wenig fleischig, fast häutig, Rand eingerollt.
Blätter: Erst blaßweißlich, dann hellbräunlich, bis graulich, schließlich schmutzig rötlich, fast entfernt, breit, fast dreieckig, ausgerandet oder breit angeheftet.
Stiel: Blaßbräunlich oder graulich, glänzend, an der Spitze heller, faserig gestreift, am Grunde weißfilzig, oft verdreht, manchmal lang, mitunter kurz, 2,5–5 × 0,3–0,6 cm, faserfleischig, ausgestopft, zuletzt engröhrig, zerbrechlich.
Fleisch: Weißlich bis blaßbräunlich, wäßrig durchzogen, sehr gebrechlich, riecht und schmeckt stark nach Mehl.
Sporen: Rosa, fünfeckig bis verlängert eiförmig, unregelmäßig, 9–13 × 8–12 µm. Staub rosa.
Vorkommen: August bis September an grasigen Stellen, Wegrändern, auf Weideland, Triften und Wiesen, nach starkem Regen massenhaft, wie gesät.

Nicht selten ist die var. *nolanifórmis* KÜHNER, mit glockenförmigem, gebuckeltem Hut und dünnem (× 1,5–3 mm) Stiel, auf Wiesen und Trockenrasen.
Synonyme: *Rhodophýllus seríceus* (BULL.) QUÉL. 1886, *Nolánea serícea* (BULL.) ORTON 1960.

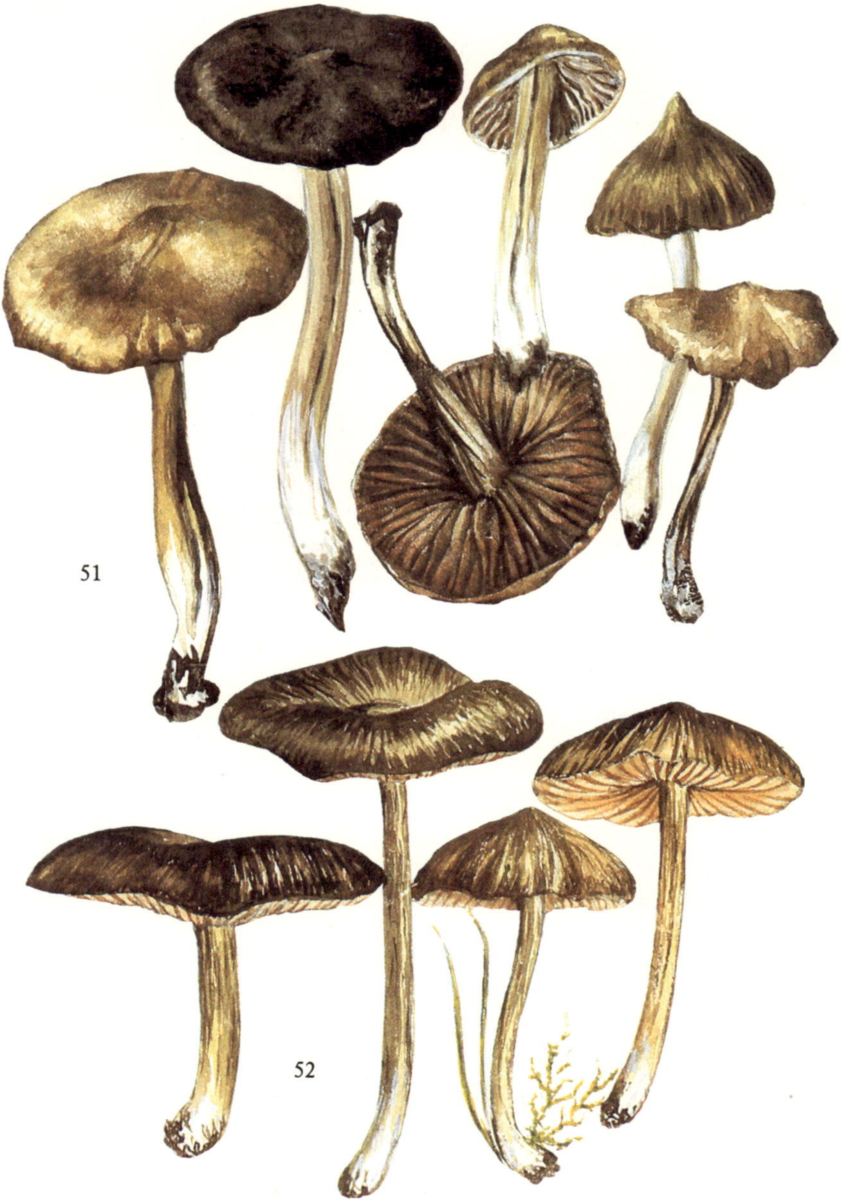

51. Frühlings-Rötling, *Entolóma vérnum.* Nat. Gr.

52. Seidiger Rötling, *Entolóma serículum.* Nat. Gr.

53. April-Rötling

Eßbar, doch wegen Verwechslungsmöglichkeiten zu meiden!

Entolóma aprile (BRITZ. 1885) SACC. 1887

Kennzeichen: Ein kleiner Frühjahrspilz mit gebuckeltem, dunkel- bis schwarzbraunem Hut und anfangs grauen, dann graurötlichen Blättern. Besonders unter Rüstern und Hainbuchen.

Hut: Dunkelbraun bis schwarzbraun, wenn feucht, oder hellgraubraun mit grauviolettem Anflug, nicht glänzend; hygrophan, fettig aussehend; hell schiefergrau austrocknend und dann etwas glänzend; nicht radial gestreift, anfangs kegelig mit eingebogenem Rand, in der Mitte, oft sogar auch im Alter, mit einem deutlichen, kleinen, stumpfen, manchmal auch spitzen Buckel, der mitunter einen zarten, weißen Reif aufweist, doch meist kahl, zuletzt fast flach ausgebreitet, 2–6 (–8) breit, dünnfleischig, nicht brüchig, starr; am Rand im Alter durchscheinend gerieft.

Blätter: Anfangs hellgrau oder graubraun, dann fleischrosa, später schmutzig braunrötlich, bei hellhütigen Formen auch weißlich-weißlichrosa, breit, ziemlich dick, fast entfernt, auf der Oberfläche etwas geadert, bogig angewachsen oder ausgerandet.

Stiel: Blaß oder graubräunlich, längsfaserig gestreift oder auch etwas faserig-wollig, 4–7 × 0,4–1,0 cm dünn, nach unten etwas verdickt, faserfleischig, bald eng-hohl bis hinauf in den Buckel.

Fleisch: Erst weißlich, dann blaß graubräunlich, beim Trocknen ausblassend; mehr oder weniger spröde; wenn feucht, saftig; nach dem Rande dünn, in der Mitte dicker. Geschmack etwas bitterlich; mehr oder weniger starker Mehlgeruch, beim Sammeln mitunter auch ein flüchtiger Geruch nach Seife. – Durch Guajak langsam blau verfärbend, im Gegensatz zu *E. clypeátum*, das nicht blauen soll (nach ROMAGNESI).

Sporen: Erst fleischrötlich, zuletzt braunrötlich, vieleckig, stumpf abgerundet, mit einseitiger Spitze, 9–12 × 7,5–10 µm. Sporenstaub terrakottafarben.

Vorkommen: April bis Mai in Mischwäldern, unter Gebüsch, Ulmenhecken, unter Hainbuchen und Eichen, zerstreut, nicht überall, aber gesellig, einzeln stehend (nicht büschelig), aber in Gruppen, auch in Reihen oder Kreisen, mitunter vergesellschaftet mit Morcheln (*Morchélla vulgáris* nach H. ROMAGNESI).

Synonym: *Rhodophýllus aprilis* (BRITZ.) ROMAGN. 1947.
Pseudonym: *Rhodophýllus majális* (FR. 1818: FR. 1821) QUÉL. 1888 sensu J. LANGE 1936, non FR. (= zweifelhafte Art).

54. Zitzen-Glöckling, Traniger Glöckling (nicht abgebildet)

(Beschreibung s. S. 462)

53. April-Rötling, *Entolóma aprı́le.* Nat. Gr.

55. Niedergedrückter Rötling

Giftig!

Entolóma rhodopólium (FR. 1818: FR. 1821) KUMM. 1871

Kennzeichen: Groß, hygrophan; Hutmitte mehr oder weniger niedergedrückt, sogar fast genabelt; besonders im feuchten Buchenwald, im Herbst; meist ohne Geruch, doch mitunter auch nach Mehl riechend.
Hut: Durchfeuchtet wäßriggrau bis hell olivgrau, auch graugelblich, deutlich hygrophan, trokken weißlichgrau bis isabellgrau, seidig-glänzend, gebuckelt-gewölbt, schließlich niedergedrückt, alt nicht selten trichterig, häufig verbogen, 4–10 cm breit, schwach fleischig. Rand, zuerst eingeknickt, schließlich zart gerieft.
Blätter: Weiß, dann reinrosa bis fleischrot, mäßig gedrängt, breit, unterschiedlich angeheftet, ausgebuchtet-angewachsen wie bei einem Ritterling, aber auch bogig-strichförmig herablaufend, mit mehr oder weniger stark gekerbter Schneide.
Stiel: Weiß oder nur wenig grau überhaucht, seidig-gerieft, Spitze leicht mehlig-flockig, Basis meistens ausspitzend, sonst gleichmäßig dick, oft recht schlank, hohl und ziemlich brüchig.
Fleisch: Wäßrigweiß, geruchlos oder vorübergehend schwach mehlartig riechend.
Sporen: 8–11 × 7–8 µm, fünf- bis sechseckig, mit ziemlich stumpfen Ecken.
Vorkommen: August bis Oktober in feuchten Laubwäldern, häufig bei Rotbuchen, nicht büschelig, jedoch meist in größerer Zahl am Standort, manchmal in Reihen oder Kreisen.
Wert: Nach KÜHNER & ROMAGNESI 1953 und MOSER 1983 als giftig einzuschätzen.

Synonyme: *Rhodophýllus rhodopólius* (FR.: FR.) QUÉL. 1886, *Agáricus hydrográmmus* BULL. 1792, teste E. M. FRIES, non auct. plur. (vgl. Bd. III/185).

56. Alkalischer Rötling

Giftig!

Entolóma nidorósum (FR. 1838) QUÉL. 1872

Kennzeichen: In der Gestalt ähnlich einem kleinen *E. rhodopólium*, aber mit starkem Geruch nach salpetriger Säure.
Hut: Zart graubraun, olivgrau, hygrophan, nicht schmierig, trocken graugelblich, seidigglänzend und leicht rissig, kahl, gewölbt, dann flach ausgebreitet, alt schwach niedergedrückt und in der Mitte oft vertieft, 2–6 cm breit, wenn feucht mit durchscheinend gerieftem, mitunter gekräuseltem Rand; dünnfleischig, brüchig.
Blätter: Erst weißlich, dann graulichrosa-fleischrötlich, zuletzt braunrosa (durch die Sporen); dicklich, ungleich lang, fast entfernt, breit, verbogen; ausgerandet-herablaufend oder abgestutzt-angeheftet, doch auch fast frei.
Stiel: Weißlich, später schwach blaßgraubräunlich, fast seidig, schließlich rissig-faserig, gerieft, mit weißbereifter Spitze, am Grunde weiß und striegelig, fast gleichdick, 5–7 × 0,3–0,5 cm, mitunter verbogen, ausgestopft, doch schnell hohl werdend, brüchig.
Fleisch: Weißlich, je nach Witterung durchfeuchtet, unter der Oberhaut grau, brüchig; im Geschmack mild, aber fade, nicht mehlig; Geruch nach salpetriger Säure. Doch gibt es Abarten, die einen mehligen Geruch aufweisen, insbesondere beim Durchschneiden der Hutmitte, auch beim Kauen kann ein Geschmack nach Mehl auftreten.
Sporen: Rosa; länglich, fünf- bis sechseckig, mit abgestumpfen Ecken, 8–12,5 × 7–8 µm. Sporenstaub rosarötlich, alt braunrötlich.
Vorkommen: August bis Oktober auf schwach grasigem, feuchtem, schattigem Waldboden, besonders unter Buchen, nicht büschlig. Ziemlich selten, aber verbreitet an den Stellen, wo er erscheint.
Wert: Der Pilz ist unbekömmlich, schwach giftig, ruft Erbrechen und Durchfall hervor.

Synonym: *Rhodophýllus nidorósus* (FR.) QUÉL. 1886.

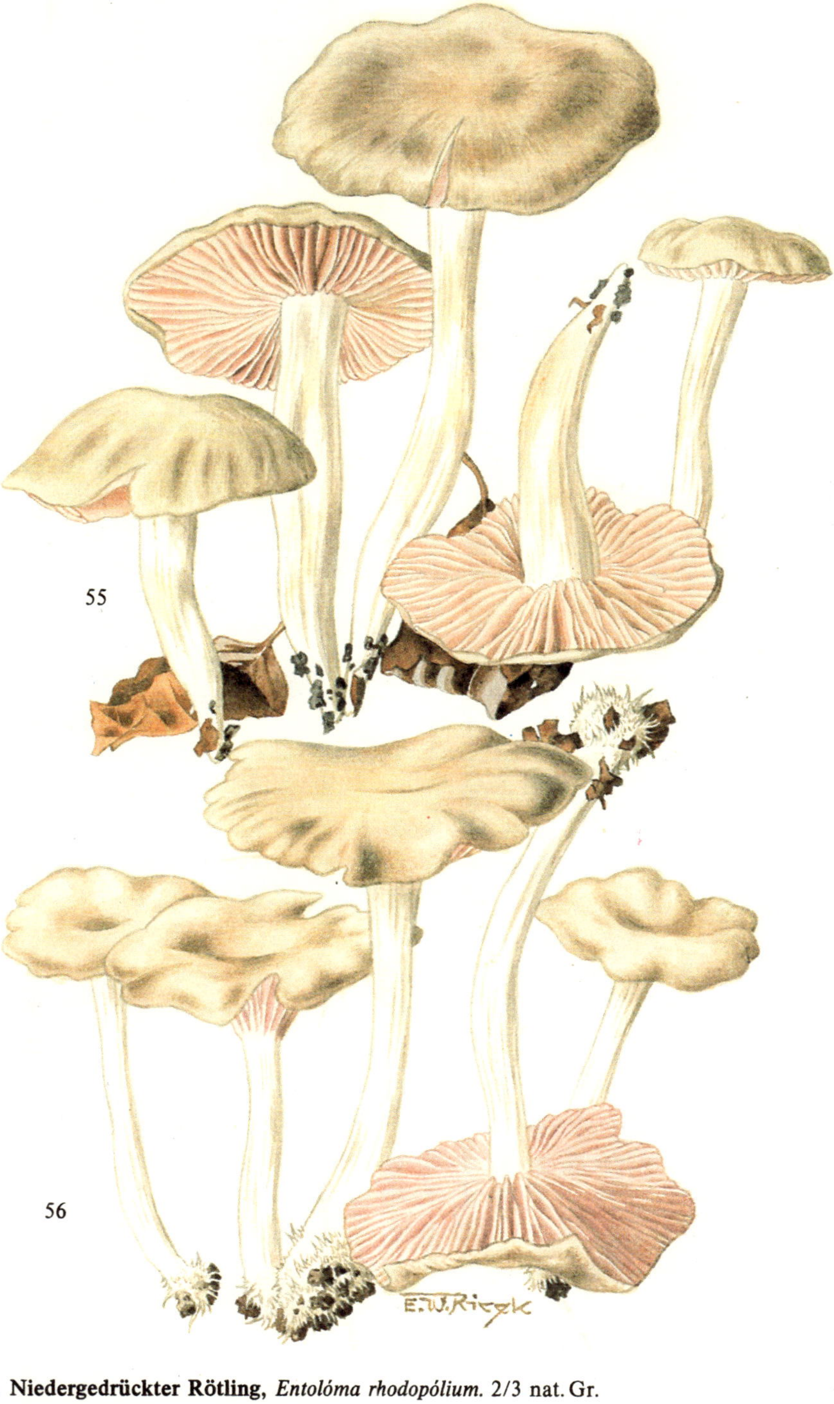

55. Niedergedrückter Rötling, *Entolóma rhodopólium.* 2/3 nat. Gr.

56. Alkalischer Rötling, *Entolóma nidorósum.* Nat. Gr.

57. Rußblättriger Rötling

Bedeutungslos

Entolóma jubátum (FR. 1821) KARST. 1879

Hut: Dunkelgraubraun, mäusegrau; undeutlich flockig-filzig; kegelig-flach, mit kleinem, ziemlch spitzem Buckel, 3–4 cm breit.
Blätter: Bräunlichgrau bis purpurgraubraun.
Stiel: Blaßgraubräunlich; feinflockig; 7 × 0,4–0,7 cm; abwärts verjüngt, an der Spitze und am Grunde weißlich.
Fleisch: Blaß, riecht nicht mehlartig, fast geruchlos.
Sporen: Rötlich, fünf- bis sechseckig, im Umriß oval, 9–11 × 5–6 µm.
Vorkommen: Auf moorigen Wiesen und Matten. Ziemlich selten.

Synonym: *Rhodophýllus jubátus* (FR.) QUÉL. 1886.

58. Porphyrbrauner Rötling

Ungenießbar, nicht schmackhaft

Entolóma porphyrophaéum (FR. 1857) KARST. 1879

Kennzeichen: Größere Art, niemals rein violett oder blau, eigentümlich braun gefärbt mit violettlicher bis rötlicher Tönung.
Hut: Prophyrbraun, violett-rötlichbraun, graulila, alt braungrau, trocken, faserigfilzig auch haarig-schuppig, später glatt (unter der Lupe feinglimmerig), manchmal etwas glänzend, glockig-gewölbt, gebuckelt, dann flach; Rand oft eingeschnitten gelappt; 3–8 cm breit, dünnfleischig.
Blätter: Erst schmutzig weiß, dann grauweißlich, bald schmutzig fleischrötlich; nicht sehr eng, sehr breit, 8–12 mm, hinten abgerundet, fast frei.
Stiel: Violettlichbraun, alt graubraun, faserig-streifig, am Grunde weißfilzig, verdickt, nach oben verjüngt, schlank, 6–12 × 1–1,2 cm, seidig ausgekleidet, zuletzt hohl.
Fleisch: Blaßgrau, dünn, weich, brüchig, mild, fast geruchlos, schmeckt zuerst etwas süßlich, hat aber einen unangenehmen Nachgeschmack.
Sporen: Blaßrötlich, ellipsoid, doch leicht kantig, 11–13 × 6–7,5 µm. Staub rötlich.
Vorkommen: September bis Oktober auf Wiesen, Weiden, Triften, an Waldrändern gesellig, vorwiegend an mehr oder weniger feuchten Stellen.

Synonym: *Rhodophýllus porphyrophaéus* (FR.) LGE. 1921.

59. Stahlblauer Rötling

Bedeutungslos

Entolóma nítidum QUÉL. 1882

Hut: Schön stahlblau bis schwärzlichblau, zuletzt grau ausblassend, unter der Lupe fein radialfaserig, kahl, glatt, feucht; glockig, dann gewölbt und spitzbuckelig, 2–5 cm breit, dünnfleischig.
Blätter: Weißlich, später rosa; gedrängt, bauchig, nach dem Stiel zu schmaler, fast frei
Stiel: Satt stahlblau, am Grunde weiß, aufwärts leicht verjüngt, faserig-streifig, im Inneren weich, später hohl, 5–8 × 0,3–0,6 cm.
Fleisch: Mild, geruchlos, ohne Geschmack nach Mehl.
Sporen: Rosa, fünf- bis sechseckig bis fast kugelig, 7,5–10 × 6,5–7,5 µm nach KÜHNER & ROMAGNESI..
Vorkommen: Juli bis September in feuchten Nadelwäldern, auf torfigen Hochmooren, seltener unter Laubbäumen. Ziemlich selten.

Synonym: *Rhodophýllus nítidus* (QUÉL.) QUÉL. 1886.

60. Blauer Rötling (Beschreibung s. S. 462)

57. Rußblättriger Rötling, *Entolóma jubátum.* Nat. Gr.

58. Porphyrbrauner Rötling, *Entolóma porphyrophaeum.* 4/5 nat. Gr.

59. Stahlblauer Rötling, *Entolóma nítidum.* Nat. Gr.

60. Blauer Rötling, *Entolóma mádidum.* 3/4 nat. Gr.

61. Weißer Zärtling

Bedeutungslos

Entolóma sericéllum (FR. 1818: FR. 1821) KUMM. 1871

Hut: Weiß bis weißgrau, Mitte gelblich, trocken, seidig, schließlich flockig, glockig-gewölbt-flach, mitunter genabelt, sehr veränderlich, anfangs mit eingebogenem, flockigem Rand, 2–3 cm breit, dünnfleischig.
Blätter: Weiß, schließlich rosa, weich, angewachsen, selten herablaufend.
Stiel: Weiß, alt manchmal etwas rötlich, faserig, fast wachsartig, zerbrechlich, 2,5 – × 0,15–0,25 cm.
Fleisch: Weiß, mild, geruchlos.
Sporen: Rosa, ellipsoid bis verlängert, fünf- bis sechseckig, 8–10 × 8 µm, mit fast abgerundeten Ecken.
Vorkommen: August bis September auf Grastriften, an grasigen Waldrändern, oft in Trupps. Sehr häufig.

Synonyme: *Rhodophýllus sericéllus* (FR.: FR.) QUÉL, *Leptónia sericélla* (FR.: FR.) BARBIER 1911, *Alboleptónia sericélla* (FR.: FR.) LARGENT & BENEDICT 1970, *Rhodophýllus carneoálbus* (WITH. 1796) QUÉL. 1886. – Varietäten und Formen dieser Art s. LARGENT & BENEDICT in Mycologia 62 (1970): 440ff.

62. Braungrüner Zärtling

Bedeutungslos

Entolóma incánum (FR. 1821) HESLER 1967

Hut: Braungrün, grünblau, gelbgrün, olivbraun, trocken ausblassend und seidig, fast faserig-gestreift, glockig, gewölbt-genabelt, 1,5–2,5 cm breit, dünnfleischig, fast häutig.
Blätter: Weißgrünlich, zuletzt fleischrötlich, mit Zahn herablaufend oder abgerundet.
Stiel: Oben schwefelgelb, unten grasgrün, an Druckstellen dunkelgrün bis blaugrün anlaufend, glänzend, 2–4 (–6) × 0,1–0,3 cm, röhrig, zerbrechlich.
Fleisch: Gelbgrün, läuft bei Bruch intensiv grün an, dünn; Geruch nach verbranntem Horn oder wie die Hundszunge *(Cynoglóssum officinále).*
Sporen: Rosa, länglich-sechseckig, 11–14 × 8–9 µm.
Vorkommen: August bis September in grasigen Wäldern, auf Weiden, Wiesen, besonders auf kalkhaltigen Böden. Zerstreut bis verbreitet vom Flachland bis in subalpine Höhen.

Synonyme: *Leptónia incána* (FR.) GILL. 1874, *Rhodophýllus incánus* (FR.) KÜHNER & ROMAGN. 1953, *Leptónia euchlóra* (LASCH 1838) KUMM. 1871.

63. Schwarzblauer Zärtling

Bedeutunglos

Entolóma chalybéum (PERS. 1801: FR. 1821) NOORD. 1982.

Hut: Dunkelviolett, schließlich bräunlichschwarz, trocken feinflockig, nicht hygrophan gewölbt, mit eingebogenem Rand, schließlich verflacht, 1–2,5 cm breit, dünnfleischig.
Blätter: Blaß blauviolett, hell graubläulich, Schneide etwas blasser, ausgebuchtet, angeheftet, manchmal ein wenig herablaufend.
Stiel: Hell- oder dunkelviolett, schwarzblau bis fast schwarz, am Grunde weißfilzig, kurz, 2–4 × 0,2–0,3 cm, ausgestopft, schließlich hohl, zerbrechlich.
Fleisch: Weißlich, dann blauschwärzlich, mild, geruchlos, dünn.
Sporen: Rosa, länglich, fünf- bis sechseckig, Ecken buchtig bis ausgespitzt, 9–10 × 7–8 µm.
Vorkommen: Juni bis Oktober in Trupps auf Waldwiesen, auf grasigen Hügeln. Nicht selten.

Synonyme: *Leptónia chalybéa* (PERS.: FR.) KUMM. 1871, *Rhodophýllus chalybéus* (PERS.: FR.) QUÉL. 1886.

64. Dunkelblättriger Nabelrötling (Beschreibung s. S. 462)

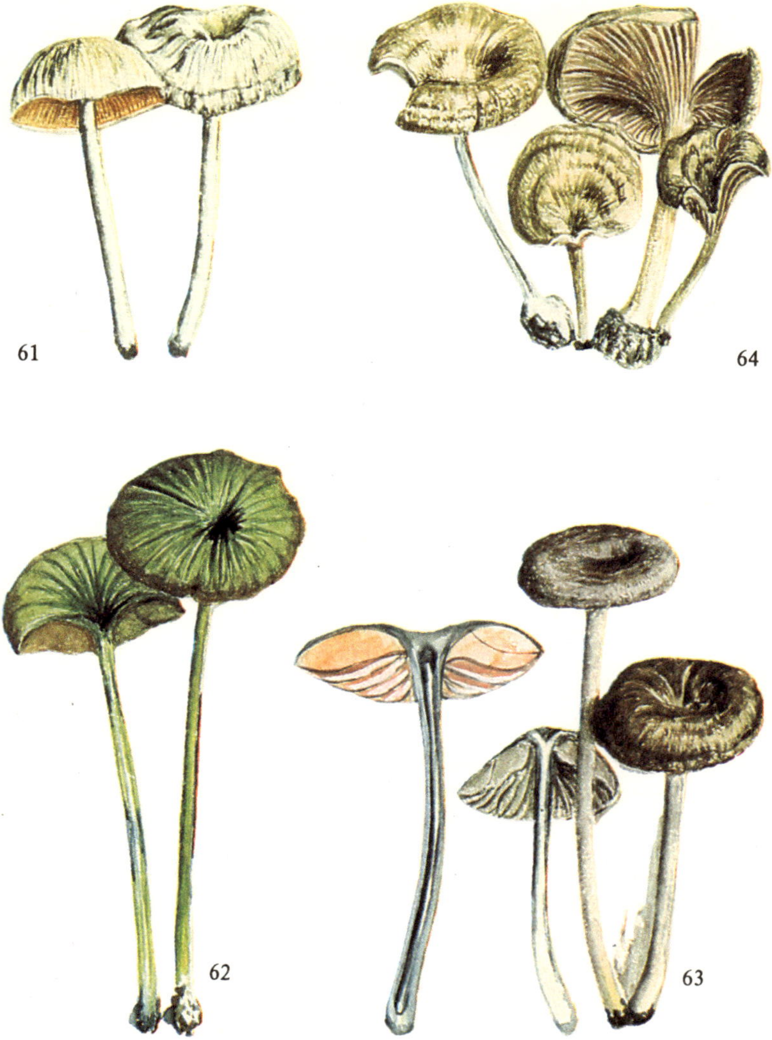

61. **Weißer Zärtling,** *Entolóma sericéllum.* Nat. Gr.

62. **Braungrüner Zärtling,** *Entolóma incánum.* Nat. Gr.

63. **Schwarzblauer Zärtling,** *Entolóma chalybǣum.* Nat. Gr.

64. **Dunkelblättriger Nabelrötling,** *Entolóma undátum.* Nat. Gr.

65. Kreuzsporiger Glöckling

Bedeutungslos

Entolóma conferéndum (BRITZ. 1881) NOORD. 1980

Hut: Dunkelbraun, graubraun bis olivbraun, manchmal auch braunrötlich, hygrophan, trokken olivbraungelb oder olivgrau, seidig, mehr oder weniger stumpfkegelig, 2–4 (–5) cm breit, wenig fleischig, oft häutig.

Blätter: Erst weißgrau, später bräunlich, schließlich etwas rötlich; bauchig angewachsen oder fast frei.

Stiel: Blaßgrau bis graubräunlich, schwach silbrig, glänzend, zartfaserig gestreift (fast wie der Stiel von *Mycéna polygrámma)*, schlank, 6–8 × 0,15–0,25 mm, am Grunde etwas verdickt oft verdreht, zerbrechlich, röhrig.

Fleisch: Blaßgrau, dünn, sehr zerbrechlich, riecht und schmeckt mehlartig.

Sporen: Rosa, meist viereckig, fast kreuzförmig, 8–11 × 7–9 µm.

Vorkommen: April bis Oktober in kleinen Trupps oder auch einzeln, auf Weiden, in Moosen, auf Triften, in Wäldern, besonders im Nadelwald, seltener im Laubwald. Sehr häufig und verbreitet.

In *Sphágnum*-Mooren kommen zwei Varietäten mit schlankem, nicht knolligem Stiel vor: var. *platyphýllus* ROMAGN. & FAVRE mit Mehlgeruch und sehr breiten Lamellen, var. *rickénii* ROMAGN. geruch- und geschmacklos.

Die zierliche var. *pusillum* (VEL. 1921) NOORD. 1980 wächst in Bruchwäldern an morschem Holz.

Synonyme: *Nolánea stauróspora* BRES. 1882, *Rhodophýllus staurósporus* (BRES.) LGE. 1936, *Rh. xylóphilus* LGE. 1921, *Rh. rikkénii* ROMAGN. 1932.

Pseudonym: *Nolánea páscua* (PERS. 1801: FR. 1821) KUMM. 1871 sensu RICKEN 1915, non PERSOON.

66. Zitronengelber Glöckling

Bedeutungslos

Entolóma ictérinum (FR. 1821) MOS. 1978

Hut: Zitronen- bis lebhaft grüngelblich, hygrophan, trocken blaßgelblich, gerieft, glockig-gewölbt, schließlich ausgebreitet, 1–3 cm breit, zerbrechlich, fast häutig.

Blätter: Blaß oder gelblich, schließlich rötlich, durchscheinend, zuerst angeheftet, oft frei.

Stiel: Blaßbräunlich, honiggelb oder gelb, unten manchmal etwas rötlich, weißflockig-mehlig, 2–6 × 0,1–0,2 cm, schlank, am Grunde verdickt.

Fleisch: Blaßgelblich, mild, sehr dünn, fast zäh, Geruch stark fruchtartig, nach LANGE ananasartig, nach KÜHNER und ROMAGNESI nach Amylacetat.

Sporen: Rosa, länglich, meist sechseckig, 10–12 × 6–8 µm.

Vorkommen: Juli bis September in Trupps im Nadelwald, besonders auf Triften, in Auenwäldern, auch in Gärten, fast rasig, nicht selten.

Synonyme: *Nolánea ictérina* (FR.) KUMM. 1871, *Rhodophýllus ictérinus* (FR.) QUÉL. 1886.

67. Stummelfuß-Rötling

Bedeutungslos

Entolóma byssísedum (PERS. 1801: FR. 1821) DONK 1949

Hut: Schmutzig dunkelgrau, ausblassend, zottig, erst verkehrt aufgewachsen, resupinat, schließlich horizontal, flach, nierenförmig, 1,5–3 cm breit, dünnfleischig. Rand eingerollt.

Blätter: Weißlichgrau, rosarot bis roströtlich, angewachsen-herablaufend.

Stiel: Blaßweiß, am Grunde mit weißen, byssusartigen Fasern, seitlich aufwärts verjüngt, gekrümmt, 1 × 0,1–0,3 cm.

Fleisch: Weiß, dünn, oft häutig, riecht und schmeckt mehlartig.

Sporen: Rosa, ellipsoid-eckig, nach beiden Enden verschmälert, 8–10 × 4–6 µm.

Vorkommen: Juli bis Oktober in Trupps auf morschen Laub- und Nadelholzstümpfen, besonders von Buchen und Eichen. Nicht häufig.

Synonyme: *Cláudopus byssísedus* (PERS.: FR.) GILL. 1874, *Rhodophýllus byssísedus* (PERS.: FR.) QUÉL. 1886.

Pseudonym: *Cláudopus dépluens* (BATSCH 1786: FR. 1821) GILL. 1874 sensu BRESADOLA 1929, non BATSCH.

68. Parasitischer Stummelfuß (Beschreibung s. S. 463)

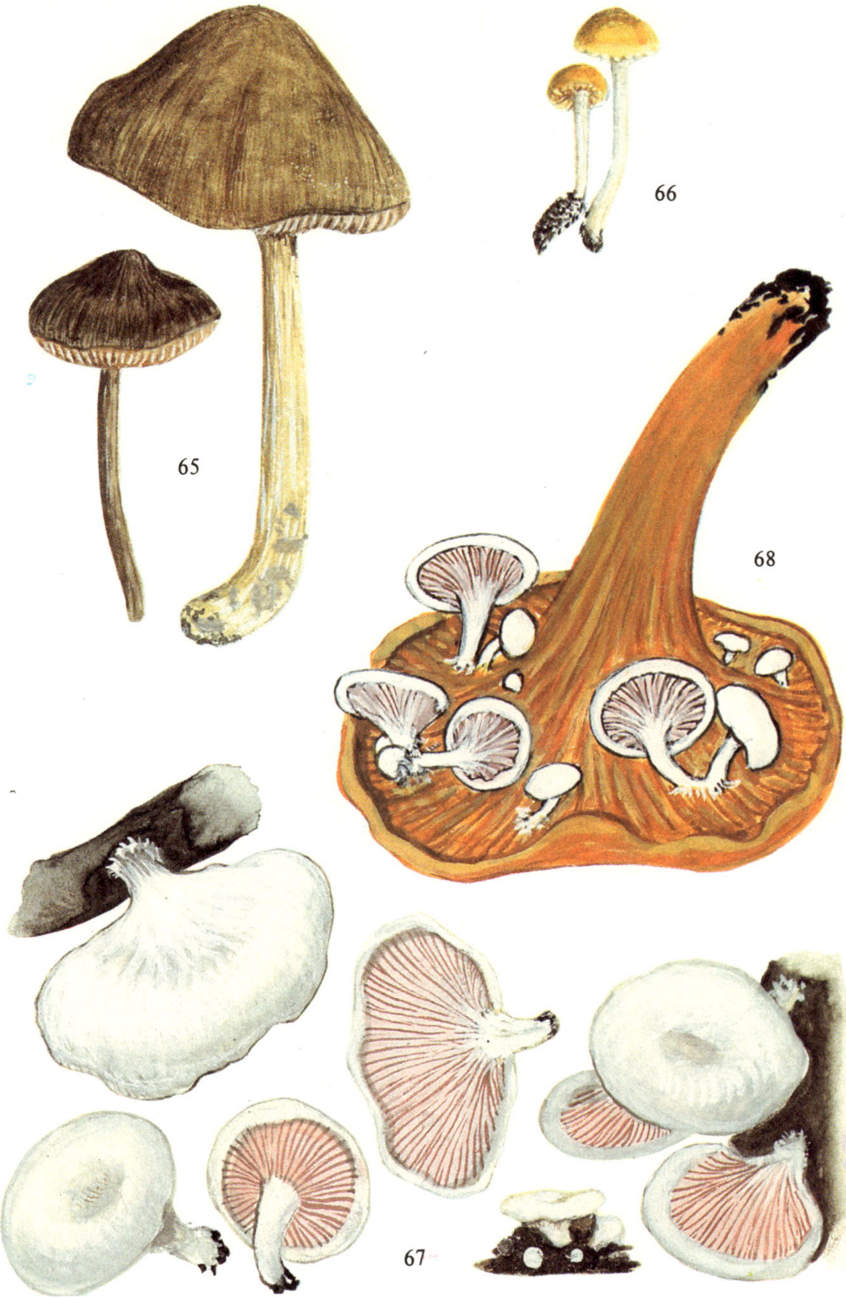

65. **Kreuzsporiger Glöckling,** *Entolóma conferéndum.* Nat. Gr.

66. **Zitronengelber Glöckling,** *Entolóma ictérinum.* Nat. Gr.

67. **Stummelfuß-Rötling,** *Entolóma byssísedum.* Nat. Gr.

68. **Parasitischer Stummelfuß,** *Entolóma parasíticum.* Nat. Gr.

69. Kreidiger Räsling, Kreidiges Mehlpilzchen

Bedeutungslos

Clitopílus scyphoídes (Fr. 1821) Sing. 1946

Hut: Weiß, kreidig-mehlig, seidig, niedergedrückt, kaum genabelt, unregelmäßig und vielgestaltig, 0,5–2,5 (–4,5) cm breit. Rand dünn, erst eingebogen, dann flatterig, gelappt; sehr zerbrechlich.
Blätter: Erst weiß, dann elfenbeinfarbig, schließlich rosa, schmal, gedrängt, am Stiel gabelig herablaufend.
Stiel: Weißlich, 1–2,5 × 0,1–0,5 cm; oft zentral, doch auch seitlich gestellt.
Fleisch: Weiß, Geruch und Geschmack leicht mehlig.
Sporen: Schwach rosa getönt, ellipsoid-spindelig, fein längsgestreift, 7–9 × 3,5–5 µm. Staub fleischrosa.
Vorkommen: August bis Oktober an grasigen Wald- und Wegrändern. Selten, aber mitunter in Menge.

Synonyme: Clitócybe scyphoídes (Fr.) Orton 1960, *Clitopílus cretátus* (Berk. &Br. 1861) Sacc. 1887, *C. omphalifórmis* Joss. 1941, *C. intermédius* Romagn. 1954.
Pseudonym: *Pleurótus mútilus* (Fr. 1821) Gill. 1876 sensu J. Lange 1936, non Fries.

70. Katzenohr

Bedeutungslos

Clitopílus passeckeriánus (Pil. 1935) Sing. 1942
Hut: Weiß, meist exzentrisch, seitlich ausgezogen, 0,8–2 (–4) cm breit.
Blätter: Weiß, rötlich überhaucht, schmal, kaum herablaufend.
Stiel: Weiß, sehr kurz, 0,1–0,3 cm, häufig verkümmert.
Fleisch: Weiß, mit Mehlgeruch.
Sporen: Ellipsoid, 7–9 × 4–5µm, mit 5–8 länglichen Leisten.
Vorkommen: Ziemlich häufig in Champignon-Kulturen auf Pferdemist, vor dem Erscheinen der Zuchtchampignons. Selten auf Pferdemist im Freien.

Synonym: *Pleurótus passeckeriánus* Pil. 1935 (nomen nudum).
Pseudonym: *Clitopílus cretátus* (Berk. & Br.) Sacc. sensu auct. p. p. (s. aber Nr. 69!).
Anmerkung: Über Freilandvorkommen in der BRD berichtet A. Runge in Z. Mykol. **50** (1984): 13–16, mit Verbreitungskarten für mehrere *Clitopílus*-Arten.

71. Genabelter Tellerling

Bedeutungslos

Rhodócybe caeláta (Fr. 1838) Mre. 1929
Hut: Dunkelbraun bis fast schwarz, trocken blaßgraubräunlich, Oberhaut z. T. schuppig-schrundig aufgerissen; flach gewölbt bis genabelt, 1,5–2,5 cm breit.
Blätter: Graugelblich bis schmutzigbräunlich; ziemlich breit, etwas gedrängt, mit abgerundeter Spitze, angewachsen, mitunter etwas herablaufend.
Stiel: Dunkel graubräunlich oder blasser, Spitze auffallend wollig-kleiig, 2–3 (–4) × 0,2–0,3 cm.
Fleisch: Graubräunlich oder blasser; mild, schwach nach Mehl riechend.
Sporen: Farblos, ellipsoid, fast rauhlich, 6,5–27,5 × 3–4 µm, nicht amyloid.
Zystiden: An Blattschneiden und -flächen auffallend langkeulig bis pfriemlich; in Ammoniak einen feinkörnigen gelblichen Inhalt zeigend, dadurch von den ähnlichen *Eccília*-Arten gut zu unterscheiden.
Vorkommen: September bis Oktober zwischen Moos auf Heidetriften, an sonnigen Stellen in Laubwäldern, auf alten Brandplätzen. Selten. Leicht zu übersehen oder verkannt.

Synonyme: *Tricholóma caelátum* (Fr.) Gill. 1874, *Clitopílus caelátus* (Fr.) Kühner & Romagn, 1953, *Rhodócybe dúbia* Favre 1960.

69

70

71

69. Kreidiger Räsling, *Clitopílus scyphoídes.* Nat. Gr.

70. Katzenohr, *Clitopílus passeckeriánus.* Nat. Gr.

71. Genabelter Tellerling, *Rhodócybe caeláta.* Nat. Gr.

72. Schwarzfleckender Tellerling, Schwarzfleckender Bitterling

Ungenießbar

Rhodócybe popinális (Fr. 1821) Sing. 1951

Hut: Blaß graugelbgrünlich, beim Berühren schwärzlich fleckend, besonders am Hutrand; erst gewölbt, dann niedergedrückt bis trichterförmig, meist konzentrisch-rinnig, 3–7 (–10) cm breit; Rand eingerollt.
Blätter: Schmutzig weißlich, dann blaßrötlich bis gelblich getönt, ebenfalls leicht schwärzend; gedrängt, ungleich weit herablaufend.
Stiel: Blaß graugelblich, durch wolliges, weit aufsteigendes, blaß olivfarbiges Myzel gestiefelt; 3–5 × 0,7–1 cm.
Fleisch: Leicht graugelblich, mitunter schwärzlich anlaufend; sehr bitter schmeckend, riecht nach schimmligem Mehl.
Sporen: Leicht rosarot, fast kugelig, warzig 5–6 × 4–5 µm.
Vorkommen: Oktober bis November im Nadel- und Laubwald, auf Blättern und Holzstücken, mit ihnen verwachsen. Ziemlich selten, doch an manchen Stellen auch häufiger. Die Schwärzung tritt manchmal nur langsam auf und wird dadurch häufig übersehen. Nach Noordeloos [Persoonia 12 (1983): 43–45] ist es unmöglich, schwärzende Formen („*Rh. múndula*") und nicht schwärzende Formen („*Rh. popinális*") zu trennen.

Synonyme: *Clitopílus popinális* (Fr.) Kumm. 1871, *Paxillópsis popinális* (Fr.) Lge. 1940, *Clitopilópsis popinális* (Fr.) Konr. & Maubl. 1948, *C. múndulus* (Lasch 1829: Fr. 1832) Kühner 1946 ex Konr. & Maubl. 1948, *Rhodócybe múndula* (Lasch: Fr.) Sing. 1951.
Pseudonym: *Paxillus lepísta* (Fr. 1821) Fr. 1838 sensu Ricken 1915, non Fries [= *Lepista densifólia* (Favre 1948) Sing. 1972].

73. Glänzender Tellerling

Bedeutungslos

Rhodócybe hirnéola (Fr. 1818: Fr. 1821) Orton 1960

Hut: Schmutzig grauweißlich-blaßgraubräunlich, seidig-glänzend, bereift; gewölbt, später verflacht, etwas niedergedrückt bis trichterig; 1–3 cm breit. Rand dünn, eingerollt, zuletzt schwach gefurcht, gerippt.
Blätter: Grau oder graubräunlich, wenig gedrängt, bogig herablaufend.
Stiel: Blaßgraubräunlich bis weißlich, feinflockig-kleiig, 2–5 × 0,1–0,3 cm, fast fadenförmig, am Grunde weißfilzig.
Fleisch: Blaßgraubräunlich, meist nicht wäßrig; sehr dünn; mild, geruchlos.
Sporen: Hellgraubräunlich; schwach ellipsoid, glatt, 6,5–9 × 5–6,5 µm. Staub graubraun. An den Blattschneiden mit vorspringenden, gegliederten Zellen (Härchen).
Vorkommen: August bis Oktober im Laubwald, zwischen Moos an Wegen und auf Triften. Selten, mitunter häufiger.

Synonyme: *Clitócybe hirnéola* (Fr.: Fr.) Kumm. 1871, *Clitopilópsis hirnéola* (Fr.: Fr.) Kühner 1946, *C. arthrocýstis* Kühner & Mre. 1936.

72. **Schwarzfleckender Tellerling,** *Rhodócybe popinális,* Nat. Gr.

73. **Glänzender Tellerling,** *Rhodócybe hirnéola.* Nat. Gr.

74. Graubrauner Rötelritterling

Eßbar

Lepísta luscína (Fr. 1818: Fr. 1821) Sing. 1951

Hut: Blaßgraubräunlich, horngrau bis braungrau, in Kreisen oder unregelmäßig, wasserfleckig getropft, trocken, kahl, anfangs fast halbkugelig, dann weniger gewölbt, schließlich ausgebreitet, in der Mitte etwas niedergedrückt (ähnlich dem Maipilz), 3–10 (–24) cm breit. Rand ziemlich dünn, anfangs eingerollt, später nach oben gebogen, wellig bereift, blaß, im Alter runzlig gerieft.
Blätter: Erst weißlich, dann schmutzig graugelbbräunlich mit fleischrötlichem Schein, dichtstehend, ziemlich dünn, schmal, ausgebuchtet-angeheftet, manchmal etwas herablaufend, leicht ablösbar. Ohne Zystiden.
Stiel: Weißlich bis blaßgraugelbbräunlich, kurz, walzenförmig, 4–7 × 1–2 cm, lockerfaserig, gestreift, voll, dann schwammig ausgestopft.
Fleisch: Weißlich bis schwach graugelblich, im Hut 1–2 cm dick, fest. Geschmack mild. Geruch schwach mehlig.
Sporen: Fast farblos, ellipsoid, feinwarzig, 5–6 × 3–4,4 µm, nicht amyloid. Staub fleischrötlich-bräunlich.
Vorkommen: September bis November auf Weideland, Wiesen, Rasenplätzen, an Waldrändern, truppweise oder in Kreisen. Stellenweise häufig, z. B. im Küstengebiet der DDR, in Dänemark, in der südlichen BRD.
Zur Verbreitung in der BRD, vgl. Krieglsteiner in Beih. Z. Mykol. 5 (1984) S. 101–102 und Karte S. 107.

Synonyme: *Clitócybe nimbáta* (Batsch 1786) Quél. 1872, *Tricholóma panaéolum* (Fr. 1838) Quél. 1872, *Lepísta panaéola* (Fr.) Karst. 1879, *Rhodopaxíllus panaéolus* (Fr.) Mre. 1913.
Anmerkung: Die Abgrenzung von *Lepísta rickénii* Sing. (*Tricholóma panaéolum* sensu Ricken 1915) mit dunklerem stärker getropftem Hut und größeren Sporen (6,0–7,5 µm lang) ist bislang problematisch und nicht allgemein anerkannt. – Bild 74 nach einem Fund in Stollberg/Erzgebirge.

75. Blaßblauer Rötelritterling

Eßbar

Lepísta glaucocána (Bres. 1881) Sing. 1951

Hut: Bräunlich lilablaß, blaß blauviolett, in der Mitte mehr braun, ziemlich dünnfleischig, oft mit verbogenem Rand, 5–10 (–20) cm breit.
Blätter: Hell schmutzig lila, sehr gedrängt, mit gezähnelter Schneide, ausgebuchtet.
Stiel: Blaß bläulich, oben weißflockig bereift, unten mehr weißfaserig; Basis oft abgeknickt.
Fleisch: Weißlich, im Stiel etwas ockerlich, mit würzig strengem, herbem Geruch (nach Bresadola mit Mehlgeruch).
Sporen: 6–7,5 × 4–4,5 µm, warzig.
Vorkommen: Laub- und Nadelwald (Fichte, Buche), auf dem Fallaub oder der Nadelstreu, oft in dichten Trupps, in Reihen oder Kreisen. Alpenländer (hier nicht selten), Thüringer Becken.

Synonyme: *Tricholóma glaucocánum* Bres. 1881, *Rhodopaxíllus núdus* var. *glaucocánus* (Bres.) Konr. & Maubl. 1937, *Rh. glaucocánus* (Bres.) Métrod 1942, *Clitócybe glaucocánus* (Bres.) Bigelow & A. H. Smith 1969.

Anmerkung: Zur Verbreitung in der BRD vgl. Krieglsteiner in Beih. Z. Mykol. 5 (1984), S. 97 und Karte S. 105 – Bild 75 nach einer Kollektion vom Kyffhäuser (DDR).

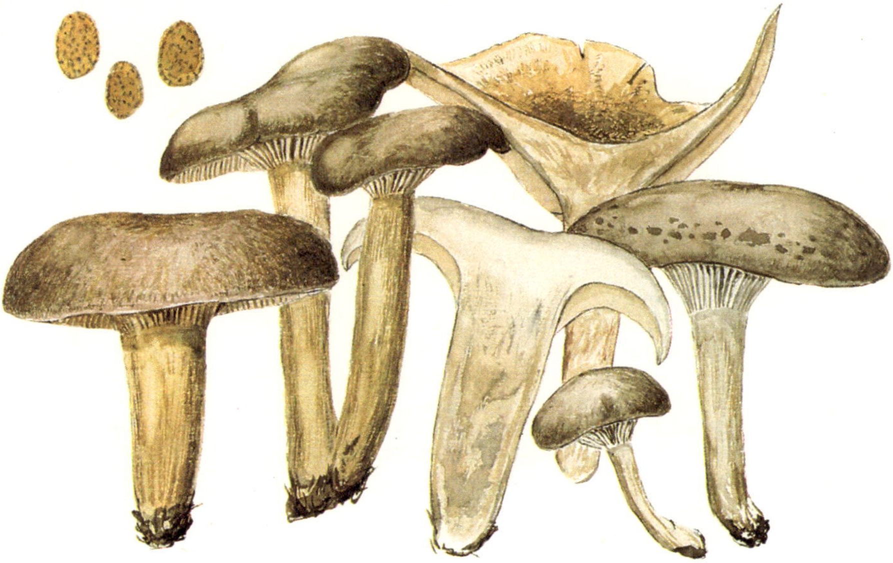

74

75

74. Graubrauner Rötelritterling, *Lepista luscina.* 1/3 nat. Gr.

75. Blaßblauer Rötelritterling, *Lepista glaucocana.* 1/2 nat. Gr.

76. Fleischbrauner Rötelritterling, Schmutziger R.

Eßbar

Lepista sórdida (SCHUM.: FR. 1821) SING. 1951

Hut: Graurötlichlila (Fliederfarbe) bis fast graubraun, schließlich ohne lila Tönung, fleischbraun, hygrophan, feucht glänzend, trocken mehr grau, matt, jung, glockig, gewölbt, mit Bukkel, dann niedergedrückt, 3–7 cm breit, dünn, gebrechlich. Rand zuerst eingerollt, mitunter schwach gestreift, schließlich ausgebreitet, flatterig und etwas hochgebogen.
Blätter: Blaßlila, dann fleischlila, lilabraun bis schokoladefarben, bald ausblassend, dann schmutzig, gedrängt, etwas bauchig, ausgebuchtet, nur wenig herablaufend, leicht ablösbar.
Stiel: Schmutzig lilarötlich, blasser als der Hut, dann schmutzig, bräunlich, 3–6 × 0,4–0,8 cm, feinfaserig gestreift, berindet, am Grunde weißfilzig, elastisch, oft verbogen infolge des büscheligen Wachstums.
Fleisch: Graulila, trocken fast weiß, wäßrig, Geschmack mild, Geruch mitunter etwas unangenehm.
Sporen: Farblos, länglich ellipsoid, feinwarzig-stachelig, 6–7 × 3–4 µm. Staub blaß-graulila.
Vorkommen: Juli bis November meist außerhalb des Waldes, auf Schuttplätzen, Komposthaufen, auf gedüngten Boden, an Wegrändern; in dichten Büscheln, mitunter auch in Kreisen oder einzeln. Häufig.

Synonyme: *Tricholóma sórdidum* (SCHUM.: FR.) KUMM. 1871, *Rhodopaxíllus sórdidus* (SCHUM.: FR.) MRE. 1913, *Lepísta tárda* PECK 1897. – Nicht = *Clitócybe sórdida* VEL. 1920.

77. Würziger Tellerling

Eßbar

Rhodócybe truncáta (QUÉL. 1880) M. BON 1985

Hut: Fleischbräunlich-fleischrötlich, in der Mitte feinflockig, gewölbt, später niedergedrückt, 5–10 cm breit, fleischig, mit eingerolltem, bereiftem Rand.
Blätter: Erst weißlich, dann blaßgelbbräunlich, zuletzt schmutzig rosarötlich; ausgerandet bis herablaufend.
Stiel: Weißlich bis fleischrötlich, nach oben hin mehlig, 5–7 × 1–1,2 cm.
Sporen: Ellipsoid, bis schwach eckig, rauh, 5–7 × 3–5 µm.
Fleisch: Weißlich, dann blaß gelbrötlich; mit Mehlgeruch.
Vorkommen: August bis September im Nadel-, mitunter auch im Laubwald, truppweise. Ziemlich selten.
Verbreitungskarte für die BRD: KRIEGLSTEINER in Beih. Z. Mykol. **3** (1981), S. 140.

Synonyme: *Tricholóma truncátum* QUÉL. 1880 *Rhodopaxíllus truncátus* (QUÉL.) MRE. 1913, *Clitopílus truncátus* (QUÉL.) KÜHNER & ROMAGN. – Der Artname *truncátum* SCHAEFF. wird für einen Fälbling in Anspruch genommen (s. Bd. IV/33); die Deutung der Originaldiagnose und -abbildung von J. CH. SCHAEFFER ist umstritten.
Pseudonym: *Tricholóma géminum* (PAULET ex FR. 1838) GILL. 1874 sensu J. LANGE 1935, non al.

76. Fleischbrauner Rötelritterling, *Lepísta sórdida.* Nat. Gr.

77. Würziger Tellerling, *Rhodócybe truncáta.* 2/3 nat. Gr.

78. Orangerötlicher Adernseitling

Wert unbekannt

Rhodótus palmátus (Bull. 1785: Fr. 1821) Mre. 1925

Kennzeichen: Leicht erkennbar an der orangerötlichen Farbe, der schwammig-gelatinösen Schicht unter der Hutoberhaut, seinem dachziegelig-rasigen Auftreten an Laubhölzern.
Hut: Orangerosa-aprikosenfarbig, leicht bereift, zuletzt kahl, stark aderig-runzelig und durch die vorspringenden Adern meist netzig gefeldert; mit gelatinöser Schicht unter der Oberhaut; gewölbt, schließlich ausgebreitet, mehr oder weniger unregelmäßig, 3–6 (–8) cm breit; elastisch, ausdauernd, fleischig, gallertartig aussehend; ziemlich dick, zäh. Rand eingerollt dann ausgebreitet, mitunter nach oben umgeschlagen, durchsichtig, glatt oder gestreift-gefurcht.
Blätter: Zuerst weißlich, dann orangerötlich, blasser als der Hut; wenig gedrängt, buchtig-frei, um den Stiel herum manchmal ein „Halsband" (Collar) bildend; nach dem Rande schmaler werdend, ungleich breit, ziemlich dick, manchmal aderig; elastisch. Sie besitzen eine zähe, gelatinöse, in der Jugend bilaterale Trama, die aber im Alter eine undeutliche Struktur zeigt.
Stiel: Orangerötlich, an der Spitze blasser, seidenhaarig oder bereift, kahl werdend, 1–4 × 0,3–0,8 cm, mehr oder weniger exzentrisch, voll, faserfleischig; gekrümmt, fast gleichmäßig, mit dem Hut fest verwachsen.
Fleisch: Blaßrötlich im Hut, orangerötlich bis gelbrötlich im Stiel; dick, fest, aber zugleich schwammig, leicht Wasser aufnehmend (mehr oder weniger hygrophan). Geruch obstartig, stark nach Mirabellen (nach Quélet), Geschmack bitterlich.
Sporen: Zuerst fast farblos, dann blaßgelbrötlich: fast rundlich (nicht eckig), unten mit stumpfer Spitze von 1 µm Länge (apiculum = Ansatzstelle des Sterigmas); deutlich stachelig im Exospor, 6–7 × 5,5–6,5 µm. Nicht amyloid. Staub hellgelbrosa auf Papier; braunrötlich, wenn auf der Hutoberfläche liegend, da sie durch eine vom Hut ausgeschiedene Flüssigkeit gefärbt werden. – Chlamydosporen sollen zwischen dem Hyphengeflecht auftreten (nach Fouchet). An den Hyphen sind Schnallen vorhanden. Das Auftreten von Zystiden wurde von R. Maire nicht beobachtet; von Pouchet an den Blattschneiden in verschiedenen Formen angegeben. – Die Sporen erinnern durch ihre Bestachelung an Milchlings- und Täublingssporen.
Vorkommen: Juli bis November an abgestorbenen Laubholzstämmen und -zweigen, auch an bearbeitetem Holz, an Stümpfen, einzeln oder büschelig, oft in dichten Rasen, Westeuropa (Spanien, Frankreich, Schweiz, England), nach Fries einmal in Schweden gesammelt, von Urbonas für die Litauische SSR angegeben.
In der BRD selten im linksrheinischen Nordrhein-Westfalen und in Baden-Württemberg; Karte bei Krieglsteiner in Z. Mykol. **45** (1979): 39–43.

Synonyme: *Crepidótus palmátus* (Bull.: Fr.) Gill. 1874, *Pleurótus palmátus* (Bull.: Fr.) Quél. 1882, *P. subpalmátus* (Fr. 1838) Gill. 1874.

78. Orangerötlicher Adernseitling, *Rhodótus palmátus.* Nat. Gr.

79. Orangeseitling

Eßbar

Phyllotópsis nídulans (PERS. 1798: FR. 1821) SING. 1936

Kennzeichen: Orangegelbe, stiellose, muschelförmige, seitlich angeheftete Hüte, an Baumstümpfen. Allantoide Sporen.
Hut: Bei Feuchtigkeit mattorange bis bräunlich orangegelb, trocken isabellfarbig (schmutzig gelb) oder blasser, oft wie *Hýdnum repándum*; durch gleichfarbenen Filz striegelig-samtig; muschel- bis nierenförmig, 4–9 × 4–7 cm, elastisch, trocken. Rand etwas dunkler, jung mehr oder weniger eingerollt, mit pelzartigem Filz und dadurch oft heller erscheinend. In den Filz können abstehende Schuppenhaare eingestreut sein. Der hintere Teil der Hüte ist mitunter von einem graulichen Filz überzogen. In der Jugend sitzen die Fruchtkörper mit dem Scheitel auf dem Substrat, sind also resupinat ausgebildet, wobei die Blätter in einem exzentrischen Punkt zusammenlaufen; später entwickeln sich aus einem krustenförmigen Gebilde muschelförmige Hüte, die dachziegelartig an einem Baumstumpf sitzen und horizontal abstehen. Zuletzt sind die Hüte kurzstielig ausgezogen und hier blaßstriegelig.
Blätter: Blaß orangegelb, rostgelb oder ockerbraun, zuletzt mit schwachem rötlichen Schein, ziemlich gedrängt, 3–4 mm breit.
Fleisch: Rostgelblich, saftig, elastisch, ohne gelatinöse Schicht; als fast lederig, kaum schneidbar. Geschmack mild, aber unangenehm. Geruch feucht melonenartig, alt nach verdorbenem Kohl (getrocknet besonders schlecht riechend).
Sporen: Unter dem Mikroskop farblos, anfänglich zylindrisch, dann wurst- bis nierenförmig (nicht eckig), wenig rauh, 5,5–6,5 × 2,5–3,5 µm. Staub fleischrosa. Basidien mit gelblichem Inhalt, meist mit 2 schwachen Anschwellungen.
Vorkommen: September bis April in Nadel- und Laubholzstümpfen (z. B. Fichte, Kiefer, Buche, Birke, Espe), häufig in den Gebirgen und in Nordeuropa, selten im Flachland der DDR; auch an verarbeitetem Holz; einzeln oder büschelig wachsend. Auffallend z. B. an Fichtenstümpfen im Harz nach der Schneeschmelze.
Verwechslungen: Man vergleiche den borstig behaarten **Borstigen Knäuling** (*Pánus lecómtei* Nr. 94), den **Muschelkrempling** (*Tapinélla panuoídes*, Nr. 290) mit queraderig verbundenen Lamellen, sowie den **Falschen Pfifferling** *Hygrophorópsis aurantíaca*, Bd. I/139) mit gegabelten Lamellen und deutlichem Stiel.

Synonyme: *Pleurótus nídulans* (PERS.: FR.) KUMM. 1871, *Crepidótus jonquilla* (LÉV. 1855) QUÉL. 1888.

80. Ohrförmiger Seitling

Bedeutungslos

Phyllótus pórrigens (PERS. 1796: FR. 1821) KARST 1879

Kennzeichen: Schneeweiße, fleischige, stiellose, ohrförmige Fruchtkörper an Nadelholz, im Gebirge.
Fruchtkörper: Rein weiß, schließlich gelblich, kahl, am Grunde filzig, erst rundlich schildförmig, flach am Holz anliegend, mit dem Scheitel angeheftet, dann seitlich aufsteigend und ohrförmig ausgestreckt, nach dem Grunde hin verschmälert, 3–8 (–12) cm breit; dünnfleischig. Rand durchscheinend, filzig, erst eingerollt, später flatterig und gelappt.
Blätter: Weißlich, später gelblichweiß, engstehend, sehr schmal, mitunter geteilt; in einem Punkt zusammenlaufend.
Fleisch: Weißlich, fest und zäh; geruch- und fast geschmacklos.
Sporen: Farblos, fast rundlich, glatt, 6–7 × 5–6 µm; nicht amyloid. Keine Zystiden.
Vorkommen: Juli bis Oktober an morschen Nadelholzstämmen und -stümpfen, besonders im Gebirgswald; in dachziegeligen Rasen. Ziemlich selten; besonders in Nordeuropa.

Synonyme: *Pleurótus pórrigens* (PERS.: FR.) KUMM. 1871, *Pleurotéllus pórrigens* (PERS.: FR.) KÜHNER & ROMAGN. 1953, *Pleurocybélla pórrigens* (PERS.: FR.) SING. 1947.

79. Orangeseitling, *Phyllotópsis nídulans.* Nat. Gr.

80. Ohrförmiger Seitling, *Phyllótus pórrigens.* Nat. Gr.

81. Nadeln-Zwergmuscheling

Bedeutungslos

Phaeotéllus acerósus (Fr. 1821) Kühner & Lamoure 1972

Hut: Grünlichgrau bis grau, trocken weißgrauseidig; halbkreisförmig bis nierenförmig, auch fächerförmig, flach oder becherförmig; schließlich lappig-flatterig, 0,8–3,0 cm breit; dünnfleischig.
Blätter: Grau, gedrängt, am Stiel scharf abgesetzt.
Stiel: Grauweißlich, sehr kurz, seitlich stehend, 0,3–1 × 0,3–0,5 cm; mit stiegeliger Basis.
Fleisch: Weiß, dünn.
Sporen: Farblos; länglich-ellipsoid, 6–8 × 3–4,5 µm, glatt, nicht amyloid.
Vorkommen: September bis November in Nadelwäldern und Mooren, an faulem Holz, Nadeln, Binsenresten und auf nacktem Torf. Zerstreut.

Synonyme: *Pleurotéllus acerósus* (Fr.) Konr. & Maubl. 1937, *Omphálina acerósa* (Fr.) M. Lange 1955, *Leptoglóssum acerósum* (Fr.) Kühner & Romagn. 1953.

Anmerkung: Zur Taxonomie dieser vielgestaltigen Art vgl. R. Kühner & D. Lamoure in Botaniste, sér. 55 (1972): 7–37. Diese Autoren unterscheiden 3 oder 4 Varietäten, welche sich durch Sporengröße und -form unterscheiden. Var. *tenéllus* Kühner 1954 hat 2sporige Basidien, var. *acerósus* 4sporige.

82. Schneeweißer Zwergseitling

Bedeutungslos

Pleurotéllus chióneus (Gill. 1874) Konr. & Maubl. 1937

Hut: Schneeweiß, wollig-filzig oder fast kahl, rundlich oder huf- bis nierenförmig, oft resupinat; 0,4–1 (–1,5) cm breit, dünnhäutig; seitlich angeheftet.
Blätter: Zuerst weiß, dann schwach gelblich, im Alter ockerlich.
Stiel: Meist ohne Stiel oder nur flüchtig angedeutet.
Fleisch: Weiß, ohne gelatinöse Schicht.
Sporen: Farblos, lang eiförmig, glatt, 6,5–9 × 4–5,5 µm, nicht amyloid. Staub schmutzigweiß. Keine Zystiden.
Vorkommen: September bis Dezember an Laubholzstümpfen und anderen absterbenden Pflanzen; auch an vermodernden Fruchtkörpern anderer Pilze, insbesondere Porlingen (nach Pilát). In der ganzen Welt verbreitet.

Synonym: *Pleurótus chióneus* Gill. 1874

Anmerkung: Die Arten Nr. 81 bis 83, die heute in verschiedenen Gattungen eingeordnet werden, sind manchmal verwechselt worden. Der **Nadeln-Zwergmuscheling** (*Phaeotéllus acerósus*, Nr. 81) unterscheidet sich von den übrigen Arten durch den aschgrauen, etwas stärker fleischigen Hut, kurzen, aber deutlichen Stiel und reinweißen Sporenstaub. Die folgenden Arten haben weiße, häutige und ungestielte Hüte sowie bräunlichen Sporenstaub: Der **Schneeweiße Zwergseitling** *(Pleurotéllus chióneus)* hat breit eiförmige Sporen, der **Muschelförmige Krüppelfuß** (*Crepidótus herbárum*, Nr. 83a) hat spindelförmige Sporen, der **Weichhaarige Krüppelfuß** (*Crepidótus pubéscens*, Nr. 83b) hat wesentlich größere, länglich-ellipsoide Sporen und auch größere Hüte.

81. Nadeln-Zwergmuscheling, *Phaeotéllus acerósus.* 3/2 nat. Gr.

82. Schneeweißer Zwergseitling, *Pleurotéllus chióneus.* 3/2 nat. Gr.

83a. Muschelförmiger Krüppelfuß

Bedeutungslos

Crepidótus herbárum (PECK 1874) SACC. 1887

Hut: Milchweiß, fein weißfilzig-flaumig oder kahl, trocken; rundlich, zuerst umgewendet, mit dem stielförmig ausgezogenen Scheitel angewachsen, dann vom Substrat sich abbiegend, muschel- bis nierenförmig werdend (sehr veränderlich in der Form) 0,3–1 cm breit; häutig.
Blätter: Weißlich, später mit gelblichem Schein, bei trockenen Herbarexemplaren schwach braungelblich getönt; radial um das winzige Stielchen stehend; wenig zahlreich.
Stiel: Nur selten vorhanden, meist nur angedeutet, öfter bei älteren Fruchtkörpern auftretend, dann 0,4 × 0,2 cm.
Fleisch: Weiß, dünn; geruch- und geschmacklos.
Sporen: Farblos, länglich-ellipsoid oder spindelförmig, 6–9 × 2,3–3 µm. Staub sahneweißlich oder blaß bräunlichgelb.
Vorkommen: September bis Dezember an vermoderndem Holz von abgefallenen Zweigen und Ästen, an faulenden Brettern, an derberen Kräuterstengeln und anderen abgestorbenen Pflanzenteilen (Blättern).

Synonyme: *Pleurotéllus herbárum* (PECK) SING, 1951, *Pleurótus pubéscens* (SOW., 1797/1815) SCHROET. 1889, *Crepidótus pubéscens* (SOW.) KÜHNER & ROMAGN. 1953, non BRES. 1930 (s. Nr. 83b), *Crepidótus commíxtus* BRES. 1912, *Pleurótus commíxtus* (BRES.) BRES. 1928.
Pseudonym: *Pleurótus sépticus* (FR. 1821) KUMM. 1871 sensu RICKEN, PILÁT, non FRIES (= zweifelhafte Art).

83b. Weichhaariger Krüppelfuß

Bedeutungslos

Crepidótus pubéscens BRES. 1930

Hut: Weißlich bis gelbbräunlich, samtig, nierenförmig bis fast eiförmig, 1–2,5 cm breit, ohne gelatinöses Häutchen. Rand erst eingerollt.
Blätter: Weißlich bis schwach zimt- oder tonrötlich, fast gedrängt, nahezu bauchig.
Stiel: Weiß, filzig, seitlich stehend, kurz, mitunter auch fehlend.
Fleisch: Weiß, weich, ohne Geruch und Geschmack.
Sporen: Graugelblich, länglich-ellipsoid, glatt, ziemlich groß, 8,5–12 × 5–6 µm. Staub blaß zimtbräunlich.
Vorkommen: September bis Oktober auf kahlem Boden und auf Pflanzenresten.

Synonym: *Crepidótus bresádolae* PIL. 1948. – *C. pubéscens* BRES. sensu LGE. ist *C. lutéolus* (LAMBOTTE 1880) SACC. 1887, s. Nr. 86.

83a

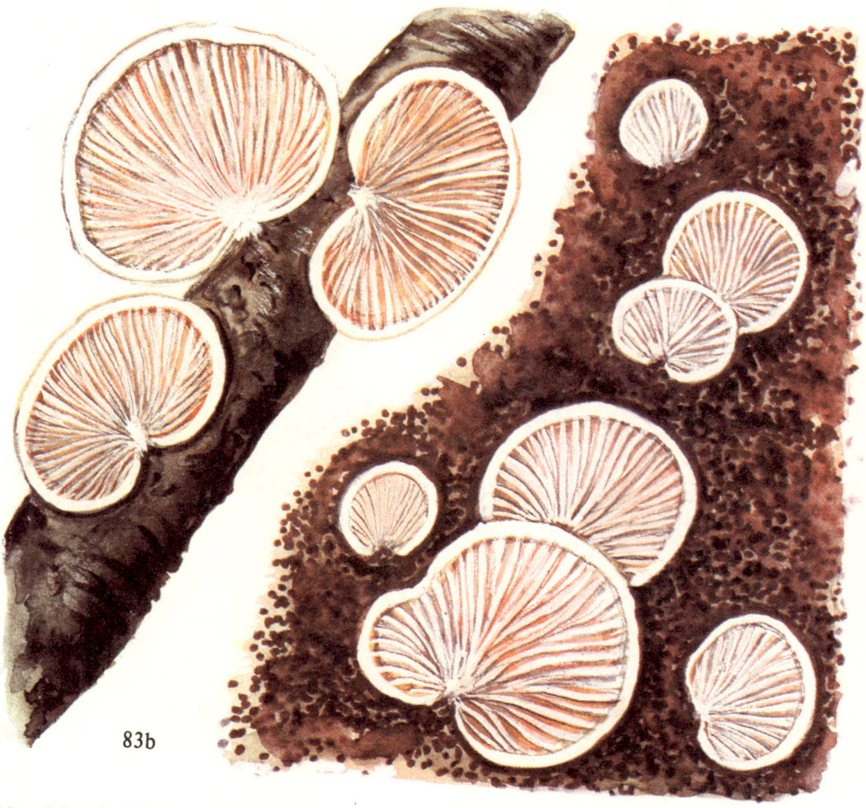

83b

83 a. Muschelförmiger Krüppelfuß, *Crepidótus herbárum.* 3/2 nat. Gr.

83 b. Weichhaariger Krüppelfuß, *Crepidótus pubéscens.* 3/2 nat. Gr.

84. Gemeiner Krüppelfuß

Bedeutungslos

Crepidótus variábilis (PERS. 1799: FR. 1821) KUMM. 1871

Hut: Weiß, wollig-flaumig, seidig, dann bräunend und glatt; nicht klebrig, ohne gallertartige Schicht, oft mit dem Scheitel angeheftet; zuerst glockig gewölbt, dann ausgebreitet, rundlich bis lappig, muschel- oder nierenförmig; 0,5–3 cm breit; fast häutig. Rand lange eingerollt.
Blätter: Erst weißlich, dann schmutzig gelbrötlich-bräunlichrosa, später dunkler; fast entfernt, schmal, dünn, meist in einem exzentrischen Punkte stumpf endigend, und zwar dort, wo der Fruchtkörper am Substrat ansitzt oder wo das verkümmerte Stielchen beginnt. Kürzere Blätter stehen zwischen den längeren.
Stiel: Weiß, feinsamtig, nur im ersten Jugendstadium wahrnehmbar, später fast stiellos.
Fleisch: Weißlich, dünn, in der Hutmitte etwas dicker; geschmack- und geruchlos.
Sporen: Durchsichtig, blaßgelb unter dem Mikroskop; sonst blaßziegelrötlich, als Staub dunkler, ockerbräunlich, mit rötlichem Schein; feinwarzig, zylindrisch-ellipsoid, klein, 5,5–7 × 2,8–3,5 µm.
Zystiden: Unregelmäßig, länglich-keulig-spindlig.
Vorkommen: Juni bis November an feuchten, morschen Ästchen und Zweigen, auch an größeren Holzstückchen von Laubhölzern. Häufig, mitunter in Menge. Selten an lebendem Holz.

Synonyme: *Claudopus variábilis* (PERS.: FR.) GILL. 1874, *Dochmíopus variábilis* (PERS.: FR.) PAT. 1887.

85. Kugelsporiger Krüppelfuß

Bedeutungslos

Crepidótus cesátii (RABH. 1851) SACC. 1887

Kennzeichen: Sehr ähnlich der vorigen Art; mit fast kugeligen Sporen und dickeren, weiterstehenden Blättern; besonders auf Nadelholz vorkommend.
Hut: Weiß; feinfilzig, rundlich, 0,5–2 cm breit, mitunter zerschlitzt; mit zottigem, eingerolltem Rand.
Blätter: Weißlich, dann blaßrötlich, zuletzt roströtlich; ziemlich weitstehend.
Sporen: Blaßgelb unter dem Mikroskop, mit kurzen, feinen, deutlich aufgerichteten Stacheln, fast rundlich, 7–10 × 6–8 µm. Staub schmutzig falbrötlich.
Vorkommen: Juli bis November hauptsächlich an totem Nadelholz, seltener an abgestorbenen Laubholzästen. – Die Fruchtkörper trocknen am Substrat ein und halten sich bis zum März. Ziemlich häufig. In Italien oft an *Eucalýptus*-Bäumen.

Synonyme: *Dochmíopus sphaerósporus* (PAT. 1884) PAT. 1887, *Crepidótus sphaerósporus* (PAT.) LGE. 1938.

84

85

84. Gemeiner Krüppelfuß, *Crepidótus variábilis.* Nat. Gr.

85. Kugelsporiger Krüppelfuß, *Crepidótus cesátii.* Nat. Gr.

86. Flaumiger Krüppelfuß

Bedeutungslos

Crepidótus lutéolus (LAMBOTTE 1880) SACC. 1887

Hut: Blaß ockergelblich, dann mehr gelblich, samtig, sonst wollig-filzig, 1–3 (–4) cm breit, gewölbt, dann flach.
Blätter: Weißlich, später schmutzig ockerbräunlich, nicht sehr dichtstehend, dick, breit bauchig.
Stiel: Weiß, filzig, meist nur jung entwickelt, später fast immer verschwindend.
Fleisch: Weiß, dünn, geruch- und geschmacklos.
Sporen: Blaß gelbbraun, glatt oder feinpunktiert, länglich-ellipsoid, 8–11 (–13) × 4–5,5 µm (meist doppelt so lang wie breit). Staub dunkel ockerbraun.
Vorkommen: Juli bis Oktober meist auf derberen, krautigen Pflanzen, selten auf Laubholz, an feuchten Stellen im Walde. Ziemlich selten.

Synonym: *Dochmíopus terrícola* (BRITZ. 1897) FAVRE 1935.
Pseudonym: *Crepidótus pubéscens* BRES. 1930 sensu J. LANGE 1939, non BRESADOLA (s. Bd. III/83b).

86. Flaumiger Krüppelfuß, *Crepidótus lutéolus.* 2/1 nat. Gr.

87. Gelbstieliger Muschelseitling

Eßbar

Sarcomýxa serótina (SCHRADER 1794: FR. 1821) KARST. 1891

Kennzeichen: Die gelblichen Farbtöne an Hut, Blättern und Stiel, Muschelform, Vorkommen an Laubhölzern von Herbst bis in den Winter.
Hut: Gelbgrün, olivgrün bis olivbräunlich auf ockerfarbenem Untergrund; nach dem Stiel zu meist striegelig-filzig; anfangs klebrig; muschel-, nieren- oder auch löffelförmig; 4–10 cm breit, seitlich gestielt, später geschweift. Derbfleischig.
Blätter: Gelblich bis blaßocker, schließlich bräunlich; an der Schneide mitunter violettlich gefärbt; gedrängt; angewachsen.
Stiel: Schön goldgelb bis schwefelgelb, durch bräunlich, filzige Schüppchen punktiert; seitlich stehend; kurz, dick, 2 × 1,5–2 cm; voll.
Fleisch: Blaß, mit gelatinöser Schicht im Innern des Hutes; schwammig; ohne Geruch und Geschmack.
Sporen: Farblos, zylindrisch, meist gekrümmt, klein, 4,5–5,5 × 1–2 µm. Große **zystiden** (40–50 × 10–12 µm), an den Blattschneiden stumpfkeulig, mit gelblichem bzw. violettlichem Saft.
Vorkommen: September bis Dezember an Stubben von Erlen, Birken, Buchen, Eichen und Obstbäumen, einzeln oder rasig.

Synonyme: *Pleurótus serótinus* (SCHRAD.: FR.) KUMM 1871, *Acanthocýstis serótina* (SCHRAD.: FR.) KONR. & MAUBL., 1937, *Hohenbuehélia serótina* (SCHRAD.: FR.) SING 1951, *Panéllus serótinus* (SCHRAD.: FR.) KÜHNER 1953.
Zur Bildtafel: Die beiden rechten Stücke sind jüngere Exemplare, die etwas vergrößert gemalt wurden.
Anmerkung: Verbreitungskarte für die BRD: KRIEGLSTEINER in Beih. Z. Mykol. **3** (1981), S. 105; für die ČSSR PILÁT in Česká Mykol. **19** (1965), S. 6.

88. Blauschwarzer Muscheling, Gelatinöser M.

Bedeutungslos

Hohenbuehélia atrocoerúlea (FR. 1815: FR. 1821) SING. 1951

Hut: Blauschwarz, graubraun, olivbraun, schwarzbraun oder auch rötlichbraun, fast bis zum Rand mit einer porösen, grauweißlichen Filzschicht überzogen (die Farbe ist abhängig von der Dicke und dem Quellungsgrad der gallertigen Schicht); muschel- bis nierenförmig; anfangs mit dem Scheitel angeheftet und dem Substrat anliegend, später abgebogen; 2–5 cm breit, fleischig. Rand dunkel, kahl; gelappt, anfangs gerieft. Die dünne Hutoberschicht ist gummiartig und leicht abziehbar.
Blätter: Weißlich, trocken holzfarben bis ockergelblich; ziemlich gedrängt, schmal, in einem exzentrischen Punkt zusammenlaufend.
Fleisch: Weißlich mit einer charakteristischen, gut entwickelten, blassen, durchsichtig-gelantinösen Schicht unter der Oberhaut. Diese Schicht erscheint beim trocknen Pilz als dunkle Linie. Riecht stark nach Mehl.
Sporen: Farblos, länglich-ellipsoid, glatt, 7–9 (–12) × 3,5–5 µm. Sporenstaub weiß.
Zystiden an Blattschneide und Blattfläche dickwandig, spindelig-pfriemlich, im oberen Teil mehr oder weniger inkrustiert, mitunter morchelartig aussehend.
Vorkommen: Juli bis November an lebendem und totem Laubholz, Parasit oder Saprophyt, besonders an Buchen, Eichen, Ebereschen, Pappeln; einzeln oder dachzieglig-rasig, auch treppenartig. Nicht selten.

Synonym: *Pleurótus atrocoerúleus* (FR.: FR.) KUMM. 1871.

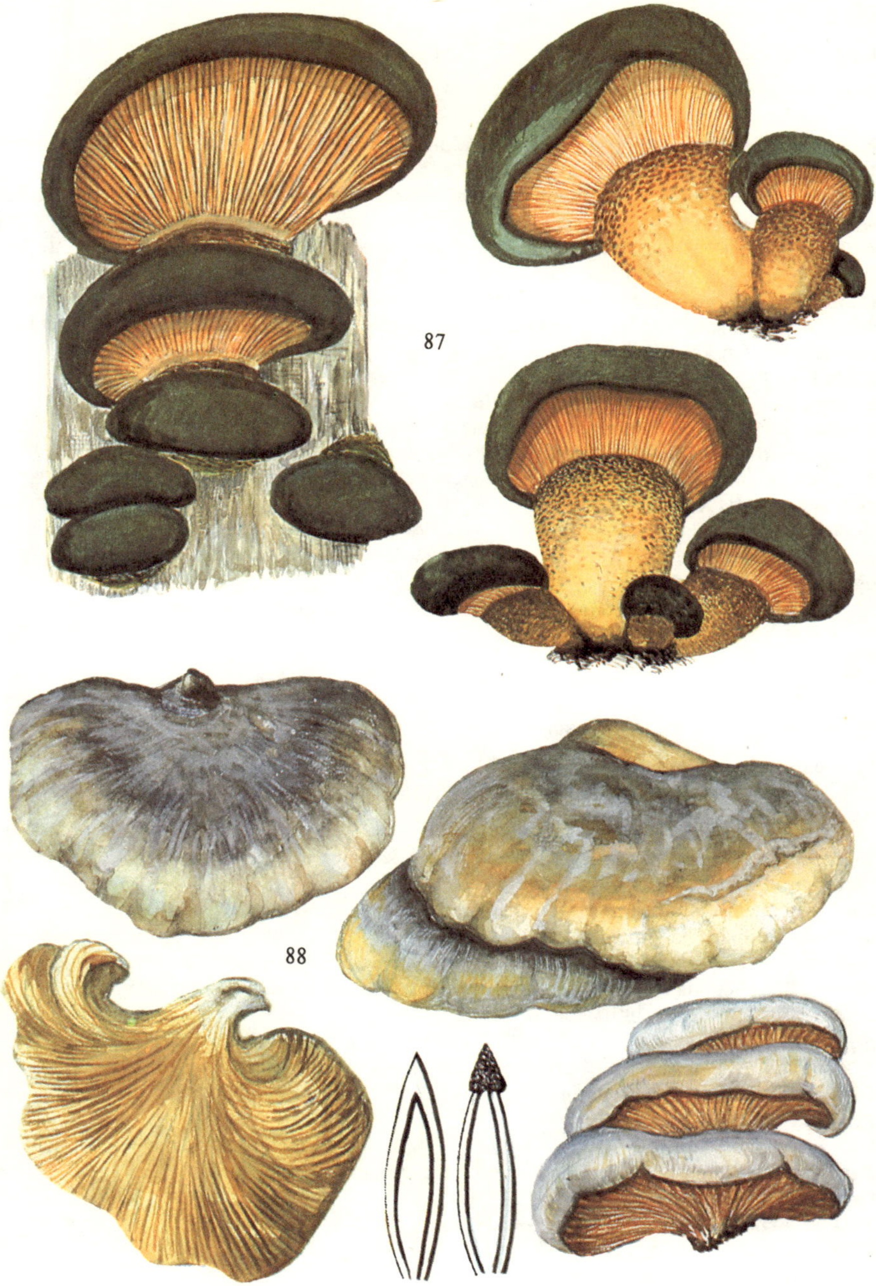

87. Gelbstieliger Muschelseitling, *Sarcomýxa serótina.* Nat. Gr.

88. Blauschwarzer Muscheling, *Hohenbuehélia atrocoerúlea.* Nat. Gr.

89. Erd-Muscheling

Jung eßbar

Hohenbuehélia geogénia (DC. 1804) SING. 1951

Kennzeichen: Halbtrichterige, dunkelbräunliche, kräftige Fruchtkörper mit schwachem Mehlgeruch; meist auf dem Erdboden wachsend.
Hut: Nußbraun (dunkelgelbbraun) bis schokoladebraun, feucht glänzend; wie ein längs durchschnittener Trichter aussehend, der innen von einem weißlichen, feinsamtigen Reif bedeckt ist, besonders in der Tiefe, nach oben hin verschwindend; 4–10 (–15) cm breit, 3–6 (–12) cm hoch; fleischig. Rand dünn, zuerst eingerollt, dann flacher, scharf, wenig gelappt.
Blätter: Weißlich, später blaßgelblich, sehr gedrängt, stark herablaufend (fast bis zum Erdboden); unten oft gabelig oder in verästelten Falten endend, die auch spiralig oder schneckenförmig verlaufen können.
Stiel: Weißlich, feinsamtig bereift, rillig; seitlich stehend, aufgerichtet, kurz, nach unten etwas verjüngt, mitunter auch knollig verdickt; 1–4 × 0,5–1,5 cm; voll.
Fleisch: Weißlich, dick, faserig, zäh; schmeckt und riecht meist schwach mehlartig.
Sporen: Farblos, ellipsoid-eiförmig, 5–7 × 4–5 µm. Staub weißlich.
Zystiden: Zahlreich auf den Lamellenflächen, vereinzelt in der Huthaut, dickwandig, spitz, farblos (sog. Metuloide).
Vorkommen: August bis November auf dem Boden in Laub- und Nadelwäldern, in Gärten und Parkanlagen, meist in der Nähe von Baumstümpfen, auch auf faulenden Wurzeln; gesellig. Nicht besonders häufig.

Synoyme: *Pleurótus geogénius* (DC.) GILL. 1874, *Geopétalum geogénium* (DC.) KÜHNER & ROMAGN. 1953.
Pseudonym: *Pleurótus petaloídes* (BULL. 1785: FR. 1821) QUÉL. 1872 sensu LGE. 1936, non BULLIARD. (Abb. 89 z. T. nach LGE.).

90. Trompetenförmiger Muscheling

Jung eßbar

Hohenbuehélia rickénii (KÜHNER 1954) ORTON 1960

Kennzeichen: Spatel- oder zungenförmige, bräunlichgelbe Fruchtkörper; sehr verschieden in Farbe und Form.
Hut: Ledergelb-bräunlichgelb, mitunter fast weißlich, spatel-, zungen- oder fächerförmig, 3–10 cm breit, 3–8 cm hoch (also breiter als hoch), wenig fleischig. Rand eingerollt, rundlich gekerbt. Oberhaut abziehbar, auf einer gelatinösen Schicht liegend, also zweischichtig.
Blätter: Weißlich bis blaßgelb, engstehend, sehr schmal, ablösbar, lang strichförmig herablaufend bis zur schwach weißfilzigen Stielbasis.
Stiel: Weißlich, feinsamtig bereift, seitlich stehend kurz, mitunter verkrümmt, 1–2 × 0,5–1,2 (–4) cm, aufrecht in den Hut übergehend, manchmal etwas zusammengedrückt.
Fleisch: Weißlich, dünn, lederig-zäh; fast ohne Geruch; mitunter leicht bitterlich schmekkend.
Sporen: Farblos, ellipsoid-eiförmig, 8–9 × 4–5 µm, nicht amyloid, Staub weiß.
Zystiden: Zahlreich auf Lamellenflächen, jedoch nicht in der Huthaut; dickwandig, spitz, farblos (sog. Metuloide).
Vorkommen: Auf dem Boden von Nadelwäldern, auf Nadelstreu oder im Grase an Waldrändern. Ziemlich selten.

Synonym: *Geopétalum rickénii* KÜHNER 1954.
Pseudonym: *Pleurótus geogénius* (DC.) GILL. sensu RICKEN 1915, BRES. 1928, non DC. (s. Nr. 89).

89. Erd-Muscheling, *Hohenbuehélia geogénia.* 2/3 nat. Gr.

90. Trompetenförmiger Muscheling, *Hohenbuehélia rickénii.* Nat. Gr.

91. Berindeter Seitling

Ungenießbar

Pleurótus drýinus (Pers. 1801: Fr. 1821) Kumm. 1871

Kennzeichen: Weißlichgraue bis bräunlichgraue, dickfleischige Polster oder Muscheln; in allen Teilen gilbend; mit sehr flüchtigem Ring am kurzen Stiel.
Hut: Zuerst weißlich, dann auf blassem, gilbendem Grund oberflächlich von einer bräunlichgrauen, zusammenhängenden, dünnfilzigen, gegen den Rand hin fädig-filzigen Rinde überzogen, später durch Zerbrechen derselben angedrückt flockig-kleinschuppig, gegen den Rand hin anliegend faserig-schuppig; später in der Mitte hellbräunlich bis gelblich; anfangs polsterförmig, flachgewölbt, mehr oder weniger muschelförmig; am Rande stark eingerollt; mit dem oberen Stielende durch einen weißen, ziemlich dicken, fast watteartigen, in die faserig-filzigen Stielbekleidung übergehendem Schleier verbunden, der als flüchtiger Ring am Stiel und als Behang am Hutrande eine Zeitlang zurückbleibt: 4–15 (–20) cm breit, derb und dickfleischig.
Blätter: Wäßrigweiß, dann weißlich, an Druckstellen und beim Trocknen hellgelb werdend; entfernt, z. T. gegabelt; 9–15 mm breit, dicklich, an der Schneide dünn und leicht gewellt; zuletzt oft quer aufreißend, am Stiel herablaufend und maschig-netzig (anastomosierend) miteinander verbunden.
Stiel: Weißlich, an Druckstellen hellgelb; faserig-filzig; exzentrisch, meist am Rande stehend; kurz 2–5 (–8) × 1–3,5 cm, mit einem aufsteigenden, zerrissenen, vergänglichen, häutig-flokkigen Ring versehen, derb, voll; am Grund in einen langen, fleischigen, wurzelartigen oder spindelförmigen, gelbrötlich berindeten Strang übergehend.
Fleisch: Weißlich, bei Druck hellgelblich; es verläuft aus dem Stiel strahlig in den Hut; derb, zäh; anfangs geruchlos, im Alter würzig, etwa wie der Schuppige Sägeblättling (Nr. 99). Geschmack angenehm, nußartig.
Sporen: Farblos; walzenförmig, fast gerade oder etwas gekrümmt, 9–10 (–15) × 3–5 µm, nicht amyloid. Staub weiß.
Konidien: An der Stielbasis werden mitunter braune, dickwandige Arthrokonidien gebildet, ebenso in Reinkulturen des Myzels. Die Arthrokonidien sind kugelig, 15–20 µm im Durchmesser, und werden kettenweise an Hyphenenden abgeschnürt (Semerdžieva 1965).
Vorkommen: August bis November, selten früher, an lebenden und frisch gefällten Stämmen von Laub- und Nadelbäumen. Besonders an Birke, Buche, Eiche, Pappel, Eberesche und Apfelbaum, ferner an Roßkastanie, Hainbuche, Ulme, Haselstrauch, Linde, Tanne, Fichte u. v. a. Meist einzeln, mitunter in Büscheln. Erzeugt Weißfäule, die das Kernholz zerstört. Verbreitet.

Synonyme: *Pleurótus corticátus* (Fr. 1815: Fr. 1821) Kumm. 1871, *P. tephrótrichus* (Fr. 1815: Fr. 1821), *Lentodiópsis dryina* (Pers: Fr.) Kreisel 1977, *L. álbida* Bubák 1904.

Anmerkung: Eine an Laubholz vorkommende Abart mit schwärzlich geschupptem, sehr groß werdendem Hut wurde von Fries und Ricken als *Pleurótus corticátus.* von J. Lange als *P. corticátus* var. *tephrótrichus* (Fr. 1815: Fr. 1821) Bres. 1881 bezeichnet. – In Marokko gibt es an Stümpfen der Atlaszeder die var. *luteosaturátus* Malençon 1975, deren Stiel, Lamellen und Fleisch leuchtend goldgelb sind.

Die Arthrokonidien, früher auch als „Oidien“ oder „Aleuriosporen“ bezeichnet, entstehen durch Zerfall kurzzelliger, schnallenführender, generativer Hyphen.

91. **Berindeter Seitling,** *Pleurótus drýinus.* 2/3 nat. Gr.

92. Rillstieliger Seitling

Eßbar

Pleurótus cornucópiae (PAULET 1808 ex PERS. 1828) ROLLAND 1910

Kennzeichen: Sein graugelblicher bis bräunlicher Hut; die lang herablaufenden fädigen, am Ende netzigen Blätter; der ziemlich lange, meist fast zentralgestellte Stiel.
Hut: Blaßgelbgrau bis graubräunlich, später ausblassend, anfänglich flockig, bald kahl gewölbt, dann niedergedrückt bis trichterförmig; mehr oder weniger regelmäßig geformt, mitunter etwas seitlich ausgezogen, 5–12 cm breit, ziemlich dünnfleischig. Im Frühstadium besitzt der Hut einen schnell vergänglichen, kaum bemerkbaren Schleier.
Blätter: Weißlich, dann schmutzig weißgelblich, oft mit rosa Schein; gedrängt; breit; fadenförmig herablaufend, meist bis über die Hälfte des Stieles, so daß der Stiel gerippt erscheint. Anastomosen bildend (= weitläufiges Netz).
Stiel: Schmutzig weißlich, kahl, mit weißfilziger Basis, durch die weit herablaufenden Blätter rinnig; 3–8 × 0,7–1,5 cm; fast zentral oder exzentrisch, mitunter verästelt, oft etwas gekrümmt, voll.
Fleisch: Weiß; zuerst weich, im Alter zäh. Geschmack mild, Geruch fast mehlartig.
Sporen: Farblos, länglich-eiförmig, glatt, 8–11 × 3,5–5 µm; nicht amyloid. Sporenstaub weiß, wird nach einiger Zeit an der Luft rosalila.
Vorkommen: Juni bis Anfang November an Stümpfen und toten Stämmen von Laubholz, besonders an Ulme, ferner an Ahorn, Kirschbaum, Eiche, Buche u. a., in Büscheln oder großen Rasen. Zusammen mit *Funália (Tramétes) extenuáta* ist der Rillstielige Seitling ein Charakterpilz der Auenwälder Mitteleuropas.

Synonyme: *Pleurótus ostreátus* var *cornucópiae* (PAULET ex PERS.) QUÉL. 1886, *P. cornucopioides* (FR. 1874) GILL. 1874. *P. sápidus* (SCHULZER in KALCHBR. 1873) SACC. 1887; *P. sápidus* im Sinne der nordamerikanischen Autoren ist jedoch *P. ostreátus*, der Austernpilz (Bd. I/110).

Der Rillstielige Seitling wurde von vielen Autoren wie QUÉLET, PILÁT u. a. für eine Varietät des Austernpilzes angesehen und mit blassen Formen von *P. ostreátus* verwechselt. Von diesen unterscheidet sich jedoch *P. cornucópiae* durch den wenig exzentrischen, durch die bis zur Basis herablaufenden Lamellen gerippten Stiel, die an der Stielbasis netzartig verbundenen Lamellen, viel dünneres Hutfleisch und breitere, nicht zylindrische Sporen; vgl. HERSCHEL in Mykol. Mitt. 8 (1964): 1–5.

Unsere Tafel zeigt eine hellere, im Waldesinneren an Ulme, und eine dunklere, an lichtem Standort an Bergahorn gewachsene Form.

92. Rillstieliger Seitling, *Pleurótus cornucópiae.* 2/3 nat. Gr.

93. Birken-Knäuling

Ungenießbar

Pánus conchátus (Bull. 1787: Fr. 1821) Fr. 1838

Kennzeichen: Muschel- bis trichterförmige, büschelige Fruchtkörper von sehr verschiedener Farbe und Form, an Laubholz. Im Alter von gänzlich anderer Farbe als in der Jugend. Junge Exemplare sind in allen Teilen schön lilarötlich.

Hut: Jung lilarötlich, dann hell fleischrötlich bis graurötlich oder auch fleischbräunlich, alt hellockergelb; kahl, glatt, alt mitunter etwas schuppig; unregelmäßig, lappig, muschelförmig, flach trichter- bis becherförmig, auch halb trichterförmig, mitunter niedergedrückt; unten oft knäuelig verwachsen; 5–8 (–10) cm breit. Rand anfangs eingerollt, lilafarbig, bereift oder feinfilzig, später glatt und scharf, schließlich mitunter schwach gestreift.

Blätter: Erst blaßlilarötlich, hell fleischrötlich, später ledergelb bis hellockerfarbig; mäßig dicht stehend, herablaufend, bisweilen ästig oder netzaderig; Schneide ganzrandig.

Stiel: Jung lilarötlich, graurötlichbraun oder grauviolettlich, zuletzt blaß ockergelb, angedrückt flaumig-weißfilzig; kurz, 2–3 × 1–1,5 cm, seitlich stehend, oft schräg gerichtet, mitunter fehlend; voll, zäh. Oft mit den Stielen der Nachbarfruchtkörper verwachsen.

Fleisch: Weiß, lederig-zäh, schließlich lederig-holzig, mild, leicht säuerlich, nach längerem Kauen zusammenziehend. Geruch angenehm.

Sporen: Farblos, ellipsoid-eiförmig bis kurzzylindrisch, 5–6 × 3–3,5 µm; nicht amyloid. Staub weiß.

Vorkommen: Juni bis November büschlig-rasig an Laubholzstümpfen, besonders an Birken, Buchen und Pappeln, seltener parasitisch an lebenden Stämmen; vor allem im Gebirge; ziemlich häufig. Sehr polymorph und daher mit den verschiedensten Namen bezeichnet.

Synonyme: *Pleurótus conchátus* (Bull.: Fr.) Kumm. 1882, *Lentinopánus conchátus* (Bull.: Fr.) Pil. 1941, *Pánus torulósus* (Pers. 1801: Fr. 1821) Fr. 1883 *P. cárneo-tomentósus* (Batsch 1783) Ricken 1915, *P. flabellifórmis* (Schaeff. 1774) Quél. 1888.

94. Borstiger Knäuling

Ungenießbar

Pánus lecómtei (Fr. 1825) Corner 1981

Kennzeichen: Am Borstenfilz des ganzen Fruchtkörpers leicht kenntlich; aber sehr veränderlich, besonders in der Stiellänge und in der Behaarung des Fruchtkörpers sowie in der Farbe.

Hut: Jung fleischrötlich mit violetten Tönen, doch bald verblassend, ockergelblich verfärbend; trocken hell ockergelb bis fast weißlich; rauhhaarig durch zusammengebündelte Borsten, die als zusammenstehender Filz abstehen; trichterig, auch muschel- oder nierenförmig, niedergedrückt, 3–8 (–10) cm breit, dünnfleischig, zäh. Rand lange eingerollt, borstig, später gelappt; mitunter mit olivlichen Tönen.

Blätter: Holzfarbig bis ockergelb, mitunter zuerst violett überhaucht, gedrängt, schmal, weit herablaufend.

Stiel: Blaßgrau; rauhhaarig, sehr kurz, mitunter fast fehlend, 0,5–1,2 × 1 cm voll.

Fleisch: Weißlich, fest, lederig. Geschmack zuerst mehlartig, zuletzt bitter und brennend.

Sporen: Farblos, zylindrisch, 5–6 × 2–3 µm, nicht amyloid.

Zystiden: An Lamellenflächen und -schneiden, sehr dickwandig (Metuloide).

Vorkommen: Ganzjährig an Laubholzstümpfen, besonders Buche, Birke, Pappel, Eiche; besonders in den Gebirgen, selten im Flachland. Eine fast kosmopolitische Art, in den Tropen durch die var. *strigéllus* (Berk & Curt. 1869) Sing. 1943 vertreten.

Synonyme: *Lentínus lecómtei* Fr. 1825, *L. strigósus* (Schw. 1822) Fr. 1825, non *Panus strigósus* Berk. & Curt. 1859; *Pánus rúdis* Fr. 1838, *P. strigéllus* (Berk. & Curt. 1868) Chardon & Toro 1934, *P. semirúdis* Sing. 1936, *Pleurótus rúdis* (Fr.) Pil. 1935.

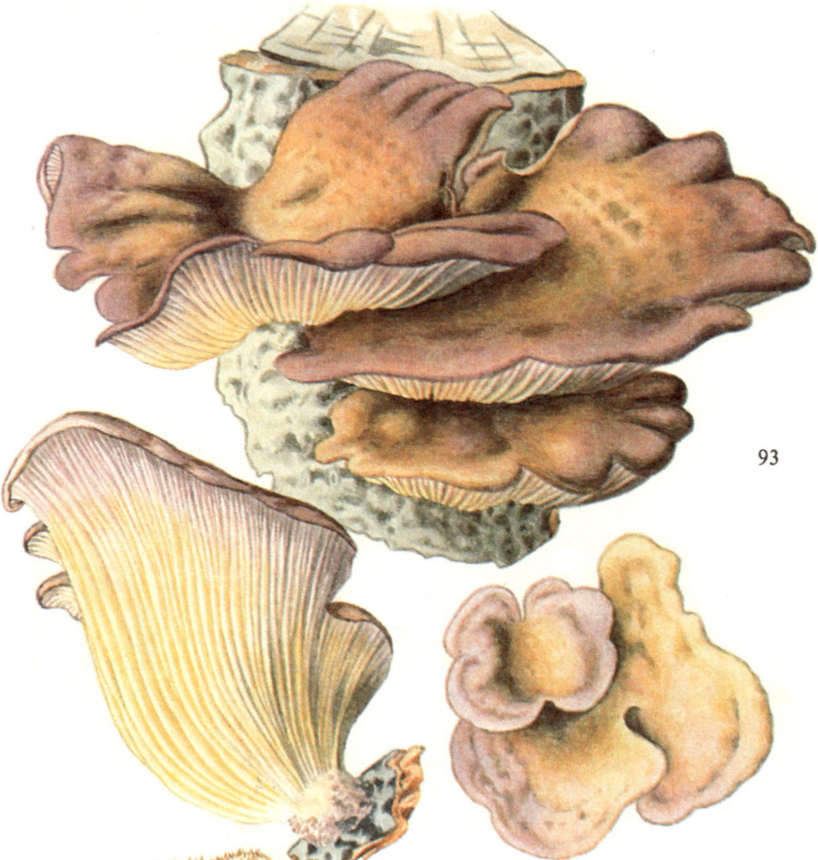

93

94

93. Birken-Knäuling, *Pánus conchátus.* 2/3 nat. Gr.

94. Borstiger Knäuling, *Pánus lecómtei.* 2/3 nat. Gr.

95. Getigerter Sägeblättling

Ungenießbar

Lentinus tigrinus (BULL. 1781: FR. 1821) FR. 1825

Kennzeichen: Ein schöner, auffallender Pilz, leicht zu erkennen an seinem getigerten Hut; genabelt bis trichterförmig, auf weißlichem bis blaßgelbem Grunde schwarzbraune, haarige Schüppchen an Hut und Stiel; schmale, gilbende Blätter. Monströse, sehr abweichende Formen in dunklen Höhlungen, z. B. Bergwerkstollen.

Hut: Jung geschlossen beinahe schwarz, bald auf blassem, nach dem Rande zu weißlichem Grund mit schwärzlich bräunlichen, angewachsenen, zerstreutliegenden, aber doch etwas radial angeordneten, nur im Scheitel dicht stehenden, haarigen Schüppchen bedeckt (getigert); gewölbt, bald genabelt, schließlich trichterförmig vertieft; 3–8 (–10) cm breit; wenig fleischig, lederig-zäh, dünn. Rand zuerst eingerollt, zuletzt etwas rissig.

Blätter: Weißlich, gilbend (oft zitronengelb werdend), schließlich ockerlich, etwas gesägt, feinschartig, zuletzt fransig zerrissen gedrängt, schmal, weit herablaufend.

Stiel: Oben weiß, darunter braunschwärzlich punktiert bis feinschuppig; oft mit deutlichem, aber schnell vergänglichem, wulst- oder ringartig abstehendem Schleiergürtel; 3–8 (mitunter mehr) × 0,4–0,8 cm, zentral- oder leicht exzentrisch stehend, oft gekrümmt, meist nach unten verjüngt, mit langer Wurzel im Holz steckend, voll, sehr zäh.

Fleisch: Weißlich, mitunter gilbend, dünn, zäh, mit schwachem, angenehmen Geruch und Geschmack.

Sporen: Farblos, zylindrisch-ellipsoid, glatt, 7–8 (–10) × 3–3,5 µm; nicht amyloid. Staub weiß. Keine Zystiden.

Vorkommen: Ende April bis Oktober an alten Laubholzstümpfen, besonders an Obstbäumen, Pappeln, Zitterpappeln, Weiden, Rüstern, oft büschelig, sogar leicht verästelt; manchmal auch in Gruppen. Ziemlich häufig, doch nicht überall. Der Pilz wächst in den gemäßigten Zonen, aber auch in den Tropen. Hier ist er sehr formenreich und bildet viele Varietäten.

Bemerkenswert ist die einem Gasteromyzeten ähnliche, nur in Nordamerika vorkommende Varietät var. *squamulósus* (MORGAN 1895) ROSINSKI & ROBINSON 1968, die früher für den Vertreter einer besonderen Gattung – *Lentódium* MORGAN – gehalten wurde, jedoch mit der typischen Varietät kreuzbar ist (vgl. S. 73).

Synonyme: *Lentódium tigrínum* (BULL.: FR.) EARLE 1909, *Pánus tigrínus* (BULL.: FR.) SING. 1951, *Lentódium squamulósum* MORGAN 1895.

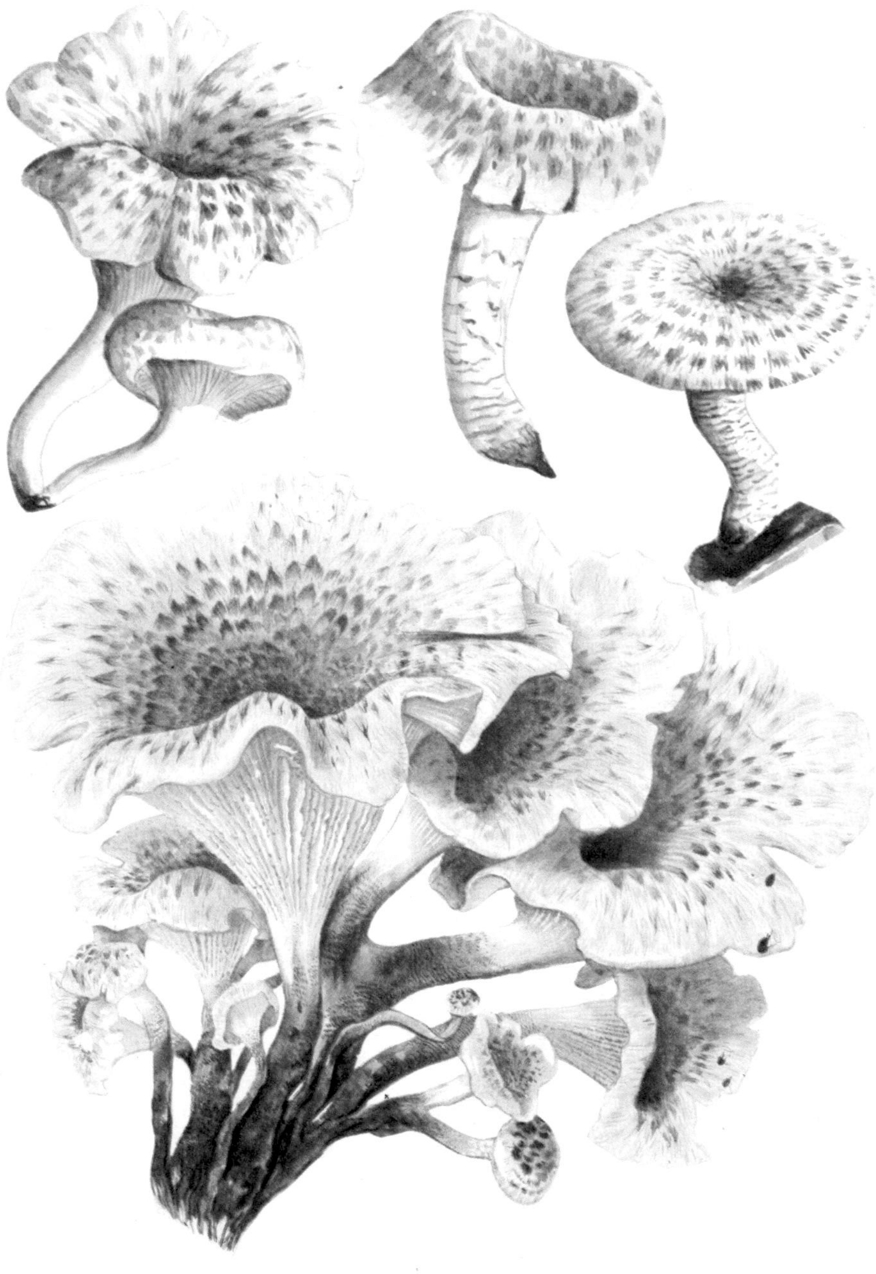

95. Getigerter Sägeblättling, *Lentínus tigrínus.* Nat. Gr.

96. Spaltblättling

Ungenießbar

Schizophýllum commúne FR. 1821

Kennzeichen: Hellgraue, muschelförmige Fruchtkörper mit fächerförmig angeordneten Blättern, die längs der Schneide aufspalten; an Holz, in dachziegelförmigen Kolonien.
Fruchtkörper: Trocken grauweißlich, feucht schmutzig graubräunlich und undeutlich gezont; filzig-wollig; muschel- oder fächerförmig; 2–3 (–4) cm breit; zäh; mit verschmälerter Basis an Holz sitzend. Rand wellig gekerbt, etwas eingebogen, zottig behaart.
Blätter: Rötlichgrau bis violettlich, wenig gedrängt, von verschiedener Länge und Breite, mit längsgespaltener Schneide (daher der Name); auf den gespaltenen Seiten filzig und steril, nach der Außenseite umgerollt (hygroskopisch: trocken umgerollt, feucht wieder gestreckt). Die Blätter strahlen von der Ansatzstelle des Hutes fächerförmig zum Rand hin. Die Filzschicht der Hutoberfläche schiebt sich von oben durch den ganzen Hut und durch die Blätter bis zur Blattschneide. Ein quer zu den Lamellen geführter Schnitt durch den Hut zeigt abwechselnd längere und kürzere Blätter. Bei Trockenheit schließen sich die benachbarten Hälften zweier längerer Blätter jeweils so zusammen, daß die kürzeren Blätter dann wie in einem Hohlraum eingeschlossen sind.
Substanz: Grau; dünn, lederartig, trocken hart, feucht wieder elastisch werdend und die ursprüngliche Form annehmend; ohne Geruch; mild schmeckend.
Sporen: Leicht rötlich getönt, zylindrisch, leicht gekrümmt, winzig, 3–7,5 × 1,5 µm, nicht amyloid. Staub weiß bis rosa.
Vorkommen: Das ganze Jahr hindurch, auch im Winter, an Stümpfen, toten Ästen, liegenden Stämmen, an lagerndem oder im Freien verbautem Holz. Besonders an Buche, Linde, Erle und Eiche, ferner an zahlreichen anderen Laubbäumen, ausnahmsweise an Kiefer, nach SINGER sogar an Rhizomen von Erdbeerpflanzen schmarotzend, nach LANGE in Dänemark an einem Walknochen gewachsen. Tritt nie in geschlossenen Wäldern auf, sondern stets an besonnten und starker Austrocknung ausgesetzten Standorten wie Kahlschlägen, Waldrändern, Holzlagerplätzen, in Gärten und an Landstraßen; gehört zu den Erstbesiedlern frisch geschlagenen Holzes. Verursacht „falschen Kern" des Buchenholzes. Gelegentlich tritt der Spaltblättling auch als Wundparasit an lebenden Stämmen auf.
Durch die starke Behaarung des Fruchtkörpers und die Schließbewegungen der Lamellen sind diese Pilze augenfällig an austrocknende Standorte angepaßt. In Mitteleuropa überall häufig bis in die Kammlagen der Mittelgebirge; ansonsten fast kosmopolitisch verbreitet, auch in den Tropen an sonnigen Standorten gemein.

Synonyme: *Schizophýllum álneum* (L. 1753) SCHROET. 1889, *S. radiátum* (SW. 1788) FR. 1855, *S. multifidum* (BATSCH 1786) BERK. & BR. 1875 u. v. a.

Anmerkung: Die Verbreitung in der BRD kartierte KRIEGLSTEINER in Z. Pilzk. **43** (1977): 54–55, in Dänemark H. KNUDSEN & A. PEDERSEN in Svampe **8** (1983): 66–72. Der Spaltblättling hat in der nördlichen DDR und in Dänemark etwa seit 1945 einen deutlichen Arealgewinn und zunehmende Fundortdichte erfahren, vermutlich durch wachsende Industrialisierung der Forst- und Holzwirtschaft.

96. Spaltblättling, *Schizophýllum commúne.* Nat. Gr.

97. Herber Zwergknäuling, Eichen-Zwergknäuling

Ungenießbar

Panéllus stýpticus (BULL. 1783: FR. 1821) KARST. 1879

Kennzeichen: Nierenförmige, ockerbräunliche Hüte mit kleiiger Oberfläche und kurzem seitlichem Stiel, an Laubholzstümpfen.
Hut: Ockergelbbräunlich-zimtgelb, trocken und im Alter blasser, tongelblich, mit kleiigschuppig auflösender Haut, auf Druck klebrig-schleimig; halbkreis-, muschel- bis nierenförmig; 1,5–3 (–4) cm breit; fleischig-lederig; trocken hart und zusammengerollt; mit eingerolltem, später mit schwach verbogenem, wellig geschweiften, gekerbtem, krausem Rand.
Blätter: Zimtgelb, trocken bräunlich, dichtstehend, dünn, schmal, am Grunde netzaderig verbunden; vom Stiel scharf abgesetzt. Die klebrige Blattschneide ist mit vielen klumpig angehäuften Zystiden dicht besetzt.
Stiel: Ockergelblich; erst glatt, dann kleiig-schuppig; seitlichstehend, kurz, 1–2 × 0,3–0,5 cm; aufwärts auffallend verdickt, am Grunde verjüngt, voll.
Fleisch: Ockergelblich, zuletzt lederig-zäh, hart, feucht wieder biegsam; enthält Harzkörnchen, die den zuerst widerlich süßlichen, dann herben, zusammenziehenden Geschmack verursachen; mit wenig angenehmem, aber nicht starkem Geruch.
Sporen: Farblos, glatt, eiförmig, winzig, 2–3 × 1–1,5 µm; amyloid.
Zystiden: Zuerst sackartig zylindrisch bis fast birnförmig, dünnwandig, farblos, im Alter verlängert, dann langzylindrisch-keulenförmig.
Vorkommen: Das ganze Jahr hindurch, vorwiegend an alten Eichenstümpfen, mitunter an Buchen und anderen Laubhölzern, vereinzelt auch an Nadelhölzern, besonders auf der Schnittfläche, seltener an abgestorbenen Ästen, die am Baum sitzen; meist in dichten, ausgedehnten, dachziegeligen Rasen. Sehr häufig.
Die nordamerikanische Rasse dieses Pilzes (f. *luminéscens* BULLER 1924) unterscheidet sich durch zweisporige Basidien und die Fähigkeit zur Lumineszenz, d. h., die Fruchtkörper strahlen im Dunklen ein phosphoreszierendes Licht aus.

Synonyme: *Pánus stýpticus* (BULL.: FR.) FR. 1838, *Pleurótus stýpticus* (BULL.: FR.) PIL. 1935, *Panéllus farináceus* (SCHUM. 1803: FR. 1821) KARST. 1879.

98. Milder Zwergknäuling

Bedeutungslos

Panéllus mítis (PERS. 1801: FR. 1821) SING. 1936

Kennzeichen: Sehr kleine, weiße, fast stiellose Fruchtkörper an abgefallenen Nadelholzästchen.
Fruchtkörper: Weißlich, im Alter schwach bräunlich, fast seidig, mitunter zartrippig gerieft; rundlich bis nierenförmig, 0,5–2 cm breit, dünnfleischig, ziemlich zäh, elastisch. Oberhaut zäh, gummiartig dehnbar und abziehbar.
Blätter: Weiß, zuletzt blaßocker, getrocknet ockerfarbig; gedrängt, schmal, scharf abgegrenzt gegen den Stiel; Schneide mit gummiartigen Fädchen überzogen.
Stiel: Weißfilzig-schuppig, seitlich stehend, kurz, nach oben dicker, 0,2–0,8 × 0,3–0,4 cm, oft breitgedrückt, mitunter verkrüppelt.
Fleisch: Weiß, zäh; unter der Oberhaut befindet sich eine 100 µm dicke gelatinöse Schicht, die aus gelatinösen Hyphen gebildet wird. Geschmack mild, im Gegensatz zu *Panéllus stýpticus.*
Sporen: Farblos, zylindrisch, ein wenig gebogen, winzig, 3–5 × 1 µm; amyloid. Staub weiß – Keine Zystiden.
Vorkommen: Oktober bis März an abfallenden Nadelholzästchen (Tanne, Fichte, Kiefer, Lärche), doch auch parasitisch auftretend und dann den Baum von den Wurzeln aus bis oben durchdringend (erzeugt Braunfäule); truppweise, besonders im Gebirge. Nicht selten.

Synoyme: *Pleurótus mítis* (PERS.: FR.) QUÉL. 1872, *Urosporellína mítis* (PERS.: FR.) KREISEL 1977, *U. striátula* (FAYOD 1889) HORAK 1968.

97

98

97. Herber Zwergknäuling, *Panéllus stýpticus.* Nat. Gr.

98. Milder Zwergknäuling, *Panéllus mítis.* Nat. Gr.

99. Schuppiger Sägeblättling

Ungenießbar

Lentínus lepídeus (FR. 1815: FR. 1821) FR. 1825

Kennzeichen: Weißlich-gelber, schuppiger Hut und Stiel; mit breiten, grob gesägten Blättern; an Nadelholzstümpfen.
Hut: Weißlich-gelblich, in große, angedrückte, fleckenartige, bräunliche Schuppen aufbrechend; anfangs gewölbt, am Rand eingerollt und filzig; mit dem Stiel durch einen schnell vergänglichen, fädigen Schleier verbunden; dann verflacht-niedergedrückt, 5–12 (–15) cm breit; derb und dickfleischig.
Blätter: Erst weißlich, dann gelblichweiß, zuletzt blaßocker, nach dem Hutrand zu manchmal zitronengelb, 8–10 mm breit, grobgesägt, gekerbt oder rissig, mitunter querstreifig, ausgebuchtet-angewachsen und kurz streifig-herablaufend.
Stiel: Erst weißlich, dann weißlichgelb, abwärts bräunend bis schwarzbraun werdend, mit abstehenden, bräunlichen, vergänglichen Schuppen bedeckt, oft kahl, wurzelartig-spindelig und holzig; voll und fest; meist exzentrisch; 4–7 × 1–1,5 cm. Ein Ring ist manchmal angedeutet, nur selten auffallend ausgebildet.
Fleisch: Gelblichweiß, zuerst weich, dann lederig zäh, zuletzt fast holzig. Es schmeckt mild und riecht sehr verschiedenartig, zuerst nach Apfel oder Kalmus, später nach Perubalsam.
Sporen: Farblos, länglich, auf einer Seite etwas abgeflacht, 10–15 × 4–5 µm. Staub weiß. Nicht amyloid. Ohne Zystiden.
Vorkommen: Mai bis Oktober an warmen, aber trockenen Stellen, meist einzeln an Nadelhölzern, besonders an Stümpfen, auf Balken, an Eisenbahnschwellen, Grubenholz und Pfählen. Häufig. Zerstört das Kernholz und erzeugt Braunfäule (Destruktionsfäule). Da das Kernholz durch Schutzmittel weniger imprägniert werden kann, ist dieses Holz sehr gefährdet.

Der Sägeblättling ist sehr variabel in Größe und Gestalt, in der Beschuppung des Hutes und des Stieles. Der Hut ist mitunter glatt, manchmal aber auch felderig-rissig und sehr zerklüftet. In Bergwerken und Kellern bildet er unter Lichtabschluß eigenartige, sterile, hutlose, geweihartige verzweigte, bis 50 cm hohe Fruchtkörper. Solche Formen wurden schon 1671 von ALDROVANDI beschrieben und später häufig unter dem Namen f. *ceratioídes* HOLMSK. 1790 abgebildet. Bekommen solche Gebilde Licht, können sich kleine Hüte ausbilden. Abbildungen hierzu in Bd. V.

Synonyme: *Lentínus squamósus* (SCHAEFF. 1774) QUÉL. 1888, *Pánus lepídeus* (FR.: FR.) CORNER 1981.

99. Schuppiger Sägeblättling, *Lentinus lepideus.* Nat. Gr.

100. Harziger Sägeblättling

Ungenießbar

Lentinus adhaérens (ALB. & SCHW. 1905: FR. 1821) FR. 1836

Kennzeichen: Durch den harzigen, besonders im Alter rötlichen Überzug leicht zu erkennen; nicht faulend; nur an Nadelholz.
Hut: Erst schmutzig weißlich, dann nußbraun bis ockerbräunlich, mit bald bernsteinbraunem, schließlich rötlichem klebrigharzigem Überzug, samtig-körnig, unregelmäßig gewölbt, gebuckelt, schließlich niedergedrückt bis trichterförmig; 3–6 cm breit. Rand zuerst eingerollt.
Blätter: Weißlich, später strohgelb bis ledergelb, mit grobgesägter, ausgefranster, im Alter braungerandeter Schneide, an der harzige Tropfen abgesondert werden; ziemlich breit, buchtig-ausgerandet, strichförmig herablaufend.
Stiel: Blaß ockerfarbig, feinfilzig, harzig, glatt, fast gleichdick, 2–5 × 0,5–1,2 cm, zentral mitunter etwas exzentrisch stehend, mit kurzer Wurzel; voll oder hohl.
Fleisch: Weißlich, später gelbbräunlich, lederigzäh, knorpelig, biegsam; mit zusammenziehendem, bitterem Geschmack, aber angenehmen, harzigem Geruch. Das abgesonderte Harz auf der Oberfläche, am Stiel und an den Blattschneiden ist mitunter rötlich gefärbt.
Sporen: Farblos, zylindrisch, glatt, 7–10 × 2,5–5 µm, nicht amyloid. Sporenstaub weiß. – Mit Zystiden, die durch Jod bräunen.
Vorkommen: Juli bis Oktober, vertrocknete Fruchtkörper findet man noch im Frühjahr des nächsten Jahres; an Nadelhölzern, besonders im Gebirge, in Gruppen, fast nie einzeln stehend. Selten.

Synonym: *Lentínus resináceus* (TROG 1832) FR. 1836.

101. Genabelter Zähling

Bedeutungslos

Lentinéllus omphalódes (FR. 1863) KARST. 1879 (sensu FR., LGE., KÜHNER & ROMAGN.)

Kennzeichen: Nabelingähnlicher, graugelber bis bräunlicher Fruchtkörper mit gesägten Blättern; auf dem Erdboden im Nadel- und Laubwald.
Hut: Bräunlich, feucht, fast dattelbraun oder zimtocker, besonders im Nabel, verblassend; radial gerippt, mit unregelmäßig verbogenem und gelapptem Rand und tiefem, oft bis zur Stielhöhlung durchgebrochenem, zentralem Nabel; 2–4 cm breit; gleichmäßig dünn, fast häutig, weich, aber zäh.
Blätter: Blaß, an der Schneide meist bräunlich, dünn, weniger gedrängt, stark gesägt und querrissig, bogig herablaufend.
Stiel: Blaßbräunlich, dünn, 2–4 × 0,3–0,6 cm, zentralstehend; verjüngt, mit unregelmäßigen Einschürungen oder Längsfurchen und Längsgruben; zäh, fast holzig, voll oder hohl.
Fleisch: Bräunlich, im Stiel dunkler, riecht stark nach Mehl, schmeckt bitter oder brennend.
Sporen: Farblos, fast rundlich bis schwach ellipsoid, rauh, 5–7 (–8) × 4–5,5 µm, in Jod blauend (amyloid). Zystiden zahlreich.
Vorkommen: August bis November auf totem Laub- und Nadelholz, auf dem Erdboden unter Nadelhölzern, einzeln. Selten, aber stellenweise und in manchen Jahren in Mengen.

Synonym: *Lentínus omphalódes* FR. 1863.

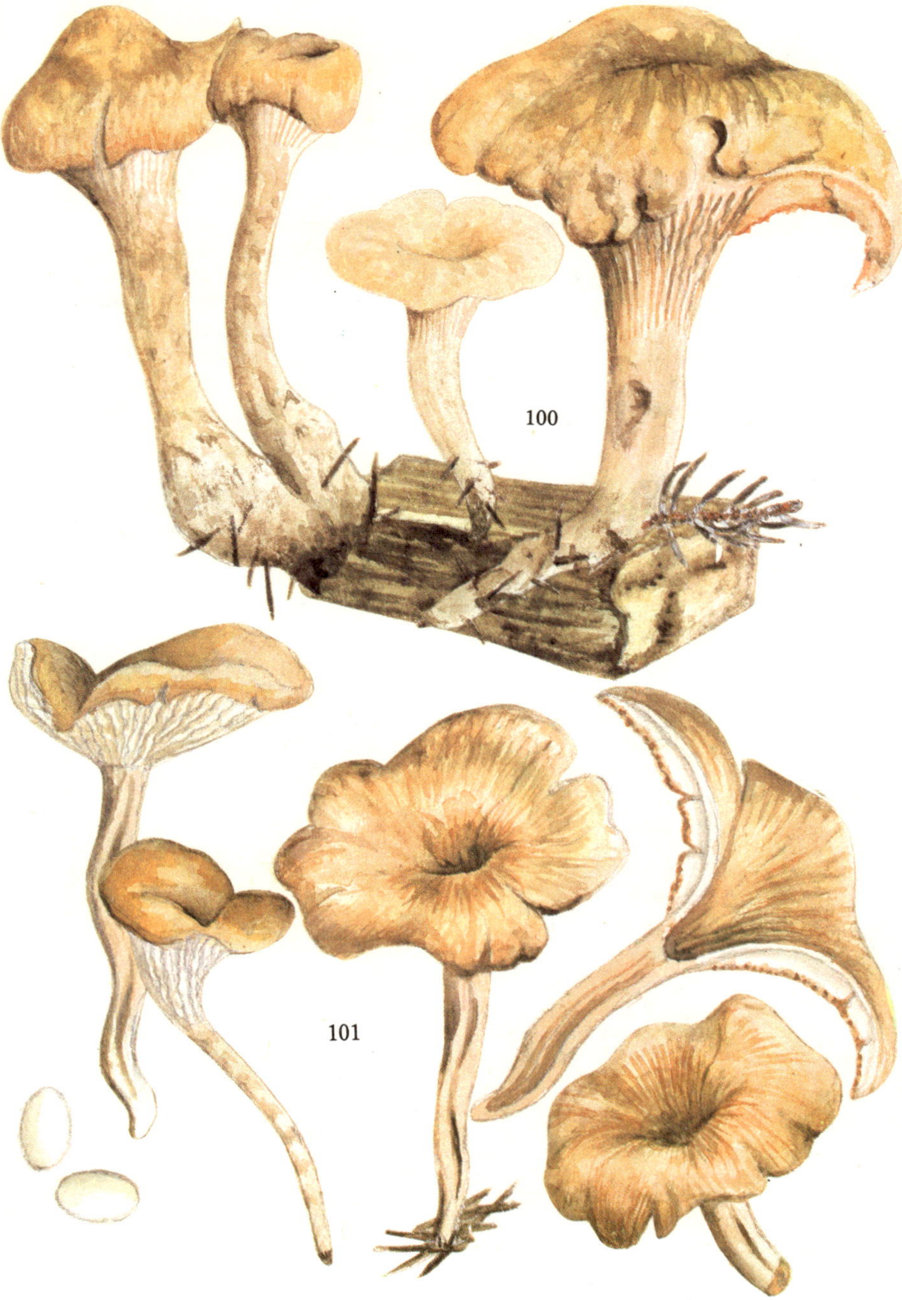

100. Harziger Sägeblättling, *Lentínus adhǣrens.* Nat. Gr.

101. Genabelter Zähling, *Lentinéllus omphalódes.* Nat. Gr.

102. Anis-Zähling

Gewürzpilz

Lentinéllus cochleátus (PERS. 1797: FR. 1821) KARST. 1879

Kennzeichen: Rötlichbraune, löffelartige, büschelige Fruchtkörper an Stümpfen; mit Anisgeruch; dünn-zähfleischig; kleine Sporen.
Hut: Bräunlichrötlich, fleischbräunlich bis hell-ledergelb, beim Trocknen ausblassend; schwach runzelig-furchig, kahl, flatterig. In der Form sehr verschieden gestaltet; Bald trichter- oder muschelförmig, bald halbiert und tütenförmig zusammengerollt, mitunter auch schaufel- oder blattförmig; 3–7 (–10) cm breit; am Rande dünn, wellig gelappt, häufig verbogen; zähfleischig.
Blätter: Zuerst weißlich, dann blaßrötlichgelb, zuletzt fast rotbräunlich, engstehend, nur 4–5 mm breit; an der Schneide gesägt oder gekerbt, sogar zerrissen, weit am Stiel herablaufend.
Stiel: Fleischrötlich, nach unten bräunlich bis rotbraun, auch ganz rotbraun durch die lang herablaufenden Blätter, rippig-runzelig gefurcht, 2–6 × 0,4–0,8 cm, abwärts verjüngt; entweder exzentrisch oder zentral, doch auch seitlich gestellt, voll, zäh, aber elastisch, häufig mit benachbarten Stielen verwachsen.
Fleisch: Weißlich bis rötlichweiß, lederig, zäh, schmeckt eigentümlich und riecht mehr oder weniger stark nach Anis.
Sporen: Farblos, fast rundlich oder kurzellipsoid, glatt bis schwach rauhlich, 4–6 × 4 µm, amyloid. Staub weiß.
Vorkommen: Juli bis Oktober an alten Stämmen, Stümpfen, Wurzelstöckchen und abgefallenen Ästen von Laubhölzern, besonders an Haselsträuchern, Erlen, Weiden, Buchen und Eichen, an Fichte und sehr selten an anderen Nadelhölzern; meist dickbüschelig-rasig, oft in großen Büscheln, seltener einzeln stehend, mitunter sich dachziegelig deckend und auch untereinander verwachsen. Manchmal kommen die Fruchtkörper scheinbar direkt aus der Erde, in Wirklichkeit aber wachsen sie auf toten Wurzeln, die sich in der Erde befinden. In manchen Gegenden häufig, andernorts seltener.
Wert: Nur ganz jung als Speise- bzw. Gewürzpilz verwendbar, da er bald sehr zäh wird. Am besten gehackt Mischgerichten beizufügen.

H. JAHN schreibt über diesen Pilz: „Junge Anis-Zählinge gleichen senkrecht stehenden schmalen Tüten oder Trichtern. Beim Auswachsen ‚entwickeln‘ sie sich im wörtlichen Sinne: die Tüten rollen sich von der offenen ‚Naht‘ an beiden Seiten auseinander, verwandeln sich in halbierte Trichter und zuletzt in weichlederige, flach zungenförmige Lappen.“ Man beobachtet auch Büschel, bei denen die äußeren Stiele keine Hüte tragen, sich verzweigen und kurz bleiben; diese Gebilde erinnern sehr stark an eine braune *Ramária*-Art, also an Korallenpilze.
Var. *inolens* KONR. & MAUBL., aus Frankreich beschrieben und auch von PILÁT in Böhmen beobachtet, ist ohne Anisgeruch. Ein anderer Pilz mit Anisgeruch und gesägten Lamellenschneiden ist der einzeln wachsende *Lentínus suavíssimus* FR. 1836 (s. S. 73).
Zur Verbreitung in der BRD vgl. KRIEGLSTEINER in Z. Mykol. **46** (1980): 38–40; die Karte zeigt Häufungsgebiete besonders in der südlichen BRD, im Rheinischen Schiefergebirge und um Hamburg.
Synonym: *Lentínus cochleátus* (PERS.: FR.) FR. 1825.

102. Anis-Zähling, *Lentinéllus cochleátus.* Nat. Gr.

103. Rillstieliger Helmling

Bedeutungslos

Mycéna polygrámma (BULL. 1789: FR. 1821) S. F. GRAY 1821

Hut: Braungrau, aber auch weißlich, bis zur Mitte runzelig bis gerieft; stumpfkegelig-glockig, fast gebuckelt, 3–5 cm breit.
Blätter: Weißlich, grau, seltener fleischrötlich werdend, weitstehend, frei oder hakig angewachsen.
Stiel: Weißlich, später bläulichgrau, stark gefurcht-gerieft, seidig-glänzend, mit striegeligem, wurzelndem Ende, 6–10 × 0,3–0,5 cm, enghohl, hart, starr.
Fleisch: Geruchlos.
Sporen: Farblos, breitellipsoid, 8–10 × 5–6 µm. Zystiden spindelförmig mit fädigem, mitunter verzweigtem Fortsatz.
Vorkommen: August bis November an Stümpfen von Laub- und Nadelbäumen, einzeln oder büschelig. Häufig.

104. Buntstieliger Helmling

Bedeutungslos

Mycéna inclináta (FR. 1838) QUÉL. 1872

Hut: Graulich. Mitte braun, Rand gezähnelt, überhängend, bis fast zur Mitte runzelig bis gerieft, feucht; kegelig-glockig, 2–4 cm breit.
Blätter: Blaß, mit rötlichem oder violettem Schein, mitunter goldgelb anlaufend, zuletzt graulich; ziemlich eng.
Stiel: Erst glänzend weiß, später dreifarbig. Mitte goldgelb, Spitze weißbleibend, am Grunde gelbrotbräunlich, wurzelnd, 5–9 × 0,2–0,4 cm, mitunter gedreht, röhrig, zäh, oft zu vielen am Grunde verwachsen.
Fleisch: Verletzt mitunter goldgelb anlaufend, talgig riechend, mit kratzendem Nachgeschmack.
Sporen: Farblos, ellipsoid-eiförmig, 8–10 × 5,5–7 µm. Zystiden lang stachelig.
Vorkommen: Oktober bis November an alten Laubholzstümpfen oder am Fuße von Laubbäumen, besonders an Eichen, in dichten Rasen bis zu 40 Hüten. Ziemlich häufig.

Synonym: *Mycéna galericuláta* var. *cálopus* (FR. 1867) KARST. 1879.

105. Winter-Helmling

Eßbar

Mycéna tintinábulum QUÉL. 1872

Hut: Erst weißlichgrau, meist schwärzlich graubraun, alt fast schokoladeschwarz, durchscheinend gerieft, schmierig; erst stumpfglockig, dann ausgebreitet, 0,5–2 cm breit, zäh.
Blätter: Erst grauweißlich, zuletzt schwach fleischrosa, Schneide oft gekerbt; etwas herablaufend.
Fleisch: Hat einen stark zusammenziehenden Geschmack (ähnlich wie der Hallimasch), auch beim getrockneten Pilz noch bemerkbar. Nachgeschmack knoblauchartig.
Sporen: Farblos, winzig, 4 × 2 µm. Zystiden rundlich, kurzstachelig.

Fortsetzung Seite 274

103

105

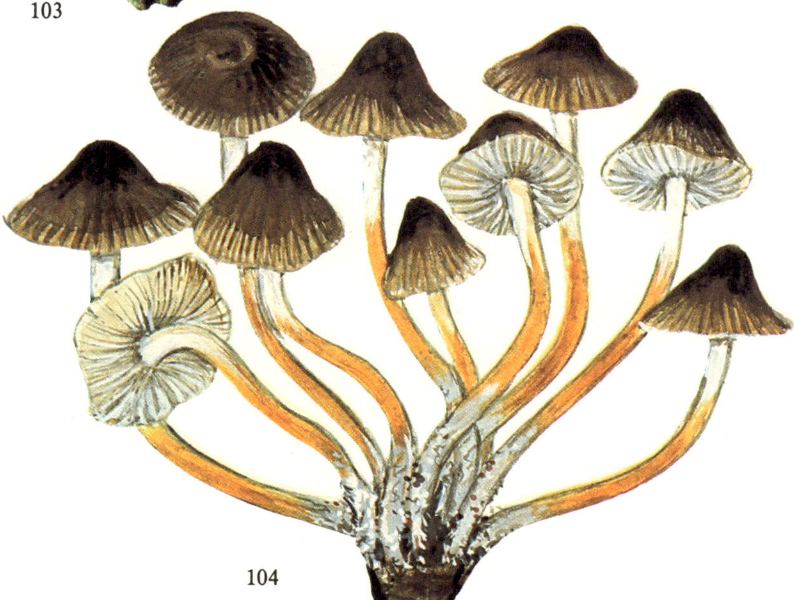

104

103. Rillstieliger Helmling, *Mycéna polygrámma.* Nat. Gr.

104. Buntstieliger Helmling, *Mycéna inclináta.* 2/3 nat. Gr.

105. Winter-Helmling, *Mycéna tintinábulum.* 2/3 nat. Gr.

Vorkommen: Im Winter an Laubholz, überzieht mulmige Baumstümpfe mit mehr oder weniger großen, dichten Büscheln, oft in Rasen. Von erstaunlicher Variabilität: In Farbe, Größe des Hutes, der auch winzig klein sein kann, und in der Länge des Stieles. Das Myzel bringt Holz zum Leuchten.

Synonym: *Agáricus tintinábulum* FR. 1836, non BATSCH 1783.

106. Postament-Helmling

Bedeutungslos

Mycéna stylóbates (PERS. 1801: FR. 1821) KUMM. 1871

Hut: Weiß oder hell graubräunlich, durchscheinend gerieft, feinschuppig-rauh unter der Lupe, glockig-gewölbt, 0,5–1,5 cm breit. Rand mitunter gekerbt. Huthaut gelantinös, abziehbar.
Blätter: Weiß.
Stiel: Weiß, unten auf einem gestreiften Scheibchen stehend, von dessen äußerstem Rande Härchen sternförmig nach allen Seiten gehen.
Sporen: Farblos, fast zylindrisch, 7,5–8,5 (–10) × 3–4,5 µm. Zystiden fadenförmig, kurz.
Vorkommen: September bis Oktober auf Gräsern oder Blättern und an Strünken. Häufig.

Synonym: *Mycéna dilatáta* (FR. 1815) GILL. 1874.
Pseudonym: *Mycéna clavuláris* (BATSCH 1786: FR. 1821) SACC. 1887 sensu J. LANGE 1936, non BATSCH.

107. Schwarzgezähnelter Helmling

Bedeutungslos

Mycéna peliánthina (FR. 1821) QUÉL. 1872

Hut: Feucht grauviolett, trocken ausblassend, blaßlila bis weißlichgelb durchscheinend, hygrophan; gewölbt, bald flach, 3–5 cm breit; mit gerieftem Rand.
Blätter: Grauviolett, Schneiden grobgezähnelt, schwarzviolett, fast gedrängt, am Grunde oft netzartig verbunden wie bei *Mycéna galericuláta.*
Stiel: Blasser, ungerieft, röhrig, 5–6 × 0,5–0,7 cm, am Grunde, bis 1 cm, kurz wurzelnd
Fleisch: Rettichartig riechend.
Sporen: Farblos, ellipsoid-eiförmig, 5–6–7 × 3–4 µm. Zystiden spindelförmig.
Vorkommen: August bis Oktober in Laubwäldern, besonders in Buchen-, Buchen-Eschen- und Eichen-Birkenwald, auf der Laubstreu, vorwiegend auf Mergel- und Kalkböden, gesellig. Von subatlantischer Verbreitung: in Mittel- und Westeuropa nur stellenweise häufig (z. B. England, Dänemark, Schonen, nordöstliche DDR, Südbayern, ČSSR), sonst zerstreut, auf weite Strecken fehlend.
Verbreitungskarte für die BRD bei KRIEGLSTEINER in Z. Mykol. **44** (1978), S. 233.

106

107

106. Postament-Helmling, *Mycéna stylóbates.* Nat. Gr.

107. Schwarzgezähnelter Helmling, *Mycéna peliánthina.* Nat. Gr.

108. Zäher Faden-Helmling, Flechtbarer Helmling

Bedeutungslos

Mycéna vítilis (FR. 1838) QUÉL. 1872

Hut: Braungrau bis weißgrau, ausblassend, glänzend, klebrig, stark gefurcht, kegelig ausgebreitet, 0,5–2 cm breit.
Blätter: Weißgrau, untermischt.
Stiel: Grau, fadenförmig, 6–10 × 0,1 cm, steif, aber biegsam, Stielende wurzelnd, stark zottig-faserig-filzig.
Sporen: Schma ellipsoid, 8–10 × 5–6 µm. Zystiden fädig-spindelig, glatt.
Vorkommen: Juni bis November im Laubwald, mit wurzelnder Basis an faulendem Laub und Reisig haftend.

Pseudonym: *Mycéna filopes* sensu RICKEN 1915.
Ähnlich: Zerbrechlicher Faden-H., *Mycéna filopes* (BULL. 1788: FR. 1821) KUMM. 1871 = *M. vítilis* sensu RICKEN 1915, mit zerbrechlichem Stiel und warzigen Zystiden.

109. Rinden-Helmling

Bedeutungslos

Mycéna cortícola (PERS. 1801: FR. 1821) S. F. GRAY 1821

Winzige, auf der Rinde von Laubbäumen wachsende Pilze, mit fast runden Sporen, 8–13 µm.
Hut: Fleischbräunlich bis rosa, schließlich etwas genabelt, 0,1–1 cm breit, gerieft.
Blätter: Rosa, ausblassend.
Zystiden: keulenförmig, warzig.

Anmerkung: Nach MOSER (1983) ist der korrekte Name *Mycéna meliigena* (BERK. & CKE.in CKE) SACC.

110. Lilaschneidiger Helmling

Bedeutungslos

Mycéna purpureofúsca (PECK 1885) SACC. 1887

Hut: Purpurbraun, lilagrau, 1–4 cm breit.
Blätter: Blaßgrau mit schwarzvioletter Schneide.
Stiel: Bräunlichlila, graulila, fein gestreift, kahl, 5–8 cm × 2–4 mm.
Zystiden: Nur an Lamellenschneide, spindelig-bauchig. **Sporen:** 8–11,5 × 5,5–7 µm.
Vorkommen: Oktober/November an Kiefernstümpfen und -wurzeln, selten.

Pseudonym: *Mycéna jánthina* (FR. 1821) sensu RICKEN 1915.

111. Zitronengelber Helmling

Bedeutungslos

Mycéna flavoálba (FR. 1838) QUÉL. 1872

Hut: Zitronengelb, Rand heller, ausblassend, gerieft, bei Trockenheit oft aufgespalten, starr; kegelig-glockig, 1–2 cm breit.
Blätter: Weiß.
Stiel: Glasig-blaß, durchscheinend, 2–6 × 0,15 cm.
Sporen: Kernförmig, 6–9 × 3–4 µm. **Zystiden:** Spindelig, glatt.
Vorkommen: August bis November auf Nadeln und Blättern inner- und außerhalb des Waldes. Sehr häufig.

Synonym: *Marasmiéllus flavoálbus* (FR.) SING. 1951.

112. Gelbmilchender Helmling (Beschreibung S. 463)

108

109

112

110

111

108. Zäher Faden-Helmling, *Mycéna vítilis.* Nat. Gr.

109. Rinden-Helmling, *Mycéna cortícola.* Nat. Gr.

110. Lilaschneidiger Helmling, *Mycéna purpureofúsca.* Nat. Gr.

111. Zitronengelber Helmling, *Mycéna flavoálba.* Nat. Gr.

112. Gelbmilchender Helmling, *Mycéna crocáta.* Nat. Gr.

113. Rosaschneidiger Helmling

Bedeutungslos

Mycéna rosélla (FR. 1821) KUMM. 1871

Hut: Zartrosa, dunkler gerieft, 5–15 mm breit.
Blätter: Hellrosa mit sattroter Schneide.
Stiel: Hellrosa, Basis mit ockerlichen Myzelsträngen.
Sporen: Farblos, länglich ellipsoid, 7–9 × 4–6 µm. Zystiden an den Lamellenschneiden keulenförmig, warzig, mit rötlichem Saft erfüllt, an den Lamellenflächen spindelförmig und glatt.
Vorkommen: August bis November an feuchten Stellen im Nadelwald, wie gesät; in den Gebirgen gemein, sonst ziemlich selten.

114. Klebriger Helmling

Bedeutungslos

Mycéna vulgáris (PERS. 1797: FR. 1821) KUMM. 1871

Hut: Graubraun, gerieft, mit einer schleimigen, gummiartig zähen, abziehbaren Haut (Pellikula) überzogen, 5–15 mm breit.
Blätter: Blaß, fast entfernt; von der Schneide läßt sich ein zäher Faden abziehen.
Stiel: Graubraun, 3–5 cm lang, schmierig, zäh. Basis zottig.
Sporen: Farblos, länglich ellipsoid, 7–11 × 3–5,5 µm. Zystiden fehlen; Lamellenschneiden mit stark verzweigten gelifizierten Hyphen.
Vorkommen: Oktober bis November in Fichtenwäldern und -forsten scharenweise auf der Nadelstreu, seltener im Laubwald auf Laubstreu und an Pflanzenresten. Häufig.

115. Überhäuteter Helmling

Bedeutungslos

Mycéna epipterýgia (SCOP. 1772: FR. 1821) S. F. GRAY 1821

Hut: Meist gelbbräunlich, blaßgelblich, doch auch gelbgrünlich oder graulich bis rotbräunlich, von einer klebrigen, zähen, abziehbaren Haut (Pellikula) überzogen, 1–2 cm breit, Rand stark gerieft.
Blätter: Weiß, schmal, angeheftet bis tief ausgebuchtet, gedrängt.
Stiel: Hellgelb, glasig, durchscheinend, klebrig. Die Schleimhaut des Stieles zerreißt beim Durchbrechen nicht, sondern läßt sich gummiartig auseinanderziehen.
Sporen: Farblos, ellipsoid, 8,5–11 × 4,5–6 µm. Zystiden keulenförmig mit fingerartigen Fortsätzen. Basidien 4sporig.
Vorkommen: September bis November in Wäldern, besonders auf Nadelstreu in moosigen Kiefernwäldern auf Sandboden, oft in großen Scharen, gemein.

Verwechslung: Klebriger Helmling, *M. viscósa*, S. Nr. 120.
Anmerkung: Zur Taxonomie dieser formenreichen Art vgl. MAAS GEESTERANUS in Proceedings Koninkl. Nederl. Akad. Wetensch., Ser. C, 83 (1980): 65–79. Er faßt die Art in einem weiteren Sinne und unterscheidet 12 Varietäten, darunter auch einige mit 2sporigen Basidien.

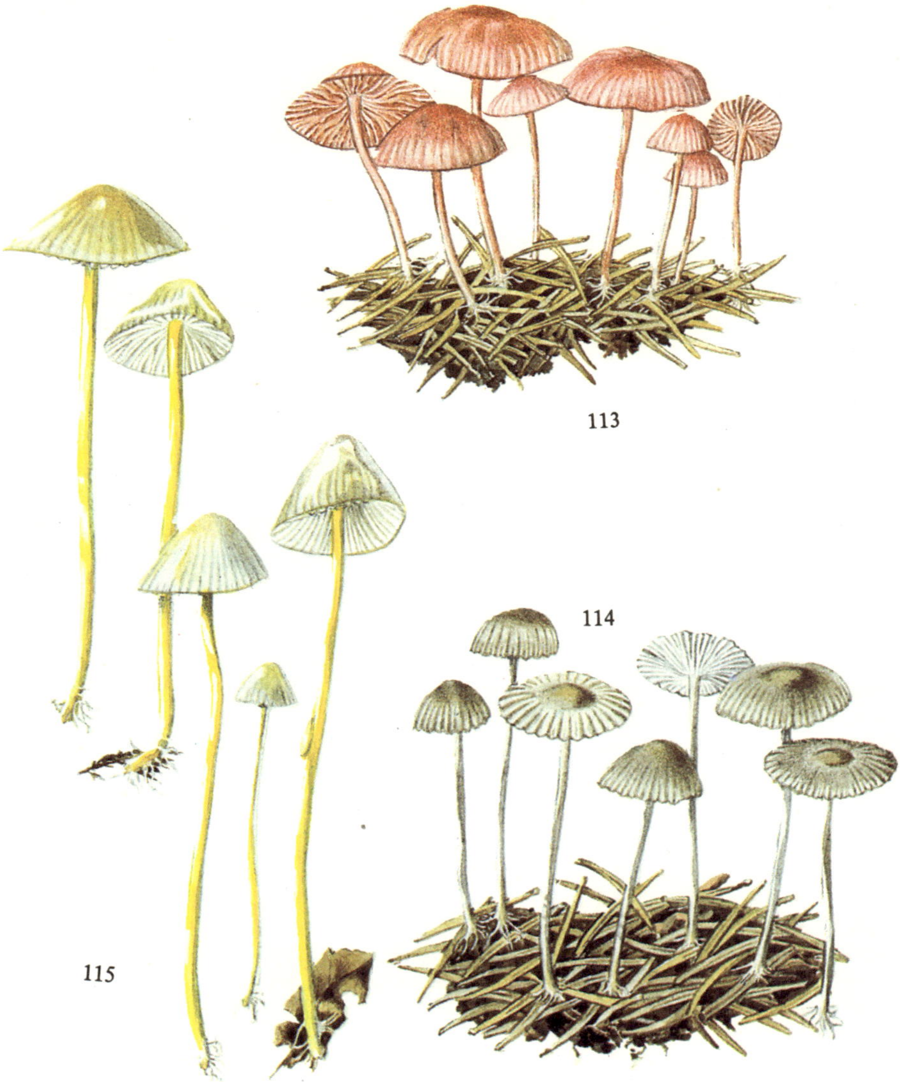

113. Rosaschneidiger Helmling, *Mycéna rosélla.* 3/2 nat. Gr.

114. Klebriger Helmling, *Mycéna vulgáris.* Nat. Gr.

115. Überhäuteter Helmling, *Mycéna epipterýgia.* Nat. Gr.

116. Rostfleckiger Helmling, Rostiger H.

Bedeutungslos

Mycéna zéphirus (Fr. 1818: Fr. 1821) Kumm. 1871

Hut: Schmutzig blaß mit fleischrötlicher, oft purpurbräunlich fleckender Mitte, runzeliggerieft bis zur Mitte, 2–5 cm breit. Sehr zerbrechlich!
Blätter: Blaß, bald rostfleckig, ziemlich entfernt.
Stiel: Braunpurpurn-rostig, weißflockig, unten weißzottig bis striegelig, 3–4 cm lang.
Sporen: Farblos, zylindrisch, 10,5–12 × 5–5,5 µm, glatt. Zystiden spindel- oder keulenförmig, glatt.
Vorkommen: September bis November auf Nadelstreu von Kiefernwäldern und -forsten. Häufig, oft wie gesät. Verbreitungskarte für die BRD: Krieglsteiner in Beih. Z. Mykol. **3** (1981), S. 127.

116a. Schleimfuß-Helmling

Bedeutungslos

Mycéna rórida (Scop. 1772: Fr. 1821) Quél. 1872

Hut: Gelblichweiß, trocken, gefurcht, sehr zart, 0,5–1 cm breit.
Blätter: Weiß, entfernt, etwas herablaufend.
Stiel: Gelblichweiß, fadenförmig, in eine dicke Schleimschicht gebettet, wurzellos aufsitzend.
Fleisch: Geruchlos.
Sporen: Länglich-ellipsoid bis zylindrisch, 10–13 × 3,5–5,7 µm.
Zystiden: Spindelförmig, glatt.
Vorkommen: Mai bis Oktober, auf Stengeln, Blättern, Nadeln, oft wie gesät. Häufig.

116b. Purpurschneidiger Helmling

Bedeutungslos

Mycéna sanguinolénta (Alb. & Schw. 1805: Fr. 1821) Kumm. 1871

Hut: Blaßrötlich, rotbräunlich, purpurbraun, kahl und trocken, häutig, 0,8–1,5 cm breit.
Blätter: Blaßgrau mit purpurbrauner Schneide, schmal, angeheftet.
Stiel: Rosabräunlich, lilabräunlich, kahl oder an der Spitze behaart, röhrig, zerbrechlich mit wäßrig-braunrotem Milchsaft.
Fleisch: Geruchlos.
Sporen: Ellipsoid bis zylindrisch, 8–10 × 4–5 µm.
Zystiden: An der Schneide spindelförmig, glatt.
Vorkommen: Mai bis Oktober, im Laub- und Nadelwald, in Mooren, auf Waldboden, Torf an Hölzern und Rindenstücken, sehr häufig. Verbreitungskarte für die BRD: Krieglsteiner in Beih. Z. Mykol. **3** (1981), S. 117.

116

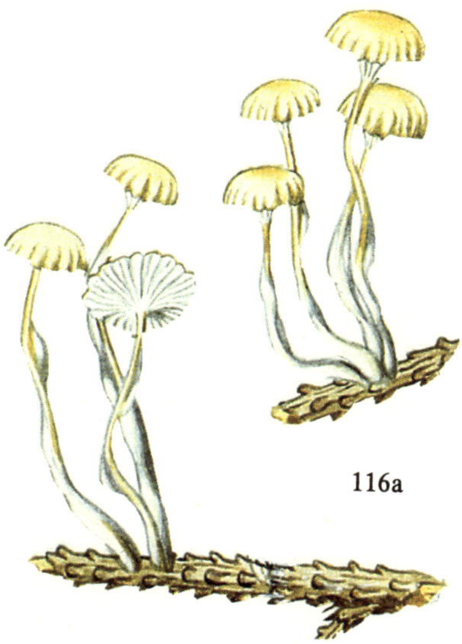

116a

116b

116. Rostfleckiger Helmling, *Mycéna zéphirus.* Nat. Gr.

116 a. Schleimfuß-Helmling, *Mycéna rórida.* 3/2 nat. Gr.

116 b. Purpurschneidiger Helmling, *Mycéna sanguinolénta.* Nat. Gr.

116c. Gefleckter Helmling

Ungenießbar

Mycéna maculáta KARST. 1889

Hut: Graubraun, rotbraun überlaufen oder gefleckt, glockig, leicht gebuckelt, 0,5–3 cm breit.
Blätter: Grau, manchmal braunrot gefleckt (orangerot nach Eintauchen in wäßrige Pikrinsäure und Auswaschen mit Alkalien).
Stiel: Graubraun, zur Basis hin braunrot bis weinrötlich, unten zottig behaart, 1–4 mm dick, zäh.
Fleisch: Geruchlos.
Sporen: 7–11 × 4–6 µm.
Zystiden: Stachelig.
Vorkommen: Oktober bis November an Laubholzstümpfen, in dichten Büscheln. Häufig.

Pseudonyme: *Mycéna alcalína* sensu RICKEN 1915 (vgl. Nr. 117), *M. parabólica* sensu BRES. 1928.

116d. Olivbrauner Helmling

Ungenießbar

Mycéna viridimarginàta KARST. 1892

Hut: Rotbraun, dunkelbraun, olivbraun, zum Rande hin mehr und mehr gelb, glockig oder stumpfkegelig, auf dem Scheitel graulich bereift, Rand gerieft bis gerippt; 1–3,5 cm breit.
Blätter: Graulich, mit gleichfarbener oder brauner Schneide, mäßig schmal, bisweilen aderig verbunden.
Stiel: Gelbbraun, Spitze oft rein gelb, glatt und kahl, seidig schimmernd, hohl, zerbrechlich, Basis weißlich filzig behaart.
Fleisch: Zerbrechlich, mit starkem, stechendem Geruch nach Salpetersäure oder Stickoxiden, wie *M. alcalína* (Nr. 117).
Sporen: 7–11 × 5–8 µm.
Zystiden: Glatt.
Vorkommen: Mai bis Oktober auf modrigem Nadelholz, besonders an Fichtenstümpfen *(Pícea)*, an schattigen, luftfeuchten Standorten; gesellig, aber nicht büschelig wachsend. In den Alpenländern und Karpaten ziemlich häufig, auch in den Mittelgebirgen (z. B. Sudeten) und vereinzelt im Flachland vorkommend.

Beschreibung nach Angaben von E. W. RICEK.

Pseudonyme: *Mycéna alcalína* (FR. 1818: FR. 1821) KUMM. 1871 sensu BRESADOLA 1928, non FRIES, nec RICKEN (vgl. Nr. 117, 116c), *M. luteoalcalína* SING. 1929 sensu KÜHNER 1938, MOSER 1978, KREISEL in Handb. Pilzfr. Bd. III 1977, 1979.

Anmerkung: Zur Unterscheidung von dem an Laubholz wachsenden **Gelbstieligen Helmling,** *Mycéna renáti* QUÉL. 1886 (= *M. luteoalcalína* SING. 1929) s. S. 111 und L. KUBIČKOVÁ & J. KLÁN in Česká Mykol. 35 (1981): 32–43.

116c. Gefleckter Helmling, *Mycéna maculáta.* Nat. Gr.

116d. Olivbrauner Helmling, *Mycéna viridimargináta.* Nat. Gr.

117. Salpeter-Helmling

Bedeutungslos

Mycéna alcalína (Fr. 1818: Fr. 1821) Kumm. 1871

Hut: Graubraun, rußbraun, auch dunkel schokoladebraun oder rostbraun, nur vorübergehend durchsichtig radial gerieft, spitzkeglig-glockig (wie eine Zipfelmütze), 1–2 cm breit.
Blätter: Grau, graubräunlich, mit weißlicher Schneide.
Stiel: Grau-gelbbräunlich, abwärts blasser, weißzottig, 5–7 × 0,1–0,2 cm.
Geruch: Nach Salpetersäuredämpfen.
Sporen: Farblos, ellipsoid, 8–12 × 4,5–6 µm. Zystiden flaschenförmig, spindelförmig, glatt.
Vorkommen: September bis Oktober auf moosigen, mulmigen Stümpfen, besonders von Nadelholz, rasig-büschlig, dichtgedrängt. Häufig.

Anmerkung: *Mycéna alcalina* sensu Ricken 1915 ist *M. maculáta* (Nr. 116c), sensu Bresadola 1928 ist *M. viridimarginàta* (Nr. 116d).

118. Weißmilchender Helmling

Bedeutungslos

Mycéna gálopus (Pers. 1801: Fr. 1821) Kumm. 1871

Hut: Olivgrau, schwärzlichbraun, mitunter rein weiß, gerieft, glockig, 1–2 cm breit, häufig.
Blätter: Blaßgrau oder weißlich, etwas entferntstehend.
Stiel: Fleischfarbig, mit faserig-wurzelnder Basis, 5–6 × 0,1–0,2 cm, mehr oder weniger, reichlich weiße Milch absondernd (mitunter nur im Jugendzustande).
Sporen: Farblos, länglich-ellipsoid, 10–12 × 4–5 µm. Zystiden spindelförmig, glatt.
Vorkommen: August bis November, im Laub-, häufiger im Nadelwald, meist einzeln, häufig.

Eine Varietät mit rein weißem Hut ist var. *cándida* Lge. 1914 (var. *álba* Fl. Dan. ex Rea 1922); eine Varietät mit schwärzlichem, bis 3,5 cm breitem Hut ist var. *nígra* Fl. Dan. ex Kühner 1938; eine kleine und langstielige Form (Stiel 6–7 cm × 0,7–1 mm) ist f. *grácilis* Kühner 1938.

Synonyme: *Mycéna leucógala* Cke. 1883, M. *lactéscens* (Schrad.) Schroet. 1889, *M. ánnae* Benedix 1949.

119. Orangeschneidiger Helmling

Bedeutungslos

Mycéna aurantiomargináta (Fr. 1821) Quél. 1872

Hut: Graubräunlich bis olivbräunlich mit olivgelblichem, gerieftem Rand, kegelig-glockig, 1–2,5 cm breit.
Blätter: Hellgraubräunlich, mit orangegelber Schneide, flockig.
Stiel: Graugelblichbraun, 5–7 × 0,1–0,2 cm, Spitze orangestaubig, Basis olivgelblich striegelig mit orangefarbigen Myzelfasern.
Sporen: Farblos, ellipsoid, 8–9 × 4–5 µm. Zystiden an Blattschneiden sattgelb, rundlich warzig.
Vorkommen: August bis Oktober zwischen abgefallenen Nadeln, gesellig, oft wie gesät.

Pseudonym: *M. élegans* (Pers.: Fr. 1821) Kumm. 1871 sensu Lge. 1936, Kühner 1938, non Fr. (= zweifelhafte Art).

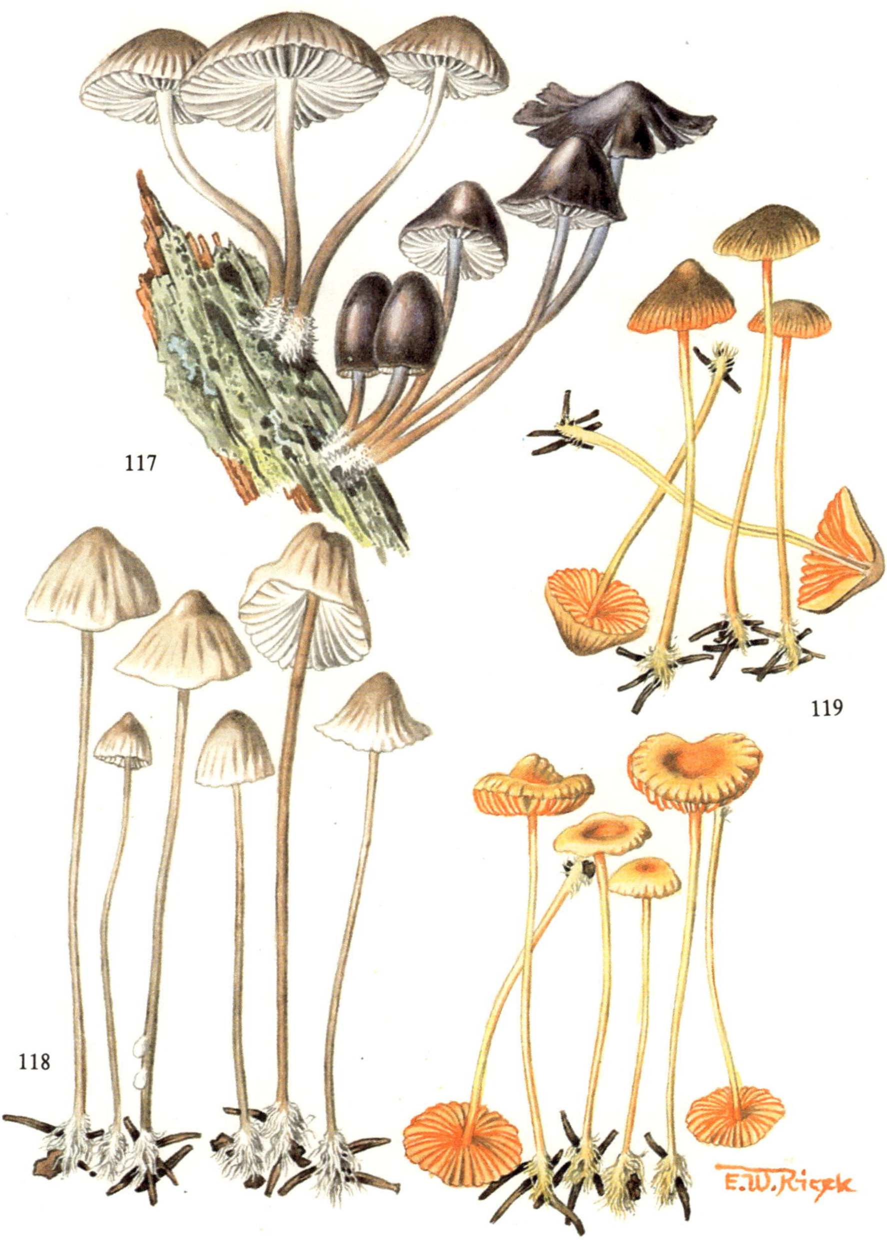

117. Salpeter-Helmling, *Mycéna alcalína.* Nat. Gr.

118. Weißmilchender Helmling, *Mycéna gálopus.* Nat. Gr.

119. Orangeschneidiger Helmling, *Mycéna aurantiomargináta.* Nat. Gr.

120. Schleimiger Helmling

Bedeutungslos

Mycéna viscósa Mre. 1910

Hut: Weißbräunlich bis rotbräunlich, gerieft, eiförmig-glockig ausgebreitet, 2–3 cm breit. Die schleimige Oberhaut ist leicht abziehbar.
Blätter: Weißlich, rotbräunlich fleckend.
Stiel: Zitronengelb, goldgelb, rotbräunlich fleckend.
Fleisch: Durchfeuchtet, wird in allen Teilen schließlich rotbraun, riecht ähnlich ranzigem Tran.
Sporen: Farblos, kurzellipsoid, 8–12 × 6–8 µm. Zystiden keulenförmig, glatt.
Vorkommen: September bis Oktober im Nadelwald an morschen Stümpfen und auf Ästchen in der Streu. Häufig.

Synonym: *Mycéna epipterýgia* (Scop. 1772: Fr. 1821) S. F. Gray 1821 var. *viscósa* (Mre.) Ricken 1915.

Anmerkung: Vom **Überhäuteten Helmling** (*Mycéna epipterýgia*, Nr. 115) durch kräftigere Statur, sattere Hutfarbe, rotbraune Flecken und tranigen Geruch unterschieden.

121. Milchweißer Scheinhelmling

Bedeutungslos

Hemimycéna láctea (Pers. 1801: Fr. 1821) Sing. 1938

Hut: Milchweiß, seidig aussehend, kegelig-flach, 0,5–1 cm breit, etwas gerieft, zäh.
Blätter: Weißlich; teilweise nur fast aderförmig.
Stiel: Weißlich, bereift, 2–4 × 0,1 cm.
Sporen: Farblos, lanzettlich, kommaförmig, 7–10 × 2–2,5 µm.
Vorkommen: August bis November besonders auf abgeschälter Tannenrinde, doch auch auf Ästchen und Nadeln, oft wie gesät.

Synonyme: *Mycéna láctea* (Pers.: Fr.) S. F. Gray 1821, *Trógia láctea* (Pers.: Fr.) Corner 1966.

Anmerkung: *Mycéna láctea* sensu Ricken 1915 ist *Hemimycéna rickénii* (A. H. Smith 1947) Sing. 1962, eine Art mit rundlichen Sporen und reichlich Pleurozystiden, während die oben beschriebene Art nur Zystiden an den Lamellenschneiden hat. – *Mycéna láctea* sensu J. Lange 1936 ist *Hemimycéna delicatélla* (Peck) Sing., eine Art mit spindelförmigen Sporen, ohne Pleurozystiden.

122. Rettich-Helmling

Giftig!

Mycéna púra (Pers. 1801: Fr. 1821) Kumm. 1871

Hut: Rosa bis blaßviolettlich, mitunter auch weißlich; glockig, dann flach mit stumpfem Buckel, 2–5 (–6) cm breit, dünnfleischig. Rand gerieft.
Blätter: Lilarosa, grauweißlich, ausblassend, sehr breit, ziemlich entfernt, queradrig, am Stiel ausgebuchtet.
Stiel: Gleichfarbig, 4–7 × 0,2–0,5 cm; ausgestopft, schließlich röhrig, mit striegliger Basis.
Fleisch: Wäßrig. Geschmack und Geruch nach Rettich oder nach schlechten, rohen Kartoffeln.
Sporen: Farblos, ellipsoid-birnförmig, 5–8,5 × 2,5–3,7 µm. Zystiden keulenförmig, glatt.
Vorkommen: Juli bis Oktober im Laub- und Nadelwald auf dem Erdboden. Häufig.
Wert: ruft Vergiftungen mit Sehstörungen und anderen Sinnestäuschungen, Erbrechen und leichten Magen-Darmbeschwerden hervor; vgl. Kubička & Veselský in Česká Mykol. 32 (1978): 167–168.

Synonym: *Mycéna pseudopúra* (Cke. 1882) Sacc. 1887.

Anmerkung: von den zahlreichen in der Farbe abweichenden Formen dieser Art (vgl. nebenstehende Tafel) ist häufig anzutreffen: *M. púra* f. *multícolor* Bres. 1892, Hut grünlich graublau mit fuchsigem Buckel. – Als Art zu unterscheiden ist der viel größere, weißstielige **Rosa Helmling,** *Mycéna rósea* (Bull. 1791) Gramberg 1913, gleichfalls **giftig**, doch mit typischen Symptomen einer Muskarinvergiftung: nach 15–60 min. einsetzende schmerzhafte, kolikartige Bauchschmerzen, Durchfälle mit viel Wasserverlust, Übelkeit usw.; hierher gehören auch die von Makara in Mikol. Közlem. 1971: 138–139 und Herrmann in Mykol. Mitt. 17 (1973): 17–18 irrtümlich *M. púra* zugeschriebenen Vergiftungsfälle.

120

121

122

120. Schleimiger Helmling, *Mycéna viscósa.* 2/3 nat. Gr.

121. Milchweißer Scheinhelmling, *Hemimycéna láctea.* 2/3 nat. Gr.

122. Rettich-Helmling, *Mycéna púra.* Nat. Gr.

123. Heftel-Nabeling

Bedeutungslos

Rickenélla fíbula (BULL. 1783/84: FR. 1821) RAITH. 1973

Hut: Schön orange, nach dem Rande zu orangegelb, trocken ausblassend, oft ganz verblaßt; erst gewölbt, dann flach, zuletzt genabelt bis trichterförmig; 0,5–1 cm breit, häutig. Rand oft gerieft bis gekerbt.
Blätter: Weißlich bis gelblich, entfernt, stark herablaufend.
Stiel: Orangeblaß, dünn, langstielig, 2–6 × 0,1–0,2 cm; knorpelig, röhrig.
Fleisch: Orangeblaß; mild, geruchlos.
Sporen: Farblos, zylindrisch-ellipsoid, 5–6 × 1,5–2 µm.
Vorkommen: Juli bis Oktober, an feuchten Stellen zwischen Gras und Moos, auch in Wäldern und Mooren, gesellig. Häufig.

Synonyme: *Omphália fíbula* (BULL.: FR.) KUMM. 1871, *Mycéna fíbula* (BULL.: FR.) KÜHNER 1938, *Gerronéma fíbula* (BULL.: FR.) SING. 1964.

124. Blaustieliger Nabeling

Bedeutungslos

Rickenélla sétipes (FR. 1818: FR. 1821) RAITH. 1973

Hut: Blaßbräunlich-rehbraun, Mitte bläulich-violettlich, gewölbt-flach-genabelt, 0,7–1 cm breit, häutig. Rand eingebogen, später wellig-flatterig, oft orangebräunlich.
Blätter: Weiß, dünn, fast gedrängt, herablaufend. Zwischen den Blättern ist die bläuliche Farbe des Fleisches oft sichtbar.
Stiel: Blaßbräunlich, bläulich, violett oder auch dunkler, beinahe schwärzlich. Stielgrund orangebräunlich, 3–5 × 0,1–0,2 cm, fadendünn; im oberen Teil etwas dicker.
Fleisch: Bläulich-dunkelviolettbraun, zuletzt blasser, mild, geruchlos.
Sporen: Farblos; ellipsoid, 4–5 × 2–3 µm.
Vorkommen: Juni bis Oktober im Moos, in Wäldern, im Gebüsch, auch in Gärten, gesellig. Weniger häufig.

Synonyme: *Omphália sétipes* (FR.: FR.) QUÉL. 1872, *O. swártzii* (FR. 1818) QUÉL. 1885, *Omphálina sétipes* (FR.: FR.) QUÉL. 1888, *Mycéna swártzii* (FR.) A. H. SMITH 1947, *Gerronéma sétipes* (FR.: FR.) SING. 1964, *G. swártzii* (FR.) KREISEL 197[illegible].

125. Ranziger Rußnabeling

Bedeutungslos

Fayódia gracílipes (BRITZ. 1890) BRESINSKY & STANGL 1974

Hut: Graubräunlich bis olivbräunlich, trocken stark ausblassend, dann seidig glänzend; glokkig, häufig mit kleinem Nabel; 2–3 cm breit. Rand stark durchscheinend gerieft.
Blätter: Blaßgrau, breit, weniger gedrängt, herablaufend.
Stiel: Ähnlich dem Hut gefärbt, feucht glasig, knorpelig, sehr starr, engröhrig; 3–6 × 0,2–0,3 cm.
Fleisch: Graulich; Geruch und Geschmack spermaartig.
Sporen: Farblos; rund, feinstachlig-punktiert, ziemlich groß, rund, 8 µm, amyloid. Basidien zweisporig.
Vorkommen: Oktober bis November auf Nadeln, oft büschelig. Seltener.

Synonyme: *Omphália bisphaerígera* LGE. 1930, *Fayódia bisphaerígera* (LGE.) SING. 1936.
Pseudonym: *Omphália striaepílea* (FR. 1854) GILL. 1874 sensu RICKEN 1915, non FRIES.

126. Weißer Adernabeling (Beschreibung s. S. 463)

127. Gelber Glöckchennabeling (Beschreibung s. S. 464)

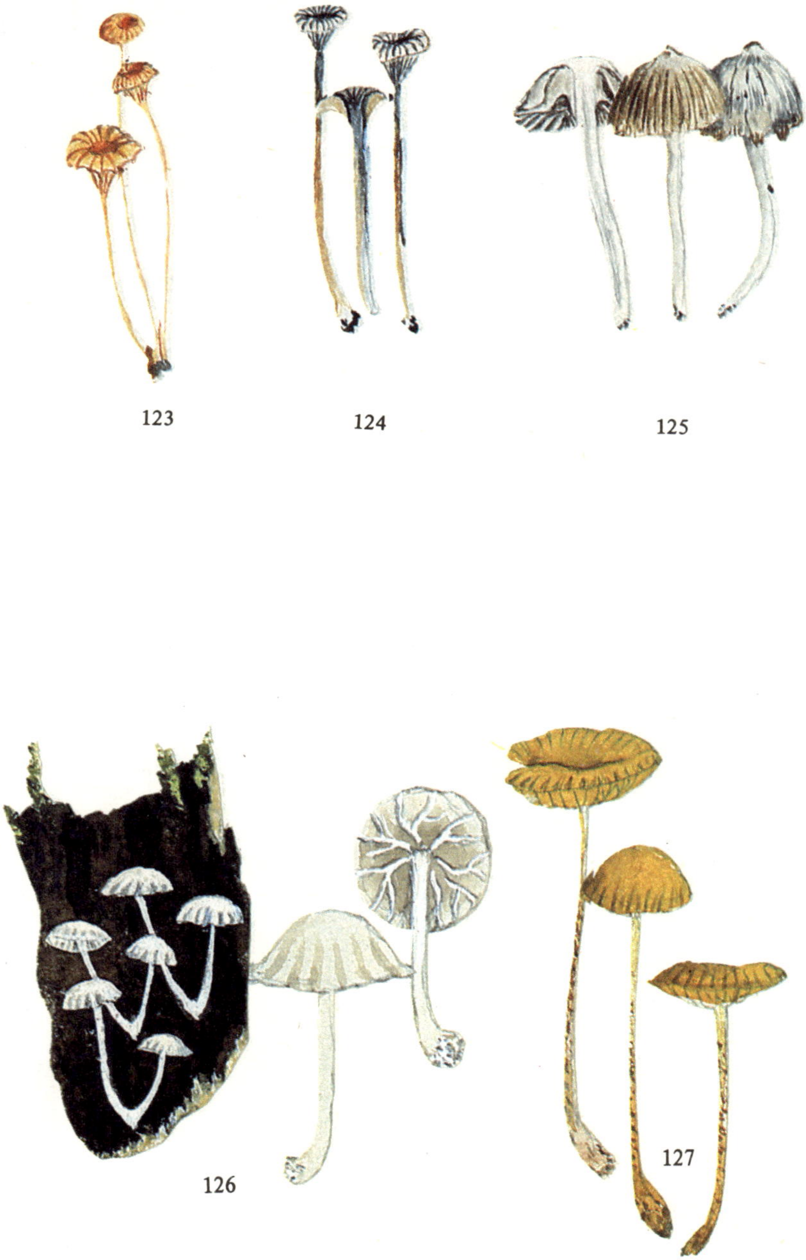

123. Heftel-Nabeling, *Rickenélla fíbula.* Nat. Gr.

124. Blaustieliger Nabeling, *Rickenélla sétipes.* Nat. Gr.

125. Ranziger Rußnabeling, *Fayódia gracílipes.* Nat. Gr.

126. Weißer Adernabeling, *Delicátula integrélla.* Nat. Gr.

127. Gelber Glöckchennabeling, *Xeromphália cauticinális.* Nat. Gr.

128. Kohlennabeling

Bedeutungslos

Myxomphália maura (FR. 1821) HORA 1960

Hut: Fast schwarz, schwarzbraun, olivschwärzlich, trocken graubraun, hygrophan, glänzend, kahl, glatt, halbkugelig-glockig, meist tiefgenabelt, 2–5 cm breit; mit durchscheinend gerieftem Rand, dünn. Die Huthaut ist dehnbar, gummiartig und abziehbar.
Blätter: Fast weiß, gedrängt, breit angewachsen, wenig herablaufend. Die Blätter spalten sich in zwei Häute, wenn man den Hut in der Mitte durchreißt.
Stiel: Fast schwarz, teilweise bereift, 3–5 × 0,3–0,4 cm, starr, fast röhrig, knorpelig bis hornartig.
Fleisch: Weißlich; Geschmack mild, schwach nach Mehl oder Sperma riechend.
Sporen: Farblos, fast rundlich, 5–6 × 4 µm; amyloid. Staub weiß.
Vorkommen: September bis Oktober auf Kohlenplätzen, alten Brandstellen, auch an feuchten Waldstellen, fast büschlich, gesellig. Häufig.

Die ähnlich geformten, gleichfalls nach Mehl riechenden und an den gleichen Stellen wachsenden, oft mit dem Kohlennabeling vergesellschafteten **Graublatt**-Arten (*Tephrócybe*, z. B. Nr. 164) haben graue Blätter und keine Klebhaut.

Synonyme: *Omphália maura* (FR.) GILL. 1874, *Fayódia maura* (FR.) SING. 1936.

129. Holz-Nabeling

Bedeutungslos

Omphálina epichýsium (PERS. 1801: FR. 1821) QUÉL. 1886

Hut: Graurußig, rauchgraubräunlich; hygrophan, fast bis zum Nabel gerieft, trocken blaßgrau, fast seidig-glänzend, flach-tiefgenabelt, 2–3 cm breit, zart.
Blätter: Weißlichgrau bis fast grau, etwas gedrängt, kurz herablaufend.
Stiel: Aschgrau, am Grunde weißfilzig, 2–3 × 0,2–0,3 cm, fast röhrig, oft verbogen.
Sporen: Farblos, ellipsoid, 7–9 × 4–6 µm. Staub weiß.
Vorkommen: Juli bis Oktober auf mulmigen Nadelholzstümpfen. Nicht häufig. Art der Gebirgsnadelwälder.

Synonym: *Omphália epichýsium* (PERS.: FR.) KUMM. 1871. Diese Art ist Typus der Gattungen *Omphália* KUMM. 1871 und *Omphálina* QUÉL. 1886; letzterer Name mußte wegen der älteren Homonyme *Omphálea* L. 1756 und *Omphália* S. F. GRAY 1821 eingeführt werden.

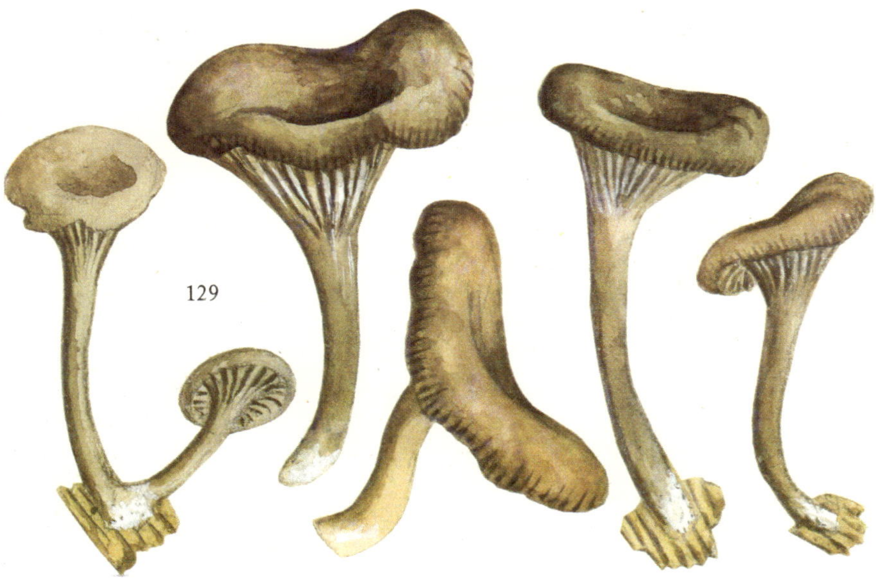

128. Kohlennabeling, *Myxomphália māúra.* Nat. Gr.

129. Holz-Nabeling, *Omphálina epichýsium.* 4/3 nat. Gr.

130. Goldblättriger Nabeling

Bedeutungslos

Gerronéma chrysophýllum (FR. 1821) SING. 1964

Hut: Bräunlichgelb, hygrophan, trocken blasser, mehr oder weniger eingewachsen schuppig, gewölbt, dann niedergedrückt-genabelt, 2–5 cm, dünn.
Blätter: Gelb, goldgelb bis orangegelb; weitstehend und langherablaufend.
Stiel: Goldgelb; 2–4 × 0,2–0,4 cm; hohl, fast knorplig.
Sporen: Farblos, langellipsoid, 10–12 × 5 µm, glatt. Staub gelblich
Vorkommen: Juli bis Oktober an moderigen Stümpfen, auch auf Sägespänen, meist büschelig. Nicht häufig.

Synonyme: *Omphália chrysophýlla* (FR.) KUMM. 1871, *Omphálina chrysophýlla* (FR.) MOS. 1953, *Chrysomphálina chrysophýlla* (FR.) CLÉM. 1982, *Chrysobostrychódes chrysophýllus* (FR.) KOST 1985.

131. Gefalteter Nabeling

Bedeutungslos

Gerronéma ericetórum (PERS. 1759: FR. 1821) SING. 1975

Hut: Von verschiedener Färbung, weißlichgrau, gelblich, sogar grünlich, meist aber hellbräunlich mit dunklerer Riefung, hygrophan; zuerst gewölbt, später niedergedrückt bis trichterförmig, durchscheinend gerieft, fast faltig, trocken beinahe glatt, 0,5–2 cm breit.
Blätter: Weißlich, dann hellgelblich; weitstehend, hinten breit, fast dreieckig, herablaufend. Die Trama ist irregulär.
Stiel: Hellbräunlich, am Grunde weißlich-zottig, kurz, 2 × 0,1 cm, sehr dünn, verbogen, voll, später hohl.
Sporen: Farblos, kugelig-ellipsoid, glatt, 8–9,5 × 6–7,5 µm. Staub weiß.
Vorkommen: Mai bis Oktober in Wäldern und Mooren, auf Torf, saurem Boden, an Holz. Häufig in Skandinavien und in den Gebirgen, sonst zerstreut, z. B. im Norden der DDR. Dieser Pilz lebt nach POELT & OBERWINKLER (1964, als *O. pseudoandrosácea*) in den Alpen in Symbiose mit Grünalgen der Gattung *Coccomýxa*, d. h., das Pilzmyzel bildet mit den Algen eine Flechte in Form von Kolonien etwa 0,1 mm großer grüner Schüppchen. Diese Flechte ist unter dem Namen *Botrýdina vulgáris* bekannt. Sie wird ebenso im Flachland (z. B. Mecklenburg) gebildet.

Synonyme: *Omphálina umbellífera* (L. 1753: FR. 1828) QUÉL. 1886, *O. pseudoandrosácea* (BULL. 1786) POELT & OBERWINKLER 1964, *O. ericetórum* (PERS.: FR.) M. LANGE 1955.

132. Blaugrüner Nabeling

Bedeutungslos

Omphálina smarágdina (BERK. 1856) MALENÇON & BERTAULT 1975

Hut: Dunkelblaugrün, auch grünlich, etwas dunkler gestreift, scheibenförmig, kaum genabelt, 0,3–0,9 cm breit.
Blätter: Weißlich-grünlich, weitstehend.
Stiel: Feucht grünschwarz, trocken blaugrün.
Sporen: Farblos, ellipsoid, 7,5–9,5 × 4,5–5 µm.
Vorkommen: Juni bis Oktober im Nadelwald.

Synonyme: *Omphália chlorocyánea* (PAT. 1885) SACC. 1887, *O. víridis* (HORNEM.) LGE. 1930, *Omphálina chlorocyánea* (PAT.) SING. 1951.

130. Goldblättriger Nabeling, *Gerronéma chrysophýllum.* Nat. Gr.

131. Gefalteter Nabeling, *Gerronéma ericetórum.* Nat. Gr.

132. Blaugrüner Nabeling, *Omphálina smarágdina.* Nat. Gr.

133. Brauner Haarschwindling, Braunes Fasermützchen

Bedeutungslos.

Crinipéllis stipitária (Fr. 1821) Pat. 1889.

Hut: Auf weißlichem Untergrund mit angedrückten, langen, gelblich-bräunlichen Härchen, mitunter gezont, mit dunkelrotbräunlicher Papille, zuletzt mit runzeliggerieftem Rand; genabelt-flach, 1 cm breit.
Blätter: Weißlich bis schwach gelblich, bauchig, kaum angeheftet, bald frei.
Stiel: Rostbräunlich, flockig-filzig, mit blaßgelblicher, kleiiger Spitze, oft verbogen oder verdreht, 3–5 × 0,05–0,1 cm, röhrig.
Sporen: Farblos, ellipsoid, 6–9 × 4–6,5 µm. Die **Haare** der Hut- und Stieloberfläche werden in Melzers Reagens braunrot (dextrinoid), in KOH oder NaOH olivgrünlich (Paechnatz 1984).
Vorkommen: Juni bis November, als Saprophyt und Parasit, zwischen Moos und Gras, an Grasbüscheln, Zweigen, Strünken, an Wegrändern, auf Sandboden, Trockenrasen, Dünen und Bahndämmen, gesellig, oft büschelig. Eintrocknend, nicht faulend. Nicht selten; häufig in den Dünen- und Xerothermgebieten.

Synonyme: *Marásmius stipitárius* (Fr.) Kumm. 1871, *M. cauticinális* (Bull. 1791: Fr. 1821) Pat. 1887, *Crinipéllis caulicális* (Desm. 1855) Sing. & Clém. 1972.

134. Roßhaar-Schwindling

Bedeutungslos

Marásmius androsáceus (L. 1753: Fr. 1821) Fr. 1838

Hut: Fleischbräunlich oder heller, flach, mit vertiefter Mitte, runzelig bis gerieft, häutig, 0,5–0,8 (–1) cm breit.
Blätter: Blaß, fleischbräunlich, entfernt angewachsen.
Stiel: Roßhaarartig, fast schwarz, mit blasser, etwas verbreiteter Spitze, oft glänzend, kahl, 3–7 × 0,05 cm, hart, wenn trocken, verdreht.
Sporen: Farblos, lanzettlich, 6,5–7 × 3–4 µm.
Vorkommen: Mai bis November, in Wäldern und Mooren, auf Kiefern- und Fichtennadelstreu, auf abgestorbenen Wollgrasblättern *(Erióphorum vaginátum)*, sehr gesellig, häufig im Flachland und Gebirge. Bildet roßhaarartige, im Substrat kriechende Rhizomorphen.

135. Nadel-Schwindling

Ungenießbar

Micrómphale pérforans (Hoffm. 1790: Fr. 1821) S. F. Gray 1821

Hut: Hell fleischbräunlich, runzelig, fast flach, fast genabelt, 1–1,5 cm breit, durchscheinend.
Blätter: Hell fleischbräunlich, untermischt, z. T. nicht bis an den Stiel reichend, die anderen etwas herablaufend.
Stiel: Braunschwärzlich, glanzlos, 2–3 × 0,1 cm, dünn, samtig behaart. Geruch widerlich, beinahe knoblauchartig, beim Trocknen verschwindend.
Sporen: Farblos, lanzettlich, 6 × 3 µm.
Vorkommen: Fast das ganze Jahr hindurch auf Fichtennadeln (jeder Pilz sitzt auf einer Nadel), oft wie gesät.

Synonyme: *Marásmius pérforans* (Hoffm.: Fr.) Fr. 1838, *Androsáceus pérforans* (Hoffm.: Fr.) Pat. 1887.

133

135

134

133. Brauner Haarschwindling, *Crinipéllis stipitária.* Nat. Gr.

134. Roßhaar-Schwindling, *Marásmius androsáceus.* 3/2 nat. Gr.

135. Nadel-Schwindling, *Micrómphale pérforans.* 3/2 nat. Gr.

136. Orangerötlicher Schwindling

Bedeutungslos

Marásmius gráminum (LIBERT 1832) BERK. 1860

Hut: Bräunlichorange bis ziegelrot, alt blaßrötlich, leicht gefurcht-faltig, gewölbt, 0,2–1 cm breit, häutig.
Blätter: Weißlich, sehr entferntstehend, mit freiem Halsband (Collar) den Stiel umschließend.
Stiel: Schwarzbraun, an der Spitze mitunter blasser, glänzend, borstenartig, 2 × 0,05 cm.
Sporen: Farblos, lanzettlich, 9–13 × 4–5 µm. Hyphen amyloid (nach MOSER).
Vorkommen: Juli bis September auf dürren Stengeln, Queckenwurzeln, Grashalmen.

Synonym: *Marásmius curréyi* BERK. & BR. 1879.

137. Ledergelber Schwindling

Wert unbekannt

Marásmius lupuletórum (WEINM. 1828) BRES. 1892

Hut: Gelbbräunlich, schmutzig ledergelblich, runzlig-gerieft, flachgewölbt, dann ausgebreitet, 1–4 cm breit, dünnfleischig.
Blätter: Hellockerlich, entferntstehend, dicklich.
Stiel: Gelbbräunlich, rotbräunlich, abwärts schwärzlich, oben blasser, am Grunde verjüngt, mit filziger (weißlich-gelblicher) Basis, 4–8 × 0,15–0,3 cm, hart, fast röhrig.
Sporen: Farblos, lanzettlich, 8–9 × 4–5 µm.
Fleisch: Riecht wie der Nelkenschwindling (*M. oréades*, Bd. I/101).
Vorkommen: Oktober bis November besonders im Buchenwald, auf Laubstreu und abgefallenen Ästchen, einzeln oder in großen Büscheln. Ziemlich selten.

138. Aderblättriger Schwindling

Bedeutungslos

Marásmius epiphýllus (PERS. 1801: FR. 1821) FR. 1838

Hut: Milchweiß, schmutzig werdend; im Alter fast flach; etwas runzlig, 0,5–1 cm breit, flatterig, häutig.
Blätter: Weißlich, entferntstehend, etwas herablaufend (mitunter fast ohne Blätter).
Stiel: Bräunlich, mit blasserer, fast weißlicher Spitze, bereift, fadenförmig.
Sporen: Farblos, spindelig, 9–10 × 3–4 µm.
Vorkommen: Oktober bis November auf Blättern (besonders auf Blattstielen und Blattnerven), auf Stengeln von Kräutern, Ranken (z. B. Brombeeren), auch an Hölzchen oft massenhaft; zerstreut.

139. Astschwindling

Bedeutungslos

Marasmiéllus rameális (BULL. 1788: FR. 1821) SING. 1948

Hut: Weißlich, mit blaßgelbbräunlicher Mitte, hell fleischfarben, runzelig, flach oder etwas niedergedrückt, 0,5–1 cm breit.
Blätter: Weiß, entferntstehend, untermischt, hinten verbunden.
Stiel: Blaßbräunlich, oben durch Schüppchen mehlig weiß, kurz, 1–2 × 0,1 cm.
Sporen: Farblos, lanzettlich, 8–9 × 3 µm.
Vorkommen: Juni bis Oktober in Mengen an Ästchen von Laub- und Nadelhölzern. Sehr verbreitet.

Synonyme: *Marásmius rameális* (BULL.: FR.) FR. 1838; *Collybiópsis rameális* (BULL.: FR.) EARLE 1909, *Marásmius amadélphus* (BULL. 1791: FR. 1821) FR. 1838, *Marasmiéllus amadélphus* (BULL.: FR.) MOS. 1967.

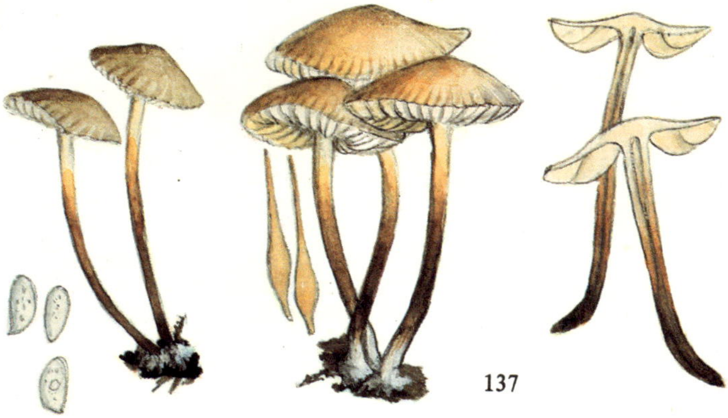

137

136

138

139

136. Orangerötlicher Schwindling, *Marásmius gráminum.* Nat. Gr.

137. Ledergelber Schwindling, *Marásmius lupuletórum.* Nat. Gr.

138. Aderblättriger Schwindling, *Marásmius epiphýllus.* Nat. Gr.

139. Astschwindling, *Marasmiéllus rameális.* Nat. Gr.

140. Hornstiel-Schwindling

Bedeutungslos

Marásmius cohaerens (ALB. & SCHW. 1805: FR. 1821) CKE. & QUÉL. 1878

Hut: Gelbbräunlich, mit blaßrotbräunlichem Buckel, milchkaffeefarben, später ausblassend, bereift-samtig (durch Zystiden), runzelig, glockig-flach, 2-5 cm breit, Rand feucht fast gerieft.
Blätter: Strohblaß, schmutzig weißlich bis graulich, entfernt, breitbauchig, am Grunde aderig verbunden, zuletzt frei.
Stiel: Blaßgelblich, kastanienbraun, abwärts tiefschwarz, hornartig hart, 5–8 (–10) × 0,2–0,4 cm, an der Spitze breiter, röhrig-hohl, verjüngt, am Grunde weißfilzig wie gestiefelt, mit den Blättern und meist untereinander büschelig verbunden.
Fleisch: Unangenehm schmeckend, geruchlos.
Sporen: Farblos, lanzettlich, 8–9 × 3,5–4 µm.
Zystiden: An der Schneide und Fläche der Lamellen auffallende, massenhafte, braune dickwandige, spindelig-pfriemliche, sehr spitze Zystiden. 60–80 (–100) × 7–14 µm.
(Auf der Tafel abgebildet.)
Vorkommen: September bis Oktober auf trockenem Laub, seltener auf Nadeln, gesellig Nicht häufig.

Synonym: *Marásmius cerátopus* (PERS. 1828) QUÉL. 1888.

141. Langstieliger Knoblauch-Schwindling

Eßbar, aber minderwertig

Marásmius alliáceus (JACQ. 1773: FR. 1821) FR. 1838

Hut: Jung öfter milchweiß, meist fleischocker bis bis umberbräunlich, oft runzelig, halbkugelig-flach, 2–4 cm breit, mit glattem oder gerieftem Rand.
Blätter: Schmutzig weißlich-holzfarbig, ziemlich breit, fast entfernt.
Stiel: Braunschwarz, matt bereift-filzig, 8–10 (–20) × 0,1–0,2 cm, hornartig, starr, zäh, mitunter am Ende kleinknollig, stark wurzelnd.
Fleisch: Mit anhaltendem, unerträglichem Knoblauchgeruch und süßlichem Geschmack.
Sporen: Farblos, groß, rundlich-eiförmig, 7–11;6–8 µm.
Vorkommen: Mai bis November im Buchenwald, tief im Laub wurzelnd oder auf vermoderndem Holz. Nur im Verbreitungsgebiet der Rotbuche; nördlich bis Schottland, Oslo, Karpaten, Kaukasus. Sehr häufig in Dänemark, Südschweden, Mecklenburg, in den herzynischen Gebirgen und Karpaten, sonst zerstreut bis selten. Die Verbreitung in der DDR beschreiben KREISEL & al. in Hercynia, N. F., **17** (1980), S. 243 (Karte S. 273), in der BRD KRIEGLSTEINER in Z. Mykol. **44** (1978), S. 235, dazu Karte S. 232

142. Großer Knoblauch-Schwindling (Beschreibung s. S. 464)

140. Hornstiel-Schwindling, *Marásmius cohǽrens.* Nat. Gr.

141. Langstieliger Knoblauch-Schwindling, *Marásmius alliáceus,* Nat. Gr.

142. Großer Knoblauch-Schwindling, *Marásmius prasiósmus.* Nat. Gr.

143. Halsband-Schwindling

Bedeutungslos

Marásmius rótula (Scop. 1772: Fr. 1821) Fr. 1838

Hut: Zierlich, weißlich, häutig, faltig-gefurcht, genabelt, 1–1,5 cm breit.
Blätter: Weißlich, entfernt, am Ende durch einen Kragen (Collar), der den Stiel scheidenartig umgibt, verbunden.
Stiel: Schwarz, glänzend, hart, borstendünn, 2–7 cm lang.
Sporen: Farblos, spindelig, 6–8 × 2–4 µm.
Vorkommen: Mai bis Oktober auf herabfallenen, abgestorbenen Zweigen, Blättern und auf Wurzeln, gesellig. Ziemlich häufig.

Nach Ricken bildet er zuweilen borstenförmige, weithin kriechende, schwarze Rhizomorphen, ähnlich den Stielen, jedoch ohne Hüte oder nur mit sterilen, weißen Köpfchen (auch **Roßhaar-Schwindling** *M. androsáceus*, Nr. 134).

144. Violettlicher Schwindling

Bedeutungslos

Marásmius wýnnei Berk. & Br. 1859

Hut: Erst weißlich, dann lila oder violettgrau bis dunkelbraun, sehr veränderlich, feucht glasig, glockig-gewölbt, 3–6 cm breit, mit schwärzendem Rand.
Blätter: Grauweißlich-violettbräunlich, alt schmutzig violett, entfernt, dick, aderig verbunden, frei.
Stiel: Blaß, nach unten rotbraun bis schwarzbraun, an der Spitze verdickt, kleiig bereift, 4–8 (–10) × 0,2–0,5 cm.
Sporen: Farblos, spindelig-lanzettlich, oft gekrümmt, 6–7 × 3–3,5 µm.
Vorkommen: September bis Oktober im Laubwald, mit den Blättern durch häutiges Myzel verwachsen. Häufig.

Synonym: *Marásmius globuláris* Fr. in Quél. 1872.

145. Zimtrötlicher Rübling

Bedeutungslos

Collýbia putílla (Fr. 1818: Fr. 1821) Sing. 1951

Hut: Hellzimtrötlich, Mitte dunkler; feucht dattelbraun und mit gerieftem Rand schließlich ausblassend, glanzlos, schwach gewölbt, leicht gebuckelt, niedergedrückt 1,5-3 cm breit.
Blätter: Blaßzimtfarben mit rötlichem Schein, kaum gedrängt.
Stiel: Zimtbläulich-rötlich, 3–5 × 0,2–0,4 cm, knorpelig, enghohl, nach unten verdickt, wollig-zottig bekleidet und durch ein striegeliges Myzel mit Nadeln oder Blättern verwachsen.
Sporen: Farblos, gekrümmt-ausspitzend, 8–9 × 3,5–4 µm.
Vorkommen: Oktober bis November im Kiefernwald, auf gehäuften Kiefernnadeln, herdenweise; stellenweise nicht selten, so in Brandenburg (Hennig).

Synonym: *Marásmius putillus* (Fr.: Fr) Fr. 1838.

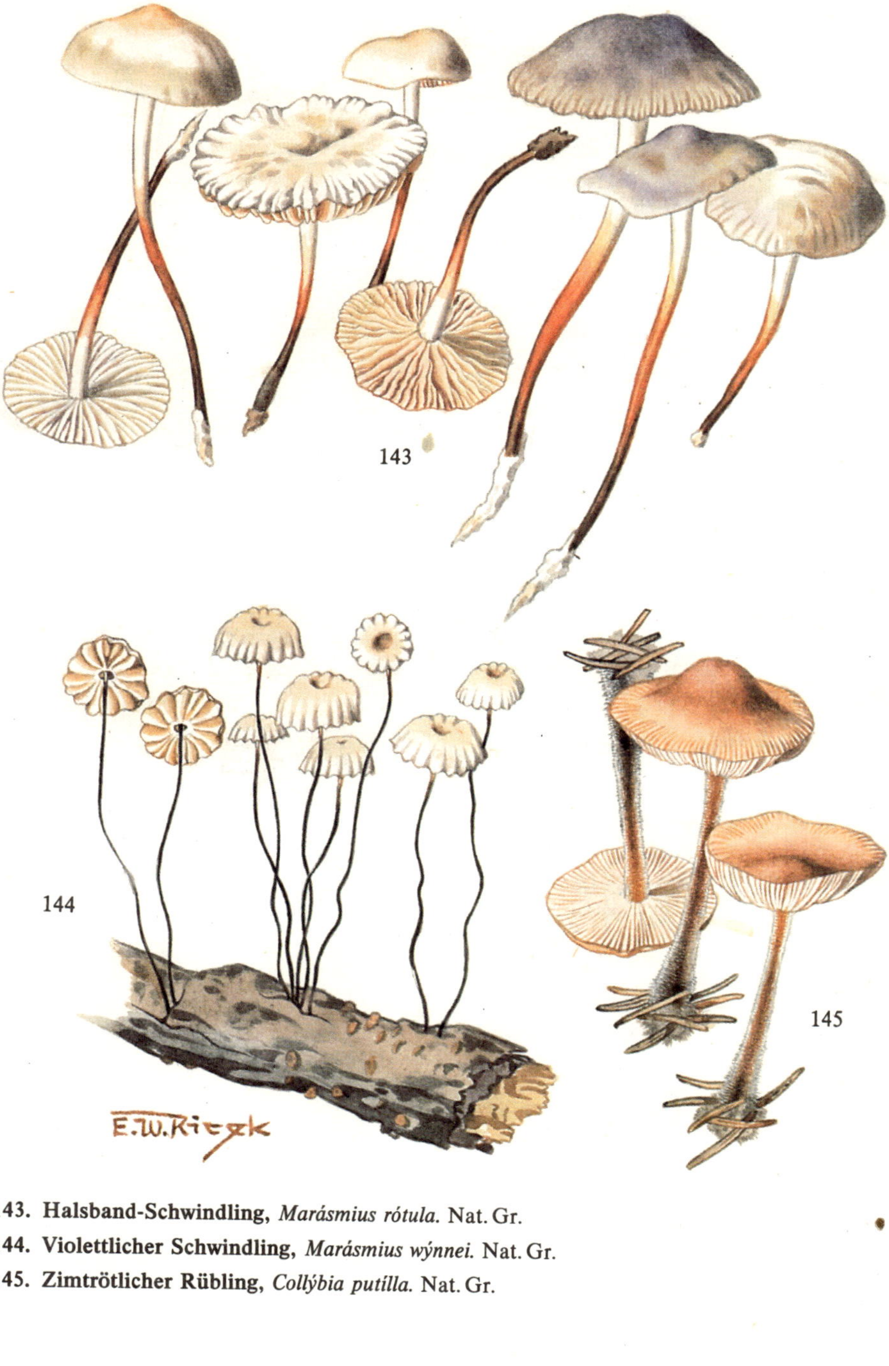

143. Halsband-Schwindling, *Marásmius rótula.* Nat. Gr.

144. Violettlicher Schwindling, *Marásmius wýnnei.* Nat. Gr.

145. Zimtrötlicher Rübling, *Collýbia putílla.* Nat. Gr.

146. Fichten-Nagelschwamm, Fichten Zapfenrübling

Eßbar

Strobilúrus esculéntus (Wulfen 1778: Fr. 1821) Sing. 1962

Hut: Graubraun bis dunkelbraun, doch auch heller, selten weißlich, flachglockig, 2–3 (–4) cm breit.
Blätter: Blaßgrau bis grau, selten weiß; fast gedrängt, ziemlich breit, dünn; abgerundet, fast frei.
Stiel: Rötlich-fuchsig mit weißbereifter Spitze, starr, zäh, glänzend, engröhrig; über der Erde meist kurz, 4 (–10) cm, unter der Erde mit langer (7–10 cm), faserig-filziger, kriechender Wurzel, die von einem in der Erde befindlichen Fichtenzapfen ausgeht.
Sporen: Farblos; fast ellipsoid, nicht gebogen, 5–7,5 × 2,7–4 µm.
Zystiden: Spindelig bis lanzettlich, Mitte öfter schwach bauchig, Wände verdickt, oben abgerundet und gekrönt mit ziemlich großen Körnchen.
Vorkommen: Im Winter und Frühling (zumeist im April und Mai) im Gebirgsfichtenwald auf Fichtenzapfen (niemals auf Kiefernzapfen). Wenn der Pilz auf oberirdisch liegenden Zapfen wächst, ist das zottige Stielende kürzer und der Pilz kleiner und blasser, die Blätter sind heller, fast weiß, statt mehr oder weniger grau. – Oft wächst der Pilz in der Nähe von Schneeflekken, kommt sogar mit dem Stiel durch den Schnee hindurch. In der Ebene erscheinen die Fruchtkörper schon im Oktober.
Wert: Mild und schmackhaft. Die Hüte sind gut verwertbar, da der Pilz oft in großen Mengen wächst und das Sammeln sich lohnt (ohne Stiele).

Synonyme: *Collýbia esculénta* (Wulf.: Fr.) Kumm. 1871, *Pseudohiátula esculénta* (Wulfen: Fr.) Sing. 1951, *P. conigena* var. *esculénta* (Wulfen: Fr.) Mos. 1953.
Pseudonym: *Collýbia conígena* sensu Ricken 1915 (non Pers., s. Nr. 149).

147. Milder Nagelschwamm, Milder Zapfenrübling

Eßbar

Strobilúrus stephanocýstis (Hora 1960) Sing. 1962

Hut: Ocker- bis dunkelbraun, zimtbräunlich; halbkugelig-gewölbt, nicht gerieft; 1–2 cm breit.
Blätter: Anfangs weißlich, dann creme-ockerfarben, nach dem Rande zu gilbend.
Stiel: Ockerrötlich bis fuchsig; über der Erde 5–7 cm lang, im Erdboden mit 5–8 cm langer, zottiger Wurzel, die aus einem tief im Erdboden liegenden Kiefernzapfen kommt.
Fleisch: Mild oder bitterlich, geruchlos.
Sporen: Farblos, apfelkernförmig, 6–8 × 3–4 µm.
Zystiden: Auffallend dickbauchig, breitkopfig gekrönt mit einer größeren Zahl feinerer Körnchen.
Vorkommen: März bis Anfang Juni auf im Boden befindlichen Kiefernzapfen verschiedener Kiefernarten. – Zur Lorchelzeit bei Berlin sehr häufig.

Synonyme: *Pseudohiátula stephanocýstis* Kühner & Romagn. ex Hora 1960, *P. esculénta* subsp. *píni* (Sing. 1943) Sing. 1951.
Pseudonyme: *Collýbia esculénta* senu Ricken 1915 (non Wulfen, s. Nr. 146), *Pseudohiátula conígena* senu Favre 1939, Moser 1953 (non Pers., s. Nr. 149).

148. Bitterer Nagelschwamm, Bitterer Zapfenrübling (Beschreibung s. S. 464)

149. Mäuseschwanz, Später Zapfenrübling (Beschreibung s. S. 465)

146. Fichten-Nagelschwamm, *Strobilúrus esculéntus.* Nat. Gr.

147. Milder Nagelschwamm, *Strobilúrus stephanocýstis.* Nat. Gr.

148. Bitterer Nagelschwamm, *Strobilúrus tenacéllus.* Nat. Gr.

149. Mäuseschwanz, *Baeóspora myosúra.* Nat. Gr.

150. Gurkenschnitzling

Ungenießbar

Macrocystídia cúcumis (Pers. 1796: Fr. 1821) Joss. 1934

Kennzeichen: Kleinere, dunkelbräunliche Pilze mit knorpeligem Stiel und zuerst weißen, dann rostbräunlichen Blättern. Besonders charakteristisch sind die großen Zystiden.
Hut: Kastanienbraun, dunkelbräunlich, in der Mitte schwarzbräunlich, nach dem Rande zu ausblassend, fast gelblich, trocken ledergelblich oder lederbräunlich; schwach samtig; kegelig-glockig, dann gewölbt mit Buckel, schließlich ausgebreitet, 2–4 (–6) cm breit, dünnfleischig. Rand bei Feuchtigkeit durchscheinend gerieft.
Blätter: Jung weißlich, später rötlichgelb bis ockerrötlich, fast gedrängt, breit, bauchig, hakig oder abgerundet angewachsen, schließlich fast frei.
Stiel: Dunkelbräunlich bis schwarzbräunlich, auch rötlichbraun, samtig, mit heller, bereifter Spitze, schlank, entweder gleichmäßig dick oder abwärts verjüngt, 4–7 × 0,3–0,7 cm; fest, leicht vom Hut abtrennbar, oft wellig verbogen, mitunter auch breitgedrückt, knorpelig, markig-ausgestopft, schließlich hohl.
Fleisch: Bräunlich. Frisch nach Gurken riechend, im Alter dagegen nach Fischtran, nach Hering oder allgemein nach Fisch, besonders wenn der Pilz in Zersetzung übergeht.
Sporen: Fast farblos, mit rötlichem Schein unter dem Mikroskop; spindelig-ellipsoid, glatt, 8–9 × 3–4 µm. Nicht amyloid. Sporenstaub ockergelb bis rostfarbig. Zystiden sehr groß, breitlanzettlich, 60–75 × 18–23 µm, schon mit der Lupe erkennbar. Hutoberhaut mit zahlreichen, großen Dermatozystiden.
Vorkommen: Juli bis Oktober im Walde zwischen Holzstückchen, in Gärten und auf Triften, dort mitunter kleiner in der Form, gesellig. Häufig.
Verbreitungskarte für die BRD: Krieglsteiner in Beih. Z. Mykol. **3** (1981), S. 113.

Synonyme: *Naucória cúcumis* (Pers.: Fr.) Kumm. 1871, *Macrocýstis cúcumis* (Pers.: Fr.) Heim 1931 *(Macrocýstis* Heim 1931 ist jedoch Homonym zu *Macrocýstis* Agardh 1824, einer Gattung von Meeresalgen, und wurde von Josserand 1934 in *Macrocystídia* umbenannt), *Nolánea pisciodóra* (Cesati 1861) Gill. 1874.
Die Variationsbreite dieser Art ist beträchtlich. Neben dem Typus unterscheidet J. Lange zwei Varietäten mit kleinerem (1–1,5 cm breitem) Hut und gestreiftem Hutrand: var. *latifólia* Lge. hat rötlichen Sporenstaub und sehr breite Blätter; var. *leucóspora* Lge. hat weißlichen (sehr blaß bräunlichen) Sporenstaub und schmale Blätter.

150. Gurkenschnitzling, *Macrocystidia cúcumis.* Nat. Gr.

151. Braunknolliger Rübling

Bedeutungslos

Collýbia tuberósa (BULL. 1785/86: FR. 1821) KUMM. 1871

Hut: Weißlich, Mitte leicht gelblich bis hell rotbräunlich, flach gewölbt, dann ausgebreitet, in der Mitte genabelt oder vertieft, 0,2–1,5 cm breit.
Blätter: Weiß, gedrängt, dünn, am Stiel angewachsen.
Stiel: Weißlich bis hellbräunlich, unverästelt, weißflockig, unten seidenhaarig, schlaff, röhrig fadendünn, 2–5 × 1–1,5 mm; einem 2–8 mm langen und 1–3 mm breiten bräunlichen, rotbraunen bis schwarzbraunen Sklerotium (Dauermyzel) entspringend, das oft an einem oder beiden Enden zugespitzt ist.
Sporen: Farblos, nicht amyloid, ellipsoid, 4–5 × 2–3 µm.
Vorkommen: August bis November auf faulenden Blätterpilzen, deren Reste man aber leicht übersehen kann (besonders auf *Lactárius velléreus* und *Rússula nígricans*). Die Sklerotien findet man schon von Juli ab. Seltener.

152. Seidiger Rübling

Bedeutungslos

Collýbia amanítae (BATSCH 1786) KREISEL (ined.)

Hut: Weißlich, seidig überkleidet, erst gewölbt, dann flach bis niedergedrückt, sogar genabelt, häutig, 0,4–1,5 cm breit.
Blätter: Weiß, gedrängt, angewachsen.
Stiel: Weißlich, bereift, mit faserig behaarter Wurzel, ohne Sklerotium.
Fleisch: Geruchlos.
Sporen: Verkehrt eiförmig, 4–5 × 2–2,5 µm.
Vorkommen: Auf Resten faulender Pilzhüte in Wäldern, oft scheinbar auf Waldboden, Sommer und Herbst. Häufig.

Synonyme: *Collýbia cirráta* (PERS. 1799) KUMM. 1871; die seit FRIES (1838) gebräuchliche Schreibweise „*cirrháta*" ist ein orthographischer Fehler.

Anmerkung: *Collýbia cirráta* sensu RICKEN 1915, J. LANGE 1936 ist *C. cookei* (BRES. 1928) J. D. ARNOLD 1935 (vgl. S. 112). Nach BENKERT (mündl.) ist *C. amanitae* vielleicht nur eine sklerotienlose Form von *C. tuberósa* (Nr. 151).

153. Traubenstieliger Rübling

Bedeutungslos

Collýbia racemósa (PERS. 1797: FR. 1821) QUÉL. 1873

Hut: Grau, 0,4-1,2 cm breit.
Blätter: Grau, gedrängt, angewachsen.
Stiel: Aus einem schwärzlichen Sklerotium entspringend. Mit zahlreichen kurzen, abstehenden Seitenzweigen besetzt, die z. T. weißliche Köpfchen (rudimentäre Hüte) tragen.
Sporen: 4,5–5 × 2,5–3 µm.
Vorkommen: Juli bis September auf Waldboden, zwischen Moos, auch auf Pilzresten. Selten.

151

152

153

151. Braunknolliger Rübling, *Collýbia tuberósa.* Nat. Gr.

152. Seidiger Rübling, *Collýbia amanítae.* 3/2 nat. Gr.

153. Traubenstieliger Rübling, *Collýbia racemósa.* Nat. Gr.

154. Knopfstieliger Rübling

Ungenießbar

Collýbia cónfluens (Pers. 1796: Fr. 1821) Kumm. 1871

Kennzeichen: Büscheliges Wachstum, knorpeliger, feinfilziger Stiel, dichtgedrängte Blätter.
Hut: Fleischbräunlich, trocken ausblassend, nackt, kahl, glockig gewölbt, zuletzt flach und etwas flatterig, 2–4 cm breit, dünnfleischig, zäh. Rand schwach gerieft.
Blätter: Blaß, dann holzfarbig, mit fransig gewimperter Schneide durch perlkettenartig gegliederte Zystiden; sehr schmal, sehr gedrängt, durch die erweiterte Stielspitze fast abstehend erscheinend.
Stiel: Rotbräunlich, in der ganzen Länge (mit Ausnahme der Spitze) kleiig flockig oder feinfilzig striegelhaarig und dadurch blaß, oft breitgedrückt, an der Spitze knopfartig erweitert, 5–11 × 0,2–0,6 cm, vom Hut ablösbar, röhrig, Stielenden durch zottiges Myzel zusammenhängend, gebündelt.
Fleisch: Weißlich, mild, Geruch angenehm, mitunter mehr oder weniger nach Bittermandelöl.
Sporen: Farblos, kommaförmig, 7–9 × 2–3 µm.
Vorkommen: Juli bis November, besonders im Buchenwald, auch unter Fichten, dicht büschelig oder rasig. Häufig. Bildet oft Hexenringe von 1,5–5,5 m Durchmesser.

Synonym: *Marásmius cónfluens* (Pers.: Fr.) Karst. 1889.

155. Brennender Rübling, Filzstieliger R.

Ungenießbar

Collýbia peronáta (Bolt. 1788: Fr. 1821) Kumm. 1871

Kennzeichen: Brennender Geschmack, filzig zottiges Stielende.
Hut: Blaßrötlichbraun, graubraun, mitunter auch gelbrötlich bis gelboliv, später ausblassend, matt; gewölbt-flach, 3-7 cm breit, wenig fleischig, zuletzt lederig. Rand im Alter wellig-schlaff, runzelig-gestreift, mitunter auch nach oben umgeschlagen.
Blätter: Jung gelblich und angeheftet, später zimtbräunlich mit lilarotem Schimmer, weitstehend, oft queraderig, frei.
Stiel: Fast gleichfarbig wie Hut, 3–7 × 0,3–0,5 cm, oben feinfilzig, Mitte striegelig, am Grunde mit dickem, gelblichem oder weißzottigem Filz.
Fleisch: Blaß, holzfarben; alt zäh, lederig. Geschmack zuerst mild, dann pfefferig-scharf-brennend. Geruchlos.
Sporen: Farblos, länglich-ellipsoid, 7–9,4 × 4,5 µm.
Vorkommen: Juli bis November in Laubwäldern, seltener im Nadelwald, einzeln oder truppweise, auch büschelig auf Blättern und Nadeln. Häufig.

Synonyme: *Marásmius peronátus* (Bolt.: Fr.) Fr. 1838, *M. úrens* (Bull. 1791: Fr. 1821) Fr. 1838.
Anmerkung: *Collýbia peronáta* gehört zu den wichtigsten Streuzersetzern im Laubwald und in Kiefernforsten. Im Umkreis der Fruchtkörper, die gelegentlich auch kleine Hexenringe bilden, findet man typischen W e i ß f ä u l e h u m u s (vgl. Bd. IV). Mit der Physiologie und Ökologie des Streuabbaues durch *C. peronáta* haben sich N. J. Dix & A. P. Simpson in Trans. Brit. Myc. Soc. 83 (1984): 37–41 experimentell befaßt. Sie fanden, daß Birkenlaub schneller abgebaut wird als Laubstreu von Eiche oder Rotbuche, und daß in Gegenwart der natürlichen Mikrobenflora der Abbau am schnellsten erfolgt.

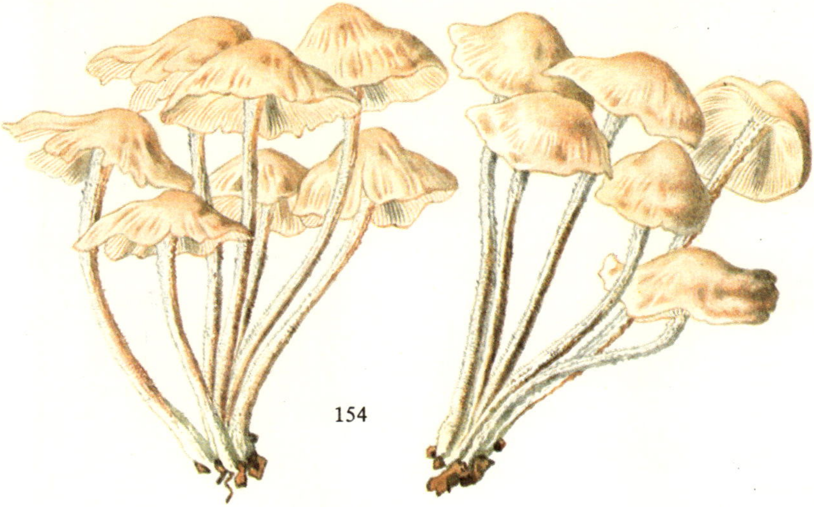

154

155

154. Knopfstieliger Rübling, *Collýbia cónfluens.* 2/3 nat. Gr.

155. Brennender Rübling, *Collýbia peronáta.* 3/4 nat. Gr.

156. Pupurbrauner Rübling

Eßbar, jedoch zäh

Collýbia fuscopurpúrea (PERS. 1798: FR. 1821) KUMM. 1871

Hut: Feucht rotbraun, fuchsig, trocken ausblassend, ledergelblich, hellziegelrötlich fleischgelblich; gewölbt, niedergedrückt, fast genabelt, 2-6 cm breit, dünn, zäh; nach dem welligen Rand hin runzelig und feucht durchscheinend.
Blätter: Blaßrötlich-bräunlich, fast gedrängt, dicklich, abgerundet angewachsen oder angeheftet.
Stiel: Braunrötlich, kastanienbraun, am Grunde mit hellgelbrötlichem oder rostbraunem, striegeligem Filz, 3–8 × 0,2–0,5 cm.
Sporen: Farblos, eiförmig-lanzettlich, 6–8 × 3–4 µm. Staub weiß. Ohne Zystiden.
Vorkommen: September bis Oktober auf herabgefallenen Buchenblättern wurzelnd, rasig oder einzeln und dann größer.

Synonym: *Marásmius fuscopurpúreus* (PERS.: FR.) FR. 1838.

156a. Dunkler Rübling

Wert unbekannt

Collýbia alkalívirens SING.

Hut: Schön dunkel braunpurpurpurn bis purpurschwarz, ausblassend lederbräunlich glockig bis niedergedrückt, 2-4 cm breit.
Blätter: Von Anfang an schokoladebraun, graubraun, rötlichbraun, etwas entfernt, angeheftet.
Stiel: Dem Hut gleichfarben; Basis mit braunem oder purpurnem, zottigem Filz.
Sporen: 6,5–7,5 × 3–3,7 µm, länglich-eiförmig.
Vorkommen: Sommer und Herbst in Laubwäldern, auf abgefallenem Laub. Selten.

Synonyme: *Marásmius obscúrus* FAVRE 1948, *Collýbia obscúra* (FAVRE) MOS. 1967.
Pseudonym: *Marásmius fuscopurpúreus* (PERS.: FR.) FR. sensu RICKEN 1915, BRESADOLA 1929, non PERSOON (s. Nr. 156).

157. Striegeliger Rübling

Giftig!

Collýbia hariolórum (DC. 1815: FR. 1821) QUÉL. 1872

Hut: Weißlich, blaßbräunlich-fleischfarben, wäßrig durchzogen, kahl, jung glockig oder halbkugelig, später flach, etwas niedergedrückt, dünn, 2–4 (–6) cm breit; mit fein gerieftem Rand, wenn feucht.
Blätter: Weißlich, weniger gedrängt als bei *C. cónfluens*, dünn, schmal, oft zerrissen, hinten verbunden, angeheftet, zuletzt frei.
Stiel: Weißgelblich, unten verwaschen rotbräunlich, nach oben verjüngt und fein behaart, sonst striegelig-wollig, besonders am Grunde. 3–6 × 0,3–0,4 cm, röhrig, unten mitunter breitgedrückt. Mit seinen Myzelfäden Humusreste zusammenballend.
Fleisch: Blaß; mit unangenehm-stinkendem Geruch nach verdorbenem Kohl. Geschmack schwach rettichartig.
Sporen: Farblos, fast lanzettlich, 6–7 × 3–3,5 µm. Nicht amyloid. Staub weiß.
Vorkommen: Mai bis September an und zwischen Buchenblättern, doch auch unter Birken und Erlen, meist einzeln (nicht büschelig wie *C. cónfluens*), aber truppweise. Nicht häufig, z. B. im Muschelkalkgebiet Thüringens und im Jura der südlichen BRD.
Wert: Nach DÖRFELT (Mykol. Mitt. **14:** 64-66, 1970) giftig; ruft Übelkeit, Magenbeschwerden, schließlich Erbrechen und Schweißausbruch hervor. Verwechslungsgefahr mit dem Waldfreund-Rübling, Nr. 161!

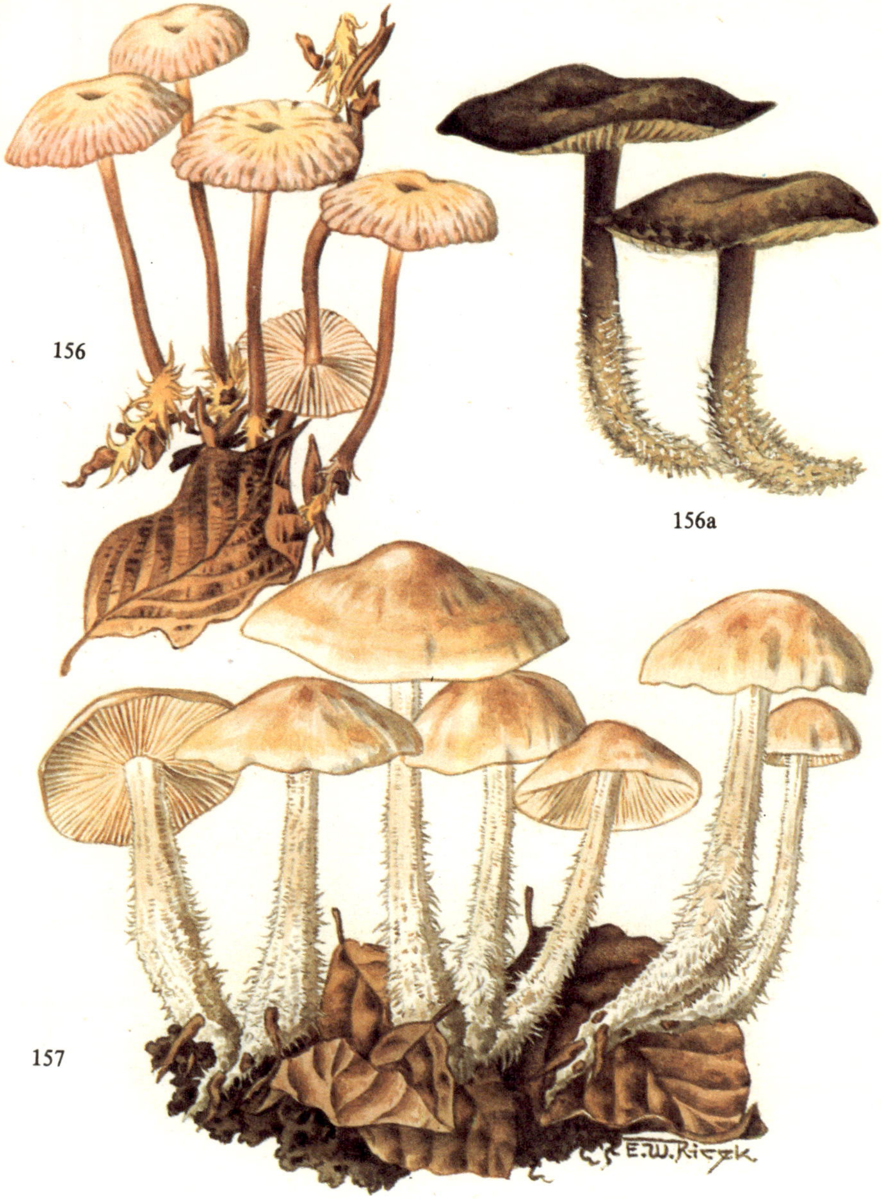

156. Purpurbrauner Rübling, *Collýbia fuscopurpúrea.* Nat. Gr.

156 a. Dunkler Rübling, *Collýbia alkalívirens.* Nat. Gr.

157. Striegeliger Rübling, *Collýbia hariolórum.* Nat. Gr.

158. Rotstieliger Rübling

Eßbar

Collýbia marasmioídes (BRITZ. 1894) BRESINSKY & STANGL 1969

Hut: Blaß fleischrötlich bis fuchsig, ausgeblaßt gelblichweiß, stark klebrig, dünnfleischig, 2-4 cm breit.
Blätter: Weiß, schmal, ausgebuchtet oder angeheftet, schließlich frei, etwas entfernt.
Stiel: Lebhaft gelb bis orange, Basis rotbraun, beim Trocknen wird er fuchsrot oder purpurbraun; glatt und kahl, Basis mit rötlichen Haaren; 3–7 × 0,2–0,5 cm.
Fleisch: Weißlich, geruch- und geschmacklos.
Sporen: Länglich-verkehrteiförmig, 6–8 × 3–4 µm.
Zystiden: Spindelförmig.
Vorkommen: Juni bis Oktober in Laubwäldern an Stümpfen und Wurzeln. Nicht häufig. Zur Verbreitung in der BRD vgl. KRIEGLSTEINER in Beih. Z. Mykol. 5 (1984), S. 115-116 und Karte S. 120.

Synonym: *Collýbia bresádolae* KÜHNER & ROMAGN. 1953.
Pseudonyme: *Marásmius erýthropus* (PERS. 1801: FR. 1821) FR. 1838 sensu BRESADOLA 1929; *Collýbia erýthropus* (PERS.: FR.) KUMM. 1871 sensu J. LANGE 1939, KREISEL in Handb. Pilzfr. 1977, 1979; *Collýbia acerváta* (FR. 1821) KUMM. 1871 sensu RIKKEN 1915, BRESALDOLA, CETTO, non FRIES, FAVRE.

159. Spindeliger Rübling

Ungenießbar, zäh

Collýbia fúsipes (BULL. 1791: FR. 1821) QUÉL. 1872

Kennzeichen: Größere, büschelig wachsende Art, mit bauchig angeschwollenem, gefurcht-gerilltem, spindelförmigem Stiel; an Buchen und Eichen. Kleine Sporen.
Hut: Dunkelrotbraun, ausblassend, trocken, erst glockig gewölbt, dann ausgebreitet, häufig stumpf gebuckelt, mitunter eingerissen, unregelmäßig geformt, 4–7 (–10) cm breit, fleischig, zäh.
Blätter: Weißgraulich mit fleischfarbigem Schimmer, oft rotfleckig, weißstaubig, breit, ungleich lang, oft etwas wellig, sehr weitstehend, aderig verbunden, ringförmig am Stiel angeheftet.
Stiel: Dunkelrotbraun, oben heller, stark furchig-gerillt, oft gedreht, bauchig-angeschwollen, biegsam, knorpelig-zäh, spindelig-wurzelnd, 8–12 × 1–2 cm, hart, ausgestopft, zuletzt hohl.
Fleisch: Biegsam, im Stiel sehr zäh.
Sporen: Farblos, ellipsoid, klein, 4–5,5 × 3–3,5 µm.
Vorkommen: Juli bis Oktober an Eichen und Buchen und auf deren Wurzeln, büschelig, geht nur schwer in Fäulnis über und ist lange ausdauernd. Nicht selten. Kommt in zahlreichen verschiedenen Formen vor.
Verbreitungkarte für die BRD: KRIEGLSTEINER in Beih. Z. Mykol. **3** (1981), S. 99.

158. Rotstieliger Rübling, *Collýbia marasmioídes.* 3/4 nat. Gr.

159. Spindeliger Rübling, *Collýbia fúsipes.* 1/2 nat. Gr.

160. Horngrauer Rübling

Eßbar

Collýbia aséma (FR. 1818: FR. 1821) KUMM. 1871

Hut: Horngrau, olivrauchgrau, gelblichgrau, trocken weißlich. Mitte ruß- oder olivbraun bis olivgelblich; hygrphan, schwach glänzend; zuerst etwas gewölbt, oft stumpf oder höckerartig gebuckelt, 3–6 cm breit; dünnfleischig. Rand gerieft, wenn durchfeuchtet.
Blätter: Weiß, am Grunde bisweilen grau, an der Schneide mitunter schwach gewellt, aber ganzrandig; sehr gedrängt, breit, oft queraderig, weich; hinten abgerundet, fast frei oder ausgebuchtet und mit kurzem Zähnchen angeheftet.
Stiel: Graubräunlich oder graugelblich, an der Spitze meist etwas heller; nach unten verdickt; fast kegelig-keulig; am Grunde wie aufgeblasen, häufig breitgedrückt; 4–6 × 1–1,5 cm; knorpelig, hart berindet, dicht längstreifig, oft gedreht, am Grunde meist weißfilzig, schwammig voll, später oft hohl.
Fleisch: Feucht horngrau, trocken blaß; im Stiel rein weiß und seidig, Geschmack mild, süßlich, Geruch schwach obstartig.
Sporen: Farblos, lanzettlich, 6–7 × 3–3,5 µm. Nicht amyloid. Staub weißlich.
Vorkommen: August bis November im Nadel- und Laubwald, einzeln, aber sehr gesellig. Recht häufig.
Wert: Eßbar, doch nur der Hut und der obere Teil des Stieles.

Synonym: *Collýbia butyrácea* (BULL.: FR.) KUMM. var. *aséma* FR. 1818 (vgl. Bd. I/103).

161. Scheibenförmiger Rübling

Eßbar

Collýbia dryóphila (BULL. 1789: FR. 1821) KUMM. 1871 var. *aquósa* (BULL. 1780: FR. 1821) QUÉL.

Diese Varietät unterscheidet sich von dem in Bd. I, Nr. 102 abgebildeten Waldfreund-Rübling (C. *dryóphila* var. *dryóphila*) durch folgende Merkmale:
Hut: Braunfuchsig oder fuchsgelblich, flach, mit scharfem, dicht gerieftem Rande, 3–4 cm breit.
Stiel: Fuchsrot, gleichdünn, 3-4 mm dick, Basis nicht verdickt.
Vorkommen: Nach RICKEN von Juni bis November besonders im Nadelwald, aber auch außerhalb des Waldes an Graswegen, einzeln oder gesellig, seltener fast rasig.

Synonym: *Collýbia aquósa* (BULL.: FR.) KUMM. 1871
Eine andere Varietät des Waldfreund-Rüblings ist *Collýbia dryóphila* var. *oedipus* QUÉL. mit zwiebelförmig angeschwollener, ausgestopfter oder hohler Stielbasis. Hutrand scharf, gerade oder schwach eingebogen, in feuchtem Zustand durchscheinend gestreift. Häufig z. B. in feuchten Laubwäldern und Mooren der nördlichen DDR.
Verwechslung: Striegeliger Rübling (Bd. III/157), giftig!

162. Verdrehter Rübling, Drehstieliger Rübling

Minderwertig

Collýbia distórta (FR. 1838) QUÉL. 1872

Hut: Kastanienbraun, braunrötlich bis gelbrötlich, später ausblassend; glockig-gewölbt, dann ausgebreitet, mehr oder weniger gebuckelt, 4-8 cm breit, fleischig, schlaff.
Blätter: Weißlich bis gelblichweiß (durch Eisensulfat sich langsam rosa färbend), rostfleckig; sehr gedrängt, schmal, abgerundet-angeheftet, ganzrandig.
Stiel: Spitze fast weiß; dann schmutzig gelbweißlich und im unteren Teil rötlichgelb; längsriefig, oft gedreht, 5–9 × 0,5–1 cm, knorpelig-faserig, hohl, nicht spindelig-wurzelnd.
Fleisch: Weißlich, unter der Hutoberhaut und im Stielgrund rötlich. Geruch oft unangenehm.
Sporen: Farblos, rundlich, glatt, 3,5–6 × 3,5 µm.
Vorkommen: August bis September im Laubwald, nach HENNIG auch im Nadelwald, einzeln oder büschelig. Ziemlich selten.

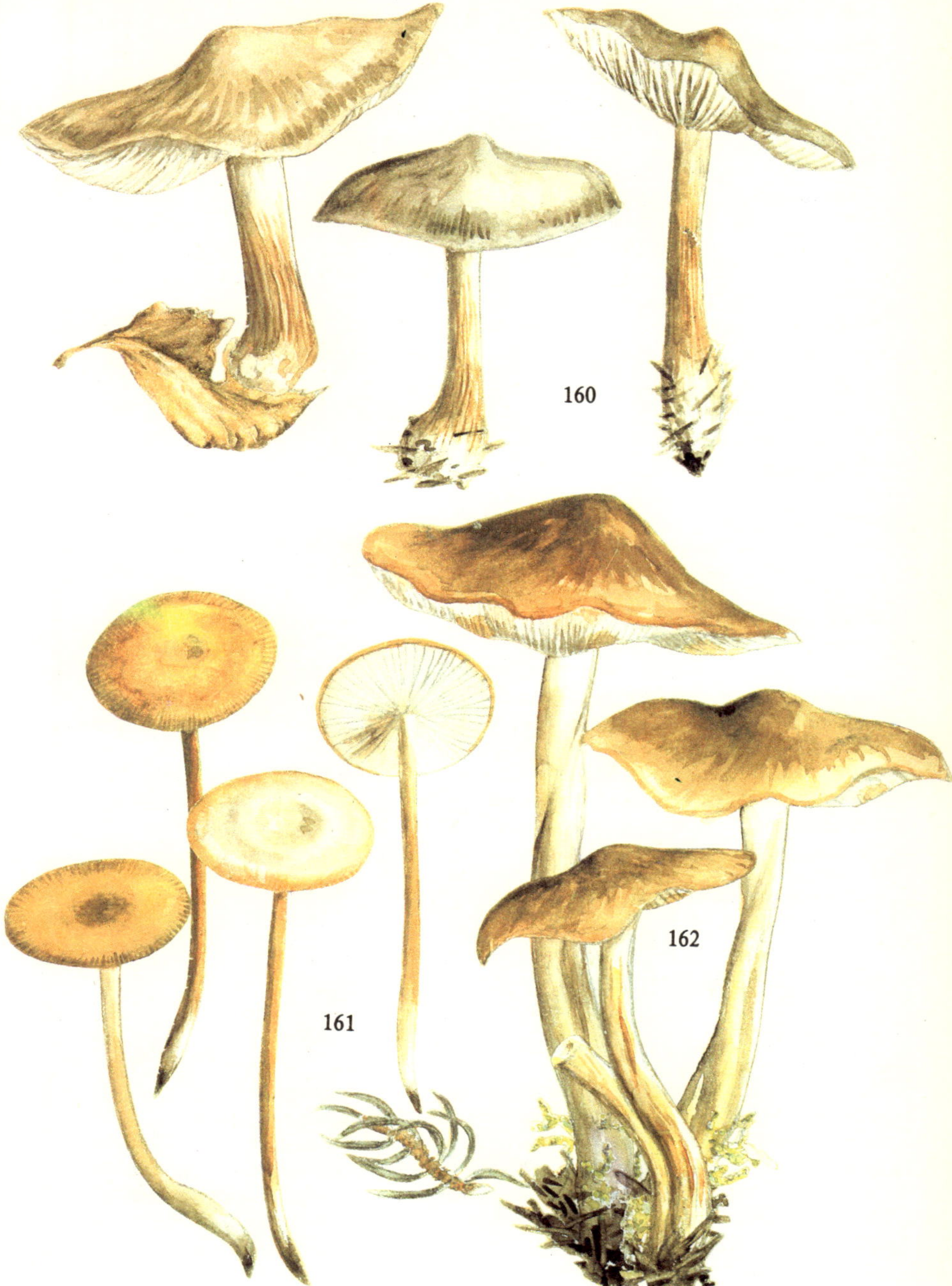

160. Horngrauer Rübling, *Collýbia aséma.* Nat. Gr.

161. Scheibenförmiger Rübling, *Collýbia dryóphila* var. *aquósa.* Nat. Gr.

162. Verdrehter Rübling, *Collýbia distórta.* Nat. Gr.

163. Wurzel-Graublatt, Ranziger Rübling

Ungenießbar

Tephrócybe ráncida (Fr. 1821) Donk 1962

Hut: Grau bis schwärzlich, nicht hygrophan, feucht etwas schmierig, trocken glänzend; meist flaumig oder weißseidig bereift, doch auch glatt; flachgewölbt bis gebuckelt, etwas wellig, 3-5 cm breit; dünnfleischig.
Blätter: Grau bis dunkelgrau, fast gedrängt, schmal, angeheftet oder fast frei.
Stiel: Grau, seidig-faserig; 5–12 × 0,3–0,5 cm, steif, röhrig; mitunter etwas exzentrisch, mit spindelförmiger, wurzelartiger Verlängerung.
Fleisch: Grauschwärzlich, in der Mitte blasser. Riecht stark mehlartig, fast ranzig.
Sporen: Farblos, spindelig-ellipsoid, 7–8 × 3–4 µm.
Vorkommen: September bis November im Nadel- und Laubwald am Grunde der Stämme.

Synonyme: *Collýbia ráncida* (Fr.) Quél. 1872, *Lyophýllum ráncidum* (Fr.) Sing. 1943.

164. Traniges Graublatt

Bedeutungslos

Tephrócybe atráta (Fr. 1818: Fr. 1821) Donk 1962

Hut: Feucht schwarz bis schwarzbraun mit verblassenden Streifen, schmierig; trocken graubraun, glänzend; glatt, kahl; rund, gewölbt-niedergedrückt, fast genabelt, mit oder ohne Papille, 1,2–2,5 (–4) cm breit. Rand etwas gehoben, wellig.
Blätter: Schmutzig, weißlich bis fast grau; oft wellig; abgerundet angewachsen, kaum herabflaufend.
Stiel: Schwarzbraun bis schwarz, kahl, glatt, knorpelig, hohl, kurz, 1–1,5 × 0,2–0,5 cm, am Grunde mitunter zottig und ein wenig verdickt.
Fleisch: Feucht schmutzig braun, dünn. Geschmack und Geruch stark mehlartig-tranig unangenehm.
Sporen: Farblos, eiförmig, glatt, 6–8 × 4,5–5,5 µm. Staub weiß. Keine Zystiden.
Vorkommen: September bis Oktober oft auf Brandstellen, an grasigen, trockenen Stellen außerhalb des Waldes, in dichten Büscheln, nicht häufig, stellenweise.

Verwechslungen: Zwei sehr ähnliche, gleichfalls auf Brandstellen vorkommende **Graublatt**-Arten, s. S. 114. **Kohlennabeling,** *Myxomphália maúra*, s. Nr. 128.
Synonyme: *Collýbia atráta* (Fr.: Fr.) Kumm. 1871, *Lyophýllum atrátum* (Fr.: Fr.) Sing. 1943.

165. Geruchloses Graublatt

Eßbar

Tephrócybe ínolens (Fr. 1838) Mos. 1967

Hut: Olivgrau bis graubraun; hygrophan; kahl, trocken blasser und seidig; glockig bis stumpfgebuckelt, 3–5 (–6) cm; dünnfleischig. Rand durchscheinend gerieft, geschweift.
Blätter: Graulich, gedrängt, schmal, ausgebuchtet.
Stiel: Grau, trocken blasser; oben weißflockig-schuppig, am Grunde weißstiegelig-haarig-fädig; 3–6 (–7) × 0,3–0,7 cm, breitgedrückt oder verbogen; voll, dann röhrig; starr.
Fleisch: Grauolivlich, zäh; ohne Geruch (riecht und schmeckt nicht nach Mehl oder nur sehr schwach).
Sporen: Farblos, ellipsoid, 6–7 (–8) × 3–4 µm.
Vorkommen: September bis Oktober im feuchten Nadelwald, fast büschelig, nicht selten.

Synonyme: *Collýbia ínolens* (Fr.) Quél. 1872, *Lyophýllum ínolens* (Fr.) Kühner & Romagn. 1953.

163. Wurzel-Graublatt, *Tephrócybe ráncida.* Nat. Gr.

164. Traniges Graublatt, *Tephrócybe atráta.* Nat. Gr.

165. Geruchloses Graublatt, *Tephrócybe ínolens.* Nat. Gr.

167. Buchen-Schleimrübling, Beringter Schleimrübling

Eßbar

Oudemansiélla múcida (SCHRAD. 1794: FR. 1821) HÖHNEL 1910

Kennzeichen: Leuchtend weißer Pilz, mit sehr schleimigem Hut, häutigem Ring am Stiel, meist büscheligem Wachstum, an Buchenstämmen, mitunter hoch oben.
Hut: Weißlich, bisweilen mit grauschwärzlichem oder gelbgrünlichem Anflug, aber nach Entfernen des Schleimes rein weiß, glatt bis runzelig, anfangs halbkugelig gewölbt und am Rande einwärts gebogen, dann flach ausgebreitet, 3–8 (–10) cm breit, von zähem, schlüpfrigem oder klebrigem Schleim überzogen, dünnfleischig, weich-elastisch, am Rande durchscheinend gerieft. Die Oberhaut ist um die Mitte herum strahlig gerunzelt.
Blätter: Rein weiß, entferntstehend, 8–12 mm breit, bauchig, hinten abgerundet und am Stiel angeheftet, nur wenig herablaufend.
Stiel: Weiß, unten oft olivgrau, am Grunde mitunter auch schwärzlich, 3–8 (–10) × 0,2–0,4 cm, unten bis 1 cm dick, oft gekrümmt, mitunter breitgedrückt, am Grunde häufig zwiebelförmig, mit dünnem, zugespitztem Ende und mit Myzelsträngen in das Holz eindringend, etwas knorpelig, fest, voll; er trägt einen ausdauernden, breiten, häutigen, dicklich gerandeten, oberseits gestreiften, erst abstehenden, dann hängenden, weißen Ring. Unterhalb des Ringes ist der Stiel faserig und von der allgemeinen, den Pilz umgebenden Schleimhülle schmierig, oben dagegen trocken.
Fleisch: Schneeweiß und weich; es ist geruchlos und schmeckt säuerlich.
Sporen: Farblos, fast kugelig, sehr groß, 14–18 µm. Staub weiß. Zystiden sehr groß, flaschenförmig, dünnwandig, weit hervorragend (200 µm).
Vorkommen: August bis November an kranken und abgestorbenen Buchenstämmen, büschelig, rasenförmig, aber auch einzeln, bis in die Krone hinauf. Er bietet durch seine leuchtend weißen Hüte einen prächtigen Anblick. Man findet den Pilz an Baumstümpfen, mitunter an geschlagenem Holz.
Ausnahmsweise ist der Buchen-Schleimrübling auch an anderen Laubbäumen wie Ahorn, Birke, Eiche und Weißbuche (Mecklenburg!) gefunden worden. Die Gesamtverbreitung ist subozeanisch und reicht in Europa vom Mittelmeergebiet bis Schottland, Südschweden, Karpaten und Kaukasus; in Mitteleuropa verbreitet, gebietsweise (Mecklenburg, Dänemark, Schonen) gemein.
Die Verbreitung und Standortverhältnisse haben für die BRD KRIEGLSTEINER in Z. Mykol. 44 (1978), S. 238 und Karte s. 237, für die DDR KREISEL & al. in Hercynia, N. F., 17 (1980), S. 244–245 und Karte S. 278, dargestellt.
Wert: Der Pilz hat wegen seines hohen Feuchtigkeitsgehaltes nur geringen Wert, kann aber in Mischgerichten Verwendung finden.

Synonyme: *Armillária múcida* (SSCHRAD.: FR.) KUMM. 1871, *Mucidula múcida* (SSCHRAD.: FR.) PAT. 1887, *Collýbia múcida* (SCHRAD.: FR..) QUÉL. 1888.
Anmerkung: Aus Reinkulturen des Buchen-Schleimrüblings wird in der ČSSR das antifungale, z. B. gegen Hautpilze (Dermatophyten) wirksame Antibiotikum M u c i d i n (Handelsbezeichnung Mucidermin SPOFA) gewonnen.
Die Basidiosporen erscheinen im Lichtmikroskop glatt, erweisen sich aber im Elektronenmikroskop als dicht feinwarzig.
Bisher zu *Oudemansiélla* gestellte Arten ohne Velum, mit wurzelnder Stielbasis und mit glatten Sporen gehören in die Gattung **Wurzelrübling,** *Xérula* MRE. (s. S. 115 und Bd. I/106)

167. Buchen-Schleimrübling, *Oudemansiélla múcida.* Nat. Gr.

168. Graublättriger Trichterling

Eßbar, wenig empfehlenswert

Clitócybe inornáta (Sow. 1802: Fr. 1821) Gill. 1874

Kennzeichen: Ein ziemlich großer, grauer bis graubräunlicher Pilz des Herbstes, dessen Blätter leicht abtrennbar sind, mit kremplingsartig eingerolltem, geripptem Rand und schmalen, spindelförmigen, weißen Sporen.
Hut: Weißgrau, aschgrau, bräunlichgrau, graugelbbräunlich, nicht glänzend; zuerst feinseidig filzig, trocken wie bereift; nicht hygrophan, aber im feuchten Zustand dunkler als im trocknen, matt; flach gewölbt, dann etwas vertieft, 5–10 cm breit; dünnfleischig, Mitte dicker mit abziehbarer Haut. Rand blaßgrau, zuerst eingerollt, zuletzt etwas lappig verbogen und gekerbt, gerieft oder erhaben rippig.
Blätter: Weißgrau, graubräunlich, schmutzig gelblichgrau bis holzfarben, im Alter bräunend, engstehend, dünn, breit; vom Hut leicht ablösbar, bisweilen nach dem Stiel zu abgerundet und fast frei oder ausgebuchtet angewachsen, wenig herablaufend.
Stiel: Weißgraulich, fast flockig rauh, besonders an der helleren meist etwas angeschwollenen Spitze, zäh, ausgestopft, im Alter mehr oder weniger hohl, 3–5 (–8) × 1–2 cm, unten oft zugespitzt, aber mit einem Schopf aus Myzel und Nadeln umgeben, so daß die Basis etwas knollig erscheint.
Fleisch: Weißlich, oft wäßrig durchzogen, schließlich zäh, Geschmack mild, Geruch wenig angenehm, etwas rettichartig, auch fast ranzig.
Sporen: Farblos, schmal spindelig, 8–10 × 2,5–3 µm. Staub weiß. Ohne Zystiden.
Vorkommen: September bis Anfang November im Nadelwald, weniger im Laubwald (Kalk-Buchenwälder), an grasigen, moosigen Stellen, vorwiegend auf Kalkboden, standorttreu; gesellig, manchenorts häufig, sonst ziemlich selten.
Verbreitungskarte für die BRD: Krieglsteiner in Beih. Z. Mykol. 5 (1984), S. 71

Synonym: *Paxillus inornátus* (Sow. : Fr.) Ricken 1915.

168. Graublättriger Trichterling, *Clitócybe inornáta.* 2/3 nat. Gr.

169. Buchsblättriger Trichterling

Eßbar

Clitócybe alexándri (GILL. 1874) KONR. 1927

Kennzeichen: Ein großer, kräftiger, graubräunlicher Trichterling mit dickem Stiel, im Nadelwald auf Kalkboden.
Hut: Graurußig, alt lederbräunlich, unter der Lupe wie filzig, später fast rissig-schuppig, stumpf, trocken schimmernd; oft mit dunkleren Flecken; niedergedrückt-genabelt, 6-21 cm breit, kräftig, fleischig. Rand zuerst eingerollt, flaumig, später regelmäßig ausgebreitet, nur ganz wenig gewellt oder gefurcht, glatt, dünn.
Blätter: Blaß cremefarben bis blaßgrau, buchsgraugelblich, olivgelblich, schließlich gelbbräunlich; gedrängt, buchtig angewachsen, strichförmig herablaufend, an der Stielansatzstelle gabelig-ästig, mitunter Anastomosen bildend.
Stiel: Schmutzig weißgelblich, dann blaß graubräunlich, im allgemeinen blasser als der Hut; eigentlich gleichmäßig dick, kurz, 4–6 × 2–4 cm, durch das Myzel, welches Erdteilchen, Nadeln oder Gras zusammenballt, aber gestiefelt erscheinend; voll, schwammig, mit einer festen Rinde.
Fleisch: Blaß milchkaffeefarbig, oft wäßrig durchzogen, weich, etwas zäh im Stiel. Geschmack mild, Geruch schwach holzartig.
Sporen: Farblos, ellipsoid bis eiförmig, glatt, 5,5–6,5 × 3,5–4,5 µm. Staub weiß. Ohne Zystiden.
Vorkommen: August bis November im Nadelwald, vorwiegend unter Fichte und auf Kalkboden, oft mit Moosen wie *Hylocómium, Pleurózium* oder *Rhytidiadélphus tríquetrus* vergesellschaftet (HARMAJA). Ziemlich selten.
Die Verbreitung in der BRD kartierte und diskutierte KRIEGLSTEINER in Beih. Z. Mykol. 5 (1984): 70–72. Gesamtverbreitung boreal-montan; fehlt in den Niederlanden sowie im Flachland der BRD, der DDR und Polens.

Synonyme: *Lepista alexándri* GILL. 1874, *Paxíllus alexándri* (GILL.) FR. 1874; ? *P. griseotomentósus* FR. 1838 (teste BATHELHUBER).
Pseudonym: *Paxíllus extenuátus* FR. 1838 sensu RICKEN 1915 (sensu FRIES = zweifelhafte Art).

169. Buchsblättriger Trichterling, *Clitócybe alexándri.* 2/3 nat. Gr.

170. Fahlgelber Rötelritterling, Wasserfleckiger Trichterling

Eßbar, geringwertig

Lepista gilva (PERS. 1801: FR. 1821) KUMM. 1871

Kennzeichen: Aussehen eines blaß rötlichgelben Kremplings, oft in Kreisen wachsend.
Hut: Erst gelblich, dann blaßgelbbraun-rötlichgelb, trocken heller, etwa hellockergelb, oft, doch nicht immer, kleingefleckt, glatt, kahl, schwach glänzend, anfangs gewölbt, dann in der Mitte trichterförmig vertieft, 5–10 cm breit.
Blätter: Erst gelblichweiß, dann blaß ockergelb, gedrängt, oft genabelt, mit kürzeren untermischt, anfangs schmal, am Stiel weit herablaufend.
Stiel: Blaß ockergelblich, blaß rötlichgelb oder heller, faserig, voll, schließlich hohl, 3–7 × 0,4–0,6 cm, am Grund oft weißfilzig und mitunter verdickt.
Fleisch: Gelblichweiß, später blaß ockergelblich, im Stielgrund ockerfarbig; riecht und schmeckt aromatisch, etwas herb.
Sporen: Farblos, rauh, rundlich, 3,5 × 5 µm.
Vorkommen: August bis Oktober in Nadel- und Laubwäldern, oft in Kreisen oder Bögen. Im Gebirge häufig, sonst seltener.

Synonyme: *Clitócybe gilva* (PERS.: FR.) KUMM. 1871, *C. spléndens* (PERS. 1801: FR. 1821) GILL. 1874.

171. Schüsselförmiger Trichterling

Eßbar

Clitócybe catínus (FR. 1838) QUÉL. 1872

Hut: Weißlich, feucht besonders in der Mitte fleischrötlich, trocken gelblich bis ledergelblich; flach bis trichterförmig, nicht gebuckelt, flatterig, 4–10 cm breit, dünnfleischig; Rand wellig verbogen. Manchmal durch Wasserflecken gezont.
Blätter: Unveränderlich weiß, ziemlich dicht, herablaufend.
Stiel: Weißlich; voll oder ausgestopft, oft krumm, 5–8 × 0,7–1,2 cm, abwärts meist dicker, am Grunde weiß-zottig-filzig.
Fleisch: Weiß, dünn; angenehm riechend und schmeckend.
Sporen: Farblos, ellipsoid, 4,5–6 × 3–4,5 µm. Staub blaßgelb.
Vorkommen: Juni bis November im Fichtenwald, Laubwald und Parkanlagen, verbreitet, doch nur stellenweise häufig.

Synonym: *Clitócybe infundibulifórmis* var. *catínus* (FR.) KONR. & MAUBL. 1937. Der Schüsselförmige Trichterling wird von den französischen Autoren (MAIRE, KONRAD, MAUBLANC, KÜHNER, ROMAGNESI) als eine Varietät von *Clitócybe gibba = infundibulifórmis* (Bd. I/86) angesehen, ist jedoch nach RICKEN, MOSER, ORTON, HARMAJA u. a. eine selbständige Art.

170

171

170. Fahlgelber Rötelritterling, *Lepísta gílva.* 1/2 nat. Gr.

171. Schüsselförmiger Trichterling, *Clitócybe catínus.* Nat. Gr.

172. Kerbrandiger Trichterling

Eßbar

Clitócybe incílis (Fr. 1838) Gill. 1874

Hut: Rotbräunlich, ziegelrötlich, alt ausblassend, dann blaßrötlich, ockerblaß, graugelb bis fast weißlich, nicht hygrophan, mehlig-filzig, schließlich glatt, zuletzt schuppig; zuerst flach, dann genabelt, nur flach trichterförmig, 3–6 (–8) cm breit. Rand zuerst eingebogen, seidig, feingekerbt, krausgewellt, dünn.
Blätter: Weißlich bis blaßgrau bis blaßgraurötlich, entfernt stehend, ungleich lang, gabelig, fast netzartig, besonders um den Stiel herum; angewachsen, herablaufend.
Stiel: Blaß ziegelrötlich, faserig-berindet, kurz, aufwärts verjüngt, 3–5 × 0,7–1 cm, fest, aber elastisch, ausgestopft, mitunter hohl.
Fleisch: Weißlich, erst fest, später weich. Geruch schwach, aber angenehm, Geschmack mild.
Sporen: Farblos, ellipsoid bis eiförmig, 6–9 × 4–6,5 µm. Staub weiß.
Vorkommen: Juli bis September im Nadelwald an grasigen Stellen, büschlig, mitunter in Reihen. Nicht häufig.

Bild 172 nach Nüesch, „Acht Bunttafeln zu Trichterlinge".

173. Feinschuppiger Trichterling

Eßbar

Clitócybe squamulósa (Pers. 1801: Fr. 1821) Kumm. 1871

Kennzeichen: Ein genabelter Trichterling ohne Buckel, dunkler als *C. gíbba.*
Hut: Hell haselnußbraun, bräunlichgrau bis fast dunkelbraun, mit feinen, dunkelbräunlichen, vergänglichen Schüppchen besetzt, mit deutlich vertieftem, dunkler filzigem Nabel, fast trichterig, 2,5–4,5 (–15) cm breit, dünnfleischig, Mitte dicker, Rand dünn, zuletzt etwas eingebogen.
Blätter: Weißlichgrau, später blaß holzfarben, fast entfernt, schmal, dünn, öfter gablig, mitunter anderig verbunden, weit herablaufend.
Stiel: Heller als der Hut, mitunter fast weißlich, 5–9 × 0,8–1 cm, faserig-streifig, fast rissig, aufwärts verjüngt, am Grunde striegelig-gestiefelt, mit einem weißfilzigem Myzel, welches das Moos überzieht, elastisch, schwammig ausgestopft.
Fleisch: Blaßgrau, zäh, Geschmack und Geruch etwas mehlartig.
Sporen: Farblos, fast birnenförmig, glatt 6–7,5 × 4 µm. Staub blaßgelb.
Vorkommen: Mai bis Oktober besonders in trockenen Nadelwäldern (Kiefer, Fichte), doch auch im Laubwald und auf Weiden, oft in Moospolstern, gesellig, ziemlich häufig in Skandinavien und in den Gebirgen, sonst selten.

172. Kerbrandiger Trichterling, *Clitócybe incílis.* Nat. Gr.

173. Feinschuppiger Trichterling, *Clitócybe squamulósa.* Nat. Gr.

174. Lärchen-Trichterling

Eßbar

Clitócybe vermiculáris (FR. 1838) QUÉL. 1872 emend. BRESADOLA 1881

Kennzeichen: Ein Schopf weißer Myzelfasern am Stielende; das zeitige Erscheinen im Frühjahr.
Hut: Braunrötlich, fleischrötlich, hygrophan, trocken ledergelb, erst gewölbt, später in der Mitte niedergedrückt, mitunter flach trichterförmig, 3–5 cm breit, dünnfleischig; am Rande erst eingerollt, später wellig.
Blätter: Zuerst weißlich, dann fleischrotbräunlich, dicht, dünn, etwas herablaufend, leicht ablösbar.
Stiel: Zuerst weißlich, später blaßbräunlich-fleischrötlich, oben leicht flockig, 5 × 0,5 bis 0,9 cm, röhrig-hohl, öfter gekrümmt, am Grunde mit einem Schopf dicklicher, weißer, sich verästelnder Wurzelfasern von mehreren Zentimetern Länge.
Fleisch: Braunrötlich, durchfeuchtet blaß gelbrötlich, etwas elastisch, zäh. Mild schmeckend und angenehm leicht säuerlich riechend.
Sporen: Farblos, ellipsoid, glatt, 3,8–5,5 × 2–3 µm. Staub weiß.
Vorkommen: März bis Juni im Nadelwald, besonders unter Lärchen und Fichten, manchmal unter Kiefern oder im Mischwald; büschelig, truppweise oder vereinzelt.
Die boreal-subalpin verbreitete Art kommt in der DDR und nördlichen BRD nur selten, in der südlichen BRD zerstreut vor. Verbreitungskarte bei KRIEGLSTEINER, Beih. Z. Mykol. 5 (1984), S. 86.

Synonyme: *Collýbia rhizóphora* VEL. 1920, *Clitócybe rhizóphora* (VEL.) JOSSERAND & POUCHET 1931.

174. Lärchen-Trichterling, *Clitócybe vermiculáris.* 4/3 nat. Gr.

175. Kleinschüsseliger Trichterling

Bedeutungslos

Clitócybe parópsis (Fr. 1838) Quél. 1872 sensu Ricken

Hut: Unveränderlich braunrot bis schokoladefarben, kaum verblassend; unregelmäßig niedergedrückt (nur flach schüssel-, nicht trichterförmig), 4-7 cm breit; kahl; nicht hygrophan; dünnfleischig. Rand erst eingebogen, dann wellig-flatterig ausgebreitet.
Blätter: Weißlich bis schwach gelblich, beim Trocknen mit rötlichem Schein; ungleich, eng, schmal, dünn, herablaufend.
Stiel: Weißlich bis blaßbräunlich, kurz, nach oben verbreitert, zylindrisch, 3–4,5 (–6) × 0,7–1,2 cm, biegsam, weich, ausgestopft. Am Grunde etwas kleinknollig verdickt und mit einem Schopf zusammengeballter Nadeln oder Blättchen, die durch Myzelfäden verbunden sind.
Fleisch: Weiß bis blaß rötlichbraun, weich, mild, geruchlos.
Sporen: Farblos, ellipsoid, 3–4 (–6) × 2,5–3 µm. Nicht amyloid. Staub weiß.
Vorkommen: April bis Juli besonders im Nadelwald, seltener in Misch- oder Laubwäldern; nicht häufig, aber oft übersehen und verkannt. Charakteristisch ist das Auftreten diese Pilzes im Frühjahr und Frühsommer.

Anmerkung: Zu den unterschiedlichen Interpretationen des Namens *C. parópsis* vgl. Clémençon in Beih.. Z. Mykol. 5 (1984), S. 32, 34 und 43. *C. parópsis* sensu Bresadola 1928, Clémençon ist eine großsporige Art besonders des Laubwaldes; *C. parópsis* sensu Lamoure 1972, Moser ist eine alpin-subalpine, ebenfalls großsporige Art, erstere mit fein filzig-schuppigem, letztere mit kahlem Hut.

176. Bereifter Trichterling, Würzelchen-Trichterling

Bedeutungslos

Clitócybe radicelláta Gill. 1878

Hut: Feucht purpurbräunlich, mit scheinbar bleigrauem Reif, der aber nur von lufthaltigem Scheingewebe herrührt, wenig hygrophan, trocken gelbbräunlich bis blaß graugelblich, Mitte etwas dunkler, glatt, seidig glänzend, nach dem Rande rissig, häufig auch konzentrisch rissig durch feine kleine Schuppen, zuerst gewölbt, dann flach ausgebreitet, mit weitem Nabel, alt tief eingedrückt, fast trichterförmig, 2–5 cm breit, dünn, mit ebenfalls glattem, im Alter verbogenem Rand.
Blätter: Feucht weißlich, trocken hellgelblich bis blaßocker, ziemlich dicht, im Alter kurz herablaufend.
Stiel: Schmutzig gelbbraun bis gelblich, fleischfarbig, 2–5 × 0,4 cm, zuerst voll, dann hohl, oben dicker, nach unter verjüngt, mit weißen Myzelsträngen, die das Aussehen weißer Würzelchen haben.
Fleisch: Creme-gelblich mit schwachem Fleischton. Mild, mitunter etwas bitter, ohne auffälligen Geruch.
Sporen: Farblos, länglich-ellipsoid, nach Harmaja 4,5–6,5 × 2,5–3,8 µm. Nicht amyloid. Staub weiß.
Vorkommen: November bis April, vorwiegend im zeitigen Frühjahr, sogar unter dem Schnee, in Nordeuropa schon ab Oktober und bis Juni; in trockenen und mittelfeuchten Nadelwäldern, in Gruppen, selten einzeln. Zerstreut bis selten.

Synonym: *Clitócybe vérna* Egeland ex Lundell 1937.
Pseudonym: *Clitócybe pruinósa* (Lasch 1828) Kumm. 1871 sensu Harmaja 1969, Kreisel 1977, 1979. – Nach Clémençon (1984) ist *C. pruinósa* eine ungenügend bekannte Art mit anfangs bleigrau bereiftem Hut; Typus aus dem Flachland von Westpolen.

175. Kleinschüsseliger Trichterling, *Clitócybe parópsis.* Nat. Gr.

176. Würzelchen-Trichterling, *Clitócybe radicelláta.* Nat. Gr.

177. Kohlen-Trichterling

Eßbar

Clitócybe sinópica (FR. 1818: FR. 1821) KUMM. 1871

Kennzeichen: Rotbräunliche Farbe, starker Mehlgeruch.
Hut: Rotbräunlich, ziegelrötlich, gelbrötlich, trocken blasser, matt, glanzlos, zuerst kahl, dann unter der Lupe schwach filzig, flach, dann niedergedrückt, etwas trichterförmig, 3-6 cm breit, dünnfleischig. Der Rand ist zuerst eingerollt, dann oft wellig verbogen.
Blätter: Weißgelblich, sehr gedrängt, bogig herablaufend.
Stiel: Gelbrötlich wie der Hut, faserig gestreift, voll, schließlich ausgestopft, 2–4 (–7) × 0,3 cm, etwas gebogen.
Fleisch: Weißlich, im Längsschnitt in der gesamten Randzone ziegelrötlich, fest, meist sehr stark mehlartig-ranzig stinkend, am Geruch sofort zu erkennen.
Sporen: Farblos, ellipsoid-eiförmig, glatt, 7–10 × 4,5–6,5 µm. Staub weiß.
Vorkommen: Von Ende April bis zum Herbst auf Rasenplätzen, Weg- und Straßenrändern, in trockenen Kiefernwäldern, in Steppenvegetation, auch auf Brandstellen, mitunter auf nacktem Boden; auf Sand- und Lehmböden, einzeln oder gesellig. Verbreitet im Flach- und Hügelland Mitteleuropas, zerstreut in Skandinavien.

178. Duft-Trichterling

Giftig!

Clitócybe frágrans (WITH. 1792: FR. 1821) KUMM. 1871

Kennzeichen: Ein kleiner hellgefärbter, hygrophaner Trichterling mit starkem Anisgeruch.
Hut: Feucht, graugelblich, blaß lederocker, mit dunklerer Mitte, trocken weißlich, doch in der Mitte grau, bei nasser Witterung durchwässert (hygrophan), scheibenförmig, 3–6 cm breit, schwach fleischig. Randzone deutlich gestreift (Blätter scheinen durch).
Blätter: Erst wäßrig weißlich, später blaßbräunlichgrau, gedrängt, am Stiel herablaufend.
Stiel: Weißlich, unten verdickt und striegelig-weißzottig, elastisch, voll, später hohl, 3–5 × 0,5–0,8 cm, oft länger.
Fleisch: Weißlich, wäßrig durchzogen, durchfeuchtet im Hut bräunlich, schmeckt mild, riecht nach Anis.
Sporen: Farblos, ellipsoid, 6–8 × 3–4 µm. Staub rötlich.
Vorkommen: September bis November, bei milder Witterung auch später, besonders im Nadelwald, doch auch im Laubwald, oft an Wegrändern, einzeln oder gesellig, Ziemlich häufig.
Wert: Giftig, enthält nach PORTE & ODDOUX 1974 Muskarin.

Synonyme: *Lepísta frágrans* (WITH.: FR.) HARMAJA 1976, *Pseudolyophýllum frágrans* (WITH.: FR.) RAITH. 1980, *Clitócybe [illegible]* (MASSEE 1897) SING. 1939 (non sensu J. LANGE!), *C. serótina* VEL. 1939.
Pseudonym: *Clitócybe suavéolens* (SCHUM. 1803: FR. 1821) KUMM. 1871 sensu auct. plur., non SCHUMACHER (= zweifelhafter Name, nach HARMAJA und KUYPER).

177

178

177. Kohlen-Trichterling, *Clitócybe sinópica.* 2/3 nat. Gr.

178. Duft-Trichterling, *Clitócybe frágrans.* Nat. Gr.

179. Braunschneidiger Wasserfuß

Bedeutungslos

Hýdropus marginéllus (PERS. 1801: FR. 1821) SING. 1946

Hut: Rußiggrau bis graubräunlich, mit dunklerer Mitte, später ausblassend; unter der Lupe fein bereift; stumpf gewölbt-gebuckelt, mitunter fast trichterig, 1–2 cm breit, auch größer; dünn. Huthaut mit Büscheln von verschieden geformten Dermatozystiden.
Blätter: Weißlich, mit bereiften, bräunlichen Schneiden, zum Teil gegabelt, untermischt; angeheftet bis herablaufend.
Stiel: Dunkelgrau bis bleischwärzlich, fein bereift, sehr klein, 1–2,5 × 0,15–0,2 cm; oben hohl, reichlich mit wäßrigem Saft angefüllt.
Sporen: Ellipsoid, glatt, 7–8 × 3,5–4,8 µm (RICEK), amyloid. Staub weiß.
Hyphen mit Schnallen.
Vorkommen: Mai bis Oktober an modrigen Nadelholzstümpfen, fast ausschließlich an Tanne *(Ábies)*, besonders in schattigen Bergwäldern. Im Gebirge lokal nicht selten. Nach STOLL in der Lettischen SSR. In der DDR nicht nachgewiesen.

Synonym: *Clitócybe umbrinomargináta* BRITZ. 1893.

179a. Gestreifter Holzrübling

Wert unbekannt

Clitocýbula laceráta (SCOP. 1772) MÉTROD 1952

Hut: Braungrau, rußig braun, stark radialfaserig-rissig, anfangs feucht, glockig, dann gewölbt bis abgeflacht, Mitte niedergedrückt bis genabelt, dünnfleischig, 2–5 cm breit, zentral gestielt. Hutrand zerrissen und gewimpert.
Blätter: Weißlich bis hellgrau, abgerundet bis breit angewachsen oder ausgebuchtet, mit gleichfarbener Schneide, breit, mäßig gedrängt.
Stiel: Blaßgrau, kahl, trocken, faserig gestreift, gebogen, 4–7 cm lang, 4–6 mm breit, ausgestopft, dann hohl. Stielspitze flockig bereift, Basis wurzelartig verjüngt.
Fleisch: Weißlich, zäh, geruchlos. Geschmack mild.
Sporen: Farblos, kurz ellipsoid bis fast kugelig, glatt, 6–7 (–8) × 4,5–6 µm (MOSER), amyloid. Keine Zystiden an Lamellenschneiden und -flächen. Hyphen mit Schnallen.
Vorkommen: August bis Oktober in Bergwäldern an morschen Stümpfen und liegendem Holz von Fichte (*Pícea*), Tanne (*Ábies*) und Rotbuche (*Fágus*), gesellig, oft in kleinen Büscheln. Verbreitet in den Alpenländern und Karpaten, sehr zerstreut in den höheren Mittelgebirgen (Schwarzwald, Beskiden); in der DDR nicht nachgewiesen. Verbreitungskarte für die BRD: KRIEGLSTEINER in Z. Mykol. **44** (1978), S. 216.

Synonyme: *Collýbia laceráta* (SCOP.) GILL. 1874, *Fayódia laceráta* (SCOP.) SING. 1954.

Anmerkung: Das ähnliche **Breitblatt**, *Megacollýbia platyphýlla* (PERS. 1796: FR. 1821) KOTL. & POUZ. 1972, hat größere, einzeln wachsende Fruchtkörper, abgestutzte Stielbasis mit auffälligen weißen Myzelsträngen und inamyloide Sporen (Bd. I/105).

179

179a

179. Braunschneidiger Wasserfuß, *Hýdropus marginéllus.* 2/1 nat. Gr.

179 a. Gestreifter Holzrübling, *Clitocýbula laceráta.* Nat. Gr.

180. Staubfüßiger Trichterling

Bedeutungslos

Clitócybe metáchroa (Fr. 1821) Kumm. 1871

Kennzeichen: Hygrophan, starre Haltung, dunkler Stiel, sehr unangenehmen Geruch entwickelnd, kein Mehlgeruch.
Hut: Feucht dunkel olivgraubraun, trocken grauweißlich, kahl, glatt, gewölbt-ausgebreitet-niedergedrückt-flachgenabelt, dort am längsten dunkel bleibend, 3–6 cm breit, biegsam, aber doch auffallend starr, dünnfleischig, mit glattem, aber durchscheinend gerieftem Rande.
Blätter: Grauweißlich, später graugelblich, wenig heraublaufend.
Stiel: Unten fast olivschwärzlich, etwas gerieft, oben mit zarten silbernen Hautfasern, nicht selten breitgedrückt-verdreht, unten aufgeblasen, weißzottig, bald hohl, starr und zäh, bis 8 cm lang.
Fleisch: Schmeckt unangenehm und riecht nach längerem Liegen fast nach Katzendreck.
Sporen: Farblos, länglich-ellipsoid, 6–8 (–10) × 3,5–4 µm. Staub weiß.
Vorkommen: Oktober, November bis in den Winter im Laub- und Nadelwald zwischen Holzstückchen und Blättern, einzeln oder am Grunde büschlig verwachsen. Sehr häufig. Oft Hexenringe bildend.

Synonyme: *Clitócybe dícolor* (Pers. 1801) Murrill 1915, *C. praténsis* Vel. 1920, *C. decémbris* Sing. 1962, *C. metachroídes* Harmaja 1969, *Pseudolyophýllum metáchroum* (Fr.) Raith. 1977, *Ps. metachroídes* (Harmaja) Raith. 1980.
Pseudonym: *Clitócybe vibecína* (Fr.) Quél. sensu Konr. & Maubl. 1925, Bresadola 1927 (s. aber Nr. 181!).

181. Weicher Trichterling

Bedeutungslos

Clitócybe vibecína (Fr. 1818) Quél. 1872

Kennzeichen: Braungrau, hygrophan, weich, leicht zerbrechlich. Geruch und Geschmack nach Mehl.
Hut: Feucht grau, von der Mitte aus nach dem abstehenden, gerieften Rand in milchiger Marmorierung austrocknend, schließlich fast weißlich, 3–6 cm breit.
Stiel: Nach oben dunkler, oft weit herauf weißzottig, 3–5 × 0,4–0,7 cm, hohl, weich.
Sporen: Farblos, ellipsoid, 5–7 × 3–4 µm. Staub rein weiß.
Vorkommen: September bis Dezember als Massenpilz im Nadelwald (auf Kiefern-, Fichtennadelstreu), in Mooren; sehr gesellig, oft in Reihen oder Bogen. Häufig.

Synonym: *Clitócybe lángei* Sing. 1943 (nomen nudum), non sensu Favre 1948, nec Hora 1960.
Pseudonym: *Clitócybe pausíaca* (Fr. 1838) Gill. 1874 sensu Lamoure 1972, non Fries.

182. Nabel-Trichterling (Beschreibung s. S. 465)

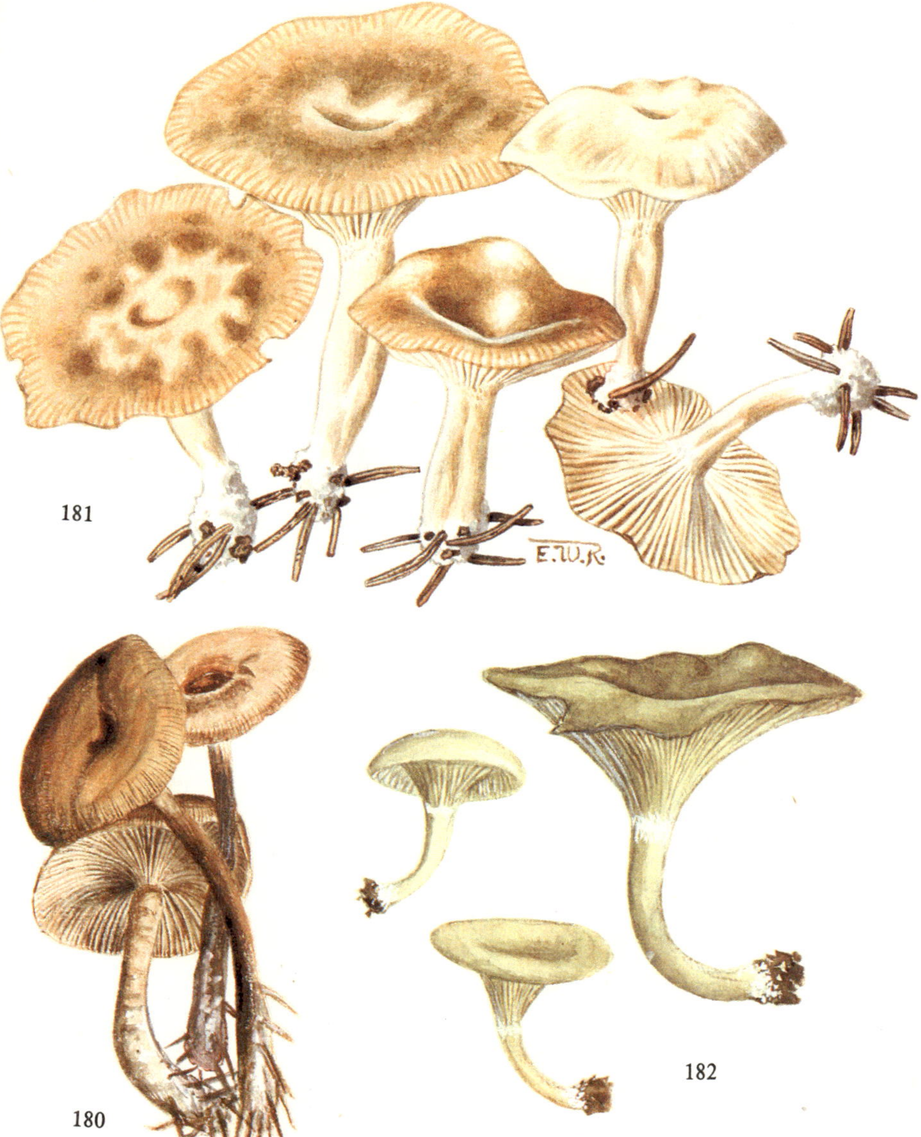

180. **Staubfüßiger Trichterling,** *Clitócybe metáchroa.* 2/3 nat. Gr.

181. **Weicher Trichterling,** *Clitócybe vibecína.* Nat. Gr.

182. **Nabel-Trichterling,** *Clitócybe subspadícea.* 2/3 nat. Gr.

183. Wachststieliger Trichterling

Giftig!

Clitócybe cándicans (PERS. 1801: FR. 1821) KUMM. 1871

Kennzeichen: Wachsartiger, geknickter, striegeliger Stiel, der den Blättern anhaftet.
Hut: Elfenbeinweiß, nicht hygrophan, durch einen seidigen, silbrigen Reif glänzend, gewölbt-flach-niedergedrückt, oft konzentrisch, geknickt, klein, 1,5–3 (–5) cm breit, dünnfleischig.
Blätter: Weiß, dünn, gedrängt, angewachsen-herablaufend.
Stiel: Weiß, wachsartig, glänzend, fast hohl, 2–6 × 0,2–0,5 cm, mit geknickter, striegeliger Basis den Blättern am Boden aufsitzend oder anhaftend.
Fleisch: Mit feinem, eigenartigem Geruch.
Sporen: Farblos, ellipsoid, 4,6–6,6 × 2,6–3,6 µm. Staub weiß.
Vorkommen: August bis November im feuchten Laubwald, am Boden liegenden Blättern aufsitzend, auch im Nadelwald, sehr gesellig und häufig.

Synonyme: *Clitócybe rivulósa* (PERS. 1801: FR. 1821) KUMM. 1871 (non sensu J. LANGE 1935, d. i. *C. dealbáta* (SOW.: FR.) KUMM., Bd. I/92); *C. cándicans* f. *phyllóphila* LGE. 1940.

Anmerkung: *Clitócybe cándicans* sensu J. LANGE 1935 ist *C. tenuíssima* ROMAGN. 1954. – Zur Taxonomie und Interpretation von *C. rivulósa* vgl. LAMOURE in Crypt. Mycol. 4 (1983) : 99–104, deren Darstellung wir hier folgen.

184. Winter-Trichterling

Eßbar

Clitócybe brumális (FR. 1818: FR. 1821) QUÉL. 1872

Kennzeichen: Hygrophan, tief genabelt, Blätter gelblich, am Grunde aderig-runzelig.
Hut: Feucht olivbraun, hygrophan, trocken weißlich bis hell ledergelblich, genabelt bis wellig-trichterförmig, 3–4 (–5) cm breit, im Alter mit mehr oder weniger durchscheinend gerieftem, welligem Rand.
Blätter: Erst weiß, dann gelblich, niemals grau, fast gedrängt, herablaufend.
Stiel: Blaß, am Grunde weißzottig, 4–5 × 0,4 cm, oft verbogen, voll, dann fast hohl.
Sporen: Farblos, ellipsoid, winzig, 3–4 × 2–2,5 µm.
Vorkommen: Oktober bis Dezember und im zeitigen Frühjahr in feuchten Kiefernwäldern auf Nadeln oder auf Heideboden, gesellig. Nicht überall.

Clitócybe brumális var. *straminea* MÉTROD ist lebhafter gelb gefärbt.

185. Ranziger Trichterling, Bitterlicher Trichterling

Giftig (nach HENNIG)

Clitócybe phaeophthálma (PERS. 1828) KUYPER 1981

Hut: Hell graubraun, Mitte mehr lederfalb, hygrophan, trocken weißlich, glatt, kahl, trichterförmig bis genabelt, dünnfleischig, 4–7 cm breit. Hutrand herabgebogen, scharf, oft wellig bis gelappt.
Blätter: Graubräunlich, herablaufend, gedrängt, 2–4 mm breit, manchmal gegabelt und anastomosierend.
Stiel: Graubräunlich, netzfaserig, 2–4 cm lang, 4–13 mm dick, voll bis hohl, oft verbogen und abgeflacht; Stielbasis verjüngt und weißfilzig.

Fortsetzung Seite 340

183

184

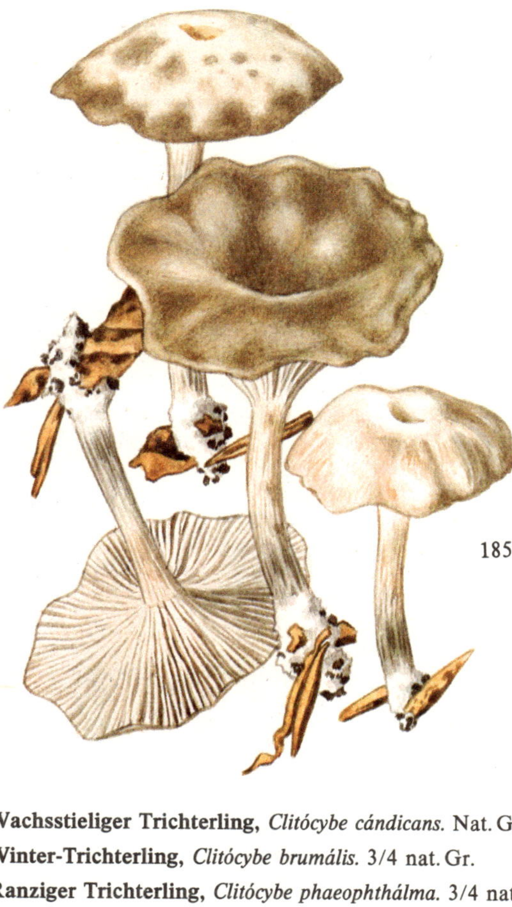

185

183. Wachsstieliger Trichterling, *Clitócybe cándicans.* Nat. Gr.

184. Winter-Trichterling, *Clitócybe brumális.* 3/4 nat. Gr.

185. Ranziger Trichterling, *Clitócybe phaeophthálma.* 3/4 nat. Gr.

Fleisch: Weißlich bis hellgrau, gummiartig elastisch, Geschmack bitterlich, Geruch erst ranzig, dann stark leuchtgasartig (ähnlich *Tricholóma sulphúreum*).
Sporen: Farblos, ellipsoid bis tropfenförmig, glatt, 4,5–7 × 3–4,3 µm. Blätter ohne Zystiden. Huthaut mit charakteristischen blasenförmigen Anschwellungen (Physaliden, Dermatochrysozystiden) in der Subcutis.
Vorkommen: August bis November im Laub- und Nadelwald auf gehäufter Streu, besonders auf Buchenlaub, einzeln oder gesellig, mitunter büschelig. Verbreitet.

Synonyme: *Clitócybe fritilliförmis* (LASCH in FR. 1838) GILL. 1874, *Pseudolyophýllum gibboides* (RAITH. 1968) RAITH. 1980.
Pseudonyme: *Clitócybe hydrográmma* (BULL. 1792: FR. 1821) KUMM. 1871, *Omphália hydrográmma* (BULL. : FR.) QUEL. 1872 und *Singerélla hydrográmma* (BULL.: FR.) HARMAJA 1974 sensu J. LANGE, MOSER, HARMAJA et auct. plur. non BULLIARD (vgl. Bd. III/55), *Clitócybe amarélla* (PERS. 1828) RICKEN 1915 sensu RICKEN 1915, NÜESCH 1926.

186. Ausblassender Scheintrichterling

Eßbar

Pseudoclitócybe expállens (PERS. 1801: FR. 1821) MOS. 1967

Hut: Feucht heller oder dunkler graubräunlich, trocken ausblassend, hellbräunlichgelb bis fast weißlich, glatt, kahl; erst gewölbt, dann flachausgebreitet, zuletzt schwach genabelt, 2–4 cm breit, dünnfleischig, fast häutig.
Blätter: Weißlich, schließlich grau, fast entfernt, verschmälert herablaufend.
Stiel: Graubräunlich bis blaßocker, oben heller, 3–6 × 0,3–0,7 cm.
Fleisch: Geruchlos.
Sporen: Breit ellipsoid, 7–9 × 6–7 µm, amyloid. Staub weiß. Hyphen ohne Schnallen.
Vorkommen: Oktober bis November auf Weiden, Waldwiesen, Lichtungen, Grasplätzen, gesellig, Nicht selten.

Synonyme: *Clitócybe expállens* (PERS.: FR.) KUMM. 1871, *Omphália expállens* (PERS.: FR.) ORTON 1960. – *Clitócybe expállens* sensu BRESADOLA 1928 ist eine andere, nomenklatorisch ungeklärte Art mit viel kleineren Sporen.

187. Mehl-Trichterling

Bedeutungslos

Clitócybe dítopus (FR. 1815: FR. 1821) GILL. 1874

Kennzeichen: Ein ziemlich großer und fleischiger Trichterling mit aschgrauem, schwach bereiftem, nicht gestreiftem Hut und auffallend weißbereiftem, eingerolltem Rand; starker Mehlgeruch.
Hut: Feucht braungrau, aschgrau, trocken sattgrau, hygrophan, glatt, kahl; gewölbt, niedergedrückt-genabelt-schwach trichterförmig, 2–9 cm breit, ziemlich fleischig. Rand eingebogen bleibend, dick, bereift.
Blätter: Blaß graurußig bis dunkelgrau, engstehend, dünn angewachsen oder herablaufend.
Stiel: Grau, oben weißzottig; meist sehr kurz, 2–3 (–5) × 0,5–0,7–1 cm, mitunter exzentrisch; manchmal breitgedrückt, hohl, auch verjüngt, fast spitz zulaufend, am Grunde weißstriegelig, die Myzelfäden ballen die Nadeln zusammen.
Fleisch: Grauweißlich, Geruch und Geschmack stark nach frischem, seltener nach ranzigem Mehl.
Sporen: Farblos, fast kugelig, glatt, 3–3,5 × 2,5–3 µm. Staub weiß.
Vorkommen: Juli bis November im Nadelwald, gesellig, fast büschelig. Nicht häufig.

Die var. *odórula* (KARST. 1879) HARMAJA 1969 unterscheidet sich durch den nicht bereiften Hut mit dünnem, gestreiftem, weder bereiftem noch eingerolltem Rand; mikroskopisch identisch. Südliches Finnland, selten.

186. Ausblassender Scheintrichterling, *Pseudoclitócybe expállens.* Nat. Gr.

187. Mehl-Trichterling, *Clitócybe dítopus.* Nat. Gr.

188. Fleischfalber Trichterling

Giftig!

Clitócybe diatréta (Fr. 1818: Fr. 1821) Kumm. 1871

Kennzeichen: Hygrophan, rötel-fuchsigfalb, auf Nadelstreu, Charakterpilz des Kiefernwaldes.

Hut: Fleischfarben bis ocker- oder kupferrötlich, hygrophan, feucht glänzend, trocken isabellblaß bis fast weißlich, matt; kahl, flach bis gewölbt, Mitte niedergedrückt, 2,5–3,5 (–5) cm breit, dünnfleischig, Rand glatt, eingebogen, meist weiß gezont.

Blätter: Cremefarbig mit fleischrötlichem Schein, trocken weißlich, gedrängt, hakig angewachsen.

Stiel: Blaß rotbräunlich, am Grunde weißfilzig-zottig, ausspitzend, steif, 2,5–3,5;0,4–0,7 cm.

Sporen: Farblos, ellipsoid, 3–4,5;2–2,5 µm. Staub rötlich.

Vorkommen: September bis Oktober im Nadelwald, truppweise, die Nadeln verfilzend.

Synonym: *Clitócybe salmónea* Métrod 1946 (nomen nudum).

189. Gedrechselter Trichterling

Giftverdächtig

Clitócybe tornáta (Fr. 1821) Kumm. 1871 sensu Ricken

Kennzeichen: Hut weiß bereift, sehr ähnlich *C. phyllóphila* (Bd. I/90, 91), jedoch gebuckelt, auffallend kreisrund und regelmäßig geformt.

Hut: Weißlich, später blaß ledergelb, doch mit einem eigentümlichen, firnisartigen Reif überzogen, trocken weißlich, meist mit dunkleren Durchwässerungszonen, schließlich ganz rinnig-rissig, mit rinnig-würfeliger, lederbräunlicher, fleischiger Mitte, Hut auffallend regelmäßig, kreisrund, wie gedrechselt, gewölbt, dann niedergedrückt, 3–4 cm breit; Rand zuerst eingebogen, fast gekerbt.

Blätter: Weißlich, durch den Sporenstaub schließlich blaßgelb, sehr gedrängt, angewachsen, kaum herablaufend.

Stiel: Weiß, wenn feucht leicht bräunlich, 2–4 × 0,4–0,8 cm, aufwärts verdickt, gedrungen.

Fleisch: Blaß, durchwässert hellbräunlich, mild, geruchlos.

Sporen: Farblos, ellipsoid, 4–5 × 2–3 µm.

Vorkommen: Oktober bis November besonders im Nadelwald, doch auch im Laubwald, gesellig, oft etwas büschlig.

Wert: Zu meiden, da Verdacht auf Muskarin!

Synonym: *Clitócybe opáca* (With.) Gill. 1874.
Pseudonym: *Clitócybe cerussáta* sensu Bresadola 1928, non Fries.

190. Verblichener Trichterling

Eßbar

Clitócybe obsoléta (Batsch 1786 emend. Fr. 1838) Quél. 1872 sensu Lge.

Kennzeichen: Hygrophan, Anisgeruch, fleischiger als *C. frágrans* (Nr. 178), Sporen größer.

Hut: Fleischbräunlich, graubraun, hygrophan, trocken blaßgraugelb, bis sandsteinfarbig, kahl, gewölbt, bald vertieft, 3–6 cm breit, dünnfleischig. Rand scharf gerieft bis gekerbt, wellig verbogen, hochgerichtet.

Blätter: Schmutzigweiß, sehr gedrängt, breitangewachsen oder wenig herablaufend.

Stiel: Blasser als der Hut, am Grunde mit weißem, zottigem Myzel, an der Spitze silbrig gefasert, 3–5 × 0,3–0,8 cm, oft breitgedrückt.

Fleisch: Blaßgelblich, mild, mit mehr oder weniger starkem Anisgeruch.

Sporen: Farblos, ellipsoid bis birnenförmig, 8–10 × 4–5 µm (Moser).

Vorkommen: September bis Oktober, oft rasig verbunden, auf fettem Boden, auf Viehweiden, in Gärten, auch im Laub- und Nadelwald.

Anmerkung: *Clitócybe obsoléta* sensu Bresadola 1928 ist nach Kuyper eine andere, ungeklärte Art.

188

190

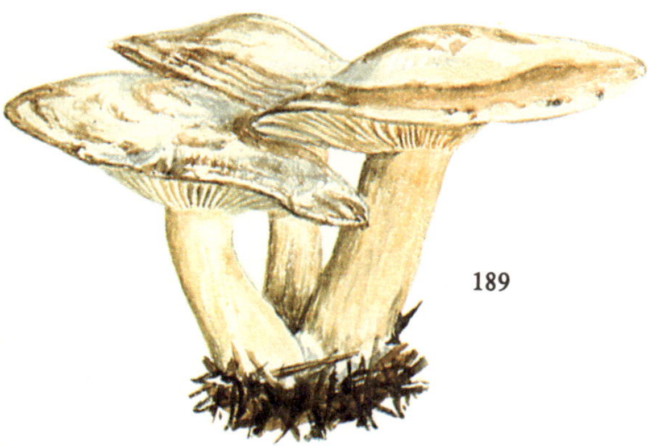

189

188. Fleischfalber Trichterling, *Clitócybe diatréta.* Nat. Gr.

189. Gedrechselter Trichterling, *Clitócybe tornáta.* Nat. Gr.

190. Verblichener Trichterling, *Clitócybe obsoléta.* Nat. Gr.

191. Faserstieliger Trichterling

Bedeutungslos

Clitócybe lítuus (FR. 1838) MÉTROD 1946

Kennzeichen: Ein grauer Trichterling des herbstlichen Nadelwaldes; stark genabelt mit grauen, herablaufenden Blättern.
Hut: Feucht olivgrau, glänzend, trocken schmutzig ledergelblich, glatt, kahl, 2–5 (–6) cm breit; häutig-fleischig, tiefgenabelt; wenn größer, trichterförmig und geschweift. Rand zuerst etwas eingerollt, durchscheinend-gerieft.
Blätter: Grauoliv, aschgrau bis graubräunlich, zuletzt weißbereift, schmal, engstehend, herablaufend.
Stiel: Weißlichgrau, aschgrau; faserig, von verdickter, striegeliger Basis aus verjüngt oder wurzelartig ausgezogen, 5–9 × 0,3–0,5 cm, oft verbogen, knorpelig, ausgestopft, bald röhrig.
Fleisch: Gleichfarben, aber blasser; zäh; mit mildem Geschmack, aber ohne Geruch.
Sporen: Farblos; ellipsoid, glatt, 6–7,5 × 4 µm nach RICKEN, 6,5–8,5 × 3,7–5 µm nach KÜHNER & ROMAGN., nicht amyloid. Sporenstaub weiß. Basidien zweisporig.
Vorkommen: September bis Oktober besonders in Nadelwäldern, weniger häufig im Laubwald, gesellig. Selten, besonders im Gebirge.

Synonym: *Omphália lítuus* (FR.) GILL. 1874.

191. Faserstieliger Trichterling, *Clitócybe lítuus.* Nat. Gr.

192. Gelbschuppiger Hallimasch

Eßbar, roh giftig

Armillária bulbósa (Barla 1887) Kile & Watling 1983

Kennzeichen: In lockeren Büscheln wachsender Hallimasch mit trockenem, deutlich haarigschuppigem Hut, verdickter Stielbasis und lebhaft gelben Velumschuppen auf Stiel und Ringunterseite.

Hut: Honigbraun, fleischrötlichbraun, hell rotbraun, hygrophan, trocken ockergelb, doch mit abwischbaren, olivgelben bis schwärzlichbraunen, 0,2–2 mm langen haarigen Schüppchen überzogen, trocken, ziemlich dünnfleischig, anfangs fast kugelig, dann gewölbt, schließlich flach bis etwas niedergedrückt, 3–13 cm breit. Hutrand scharf, locker eingerollt, dann herabgebogen, mit weißem, faserigem Behang, im Alter durchscheinend gestreift.

Blätter: Lange cremefarben, dann hellrosa, zuletzt fleischfarben mit lilabraunen Flecken, 2–11 mm breit, breit angewachsen bis schwach ausgebuchtet und strichförmig herablaufend, gedrängt.

Stiel: Rosaweißlich, fleischrosa, purpurbraun, weißfaserig überzogen, faserig gestreift bis gefurcht, unterhalb des Ringes (und oft bis zur Basis) durch zitronen-, chrom- bis rostgelbe Flockengürtel genattert, 4–15 cm lang, 4–22 mm dick; Basis spindel-, keulen- oder zwiebelförmig angeschwollen; voll. Ring watteartig, weiß, unterseits mit chromgelben Schuppen und am Rande mit olivbraunen Haaren gleich der Hutoberfläche.

Fleisch: Rein weiß bis etwas rosa, später in der Stielrinde braun und in der Stielbasis oliv, etwas zerbrechlich-starr. Geschmack lange mild, dann herb, unangenehm adstringierend. Geruch unauffällig.

Sporen: Farblos, kurzellipsoid, 7,5–8,5 × 4,5–5 µm, glatt, nicht amyloid. Basidien mit Schnallen, Hyphen ohne Schnallen. Sporenstaub rein weiß, selten bis creme.

Vorkommen: September bis Ende Oktober in Laubwäldern, Parkanlagen und Gärten, an Stümpfen und am Fuße lebender alter Stämme von Laubbäumen und Sträuchern; besonders an Rotbuche, Birke, Eiche, Pappel, Ulme, Apfel-, Kirsch- und Pflaumenbaum, Flieder u. v. a., auch über den Wurzeln und nicht selten scheinbar ohne Verbindung mit Holz mitten auf Rasenflächen fruchtend (vermutlich aus weitreichenden Rhizomorphen heraus). Selten an Nadelholz (Fichte). Gemein im Flachland (z. B. in Mecklenburg die vorherrschende Art), zerstreut im Hügel- und unteren Bergland, besonders in den Buchenwaldgebieten und Flußauen. Bekannt aus ganz West- und Mitteleuropa.

Wert: Eßbar nach ausreichendem Erhitzen (Schmoren, Abkochen), gut zum Einlegen in Essig geeignet. Die zähen Stiele sind wegzulassen.

Synonyme: *Agáricus mélleus bulbósus* Barla 1887, *Armillariélla bulbósa* (Barla) Romagn. 1973.

Anmerkung: Die gewöhnlich olivgelbe Farbe der Haarschüppchen auf dem Hut und an der Ringkante kann durch schwärzliche Pigmente überdeckt sein.

192. Gelbschuppiger Hallimasch, *Armillária bulbósa.* 3/4 nat. Gr.

193. Orangeroter Goldnabeling

Wert unbekannt

Haasiélla venustíssima (Fr. 1861) Kotl. & Pouz. 1966

Kennzeichen: Ein Winterpilz; dem Falschen Pfifferling, *Hygrophorópsis aurantíaca*, ähnlich. Die schönen orangerötlichen Fruchtkörper leuchten mitunter aus dem Schnee hervor, sie können leicht mit Orangenschalen verwechselt werden; in Parkanlagen unter Laubgebüsch. Fries schrieb: „Die Farben des Pilzes sind so leuchtend und kräftig, zwischen Rotgelb und Orangefarben schwankend, daß die Malkunst diese Farben kaum wiedergeben kann."
Hut: Wenn feucht gelborangerötlich und schwach klebrig, trocken oder alt mehr oder weniger ausblassend und eingewachsen seidig-faserig, dann heller orange bis hellgelblich; trichterlingsartig vertieft, doch auch flachgewölbt bis niedergedrückt, mit angedeutetem, stumpfkegeligem Buckel, 2–6 cm breit. Rand 2 mm breit haarig-borstig bewimpert, erst eingebogen, bald abstehend bis aufgebogen, schließlich wellig geschweift, glatt, mehr oder weniger gerieft oder gerippt, besonders alt.
Blätter: Schön orangefarbig, leuchtender als der Hut, später blasser, Schneide wenig heller; mit kürzeren Blättern untermischt, fast entfernt, mäßig dick, fast wachsartig, bis 6 mm breit, in der Tiefe aderig verbunden, weit herablaufend.
Stiel: Orangefarben, blasser flockig überfasert bis blaßorange schuppig, meist kurz, 3–4 cm lang oder auch wurzelartig verlängert bis 5,5 cm, 2–6 mm breit, oben erweitert (bis 7 mm breit), sonst rund, doch auch breitgedrückt, gerade oder wellig verbogen. Jung markig ausgefüllt, später röhrig hohl. Am Grund weißseidig mit anhaftendem weißem Bodenmyzel, mitunter auch mit feiner Strangbildung.
Fleisch: Im Hut und Stiel wäßrig bis blaß gelborange, besonders in den Blättern und in der Stielrinde, sonst weißlich. Geschmack angenehm mild, nach kurzem Kauen mit aromatischem Beigeschmack. Geruch auffallend stark nach getrockneten Aprikosen ohne süßlichen Anklang, nach Haas mit eigentümlichem Geruch nach Mirabellen mit einer seifigen Komponente.
Sporen: Gelb, breit eiförmig bis fast rund, 6,2–8 × 5–6 µm, nicht amyloid. Oberfläche glatt bis fast warzig erscheinend. Sporenpulver blaßorange bis hellocker, innere Sporenwand in Kresylblau metachromatisch; Basidien zweisporig. Huttramazellen ohne Schnallen. Huthaut aus dichten parallel gelagerten Hyphen bestehend.
Vorkommen: Ende September bis März (jedoch selten vor November) in Laubwäldern und Parkanlagen, unter Flieder *(Syrínga)*, Holunder *(Sambúcus)*, Schneebeere *(Symphoricárpos)*, Ulme *(Úlmus)* u. a., auf in der Erde versenkten Holzteilchen, aber auch auf bloßer, lockerer Erde, einzeln oder zu 3–4, selten bis zu 11 Exemplaren, büschelig. Sehr selten! Der Pilz wurde 1861 von Fries im Botanischen Garten von Uppsala gefunden (Bild in Icones selectae, Bd. I/50 unten), dann erst 1949 in den Grünanlagen von Stuttgart, wo er seitdem alljährlich auftritt, 1972 im Heiliggrund bei Weißenfels und 1985 bei Rostock entdeckt. Verbreitungskarte für die BRD: Krieglsteiner in Z. Mykol. **44** (1978), S. 221.

Verwechslungen: Eine nahe verwandte Art oder Rasse, die sich nur durch 4sporige Basidien und Hyphen mit Schnallen unterscheidet, wurde als *Haasiélla splendidíssima* Kotl. & Pouz. 1966 aus der mittleren Slowakei beschrieben, wo sie Ende September auftrat. – Der **Falsche Pfifferling,** *Hygrophorópsis aurantíaca* (Bd. I/139), unterscheidet sich durch gegabelte Blätter, weißen Sporenstaub und zyanophile, nicht metachromatische Sporen.

Synonyme: *Clitcóybe venustíssima* Fr. 1861, *Gerronéma venustíssimum* (Fr.) Sing. 1962, *Chrysomphálina venustíssima* (Fr.) Haas 1962 (nomen nudum).

193. Orangeroter Goldnabeling, *Haasiélla venustíssima.* Nat. Gr.

194. Rötender Gabeling, Rötender Wachstrichterling

Eßbar

Cantharéllula umbonáta (J. F. GMELIN 1792: FR. 1821) SING. 1936

Kennzeichen: Dunkelgrauer Hut, mehrfach gegabelte, dickliche Blätter, bei Verletzung häufig rötend, amyloide Sporen.
Hut: Bläulichgrau bis grauschwärzlich, nicht hygrophan, trocken, zartflockig-seidig, etwas runzelig, zuerst schwach gewölbt, bald flach, später in der Mitte vertieft und mit spitzem Hökker, 2,5–5 cm breit, dünnfleischig. Rand zuerst eingerollt, später wellig, etwas heller.
Blätter: Erst weiß, dann gelblichweiß, an Druckstellen oder verletzt allmählich rotfleckig, dicklich, fast gedrängt, schmal, wiederholt gegabelt (bis vierfach), leicht abtrennbar etwas herablaufend.
Stiel: Grau oder schwärzlich, heller als der Hut, gleichdick, angedrückt-faserig, 3–5 (im Moose –10) × 0,4–0,7 cm, verbogen, elastisch, ausgestopft, zuletzt hohl, am Grunde weißzottig, verjüngt.
Fleisch: Weiß, wäßrig-grau, weich, bei Verletzung langsam rötend, blaß lachsfarben werdend, zerbrechlich, mild, geruchlos.
Sporen: Farblos, amyloid, spindelig, 7–11 × 2,7–3,5 µm.
Vorkommen: August bis November in Moospolstern in Nadelwäldern und auf sumpfigen Wiesen, einzeln oder büschelig. Zerstreut vom Flachland bis ins Hochgebirge.

Synonyme: *Cantharéllus umbonátus* (GMEL.): FR. 1821, *Clitócybe umbonáta* (GMEL.: FR.) KONR. 1931, *Hygrophorópsis umbonáta* (GMEL.: FR.) KÜHNER & ROMAGN. 1953.

195. Kaffeebrauner Scheintrichterling

Eßbar

Pseudoclitócybe cyathifórmis (BULL. 1792: FR. 1821) SING. 1956

Kennzeichen: Hygrophan, kaffeebraun, becherförmig, Blätter stark herablaufend.
Hut: Feucht dunkel umber- bis kaffeebraun, glänzend, beim Trocknen aufhellend (wie Milchkaffee), tief genabelt bis becherförmig, mit lange eingerolltem Rand, 4–7 cm breit, glatt
Blätter: Blaßbraun oder braunrötlich, entfernt, dicklich, selten gegabelt, am Stielansatz miteinander verbunden, stark herablaufend.
Stiel: Braun, netzig-faserig, kräftig, mit verdickter, weißfilziger Basis, 5–7 × 0,5–1,2 cm,
Fleisch: Gleichfarbig, weich, wäßrig, mild, ohne Geruch.
Sporen: Farblos, schmal ellipsoid, 8–10 (–12)×4–6 (–7,5) µm, amyloid.
Vorkommen: Oktober bis November in Laub- und Nadelwäldern, an Holz und auf dem Waldboden, nach RICKEN auch auf Äckern, Triften und Holzplätzen, einzeln oder gesellig. Sehr häufig.

Synonyme: *Clitócybe cyathifórmis* (BULL.: FR.) KUMM. 1871, *Cantharéllula cyathifórmis* (BULL.: FR.) SING. 1936.

196. Blaugrauer Scheintrichterling

Wert unbekannt

Pseudoclitócybe obbáta (FR. 1838) SING. 1956

Hut: Hygrophan, sehr dunkel, feucht nußbraun oder olivschwärzlich, trocken heller, blaugrau gewölbt, dann breit genabelt, zuletzt trichterförmig, 1–4 cm breit, sehr dünn; Rand gerieft
Blätter: Grauweißlich bis grau, mitunter auch graurosa, fast entfernt, dicklich, oft gabelig, mitunter queraderig-löcherig, angewachsen-herablaufend.
Stiel: Bläulichgrau bis grau, etwas netzig-faserig, glimmerig bereift, trocken fast weißlich, 4–6 × 0,5–1 cm; zäh, hohl
Fleisch: Riecht oft nach Bittermandelöl.
Sporen: Farblos, ellipsoid, glatt, 7–10 × 5–7 µm; amyloid.
Vorkommen: Im Oktober in trockenen Nadelwäldern auf Kalkboden. Selten.

Synonyme: *Clitócybe obbáta* (FR.) QUÉL. 1872, *Cantharéllula obbáta* (FR.) BOUSSET 1939.

194

195

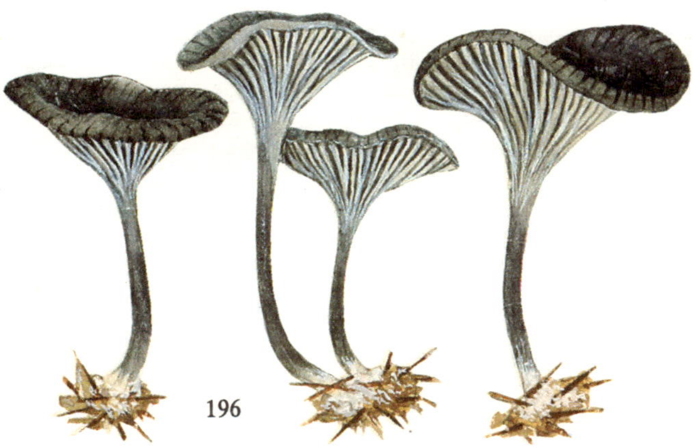

196

194. Rötender Gabeling, *Cantharéllula umbonáta.* 1/2 nat. Gr.

195. Kaffeebrauner Scheintrichterling, *Pseudoclitócybe cyathifórmis.* 2/3 nat. Gr.

196. Blaugrauer Scheintrichterling, *Pseudoclitócybe obbáta.* Nat. Gr.

197. Riesen-Krempentrichterling

Eßbar

Aspropaxíllus gigantéus (Sow. 1798: Fr. 1821) Kühner & Mre. 1934

Kennzeichen: Ein großer, weißer Trichterling, besonders auf Bergwiesen in Hexenringen.
Hut: Milchweiß bis sahneweiß, Mitte im Alter blaß ledergelblich, teilweise glänzend, kahl, trocken, anfangs flach gewölbt, dann schüssel- bis trichterförmig, 10–20 (–40) cm breit; fleischig. Rand lange eingerollt, flaumig, nicht gefurcht, schließlich wellig verbogen. Haut leicht abziehbar, im Alter zerreißend und dann in der Mitte schuppig aufgeplatzt.
Blätter: Weißlich, im Alter gelblichweiß, sehr dichtstehend, oft gabelig verzweigt, weit herablaufend.
Stiel: Weißlich, Spitze schwach bereift; gleichmäßig dick oder oft gekniet, etwas bauchig, 4–8 × 2–4 (6) cm, fest, zäh, voll.
Fleisch: Weiß, fest. Geschmack mild, angenehm. Geruch mehr oder weniger mehl- bis rettichartig.
Sporen: Farblos, apfelkernförmig, glatt, 6–8 × 3–4 µm, amyloid. Sporenstaub weiß.
Vorkommen: Juli bis Oktober auf Waldwiesen, Bergwiesen, auch in Gärten, gewöhnlich in Reihen oder großen Hexenringen, auch büschelig verwachsen. Verbreitet im Bereich der Mittel- und Hochgebirge, selten im Flachland, häufiger in den baltischen Republiken. Der Pilz bildet auffällige Hexenringe, in denen in einer 40 bis 100 cm breiten Zone die gesamte grüne Vegetation abstirbt („nekrotische Zone"). Bei Kaiserslautern beobachtete Münch (1914) einen solchen Ring, der sich jährlich um 80 cm ausbreitete und schließlich einen Durchmesser von 35 m erreichte. Oppermann & Kawe (1954) beobachteten im Solling einen Ring von 40 m Durchmesser. Nach diesen Autoren beobachtet man im Boden der nekrotischen Zone ein leichtes Absinken des *p*H-Wertes (um etwa 0,5), ein Absinken der wasserhaltenden Kraft, erhebliches Absinken des Phosphatgehaltes, starkes Ansteigen des Kaligehaltes und ein Absinken der Bakterienzahl auf die Hälfte. Der Einfluß auf die Bakterienzahl ist dem von Hollande aus diesem Pilz isolierten Antibiotikum C l i t o c y b i n (einer Blausäure abspaltenden Verbindung) zuzuschreiben. Die Fruchtkörper bilden sich immer am Rande der nekrotischen Zone.

Synonyme: *Clitócybe gigantéa* (Sow.: Fr.) Quél. 1872, *Paxíllus gigantéus* (Sow.: Fr.) Fr. 1874, *Leucopaxíllus gigantéus* (Sow.: Fr.) Sing. 1939, *Clitócybe cándida* Bres. 1882, *Leucopaxíllus cándidus* (Bres.) Sing. 1943. – *C. cándida* ist nach J. Lange u. a. vermutlich nur ein Jugendstadium von *A. gigantéus*, Krieglsteiner (in Beih. Z. Mykol. 5 (1984), S. 148) führt die zwei Arten jedoch getrennt auf, ohne Unterscheidungsmerkmale anzugeben, und bringt (ebenda, S. 152) zwei Verbreitungskarten.
Bild 197 nach einem Fund bei Klingenthal (Vogtland).

197. Riesen-Krempentrichterling, *Aspropaxillus giganteus.* 1/2 nat. Gr.

198. Bitterer Krempenritterling

Ungenießbar

Leucopaxillus gentiáneus (QUÉL. 1873) KOTL. 1966

Kennzeichen: Sehr bitter; rotbräunlicher, kremplingsähnlicher Hut; Sporen durch Jodlösung blauend wie bei allen *Leucopaxillus*-Arten.
Hut: Rotbräunlich (ähnlich *Lactárius rúfus*), schnell ausblassend und zimtbräunlich werdend, matt; zuerst feinschuppig-flockig-samtig (nicht eingewachsen schuppig), zuletzt kahl, trocken; gewölbt, schließlich flach, 4–10 cm breit, gedrungen, fleischig. Rand zuerst stark eingerollt, flaumig, etwas gefurcht, später wellig, blasser als der Hut.
Blätter: Weißblaß, bald sahnegelb bis blaß gelbrötlich, besonders an den Schneiden, sehr schmal, dichtstehend, angewachsen-ausgerandet, etwas strichförmig herablaufend.
Stiel: Reinweiß, beim Berühren braun werdend; faserig, an der Spitze fast filzig und fein gestreift, gleichdick, am Grunde mehr oder weniger schwach knollig, mitunter auch verjüngt, 4–6 × 1–2 cm, voll elastisch, zäh.
Fleisch: Weiß; dick, hart, elastisch; Geschmack sofort beim Kauen sehr bitter; Geruch mehlig, mitunter etwas ranzig.
Sporen: Farblos, kurzellipsoid-eiförmig, fein rauh, 4,5–5,5 × 3,5–5 µm, in ein kurzes Stielchen ausgezogen; amyloid. Staub weiß.
Vorkommen: August bis November im Nadelwald (Kiefer, Fichte, Tanne) und Laubwald (Eiche, Rotbuche), auf Kalk- und Silikatboden, truppweise, sehr zerstreut im Flach- und Hügelland, selten im Gebirge (nach FAVRE in den Schweizer Alpen bis 1900 m). In der DDR nur selten im nördlichen Flachland, in der BRD dagegen fast nur südlich der Mainlinie; Verbreitungskarte bei KRIEGLSTEINER in Beih. Z. Mykol. 5 (1984), S. 154.

Synonyme: *Clitócybe gentiánea* QUÉL. 1873, *C. vulpécula* (KALCHBR. in FR. 1874) SACC. 1887.
Pseudonyme: *Leucopaxillus amárus* (ALB. & SCHW. 1805: FR. 1821) KÜHNER 1927 sensu FRIES 1874, BRES., KONR. & MAUBL., KÜHNER & ROMAGN. u. a., non ALB. & SCHW. (= *Clitócybe rivulósa*, vgl. KOTLABA in Česká Mykol. 20 [1966]: 229–236.)

198. Bitterer Krempenritterling, *Leucopaxíllus gentiáneus.* Nat. Gr.

199. Dreifarbiger Krempenritterling

Wert unbekannt, nicht zu empfehlen

Leucopaxíllus compáctus (FR. 1862) NEUHOFF 1958

Kennzeichen: Großer, dicker, glanzlos-trockener Hut, gelbliche Blätter, einem Ritterling sehr ähnlich, aber mit feinwarzigen, amyloiden Sporen wie bei *Melanoléuca.*
Hut: Ganz jung fast schwefelgrünlich, grünlichocker, sehr bald aber lederocker, fuchsigfalb bis kuhbraun verfärbend, völlig trocken und glanzlos, unter der Lupe feinfilzig, im Alter oder bei Trockenheit mit zartrinnig bis würfelig-rissig zerbrechender Oberhaut, derbfleischig, groß, 10–25 (–30) cm breit; anfangs flach gewölbt, mit fast samtigfilzigem, kräftig eingerolltem zart erhaben geadertem und nicht selten auch entfernt geripptem Rand, schließlich verflachend, zuletzt leicht schalenförmig vertieft und unregelmäßig verbogen.
Blätter: Jung schwefelgrünlich, zitronenockerlich (nie weiß), zuletzt trübocker, neapelgelb und nicht selten rostig verfleckend, alt holzfarbenockerlich (im Exsikkat schokoladeviolett), gedrängt, anfangs ziemlich schmal, zuletzt bis 1,5 cm breit, unterschiedlich angewachsen (manchmal ein wenig bogig herablaufend), am Stielansatz oft löcherig, stark untermischt, die kürzeren oft wellig-kraus, queraderig und in der Tiefe adrig verbunden, mit flachgekerbter Schneide.
Stiel: Weiß, in ganzer Länge von einem weißen Filz überzogen, im unteren Drittel meistens fleckenweise oder feinockerrostig gesprenkelt, typisch kurz, derb fest, gewöhnlich mit zwiebelig-knollig verdickter Basis, 4–8 (ausnahmsweise bis 12) cm lang, 2–4,5 (Basis 3–8) cm dick; Stielende manchmal mit kleinerem oder größerem, wurzelartigem Fortsatz, der aus Myzel, Erde und verrotteten Blättern besteht.
Fleisch: Unveränderlich weißlich (in der Farbe sich gut von den Blättern abhebend), etwas wäßrig marmoriert, besonders in der Stielspitze; beim Anschneiden mit schwach mehlartig würzigem Geruch, bald aber ausgesprochen unangenehm riechend, etwa wie der Strohblasse Ritterling, *Tricholóma álbum.* Geschmack mild, weniger angenehm. Hutfleisch mit Guajaklösung braun, in der Stielbasis blaugrün. Sulfovanillin ruft Rot-, Weinrot- und Violettfärbung hervor, die bald wieder verschwindet.
Sporen: Farblos, ellipsoid, feinwarzig-stachelig, 6–8,5 × 4–5,5 µm, mit MELZERS Reagens färben sich Sporenwand und Stacheln blauschwarz; amyloid.
Vorkommen: Juli bis September in Laubwäldern, besonders in Eichenmischwäldern, auch unter Rotbuchen, einzeln oder gesellig. Sehr selten. In der DDR 1965 bei Freyburg/U. (HUTH), im Hakel bei Halberstadt (BERGER) und bei Bad Stuer am Plauer See (DREWITZ) aufgetreten, 1975 am Schmalen Luzinsee bei Feldberg (Mecklenburg), in der BRD regelmäßig in den Auenwäldern bei Karlsruhe (SCHWÖBEL); ferner aus der Schweiz (HALLER), Ungarn (BOHUS), Frankreich (COSTANTIN & DUFOUR), Schweden (bei Uppsala, FRIES) und der UdSSR (Region Kaliningrad, NEUHOFF, und in der Litauischen SSR, URBONAS) bekannt.
Wert: Unbekannt, wegen des lästigen Geruchs nicht zu empfehlen.

Synonyme: *Leucopacillus trícolor* (PECK 1888) KÜHNER 1925, *Tricholóma pseudoacérbum* COST. & DUFOUR 1925, *Leucopaxillus pseudoacérbus* (COST. & DUFOUR) BOURSIER 1925. – Ausführliche Beschreibungen bei HALLER, Schweiz. Z. Pilzk. **36** (1958): 41–44 und DREWITZ, Mykol. Mitt. **11** (1967: 10–17; zur Nomenklatur s. NEUHOFF, Westfäl. Pilzbr. **1** (1958): 61–66, und Entgegnung von HALLER in Schweiz. Z. Pilzk. **39**(1961): 92–93; zur Verbreitung in der BRD vgl. KRIEGLSTEINER in Beih. Z. Mykol. **5** (1984), S. 149 und Karte S. 153 (als *L. trícolor*).

199. Dreifarbiger Krempenritterling, *Leucopaxíllus compáctus.* 2/3 nat. Gr.

200. Leuchtender Ölbaumpilz

Giftig!

Omphalótus oleárius (DC. 1815: Fr. 1821) Sing. 1949

Kennzeichen: Lebhaft orangegelbe bis orangebraune, trichterförmige Hüte mit feinen, eingewachsenen Fasern, weit herablaufenden Blättern, die oft im Dunkeln leuchten (Lumineszenz), an Ölbaum- und Eichenstämmen und -stümpfen, meist büschelig.
Hut: Schön orangegelb und seidig glänzend, bei älteren Pilzen orangebräunlich, durch eingewachsene Fasern schließlich radial gestreift, trocken manchmal auch feinschuppig, nicht hygrophan; anfangs schwach gewölbt, im Alter vertieft bis auffallend trichterförmig, mitunter nur etwas genabelt, 8–12 (–15) cm breit, meist annähernd zentral, oft auch exzentrisch, mitunter auch seitlich gestielt, so daß der Pilz sowohl als Trichterling wie auch als Seitling angesehen werden konnte; fleischig. Rand dünn, kahl, ziemlich lange eingerollt, später geschweift, Oberhaut bis zu zwei Drittel abziehbar.
Blätter: Goldgelb bis orangegelb, an der Schneide oft dunkelbraunrötlich, zuletzt durch die Sporen meist weiß bestäubt, dichtstehend, ziemlich schmal (5–8 mm), dünn, ziemlich elastisch, bogig geschweift, am Stiel ziemlich weit, doch ungleichmäßig herablaufend und schließlich in diesen übergehend. In der Dunkelheit leuchtet bei frischen Pilzen die auf den Blättern befindliche Fruchtschicht häufig, aber nicht immer, in intensiv weißlichem bis bläulichgrünem Licht (schon 1755 und früher beobachtet). Das Leuchten soll seinen Ursprung in den Zellen des Subhymeniums haben und soll aus einiger Entfernung noch zu sehen sein.
Stiel: Orangegelb, gelbbraun-orangebraun, im Alter braunrötlich; 7–12 × 0,7–2,2 cm; oft exzentrisch, schwach längsfaserig, zäh, voll, ziemlich fest berindet; nach der Basis zu verjüngt und infolge des büschligen Wachstums meist ausgespitzt.
Fleisch: Gelb, im Hut blasser als im Stiel, dort mehr rhabarbergelb; bis 6 mm dick, fest. Geschmack mild, Geruch wenig angenehm, etwas an Nadelholz erinnernd.
Sporen: Farblos bis schwach gelblich-weißlich, fast rundlich, glatt, 4–7 × 5–6 µm, zyanophil. Der Sporenstaub ist gelblichweiß.
Vorkommen: Juli bis November an Eichenstämmen, -stümpfen und -wurzeln, doch auch an anderen Bäumen (Kastanien, Wacholder, Ginster, auch Buchen), besonders aber an Ölbäumen. Zumeist sitzt er an den Baumwurzeln. – Er tritt immer büschelig rasig auf, ähnlich wie der Hallimasch, häufig in zwanzig- bis dreißigköpfigen Büscheln. Festgestellt wurde er bei Kassel, Darmstadt, Würzburg, Mainberg, im Odenwald, in der Pfalz; häufiger bei Genf und Basel; überall in Frankreich, sogar in der Normandie; in den Niederlanden; in und um Wien; in Böhmen und Südmähren; in Südeuropa recht häufig (wärmeliebend). In den tropischen und subtropischen Gebieten ist der Pilz stärker verbreitet. Auch in Nordamerika und Australien wird er gefunden. Von Urbonas für die Litauische SSR angegeben. Verbreitungskarte für die BRD: Krieglsteiner in Z. Mykol. **44** (1978), S. 237. In der DDR nur 1947 bei Saalfeld aufgetreten (Schier).
Wert: Der Pilz ist giftig, erzeugt aber keine schweren Vergiftungen, besonders Übelkeit, Erbrechen, Leibschmerzen u. a. Als Giftstoff wurde *Illudin S* (ein Sesquiterpen) isoliert (Bresinsky & Besl, Giftpilze, München 1985).

Synonyme: *Pleurótus oleárius* (DC.: Fr.) Gill. 1874, *Clitócybe oleária* (DC.: Fr.) Mre. 1915, *C. illúdens* (Schw. 1822) Sacc. 1887, *Omphalótus illúdens* (Schw.) Bresinsky & Besl 1979, *Pleurótus phosphóreus* (Battarra 1755) Gill. 1874, *Clitócybe phosphórea* (Battarra) Mre. 1916. Vollständige Synonymik s. Spooner in Kew Bull. **32** (1977): 5–7.

Anmerkung: Im Myzelkulturen fanden Bresinsky & Besl neben Thelephorsäure auch mehrere Pulvinsäuren (s. Sydowia, Beih. **8** (1979): 98–109, daher wird der Pilz heute zu den *Paxilláceae* gestellt. Nordamerikanische und europäische Herkünfte sind nach R. H. Petersen völlig interfertil, also nicht als Arten zu trennen. Über die Kulturbedingungen vgl. Carey in Mycologia **66** (1974): 951–968.
Verwechslungen: Echter und **Falscher Pfifferling** haben regelmäßig gegabelte Blätter, s. Bd. 1/138, 139.

200. Leuchtender Ölbaumpilz, *Omphalótus oleárius.* 4/5 nat. Gr.

201. Falber Weichritterling

Eßbar

Melanoleúca cognáta (FR. 1838) KONR. & MAUBL. 1926

Kennzeichen: Milchkaffeefarbig, ockergelbe Blätter, im Frühling wachsend.
Hut: Milchkaffeefarben, hell gelbbräunlich, falb, semmelbraun oder graubraun, trocken, glanzlos, gewölbt, schwach gebuckelt und dort feucht, 5–14 cm breit, fleischig; Rand anfangs eingerollt.
Blätter: Creme, bald ocker bis braungelb (auch fast orangegelb), gedrängt, ausgebuchtet, ganzrandig, ziemlich breit.
Stiel: Gelbocker bis graubraun, mit rötlichbraunen Längsstreifen, oft etwas silbrig überfasert, am Grunde etwas angeschwollen, 5–10 cm lang (mindestens so lang wie die Hutbreite), 1–1,5 cm dick, voll.
Fleisch: Im Hut ziegelrötlich, im Stiel umberbräunlich, auffallend weich und zart. Geruch fehlend oder schwach mehlig-ranzig.
Sporen: Farblos, ellipsoid-eiförmig, körnig, 8–10 × 5–6,5 µm. Sporenstaub weiß.
Zystiden: An den Lamellenschneiden farblos, lang spindelförmig.
Vorkommen: April bis Juli im Laub- und Nadelwald, auch auf Nadelholzspänen und in Frühbeeten. Zerstreut vom Flachland bis ins untere Bergland.
Wert: Eßbar, von angenehmem Geschmack.

Synonym: *Tricholóma cognátum* (FR.) GILL. 1874.
Pseudonym: *Tricholóma arcuátum* (BULL. 1790: FR. 1821) QUÉL. 1872 sensu REA 1922, BRESADOLA 1928, non BULLIARD.
Anmerkung: *Melanoleúca cognáta* var. *robústa* (LGE. 1935) KÜHNER unterscheidet sich durch dunkelbraunen Hut und Fruktifikation im Herbst. Selten in Dänemark, Rügen, Thüringer Becken, Frankreich. Möglicherweise eine eigene Art.

202. Rillstieliger Weichritterling

Ungenießbar, nicht schmackhaft

Melanoleúca grammopódia (BULL. 1792: FR. 1821) PAT. 1900

Kennzeichen: Groß, mit breitem Buckel und unangenehmem, dumpfem Geruch.
Hut: Graubraun, graugelblich, manchmal etwas ausblassend, glatt, kahl, hygrophan, gewölbt bis verflacht, mit breitem, dickem Buckel, 8–12 (–20 cm) breit, fleischig, Rand dünn, sehr lange eingerollt.
Blätter: Erst weißlich, dann schmutzig rahmgelb-bräunlich, bogig angewachsen, ein wenig herablaufend, dünn.
Stiel: Grauweißlich, bis graugelblich, dunkelbräunlich, braunfaserig, meist deutlich gerieft, am Grunde verdickt, elastisch, groß, kräftig, 5–12 × 1–2,5 cm.
Fleisch: Weißgraulich, bei Druck und an Maden-Fraßstellen oft schwarz werdend, weich, schwammig, Geruch unangenehm dumpf, spermaartig wie gewisse Rißpilze, Geschmack unangenehm.
Sporen: Farblos, ellipsoid-eiförmig, etwas stachelig, 8–10 × 5–6 µm. Staub weiß.
Zystiden: Farblos, klein, sehr dünn, brennhaarförmig.
Vorkommen: April bis August in grasigen Wäldern, auf Wiesen, Weideplätzen, Lichtungen, oft in großen Kreisen, Hexenringen; ziemlich verbreitet.
Wert: Wegen seines Geruches nicht genießbar. MOSER (1967) und VESELÝ, KOTLABA & POUZAR (1972) bezeichnen ihn jedoch als eßbar.

Synonym: *Tricholóma grammopódium* (BULL.: FR.) QUÉL. 1872.
Pseudonym: *Tricholóma brévipes* sensu BRESADOLA 1928, non *Melanoleúca brévipes* (BULL.: FR.) PAT.; vgl. S. 97.

203. Almen-Weichritterling, Felderiger Weichritterling
(Beschreibung s. S. 465)

201. Falber Weichritterling, *Melanoléuca cognáta.* Nat. Gr.

202. Rillstieliger Weichritterling, *Melanoléuca grammopódia.* Nat. Gr.

203. Almen-Weichritterling, *Melanoléuca stríctipes.* Nat. Gr.

204. Braungefleckter Ritterling, Krokodil-R., Gestiefelter R.

Eßbar

Tricholóma caligátum (VIVIANI 1834) RICKEN 1915

Kennzeichen: Braungefleckter, trockener Hut, mit bleibendem Ring am Stiel, der durch braune und weiße Reste der Gesamthülle wie gestiefelt erscheint.
Hut: Mit kastanienbraunen bis dunkelbraunen oder fast porphyrbraunen bis graubraunen, großen, unregelmäßigen, angedrückten, faserigen Schuppen bedeckt, zwischen denen der gelblichweiße Untergrund sichtbar wird, Scheitel dunkel und glatt. Trocken, nur manchmal gering schleimig. Kugelig bis halbkugelig, dann gewölbt bis ausgebreitet, 6–15 cm breit (ausnahmsweise bis 35 cm), dick, festfleischig. Rand erst stark eingerollt und zunächst heller als der Hut, im Alter schuppig-rissig und rostbraun, in der Jugend durch einen dicken Schleier, von dem später nur abgerissene Fetzen übrigbleiben, mit dem Stiel verbunden.
Blätter: Weiß, dann gelbweiß, verletzt an der Schneide bräunlich fleckend, engstehend, fast angeheftet oder ausgebuchtet, zuletzt am Stiel abgerissen.
Stiel: Weißlich, 10–14 × 1,5–3 cm, voll, unter dem Ring mit schuppigen, braunen Schleierresten von einem Velum universale, zwischen denen die weißliche Stielhaut erscheint, so daß die ganze Stieloberfläche ein marmoriertes oder gezontes Aussehen hat, über dem Ring weißlich bereift, an verletzten Stellen bräunlich werdend. Ring weißlich, breit häutig, an der äußeren Kante spinnfädig, in der Jugend gut entwickelt, später welkend und schrumpfend.
Fleisch: Weiß, in der Stielrinde etwas gelblich, fest. Geschmack bitterlich-süß, Geruch süßlich wie Birnen oder Weißdornblüten (nicht mehlig).
Sporen: Farblos, kurzellipsoid, glatt, 5,5–8 × 4,5–5,5 µm. Staub weiß.
Vorkommen: Haupterscheinungszeit Mitte Oktober bis Mitte November, bei günstiger Witterung auch schon im Mai und Juni, einzeln in Nadel- und Mischwäldern, besonders aber im Kiefernwald, selten, wenig beobachtet, aber weit verbreitet, in ganz Mitteleuropa, liebt mildes, warmes Klima (im Küstengebiet des Mittelmeeres, Marktpilz in Algerien), doch auch in Schweden gefunden; im Bayerischen Wald häufig; in der ČSSR an verschiedenen Stellen; kommt auch in Asien vor; ist in Japan sehr verbreitet und wird dort in den Kiefernwäldern viel gesammelt, daher der Name *„matsu-take"* = Kiefernpilz. In der DDR nicht nachgewiesen.
Wert: Wohlschmeckend; recht ergiebig.

Synonyme: *Armillária caligáta* (VIV.) GILL. 1874, *Tricholoma góliath* (FR. 1854) LUNDELL & NANNF. 1959, *Armillária mátsu-táke* ITO & IMAI 1925, *Tricholóma mátsu-táke* (ITO & IMAI) SING. – Nach NEUHOFF (Westfäl. Pilzbriefe, 1960) ist *Tricholóma robústum* (ALB. & SCHW. 1805: FR. 1821) RICKEN 1915 identisch und daher der älteste, gültige Name dieser Art; s. aber Nr. 205.

Tricholóma caligátum ist nach PILÁT der beliebteste japanische Speisepilz. Das Suchen dieses Pilzes ist ein Nationalsport und wurde schon in alten Zeiten ausgeübt. Die Kiefernwälder, in denen der Pilz in größeren Mengen wächst, werden für eine Pilzsaison verpachtet. Zum Teil werden die Reviere auch an Vereinigungen abgegeben, die dann gemeinschaftliche „Pilzjagden" veranstalten. Manchmal werden die Pilze bei diesen Veranstaltungen gleich im Walde zubereitet. Natürlich werden sie auch auf den Märkten verkauft.
Verbreitungskarte für die BRD: KRIEGLSTEINER in Beih. Z. Mykol. 3 (1981), S. 178.

204. Braungefleckter Ritterling, *Tricholóma caligátum.* 2/3 nat. Gr.

205. Halsband-Ritterling

Giftig!

Tricholóma focále (Fr. 1838) Ricken 1915

Kennzeichen: Hut und Stiel orange-kastanienbraun, radialfaserig, mit sehr deutlichem Ring am Stiel.
Hut: Orange-kastanienbraun bis bräunlich-ziegelrot, durch dunklere Fasern gestreift mitunter längsrissig, Mitte kastanienbraun, mitunter schuppig, jung schmierig, später trocken; erst gewölbt, dann verflacht, mit stumpfem, fleischigem Buckel, 6–10 cm breit, derbfleischig. Rand anfangs eingebogen.
Blätter: Weiß oder weißlichgelb, im Alter oder bei Druck blaß rostfleckig, gedrängt, dünn, meist schmal, am Stiel ausgebuchtet angeheftet oder ausgerandet.
Stiel: Von unten bis zum Ring rotbräunlich bis kupferrot oder ziegelrot, schuppig-faserig bestiefelt, mit gleichfarbigem, häutigem, ziemlich breitem, am Rande zerschlissenem, halsbandartigem Ring; über dem Ring mit breiter weißflockiger Zone; meist in der Mitte verdickt, abwärts stets verjüngt, fast wurzelnd, 6–8 × 1,5–2 cm, voll.
Fleisch: Weiß, ziemlich fest, schmeckt und riecht nach frischem Mehl.
Sporen: Farblos, kugelig, glatt, 4–5 × 3,5–4 µm. Staub weiß.
Vorkommen: Ende September bis November in trockenen, sandigen Kiefernwäldern, z. B. häufig in den Dünen-Kiefernwäldern längs der Ostseeküste der DDR und Polens sowie um Berlin.
Wert: Giftig, ruft heftiges Erbrechen hervor (s. Neuhoff, Z. Pilzk. **11**: 23–26, 1932, und Westfäl. Pilzbr. **1**: 41–46, 1958). Hennig bezeichnete ihn als eßbar nach Abbrühen.

Pseudonyme: *Armillária robústa* sensu Bres. 1928, *Tricholóma robústum* sensu Lge. 1935, Pilát 1959. – *Tricholóma robústum* (Alb. & Schw. 1805: Fr. 1821) Ricken 1915 ist ein durch unterschiedliche Deutung ganz unbrauchbar gewordener Name. Nach Neuhoff (1960) bezieht sich dieser Name auf *Tricholóma caligátum*, Nr. 204, nach Dennis, Orton & Hora (1960) auf *T. frácticum*, Nr. 211; auch *Agáricus robústus* sensu Krombholz 1836 ist *T. fracticium*. Schließlich haben mehrere Autoren den Namen *robústum* im Sinne von *T. focále* verwendet.

205. Halsband-Ritterling, *Tricholóma focále.* Nat. Gr.

206. Lärchen-Ritterling

Ungenießbar

Tricholóma psámmopun (KALCHBR. 1873) QUÉL. 1875

Kennzeichen: Ein braungelber, trockener Pilz, ähnlich dem Orangegelben Ritterling; nur unter Lärchen wachsend.
Hut: Braungelb bis ockergelb, Rand heller, faserschuppig-wollig, trocken, glockig-gewölbt, zuletzt vertieft, 3–6 cm breit, fleischig; Rand zuerst eingerollt.
Blätter: Erst weißlich, später gelblich, rostfleckend, besonders nach dem Rande zu, dicklich, ausgerandet.
Stiel: Gelbbräunlich, meist an der Spitze weißlich mit gelben Körnchen, sonst körnig-faserschuppig, abwärts rotbraun und faserig-wollig, 4–7 × 1–1,5 cm, ausgestopft.
Fleisch: Weißlich, dann blaßgelblich werdend, im Stielgrunde fast ockerfarbig, etwas bitterlich, geruchlos.
Sporen: Farblos, kurzellipsoid, 5–7 × 4–5 µm.
Vorkommen: Juli bis Oktober unter Lärchen in Bergwäldern, dort nicht selten. Vereinzelt auch im Flachland.

207. Zottiger Ritterling, Bärtiger R., Wolliger R.

Ungenießbar

Tricholóma vaccíneum (SCHAEFF. 1774: FR. 1821) KUMM. 1871

Kennzeichen: Braunrot, schuppig-filzig, zottiger, lange eingerollter Rand, mit vergänglichem, fädigen Schleier.
Hut: Braun- bis kupferrot, stark filzig, trocken (nie schlüpfig), mit sparrig abstehenden, flockigen Schuppen besetzt, die oft konzentrisch angeordnet sind, erst glockig, schließlich ausgebreitet, mit flachem Buckel, 4–7 (–10) cm breit, dünnfleischig. Der zottige Rand ist lange eingerollt.
Blätter: Erst blaß, dann schmutzig rötlich, breit, buchtig angeheftet.
Stiel: Braun- bis kupferrot, mit blasser Spitze, faserschuppig, ursprünglich durch einen fädigen Schleier mit dem Hut verbunden, 6–10 × 1–1,5 cm, schon jung hohl.
Fleisch: Weißlich, braunrötlich anlaufend, mit schwach erdartigem Geruch und etwas bitterlichem Geschmack.
Sporen: Farblos, fast rundlich, glatt, 4-5 µm.
Vorkommen: Juli bis Oktober in feuchten Nadelwäldern, besonders unter Fichten, auch auf Kalk, einzeln oder herdenweise, oft massenhaft, sehr gesellig. In den Kiefernwäldern des nördlichen Mitteleuropa selten.
Wert: Nicht schmackhaft, mehr oder weniger bitter.

Verwechslung: **Schuppiger Ritterling,** *T. imbricátum,* s. Bd. I/73.

206

207

206. Lärchen-Ritterling, *Tricholóma psámmopun.* 2/3 nat. Gr.

207. Zottiger Ritterling, *Tricholóma vaccínum.* 1/2 nat. Gr.

208. Orangeroter Ritterling

Ungenießbar

Tricholóma aurántium (SCHAEFF. 1744: FR. 1821) RICKEN 1915

Kennzeichen: Elegante, etwas schmierige Art mit orangerotem Hut und orangerot gestiefeltem Stiel.
Hut: Lebhaft orangerot oder gelborange, in der Mitte bräunlich, fast glatt oder feinschuppig, ziemlich schmierig, bei Berührung abfärbend; erst gewölbt, dann verflacht und vertieft, 6–12 cm breit, fest, nicht sehr fleischig. Rand erst eingerollt, später wellig verbogen.
Blätter: Zuerst weiß, später blaßgelblich, mit rötlichen oder rotbraunen Flecken, besonders an der Schneide oder an Druckstellen, gedrängt, ziemlich breit, buchtig angeheftet.
Stiel: Oben mit weißlicher, scharf abgegrenzter Zone, durch Tränen beperlt, darunter von unten herauf durch einen orangeroten, punktiert-körnigen Überzug auffallend bunt bestiefelt, besonders in der Jugend; gleichmäßig dick, oft gekrümmt, 4–8 × 1,5–2 cm, voll.
Fleisch: Weiß, im Stielende schwach orangerötlich; mit meist bitterem Geschmack und starkem Geruch nach Mehl oder Dextrin. BRESADOLA bezeichnet den Geschmack als mild und den Geruch als wanzenartig.
Sporen: Farblos, ellipsoid, 4–5 × 2–3 µm, glatt. Staub weiß.
Vorkommen: August bis November in feuchten Nadelwäldern, besonders unter Fichten, auch auf Wiesen, auf kalkhaltigem Boden; rasig oder in Hexenringen. Im Süden der BRD nicht selten; auch in Thüringen stellenweise häufig, so bei Jena.
Wert: Nach HENNIG nicht schmackhaft, nach VESELÝ, KOTLABA & POUZAR eßbar.

Synonym: *Armillária aurántia* (SCHAEFF.: FR.) KUMM. 1871.

209. Brandiger Ritterling

Nicht empfehlenswert

Tricholóma ustále (FR. 1818: FR. 1821) KUMM. 1871

Kennzeichen: Der ungestreifte, schmierige Hut, der braunrot überfaserte Stiel, die weißen Blätter und im Alter das brandige Schwärzen der Lamellenschneiden und des Hutrandes. Wenn getrocknet, schwärzt der ganze Fruchtkörper. Ein Pilz des Flachlandes.
Hut: Rotbraun, kastanienbraun, mitunter oliv überhaucht, sehr schmierig, trocken glänzend, nicht faserig gestreift (im Gegensatz zu *T. albobrúnneum*), glatt, kahl; zuerst glockig-gewölbt, später flach ausgebreitet, oft leicht gebuckelt, 4–8 cm breit. Rand blasser, dünn, im Alter schwärzend.
Blätter: Weißlich, später rostfleckig, im Alter an der Schneide oder von der Schneide aus schwarz verfärbend; dichtstehend, abgerundet oder ausgebuchtet.
Stiel: Braunrot überfasert, mit blasser, seidenartig geglätteter Spitze, nicht schmierig, fast gleich dick, 5–8 × 1–1,5 cm, öfter verbogen, am Grunde meist zugespitzt; ausgestopft, im Alter hohl.
Fleisch: Weiß, nur selten an der Luft etwas rötend. Geschmack mild, mitunter bitterlich, geruchlos, doch kann beim Abschneiden ein ganz flüchtiger Duft nach Mehl auftreten.
Bei *T. ustaloídes* ROMAGNESI 1954 ist ein Mehlgeruch noch am folgenden Tag deutlich wahrnehmbar.
Sporen: Farblos, eiförmig, 5–7; × 3,5–5 µm.
Vorkommen: August bis November meist in Laubwäldern, besonders unter Buchen, gesellig, aber nicht häufig.

208

209

208. Orangeroter Ritterling, *Tricholóma aurántium.* 3/4 nat. Gr.

209. Brandiger Ritterling, *Tricholóma ustále.* Nat. Gr.

210. Weißbrauner Ritterling

Giftig!

Tricholóma albobrúnneum (PERS. 1801: FR. 1821) KUMM. 1871

Kennzeichen: Rotbraune, radialfaserige Huthaut, rotbräunlich verfärbender Stiel; in sandigen Kiefernwäldern.
Hut: Dunkelbraun, kastanienbraun, braunrötlich, mit eingewachsenen, dunkleren, geschlängelten, radiären Fasern, in der Mitte bisweilen mit kleinen Warzen und winzigen Gruben, schwach klebrig-schmierig, zumindest angefeuchtet; jung flach kegelig, dann ausgebreitet, im Alter mit niedrigem Buckel, 5–8 cm breit. Hutrand etwas heller gefärbt (rotbräunlich bis fleischrötlich), lange eingerollt.
Blätter: Weiß, später leicht ockerlich getönt, an den Schneiden braunfleckend; gedrängt, hinten ausgebuchtet.
Stiel: Anfangs vollkommen weiß, dann verfärbt er sich allmählich vom Grunde her ocker- bis rotbräunlich und löst sich dabei gleichzeitig in kleine Schuppen auf, die sich bald bräunen und vom Untergrund abheben. Die Stielspitze bleibt lange weiß, verfärbt sich aber allmählich, ist daher nicht scharf abgesetzt; gleich dick, 3–6 × 0,5–1 (–2) cm, trocken, voll, fest, am Stielgrund nicht ausspitzend.
Fleisch: Weiß; fast ohne Geruch; beim Durchschneiden dagegen mit starkem Mehlgeruch. Geschmack mild, mehlartig, nach längerem Kauen sehr bitter, lange anhaltend.
Sporen: Farblos, ellipsoid, 4,5–5 × 3–3,5 µm.
Vorkommen: September bis Oktober in Nadelwäldern, besonders in sandigen Kiefernwäldern.
Wert: Ungenießbar, schwere Verdauungsstörungen hervorrufend, mit Erbrechen und Durchfall, doch klingen diese Erscheinungen meist schon am nächsten Tage wieder ab. Berichte über Vergiftungen mit diesem Pilz gaben KERSTEN (Z. Pilzk. **9**: 50–54, 1930) und NEUHOFF (Westfäl. Pilzbr. **1**: 41–46, 1958), wobei der Pilz zunächst für *T. ustále* bzw. *T. pessúndatum* gehalten wurde.

Synonym: *Tricholóma striátum* (QUÉL. 1888) SACC. 1915.

211. Fastberingter Ritterling

Ungenießbar

Tricholóma frácticum (BRITZ. 1892) KREISEL 1984

Kennzeichen: Sehr ähnlich *T. albobrúnneum*, aber größer und gedrungener, mit scharf abgesetzter, weißer Stielspitze.
Hut: Kastanienbraun mit rotbrauner Tönung; flachgewölbt, ohne Buckel, 5–15 cm breit, nicht schuppig. Huthaut mit dunkler, eingewachsener Faserung (genau wie bei *albobrúnneum*).
Blätter: Erst weißlich, im Alter blaß fleischrötlich mit leicht grauen Tönen; an den Schneiden braunfleckend.
Stiel: Mit aufsteigender, rotbrauner bis fuchsiger Bestiefelung. Beim Aufschirmen zerreißt diese Beschleierung, verbleibt aber oben am Stiel als dunkler gefärbter Abschluß der Bestiefelung, mitunter sogar als ringartig erhabene Zone kenntlich. Zu diesem stets deutlich gefärbten Stielteil steht die rein weiße, mehlige Stielspitze in auffallendem Gegensatz; 4–7 (–10) × 1–2,5 cm, gedrungen, wurzelartig ausspitzend.
Fleisch: Geschmack anfangs mehlartig, bald unangenehm bitter, Geruch mehlartig.
Sporen: Farblos, ellipsoid, klein, 5–5,5 × 3–4 µm, etwas breiter als bei *albobrúnneum.*

Fortsetzung Seite 372

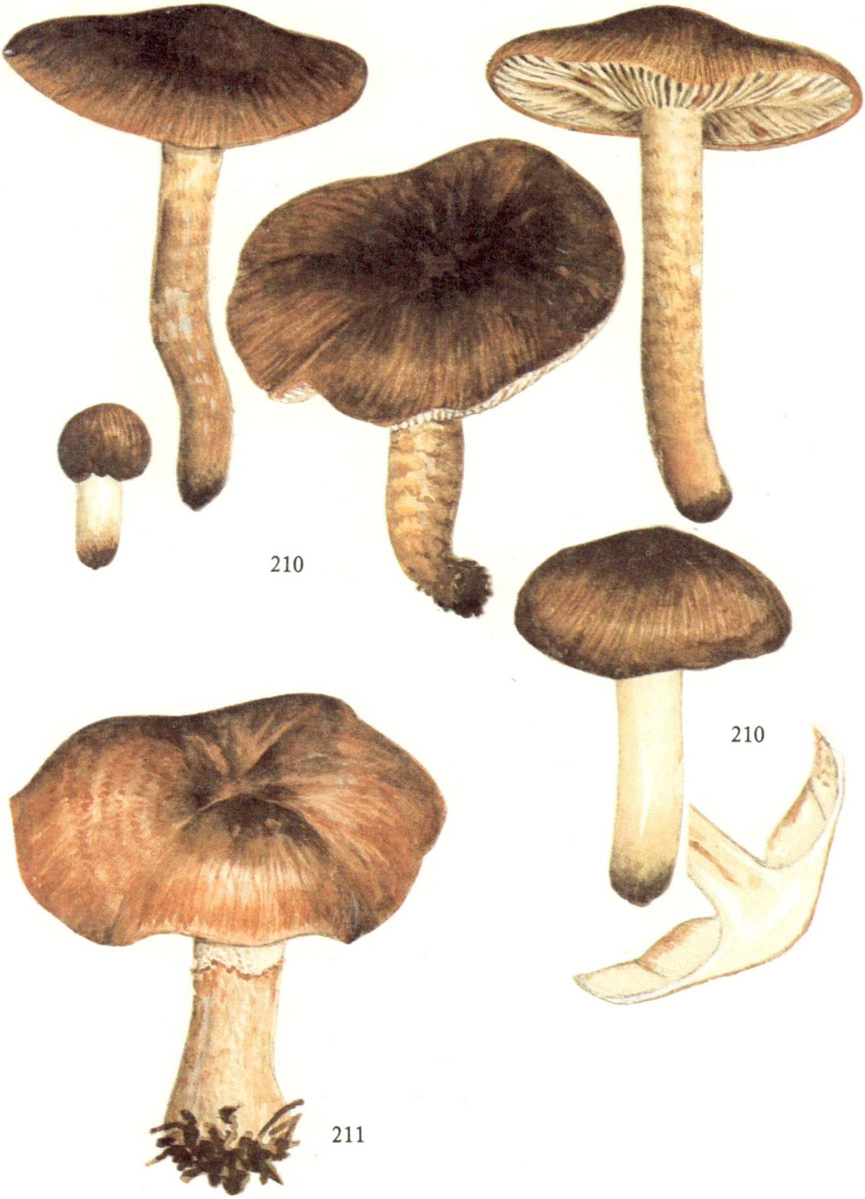

210. Weißbrauner Ritterling, *Tricholóma albobrúnneum.* 2/3 nat. Gr.

211. Fastberingter Ritterling, *Tricholóma frácticum.* 2/3 nat. Gr.

Vorkommen: September bis Oktober, auf Kalkboden unter Kiefern, in der DDR z. B. in Thüringen und bei Quedlinburg, stellenweise häufig.

Synonyme: *Tricholóma subannulátum* (BATSCH 1786) BRES. 1927, non *T. subannulátum* (PECK) ZELLER 1922 (Homonym!), *T. bátschii* GULDEN 1969.

Pseudonym: *Tricholóma robústum* (ALB. & SCHW. 1805: FR. 1821) RICKEN 1915 sensu KROMBHOLZ 1836, RICKEN, non ALBERTINI & SCHWEINIZ (zweifelhafter Name, vgl. Nr. 204, 205), nec BRESADOLA, J. LANGE, PILÁT.

212. Pappel-Ritterling

Eßbar

Tricholóma populínum LGE. 1933

Kennzeichen: Ein kräftiger, blaßbräunlicher Ritterling mit rötlichem Schein, in den Farben recht veränderlich, nur unter Pappeln, meist büschelig wachsend.
Hut: Hellbräunlich, blaßgraubraun bis blaßrotbräunlich, doch mitunter olivockerlich, mit hellrötlichem Schein, in der Mitte dunkler, nach dem Rand heller, auf der ganzen Hutoberfläche oft mit dunkleren Stellen, die ineinander übergehen, schmierig, glatt, matt; trocken glänzend, etwas gewölbt, 8–12 (–15) cm breit; fleischig. Rand jung eingerollt, uneben, im Alter oft fast höckerig gerieft. Huthaut zu zwei Drittel abziehbar.
Blätter: Weißlich, zuletzt schwach rotbräunlich; weich, elastisch, später etwas brüchig, zuerst dichtstehend, ziemlich dick; ausgebuchtet.
Stiel: Weißlich, bei Druck blaß rostbraun oder schmutzig braun werdend, im Alter dunkler, mit flockigen oder faserigen, angedrückten Schüppchen; 10 × 2–4 cm, kräftig, häufig gebogen, an der Basis oft angeschwollen, voll.
Fleisch: Weiß, unter der Huthaut schwach bräunlich, fest, hart; Geschmack ein wenig bitterlich, sonst mehlartig wie der Geruch.
Sporen: Farblos, kugelig-ellipsoid, glatt, 5,5–6 × 3,5–4 µm. Staub weiß.
Vorkommen: September bis November unter verschiedenen Pappelarten und -hybriden (einschl. Espe), oft Massenpilz in Pappelanpflanzungen, z. B. auf Abraumhalden, in Wäldern und Parkanlagen, auch in der Feldmark, oft in Büscheln, zuweilen in Hexenringen. Zerstreut im Flach- und Hügelland, stellenweise sehr häufig. Er erscheint auch bei trockenem Wetter.
Wert: Eßbar und, wo er massenhaft auftritt, ergiebig. Zweckmäßig ist es, den Pilz abzubrühen.

213. Gerippter Ritterling

Ungenießbar

Tricholóma acérbum (BULL. 1792: FR. 1821) QUÉL. 1872

Kennzeichen: Blaß ockerbräunlich, mit geripptem Rand und bitterem Geschmack.
Hut: Erst weiß, später gelblich bis blaß ockerbräunlich, zart-filzig, trocken, mit dünnem, lange Zeit stark eingerolltem und meist geripptem Rand, zuerst halbkugelig, später stark gewölbt, dann verflacht, mit stumpfem Buckel, 8–12 cm breit, derbfleischig.
Blätter: Weißgelblich, an der Schneide fuchsig-rostfleckig, breit, ungleichmäßig, gedrängt, abgerundet oder angewachsen, leicht vom Hut abtrennbar.
Stiel: Blaßgelblich, später dem Hute gleichfarbig, faserig-rauh, oben körnig, gelbflockig und dick, 6–8 × 2–2,5 cm, voll, fest.
Fleisch: Weiß, mit Schwefelsäure rosa, dick, mit brennendem Nachgeschmack, geruchlos.
Sporen: Farblos, fast rundlich, glatt, 4–5 × 3–4 µm, nicht amyloid.
Wert: Meist bitterlich schmeckend, mit brennendem Nachgeschmack, als Speisepilz ungeeignet.
Vorkommen: August bis Oktober im Mischwald, doch besonders im Laubwald, truppweise, nicht selten.

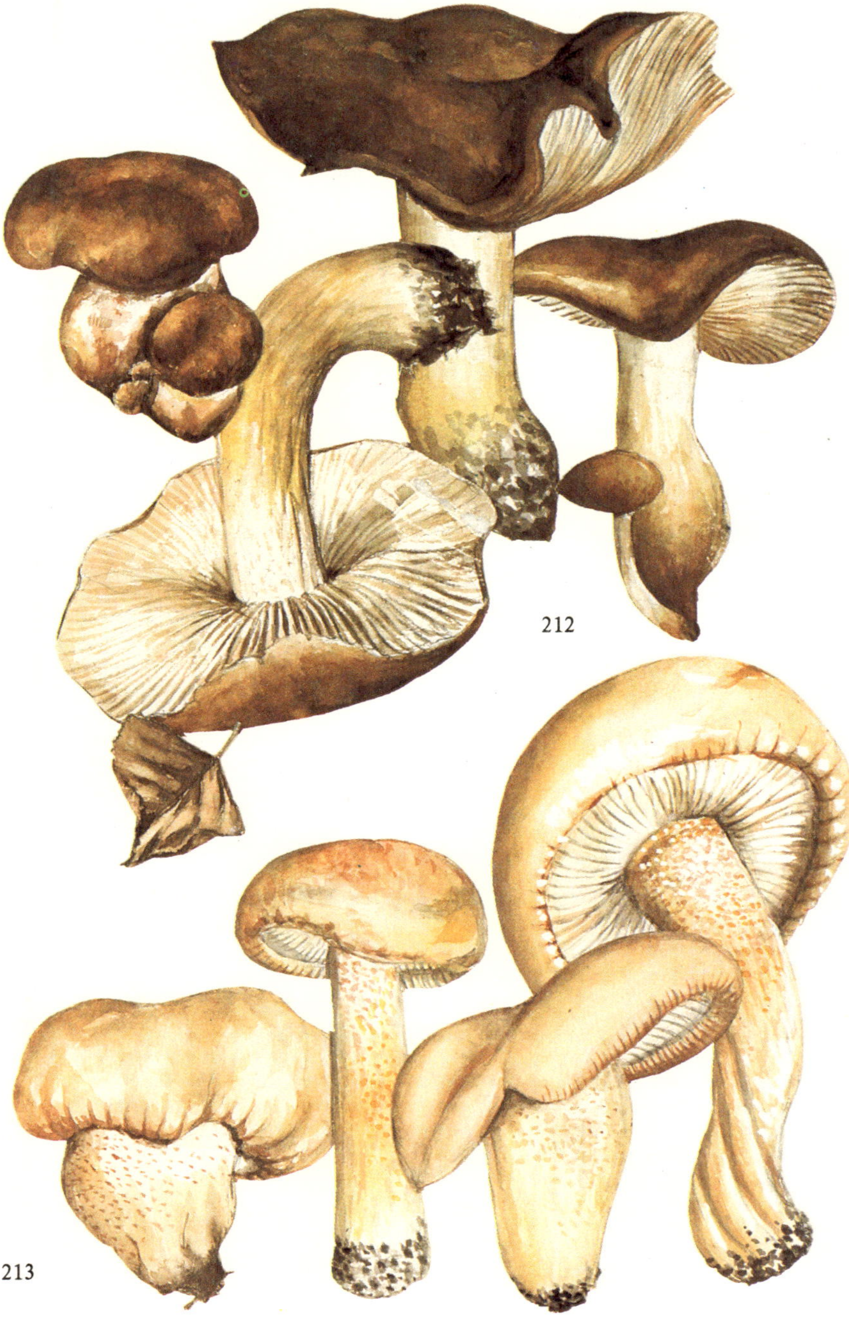

212. Pappel-Ritterling, *Tricholóma populínum.* 2/3 nat. Gr.

213. Gerippter Ritterling; *Tricholóma acérbum.* 3/4 nat. Gr.

214. Seidiger Ritterling

Eßbar

Tricholóma columbétta (Fr. 1821) Kumm. 1871

Kennzeichen: Rein weiß, glattfaserig, öfter rostfleckig, am Stielgrund oft blaugrün.
Hut: Rein weiß, oft mit roten oder grünen, auch gelbgrünen Flecken, feucht schmierig, geglättet bis seidig, glattfaserig, erst kegelig, dann gewölbt, schließlich flach ausgebreitet, 5–10 cm breit, fleischig, mit eingerolltem, dünnem, flaumigem Rande.
Blätter: Rein weiß, manchmal rötlich, mit Zahn herablaufend, dünn, gedrängt, erst schmal, später sehr breit.
Stiel: Rein weiß, am Grunde oft grünblau gefleckt, verjüngt, seidig-glattfaserig, 5–10 × 1,5–2,5 cm, voll.
Fleisch: Weiß, fest, mild, es ist geruchlos, riecht und schmeckt aber mitunter auch schwach nach Mehl.
Sporen: Farblos, rundlich-oval, glatt, 6–7 × 4–6 µm, nicht amyloid.
Vorkommen: August bis Oktober im Laub- und Nadelwald, besonders unter Buchen und Birken, an sonnigen, grasigen Stellen. Nicht selten.

215. Strohblasser Ritterling, Widerlicher R., Unverschämter R., Sauerkraut-R.

Ungenießbar

Tricholóma lascívum (Fr. 1821) Gill. 1874

Kennzeichen: Ein meist weißlicher Ritterling mit dichtstehenden Blättern, starrem, brüchigem Stiel, brennend scharfem Geschmack, der erst nach einiger Zeit auftritt, und widerlichem Geruch nach längerem Liegen; Laubwaldpilz.
Hut: Schmutzig weißlich bis blaß ledergelblich, ockerblaß, auch rostgelbfarbig werdend, glatt, glanzlos, nur jung am Rande seidig schimmernd, trocken; gewölbt, verflacht, mit schwachem Buckel, 4–7 cm breit; fleischig, starr, brüchig; Rand jung eingebogen, manchmal schwach gerippt.
Blätter: Weißlich, an der Schneide oft rostfleckig, breit, dichtstehend, starr, tief ausgerandet, leicht vom Hut ablösbar.
Stiel: Weiß bis blaßgelblich, bräunlich überhaucht, glanzlos, an der Spitze mit weißen, kleiigen Flocken besetzt, manchmal körnig-rostfleckig, bald dünn, bald dick, 6–9 × 1–1,5 cm, voll, starr, brüchig, am Grunde häufig ausspitzend.
Fleisch: Blaßgelblichweiß, nicht anlaufend; Geruch zuerst schwach süßlich, auch nach Mehl oder Obst; nach J. Schäffer wie ein leeres Sauerkrautfaß; nach längerem Liegen stark nach Scheunenstaub (Neuhoff), unerträglich stinkend; Geschmack nach längerem Kauen brennend scharf.
Sporen: Farblos, ellipsoid, glatt, 4–7 × 3–4 µm.
Vorkommen: September bis Oktober im feuchten Laubwald, besonders unter Eichen, Birken und Buchen; nicht im Nadelwald, aber im Mischwald. Recht häufig.
Wert: Ungenießbar, doch nicht giftig.

Pseudonym: *Tricholóma álbum* (Schaeff. 1774: Fr. 1821) Kumm. 1871 sensu Kühner & Romagnesi 1953, M. Bon, non Schaeffer, nec Fries [= *Leucopaxíllus álbus* (Schaeff.: Fr.) Neuhoff 1960]. Neuhoff stellt die beiden Arten in Z. Pilzk. 26 (1960): 1–4 gegenüber; eine andere Interpretation von *Tricholóma álbum* gibt Moser 1983, nämlich im Sinne von J. Lange 1935.

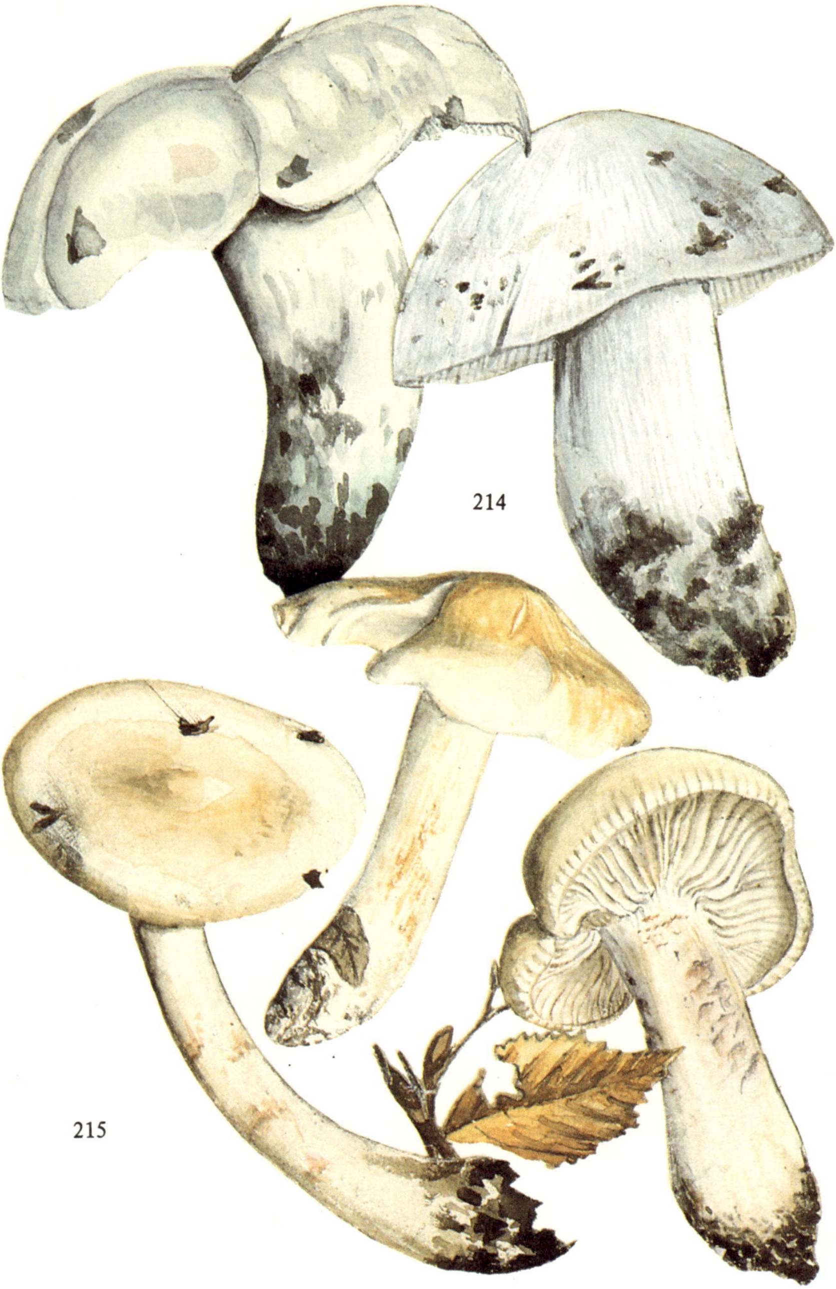

214. Seidiger Ritterling, *Tricholóma columbétta.* Nat. Gr.

215. Strohblasser Ritterling, *Tricholóma lascívum.* Nat. Gr.

216. Lästiger Ritterling, Unangenehmer R.

Ungenießbar

Tricholóma inamoénum (Fr. 1815: Fr. 1821) Gill. 1874

Kennzeichen: Im Aussehen wie der Schwefel-Ritterling, aber weiß; im Alter mit schwarz werdenden Blattschneiden, mit demselben unangenehmen, lästigen Gasgeruch; doch im Nadelwald wachsend.
Hut: Weiß bis weißgelblich, in der Mitte etwas dunkler, tonblaß bis ockerlich; schwach filzig; fädig-seidig, später fast felderig-rauh, trocken, 5–6 cm breit, gewölbt, schließlich ausgebreitet, fleischig, Rand glatt.
Blätter: Weißlich mit gelblichem Schein, auffallend weitstehend, sehr breit, tief ausgebuchtet; alt an Schneide schwärzend.
Stiel: Weißlich bis weißgelblich, am Grunde mitunter etwas bräunend, feinfaserig-schuppig; sitzt auf einem Schopf von Nadeln, die durch Myzelfäden verbunden sind; schlank, 7 × 0,8 cm; voll.
Fleisch: Weißlich, unveränderlich; Geruch unangenehm gasartig.
Sporen: Farblos, mandelförmig, 8–10 × 4–5,5 µm. Staub weiß.
Vorkommen: September bis Oktober in Gebirgsnadelwäldern, meist auf Kalkboden, dort nicht selten.

217. Cremeweißer Krempenritterling

Eßbar

Leucopaxíllus cereális (Lasch 1828/30) Sing.

Kennzeichen: Merkmale der Kremplinge, Trichterlinge und Ritterlinge zeigend; cremeweiß, kräftig; wegen der amyloiden Sporen in die Gattung *Leucopaxillus* gestellt.
Hut: Cremeweiß, im Alter blaßocker bis ockergelblich, matt, trocken, zuletzt etwas gefeldert oder schuppig aufgerissen; flachgewölbt, auch ausgebreitet, 4–7 (–12) cm breit, fleischig, dick, hart. Rand zuerst etwas eingerollt, später wellig verbogen.
Blätter: Erst weiß, dann cremefarben, ziemlich gedrängt, dicklich, nach dem Stiel mehr oder weniger anastomosierend, verzweigt bis verbunden, fast herablaufend bis herablaufend.
Stiel: Weißlich bis cremefarben, feinschuppig, am Grunde wellig, 3–6 × 2 cm.
Fleisch: Weiß, fest, biegsam, mild, mit angenehmem Geruch.
Sporen: Farblos, feinwarzig, schwach ellipsoid bis eiförmig, 6–8 × 3,5–5,5 µm. Amyloid. Sporenstaub weiß. Hyphen mit Schnallen.
Vorkommen: September bis Oktober in Trupps im Nadelwald, unter Weißtannen; bisweilen unter Eichen. Selten.

Synonyme: *Clitócybe paradóxa* Cost. & Dufour 1896, *Leucopaxíllus paradóxus* (Cost. & Duf.) Boursier 1925, *L. albíssimus* (Peck) Sing. var. *paradóxus* (Cost. & Duf.) Sing. & Smith 1943, *L. cereális* (Lasch) Sing. var. *paradóxus* (Cost. & Duf.) Sing. & Smith in Bohus 1967.

216

217

216. Lästiger Ritterling, *Tricholóma inamœ́num.* Nat. Gr.

217. Cremeweißer Krempenritterling, *Leucopaxíllus cereális.* 2/3 nat. Gr.

218. Sellerie-Ritterling

Eßbar, Gewürzpilz

Tricholóma luteóvirens (ALB. & SCHW. 1805: FR. 1821) RICKEN 1915

Kennzeichen: Schmutzig weiß, Fleisch gelbbräunlich verfärbend, intensiver Selleriegeruch, in sandigen Kiefernwäldern.
Hut: Jung weißlich, später blaßbräunlich, besonders beim Berühren, fast glatt, trocken, glanzlos (unter der Lupe filzig-runzelig), doch auch körnig-schuppig, oft zerklüftet; im Alter oder bei Druck immer satter schmutzig ocker; stumpf gewölbt, verflacht, jung mit stark eingerolltem, mitunter geripptem Rand; 6–10 cm breit, fest, dickfleischig.
Blätter: Schmutzig weißlich, später mit gelblichem Schein, manchmal auch braunfleckig; schmal, fast gedrängt, buchtig angewachsen.
Stiel: Weiß bis gelbbräunlich, mitunter zitronengrünlich anlaufend, glattfaserig bis faserschuppig, manchmal schmutzig braun gefleckt, verjüngt, wurzelnd, 4–5 × 1–1,5 cm, voll, sehr fest.
Fleisch: Weiß, im Alter meist chromgelb bis gelbbräunlich werdend, bei Druck blaßocker bis blaßgrünlich; mit Eisenvitriol auf Hut und Blättern spangrün; fest, derb. Geruch stark sellerieartig, auch an Maggi erinnernd, entwickelt sich bei längerem Liegen und wird dann sehr intensiv. Geschmack mild, angenehm.
Sporen: Farblos, klein, rundlich, 2–5 µm, nicht amyloid.
Wert: Ausgezeichneter Gewürzpilz. Nach dem Trocknen hält sich der Geruch jahrelang.
Vorkommen: August bis Oktober in Kiefernwäldern auf dürrem Sandboden, oft in Gesellschaft anderer Ritterlinge wachsend, stellenweise häufig, so in der DDR bei Potsdam, in der BRD in der Oberrheinebene von Frankfurt/M. bis Karlsruhe, in Polen im Słowinski-Nationalpark westlich Łeba, in der UdSSR im Gebiet Kaliningrad (NEUHOFF) und in der Litauischen SSR (URBONAS); zuerst von ALBERTINI & SCHWEINIZ aus der Gegend von Niesky (DDR) beschrieben.
Verbreitungskarte für die BRD: KRIEGLSTEINER in Beih. Z. Mykol. 3 (1981), S. 82.

Synonyme: *Tricholóma ápium* J. SCHFF. 1925, ? *T. helvíodor* PIL. & SVR. 1946 (als braunhütig beschrieben, ČSSR).
Anmerkung: Der in der Literatur fälschlich als *Armillária luteóvirens* (ALB. & SCHW.: FR.) GILL. beschriebene, in Trockenrasen und Waldsteppen auf Kalk vorkommende Pilz mit flockig beringtem Stiel, unauffälligem Geruch und 6,5–9 µm langen, amyloiden Sporen muß korrekt *Flocculária straminea* (KUMM. 1871) POUZ. 1957 (= *Agáricus stramíneus* KRBH. 1834 non SCOP. 1772) heißen. Diese Art kommt im südlichen Mitteleuropa vor, nördlich bis Böhmen, DDR (Querfurt und Mühlhausen, s. Mykol. Mitt. 15 (1971): 65–68), BRD (Bad Mergentheim, s. Westfäl. Pilzbr. 8 (1970): 1–8) und Frankreich. Zur Nomenklaturfrage vgl. auch NEUHOFF, Westfäl. Pilzbr. 2 (1960): 97–100.

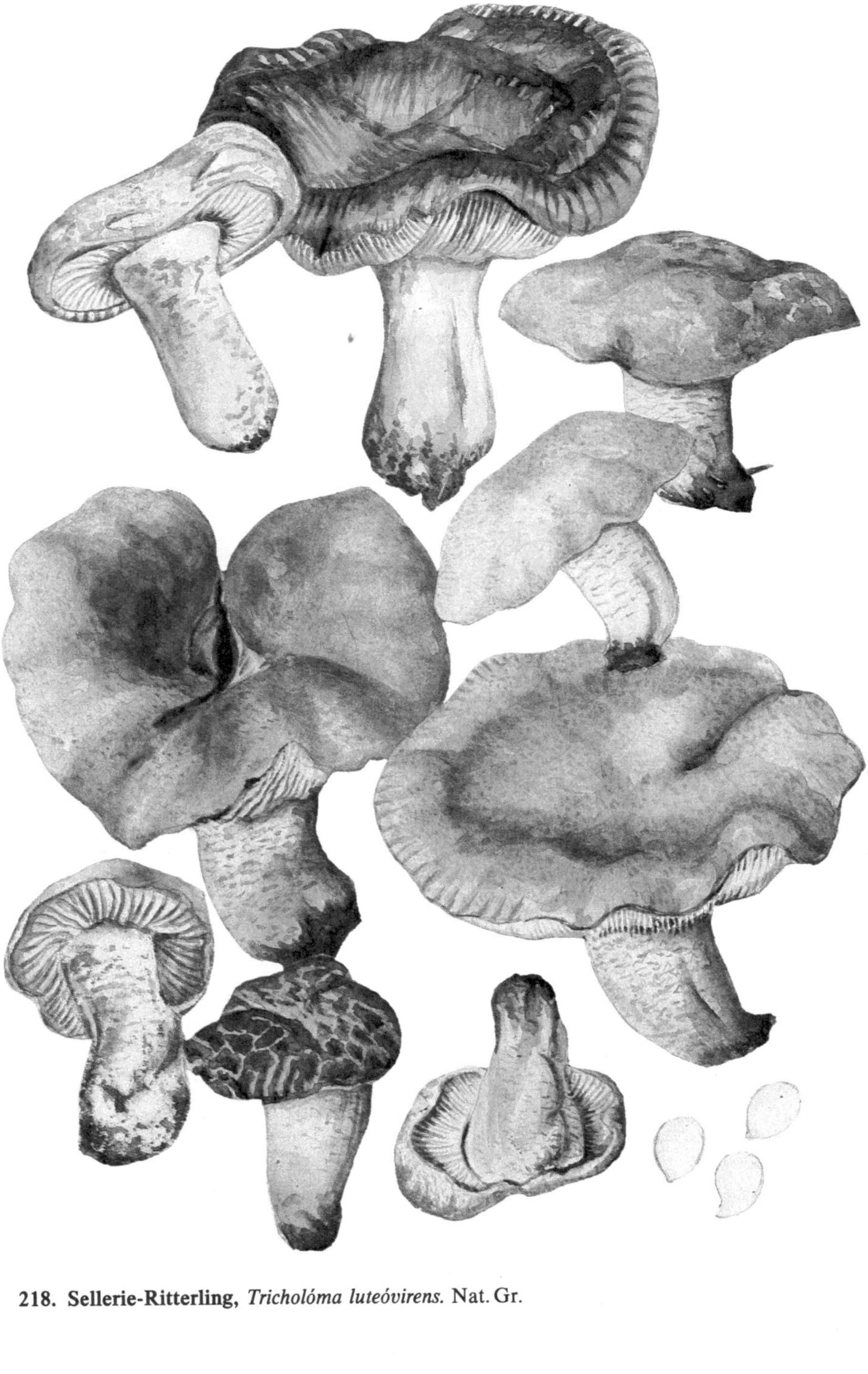

218. Sellerie-Ritterling, *Tricholóma luteóvirens.* Nat. Gr.

219. Veilchen-Rötelritterling

Eßbar

Lepista irina (FR. 1838) BIGELOW 1959

Kennzeichen: Schmutzig weiß-isabell, jung mit eingerolltem Rande und Parfümgeruch Wie ein Maipilz, der im Herbst wächst.
Hut: Schmutzig weiß bis blaßgelbbräunlich (falb), im Scheitel blaßbräunlich, erst grau bereift, später kahl, glanzlos, feucht, bei trockenem Wetter glatt, erst glockig, dann gewölbt, schließlich verflacht, 5–12 cm breit, derbfleischig, Rand scharf eingerollt.
Blätter: Schmutzigweiß bis blaß gelbbräunlich (isabell), ziemlich gedrängt, schmal, hinten abgerundet oder ausgerandet oder auch schwach herablaufend, fast frei.
Stiel: Schmutzig blaß gelbbräunlich, oben weiß, nach oben verjüngt, unten verdickt, 7–9 × 1–2,5 cm, voll. Oberfläche netzfaserig.
Fleisch: Weiß, in feuchtem Zustande wäßrig durchzogen, mild, von angenehmem Geschmack; Geruch auffallend, nach Veilchenwurzel der Apotheke *(Iris Florentina).*
Sporen: Farblos, ellipsoid, warzig, 7–9 × 3–3,5 µm. Staub mit leichtem Rotstich.
Vorkommen: September bis Oktober im Buchenwald, auf kurzgrasigen Wiesen, in grasigen Auwäldern, selten einzeln, meist in Gruppen oder Haufen, bildet große und auffallende Hexenringe (bis zu 100 m im Durchmesser). Bei Berlin ist er im Herbst stellenweise häufig, ebenso in den Flußauen um Leipzig und Dessau, in den Muschelkalk- und Juragebieten; in den Alpen bis 2400 m ü. M. nachgewiesen. Verbreitungskarte für die BRD: KRIEGLSTEINER in Beih. Z. Mykol. 5 (1984), S. 106.
Wert: Ausgezeichneter Speisepilz, der gern gesammelt wird und recht ergiebig ist, da er oft in Mengen vorkommt. Er ist nach HENNIG ebenso wohlschmeckend wie ein Champignon, doch mit einem starken, süßlichen Aroma, das nicht jedem zusagt.

Synonyme: *Tricholóma irinum* (FR.) KUMM. 1871, *Rhodopaxillus irinus* (FR.) MÉTROD 1942, *Clitócybe irina* (FR.) BIGELOW & A. H. SMITH 1969.

Über die taxonomische Stellung des Veilchen-Rötelritterlings und ähnliche Arten s. HARMAJA in Karstenia 14 (1974): 82–91 und 129–132.

219. **Veilchen-Rötelritterling,** *Lepísta írina.* Nat. Gr.

220. Schwarzschuppiger Ritterling

Eßbar

Tricholóma atrosquamósum (Chévallier 1837) Sacc. 1887

Kennzeichen: Aussehen eines großen Erdritterlings *(T. térreum)*, doch kräftiger, stärker schuppig-faserig, mit schwarzem Scheitel und angenehmem, obstartigem Geruch.
Hut: Jung schwarz, dann Oberhaut in braunschwarze, faserige Schuppen aufbrechend, die auf gelbgrauem bis tonfarbigem Untergrund stehen; gegen den Rand hin im Alter weniger dicht geschuppt, die Hutmitte dagegen vollkommen schwarz bleibend, trocken, erst gewölbt, später flach mit schwachem Buckel, 7–9 (–12) cm breit, fleischig, brüchig. Rand zuerst eingerollt, heller und etwas wollig.
Blätter: Weißlich, dann schwach grau, an der Schneide gezackt und oft mit schwarzen Pünktchen besetzt, so daß die Schneide schwarz erscheint, gedrängt, bauchig, ausgerandet oder buchtig angeheftet.
Stiel: Graublaß bis aschgrau, am Grunde blasser, meist an der Spitze mit schwarzen Pünktchen oder Schüppchen besetzt, sonst etwas faserig, 3–8 × 1–1,5 cm, voll, kräftig.
Fleisch: Weißlich, kaum grau werdend, im Stiel faserig, mild, mit schwachem, aber charakteristischem Fruchtgeruch.
Sporen: Farblos, ellipsoid, 5–8 × 3,5–5 µm; die keulenförmigen Zellen, die die schwarzen Schüppchen an den Blattschneiden und an der Stielspitze bilden, sind mit grauem Saft gefüllt.
Vorkommen: August bis Oktober auf Kalkboden, in Gebirgsnadelwäldern ziemlich häufig, doch in der Ebene selten.

Synonym: *Tricholóma nigromarginátum* Bres. 1927.
Pseudonym: *Tricholóma ramentáceum* (Bull.: Fr.) Ricken sensu Ricken 1915.

221. Feinschuppiger Ritterling

Eßbar

Tricholóma squarrulósum Bres. 1898

Kennzeichen: Sehr ähnlich dem Schwarzschuppigen Ritterling, *Tr. atrosquamósum* doch ist der Stiel überall feiner und zierlicher geschuppt.
Hut: Braungrau durch Schüppchen oder feine Flocken, die gleichmäßig auf graugelbem Untergrund stehen und in der Mitte dichter gedrängt sind; trocken, gewölbt-ausgebreitet, 4–5 (–8) cm breit, am Rande anfänglich eingebogen, etwas wollig und blasser getönt.
Blätter: Weißgrau, bei Druck leicht fleischfarbig, eng, abgerundet oder hakig angewachsen.
Stiel: Graubraun, überall zierlich punktiert-schuppig, am Grunde weniger dicht geflockt und dadurch heller, 4–5 × 0,6–0,7 cm, an der Basis oft schwachknollig.
Sporen: Farblos, ellipsoid, 7–8 × 4–5 µm.
Vorkommen: September bis Oktober im Gebirgsnadelwald, in Trupps. Selten.

Synonym: *Tricholóma atrosquamósum* var. *squarrulósum* (Bres.) Pearson & Dennis 1948.
Pseudonym: *Tricholóma atrosquamósum* sensu Lge. 1935, non Chévallier 1837 (s. Nr. 220).

222. Rotblättriger Ritterling, Rötender Ritterling (Beschreibung s. S. 466)

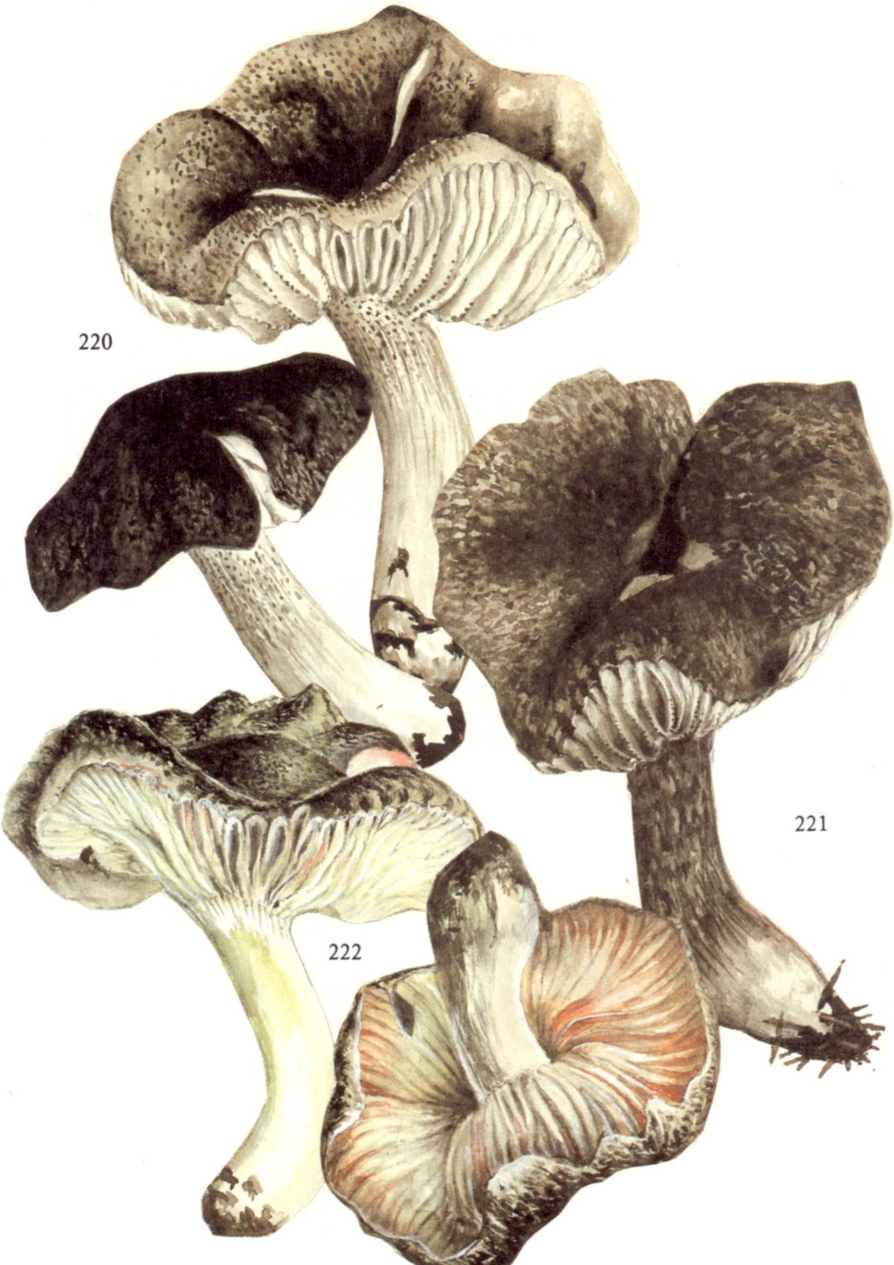

220. Schwarzschuppiger Ritterling, *Tricholóma atrosquamósum.* 2/3 nat. Gr.

221. Feinschuppiger Ritterling, *Tricholóma squarrulósum.* Nat. Gr.

222. Rotblättriger Ritterling, *Tricholóma orírubens.* 2/3 nat. Gr.

223. Gelber Schuppenwulstling

Wert unbekannt

Squamaníta schréieri IMBACH 1946

Kennzeichen: Aus einer großen Knolle entwickeln sich meist mehrere (1–5) gestielte, goldgelbe Fruchtkörper, die in der Jugend von einem Schleier überzogen sind.
Hut: Erst fast weiß, dann goldgelb bis goldocker, fast glänzend, durch den verkrusteten und zerrissenen Hüllschleier (Velum universale) gelbfaserig bis hellbraun-schuppig (Schuppen festsitzend, dazwischen weißlich); halbkugelig, gewölbt-polsterförmig, flachkegelig, 6–9 (–10) cm breit; fleischig; Rand scharf, oft eingerissen. Huthaut nicht abziehbar.
Blätter: Weißlich, meist eingerissen, kerbartig, schmal, engstehend, geknickt, ungleich lang, hinten ausgebuchtet und mit Zähnchen angewachsen oder etwas herablaufend.
Stiel: Unten goldgelb bis bräunlich, zartflockig-schuppig gegürtelt, darüber eine hellere, gelbliche Zone (1–2 cm breit); oberhalb dieser Zone anfänglich mit weißem, vergänglichem, faserigem Ring (Velum partiale), der später durch die Stielstreckung zerreißt und goldgelbe, zartflockige Spuren hinterläßt, die den Ring nur noch andeuten; kurz, 2,5–5 × 1,5–3 cm; mit derber, sehr großer, fast abgesetzter, weißlicher Knolle (7–8 cm im Durchmesser), die nach unten rübenartig verlängert ist („sklerotiale Bulben“, BAS 1965). Die Knolle ist im oberen Teil mit stachelig aufgerichteten, gelbbraunen Warzen oder Schuppen besetzt. Ganze Stiellänge mit Knolle 9 cm; voll.
Fleisch: Weißlich; ziemlich fest; mild, zuerst geruchlos, zuletzt beim Vergehen mit unangenehmem Geruch nach verdorbenem Fisch.
Sporen: Farblos, ellipsoid, 3,5–5 × 4–6,5 µm, nicht amyloid. Staub weiß. Trama regulär und nicht bilateral wie bei *Amaníta* (damit diese Gattung ausschließend). – Keine Zystiden.
Vorkommen: Juli bis August in Auenwäldern, meist in Gesellschaft von *Amaníta echinocéphala* und *A. strobilifórmis.* Sehr selten. Bisher nur in der nordwestlichen Schweiz bei Bieberist u. a. sowie bei Neustadt in der Pfalz, BRD, gefunden. In der DDR im Thüringer Becken bei Bad Langensalza, Bad Kösen und Naumburg nachgewiesen.

Synonyme: *Tricholóma schréieri* (IMBACH) MRE. & KONR. 1945, „*Tricholoma X*“ SCHREIER 1938. *S. schréieri* ist Typus der Gattung *Squamaníta*, deren Verwandtschaft mit *Cystodérma* von BAS (Persoonia 1965), SINGER (Nova Hedwigia 1972) und ROMAGNESI (Bull. Soc. Myc. France, 1980) betont wird: vgl. Diskussion der systematischen Stellung im Systematischen Teil unter *Armillariáceae.*

223. Gelber Schuppenwulstling, *Squamanita schreieri.* 3/4 nat. Gr.

224. Dottergelber Schönkopf

Ungenießbar

Calócybe chrysêntera (BULL. 1792: FR. 1821) SING. 1951

Hut: Schön goldgelb, orange-dottergelb bis löwengelb (graugelb), gebuckelt bis flach, fast etwas niedergedrückt, 2–4 (–6) cm breit. Mitte mitunter etwas dunkler; fleischig. Hutoberfläche überzogen von Hyphen mit gelbem Inhalt. Rand zuerst schwach eingerollt.
Blätter: Gelb, ziemlich eng, ausgebuchtet angewachsen.
Stiel: Gelb, meist gleich dick, mitunter oben etwas verbreitert; am Grund weißfilzig, 5–8 (–12) × 0,6–0,8 cm, voll, später fast hohl.
Fleisch: Hell zitronengelb; Geruch nach Mehl oder etwas obstartig, Geschmack erst mild, dann bitter.
Sporen: Farblos, ellipsoid-eiförmig, glatt, 3–4,5 × 2–3 µm.
Vorkommen: August bis Oktober im Nadel- und Laubwald, auf Humusboden, in Nadelstreu, seltener zwischen faulenden Blättern, truppweise. Ziemlich selten.

Synonym: *Tricholóma chrysénteron* (BULL.: FR.) QUÉL., ? *T. pseudoflámmula* LGE. (nach SINGER 1962 verschieden!).

225. Wachsgelber Schönkopf

Ungenießbar

Calócybe cérina (PERS. 1801: FR. 1821.) DONK 1962

Hut: Wachsgelb bis braunfuchsig, glatt, gewölbt und etwas gebuckelt, dann ausgebreitet bis fast genabelt, 2–4 (–5) cm breit; fleischig. Rand zuerst eingerollt, dünn faserig-flockig.
Blätter: Zitronengelb, engstehend; Schneiden etwas zerrissen, buchtig-angewachsen.
Stiel: Hellgelblich, am Grunde bräunlich oder fast schwärzlich; in der Spitze hohl werdend; kurz, 1,5–2 × 0,3–0,4 cm.
Fleisch: Weiß bis blaßgelblich, fest; es riecht schwach nach Mehl und schmeckt leicht bitter.
Sporen: Farblos, ellipsoid-eiförmig, glatt, 2–4 × 2–3 µm. Staub weiß.
Vorkommen: August bis Oktober im Nadelwald, auf trockener Nadelstreu, oft wie gesät selten im Laubwald. Nicht häufig.

Synonym: *Tricholóma cérinum* (PERS.: FR.) KUMM. 1871. – *Calócybe cérina* sensu SINGER 1962 ist eine andere Art mit zelliger Epicutis.

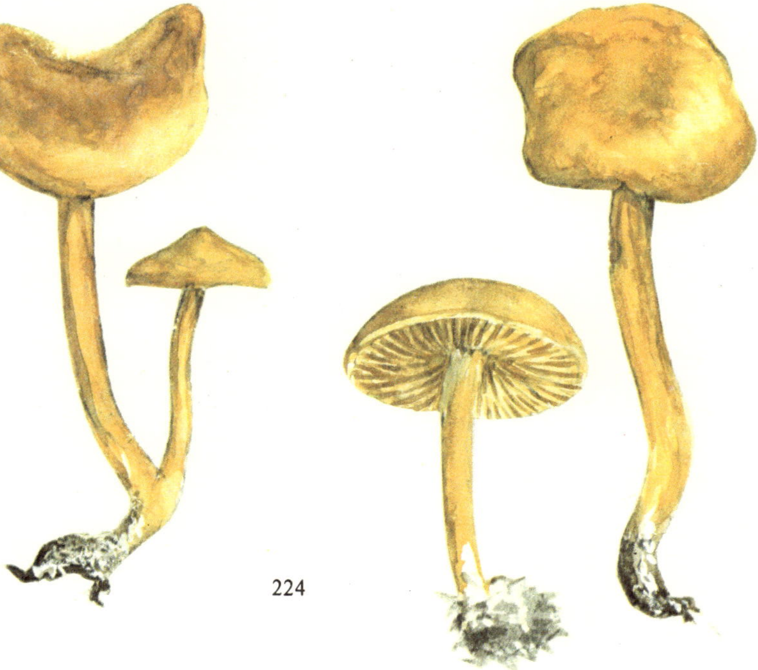

224

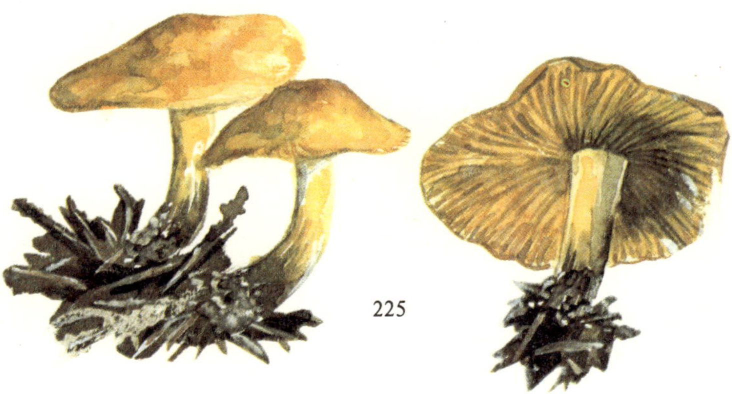

225

224. **Dottergelber Schönkopf,** *Calócybe chrysséntera.* 3/4 nat. Gr.

225. **Wachsgelber Schönkopf,** *Calócybe cérina.* 3/4 nat. Gr.

226. Rosenroter Schönkopf

Eßbar

Calócybe persícolor (FR. 1867) SING. 1951

Hut: Schmutzig fleischrosa bis aprikosenfarben, ausblassend; trocken; nicht hygrophan; schwach gebuckelt, 3–5 cm breit, fleischig. Rand bereift.
Blätter: Weiß; eng, dünn, abgerundet, ausgebuchtet herablaufend, leicht zerreißend.
Stiel: Im oberen Teil weiß, in der Mitte fleischrosa bis fleischbräunlich, nach der Basis bräunlich; glatt; 3–5 × 0,4–0,8 cm, fast hohl, zäh. Am Grund striegelig-borstig.
Fleisch: Weiß im Hut, blaßbräunlich im Stielende. Geschmack mild, Geruch etwas nach Obst.
Sporen: Farblos, ellipsoid, 4–5 × 2–3 µm. Staub weiß.
Vorkommen: August bis September am Rand der Waldwege, auf gedüngten Weiden, büschelig (Stielbasen stiegelig verbunden).

Synonym: *Tricholóma persícolor* (FR.) BOUD. 1907.

227. Fleischrötlicher Schönkopf

Eßbar

Calócybe cárnea (BULL. 1792: FR. 1821) DONK 1962

Hut: Hell fleischrosa, seidig, Mitte ausblassend, feucht; kaum gewölbt, dann flach, 1,5–3 (–4) cm breit; wenig fleischig.
Blätter: Weiß; wenig gedrängt, schmal, abgerundet-frei.
Stiel: Rosa, an der Spitze weiß gezont und flockig; fast gleich dick, 2–4 × 0,2–0,5 cm; hohl, weich, gebrechlich. An der Basis nie striegelig.
Fleisch: Weiß, Geschmack mild, ohne Geruch.
Sporen: Farblos; ellipsoid, 4–6 × 2–3 µm. Staub weiß.
Vorkommen: Oktober bis November, meist einzeln, doch auch büschelig, auf Viehweiden, stets außerhalb des Waldes. Nicht selten.

Synonyme: *Tricholóma cárneum* (BULL.: FR.) KUMM. 1871, *Lyophýllum cárneum* (BULL.: FR.) KÜHNER & ROMAGN. 1953.

228. Veilchenblauer Schönkopf

Eßbar

Calócybe ionídes (BULL. 1792: FR. 1821) DONK 1962

Hut: Veilchenblau, blauviolett bis purpurviolett, mitunter schwach bräunlich, besonders am Scheitel und im Alter; ausblassend; nicht hygrophan; kahl, glatt, gewölbt, dann flach, 3–5 (–6) cm breit; fleischig. Rand flaumig bereift.
Blätter: Erst weiß, dann cremefarbig; dünn, eng, mit kleinem Zahn angeheftet. Schneide zerrissen.
Stiel: Ebenso gefärbt wie der Hut; feinfaserig, am Grunde weißfilzig; 3–6 × 0,3–0,7 cm; elastisch.
Fleisch: Weißlich bis leicht violett, Geschmack mild, Geruch nach Mehl.
Sporen: Farblos, schmal ellipsoid, mit mehr oder weniger schnabelförmig gebogenem Spitzchen, 5,5–6,5 × 2–3 µm.
Vorkommen: Juli bis September, auf humosem Boden im Walde; einzeln. Selten.

Synonyme: *Tricholóma ionídes* (BULL.: FR.) KUMM. 1871, *Lyophýllum ionídes* (BULL.: FR.) KÜHNER & ROMAGN. 1953.

226. Rosenroter Schönkopf, *Calócybe persícolor.* Nat. Gr.

227. Fleischrötlicher Schönkopf, *Calócybe cárnea.* Nat. Gr.

228. Veilchenblauer Schönkopf, *Calócybe ionídes.* Nat. Gr.

229. Gerberei-Rasling, Gerberei-Schwärzling

Wert unbekannt

Lyophýllum gangraenósum (FR. 1838 sensu LGE.)

Hut: Grauocker, braunocker, feucht graubraun, mit dunkleren Flocken und Fasern, erst gewölbt, dann flach, 3–10 cm breit, Rand weißflaumig, eingerollt.
Blätter: Gelbbraun, gedrängt, dünn, ausgebuchtet, bogig, leicht ablösbar.
Stiel: Gelbbraun bis graubraun, braunfaserig, Stielbasis ausspitzend, mit dickem, durch Nadeln verfilztem Myzel, 4–7 × 0,5–1,5 cm, voll.
Fleisch: Schmutzig weißgrau, bei Berührung blauschwarz werdend, weich, etwas wäßrig mit Säuren rötend, mit Eisenvitriol blaugrün anlaufend, mild bis schwach bitter, nicht angenehm, an Gerberei oder Fischgeschäft erinnernd.
Sporen: Blaßgelblich, länglich-ellipsoid, sehr fein warzig, 6–9 × 3–4 μm.
Vorkommen: September bis Oktober in Au- und Nadelwäldern. Nicht häufig. In der DDR mehrfach bei Gotha unter Laubgehölzen auf Kalk- und Lehmböden (GRÖGER).

Synonyme: *Clitócybe gangraenósa* (FR.) SACC. 1887, *Tricholóma leucophaeátum* KARST. 1868, *Lyophýllum leucophaeátum* (KARST.) KARST. 1881, *L. fumatofoétens* („SECR. 1833", nom. illeg.) ex J. SCHFF. 1947.

231. Rautensporiger Rasling, Rautensporiger Schwärzling

Eßbar

Lyophýllum deliberátum (BRITZ. 1883) KREISEL 1984

Hut: Weißlich-olivgrau-gelblich, bald dunkelbraun, Mitte silbrig, eingewachsen faserig, feucht, gewölbt, oft gebuckelt, 5–7 cm breit, dünnfleischig, starr, knorpelig.
Blätter: Weiß, dann graulich, bei Berührung schwärzend, gedrängt, zählich.
Stiel: Weißlich bis blaßgraulich, dann bräunlich, faserig-gestreift, doch auch fast kahl, 5–7 × 0,5–1,5 cm, elastisch, oft gekrümmt, ausgestopft, zuletzt hohl.
Fleisch: Blaß, wäßrig durchzogen, knorpelig, schwärzend, mehlartig schmeckend, spermaartig riechend.
Sporen: Farblos, rautenförmig, 10–12 × 6–8 μm.
Vorkommen: August bis Oktober im Laub- und Nadelwald, besonders unter Buchen, gesellig oder rasig. Nicht selten, jedoch fehlen Nachweise aus der DDR.

Synonyme: *Clitócybe infumáta* (BRES. 1898) BRES. 1928, *Lyophýllum infumátum* (BRES.) KÜHNER 1938.
Pseudonym: *Tricholóma cineráscens* (BULL.) GILL. sensu RICKEN 1915, non *Agáricus cineráscens* BULLIARD 1789 (= zweifelhafter Name und Homonym zu *A. cineráscens* BATSCH 1786, Nr. 195).

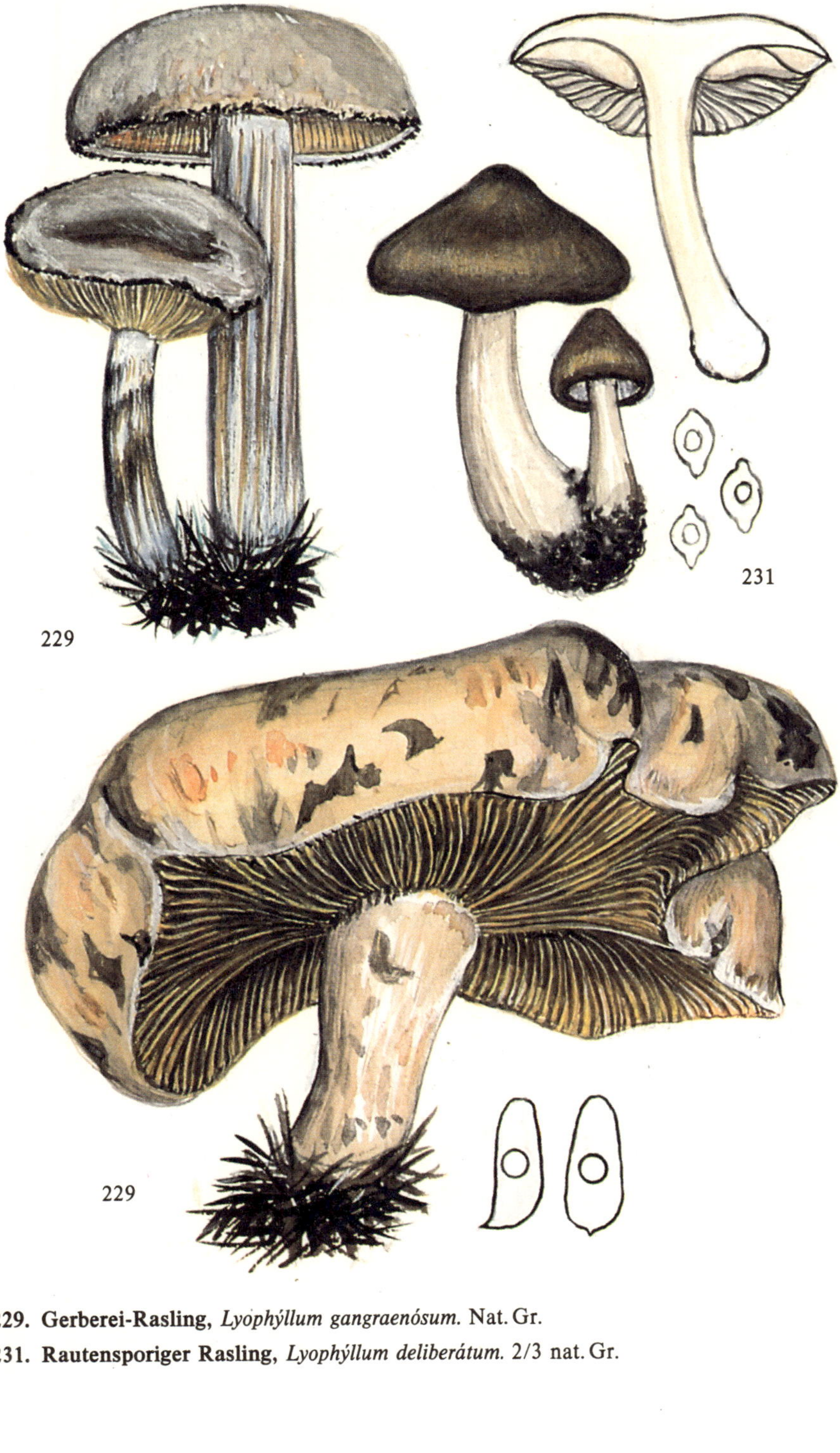

229. Gerberei-Rasling, *Lyophýllum gangraenósum.* Nat. Gr.

231. Rautensporiger Rasling, *Lyophýllum deliberátum.* 2/3 nat. Gr.

232. Rauchgrauer Rasling, Rundsporiger Schwärzling

Eßbar

Lyopýllum immúndum (BERK. 1860) KÜHNER 1938

Hut: Blaßbräunlich, schmutzig grau, haselnuß- oder honigbräunlich, trocken ausblassend, oft durchwässert, fast hygrophan; leicht streifig-faserig, erst glockig-gewölbt, dann niedergedrückt, mitunter etwas buckelig, Rand erst eingerollt, später durch die Blätter gerippt, 4–8 cm, fleischig.
Blätter: Weißlich, blaß graugelblich, bei Berührung und beim Reiben schnell schwärzend, fast gedrängt, schwach abgerundet bis herablaufend.
Stiel: Blaß, graubraun, faserig, fast knorpelig, 5–10 × 0,6–1,2 cm.
Fleisch: Blaß, schwärzt beim Durchbrechen, schmeckt mehlartig, riecht stark mehlig.
Sporen: Farblos, fast kugelig, glatt, 6–8 × 6–7 µm.
Vorkommen: September bis November, einzeln oder büschelig in Knäueln; selten, in manchen Gegenden häufiger. Kein sicherer Nachweis aus der DDR.

Der Rauchgraue Rasling sieht dem **Breitblatt**, *Megacollýbia platyphýlla* (Bd. I/105), etwas ähnlich, unterscheidet sich aber durch die schwärzenden Lamellen und den Mehlgeruch.

Synonym: *Tricholóma immúndum* (BERK.) QUÉL. 1872.

Pseudonyme: *Tricholóma crassifólium* (FR. 1874) SACC. 1887 sensu RICKEN 1915, LGE. 1935, non FR., *Collýbia crassifólia* (FR.) BRES. 1898 sensu BRES., RFA. – *Tricholóma fumósum* (PERS.: FR. 1821) RICKEN 1915 sensu RICKEN, *Collýbia fumósa* (PERS.: FR.) BRES. 1898 sensu BRES., REA; s. aber *Lyophýllum fumósum* (PERS.: FR.) ORTON, Bd. I/64.

233. Hygrophaner Rasling, Spindelsporiger Schwärzling

Eßbar

Lyophýllum semitále (FR. 1821) KÜHNER 1938

Hut: Braunschwarz, trocken grauschwärzlich-blaßgraubräunlich, feucht mit durchscheinenden Lamellen, glockig-gewölbt, schließlich vertieft, 5–7 cm breit, dünnfleischig.
Blätter: Blaß, grau, schwarzfleckend, schließlich schwarz, gedrängt, schmal, angewachsen-herablaufend, ablösbar.
Stiel: Grauschwarz oder bräunlich, faserig-rissig, oft hohl, zäh, 5–9 × 0,8–1,5 cm, schwärzend, fast wurzelnd.
Fleisch: Blaßgrau, schmeckt ranzig, bitterlich, riecht spermaartig.
Sporen: Farblos, lanzettlich-spindelig, unten zugespitzt, 7–9 × 4–4,5 µm.
Vorkommen: Oktober bis November im Nadelwald, selten unter Laubbäumen, gesellig-büschelig. Nicht häufig. Aus der DDR nur ältere Angaben.

Synonyme: *Collýbia semitális* (FR.) QUÉL. 1872, *Tricholóma semitále* (FR.) RICKEN 1915.

232. Rauchgrauer Rasling, *Lyophýllum immúndum.* 4/5 nat. Gr.

233. Hygrophaner Rasling, *Lyophýllum semitále.* 4/5 nat. Gr.

234. Ulmen-Rasling

Jung eßbar

Lyophýllum ulmárium (Bull. 1791: Fr. 1821) Kühner 1938

Kennzeichen: Fruchtkörper blaßgraugelblich, derb, büschelig wachsend, meist an Ulmen, mehrere Meter über dem Erdboden.
Hut: Blaßgrau, olivgrau, trocken ockergelblich bis weißlich, mitunter mit rundlichen, bräunlichen Flecken, im Alter felderig-rissig oder schuppig, 8–25 (–30) cm breit; zuerst gewölbt später verflacht, derbfleischig. Der Rand ist anfangs eingerollt und zart weißfilzig. Die Oberhaut ist nicht abziehbar.
Blätter: Blaßgelblichweiß, fast gedrängt, dicklich, an der Schneide dünn, breit, wie bei den Ritterlingen ausgebuchtet, mit Zahn angeheftet oder abgerundet, untermischt mit vielen kürzeren Zwischenblättern.
Stiel: Blaßgelblich, nach unten bräunlich, am Grunde weißfilzig, abwärts verdickt, mitunter rinnig gefurcht, meist seitlich, seltener zentral, oft verbogen oder gekrümmt, 5–8 (–15) × 2–3 (–5) cm, fest, voll.
Fleisch: Weiß, derb, zählich, schmeckt angenehm, etwas säuerlich, riecht anfangs nach frischen Gurken, später stark nach altem, muffigem Mehl.
Sporen: Farblos, fast rund, doch auch kurz eiförmig, glatt, 5–7,5 × 4,5–6 µm. Basidien mehr oder weniger deutlich mit Karminessigsäure granuliert.
Vorkommen: September bis November an lebenden oder gefällten Laubbäumen, besonders an Ulmen, seltener an Pappeln, Buchen, Ahorn, Linden, Nußbäumen und Roßkastanien, mitunter auch an Straßenbäumen in den Großstädten; wächst hoch oben am Stamm, aber auch an dessen Grunde, einzeln oder rasig. Verursacht Weißfäule. In ganz Europa, jedoch nicht sehr häufig. Fehlt in höheren Gebirgslagen.
Der Ulmen-Holzrasling tritt gegenwärtig oft massenhaft an abgestorbenen Ulmenstämmen im Gefolge des Ulmensterbens auf, ist aber nicht dessen Ursache. Das Ulmensterben (Graphiose, Tracheomykose) wird durch den mikroskopisch kleinen Askomyzeten *Ophióstoma úlmi* (Buism.) Nannf. hervorgerufen, welcher ein Toxin in die Leitungsbahnen des Ulmenholzes ausscheidet.
Ein weiterer Nutznießer des Ulmensterbens ist der Rillstielige Seitling (*Pleurótus cornucópiae*, Nr. 92).
Wert: Nur jung eßbar, später zäh.

Synonyme: *Pleurótus ulmárius* (Bull.: Fr.) Kumm. 1871, *P. tesselátus* (Bull. 1791: Fr. 1821) Gill. 1874, *Hypsízygus tesselátus* (Bull.: Fr.) Sing. 1947, *Pseurocybélla tesseláta* (Bull.: Fr.) Mos. 1955. – Die Schreibweise *„tessulatus"*, in der neueren Literatur vorherrschend, ist eine orthographische Variante.
Zur Variationsbreite dieser Art sind weitere Beobachtungen dringend erwünscht. Einige Autoren wie Dennis, Orton & Hora 1960 (mit Vorbehalt!), Singer (1962, 1975) und Moser (1967, 1983) nehmen die Existenz zweier Arten an, nämlich *Hypsízygus tesselátus* (= *Pleurótus ulmárius* sensu Pearson 1938 und der nordamerikanischen Autoren) mit Mehlgeruch, felderig-rissigem Hut und nicht karminophilen Basidien, und *Lyophýllum ulmárium* mit säuerlichem Geruch, glattem Hut und karminophilen Basidien. Andere Autoren, wie Kühner & Romagnesi 1953 und Horak 1968, bezweifeln die Konstanz dieser Merkmale und erkennen nur eine Art an.

234. Ulmen-Rasling, *Lyophýllum ulmárium.* 2/3 nat. Gr.

235. Weißer Rasling, Lerchensporn-Rasling

Speisewert fraglich

Lyophýllum connátum (SCHUM. 1803: FR. 1821) SING. 1939

Kennzeichen: Büscheliges Wachstum, weiße Farbe, blauviolette Reaktion mit Eisensulfat, Geruch nach Lerchensporn.

Hut: Rein weiß, solange trocken und glanzlos, feucht mit bleigrauem Ton, bisweilen völlig durchwässert, dann bläulich und durchsichtig, mit einem silbergrauen, abwischbaren, deckweißartigen Reif bedeckt, bei dessen Abwischen schmutzig-graue Flecke entstehen (solche können sich auch an den Blättern, am Stiel und am Fleisch bilden); erst glockig, dann gewölbt, schließlich ausgebreitet, 3–7 (–10) cm breit, dünnfleischig. Rand dünn, jung eingebogen, dann flach und wellig.

Blätter: Weißlich, später rahmweiß, im Alter etwas gelblich, oft mit meergrünlichem Anflug, gedrängt, entweder ausgerandet oder buchtig angewachsen, auch mitunter ein wenig herablaufend.

Stiel: Rein weiß, dann schmutzig weiß bis rahmgelblich, an der Spitze leicht mehlig-flockig, sonst kahl, 4–10 × 1–2 cm, voll, später fast hohl, etwas aufgeblasen, meist am Grunde büschelig verwachsen, seltener einzeln stehend. Oft kommen aus einem gemeinsamen Strunk viele Stiele, die sich in der Höhe noch verzweigen.

Fleisch: Weiß, etwas glasig und knorpelig, mild schmeckend, schwach mehlartig-spirituös riechend, doch überwiegt ein anhaltend feiner Duft, wie er dem Lerchensporn *(Corýdalis cáva)* eigentümlich ist. Eigenartig ist die langsame blauviolette Verfärbung mit Eisensulfat, die besonders bei den Blättern auffällt.

Sporen: Farblos, länglich-ellipsoid, 6–7 × 3,5–4 µm. Staub weiß. Junge Basidien zeigen die typischen karminophilen Granulationen (Körnelungen) durch Karminessigsäure, wie sie KÜHNER bei allen typischen Arten der Gattung *Lyophýllum* nachgewiesen hat. Ebenso tritt die dunkelpurpurne Verfärbung durch Eisen-Karminessigsäure beim Erhitzen ein. Bei reifen Fruchtkörpern dagegen zeigen die Basidien diese Reaktion nicht mehr.

Vorkommen: August bis Oktober in Laub- und Nadelwäldern, Parkanlagen, an feuchten Stellen, auch auf Sägespänen, rasenartig in dichten Büscheln, auch einzeln. Gelegentlich Massenpilz auf fetten Böden in Wäldern und Gärten. Nicht häufig.

Wert: Gilt allgemein als eßbar und ist wohlschmeckend. Der Pilz enthält jedoch potentiell mutagen wirkende Stoffe (Connatin u. a.), die beim Kochen nicht zerstört werden, und sollte daher mit Vorsicht genossen, von Schwangeren unbedingt gemieden werden. – Bei den erwähnten Inhaltsstoffen handelt es sich um Harnstoffabkömmlinge, die auch die einzigartige Eisensulfatreaktion bewirken (B. FUGMAN & W. STEGLICH, Angew. Chemie **96** (1984): 71–72).

Synonym: *Tricholóma connátum* (SCHUM.: FR.) RICKEN 1915.

235. **Weißer Rasling,** *Lyophýllum connátum.* Nat. Gr.

236. Stäubender Zwitterling

Bedeutungslos

Nyctális asteróphora FR. 1838

Konidienstadium: *Asteróphora lycoperdoídes* (BULL. 1791) DITMAR in LINK 1809: FR. 1829
Hut: Erst weißlichflockig, Oberfläche bald zimtfarben-bräunlich-mehlig (durch Zerfall in Chlamydosporen); fast halbkugelig; 1–2 cm breit. Der obere Teil des Pilzhutes zerfällt schließlich zu einem braunen Chlamydosporenhaufen.
Blätter: Wäßrig-blaß, schwach grau, ziemlich dick, entferntstehend, nur undeutlich ausgebildet oder völlig fehlend, dann sehen die Pilze aus wie kleine, gestielte Boviste, deren Oberhaut aufgeplatzt ist.
Stiel: Weißlich, seidig überkleidet, später bräunlich, schwärzend, kurz, dicklich, bis 3 × 0,3–0,5 cm, oft verbogen, zuletzt hohl.
Fleisch: Blaß, wäßrig durchzogen, riecht und schmeckt nach Mehl.
Sporen: Normale Sporen (Basidiosporen [a], selten), wenn vorhanden, farblos, ellipsoid, 5–6 × 3,5–4 µm; Chlamydosporen morgensternartig [c], 12–15 µm, ohne die pyramidenförmigen Stacheln 3–4 µm. Diese Sporen entwickeln sich bei diesem Pilz im Geflecht der oberen Huthälfte. (Hyphe in Vorbereitung zur Bildung einer Chlamydosporenkette [b].)
Vorkommen: September bis November auf faulenden Pilzen, insbesondere auf schwärzenden, hartfleischigen Täublingen *(Rússula adústa* u. a.), aber auch auf vergehenden Milchlingen (Wolliger Milchling, *Lactárius velléreus*). Nicht selten, besonders in feuchten Jahren.

237. Beschleierter Zwitterling

Bedeutungslos

Nyctális parasítica (BULL. 1792: FR. 1821) FR. 1825

Konidienstadium: *Asteróphora parasítica* (BULL.: FR.) SING. 1951
Hut: Weiß bis graulila, bräunlichblaß, häutig, kegelig-glockig, bis 2,5 cm breit, zuerst mit seidigem Schleier. Nie an der Oberfläche mehlig werdend.
Blätter: Blaß, schließlich bräunlich, besonders dick, dreieckig im Querschnitt, zuletzt vollkommen aus Chlamydosporen bestehend.
Stiel: Weißlich, schwach zottig, 1–3 × 0,2 cm, oft gekrümmt, an der Spitze gerieft röhrig. Geruch des Pilzes mehlartig.
Sporen: Normale Sporen farblos, ellipsoid, 5–6 × 3–4 µm, meist fehlend, Chlamydosporen, glatt, 12–15 × 9 µm. Diese Sporen bilden sich bei diesem Pilz im Geflecht der Blätter.
Vorkommen: Oktober bis November auf faulenden Hüten von Täublingen *(Rússula nígricans, adústa, délica).* Seltener als 236.

236

237

· 236. **Stäubender Zwitterling,** *Nýctalis asteróphora.* Nat. Gr.

237. **Beschleierter Zwitterling,** *Nýctalis parasítica.* Nat. Gr.

238. Olivbrauner Schneckling, Natternstieliger Schneckling

Eßbar

Hygróphorus olivaceoálbus (Fr. 1815: Fr. 1821) Fr. 1838

Kennzeichen: Kleinerer bis mittelgroßer, olivbrauner, von dickem Schleim überzogener Herbstpilz, mit natternartig gebändertem Stiel; im Nadelwald.
Hut: Olivgraurußig bis schwärzlicholivbraun, in der Mitte dunkler, mehr oder weniger dunkel gestreift, später blasser, besonders am Rand; mit dickem Schleim bedeckt, trocken glänzend, glatt; erst kegelig-glockig, halbkugelig, später ausgebreitet und vertieft, mit spitzem oder stumpfem Buckel; 3–6 cm breit. Anfangs mit dem Stiel durch einen glasartig-durchsichtigen, schleimigen Schleier verbunden. Rand erst eingebogen, später wellig geschweift.
Blätter: Rein weiß, mitunter mit bläulichem oder grünlichem Schein; entferntstehend, dicklich, am Grunde aderig verbunden, herablaufend.
Stiel: Weiß, gleichmäßig dick, voll, mitunter an der Basis zugespitzt, schlank, 4–9 (–12) × 0,8–1,2 cm; zuerst von olivbraunem Schleim überzogen, der beim Strecken des Stieles flockig oder zackig-gürtelig zerreißt, so daß beim Antrocknen eine natternartige Bänderung entsteht. Oberhalb der Schleimhülle ist der Stiel schon anfangs trocken, feinfaserig-flokkig, mitunter auch von Wassertröpfchen besetzt.
Fleisch: Weiß, weich, mild, geruchlos.
Sporen: Farblos, ellipsoid, 10–14 × 6–9 µm. Staub weiß.
Vorkommen: August bis November in Fichtenwäldern der Gebirge zwischen Moosen und abgefallenen Nadeln, sogar noch in der oberen Waldregion, selten im Flachland; Kalk meidend!
Wert: Schmackhaft, Suppen- und Gewürzpilz.

Synonym: *Limácium olivaceoálbum* (Fr.: Fr.) Kumm. 1871. – *L. olivaceoálbum* sensu Ricken 1915 und J. Lange 1940, ein sehr ähnlicher, aber kompakterer Laubwaldpilz, ist der **Zweifarbige Schneckling**, *Hygróphorus persóonii* Arnolds 1979 (*H. díchrous* Kühner & Romagn. 1953, ungültig publizierter Name, nicht *H. díchrous* Hongo 1958). Vgl. hierzu E. Arnolds in Persoonia **10** (1979): 357–382.

239. Lärchen-Schneckling

Eßbar

Hygróphorus lucórum Kalchbr. 1874

Hut: Lebhaft zitronengelb, manchmal hell goldgelb, später ausblassend, Mitte etwas dunkler; Rand oft weißlich, mitunter auch der ganze Hut; klebrig-schmierig; in der Jugend mit anklebenden, schnell vergehenden, weißflockigen Resten der Gesamthülle (besonders am Rand); glockig-gewölbt, schwach gebuckelt, schließlich flach oder niedergedrückt, 3–6 cm breit; in der Mitte fleischig. Rand etwas eingerollt, später aufgebogen und wellig, mit dem Stiel anfangs durch einen klebrigen Schleier verbunden.
Blätter: Erst weißlich, dann gilbend, vor allem nach dem Rand zu, schließlich über die ganze Fläche zitronengelb; etwas entferntstehend, dicklich, an beiden Enden verschmälert; angewachsen, wenig herablaufend.
Stiel: Hellgelblich, oben weißlich, bereift; flockig durch anklebende Reste der weißlichen Hülle, schlank, gleichmäßig dick, etwas verbogen; am Grunde leicht knollig angeschwollen; 4–7 × 0,7–1 cm, voll, dann hohl. Im oberen Teil mit einem sehr vergänglichen, spinnwebigen, schleimigen Ring als Rest einer Hülle versehen.
Fleisch: Weißlich bis blaßgelblich, unter der Huthaut lebhaft zitronengelb bis goldgelb; weich, saftig, mild, schmackhaft, geruchlos.
Sporen: Farblos, ellipsoid, glatt, 7–10 × 4–6 µm. Staub weiß.
Vorkommen: September bis November nur unter Lärchen, besonders im Gebirge, gesellig, oft wie gesät; mitunter sogar im Winter. Nicht selten, nur in der Ebene wenig verbreitet.

Synonym: *Limácium lucórum* (Kalchbr.) P. Henn. 1900.

238

239

238. Olivbrauner Schneckling, *Hygróphorus olivaceoálbus.* 4/5 nat. Gr.

239. Lärchen-Schneckling, *Hygróphorus lucórum.* Nat. Gr.

240. Orangegelber Schneckling

Eßbar

Hygróphorus speciósus PECK 1878

Hut: Blaßorange, lebhaft gelb, in der Mitte orangerötlich-braungelblich, auch etwas scharlachrot, oft mit konzentrischen Flecken, mit farblosem Schleim überzogen, kahl; erst glockig, dann ausgebreitet, mit mehr oder weniger spitzem Buckel, besonders in der Jugend; 3–6 cm breit; dünnfleischig. Huthaut abziehbar. Im Frühstadium verbindet eine klebrige hyaline Hülle den Hutrand mit dem Stiel.
Blätter: Erst weiß, dann blaßgelb mit orangefarbenem Schein, mitunter ganz zitronengelb, vor allem am Rand, an den Schneiden weiß (besonders nach dem Stiel zu), entfernt stehend, dicklich, am Grunde aderig verbunden, etwas herablaufend.
Stiel: In der Mitte hellgelb, flockig genattert, oben und unten weißlich; schleimig; gleichmäßig schlank, 3–7 × 0,8–1,5 cm, erst voll, dann fast hohl; fest. Der farblose Schleim überzieht als Rest eines Schleiers den ganzen Stiel, der unten schleimig-faserig erscheint und oben einen vergänglichen, schwachen, schleimigen Ring besitzt.
Fleisch: Weiß, unter dem Buckel orangefalb, unter der Huthaut, besonders nach dem Rande, zitronengelb, ebenso unter der Stielbekleidung; geruch- und geschmacklos.
Sporen: Farblos, glatt, nicht amyloid, eiförmig-ellipsoid, 8–10 × 5–6 µm. Basidien keulig, 50–70 × 6–8 µm. Staub weiß.
Vorkommen: September bis November in Wäldern, besonders unter Lärchen. Ziemlich häufig. In den Alpen nicht selten.

Synonym: *Hygróphorus bresádolae* QUÉL. in BRES. 1881.
Pseudonym: *Hygróphorus áureus* ARRHENIUS in FR. 1862 sensu BRES. 1928, non ARRHENIUS.

241. Schwarzpunktierter Schneckling, Schwarzflockiger Sch.

Eßbar

Hygróphorus pustulátus (PERS. 1801: FR. 1821) FR. 1838

Kennzeichen: Graubrauner, wenig schmieriger und kaum mittelgroßer Pilz mit bräunlichen bis braunschwärzlichen Pusteln auf dem Scheitel und besonders am Stiel.
Hut: Grau bis graubraun, Mitte dunkler und etwas rissig, mit kleinen, dunkler schwärzlichgrauen, nach der Mitte warzigen Pusteln besetzt; klebrig-schmierig, anfangs gewölbt, dann verflacht, mit mehr oder weniger deutlichem Buckel, zuletzt niedergedrückt, 3–5 (–6) cm breit, dünnfleischig. Rand anfänglich etwas eingerollt, dann ausgebreitet und wellig verbogen, dünn.
Blätter: Weiß, weißlichgrau, mitunter bläulichweiß, bläulich-grauweiß oder bläulichgrau (bei Kälte kann Bläulich in Rötlich umschlagen), etwas entferntstehend, dicklich, weich, am Grunde oft aderig, angewachsen-herablaufend.
Stiel: Weißlich, etwas seidig glänzend, mit auffälligen punktförmigen, blaßbraunen, olivgrauen bis schwärzlichen Wärzchen besetzt, trocken, gleichmäßig dick, 4–8 × 0,5 bis 1 cm, mitunter abwärts verjüngt, voll, später ausgestopft.
Die Wärzchen oder Pusteln (hochdifferenzierte Drüsen) bestehen aus Büscheln dichtstehender, keulenförmiger oder zylindrischer Hyphenenden, die einen olivbraunen bis schwärzlichen, gekörnten Inhalt haben und eine Hyphenschnalle der Trama umschließen. Sie sind an der Stielspitze am dichtesten und verlieren sich gegen die Stielbasis.
Fleisch: Weiß, weich; mild, schmackhaft, geruchlos.

Fortsetzung Seite 404

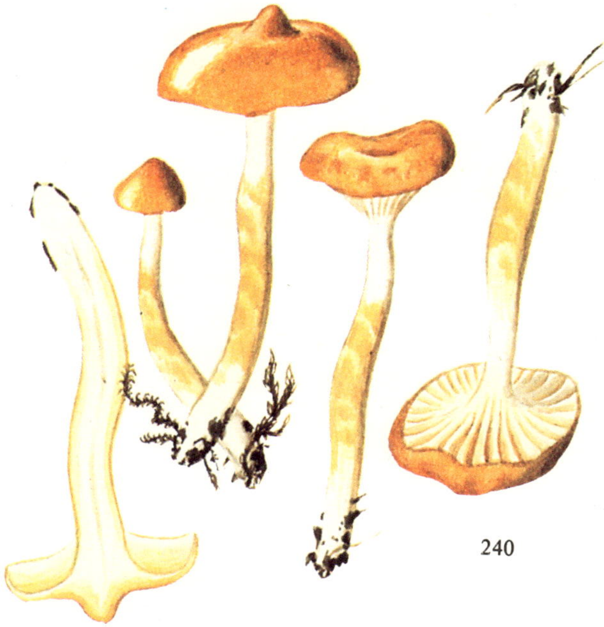

240

241

240. Orangegelber Schneckling, *Hygróphorus speciósus.* 3/4 nat. Gr.

241. Schwarzpunktierter Schneckling, *Hygróphorus pustulátus.* 4/5 nat. Gr.

Sporen: Farblos, unregelmäßig ellipsoid, glatt, 7–10 × 4,5–6 µm. Staub weiß.
Vorkommen: September bis Anfang November in Nadelwäldern, ausschließlich unter Fichte, gesellig, stellenweise massenhaft, verbreitet in den Gebirgen, vereinzelt auch außerhalb des natürlichen Fichtenvorkommens im Flachland.

Synonym: *Limácium pustulátum* (PERS.: FR.) KUMM. 1871.

242. Wohlriechender Schneckling

Eßbar

Hygróphorus agathósmus (FR. 1815) FR. 1838

Kennzeichen: Gut zu erkennen an seinem typischen Geruch nach Mandelseife, seiner olivgrauen Hutfarbe, seinem weißen, trockenen Stiel.
Hut: Hellgrau, aschgrau, gelblich-graubraun oder schwach violettlichgrau, in der Mitte dunkler, nach dem Rande heller, mitunter fast weißlich, schleimig-schmierig; anfangs gewölbt, dann verflacht, oft breitgebuckelt und dort mit blassen, durchscheinenden, klebrig-schmierigen Wärzchen dicht besetzt, 4–8 cm breit, ziemlich dickfleischig. Rand erst eingerollt und filzig, später kahl und hochgebogen.
Blätter: Weißlich, später blaßgraulich, entferntstehend, untermischt, mitunter gegabelt, am Grunde aderig, dicklich, weich, breitangewachsen und am Stiel herablaufend.
Stiel: Weißlich, teilweise blaßolivgrau überlaufen, im oberen Teil durch weiße oder hellgelbliche bis hellbräunliche, kleiige Flöckchen rauh (bei der schönen Varietät *aureofloccósus* mit goldgelben Flöckchen), sonst feingefasert; 5–7 × 1–1,5 cm, gleichmäßig, nur am Grunde oft etwas verdickt, voll, fest, trocken. Eine besondere Schleimhülle (Velum) fehlt bei ihm.
Fleisch: Weißlich, unter der Hutoberhaut öfter blaßolivgrau, wässrig, zart, Geschmack mild, Geruch angenehm nach Mandelseife (Bittermandelöl, Nitrobenzol), daran sofort leicht zu erkennen.
Sporen: Farblos, länglich ellipsoid, 8–11 × 5–6 µm, Staub weiß. Keine Zystiden.
Vorkommen: September bis Oktober, mitunter schon im Juli im Nadelwald, vor allem unter Fichten, besonders auf moosigen Lichtungen und am Waldrand, hauptsächlich in Gebirgswäldern, dort recht häufig, oft in Hexenringen, seltener im Flachlande; gesellig; besonders auf Kalk.

Die Flöckchen an der Stielspitze sind entweder weißlich (var. *agathósmus*) oder goldgelb (var. *aureofloccósus*) (BRES. 1923) PEARSON & DENNIS 1948). Sie bestehen aus Büscheln von keulenförmigen Zellen. Die sehr ähnlichen Arten **Schwarzflockiger Schneckling,** *H. pustulátus* (Nr. 241) und **Gefurchter Schneckling,** *H. tephroléucus* (S. 82) unterscheiden sich durch fehlenden Geruch und graubraune bzw. schwärzliche Stielschüppchen.

Synonym: *Limácium agathósmum* (FR.) WÜNSCHE 1877.

242. Wohlriechender Schneckling, *Hygróphorus agathósmus.* Nat. Gr.

243. Elfenbein-Schneckling

Eßbar

Hygróphorus ebúrneus (BULL. 1782/83: FR. 1821) FR. 1838

Kennzeichen: Mittelgroßer, weißer, schleimiger Herbstpilz, mit dicken, herablaufenden Blättern, häufig in Buchenwäldern.
Hut: Erst rein weiß, im Alter schwach gilbend, gewölbt, stumpf gebuckelt, mitunter aber auch kegelförmig, später flach ausgebreitet, 4–7 cm breit; stark schleimig, trocken glänzend, glatt, kahl.
Blätter: Rein weiß, entfernt stehend, untermischt, am Grunde aderig, starr, dick, breit; herablaufend.
Stiel: Weiß, oben trocken und mit weißen, punktförmigen Schüppchen besetzt, sonst von klebrigem Schleim überzogen; 6–8 (–10) × 0,5–1 cm; abwärts verjüngt, doch manchmal auch am Grunde verdickt, voll, später oft hohl.
Fleisch: Weiß, weich, im Stiel faserig. Geschmack mild, Geruch säuerlich-aromatisch, ähnlich der Raupe des Weidenbohrers *(Cóssus).*
Sporen: Farblos, ellipsoid, 6–7 × 5 µm. Staub weiß.
Wert: Guter Speisepilz, besonders für Mischgerichte.
Vorkommen: September bis Anfang November in Buchenwäldern auf neutralem und kalkhaltigem Boden, gesellig. Zerstreut (z. B. Thüringen) bis häufig (z. B. Mecklenburg).

Synonym: *Limácium ebúrneum* (BULL.: FR.) KUMM. 1871.
Verwechslung: Sehr ähnlich, aber weniger schleimig ist der in Fichtenwäldern in Skandinavien, Frankreich, im Schwarzwald u. a. vorkommende **Fichten-Schneckling,** *Hygróphorus píceae* KÜHNER 1949. Er gilbt niemals (= *H. ebúrneus* sensu LUNDELL 1936, NEUHOFF in Westfäl. Pilzbr. 3 [1962]: 59–64).

245. Verfärbender Schneckling, Gelbrandiger Schneckling

Eßbar

Hygróphorus cóssus (SOW. 1798) FR. 1838

Kennzeichen: Jung rein weiß, jedoch bald rostgelb verfärbend, besonders bei feuchtem Wetter; unter Buchen auf Kalkboden.
Hut: Erst weiß, klebrig-schlüpfrig, bald stark gilbend, vom Hutrand aus sich immer stärker gelbrot verfärbend, sowohl auf der Hutoberseite wie in den Blättern, so daß schließlich der ganze Pilz mehr oder weniger eine orange-roströtliche Farbe annimmt, die beim Liegenlassen und im Exsikkat sogar dunkelbraun, in den Blättern fast purpurschwarzbraun wird (nach H. JAHN). Wenn der Pilz noch rein weiß ist, ruft konzentrierte Natronlauge in allen Teilen eine prachtvolle, chromgelb-orangebraune Verfärbung hervor, wie poliertes Birkenholz (nach J. SCHÄFFER). Sowohl die Verfärbung als auch die Reaktion mit Natronlauge können unter bestimmten Umständen ausbleiben.
Fleisch: Mit starkem, aromatischem Geruch nach Toilettenseife, mit unangenehmer Komponente; einige Autoren zufolge nach der Raupe des Weidenbohrers *(Cóssus),* was von JAHN und HALLER abgestritten wird.
Vorkommen: August bis Oktober in Buchenwäldern auf Kalkboden, Massenpilz an entsprechenden Standorten (z. B. Westfalen, Thüringen); im Norden der DDR selten, in Nordeuropa fehlend. Vgl. JAHN in Westfäl. Pilzbr. **3** (1961): 6–10.

Synonyme: *Limácium cóssus* (SOW.) WÜNSCHE 1877, *Hygróphorus chrysáspis* MÉTROD 1938.
Pseudonym: *Hygróphorus melízeus* FR. 1836 sensu RICKEN 1915, non FR. (s. S. 80).
Anmerkung: *Hygróphorus cóssus* sensu M. BON ist nach GRÖGER (Mykol. Mitt. **26** (1983), S. 30) eine andere, an Eiche gebundene Art: *H. quercetórum* ORTON.
Bild 245 nach einem Fund vom Ettersberg bei Weimar.

243

245

243. Elfenbein-Schneckling, *Hygróphorus ebúrneus.* Nat. Gr.

245. Verfärbender Schneckling, *Hygróphorus cóssus.* Nat. Gr.

246. Gelbflockiger Schneckling, Goldzahn-Schneckling

Eßbar

Hygróphorus chrýsodon (BATSCH 1789: FR. 1821) FR. 1838

Kennzeichen: Ein schöner, erst weißlicher, später gelblicher, schleimig-schmieriger Pilz, gut kenntlich an dem goldgelbflockigen Hutrand und an der gelbflockigen Ringzone der Stielspitze.
Hut: Weißlich, beim Reiben gelblich werdend, im Alter fast gelb, am Rand mit lebhaft gelben bis goldgelben, überhängenden, zahnförmigen Flockenbündeln besetzt (*chrýsodon* = Goldzahn) oder einfach bärtig-filzig (wie *Lactárius pubéscens*), mitunter auch auf der Scheibe gelbflockig; schleimig-schmierig, häufig fast trocken werdend; gewölbt, leicht gebuckelt, später flach oder niedergedrückt, 3–6 (–8) cm breit; fleischig. Rand in der Jugend etwas eingerollt. Die gelben Flocken sind die Reste eines allgemeinen Schleiers.
Blätter: Weiß, jung an der Schneide manchmal gelbflockig, später mit blaßrosa-gelblichem Schein, etwas entferntstehend, dicklich, angewachsen herablaufend.
Stiel: Weiß, mit fast ringförmiger, gelbflockiger, trockener Zone an der Spitze, sonst schleimig. Der übrige Teil des Stieles wird beim Berühren und im Alter blaßgelblich; fast gleichmäßig dick, mitunter auch bauchig, 4–6 × 0,6–1,4 cm, an der Basis öfter auch etwas verjüngt, voll, doch bald ausgestopft bis fast hohl.
Fleisch: Weiß, unter der Oberhaut mitunter gelblich; saftig, mild, fast geruchlos (R. HEIM schreibt: Nach Blausäure riechend). Durch Laugen sowie durch Anilin tritt eine sattgelbe Verfärbung der Oberfläche ein (nach JOSSERAND).
Sporen: Farblos, langellipsoid, glatt, 8–10 × 4–5 µm, Staub weiß.
Wert: Guter Speisepilz, doch lohnen nur die größten Exemplare.
Vorkommen: August bis November in Laub- und Nadelwäldern, besonders im Buchenwald auf Kalk, gesellig. In den Kalkgebieten nicht selten, im Schwarzwald massenhaft.
Synonym: *Limácium chrýsodon* (BATSCH: FR.) KUMM. 1871.

247. Braunscheibiger Schneckling

Eßbar

Hygróphorus discoídeus (PERS. 1801: FR. 1821) FR. 1838

Kennzeichen: Gelbbräunlicher Pilz, mit dunklerer Scheibe; jung mit schleimiger Teilhülle Im herbstlichen Nadelwald.
Hut: Gelbbräunlich, Mitte dunkler, rostbraun, kastanienbraun (Rand heller); gewölbt, dann flach und in der Mitte niedergedrückt, mit schwachem Buckel, 5–6 (–7) cm breit; glatt, schleimig, trocken glänzend; ziemlich dünnfleischig. Rand erst eingerollt.
Blätter: Weißlich, dann blaßgelbbraun, etwas entfernt, dick, angewachsen bis strichförmig herablaufend.
Stiel: Blaß bräunlichgelb, oben weißlich, feinflockig, trocken, am Grunde weißfilzig; voll, später ausgestopft und schließlich etwas hohl, 3–6 × 0,6–1 cm. Der Hutrand ist in der Jugend mit dem Stiel durch einen glasigen, durchsichtigen, schleimigen Schleier verbunden, von dem ein schleimiger, aber schnell vergänglicher Ring zurückbleibt.
Fleisch: Weißlich, unter der Oberhaut blaßbräunlich. Mild, doch wenig schmackhaft, geruchlos.
Sporen: Farblos, länglich ellipsoid, glatt, 6–8 × 3–5 µm. Staub weiß.
Vorkommen: September bis November in Nadelwäldern, nur unter Kiefer und Fichte, kalkliebend, in Trupps. Besonders im Gebirge und Hügelland (Kalkgebiete), fehlt z. B. im Norden der DDR.
Synonym: *Limácium discoídeum* (PERS.: FR.) KUMM. 1871.

246

247

246. Gelbflockiger Schneckling, *Hygróphorus chrýsodon.* 3/4 nat. Gr.

247. Braunscheibiger Schneckling, *Hygróphorus discoídeus.* 4/5 nat. Gr.

248. Rosa Schneckling

Eßbar

Hygróphorus fági BECKER & M. BON 1974

Kennzeichen: Große Art mit rosafarbenem Hut und deutlich verjüngter Stielbasis, geruchlos.
Hut: Rein rosa, blaßorangerötlich (ohne Ockerton), feucht etwas klebrig, trocken fast glänzend, flachkegelig, später flach ausgebreitet oder niedergedrückt mit bleibendem Buckel, ziemlich dünnfleischig, nur über dem Stiel fleischig. Rand scharf, anfangs eingerollt, flaumig.
Blätter: Weiß, schließlich blaßgelblich, mäßig breit, kurz herablaufend, entfernt, dicklich.
Stiel: Weißlich bis schwach rötlich, feinflockig-flaumig, Spitze punktiert und tränend (mit Tröpfchen), sonst trocken, 5–12 × 1–2,5 cm. Stielbasis stark verjüngt, fast in eine Spitze auslaufend.
Fleisch: Weiß, im Stiel etwas längsfaserig, geruchlos, mild.
Sporen: Ellipsoid bis fast bohnenförmig, 7–10 × 4,5–5,5 µm.
Vorkommen: Im Buchenwald *(Fágus)* auf Kalkboden, mitunter in Ringen wachsend. In Kalkgebieten, z. B. Thüringen, stellenweise Massenpilz (GRÖGER), in der Schweiz selten (vgl. SCHREIER, Schweiz. Z. Pilzk. **17:** 125 u. Tafel II, 1939), auch aus Frankreich bekannt.

Pseudonyme: *Limácium pudorínum* (FR.) WÜNSCHE sensu SCHREIER 1939, non FR. (s. Nr. 249), *Hygróphorus poëtárum* HEIM 1947 sensu HENNIG 1964, non HEIM.

Anmerkung: Der **Isabellrötliche Schneckling,** *H. poëtárum* HEIM 1947 (= *Limácium pudorínum* sensu RICKEN 1915, LANGE 1940) unterscheidet sich durch stärker gewölbten, ockerrosa getönten Hut, gleichdicken Stiel und Geruch nach Perubalsam (wie *Inócybe bongárdii*, Bd. IV/48). Ebenfalls eßbar. Im Buchenwald auf Kalk- und Tonboden, in Mitteleuropa verbreitet.

249. Orange-Schneckling

Ungenießbar

Hygróphorus pudorínus (FR. 1821) FR. 1838 sensu QUÉLET, MOSER

Kennzeichen: Mittelgroßer bis großer, hellorangefuchsiger Pilz, mit erst weißen, schließlich vom Hutrand aus mehr oder weniger orangerosa werdenden Blättern. Im Nadelwald auf Kalkboden.
Hut: Zart orangerosa, Mitte dunkler orangefuchsig; Rand mitunter fast weiß, alt mit grauer Trübung; auf der Scheibe leicht angewachsen-faserig oder zart schleimig-schuppig oder auch fast kahl und glatt, schleimig, mehr oder weniger trocken werdend; erst halbkugelig, schließlich fast flach, stumpf oder mit niedrigem, breitem Buckel, 5–15 cm breit, fleischig. Rand lange kräftig eingebogen und kurz gerippt.
Blätter: Weißlich, schließlich gegen den Hutrand zart orangerosa, so daß sie fast zweifarbig erscheinen, um den Stiel herum weißlich, in Hutrandnähe dagegen orange; dicklich, zuletzt mäßig entfernt, gerade angewachsen oder nur wenig herablaufend.
Stiel: Weiß, in der Mitte mehr oder weniger blaßorange, schwach schleimig oder wenigstens zart schuppig-klebrig, mit trockener, mehlig-schuppiger Spitze, an der Basis meist irgendwo gelbfleckend; kräftig, jung fast bauchig-keulig, schließlich gestreckt, voll, 6–10 × 2–3 cm, Basis ausspitzend.
Fleisch: Im Stiel weiß, im Hut mehr oder weniger zart orangefarben, meist sehr madig, riecht fast unangenehm süßlich an *Amaníta phalloídes* anklingend, soll harzig schmecken.
Sporen: Farblos, ellipsoid, 8–10 × 5–6 µm. Staub weiß.
Vorkommen: August bis Anfang November im Nadelwald *(Ábies, Pícea)* auf Kalkboden, meist im Süden der BRD, besonders im Bergland, selten in der Ebene. In der DDR bei Jena.
Wert: Durch den widerlichen Terpentingeschmack ungenießbar. Dieser verliert sich durch kurzes Abkochen in Salzwasser, so daß er dann verwendet werden kann.

Synonym: *Limácium pudorínum* (FR.) WÜNSCHE 1877.
Pseudonym: *Limácium glutiníferum* (BULL.: FR.) WÜNSCHE sensu RICKEN 1915, non FR.

248. Rosa Schneckling, *Hygróphorus fági.* 2/3 nat. Gr.

249. Orange-Schneckling, *Hygróphorus pudorínus.* 2/3 nat. Gr.

250. Trockener Schneckling, Fester Schneckling

Eßbar, aber wenig schmackhaft

Hygróphorus penárius (FR. 1836) FR. 1838

Kennzeichen: Weißlicher bis fahlgelblicher, größerer, fast trockener, fester, fleischiger Pilz, mit körnig-rauhem, kurzem Stiel. Meist unter Eichen auf Kalk.
Hut: Weißlich, fahl gelblich, elfenbeinfarbig, am Scheitel stärker getönt, mehr oder weniger blaßockergelblich gefleckt, je nach dem Alter; schwach klebrig bis fast trocken, auch vollkommen trocken, selbst bei feuchtem Wetter kaum schmierig, matt, kahl, derb; erst gewölbt später fast flach, immer schwach gebuckelt, 6–10 (–15) cm breit, fest, fleischig. Rand lange eingerollt, später geschweift oder wellig verbogen, dünn.
Blätter: Erst blaß, später sahnegelblich (bis blaß ockergelblich, mit rötlichem Schein), entferntstehend, breit, ziemlich dick, elastisch, nicht brüchig, nach dem Rande mitunter gegabelt, deutlich herablaufend.
Stiel: Weißlich, am Grunde öfter gelblich, mitunter mit schwach rötlichem Schein; jung schwach klebrig, dann trocken, überall feinkleiig-rauh bis filzig (mit Lupe), flockig (mit bloßem Auge); ungleichmäßig dick, bisweilen oben oder in der Mitte bauchig, relativ kurz im Verhältnis zum Hut; 5–8 × 0,8–1,5 (–2,5) cm; am Grunde spindelförmig wurzelnd oder nur zugespitzt, fest, hart, voll.
Fleisch: Weißlich, im Stielgrunde schwach rosa, dick im Hut, im Stiel schwach faserig; fest; trocken. Geschmack angenehm mild. Geruch schwach, nicht unangenehm.
Sporen: Farblos, mandelförmig, 6–8 × 4–5 µm, Staub weiß.
Vorkommen: September bis Oktober in Laubwäldern, unter Eichen, auf kalkhaltigem Boden, an hellen Stellen, einzeln oder gesellig, verbreitet, aber nicht häufig, oft in Gesellschaft von *Hygróphorus rússula.* In der DDR nur im Thüringer Becken und im nördlichen Harzvorland. Verbreitungskarte für die BRD: KRIEGLSTEINER in Beih. Z. Mykol. **3** (1981), S. 35.

Synonym: *Limácium penárium* (FR.) WÜNSCHE 1877.

250. Trockener Schneckling, *Hygróphorus penárius.* 3/4 nat. Gr.

251. Rasiger Schneckling

Eßbar

Hygróphorus erubéscens (FR. 1821) FR. 1838

Kennzeichen: Hut mit purpurroten Schüppchen auf weißem Untergrund, später und beim Reiben rot- und gelbfleckig werdend, dadurch buntscheckig aussehend; in kleinen Büscheln im Nadelwald wachsend. Geschmack bitterlich.
Hut: Jung fast weiß mit rötlichem Schein, bald auf weißem Untergrund fast vollkommen mit purpurrosa Schüppchen bedeckt, dann wein- bis karminrot fleckig, später stellenweise hellgelblich, wenig schmierig, eingewachsen-faserschuppig, alt am Scheitel körnig-schuppig; gewölbt mit Buckel, dann flach, schließlich niedergedrückt, vertieft-breit trichterförmig. 4–8 (–10) cm breit, fleischig, fest. Rand eingerollt und feinfilzig, dünn.
Blätter: Weiß, später verwaschen fleischrötlich, besonders gegen den Rand, mitunter rotgefleckt, bei Trockenheit gelb werdend; dicklich, fast entfernt; angewachsen und deutlich herablaufend.
Stiel: Weißlich, an der Spitze mit weißen, dann purpurrot verfärbenden Körnchen, mitunter zwischen den Körnchen mit Wassertröpfchen, abwärts purpurfaserig, wenn gedrückt rotfleckig, im Alter beim Eintrocknen gelb werdend; fast gleich dick, schlank, 5–7 (–12) × 1,5–1,8 cm, oft verbogen; voll.
Fleisch: Weiß, im Alter rötlich durchzogen, oft auch gelblich anlaufend. Geschmack meist bitterlich, später ein wenig scharf, ohne Geruch.
Sporen: Farblos, langellipsoid, 8–11 × 4–5 µm. Staub weiß.
Vorkommen: August (mitunter auch früher) bis Oktober im schattigen Nadelwald *(Pícea)*, in kleinen Büscheln (2–3 Stück), rasig, oft in Kreisen, mancherorts häufig, doch nicht überall; besonders im Gebirge auf Kalkboden, auch auf Basalt und Keuper.
Wert: Zwar eßbar, aber etwas bitterlich.

Synonyme: *Limácium erubéscens* (FR.) WÜNSCHE 1877, *L. rúbescens* (PERS. 1797) SCHROET. 1889.

252. Weinroter Schneckling

Eßbar

Hygróphorus capreolárius KALCHBR. 1874

Kennzeichen: Der ganze Pilz innen und außen weinpurpurn, nicht gelbfleckend.
Hut: Schmutzig weinpurpurn bis braunrötlich, durch dunklere, eingewachsene Fasern gestreift; wenig schmierig; Mitte körnig-rauh oder schuppig aufreißend; gewölbt, etwas gebuckelt, dann verflacht, selten niedergedrückt, 4–8 cm breit, dickfleischig.
Blätter: Purpurrötlich, oft mit orangefarbenem Schein, weitstehend, am Grunde (in der Tiefe) aderig verbunden; starr angeheftet, herablaufend.
Stiel: Rosa bis blaß weinrötlich; an der Spitze flockig-schuppig, abwärts gestreift durch dunklere, bräunliche Fasern; am Grunde weiß-filzig; gleichmäßig, mitunter etwas bauchig. 3–6 × 0,7–1,5 cm; voll.
Fleisch: Rosa bis schwach weinrötlich, besonders im Stiel; Geschmack mild, ohne Geruch.
Sporen: Farblos, länglich-ellipsoid, etwas gebogen, 7–9 × 3,5–4 µm. Staub weiß.
Vorkommen: August bis Oktober in Gebirgswäldern, oft scharenweise, sehr gesellig, aber wenig verbreitet. In der DDR bisher nicht nachgewiesen.

Synonym: *Limácium capreolárium* (KALCHBR.) SACC. 1887.

251. Rasiger Schneckling, *Hygróphorus erubéscens.* 3/4 nat. Gr.

252. Weinroter Schneckling, *Hygróphorus capreolárius.* 3/4 nat. Gr.

253. Juchten-Ellerling, Strengriechender Ellerling

Eßbar

Camarophýllus russocoriáceus (BERK. & MILLER 1848) LGE. 1923

Kennzeichen: Kleiner Spätherbstpilz, weißgelblich, meist mit dem Schnee-Ellerling verwechselt, aber leicht an seinem typischen Geruch zu erkennen.
Hut: Weißgelblich, blaß bernsteinfarben oder blaß grauoliv, ein wenig hygrophan, schwach oder kaum schmierig, trocken etwas glänzend; stumpfglockig, gewölbt, dann flach bis niedergedrückt; klein, 0,6–3 cm breit, wenig fleischig, bis auf die Mitte, Rand feucht gerieft und blaß elfenbeinfarben.
Blätter: Weiß bis cremeweiß; ziemlich dick, breit, wenig zahlreich, entferntstehend, bogenförmig; herablaufend.
Stiel: Weiß; oben verdickt, nach unten verjüngt, dünn, schlank, öfter verbogen, glatt und kahl, 2–4 × 0,2–0,4 cm; ausgestopft, später hohl.
Fleisch: Weiß, dünn, mild, nach Juchtenleder oder Zedernholz riechend, beim Trocknen ist der Geruch auffallender.
Sporen: Farblos, ellipsoid bis eiförmig, unten zugespitzt, 7–8 × 4–6 µm. Staub weiß.
Vorkommen: Oktober bis Dezember auf Wiesen und Weiden, truppweise, bes. im Küstengebiet (erträgt schwachen Salzgehalt des Bodens), sonst ziemlich selten; frostbeständig.

Synonyme: *Hygróphorus russocoriáceus* BERK. & MILLER 1848, *Hygrócybe russocoriácea* BERK. & MILLER) ORTON & WATLING 1969.

254. Graubrauner Schneckling

Eßbar

Hygróphorus camarophýllus (ALB. & SCHW. 1805: FR. 1821) DUMÉE, GRANDJEAN & MRE. 1912

Kennzeichen: Mittelgroßer bis großer, graubräunlicher Pilz der Hochmoorränder. Stets unter Kiefern.
Hut: Graubräunlich bis olivbraun, anfangs feucht bis leicht schmierig, nicht hygrophan, trokken matt, eingewachsen faserig, glatt zuerst glockig, mitunter stumpf gebuckelt, dann ausgebreitet, zuletzt niedergedrückt und aufgebogen mit eingerolltem Rande, 6–12 cm breit.
Blätter: Graulich mit weißer Schneide, später cremefarbig mit grauer Schneide, entfernt stehend, sehr dick, breit, aderig verbunden, am Rande anastomosierend, angewachsen, im Alter leicht herablaufend.
Stiel: Etwas heller als der Hut, besonders an Basis und Spitze, faserig, trocken, zylindrisch, an der Basis spindelig, 7–10 × 2–2,5 cm, teilweise hohl.
Fleisch: Weiß, Geruch angenehm. Geschmack zuerst etwas süßlich, dann terpentinartig, nicht unangenehm.
Sporen: Farblos, länglich-ellipsoid, glatt, 8–9 × 4–5 µm. Staub weiß.
Vorkommen: September bis Oktober in feuchten Nadelwäldern und am Rande von Hochmooren, unter Kiefern und Fichten, oft in *Sphágnum*, selten in Mitteleuropa: Oberlausitz bei Niesky (ALBERTINI & SCHWEINIZ), Thüringen (BENEDIX, GRÖGER), BRD, Schweiz, Frankreich (bis 1400 m ü. M., MARCHAND), Schweden (MOSER).

Synonyme: *Hygróphorus caprínus* (SCOP. 1772) FR. 1838, *Camarophýllus caprínus* (SCOP.) KUMM. 1871.
Der sehr ähnliche **Schwarzfleckige Schneckling**, *Hygróphorus atramentósus* (ALB. & SCHW. 1805) HAAS & HALLER ist S. 82 beschrieben; **Schönblättriger Schneckling**, *H. calophýllus* KARST., s. Nr. 269.

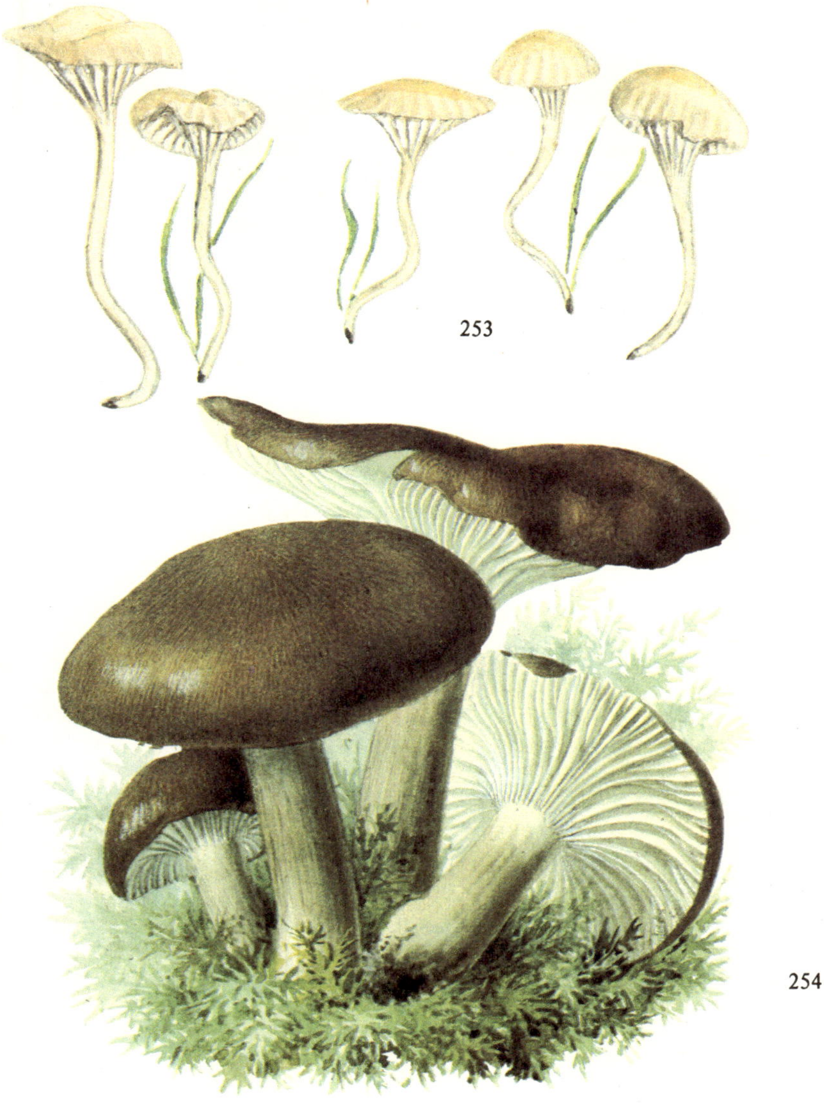

253. Juchten-Ellerling, *Camarophýllus russocoriáceus.* Nat. Gr.

254. Graubrauner Schneckling, *Hygróphorus camarophýllus.* Nat. Gr.

255. März-Schneckling, März-Ellerling

Eßbar

Hygróphorus marzúolus (Fr. 1821) Bres. 1893

Kennzeichen: Mittelgroßer, grauschwärzlicher Pilz, mit dicklichen, entferntstehenden, wenig herablaufenden Blättern; einzeln oder büschelig wachsend, sehr zeitig im Frühjahr, bald nach der Schneeschmelze, bis zum Mai, im Tannen- und Fichtenwald.
Hut: Erst weiß, doch bald graufleckig, solange er noch von Erde oder Moos bedeckt ist, am Licht schnell grau und bald mit grauschwärzlichen Flecken, zuletzt schwärzlich wie der Erdboden; nicht schmierig, trocken, glanzlos (nur jung bereift); erst gewölbt, dann ausgebreitet, oft unregelmäßig geformt, geschweift bis verbogen, 4–10 (–12) cm breit, dickfleischig. Oberhaut wenig abziehbar.
Blätter: Erst weißlich, oft mit grünlichem oder bläulichem Schimmer, alt graulich, mit blasser, stumpfer Schneide, dick, wachsartig, entferntstehend, schmal, am Grunde aderig verbunden, öfter gegabelt, wenig herablaufend.
Stiel: Weiß bis grau, an der Spitze etwas schuppig; seidenfaserig; ziemlich kurz, aber dick, 5–6 × 1,5–3 (–4) cm, oft verbogen, fest, faserfleischig, voll.
Fleisch: Weiß, unter der Oberhaut und im Stiel etwas grau anlaufend, nicht hygrophan, fest, Geschmack mild. Geruch fast süßlich, an *Amaníta phalloídes* anklingend.
Sporen: Farblos, länglich ellipsoid, glatt, 6–8 × 4–5,5 µm. Staub weiß. Keine Zystiden. Trama der Blätter untermischt, jedenfalls nicht deutlich bilateral. Hutoberhaut mit fädigen Hyphen, die Schnallen besitzen.
Vorkommen: Januar bis Mai (in der DDR meist April bis Ende Mai, in den Alpen je nach Höhenlage und Witterung auch in allen übrigen Monaten) in Nadelwäldern unter Fichte *(Pícea)*, Tanne *(Ábies)*, Kiefer *(Pínus)*, in Marokko unter Zedern (*Cédrus*), in Tirol auch in Buchenwäldern *(Fágus)*. Auf neutralem bis schwach saurem Boden, im Vogtland hauptsächlich auf Tonschiefer; meidet reine Silikat- und Kalkböden. Die Fruchtkörper werden als Primordien meist schon im Herbst angelegt (Gerhold) und entwickelt sich sogar unter dem Schnee bei Temperaturen um 0 °C, sie wachsen nesterweise subhypogäisch unter Moospolstern oder Erdhügeln und durchbrechen nur gelegentlich die Oberfläche des Waldbodens. Der März-Schneckling kommt nur in den Gebirgen Mittel- und Südeuropas, in Marokko und Nordamerika vor. Er ist häufig in den Alpen (hier bis 2000 m ansteigend), in der südlichen BRD, in Böhmen und Mähren. In der DDR nur zerstreut im Vogtland nachgewiesen, in den Karpaten und Pyrenäen sehr selten. – Zur Verbreitung und Ökologie dieser Art vgl. Kraft, Bull. Soc. Bot. Suisse **68** (1958): 254–288; Dörfelt, Feddes Repert. **81** (1971): 629–643; L. Lange, Dansk Bot. Ark. **30**, Nr. 1 (1974): 28 und 76; Gerhold, Schweiz. Z. Pilzk. **58** (1980): 172–174 und Ber. nat.-med. Ver. Innsbruck **71** (1984): 7–17. Verbreitungskarte für die BRD s. Krieglsteiner, Z. Mykol. **44** (1978), S. 230.
Wert: Wohlschmeckend, doch etwas fade (muß mit Pfeffer gewürzt werden). In den Gebirgsgegenden sehr gesucht und oft große Ausbeute liefernd; in Frankreich, Italien und der Schweiz Marktpilz. Nach Kraft kamen in günstigen Jahren in Lausanne bis 3000 kg, in Florenz bis zu 50000 kg zum Verkauf.

Synonym: *Camarophýllus marzúolus* (Fr.) Ricken 1915.
Pseudonym: *Agáricus camarophýllus* Secr. 1833, non Alb. & Schw.: Fr. (s. Nr. 254).

255. **März-Schneckling,** *Hygróphorus marzúolus.* Nat. Gr.

256. Wald-Schneckling, Hain-Schneckling

Eßbar

Hygróphorus nemóreus (PERS. 1801: FR. 1821) FR. 1838

Kennzeichen: Ein fast trockener, blaß orangebräunlicher, kreiselförmiger Pilz des Waldes.
Hut: Blaßorange, gelbbräunlich bis verwaschen ziegelrötlich, schmierig bis fast trocken, matt, mit angedrückten oder eingewachsenen, fast netzig verbundenen, sehr feinen Härchen; halbkugelig gewölbt, schließlich ausgebreitet, mit schwachem Buckel, später niedergedrückt mit hochgebogenem, dünnem, hellerem, feinflaumigem Rand; 4–7 (–10) cm breit; fleischig.
Blätter: Weißlich, blaßgelblich mit rötlichem Schein, dick, wachsartig, entfernt stehend, schmal angeheftet, herablaufend. Trama der Blätter bilateral.
Stiel: Blaßrötlich-gelblich, an der Spitze weißlich und kleiig bis feinkörnig, feinfaserig gestreift, kürzer oder länger, oft verbogen, nach unten verjüngt. 4–8 × 1–1,5 cm, voll oder etwa schwammig.
Fleisch: Weiß, unter der Huthaut gelbrötlich, fest, zuletzt mürbe, Geschmack mild, ohne Geruch oder nur schwach mehlartig riechend.
Sporen: Farblos, länglich ellipsoid, glatt, 6–8 × 3,5–5 µm. Staub weiß.
Vorkommen: August bis Oktober im Laubwald (fast immer bei *Quércus*), auf neutralem und Kalkboden, gesellig. Nicht häufig.
Wert: Guter Speisepilz.

Synonyme: *Camarophýlles nemóreus* (PERS.: FR.) KUMM. 1871, *Hygróphorus leporínus* FR. 1838.

257. Wiesen-Ellerling, Orange-Ellerling

Eßbar

Camarophýllus praténsis (PERS. 1801: FR. 1821) KUMM. 1871

Kennzeichen: Kreiselförmiger, gelbrötlicher Pilz, mit weit herablaufenden, blaß gelbrötlichen Blättern. Nur im Herbst vorkommend, außerhalb des Waldes.
Hut: Hell gelbrötlich, orangefuchsig, gelbbräunlich, später ausblassend, nicht schmierig, trokken, etwas glänzend, kahl, glatt, am Scheitel bei trockenem Wetter etwas rissig, zuerst gewölbt, Mitte gebuckelt, schließlich abgeflacht, fast kreiselförmig, 3–8 (–11) cm breit, in der Mitte fleischig, sonst sehr dünn. Rand heller.
Blätter: Blaß rötlichgelb, an der Schneide heller, dick, wachsartig, bogig, nach beiden Enden schmaler werdend, am Grund oft aderig verbunden, weit herablaufend.
Stiel: Blaß rötlichgelb bis ockergelb, glatt, nach oben verdickt, allmählich verbreitert in den Hut übergehend (kreiselförmig, umgekehrter Kegel), am Grunde etwas verjüngt, 3–8 (–10) × 0,5–1 cm.
Fleisch: Gelbrötlich, trocken weißlich, wäßrig durchzogen. Ohne Geruch, Geschmack angenehm, mild.
Sporen: Farblos, zylindrisch-ellipsoid, 6–7 × 4–5 µm. Staub weiß.
Vorkommen: September bis November auf Wiesen und Triften, auch an Waldrändern, stellenweise sehr gesellig, im Gebirge häufiger als in der Ebene.
Wert: Wohlschmeckend, selten madig.

Synonyme: *Hygróphorus praténsis* (PERS.: FR.) 1838, *Hygrócybe praténsis* (PERS.: FR.) DONK 1962, *Agarícus ficoídes* BULL. 1792.
Vom **Wald-Schneckling** (Nr. 256) vor allem durch den glatten, blassen Stiel unterschieden.

256. Wald-Schneckling, *Hygróphorus nemóreus.* Nat. Gr.

257. Wiesen-Ellerling, *Camarophýllus praténsis.* 3/4 nat. Gr.

258. Schnee-Ellerling, Glasigweißer Ellerling

Eßbar

Camarophýllus níveus (Scop. 1772) Wünsche 1877

Hut: Feucht blaßgelblich bis wäßrigweiß und am Rande durchscheinend gerieft, trocken schneeweiß und ungestreift, feucht etwas klebrig, hygrophan; halbkugelig oder glockig, später flach, in der Mitte etwas genabelt oder vertieft, 2–4 (–5) cm breit, fast häutig.
Blätter: Wäßriggelblich oder wäßrigweiß, entferntstehend, am Grund dick und aderig verbunden, an der Schneide scharf, am Stiel lang herablaufend.
Stiel: Weiß, faserig gestreift, gleichmäßig, mitunter abwärts etwas verjüngt, 3–4 (–5) × 0,3–0,5 cm, öfter auch verflacht; erst voll, dann röhrig bis hohl.
Fleisch: Wäßrigweiß; zählich; mild, zuerst geruchlos, im Alter süßlich riechend,
Sporen: Farblos, länglich ellipsoid, 8–9 × 4–5 µm. Staub weiß.
Vorkommen: Ende September bis November auf feuchten Wiesen und Triften, an grasigen Waldwegen und in Erlenbrüchen, oft wie gesät. Öfter rotfleckig durch einen parasitischen Pilz.

Synonyme: *Hygróphorus níveus* (Scop.) Fr. 1838, *Hygrócybe nívea* (Scop.) Orton & Watling 1969.

259. Violettgrauer Ellerling

Eßbar

Camarophýllus lácmus (Schum. 1803) Lge. 1938

Hut: Violettlichgrau bis violettbräunlich, am Scheitel heller, fast schmierig, glänzend nach dem Rand gerieft (Durchschneiden der Blätter); glockig, später fast flach, 2–4 (–5) cm breit, dünnfleischig.
Blätter: Grau bis violettgrau, am Grund aderig verbunden, entfernt, dicklich, weit herablaufend.
Stiel: Weißlich, später violettgrau, am Grund oft gelblich; rund 4–5 × 0,4–0,5 cm, abwärts etwas verjüngt, ausgestopft.
Sporen: Farblos, länglich-ellipsoid, nach Bresadola 7–10 × 6–8 µm, nach Moser 6–8 µm.
Vorkommen: Oktober bis November auf moosigen Weiden und Triften. Nicht häufig.

Synonyme: *Hygróphorus lácmus* (Schum.) Kalchbr. 1873, *Hygrócybe lácmus* (Schum.) Orton & Watl. 1969, *Camarophýllus flávipes* Britz. 1891.
Pseudonym: *Camarophýllus colemanniánus* (Bloxam in Berk. & Br. 1854) Ricken 1920 sensu Ricken (teste Hennig), non Bloxam; s. Nr. 260.

260. Dattelbrauner Ellerling

Eßbar

Camarophýllus subradiátus (Schum. 1803) Wünsche 1877

Hut: Feucht dunkelgrau bis rötlichbraun, mit lila Schein, am Scheitel dunkler, trocken ausblassend und blaßbraun werdend, schwach glänzend, hygrophan, feucht etwas schleimig; fast kreiselförmig, gewölbt, dann ausgebreitet, mit schwachem Buckel, 3–6 cm breit. Rand durchscheinend, deutlich gerieft, im Alter aufgebogen, dünn.
Blätter: Erst weißlich, dann strohfarben bis blaßbräunlich, weitstehend, ziemlich breit, dick, am Grund stark aderig verbunden, lang herablaufend.
Stiel: Weißlich, kaum dunkler, seidig-faserig, schließlich kahl werdend, trocken, ausgestopft, dann hohl.
Fleisch Schwach getönt im Hut, fast weiß im Stiel, mild, geruchlos. Guter Speisepilz.
Sporen: Farblos, kugelig-eiförmig, glatt, 7–9 × 4,5–6 µm. Staub weiß.
Vorkommen: September bis Oktober auf moosigen Wiesen, am Waldrand, in Lichtungen, an grasigen Stellen. Nicht sehr häufig.

Synonyme: *Hygróphorus subradiátus* (Schum.) Fr. 1838, *Hygrócybe subradiáta* (Schum.) Orton & Watling 1969, *Hygróphorus colemanniánus* (Bloxam in Berk. & Br. 1854) Ricken 1920 sensu Bresadola 1928, non Bloxam.

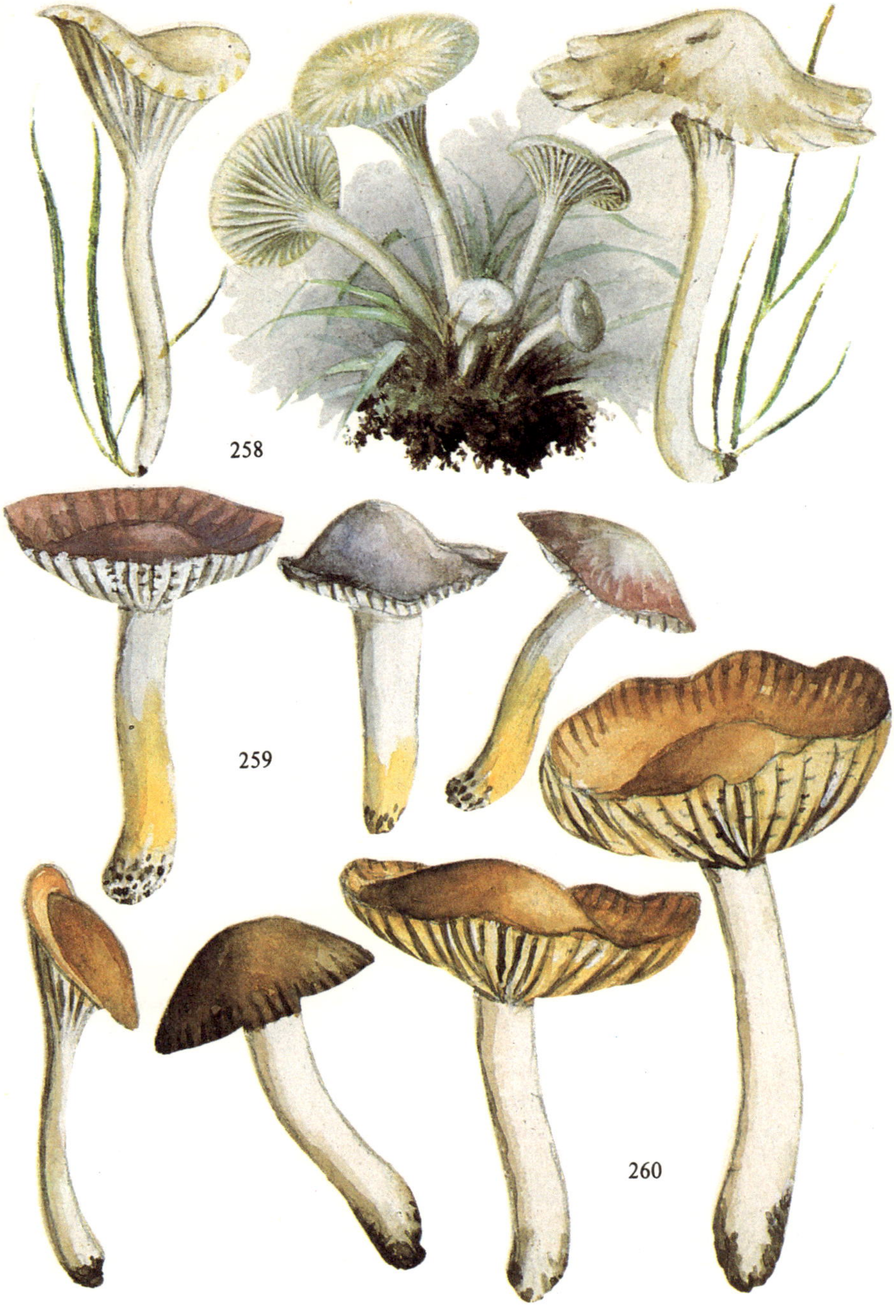

258. Schnee-Ellerling, *Camarophýllus níveus.* Nat. Gr.

259. Violettgrauer Ellerling, *Camarophýllus lácmus.* Nat. Gr.

260. Dattelbrauner Ellerling, *Camarophýllus subradiátus.* Nat. Gr.

261. Stinkender Saftling

Ungenießbar

Hygrotráma foétens (PHILLIPS in BERK. & BR. 1879) SING. 1959

Hut: Rußigbraun, dunkelbraun mit purpurfarbenem Schein, später blaßgrau werdend, trokken, erst gewölbt, dann flach, oft genabelt, Oberhaut meist zerrissen und schuppig aufgebrochen oder runzelig, 0,8–3,5 cm breit.
Blätter: Aschgrau bis dunkelbräunlich, blasser als der Hut, dicklich, entferntstehend, bogig herablaufend.
Stiel: Dunkelbräunlich, ohne schwärzliche Schuppen, an der Spitze weiß bereift, häufig querwellig, 3–4 × 0,4–0,6 cm.
Fleisch: Mit stinkendem, leuchtgasartigem Geruch wie bei *Tricholóma sulphúreum* oder *Thelé-phora palmáta*. Ungenießbar!
Sporen: Farblos, eiförmig bis fast kugelig, glatt, 5–6 (–7) × 4–5 µm.
Vorkommen: Juli bis Oktober auf Wiesen und Weiden und an feuchten Wegen, besonders in der Nähe von Haselnußsträuchern, manchmal in dichten Trupps auftretend. Selten. Hauptsächlich in Westeuropa, aber auch in Norditalien und der Nordschweiz, auch in lichten Laubwäldern, z. B. bei Karlsruhe, in der DDR in Halbtrockenrasen bei Gera (DÖRFELT).

Synonyme: *Hygróphorus foétens* PHILLIPS in BERK. & BR. 1879, *Camarophýllus foétens* (PHILLIPS) LGE. 1923, *Hodóphilus foétens* (PHILLIPS) HEIM 1966, *Aeruginóspora foétens* (PHILLIPS) MOS. 1967, *Hygrócybe foétens* (PHILLIPS) ORTON & WATL. 1969.

262. Bräunlicher Ellerling

Eßbar

Camarophýllus fuscéscens (BRES. 1928) MOS. 1967

Hut: Schmutzig weiß, graubräunlich, Scheitel dunkler graubraun, $^1/_2$ bis $^2/_3$ durchscheinend gestreift, fast häutig; trocken beige-ocker; schwach klebrig, bald trocken, gewölbt, dann niedergedrückt, 1–4 cm breit.
Blätter: Weiß bis hellgraulich, entfernt, weit herablaufend.
Stiel: Weiß, gegen die verjüngte Basis graubräunlich, kahl, 3–5,5 × 0,2–0,6 cm, bald hohl.
Fleisch: Weiß bis bräunlich, geruch- und geschmacklos.
Sporen: Farblos, länglich-ellipsoid, 8–12 × 5–6,5 µm.
Vorkommen: Bergwiesen, Waldränder, im Herbst.

Synonyme: *Hygróphorus níveus* var. *fuscéscens* BRES. 1928, *Hygrócybe fuscéscens* (BRES.) ORTON & WATLING 1969.
Der **Dattelbraune Ellerling**, *C. subradiátus* (Nr. 260), unterscheidet sich durch fleischigeren, satter gefärbten Hut und kürzere Sporen.

263. Jungfern-Ellerling

Eßbar

Camarophýllus virgíneus (WULFEN 1778: FR. 1821) KUMM. 1871

Hut: Weiß, oft mit rötlichen Flecken, Mitte schwach gelblich werdend; erst feucht und schmierig, später trocken und dann felderig-rissig, alt mitunter etwas flockig; erst gewölbt und meist schwach gebuckelt, dann verflacht, stumpf niedergedrückt, 3–6 cm breit, fast gleichmäßig fleischig, nur in der Mitte etwas dicker. Rand erst eingerollt, später geschweift, feucht durchscheinend gerieft, dünn.
Blätter: Weiß, entferntstehend, ziemlich dick, mitunter queraderig, herablaufend.
Stiel: Weiß, kahl, mitunter etwas bereift, 3–7 × 0,3–0,7 cm, abwärts verjüngt; erst voll und fest, dann ausgestopft.

Fortsetzung Seite 466

261. Stinkender Saftling, *Hygrotráma fóetens.* Nat. Gr.

262. Bräunlicher Ellerling, *Camarophýllus fuscéscens.* Nat. Gr.

263. Jungfern-Ellerling, *Camarophýllus virgíneus.* Nat. Gr.

264. Rosenroter Saftling

Eßbar

Hygrócybe calyptrifórmis (BERK. & BR. 1860) FAYOD 1889

Kennzeichen: Einer der schönsten Saftlinge, rosarot bis zartlila (Herbstzeitlose), mit weißlichem Stiel, auf Weiden. Nie schwärzend.
Hut: Rosa, rosarot, zartlila, im Alter von der Spitze ab weißlich werdend, schwach klebrig, unter der Lupe seidig-faserig; „haubenförmig", spitzkegelig-glockig, später bei spitzkegelförmig bleibendem Scheitel ausgebreitet, 3–5 (–7) cm breit; wenig fleischig. Rand dünn, zuerst etwas einwärts gebogen, schließlich aufgebogen, meist strahlig eingerissen, gelappt.
Blätter: Erst rosarot, blaßrosa, später ausblassend, fast weiß werdend, wenig dicht stehend, schmal, etwas bauchig, ziemlich dick, spitz angewachsen oder frei.
Stiel: Weißlich oder verwaschen rosa, feingefasert, schlank, fast gleich dick, mitunter gedreht, 7–10 × 0,6–1,2 cm, sehr brüchig, röhrig.
Fleisch: In der Hutspitze schwach rosa, im Stiel weiß, dünn, brüchig.Geschmack mild ohne Geruch.
Sporen: Farblos, glatt, ellipsoid-eiförmig, 5–8 × 5–6 µm. Staub weiß.
Vorkommen: August bis Oktober in Trupps auf Wiesen, Weiden und Grasflächen, auch in Wäldern, besonders im Gebirge. Selten. In der DDR nicht sicher nachgewiesen.

Synonym: *Hygróphorus calyptrifórmis* BERK. & BR. 1860.
Pseudonym: *Hygrócybe amoēna* (LASCH 1828) RICKEN 1920 sensu RICKEN, non LASCH (= zweifelhafte Art).

265. Schöner Saftling, Rotgelber Saftling

Eßbar

Hygrócybe subglobíspora (ORTON 1960) MOS. 1967

Kennzeichen: Rotgelber, spitzkegeliger Saftling, nicht schwärzend.
Das Hauptmerkmal sind die fast kugeligen Sporen.
Hut: Lebhaft blutrot bis orangerot, gegen den Rand hin rasch in Orange-Kadmiumgelb verblassend, stark schleimig-schmierig, trocken glänzend, glatt; spitzkegelig, später ausgebreitet meist spitzbuckelig, bis 6 cm breit, Spitze meist rot bleibend.
Blätter: Hellgelb bis hell zitronengelb, mit hellerer Schneide, ziemlich gedrängt, bauchig breit (bis 1 cm), dicklich; untermischt (3fach); an der Schneide besonders bei älteren Exemplaren gekerbt, fast frei bis frei.
Stiel: Gelb mit orange oder rötlichen Tönen und Fasern, am Grunde weiß, leicht schmierig, bald trocken; feinfaserig bis faserig; gleich dick, mitunter verdreht, bis 10 × 1 cm; ausgestopft bis hohl.
Fleisch: Unter der Huthaut orangegelb, im Stiel weißlich. Geruch und Geschmack unbedeutend, aber angenehm.
Sporen: Farblos, kurzellipsoid bis rundlich, glatt mit grobkörnigem Inhalt, 8,5–13 × 6–9,5 µm. Staub weiß. Basidien von kurzem Typ, 2-oder 4sporig.
Zystiden: Lange, farblose Schläuche, 90–120 × 6–12 µm, dünnwandig, die Basidien um 60 µm überragend, an den Blattschneiden vereinzelt auftretend, hauptsächlich an kürzeren Blättern. Latiziferen (Safthyphen) vereinzelt, besonders im Stiel, können bei langem Liegenlassen leicht schwärzen.
Vorkommen: Auf nackter Erde, unter Gebüsch und im Mischwald, besonders unter Buchen, Ahorn, Eschen, truppweise. In den Niederlanden im Grünland, neutrophil-basiphil (ARNOLDS 1980). Beschreibung großenteils nach HALLER.

Synonym: *Hygrócybe amoēna* (LASCH) RICKEN f. *silvática* HALLER & MÉTROD 1955.
HALLER & MÉTROD beschreiben noch eine f. *praténsis*: Von kleinerem Wuchs, Hut mehr einheitlich gelb, mit meist roter Spitze; Blätter schwefelgelb, Stiel weniger schmierig, Sporen etwas kleiner; auf Bergwiesen und Weiden, häufig in Kreisen. Siehe auch ARNOLDS, Westfäl. Pilzbr. 11 (1977) : 29–39.

264. Rosenroter Saftling, *Hygrócybe calyptrifórmis.* Nat. Gr.

265. Schöner Saftling, *Hygrócybe subglobíspora.* Nat. Gr.

266. Glänzender Saftling

Eßbar

Hygrócybe aurantiosplêndens HALLER 1954

Hut: Erst scharlachrot, granatrot oder orangefarben, dottergelb ausblassend, doch häufig im Alter noch mit roten Streifen oder Flecken, bei Regen oder Frost graugelb werdend; schmierig-klebrig, glänzend; glockig bis stumpf kegelig, dann ausgebreitet, oft mit stumpfem Buckel, 2–8 cm breit. Rand meist eingerollt, glatt, feucht nur leicht durchscheinend gerieft.
Blätter: Zitronengelb mit weißer Schneide, in der Tiefe rötlich erscheinend; ziemlich engstehend, nicht sehr dick, breit, bauchig, mit kürzeren untermischt, ausgebuchtet angeheftet bis frei.
Stiel: Zitronengelb, dottergelb, mit orangefarbenen Tönen, am Grund nur sehr selten, meist aber nicht weiß; feinfaserig; nur feucht, bald trocken; zylindrisch, meist gefurcht und dann breitgedrückt, 6–8 × 1,8 cm., tief in den Boden eingesenkt; hohl.
Fleisch: Zitronengelb, unter der Huthaut orangefarben; sehr dünn, wäßrig, häutig; mild, geruchlos.
Sporen: Farblos; fast mandelförmig, mitunter etwas eingeschnürt, 8–9 × 4–4,5 µm. Staub weiß. Keine Zystiden.
Vorkommen: August bis Oktober oder November, gesellig, oft zu Hunderten auf moosigen Wiesen und Weiden (in der Schweiz bis auf 1800 m). Häufig in den Hoch- und Mittelgebirgen, im Flachland fehlend.
Beschreibung und Bild nach HALLER.

Synonym: *Hygróphorus aurantiosplêndens* (HALLER) ORTON 1960.
Pseudonym: *Hygróphorus obrússeus* sensu BRES. 1928 (vgl. Nr. 271).

267. Zitronengelber Saftling

Giftig!

Hygrócybe acutocónica (CLEMENTS 1893) SING. 1951

Kennzeichen: Mikroskopisch gut charakterisiert durch die großen Sporen 10–15 × 6 bis 7 µm (die größten unter den Saftlingen), die meist zweisporigen Basidien und die Cheilozystiden.
Hut: Zitronengelb bis kadmiumgelb, goldgelb, nicht ausblassend, nicht schwärzend bei Druck; schmierig-klebrig; radialfaserig; stumpfkegelig, dann glockenförmig ausgebreitet, doch stumpf gebuckelt, 3–4 (–6) cm breit, dünnfleischig. Am Rande besonders bei Feuchtigkeit gerieft, duch die durchscheinenden Blätter.
Blätter: Blaßgelb, blaß zitronengelb, hellgelb; dicklich, fast eng, angeheftet oder frei.
Stiel: Oben gelb, am Grunde blasser, fast weißlich; klebrig bis schleimig, etwas längsfasrig; walzenförmig, 6–8 × 0,4–0,6 cm; zuletzt fast hohl.
Fleisch: Gelblich, färbt Papier gelb, geruchlos und ohne Geschmack.
Sporen: Farblos, länglich-ellipsoid; bei den meist zweisporigen Basidien Sporengröße 10–16 × 5–7 µm, doch auch mit viersporigen Basidien und dann mit Sporengröße 9–11 × 4–5 µm. Beide Arten der Basidien können am gleichen Fruchtkörper auftreten.
Vorkommen: Mai bis Oktober auf Wiesen, Böschungen, in Trockenrasen, *Sesléria*-Kiefernforsten, an grasigen Wegrändern, auf Kalk-, Ton- und Sandboden, gesellig. Nicht selten, häufig z. B. im Thüringer Becken, in der südlichen BRD (HAAS), im westlichen Teil des Schweizer Jura (HALLER), bis 1200 m Höhe.

Synonyme: *Hygrócybe cónstans* LGE. 1923 (non MURRILL 1912, Homonym), *H. lángei* KÜHNER 1927, *Hygróphorus rickénii* MRE. 1930, *H. lángei* (KÜHNER) PEARSON 1952.
Pseudonyme: *Hygróphorus obrússeus* sensu RICKEN 1915 (vgl. Nr. 271), *H. cróceus* (BULL. 1781) sensu BRESADOLA 1928, non BULLIARD (= zweifelhafte Art).

266. Glänzender Saftling, *Hygrócybe aurantiosplèndens.* Nat. Gr.

267. Zitronengelber Saftling, *Hygrócybe acutocónica.* Nat. Gr.

269. Schönblättriger Schneckling

Eßbar

Hygróphorus calophýllus KARST. 1879

Hut: Rußbraun, am Rande ausblassend, klebrig und glänzend, fleischig, erst gewölbt, dann ausgebreitet mit mehr oder weniger deutlichem, stumpfem Buckel, 4–7 cm breit.
Blätter: Schön rosa oder auch fast weiß, dicklich, entfernt, queraderig verbunden, sichelförmig herablaufend.
Stiel: Graurußig, faserig, an der Spitze kleiig bereift, gleichdick oder schwach keulenförmig, 4–6 × 0,7–1,5 cm, ausgestopft.
Fleisch: Weiß, von angenehmem Geruch und Geschmack.
Sporen: Ellipsoid-eiförmig, 7–8 × 5–6 µm. Staub weiß.
Vorkommen: September bis November im Nadelwald (nach MOSER bei Lärchen und Kiefern, nach FAVRE unter Krummholzkiefern bis zu 1900 m Höhe), auf Silikat- und Kalkboden. Verbreitet in den Alpen und Skandinavien, sonst sehr selten.

Synonym: *Camarophýllus calophýllus* (KARST.) RICKEN 1915.

270. Konrads Saftling

Wert unbekannt

Hygrócybe konrádii HALLER 1955

Kennzeichen: Ähnelt *H. obrússea*, ist aber schmierig, seidig-glatt, hat gelbe Blätter faserigen Stiel, größere Sporen und keine Zystiden.
Hut: Eigelb-orange, am Rande oft rot, alt ausblassend, sich graubraun färbend; glatt, leicht schmierig-klebrig, glänzend; stumpfkegelig, ausgebreitet, 3–7 cm breit. Rand wellig verbogen.
Blätter: Gelb, Schneide blasser; nicht sehr dick, ziemlich gedrängt, untermischt, selten angewachsen, meist frei.
Stiel: Eigelb-orange, am Grunde heller, mitunter fast weiß, mit Neigung zu bräunlicher Verfärbung; faserig-gestreift, 7 × cm, zylindrisch, oft zusammengedrückt und gefurcht.
Fleisch: Im Hut und unter der Stielrinde gelb, im Stiel weißlich, nicht schwärzend, dünn, wäßrig, Geschmack mild, Geruch unbedeutend.
Sporen: Farblos, unregelmäßig, eiförmig, glatt, 8,5–12 × 6–8 µm. Keine Zystiden.
Vorkommen: August bis September an Grasplätzen, selten. Schweiz (bei Neuchâtel von KONRAD und HALLER gesammelt), England (COOKE u. a.), Niederlande (ARNOLDS), auf neutralen bis basischen Böden.

Synonym: *Hygróphorus konrádii* (HALLER) ORTON 1960.
Pseudonym: *Hygróphorus obrússeus* sensu CKE., KONRAD & MAUBLANC (vgl. Nr. 271).

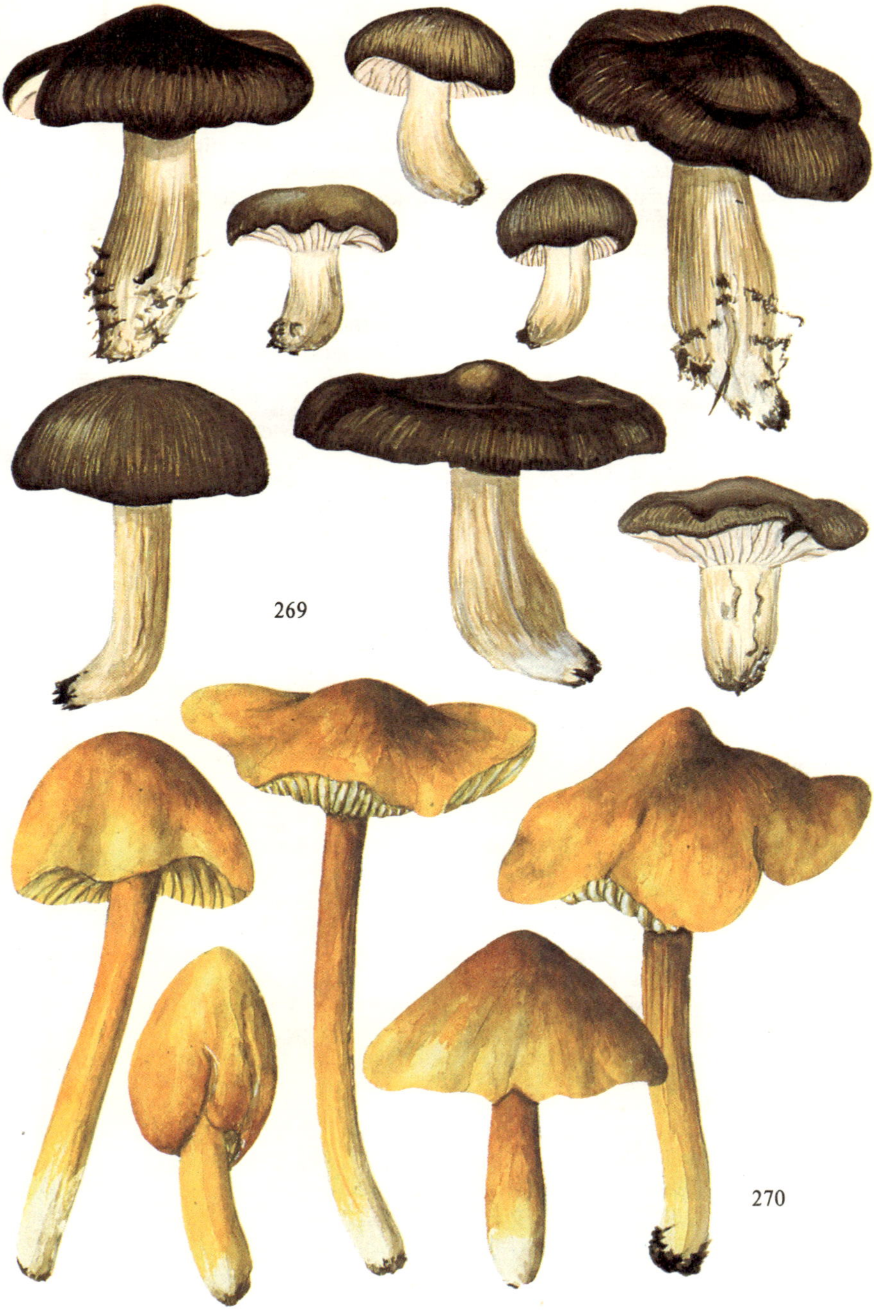

269. Schönblättriger Schneckling, *Hygróphorus calophýllus.* 2/3 nat. Gr.

270. Konrads Saftling, *Hygrócybe konrádii.* Nat. Gr.

271. Gebuckelter Saftling

Ungenießbar (giftverdächtig!)

Hygrócybe obrússea (FR. 1821) WÜNSCHE 1877

Kennzeichen: Zitronengelber bis goldgelber Hut und glatter, kahler, nicht gefaserter Stiel.
Hut: Zitronengelb bis goldgelb, orangebraun gefasert, oft schwach oliv getönt, Scheitel meist braunorange; oft graubräunlich werdend; zuerst unregelmäßig kegelig bis glockig, dann gewölbt, oft mit kleiner Papille, später flach, 2,5–5 (–7) cm breit; glatt, später seidig-faserig, zuletzt feinschuppig, trocken nie schmierig und nicht glänzend. Rand wellig, faserig aufreißend, eingerissen wie bei manchen *Inócybe*-Arten, im Alter oft hochgebogen.
Blätter: Weiß, mit zitronengelber Basis, dann blaß zitronengelb, im Alter mitunter ganz zitronengelb; entferntstehend, untermischt, dick, bauchig, frei.
Stiel: Dunkel zitronengelb, schließlich ockerfarben, am Grunde weiß und zugespitzt; oft zusammengedrückt, mit Längsrille oder zweigeteilt, 4–7 × 0,6–1,5 cm; dick, glatt, trocken, matt, hohl.
Fleisch: Zitronengelb, dünn, mit mildem Geschmack und angenehmem Geruch.
Sporen: Farblos, pflaumenförmig, 7–9 × 5–6 µm. Staub weiß.
Zystiden: Auf der Blattschneide nicht selten, oft büschlig; die Basidien um 45–60 µm überragend; von verschiedener Form, fädig-keulig, breit-dünn, stumpf und zugespitzt.
Vorkommen: Juli bis September auf Bergwiesen und Weiden, besonders über 1000 m; büschelig, aber nicht verwachsen. Nicht selten.
Beschreibung nach R. HALLER (Schweiz. Pilztafeln iV/16 und Schweiz. Z. Pilzk. **32**: 83, 1954).

Synonym: *Hygróphorus obrússeus* (FR.) FR. 1838.
Pseudonym: *Hygróphorus chloróphanus* sensu RICKEN 1915, VELENOVSKÝ. – Der Name *H. obrússeus* ist auf die verschiedensten Arten irrtümlich gedeutet worden: *H. obrússeus* sensu RICKEN ist *Hygrócybe acutocónica* (CLEMENS) SING. (Nr. 267), *H. obrússeus* sensu COOKE, KONRAD & MAUBLANC ist *Hygrócybe konrádii* HALLER (Nr. 270), *H. obrússeus* sensu BRESADOLA ist *Hygrócybe quiéta* (Nr. 274). *Hygrócybe obrússea sensu* J. LANGE ist *H. flavéscens* (KAUFFM. 1906) SING. 1951.

272. Stumpfer Saftling

Eßbar

Hygrócybe chloróphana (FR. 1821) WÜNSCHE 1877, emend. HALLER

Kennzeichen: In allen Teilen vorwiegend schwefelgelb; mittelgroß; zart und zerbrechlich.
Hut: Zitronen- bis schwefelgelb, glatt, schmierig-klebrig, mit deutlicher, starker Riefung, erst halbkugelig bis gewölbt (nie kegelig), stumpfbucklig, schließlich verflacht mit leichtem Buckel, 2–4 cm breit; fast häutig, sehr zerbrechlich. Oberhaut abziehbar.
Blätter: Blaßgelb bis schwefelgelb mit hellerer Schneide, stark bauchig, dünn; fast entfernt, ausgebuchtet-angeheftet bis frei.
Stiel: Zitronen- bis schwefelgelb, schleimig, gleichmäßig dünn, schlank, gedreht, ohne Rollen, 4–6 × 0,3–0,4 cm; zäh, hohl.
Fleisch: Zitronengelb, dünn; mild, geruchlos.
Sporen: Farblos, ellipsoid, 7,5–8,5 × 4–6 µm. Staub weiß.
Vorkommen: September bis Oktober auf Weiden und Wiesen. Selten.

Synonym: *Hygróphorus chloróphanus* (FR.) FR. 1838. – *Hygrócybe chloróphana* sensu RICKEN 1915, VELENOVSKÝ ist *H. obrússea* (FR.) WÜNSCHE, Nr. 271; *H. chloróphana* sensu J. LANGE 1940 ist unklar.

271. Gebuckelter Saftling, ***Hygrócybe obrússea.*** Nat. Gr.

272. Stumpfer Saftling, ***Hygrócybe chlorόphana.*** Nat. Gr.

273. Trichterförmiger Saftling

Bedeutungslos

Hygrócybe cantharéllus (SCHW. 1822) MURRILL 1911

Hut: Rotorange, nicht schwärzend, trocken, nicht schmierig, glatt oder ganz feinschuppig; zuerst schwach gewölbt, dann niedergedrückt bis trichterförmig, nie kegelig, 1,5–4 cm breit; dünnfleischig.
Blätter: Erst weißlich, dann gelblich, bisweilen rotgefärbt, weitstehend, deutlich herablaufend.
Stiel: Orangerötlich, mitunter gelblich, dünn, schlank, 2–6 × 0,3–0,6 cm; brüchig, ausgestopft bis hohl.
Fleisch: Geschmack roh unangenehm. Zerbrechlich.
Sporen: Farblos, ellipsoid, 7,5–10 × 5–6 (–7,5) µm. Basidien 4sporig.
Vorkommen: Juli bis Oktober in Erlenbrüchen auf Bulten und nackter Moorerde, auf grasigen Lichtungen im Laub- und Nadelwald, einzeln oder gesellig.

Synonym: *Hygróphorus cantharéllus* (SCHW.) FR. 1838.

274. Schnürsporiger Saftling

Eßbar

Hygrócybe quiéta (KÜHNER 1947) SING. 1951

Kennzeichen: Lebhaft gelber bis orangeroter Pilz; Geruch mit dem des Eichen-Milchlings (*Lactárius quiétus*) übereinstimmend; mit ellipsoiden, in der Mitte eingeschnürten Sporen, dadurch mikroskopisch leicht kenntlich; eine vielverkannte Art.
Hut: Kräftig zitronengelb, dotterorangegelb bis schalachorange, immer mit leicht olivgelblichen Farbtönen, durch Regen und im Alter graulich werdend, matt; nicht schmierig, nur leicht feucht, hygrophan, trocken fettig glänzend, zart durchscheinend gerieft; kegelig bis halbkugelig, nie spitzbucklig, dann abgeflacht, aber meist mit stumpfem Buckel, 2–7 (–10) cm breit; dünnfleischig. Rand im Alter umgekrempelt und kraus.
Blätter: Zitronengelb, besonders bei größeren Fruchtkörpern auf den Flächen lachsorange, durch die Sporen zart weißlich überhaucht; dick, entfernt, unterschiedlich breit, 0,4–1,2 cm, die bis zum Stiel durchgehenden bauchig vorstehend, die halben schmaler und oft wellig-kraus, auf den Flächen feinst querrunzelig und in der Tiefe queraderig verbunden, etwas verschmälert angewachsen und mit Zahn ein wenig herablaufend.
Stiel: Dottergelb-orange, fast gleich dick, häufig aber auch unregelmäßig, brettartig flach, kanalig-doppelt, querwellig oder bauchig aufgetrieben, die Basis fast immer kurz ausgespitzt und weiß; seidig-glatt (unter der Lupe dagegen zart längsstreifig), trocken, 2–7 × 0,4–1,5 cm; weitröhrig-hohl.
Fleisch: Gelb bis orange, dünn, mild, gerieben genau wie der Eichen-Milchling *(Lactárius quiétus)* riechend (nach Blattwanzen).
Sporen: Farblos, fast plump ellipsoid, mit mehr oder weniger deutlicher Einschnürung, 7–9 × 3,5–5,5 µm. Staub weiß. Keine Zystiden. Basidien 4sporig.
Vorkommen: Juli bis Oktober in grasigen Laubwäldern, in Erlenbrüchen, seltener auf Waldwiesen und Weiden, häufig auf Kalkboden, meist zerstreut, doch auch in kleineren Gruppen und sogar büschelig.

Synonym: *Hygróphorus quiétus* KÜHNER 1947. – *Hygrócybe intermédia* (PASS. 1872) FAYOD 1889 ist nach HENNIG 1964 identisch, nach ORTON & al. jedoch eine andere Art.
Pseudonym: *Hygrócybe obrússea* sensu BRESADOLA 1928 (vgl. Nr. 271).

273

274

273. Trichterförmiger Saftling, *Hygrócybe cantharéllus.* Nat. Gr.

274. Schnürsporiger Saftling, *Hygrócybe quiéta.* 4/5 nat. Gr.

275. Bitterer Saftling

Ungenießbar

Hygrócybe réai (MRE. 1910) RICKEN 1915

Kennzeichen: Sehr bitterer Geschmack. Lange verkannt und mit *Hygrócybe miniáta* verwechselt.
Hut: Zinnoberrötlich, am Scheitel meist blasser, nach dem Rand zu goldgelb, schließlich gelblich werdend; schmierig, kahl; zuerst halbkugelig, dann gewölbt, zuletzt flach, 1–2 (–3) cm breit; wenig fleischig. Oberhaut nicht abziehbar.
Blätter: Weißgelblich, orangegelblich bis orangerötlich, an der Schneide narzissengelb, später ganz gelb werdend. Ansatz am Stiel sehr verschieden, mitunter schwach, manchmal breit angewachsen oder mit Zahn herablaufend.
Stiel: Orangerötlich; glatt, glänzend, schmierig, am Grunde gelblichweiß bis weißlich, gleichmäßig, mitunter zusammengedrückt; röhrig; ziemlich zäh.
Fleisch: Orangegelblich, Mitte gelb, ziemlich fest. Geschmack sehr bitter, ohne Geruch.
Sporen: Farblos, ellipsoid, glatt, 7–10 × 3,5–5 µm. Ohne Zystiden.
Vorkommen: September bis Oktober auf Weiden, an Wegrändern, truppweise. Nicht häufig (Westeuropa, Dänemark, zerstreut in der DDR).

Nach LANGE gibt es Formen mit 2- und mit 4sporigen Basidien.
Synonyme: *Hygróphorus réai* MRE . 1910, *Glióphorus réai* (MRE.) HERINK 1959.
Pseudonym: *Hygrócybe mucronélla* (FR. 1838) KARST. 1879 sensu LGE. 1940, non FR. (= zweifelhafte Art).

276. Mennigroter Saftling

Bedeutungslos

Hygrócybe miniáta (FR. 1821) KUMM. 1871

Kennzeichen: Ein kleiner Saftling, auffallend durch seine leuchtend mennig- bis zinnoberrote Farbe. Trocken, nicht schmierig!
Hut: Mennigrot, leuchtend zinnoberrot bis hell blutrot, am Rande mitunter orange- bis safranfarben, im Alter etwas entfärbend, gelbrötlich werdend; später in der Mitte feinschuppig bis feinflockig, doch auch fast glatt, matt, trocken, nie schmierig, höchstens jung schwach klebrig; anfangs halbkugelig, dann glockig gewölbt, mitunter schwach gebuckelt, später fein genabelt und am Rand hochgebogen, 1–3 cm breit; dünnfleischig, zerbrechlich.
Blätter: Orangerötlich, schließlich orangeblaß, nach den Schneiden gelblich werdend, aber in der Tiefe rötlich bleibend; breit, wenig dicht, angewachsen, schwach herablaufend.
Stiel: Zinnoberrot, später orangefarben ausblassend, etwas glänzend; trocken, glatt, zart, gleichmäßig dick, am Grunde mitunter verjüngt, meist verbogen oder gekrümmt, 3–6 × 0,2–0,4 cm, zerbrechlich, erst voll, später hohl.
Fleisch: Orangeblaß bis schwefelgelb, unter der Huthaut und der Stieloberfläche rotorange; wäßrig, glasig-durchscheinend; Wasser schwefelgelb färbend; mild, geruchlos.
Sporen: Farblos, länglich-ellipsoid, glatt, 9–11 × 5–6 µm, Staub weiß.
Vorkommen: Juni bis Oktober auf feuchten, moosigen Wiesen, in Gräben, Sümpfen und Mooren, auch an Waldrändern; truppweise. Ziemlich häufig. Azidophile Art (ARNOLDS 1980).

Synonym: *Hygróphorus miniátus* (FR.) FR. 1838.

Verwechslung: Weicher Saftling, *H. móllis* (BERK. & BR.) MOS. mit rein gelben, kurz herablaufenden Blättern (S. 85) und **Trichterförmiger S.**, *H. cantharéllus* (SCHW.) MURRILL mit gelblichweißen, weit herablaufenden Blättern (Nr. 273). Sehr ähnlich ist *H. stranguláta* (ORTON 1960) SVR. 1962, s. Systematischer Teil, S. 85.

275

276

275. Bitterer Saftling, *Hygrócybe réai.* Nat. Gr.

276. Mennigroter Saftling, *Hygrócybe miniáta.* Nat. Gr.

277. Rußigflockiger Saftling

Bedeutungslos

Hygrócybe coccíneocrenáta (Orton 1960) Mos. 1967

Kennzeichen: Ein kleiner, scharlachroter Pilz mit gekerbtem Hutrand, in Mooren.
Hut: Scharlachrötlich, goldgelb bis orangefarben, von der Mitte aus sich in winzige; rußigfarbene, körnige Flocken auflösend, anfangs klebrig-schmierig, bald trocken, zuerst schwach gewölbt, dann flach, in der Mitte leicht niedergedrückt, 1–2 (–3) cm breit; dünnfleischig, sehr brüchig. Rand gelblich; leicht eingebogen, gekerbt bis gezähnelt.
Blätter: Weiß bis gelblich; entferntstehend, angewachsen und wenig herablaufend.
Stiel: Orangerötlich, mit gelblicher Basis, gleich dick, mitunter verbogen, 3–4 (–5) × 0,2–0,3 (–0,5) cm; glatt, glänzend; sehr brüchig, ausgestopft, zuletzt hohl.
Fleisch: Gelb, ohne bestimmten Geruch und Geschmack.
Sporen: Farblos; länglich ellipsoid, 8–9 (–10) × 4–6 µm.
Vorkommen: Juni bis September in Flach- und Zwischenmooren, in Torfstichen und Schwingrasen, immer an Torfmoos (*Sphágnum recúrvum* u. a.). An entsprechenden Standorten nicht selten, z. B. im Norden der DDR.

Synonym: *Hygróphorus coccíneocrenátus* Orton 1960.
Pseudonyme: *Hygrócybe turúnda* sensu Lge. 1940, *Hygróphorus turúndus* sensu Kühner & Romagn. 1953, non (Fr. 1818: Fr. 1821) Fr. 1838.

278. Kirschroter Saftling

Eßbar

Hygrócybe coccínea (Schaeff. 1774: Fr. 1821) Kumm. 1871

Kennzeichen: Hut, Blätter und Stiel kirschrot, doch bald ausblassend; Stiel nicht gestreift. Kleiner als *H. punícea.*
Hut: Anfangs schön kirschrot bis blutrot, aber schnell ausblassend, wachsgelb werdend, mehr feucht als schmierig, glatt; später trocken und glänzend; glockig bis halbkugelig, bald ausgebreitet, 2–6 cm breit, dünnfleischig. Rand lange Zeit rot bleibend, zuletzt eingerissen.
Blätter: Orange bis blutrot, an der Schneide oft gelbgraubräunlich, weitstehend, am Grunde aderig verbunden und purpurfarben, bauchig, breit angewachsen, mit Zähnchen herablaufend.
Stiel: Kirsch- bis blutrot, im Alter orangefarben, am Grunde gelblich, fast glänzend; glatt, nicht faserig gestreift (nur unter der Lupe zartfaserig erscheinend); ziemlich dick, 4–6 × 0,5–1 cm, mitunter zusammengedrückt, hohl.
Fleisch: Kirschrot bis orangefarben, wäßrig, brüchig; mild, geruchlos.
Sporen: Farblos, länglich ellipsoid, glatt, 7–9 × 4–5 µm.
Vorkommen: September bis Oktober auf feuchten Wiesen und Weiden, an Wegrändern und in Waldlichtungen, truppweise. Ziemlich häufig.

Synonym: *Hygróphorus coccíneus* (Schaeff.: Fr.) Fr. 1838.
Anmerkung: Die Verbreitung in der BRD diskutiert Krieglsteiner in Z. Mykol. **44** (1978), S. 224–228, mit Verbreitungskarte.

277. Rußflockiger Saftling, *Hygrócybe coccíneocrenáta.* Nat. Gr.

278. Kirschroter Saftling, *Hygrócybe coccínea.* Nat. Gr.

279. Papageigrüner Saftling

Ungenießbar

Hygrócybe psittácina (SCHAEFF. 1774: FR. 1821) WÜNSCHE 1877

Kennzeichen: Ein buntfarbiger, kleiner Pilz der Herbstwiesen, bei dem die grünen Farbtöne (blaugrün bis olivgrün) vorherrschen, besonders in dem dicken Schleim der jungen Fruchtkörper.
Hut: Sehr verschiedenfarbig, papageigrün, an einzelnen Stellen, besonders am Rand, gelb, zitronengelb bis orange, auch fleischrötlich, schließlich blaßgelb bis weißlich ausblassend; bei feuchtem Wetter stark schleimig-schmierig, trocken glänzend, im durchwässerten Zustand durchscheinend gerieft; in der Jugend mit einem dicken, grünen Schleim überzogen; zuerst glockig, dann ausgebreitet, in der Mitte mit Buckel, zuletzt am Rand oft aufwärts gebogen; 1,5–4 (–5) cm breit; dünnfleischig.
Blätter: Gelb, vor allem an den Schneiden, doch zum Teil grünlich, besonders dort, wo sie dem Hut ansitzen, sonst mitunter auch etwas rötlich, entfernt stehend, dick, bauchig, bei größeren Hüten am Grund aderig verbunden; am Stiel angeheftet (mitunter mit Zahn).
Stiel: An der Spitze bläulichgrün, abwärts gelb, gelblich, mitunter auch orangerötlich; meist glatt, manchmal stellenweise wellig uneben, schleimig-schlüpfrig, schlank, 4–6 (–8) × 0,2–0,8 cm, oft verbogen, fast gleichmäßig dick, an der Basis mitunter etwas zusammengedrückt und ausspitzend; zäh, hohl.
Fleisch: Grünlich, wäßrig, fast glasig, brüchig; mild, geruchlos.
Sporen: Farblos, länglich-ellipsoid, 8–10 × 4–5 µm. Staub weiß.
Vorkommen: Juli bis Oktober auf Wiesen, Weiden und Triften, auf Dünen und in grasigen Kiefernwäldern, auf Kalk- und Silikatboden, gesellig, oft in Mengen. Verbreitet vom Flachland bis ins Hochgebirge, jedoch wie alle Saftlinge durch künstliche Düngung, fehlende Beweidung bzw. fehlenden Schnitt des Grünlandes im Rückgang begriffen. In der BRD heute am häufigsten südlich der Mainlinie (Karte von KRIEGLSTEINER in Z. Mykol. **44** [1978], S. 227). *H. psittácina* gehört mit *H. cónica* und *H. cerácea* zu den Saftlingen mit großer pH-Amplitude, d. h., er wächst auf azidischen bis basischen Böden (ARNOLDS 1980).

Synonyme: *Hygróphorus psittácinus* (SCHAEFF.: FR.) FR. 1838, *Glióphorus psittácinus* (SCHAEFF.: FR.) HERINK 1959.

Anmerkung: Dieser leicht kenntliche Pilz ist in Farbe und Größe recht veränderlich. Die untere Abbildung zeigt den Typus der f. *opíma* R. SCHULZ 1927: Hut und Stiel größer, üppig; auf fetten Wiesen. – Die var. *abiétina* HEIM 1947 ist weniger schleimig, mit grünen Blättern, stets ohne rötliche Farbtöne; auf der Nadelstreu in Fichtenwäldern, Frankreich. – Exemplare mit geringem grünem Farbanteil können für den **Zähen Saftling,** *Hygrócybe lǽta* (Nr. 283) gehalten werden, der aber herablaufende Blätter hat.

279. Papageigrüner Saftling, *Hygrócybe psittácina.* Nat. Gr.

280. Schwarzbrauner Saftling

Eßbar

Hygrócybe spadícea (Scop. 1772: Fr. 1821) Karst. 1879

Kennzeichen: Fast schwarzhütig; mit dickem Schleim; radial gefasert; nicht schwärzend.
Hut: Braunrußig bis fast schwarz, stark schmierig durch den olivbraun gefärbten Schleim, trocken glänzend; kegelig bis breitkegelig, meist spitzbuckelig; radial faserig gestreift; 3–6 cm breit, dünn, brüchig. Rand olivbräunlich.
Blätter: Satt zitronengelb, dicklich, wenig gedrängt, am Stiel abgerundet, fast frei.
Stiel: Gelblich, durch bräunliche Fasern gestreift, am Grund fast weißlich; trocken, 5–6 × 0,5–1 cm; faserfleischig, hohl.
Fleisch: Zitronengelb, am Stielgrunde weißlich, nicht schwärzend. Geruch- und geschmacklos.
Sporen: Farblos, ellipsoid, 9–12 × 4–5 µm.
Vorkommen: September bis Oktober auf feuchten, moosigen Wiesen im Gebirge. Selten. In der DDR in nährstoffarmen Borstgrasrasen des Erzgebirges.

Synonym: *Hygróphorus spadíceus* (Scop.: Fr.) Fr. 1838.

280. Schwarzbrauner Saftling, *Hygrócybe spadícea.* Nat. Gr.

281. Schwärzender Saftling

Ungenießbar (giftverdächtig!)

Hygrócybe nigréscens (QUÉL. 1887) KÜHNER 1926

Kennzeichen: Stumpfkegelig, gegen Berührung sehr empfindlich, schwarz werdend.
Hut: Orangegelb bis rot, durch rötliche bis orangefarbene Fasern gestreift, später grau und zuletzt schwarz verfärbend; stumpfkegelig, 4–9 cm breit, nicht klebrig.
Blätter: Zitronengelb, mitunter blasser, am Grunde orangefarben, später grau, zuletzt schwarz; bauchig; angeheftet, dann frei.
Stiel: Zitronen- oder orangegelblich, schließlich schwarz, am Grunde weißlich; faserig gestreift; 5–8 × 0,4–3 cm; erst ausgestopft, dann hohl.
Fleisch: Gelblich, wäßrig, enthält eine zuckerartige Flüssigkeit, die an der Luft schnell graulila wird und sich schließlich schwarz verfärbt. Geruch- und geschmacklos.
Sporen: Farblos, ellipsoid, 9–11 (–13) × 5–6 µm. Basidien 4sporig.
Vorkommen: August bis Oktober auf Waldlichtungen und Schneisen, auf Grasplätzen, an Straßenrändern. Zerstreut.

Synonyme: *Hygróphorus puníceus* var. *nigréscens* QUÉL. 1887, *H. nigréscens* (QUÉL.) QUÉL. 1888, *H. cónicus* subsp. *nigréscens* (QUÉL.) KONR. & MAUBL. 1937.
Pseudonym: *Hygróphorus cónicus* (SCOP. 1772: FR. 1821) FR. 1838 sensu RICKEN 1915 pro parte (Abbildung!).

Diese oft verkannte Art hat den Habitus von *H. punícea* (Bd. I/132) und das Schwärzen von *H. cónica* (Bd. I/133); letztere Art unterscheidet sich durch den spitzkegeligen Hut und bleistiftdünnen Stiel. Bei *H. cónica* sind Formen mit 2- und solche mit 4sporigen Basidien, bei *H. nigréscens* nur solche mit 4sporigen Basidien bekannt. J. LANGE (1940) rechnete auch 4sporige *H. cónica* zu *H. nigréscens* (Abb. 167 H). Eine gute Abbildung von *H. nigréscens* bringt BRESADOLA (Tafel 350).

281. Schwärzender Saftling, *Hygrócybe nigréscens.* 3/4 nat. Gr.

282. Grauer Saftling

Eßbar

Hygrócybe unguinósa (FR. 1821) KARST. 1879

Kennzeichen: Kleinerer, sehr schleimiger, grauer Pilz, von großer Brüchigkeit.
Hut: Dunkelgrau, rußiggrau, mit bläulichem Schein, bei Trockenheit ausblassend, mit dunklerer Mitte; bei feuchtem Wetter sehr schleimig-klebrig, glatt; kegelig-glockig, dann stumpfgewölbt, später ausgebreitet, doch schwach gebuckelt, 3–5 (–6) cm breit; sehr brüchig, dünnfleischig; wenn feucht; durch die durchscheinenden Blätter scheinbar gerieft. Rand rundlich, dann aufgerichtet und wellig verbogen. Oberhaut kaum abziehbar.
Blätter: Weißlich bis blaßgraulich mit bläulichem Schimmer, an der Schneide blasser und mitunter rissig; ziemlich dick, weitstehend, breit, fast bauchig, am Grund schwach aderig, mit kürzeren untermischt, breit- und auch hakenförmig angewachsen, kaum herablaufend.
Stiel: Rauchgrau, an der Spitze blasser, schimmernd, wenn trocken; schon jung röhrig, ungleichmäßig dick, nach der Basis zu etwas verjüngt, 3–7 × 0,5 cm; wellig, oft zusammengedrückt, mitunter mit tiefen, länglichen Rissen, sehr brüchig, kahl, glatt, besonders stark klebrig-schleimig.
Fleisch: Blaßgraulich, beim Trocknen ausblassend, sehr dünn, brüchig, mild, geruchlos
Sporen: Farblos, ellipsoid-eiförmig oder kurzellipsoid, ziemlich veränderlich, 7–8,5 × 4,5–5 µm. Staub weiß.
Vorkommen: August bis September auf Lichtungen, auf Weiden, auf moosigen Wiesen, an Waldrändern, besonders im Gebirge. In der DDR zerstreut in mesophilen Laubwäldern.
Synonyme: *Hygróphorus unguinósus* (FR.) FR. 1838, *Glióphorus unguinósus* (FR.) HERINK 1959.

283. Zäher Saftling

Bedeutungslos

Hygrócybe laéta (PERS. 1796: FR. 1821) KUMM. 1871

Kennzeichen: Ein kleiner , auffallend schleimiger, elastischer, nicht brüchiger Saftling.
Hut: Sehr verschieden gefärbt: Gelblichbraun, orangebräunlich, fleischbräunlich, fuchsiggelb, lachsfarben, wenig ausblassend; stark schleimig, etwas glänzend; zuerst leicht glockig gewölbt, stumpf, dann ausgebreitet, in der Mitte etwas vertieft, 1,5–3,5 cm breit, sehr zäh. Rand durchscheinend gestreift.
Blätter: Graubräunlich, dann blaß fleischrötlich, seltener weißlich oder mit grünlichen Tönen; entferntstehend, dünn, am Stiel breit angewachsen, etwas herablaufend. Schneide hellgrau, glänzend.
Stiel: Im oberen Teil meist graugrünlich, mitunter auch schwach lila getönt, sonst wie der Hut gefärbt, auffallend schleimig-schlüpfrig; gleichmäßig dick, wellig-verbogen, 3,5–7 × 0,4–0,5 cm, glatt, sehr zäh und elastisch, nicht gebrechlich, hohl.
Sporen: Farblos, länglich-ellipsoid, 6–8 × 4–5 µm. Staub weiß.
Vorkommen: September bis Anfang November in feuchten und trockenen Rasen, auf Weideland, auch an Waldrändern und in Mooren, gesellig.
Nach ARNOLDS (1980) eine für saure Böden charakteristische Art. Verbreitet im Flachland und Gebirge, aber gebietsweise selten geworden.
Synonyme: *Hygróphorus laétus* (PERS.: FR.) FR. 1838, *Glióphorus laétus* (PERS.: FR.) HERINK 1959.

282. Grauer Saftling, *Hygrócybe unguinósa.* Nat. Gr.

283. Zäher Saftling, *Hygrócybe lǽta.* 3/2 nat. Gr.

284. Nitrat-Saftling

Ungenießbar

Hygrócybe ingráta Jensen & Moeller in Moeller 1945

Kennzeichen: Schuppig aufreißender Hut mit weißen Blättern, rötliche Verfärbung bei Verletzung oder Berührung, Nitrat-Geruch.
Hut: Braungrau, horngrau, bei Berührung rötend, dann braunrötlich, oft erst sehr spät, alt schwärzend, besonders am Scheitel; meist trocken, seltener feucht; stumpfkegelig, dann ausgebreitet mit schwachem Buckel, mit eingewachsenen, dunkleren Fasern, bald schuppig aufbrechend, 3–10 cm breit, mitunter auch sehr klein; starr, brüchig.
Blätter: Blaßcreme bis blaßocker, beim Reiben rötend und langsam braunrot werdend, oft erst nach mehreren Stunden, schließlich schwärzend (Aussehen von *Rússula nígricans*); dick, aber mit dünner Schneide, entferntstehend, bauchig, brüchig, aderig verbunden; ausgebuchtet und meist mit Zahn herablaufend.
Stiel: Creme bis blaßocker, rötend und braunfleckig werden, stark faserig; unregelmäßig, aufgeblasen, 12 × 12 cm, gefurcht, spindelig (rüblingsartig), ausgestopft oder hohl.
Fleisch: Weißlich bis creme, nach einiger Zeit rötend; starr, brüchig, dünn, besonders im Hut. Geschmack mild, Geruch wie bei *H. nitráta*.
Sporen: Farblos, eiförmig, glatt, 9–10 × 4,5–6 µm. Sporenstaub weiß.
Vorkommen: August bis September auf feuchten Weiden und Wiesen. Nicht selten, aber bisher vielfach verkannt. Unter anderem auf den Faeroerinseln (Møller), in der Schweiz und Tirol nachgewiesen.

Pseudonyme: *Hygróphorus nitiósus* Blytt 1905 und *Hygrócybe nitiósa* (Blytt) Mos. 1953 sensu Haller, Gröger u. a., non Blytt; *Hygrócybe ovína* (Bull.: Fr.) Kühner sensu J. Schäffer, non Bulliard (s. Nr. 286).

285. Alkalischer Saftling

Ungenießbar

Hygrócybe nitráta (Pers. 1801) Wünsche 1877

Hut: Graubraun, rußigbraun, aschgrau, mitunter schwach oliv, nach dem Rande etwas heller, hygrophan, anfangs schmierig, bald trocken, glockig-gewölbt, dann ausgebreitet, etwas niedergedrückt, 3–7 cm breit, dünnfleischig. Rand dünn, Blätter durchscheinend, später rissig zerspalten und gelappt.
Blätter: Weißlich, feucht schwach grau (bläulich schimmernd), auch blaßgelbgrünlich, entfernt stehend, dick, breit, bauchig, öfter aderig verbunden, mit welliger Schneide; buchtig-angewachsen.
Stiel: Grauweißlich, blaß braungrau, mitunter gelblich, ungleichmäßig, mitunter gedreht, manchmal breitgedrückt; 4–8 × 0,4–0,7 (–1,2) cm; kahl, glatt, mitunter auch faserig gestreift, brüchig, hohl.
Fleisch: Weißlich bis grau, unter der Huthaut noch etwas dunkler, dünn, brüchig, Geschmack fade, Geruch scharf und stechend nach Stickoxiden bzw. Salpetersäure. Nicht rötend.
Sporen: Farblos, länglich-ellipsoid, glatt, 8–10 × 4,5–5 µm. Staub weiß.
Vorkommen: Juli bis Oktober auf Grasplätzen, in grasigen Wäldern; auf Triften meist kleiner, im Walde größer. Nicht häufig; nur auf sandigen Böden, nie auf Kalk.

Synonyme: *Hygróphorus nitrátus* (Pers.) Fr. 1874, *Camarophýllus nitrátus* (Pers.) Ricken 1920, *Neohygrócybe nitráta* (Pers.) Herink 1959.
Pseudonym: *Hygrócybe murinácea* (Fr. 1821) Mos. 1953 sensu Moser, Lundell, non Fr. (= nomen confusum, nach Orton).

284

285

284. Nitrat-Saftling, *Hygrócybe ingráta.* 1/2 nat. Gr.

285. Alkalischer Saftling, *Hygrócybe nitráta.* Nat. Gr.

286. Rötender Saftling, Olivschwarzer Saftling

Eßbar

Hygrócybe ovína (BULL. 1793: FR. 1821) KÜHNER 1926

Hut: Olivgrau bis olivbraunschwarz, kaum schmierig, meist trocken, rissig-gestreift durch radiale Fasern, schließlich runzelig; glockig-gewölbt, dann ausgebreitet, 4–8 cm breit; starr, brüchig, wenig fleischig. Rand dünn, später etwas hochgebogen, rissig zerspalten.
Blätter: Anfänglich blaß, bald grau, schwach rotbräunlich, mit weißlichem Reif, durch Druck und beim Reiben stark rötend, im Alter schwärzlich; mit kürzeren untermischt, weitstehend, sehr dick und breit, bauchig, ausgerandet angeheftet oder fast frei, mitunter aderig verbunden.
Stiel: Erst graubräunlich, dann schwarzbraun bis olivschwärzlich, schließlich ganz schwarz, an der Spitze fein weißlich bereift, glatt, ungleichmäßig, am Grunde verdickt, etwas aufgeblasen, 5–8 × 0,8–1,5 cm, auch breiter; erst ausgestopft, dann fast hohl.
Fleisch: Grau, bei Bruch rötend, schließlich schwärzlich; brüchig. Geruch schwach, fast geruchlos, manchmal stechend, „nitrös". Geschmack mild.
Sporen: Farblos, länglich-ellipsoid, glatt, 7–10 × 5–6 µm. Staub weiß. Keine Zystiden.
Vorkommen: September bis Oktober auf Weiden, im lichten Nadelwald, auf Heiden, meist einzeln, mitunter gesellig. Ziemlich selten. In der DDR nur im oberen Vogtland.

Synonyme: *Hygróphorus ovínus* (BULL.: FR.) FR. 1838, *Camarophýllus ovínus* (BULL.: FR.) KUMM. 1871, *Neohygrócybe ovína* (BULL.: FR.) HERINK 1959.
Hygrócybe ovína sensu J. SCHÄFFER ist eine andere Art, nämlich *H. ingráta* JENSEN & MOELLER (s. Nr. 284).

286. Rötender Saftling, *Hygrócybe ovína.* Nat. Gr.

287. Fleckender Schmierling, Gefleckter Schmierling

Eßbar

Gomphídius maculátus Fr. 1838

Hut: Fleischbräunlich, in der Mitte mitunter mit leicht rötlichem Anflug, oft mit fast rundlichen, schwärzlichen Flecken; etwas klebrig-schmierig, glatt; flach ausgebreitet, nur in der Mitte meist leicht gewölbt, zuletzt etwas trichterförmig, 3–8 (–10) cm breit. Rand dünn, hökkerig, wellig verbogen. Huthaut nicht abziehbar. Die Flecken in der Huthaut treten mitunter erst nach längerem Liegen auf, können aber auch fehlen.
Blätter: Grau, bei Berührung oder auf Druck weinrötlich bis rostfleckig, mit hellerer, zuletzt rußiger, stumpfer Schneide, dick, entfernt stehend, untermischt, gegabelt, am Grund stark queraderig, kraus, ziemlich weit herablaufend, ablösbar.
Stiel: Blaß mit rötlichem Schein, durch braunrötliche Schuppen gefleckt und die Spitze oft durch die dunklen Sporen schwärzlich punktiert, am Grunde chromgelb bis schwefelgelb, ausspitzend, 6–7 × 0,8–1 cm; anfangs mit schleimigem Velum, das aber sehr schnell vergeht, dann trocken.
Fleisch: Weißlich bis schwach rötlich, bei Druck weinrötlich anlaufend, durchfeuchtet, weich, faserig; mild, geruchlos.
Weißes Papier wird durch den Fleischsaft intensiv weinrot gefärbt; Jodkali färbt das Fleisch weinrot, Ammoniak schmutzigoliv und Sulfovanillin schnell, aber nur vorübergehend weinrot (nach Rahm).
Beim Trocknen werden die Fruchtkörper schwarz und fast unerkennbar.
Sporen: Schwärzlich, abgerundet spindelförmig, 18–23 × 6–9 µm. Wand ziemlich dick. Basidien viersporig, meist mit einer Einschnürung.
Zystiden: Sehr groß, 130–150 × 15–25 µm, zylindrisch, dünnwandig inkrustiert, die Basidien um 60 µm überragend.
Vorkommen: August bis Oktober nur unter Lärchen, hauptsächlich im Hochgebirge (Alpen, Karpaten), selten außerhalb des natürlichen Lärchenvorkommens, im Hügelland, z. B. Erzgebirge, Thüringen (Dörfelt), bei Hildesheim (Schieferdecker).
Verbreitungskarte für die BRD: Krieglsteiner in Z. Mykol. **44** (1978), S. 212.

Synonym: *Leucogomphídius maculátus* (Fr.) Kotl. & Pouz. 1972.

288. Zierlicher Schmierling

Eßbar

Gomphídius grácilis Berk. & Br. 1854

Hut: Rotbräunlich bis weinrötlich, am Rande mit braunschwärzlichen Flecken; halbkugelig, ausgebreitet, in der Mitte eingedrückt, aber mit kleinem, dunklem Buckel; bis 5 cm breit, bei feuchtem Wetter sehr schleimig.
Blätter: Weißlich bis graulich, bei Druck weinrot fleckend, zuletzt rußig, wenig dicht, herablaufend.

Fortsetzung Seite 454

289. Rosenroter Schmierling (Beschreibung s. S. 467)

287. Fleckender Schmierling, *Gomphídius maculátus.* 4/5 nat. Gr.

288. Zierlicher Schmierling, *Gomphídius grácilis.* Nat. Gr.

289. Rosenroter Schmierling, *Gomphídius róseus.* Nat. Gr.

Stiel: Weißlich, am Grunde gelblich, gesprenkelt durch purpurrötliche bis purpurschwärzliche Schüppchen, von der Basis aus langsam schwärzlich werdend; verbogen, am Grunde spitz auslaufend .
Fleisch: Weißlich, nach unten schwach schmutzig rötlich, im Stielgrund chromgelb, beim Berühren oder auf Druck weinrötlich.
Vorkommen: Juli bis September nur unter Lärchen.

Nach ORTON & al. mit *Gomphídius maculátus* identisch, nach MOSER jedoch verschieden. Ursprünglich von BERKELEY aus Wales beschrieben, von LANGE in Dänemark gefunden, von BRESADOLA aus Oberitalien abgebildet und als sehr häufig bezeichnet.

Synonym: *Gomphídius maculátus* subsp. *grácilis* (BERK. & BR.) KONR. & MAUBL. 1937.

290. Muschelkrempling

Ungenießbar

Tapinélla panuoídes (FR. 1818: FR. 1821) GILBERT 1931

Kennzeichen: Olivgelber, muschelförmiger, meist stielloser Pilz an Nadelholzstümpfen; sehr veränderlich in der Gestalt.
Hut: Im ersten Stadium weißlich, dann blaßgelblich ocker, schmutzig gelblich, olivgelblich, zuletzt bräunlich (zuweilen etwas ins Violette übergehend, sowohl im Hut wie im Stiel) anfänglich flaumig feinfilzig, besonders am Rand, später kahl; meist halbkreisförmig einseitig ausgebildet, muschel- oder fächerförmig (auch trichterförmig in abnormen Fällen bei Wachstum in der Dunkelheit); nach der Ansatzstelle verlängert und verschmälert, mitunter auch resupinat, also mit dem Scheitel der Hutoberfläche aufgewachsen; 2–8 cm breit, sitzend oder kurz gestielt, dünnfleischig. Rand erst stark eingerollt, später wellig lappig und kraus, scharf, dünn.
Blätter: Anfangs weiß, gelb-safranfarben, olivgelb, dann matt zimtfarben, dicklich, breit, sehr leicht vom Hut abtrennbar, wellig bis kraus, weich, verzweigt, am Grunde durch Querleisten verbunden, so daß maschige Zellen von 2 mm Breite entstehen; herablaufend oder ausstrahlend von einem exzentrischen Punkt.
Stiel: Wenn vorhanden: Olivgelb bis bräunlich, seitlich stehend, sehr kurz.
Fleisch: Erst cremefarben, dann weiß, wäßrig, schwammig-weich. Geschmack mild, ohne Geruch.
Sporen: Fast farblos, durchsichtig unter dem Mikroskop (Sporenwand hellbräunlich), kurzellipsoid, glatt, 4,5–6 × 3–4 µm. Staub blaßocker bis rostfarbig, ockerbraun, tabakbraun oder schwärzlichbraun. Keine Zystiden. Trama deutlich bilateral.
Vorkommen: Das ganze Jahr hindurch, besonders aber von Juli bis Oktober, an alten Kiefernstümpfen oder an bearbeitetem Holz, büschelig (Stiele unten zusammengewachsen, öfter auch dachziegelig übereinander); auch in Höhlen und Bergwerken, dort besonders die resupinate Form; nicht selten, aber nicht überall auftretend. Meist findet man an den Grubenhölzern nur weißes bis gelbgefärbtes Oberflächenmyzel und gelbliche Myzelstränge.
Das Vorkommen an Grubenhölzern wurde schon von Alexander VON HUMBOLDT 1793 aus sächsischen Bergwerken beschrieben. Der Muschelkrempling ist ein starker Holzzerstörer, bewirkt Braunfäule.

Bemerkenswerte Varietäten:
Var. *iónipus* QUÉL. 1887 hat olivbraunen Hut, violettfilzige Stielbasis und violettliches Oberflächenmyzel. An Koniferenholz nicht selten.
Var. *rubrosquamulósa* SVR. & KUBIČKA 1964 hat ocker- bis goldgelben Hut mit braunroten, angedrückten Faserschuppen und starken harzartigen Geruch. An einem lebenden Rotbuchenstamm in Südböhmen.

Synonyme: *Paxíllus panuoídes* (FR.: FR.) FR. 1838, *Tapínia panuoídes* (FR.: FR.) KARST. 1879, *Crepidótus panuoídes* (FR.: FR.) PIL. 1948, *Paxíllus acherúntius* (HUMBOLDT 1793) SCHROET. 1884, *Crepidótus iónipus* QUÉL. 1888.

290. Muschelkrempling, *Tapinélla panuoídes.* Nat. Gr.

291. Trompeten-Pfifferling, Durchbohrter Leistling

Eßbar

Canthárellus tubaefórmis FR. 1821

Kennzeichen: Graubraune bis gelblichgraue, trichter- bis trompetenförmige Pilze, deren Unterseite gelblichweiß bis graulich gefärbte Leisten zeigt.
Hut: Durchfeuchtet braun bis olivgraubraun-gelbgraulich, gelbbräunlich bis rußiggelb, trokken blasser; zartflockig bis glatt, oft konzentrisch gefurcht; gewölbt, in der Mitte zunächst nur genabelt, oft trichterförmig, schließlich durchbohrt; 2–5 cm breit; im Alter dünnfleischig, fast häutig. Rand umgeschlagen, dann zierlich kraus und wellig gelappt. Hutunterseite mit Leisten, die graubräunlich, bläulichgrau, schmutziggelb, schwach rötlichgelb, auch bräunlich, durch die Sporen oft weißlich bereift, dicklich, entfernt stehend, gegabelt, am Grunde öfter queraderig sind und am Stiel herablaufen.
Stiel: Oben rauchgraugelblich bis schmutzig bräunlichgelb, auch fast orangegelb, am Grunde gelblich; grubig bis breitgedrückt, 2–6 × 0,5–1 cm; bald röhrig-hohl, nach oben meist offen.
Fleisch: Weißlich, am Rand gelblich oder blaßgrau; mild; oft erdig riechend.
Sporen: Farblos, ellipsoid, glatt, 9–12 × 5–10 µm, nicht amyloid. Staub blaßgelblichweiß.
Vorkommen: Juli bis November in schattigen Laub- und Nadelwäldern, auf feuchtem, moosigem Erdboden, auch auf vermoderndem Holz oder Baumstümpfen, oft in Reihen oder Kreisen, mitunter in großen Mengen, verbreitet.

Synonyme: *Merúlius villósus* PERS. 1798, *Canthárellus infundibulifórmis* (SCOP. 1772) FR. 1838, *C. lutéscens* (FR. 1838, subsp.) KICKX 1867, *Agáricus pruinátus* BATSCH 1783, non LASCH 1828 (s. Nr. 176!).
Die Vielgestaltigkeit dieses Pilzes hat mehrere Autoren veranlaßt, ihn in zwei Arten aufzuspalten: so unterscheiden RICKEN 1915 u. a. *C. tubaefórmis* mit nur genabeltem Hut, *C. infundibulifórmis* mit durchbohrtem Hut; CORNER (1966) unterscheidet *C. tubaefórmis* mit orangefarbenen Leisten und Stiel, *C. infundibulifórmis* mit rein gelben Leisten und Stiel. Die meisten gegenwärtigen Autoren, so auch DONK (1969), erachten diese Merkmale für unwesentlich und erkennen nur eine Art an

291. **Trompeten-Pfifferling,** *Cantharéllus tubaefórmis.* Nat. Gr.

292. Samtiger Pfifferling

Eßbar

Cantharéllus friesii QUÉL. 1872

Kennzeichen: Kleiner, lebhaft orangegelber Pilz, den man leicht für eine Zwergform des Echten Pfifferlings *(C. cibárius)* halten kann.
Hut: Orangegelb bis orangerötlich, meist sehr lebhaft in der Farbe (satter als *C. cibárius*), gelegentlich bis ockergelb ausblassend, fast kahl oder schwach feinsamtig; gewölbt, schließlich niedergedrückt bis trichterig, oft sehr unregelmäßig, 2–4 cm breit, dünnfleischig. Rand erst eingerollt, später geschweift bis gelappt, mitunter aufwärts gebogen, oft sehr flatterig-kraus werdend.
Leisten: Orangerosa (lachsfarben) bis fleischrötlichgelb, zuletzt heller, entfernt stehend, dick mit stumpfer Schneide, starr, gabelig, im Grund aderig herablaufend.
Stiel: Blaßorange bis gelblich (Spitze meist etwas dunkler orangerosa oder mit schmaler lachsfarbener Zone am Leistenansatz), kaum länger als der Hut breit, 2–3,5 × 0,3 bis 0,4 cm; fest, voll, zuletzt hohl.
Fleisch: Im Hut erst schwach orangefarben, im Stiel gelblich bis weißlich, zart, schmeckt säuerlich, riecht obstartig wie der Echte Pfifferling.
Sporen: Ellipsoid, farblos, 10,5–12,5 × 5,5–7 µm (DENKER & JAHN), 8–10 × 4–5 µm (BRESADOLA); Staub strohgelblich.
Vorkommen: Juli bis Oktober in Buchen- und Eichen-Birkenwäldern auf saurem Boden (Sand, Moräne, Grauwacke), einzeln oder fast büschelig. Süd- und Westeuropa: nördlich bis England (REA), Westfalen (DENKER & JAHN, Westfäl. Pilzbr. **3** (1961): 11–14), Dresden (PIESCHEL in KNAUTH), Erzgebirge (EBERT); häufiger in Baden-Württemberg, Bayern und den Alpenländern.

293. Grauer Leistling

Eßbar

Pseudocraterellus cinéreus (PERS. 1798: FR. 1821) KALAMEES 1963

Einer kleinen Totentrompete in Form und Farbe recht ähnlich, oberseits schwarzbräunlich bis aschgrau, unterseits mit bläulichgrauen oder aschgrauen, deutlich gegabelten, queraderigen, breiteren Leisten, 3–5 cm breit; trichterförmig, durchbohrt bis in den Stiel; häutig-fleischig.
Stiel: Rußgrau (ohne Spur von gelb), aderig-runzelig, 4 × 0,5–0,2 cm, abwärts zugespitzt.
Sporen: Farblos, ellipsoid, 8–10 × 5–6 µm. Staub weißlich.
Vorkommen: September bis Oktober in Laubwäldern, büschelig. Wächst gern zwischen Totentrompeten *(Craterellus cornucopioides)*. Ziemlich selten.
Synonym: *Cantharéllus cinéreus* (PERS.): FR. 1821.

294. Duftender Afterleistling

Eßbar

Hygrophorópsis ólida (QUÉL. 1875) MÉTROD

Hut: Orangerosa, fleischfarben-orange, gegen den Rand blasser, fleischig-ledergelb bis weißlich, glanzlos, waschlederartig trocken (wie *Hygrophorópsis aurantíaca*), zäh; erst flachgewölbt,
Fortsetzung Seite 460

292. Samtiger Pfifferling, *Cantharéllus friesii.* Nat. Gr.

293. Grauer Leistling, *Pseudocrateréllus cinéreus.* Nat. Gr.

294. Duftender Afterleistling, *Hygrophorópsis ólida.* Nat. Gr.

aber bald mit niedergedrückter Mitte und lange scharf eingebogenem Rand, schließlich mehr oder weniger trichterig, meist unregelmäßig gelappt, nicht selten 2 oder 3 Hüte miteinander verwachsen, 2–5 cm breit, dünnfleischig.
Blätter: Erst fast weiß, bald blaßrötlichgelb bis semmelocker (ziemlich genau wie die der *Lepista fláccida* gefärbt), gedrängt, sehr schmal, aber dünn, wiederholt gegabelt, weit herablaufend.
Stiel: Erst fast weiß, schließlich schmutzig orangerosa, oft exzentrisch, in den Hut etwas erweitert, kurz, 1–2,5 × 0,25–0,5 cm.
Fleisch: Weißlich, an Fraßstellen manchmal orangerosa.
Geruch: Angenehm und stark esterartig süßlich, an Orangeblüten oder parfümierte Bonbons erinnernd (oder auch wie *Entolóma ictérinum*), Geschmack mild. Der Geruch soll sich beim Abtrocknen des Pilzes noch etwas verstärken.
Sporen: Farblos, fast kugelig, klein, 3–4 × 2,5–3 µm. Staub weißlich. Hyphen mit Schnallen.
Vorkommen: August bis November in Gebirgsnadelwäldern auf Kalkboden. Selten (Alpen, Schwarzwald, Frankreich, Oberitalien).
Die Abb. 294 ist nach SCHWÖBEL grob und untypisch; die Blätter sind gedrängt und wiederholt gegabelt. Vgl. BRESADOLA 474.

Synonym: *Cantharéllus ólidus* QUÉL. 1875.

295. Starkriechender Pfifferling (nicht abgebildet)

Eßbar

Cantharéllus xánthopus (PERS. 1825) DUBY 1830

Hut: Rauchbraun oder braunschwärzlich; etwas flockig bis zartschuppig – runzelig, kahl werdend; anfangs genabelt, bald durchbohrt, schließlich ausgebreitet bis trichterförmig; 3–6 cm breit, dünnfleischig. Rand kraus und gelappt. Unterseite: Gelb bis orangegelb, bisweilen bläulichweiß oder bläulichrosa; anfangs fast glatt, später mit unregelmäßigen, gewundenen Runzeln oder Adern oder rippenförmigen Längsfalten (keine Blätter), die entfernt stehen, gabelig, verzweigt und zuletzt weiß bereift sind und herablaufen.
Stiel: Lebhaft orangegelb, oben trichterförmig erweitert, oft breitgedrückt, rinnig; 3–4 × 0,5–1 cm; bis zum Grunde röhrig-hohl.
Fleisch: Weißlich, nach außen gelblich; mild; mit starkem, angenehm süßlichem (nach Mirabellen), im Alter aber fast widerlichem Geruch.
Sporen: Farblos, ellipsoid bis eiförmig, 9–12 × 6–8 µm. Staub hellgelblich. An den Basidien 4–8 Sporen, die sich nacheinander entwickeln (bei *Craterellus* nur 2 Sporen).
Vorkommen: August bis November in Gebirgsnadelwäldern auf feuchtem, moosigem Boden, besonders auf Kalk; nur stellenweise.

Synonyme: *Craterellus tubaefórmis* (SCHAEFF. 1774) QUÉL. 1896, non *Cantharéllus tubaefórmis* FR. 1821 (vgl. Nr. 291!); *Merúlius auróreus* PERS. 1825, *M. cervínus* PERS. 1825.
Pseudonym: *Cantharéllus lutéscens* (PERS.): FR. 1821 sensu FR., non *Merúlius lutéscens* PERS. 1801 (= *Cantharéllus tubaefórmis* FR.). – Die verwickelte Nomenklatur dieser Artengruppe wurde von DONK 1969 aufgeklärt.

21b. Gelbwolliger Schirmling (Fortsetzung von S. 194)

Wert unbekannt (nach CETTO giftverdächtig)

Lepióta ventriosóspora REID 1958

Hut: Ockergelb, am Scheitel glatt, sonst mit lebhaft gelben bis braunen Schuppen, 4–8 cm breit.
Blätter: Weiß, bauchig, gedrängt, frei.

Stiel: Blaßockergelblich, gleichdick, 5–8 cm lang, 2–8 mm dick, mit flüchtigem Ring, darunter durch ein gelbes Velum wollig-schuppig.
Fleisch: Weißlich, von angenehmem Geruch.
Sporen: Farblos, spindelförmig-zylindrisch, glatt, 14–18 × 4–6 µm.
Vorkommen: August bis September im Laub- und Nadelwald, besonders in Kalk-Buchenwäldern. Zerstreut.

Pseudonym: *Lepióta metulíspora* (BERK. & BR. 1871) SACC. 1887 sensu BRESADOLA 1930, KÜHNER & ROMAGNESI 1953.

23. Schwarzschuppiger Schirmling (Fortsetzung von S. 194)

Bedeutungslos

Lepióta felína (PERS. 1801) KARST. 1879

Hut: Auf weißlichem Grunde gleichmäßig durch schwarzbraune, flockige Schüppchen gesprenkelt. Mitte schwarz, gebuckelt, trocken, scharf abgegrenzt, dünnfleischig, glockig, schließlich ausgebreitet, 2–4 cm breit. Rand feinfaserig.
Blätter: Weiß, ziemlich breit, eng, bauchig, frei.
Stiel: Weiß, mit schwärzlichen Schüppchen, die auch auf den häutigen, gebrechlichen weißen Ring auftreten; unten etwas angeschwollen.
Fleisch: Weiß, mild, oft weihrauchartig riechend.
Sporen: Farblos, oval, 6–7,5 × 3,5–4 µm.
Vorkommen: Juli bis Oktober im Nadelwald in kleinen Trupps oder einzeln. Selten.

50. Silbergrauer Rötling

Eßbar

Entolóma saundérsii (FR. 1874) SACC. 1887

Hut: Blaß, graubraun, auch sepiagrau, zuletzt umberbraun, mit kleinen, glänzenden Flecken; weiß, solange er sich unter der Erde befindet, nicht hygrophan, beim Trocknen fast ohne Farbänderung; kegelig-glockig, gewölbt, oft in der Mitte flach gebuckelt, 4–12 cm breit. Rand glasig grau, zuerst eingerollt, dann ausgebreitet, stumpf, zuletzt wellig und verbogen, auch unregelmäßig gelappt.
Blätter: Schmutzig blaßgrau, glasig, dann lachsrosa werdend, zuletzt intensiv braunrötlich; schwach gedrängt; ziemlich dick, 5–10 mm breit, bald angeheftet, bald ausgerandet, immer am Stiel etwas faserig herablaufend.
Stiel: Weiß, dann schwach dunkelgrau gefärbt oder gestreift, schließlich längsstreifig und glänzend, dicht unter den Blättern etwas fleckig werdend; nicht rötend, 4–12 × 0,7–2,0 cm.
Fleisch: Weiß bis schwach dunkelgrau gefärbt, nicht rötend, mit mehlartigem Geschmack und Geruch, die bald vergehen.
Sporen: Farblos; fast rundlich, aber vieleckig; 9–12 × 8–10 µm. Sporenstaub rosarötlich.
Vorkommen: Schon früh im März unter Rosazeen; am Grunde verwachsen, büschlig, oft in Kreisen. Ziemlich selten.
Durch die Festigkeit und durch das weiße Fleisch erinnert der Pilz an den Schildrötling, *E. clypeátum*, ist aber von diesem durch die schnelle Blaufärbung mit Guajaclösung sowie durch die großen Sporen unterschieden.

Abbildung und Beschreibung nach ROMAGNESI 1951, S. 211.

Synonym: *Rhodophýllus saundérsii* (FR.) ROMAGN. 1947.

54. Zitzen-Glöckling, Traniger Glöckling (nicht abgebildet)
(Fortsetzung von S. 220)
Ungenießbar, nicht schmackhaft
Entolóma mammósum (L. 1753) HESLER 1967

Kennzeichen: Sehr veränderlich in Größe, Gestalt und Farbe und mit Geruch nach tranigem Fisch oder nach Gurken.
Hut: Durchfeuchtet dunkelbraun und etwas durchscheinend gerieft, auch ockerbräunlich bis schmutzig hellbräunlich oder graubräunlich beim Trocknen; glatt, stumpfseidig, mitunter fein radialrunzelig; kegelig-glockig bis gewölbt mit deutlicher, abgerundeter Papille; 2–5 (–8) cm breit. Rand zuerst eingerollt, dann verflacht.
Blätter: Blaßgrau, bald rosträtlich oder schmutzig braunrosa; über den Hutrand hinausragend, fast frei.
Stiel: Braunschwärzlich, graubräunlich bis ockerbräunlich; längsfaserig, oben weißflockig, am Grunde weißzottig; schlank, 4–10 (–12) cm, enghohl.
Fleisch: Graubraun, wäßrig, beim Trocknen ausblassend. Riecht nach Fisch, tranigem Fischfleisch oder nach Gurken, nie nach Mehl.
Sporen: Rötlichbraun; länglich, stumpfeckig, 9–13 × 6–8,5 µm. Staub roströtlich.
Vorkommen: Juli bis November in feuchten, schattigen Laub- und Nabelwäldern, auch zwischen Reisig, mitunter in Gruppen.

Synonyme: *Nolánea mammósa* (L.) QUÉL. 1872, *Rhodophýllus mammósus* (L.) QUÉL. 1886.
Anmerkung: Der in der 1. Auflage dieses Bandes unter Nr. 54 abgebildete Pilz stellt nach SCHWÖBEL *E. vérrum* dar (s. Bd. III/51).

60. Blauer Rötling (Fortsetzung von S. 224)
Ungenießbar
Entolóma mádidum (FR. 1836) GILL. 1874

Hut: Graublau, blauviolett, mitunter schwärzlich geflammt, besonders nach dem Rand zu, Scheitel bisweilen ockerlich; fast schmierig bei Feuchtigkeit, trocken seidig; glockig bis flach gewölbt mit stumpfem Buckel, 4–6 cm breit, dünnfleischig.
Blätter: Zuerst weißlich-graulich, schließlich fleisch-orangerötlich, fast gekerbt, gedrängt, frei.
Stiel: Blaugrau bis schiefergrauviolett, am Grunde weißlich oder gelblich; faserig; 4–8 × 0,6–1,2 cm.
Fleisch: Blaß, im Hutscheitel graulich; schmeckt rettich- oder mehlartig, riecht mehlartig, mitunter etwas schimmlig oder unangenehm wie *Inócybe*; nach FRIES wie *Rússula foétens.*
Sporen: Rosa; fünf- bis sechseckig bis fast rundlich, 6–8 × 7–8 µm.
Vorkommen: September bis Oktober auf moosigen Grasstellen, in Heiden und Dünen. Nicht häufig. Der Farbe nach vielleicht der schönste Rötling.

Synonyme: *Rhodophýllus mádidus* (FR.) QUÉL. 1886, *Entolóma bloxámii* (BERK. & BR. 1854) SACC. 1887.

64. Dunkelblättriger Nabelrötling (Fortsetzung von S. 226)
Bedeutungslos
Entolóma undátum (GILL. 1874) MOS. 1978

Hut: Grau, graubraun, schmutzig erdbraun, niedergedrückt, genabelt bis trichterförmig, öfter konzentrisch-rinnig, 2,5–4 cm breit, oft verbogen, dünnfleischig; Rand etwas gerieft.
Blätter: Erst grau, später dunkelgrau; lang herablaufend.
Stiel: Blaßgraubraun, am Grunde weißfilzig, in der Regel kürzer als der Hut breit, 1,5–3 × 0,2–0,3 cm.
Fleisch: Blaß, mild, riecht schwach mehlartig.
Sporen: Rötlich bis rostbraun, ellipsoid, 7–9 × 5–7 µm.

Vorkommen: Juli bis Oktober an grasigen Stellen, an Wegrändern, in Erlengebüschen, auf toten Blättern, auf feuchtem, sumpfigem Boden. Selten.

Synonyme: *Clitopílus undátus* (FR.) GILL. 1874, *Eccília undáta* (GILL.) QUÉL. 1880, *Paxíllus undátus* (GILL.) RICKEN 1915, *Eccília sericeonítida* ORTON 1960, *Rhodophýllus sericeonítidus* (ORTON) MOS. 1967. – *Agáricus undátus* FR. 1838, non BERK. 1836.
Anmerkung: *Clitopílus undátus* ss. BRESADOLA 1929, FAVRE, ist nach MOSER (1983) eine andere Art.

68. Parasitischer Stummelfuß (Fortsetzung von S. 228)

Bedeutungslos

Entolóma parasíticum (QUÉL. 1878) KREISEL 1984

Hut: Schneeweiß, zartfilzig, fast samtig, durchscheinend, erst halbkugelig, schließlich fast genabelt, Rand etwas lappig, unregelmäßig, 0,3–0,7 cm breit, häutig.
Blätter: Weiß, schließlich rosa, buchtig-angewachsen.
Stiel: Weiß, dünn, erst zentral, dann exzentrisch, 0,2–0,3 cm lang.
Fleisch: Weiß, mild, dünn.
Sporen: Rosa, fünfeckig, manchmal kreuzförmig, 10,5–13 × 8–10 µm.
Vorkommen: Juli bis Oktober auf Pilzen schmarotzend, so auf Pfifferlingen, auch auf Holz und Erde. Selten.

Synonyme: *Leptónia parasítica* QUÉL. 1878, *Rhodophýllus parasíticus* (QUÉL.) QUÉL. 1886, *Cláudopus parasíticus* (QUÉL.) RIKKEN 1915.

112. Gelbmilchender Helmling (Fortsetzung von S. 276)

Bedeutungslos

Mycéna crocáta (SCHRAD. 1794: FR. 1821) KUMM. 1871

Kennzeichen: Mit reichlich schwefel- bis orangegelbem Milchsaft.
Hut: Olivgrau, ausblassend, Mitte orangebräunlich, 1–3 cm breit.
Blätter: Weißlich, angeheftet.
Stiel: Oben gelblich, unten orangegelb, 8–15 cm lang. Hut und Stiel werden orangefleckig.
Sporen: Farblos, eiförmig-ellipsoid, 7–10 × 4,5–6 µm. Zystiden keulenförmig, warzig-stachelig.
Vorkommen: August bis Oktober auf abgefallenen Ästchen im Boden von Buchenwäldern, vorzugsweise auf Kalk- und Lehmboden. Nur stellenweise häufig, so im Ostseegebiet (Südschweden, Dänemark, Mecklenburg), im Weserbergland, im Vorland des Harzes und in der ČSSR. Verbreitungskarten publizierten für die ČSSR KUBIČKA in Česká Mykol. **21** (1967), S. 237, für die BRD KRIEGLSTEINER in Z. Mykol. **44** (1978), S. 232, für die DDR KREISEL & al. in Hercynia, N. F., **17** (1980), S. 277. Gesamtverbreitung subozeanisch.

126. Weißer Adernabeling (Fortsetzung von S. 288)

Bedeutungslos

Delicátula integrélla (PERS. 1800: FR. 1821) FAYOD 1889

Hut: Winzig, weiß, hygrophan, etwas seidig glänzend; gewölbt, ausgebreitet, später etwas niedergedrückt, durchscheinend; 0,3–1 cm breit, häutig; unregelmäßig. Hutrand mit zarten, vergänglichen, unauffälligen Schleierfäden.
Blätter: Weiß, schmal, gabelig, am Rande schwindend.
Stiel: Weiß, 1,5–2 × 0,1 cm. Stielgrund mit zottigem Knöllchen.

Sporen: Farblos, mandelförmig, 6–9 × 4–5 µm. Sporen und Hyphen schwach amyloid.
Vorkommen: Juli bis September in feuchten Wäldern, auf vermodernden Baumstümpfen, auch auf Erde und Laub.

Synonyme: *Mycéna integrélla* (PERS.: FR.) S. F. GRAY 1821, *Omphália integrélla* (PERS.: FR.) KUMM. 1871.

127. Gelber Glöckchennabeling (Fortsetzung von S. 288)

Bedeutungslos

Xeromphália cauticinális (FR. 1838) KÜHNER & MRE. 1934

Hut: Gelb, mitunter in der Mitte goldgelb, leicht runzelig, stets trocken, glockig-nabelig. 1,2–2,6 cm breit, dünn, häutig. Rand gerieft.
Blätter: Gelb, oft aderig verbunden, etwas herablaufend.
Stiel: Verschiedenfarbig auf braunem Untergrund oben gelbkleiig, Mitte rostrotkleiig, am Grunde mit kleiner, fuchsiger Knolle, 2,5–0,1–0,15 cm. Geruch nach *Pýrola* = Wintergrün.
Sporen: Farblos, eiförmig, 5,7–8,3 × 3,0–3,8 µm, amyloid.
Vorkommen: Oktober bis November im Nadelwald, auf Waldwiesen, auf Hochmooren. Selten, z. B. in Dünen-Kiefernwäldern der Ostseeküste.

Synonyme: *Marásmius cauticinális* FR. 1838, *M. fulvobulbillósus* R. FRIES 1901.

Anmerkung: Die ähnliche *Xeromphália féllea* MRE. & MALENÇON 1945 (= *X. amára* HORAK & PETER 1964) unterscheidet sich durch bitteren Geschmack und kleinere, 4,5–6,5 µm lange Sporen; vorwiegend in Tannen- und Fichtenwäldern der Hochgebirge und Nordeuropas.

142. Großer Knoblauch-Schwindling (Fortsetzung von S. 298)

Ungenießbar

Marásmius prasiósmus (FR. 1818: FR. 1821) FR. 1838

Hut: Feucht dunkelbraun und durchsichtig gerieft, trocken lederblaß, 2–3 (–4) cm breit, gewölbt-flach.
Blätter: Holzfarbig, schmal, fast gedrängt, abgerundet.
Stiel: Blaß- bis dunkelbräunlich, Spitze blasser, fast filzig-flaumig, 6–8 × 0,2–0,4 cm.
Fleisch: Mit etwas brennendem Zwiebelgeschmack und starkem Knoblauchgeruch.
Sporen: Lanzettlich, 7–11 × 4–5 µm.
Vorkommen: Oktober bis November im Laubwald, besonders unter Eichen, mit kurzer, geknickter Basis auf den am Boden liegenden Blättern angeheftet. Ziemlich selten (nach RIKKEN sehr häufig).

148. Bitterer Nagelschwamm, Bitterer Zapfenrübling (Fortsetzung von S. 302)

Eßbar (Gewürzpilz)

Strobilúrus tenacéllus (PERS. 1796: FR. 1821) SING. 1962

Hut: Graubräunlich bis hellockergrau bis ockerbraun, in der Mitte heller, feucht leicht durchscheinend gerieft; bis 2,5 cm breit.
Blätter: Weißlich, grau bis blaßockerfarben; ziemlich dicht; schwach angeheftet oder fast frei.
Fleisch: Bitterlich, doch zum Würzen verwertbar.
Sporen: Farblos, zylindrisch, etwas gebogen, 6–7,5 × 2,5–3,5 µm.
Zystiden: Dünnwandig, unten bauchig, oben zugespitzt.
Vorkommen: Mai bis Juni auf im Boden liegenden Kiefernzapfen wurzelnd. Häufig.

Synonyme: *Collýbia tenacélla* (PERS.: FR.) KUMM. 1871, *Marásmius tenacéllus* (PERS.: FR.) FAVRE 1939, *Pseudohiátula tenacélla* (PERS.: FR.) MÉTROD 1952.
Pseudonym: *Collýbia conígena* senu BRESADOLA 1928 (non PERS., s. Nr. 149).

149. Mäuseschwanz, Später Zapfenrübling (Fortsetzung von S. 302)

Bedeutungslos

Baeóspora myosúra (FR. 1818: FR. 1821) SING. 1938

Hut: Feucht fleischbraun, trocken ockerbräunlich, mit hellerem, abgesetztem, bald aufgerichtetem Rand und weißlichen vergänglichen Flocken; kegelig-glockig-verflacht, mit schwachem, dunklerem Buckel; kreisrund; 1–2 cm breit; dünnfleischig.
Blätter: Weißlich, später blaß strohgelblich, sehr gedrängt, frei.
Stiel: Graurötlich, unten dunkelbraun, feinzottig in der ganzen Länge, hohl, dünn, 4–8 × 0,1–0,2 cm, knorpelig-zäh, mit kahler, langer Wurzel.
Sporen: Farblos, ellipsoid, klein, 3,5–4,5 × 2,5 µm; amyloid im Gegensatz zu den anderen 3 Arten der Zapfenrüblinge.
Zystiden: Immer unbeschopft, kürzer, in der Mitte mehr oder weniger verdickt (Cheilozystiden). Hyphen mit Schnallen im Gegensatz zu den anderen 3 Arten.
Vorkommen: September bis November truppweise auf in der Erde liegenden Kiefern- oder Fichtenzapfen, auch auf Zedernzapfen, seltener, niemals im Frühjahr.

Synonyme: *Collýbia myosúra* (FR.: FR.) QUÉL. 1872, *C. conígena* (PERS. 1801: FR. 1821) KUMM. 1871. Der Name *Collýbia conígena* ist in seiner Deutung umstritten und wurde schon für alle 4 europäischen Zapfenrüblinge verwandt: *C. conígena* sensu RICKEN 1915 = *Strobilúrus esculéntus* (Nr. 146), *C. conígena* sensu BRESADOLA 1928 = *St. tenacéllus* (Nr. 148), *C. conígena* sensu FAVRE 1939, MOSER 1953 = *St. stephanocýstis* (Nr. 147).

182. Nabel-Trichterling (Fortsetzung von S. 336)

Minderwertig, zu Pilzpulver geeignet

Clitócybe subspadícea (LGE. 1930) M. BON & CHEVASSUT 1973

Hut: Olivgrau, auch dunkler, hygrophan, trocken heller, tief genabelt, bald flach trichterförmig, mit ausgebreitetem, flachem Rand, 4–8 cm breit. Der Rand bleibt ziemlich lange eingerollt.
Blätter: Grau bis graubräunlich, fast gedrängt, ziemlich weit herablaufend.
Stiel: Grau, dicht unter den Blättern mit weißseidiger Zone; 5–8 × 0,5–0,8 cm, knorplig, hohl.
Sporen: Farblos, ellipsoid, 6–7 × 3–4 µm.
Vorkommen: August bis Dezember im Laub- und Mischwald, einzeln oder mit weißstriegeliger Basis zusammengewachsen.

Synonym: *Clitócybe umbilicáta* (SCHAEFF.) KUMM. var. *subspadícea* LGE. 1930.
Pseudonyme: *Omphália umbilicáta* (SCHAEFF. 1774) GILL. 1874 sensu RICKEN 1915; *Clitócybe umbilicáta* (SSCHAEFF.) KUMM. 1871 sensu MOSER, HENNIG u. v. a.

203. Almen-Weichritterling, Felderiger Wichritterling (Fortsetzung von S. 203)

Eßbar

Melanoleúca stríctipes (KARST. 1881) J. SCHFF. 1944

Kennzeichen: Anfangs weiß, später in der Mitte hellockerbräunlich, mittelgroß, auf Gebirgswiesen.
Hut: Erst weiß, mit gelbbräunlichem Buckel, schließlich die ganze Oberfläche gelbbräunlich, kahl, matt, trocken glänzend, gewölbt, später etwas niedergedrückt, 6–10 cm breit, fleischig, Rand dünn, erst eingerollt. Haut nicht abziehbar.
Blätter: Weißlich bis cremeweißlich, eng, untermischt, etwas buchtig herablaufend.

Stiel: Weißlich, etwas bräunend, seidig glänzend, etwas faserig, fast knollig, manchmal auch keulig, schlank, 6–8 × 1–1,5 cm, meist voll, an der Spitze mehlig-bereift.
Fleisch: Weiß, zart, Geschmack mild, mitunter bitterlich, Geruch schwach mehlartig.
Sporen: Farblos, elliptisch-eiförmig, rauh, 7–8 (–10) × 4–5 um. Staub weiß.
Zystiden: Farblos, spindelförmig, mit Schopf.
Vorkommen: April bis September auf alpinen und subalpinen Weiden, auf fetten, gedüngten Böden, verbreitet in den Karpaten, Alpen und im Jura, im Schweizer Nationalpark bis 2450 m ansteigend; ferner in der Lettischen SSR (LUKIN), Finnland (KARSTEN).
Wert: Schmackhafter Speisepilz, der z. B. in Tirol gesammelt wird und auch auf den Markt kommt.

Synonyme: *Tricholóma cnísta* var. *evenósum* SACC. 1887, *Melanoleúca evenósa* (SACC.) KONR. & MAUBL. 1926, *M. subalpina* (BRITZ. 1891) BRESINSKY & STANGL 1976.
Pseudonym: *Ticholóma cnísta* (FR. 1838) GILL. 1874 sensu QUÉL., RICKEN 1915, BRESADOLA 1928, BUSCHMANN 1953, non FR. (ein Pilz trockener Buchenwälder, nach LGE. eine Varietät von *T. saponáceum*, Bd. I/80).

222. Rotblättriger Ritterling, Rötender Ritterling (Fortsetzung von S. 382)

Eßbar

Tricholóma orírubens QUÉL. 1873

Kennzeichen: Röten der Blätter, kleine Sporen.
Hut: Erst dunkelgrau bis braunschwärzlich, angedrückt-haarig-filzig, später schwarzfaserig-schuppig, gewölbt, verflacht, trocken, 5–8 (–10) cm breit, dünnfleischig.
Blätter: Jung weiß bis graulich, später schön rosa, fast entfernt, öfter queraderig verbunden, tief ausgebuchtet, etwas herablaufend.
Stiel: Weiß, schließlich rötlich gefleckt oder rosa gestreift, fast seidig, an der Spitze bereift, anfangs knollig, dann walzenförmig. Stielgrund mitunter grünlich oder bläulich, durch Formol karminrot verfärbend, 4–10 × 0,5–1,5 cm, voll, hart, mit gelblichen Myzelfasern am Grunde.
Fleisch: Blaß, unter der Huthaut graulich, läuft rötlich an, mild, fast mehlartig schmeckend, geruchlos.
Sporen: Farblos, rundlich-ellipsoid, 4–6 × 3–4 µm.
Vorkommen: September bis November im Laub- und Nadelwald, besonders unter Buchen, kalkstet, gesellig. Ziemlich selten.

Synonym: *Tricholóma horríbile* REA 1905.

263. Jungfern Ellerling (Fortsetzung von S. 424)

Fleisch: Weiß, wäßrig, mild, schmackhaft, geruchlos.
Sporen: Farblos, länglich-ellipsoid, 7,5–10 × 5–6 µm. Staub weiß.
Vorkommen: August bis Oktober auf feuchten Wiesen und Weiden, in lichten Wäldern, in hohem Grase leicht zu übersehen; im Gebirge; im Flachlande seltener.

Über die parthenogenetische Form mit 2sporigen Basidien s. S. 82.
Synonyme: *Hygróphorus virgíneus* (WULFEN: FR.) FR. 1838, *Hygrócybe virgínea* (WULFEN: FR.) ORTON & WATLING 1969.
Anmerkung: CLÉMENÇON (1982) deutet Bild 263 auf *Camarophýllus boreális* (PECK) SING. mit trockenem Hut und nur kurz gestreiftem Hutrand.

289. Rosenroter Schmierling (Fortsetzung von S. 452)

Eßbar

Gomphidius róseus (Fr. 1821) Karst. 1879

Kennzeichen: Hübsche, kleine Art, leicht kenntlich an ihrer rosenroten Farbe des Hutes und teilweise des Stieles.
Hut: Hell rosenrot, fleischrötlich, Mitte später schmutzig gelblich, im Alter schwarzbraun und schwarz gefleckt; bei Feuchigkeit etwas schmierig, sonst trocken; gewölbt, dann flach bis niedergedrückt, 2–5 (–6) cm breit, kahl, fleischig. – Rand im Alter aufwärts gebogen. Er ist durch einen schnell vergehenden Schleier mit dem Stiel verbunden.
Blätter: Weißlich bis grünlichweiß, dann aschgrau, zuletzt dunkeloliv, ziemlich dick, untermischt, gegabelt, am Grunde queraderig verbunden, entferntstehend, oft kraus, weit herablaufend.
Stiel: Durch die Reste des Schleiers wulstig gürtelig, darüber weißwollig flockig, später zwischen den Blättern braunflockig punktiert, schwach rosa getönt, am Grund außen und innen gelblichrosa, an Druckstellen schwarz; 3–4 × 0,8–1,5 cm; nach unten verjüngt, fest, voll.
Fleisch: Weiß, unter der Huthaut und unten am Stiel gelblichrosa, im Grund verwaschen rosa bis bräunlich; zart, saftig, mild, geruchlos.
Sporen: Dunkelolivlich, spindelförmig, glatt, 15–21 × 5–7 µm. Staub olivbraun.
Zystiden: Farblos, länglich-zylindrisch, 120–160 × 12–16 µm.
Vorkommen: Juli bis Oktober in sandigen, sauren Kiefernwäldern, im Heidekraut, sowohl in der Ebene wie in höheren Lagen; nicht überall, zerstreut, mitunter häufig, oft (immer?) in enger Gemeinschaft mit dem Kuhröhrling, *Suillus bovínus* (Bd. I/148) wachsend.
Verbreitungskarte für die BRD bei Krieglsteiner, Z. Mykol. **44** (1978), S. 225, in Gegenüberstellung mit *Suillus bovínus.*

Synonyme: *Agáricus glutinósus* var. *róseus* Fr. 1821, *Leucogomphídius róseus* (Fr.) Kotl. & Pouz. 1972.

Autoren der Farbbilder im Band III

Claus Caspari †, München: 1.
Bruno Decker, Stollberg (Erzgeb.): 74, 159, 197, 245.
Franz Engel †, Dresden: 39, 40, 96 z. T.
Gisela Funk, Potsdam: 107.
Dr. Rudolf Haller, Aarau: 199.
Kurt Herschel †, Holzhausen: 30, 75 (nach Saalmann), 87, 92.
Ella Neuhoff †, Rellingen: 177.
Willi Rauschert †, Gotha: 284, 285.
Prof. Erich W. Ricek, St. Georgen: 9, 10, 12, 19–21b, 23, 27, 55, 56, 93, 113–119, 122, 136, 138, 140–149, 154–157, 168, 178, 179, 179a, 181, 185, 187, 192, 204, 240, 246, 252, 256, 257, 264, 273, 286, 292, 293.
Julius Schäffer †, Dießen: 11, 22, 24–26, 28, 108–112, 201–203, 212, 213, 218, 229–233; vielleicht auch 61–64, 123–125, 180, 182–184, 186, 188–190.
Albin Schmalfuss †, Leipzig: 15, 80, 97 z. T., 102, 135, 151–153, 170, 171, 194, 207, 208, 236, 238, 239, 241, 243, 246, 247, 254, 258 z. T., 276, 279 z. T., 290, 291.
Heinrich Steingräber †, Berlin: 96 z. T.
Otto Wilde †, Magdeburg: 4, 13, 14, 167, 173, 205, 219, 235, 279 z. T.
Ältere Vorlagen unbekannter Herkunft: 16, 79, 91, 95, 99, 200, 234, 274.
Karlheinz Saalmann †, Weißenfels (z. T. nach Vorlagen wie Bresadola, Haller, J. Lange, Ricken u. a.): alle übrigen Bilder.

REGISTER

Alphabetisches Verzeichnis der deutschen Pilznamen

Kursiv gedruckte Zahlen sind Seitenzahlen im Systematischen Teil dieses Bandes. **Halbfett** gedruckte Zahlen sind die Nummern, unter welchen der Pilz im Speziellen Teil des Bandes ausführlich beschrieben und abgebildet ist. Namen von Gattungen und Untergattungen sind durch **halbfetten** Druck hervorgehoben.